走出思想的边界

knowledge-power

读行者

罗马史纲

李筠 著

超大规模共同体的兴衰

岳麓書社·长沙　博集天卷 CS-BOOKY

图书在版编目（CIP）数据

罗马史纲 / 李筠著 . -- 长沙：岳麓书社，2021.4
ISBN 978-7-5538-1247-2

Ⅰ.①罗… Ⅱ.①李… Ⅲ.①古罗马—历史 Ⅳ.
① K126

中国版本图书馆 CIP 数据核字（2021）第 065770 号

上架建议：畅销·历史

LUOMASHI GANG
罗马史纲

作　　者：李　筠
项目统筹：吕　航
监　　制：秦　青
责任编辑：李伏媛
特约策划：颜宏展　仇　悦
特别支持：王　野　余　卯
策划编辑：曹　煜　张　卉
文字编辑：陈　皮
营销编辑：杜　莎　霍　静
版式设计：李　洁
封面设计：利　锐
岳麓书社出版
地址：湖南省长沙市爱民路 47 号
直销电话：0731-88804152　88885616
邮编：410006
2021 年 4 月第 1 版　2021 年 4 月第 1 次印刷
开本：680×955　1/16
印张：32.5
字数：542 千字
书号：ISBN 978-7-5538-1247-2
定价：78.00 元
承印：三河市鑫金马印装有限公司

若有质量问题，请致电质量监督电话：010-59096394
团购电话：010-59320018

一个人如果看到了罗马，他就看到了一切！

——歌德

目 录

第三章

帝国时代

前　言

　　这本书，我跟你谈罗马。很明显，这本书和我的上一本书《西方史纲》有关系，是"史纲"系列的推进，仍然是以"史"为素材呈现"纲"的逻辑，仍然是对文明之道的深究。不过，这本书绝不是《西方史纲》第二单元的放大版，它是一套新框架，目的在于"怎么理解大国"，它的内核是政治学。如果你对文明演进的深层次逻辑感兴趣，那么，这本书是《西方史纲》的进阶，它会用更加集中的议题和更加详细的分析来揭示文明在政治上能够取得的成就和遭遇的困境。如果你想掌握波澜壮阔的政治兴衰的要领，那么，这本书是一个巨大的思想实验，庞大的罗马既是我们一起条分缕析的庖丁之牛，也是我们一起操练政治思维的演武场。跟我一起去罗马吧！

为什么是罗马？

　　2018年10月，我和施展、吕航、薛瑾在一个小饭馆谋划爱道思人文学社的第一次学术考察，说起目的地，我脱口而出的就是"罗马"。我当时给出的理由是：罗马既典型地代表了共和，又典型地代表了帝国，还典型地代表了教会。共和、帝国、教会，三种成分、三种特质、三种建制，不就正好构成了西方文明吗？罗马因为"三不朽"，成了当之无愧的永恒之城。小伙伴们欣然接受。2019年1月我们就带17个朋友一起去了罗马，做了10天的考察，收获满满。

　　在罗马的每一天，甚至在每一个古迹，我和施展都有聊不完的话题，每到一处我们都会专门找一点点时间单独相处一下，聊聊当时心灵的震撼和想到的疑难。小伙伴们戏称我们俩每天都要走一段"猫步"。有小伙伴来跟着走猫步，却完全听不懂我们俩在说什么。大家虽然不太听得懂，但随时问出来的问题都很有意思，无论是我和大家的讨论，还是我和施展的讨论，都让我备受刺激。所以，我答应考察团，把我们说的、没说的，都写成一本大家能看懂的书。而且，这本书的军功章有他们的一半，有施展的一半。

从罗马回来之后，我已经在很多场合表达过我对罗马的思考。比如，我总是忍不住会在研究生和本科生的课堂上讲起我对罗马的思考，还指导学生写了以罗马独裁官制度为主题的本科毕业论文。再比如，2019年3月，在"得到大学"开学典礼的演讲里我就先透露了从卡拉卡拉大浴场想到的"三个凡是"。还有，2019年10月，在任剑涛教授主持的腾讯思想汇"比较文明再思考"系列讲座上，我也发表了自己对罗马的看法，和晏绍祥教授、吕厚量教授还有到场的朋友们交流切磋。我想，现在是时候把我积攒了二十年的对罗马的思考全部拿出来了。

之所以惦记罗马，是因为她太重要了。罗马的影响力或者说生命力，超乎一般人的想象。在一般人的眼里，罗马要么是个铺满了古迹的城市，要么是西方历史的一个阶段，不了解她，就像不了解西安，或者对汉朝说不出个所以然来一样，没什么大不了的，反正过去的都已经过去了。但是，罗马一直活着，活得五彩斑斓，活得风姿绰约，活得昂首阔步，她的存活几乎只有用"彪悍"才足以形容。她超越了自己的肉身。当西罗马帝国在公元476年被蛮族击倒的时候，她没有烟消云散，而是羽化登仙，嵌入了西方文明DNA的每一个碱基。中世纪的教会仍然执着地把自己叫作罗马大公教会，中世纪的帝国仍然执拗地坚持自己是罗马帝国的继承人，马基雅维利教导西方人走进现代世界的时候用的是罗马史的故事，拿破仑称帝之后给自己的独子加封罗马王，美国首都华盛顿特区的国家建筑群用的都是向罗马致敬的新古典主义风格，特朗普在访问意大利的时候说美国和意大利的"同盟关系"在古罗马时代就已经存在了，等等。也就是说，要理解西方，要理解政治，要理解未来，都逃不开罗马。

我在二十年的学习和研究当中发现，几乎所有涉及西方的大问题都绕不开罗马，她几乎无处不在。尤其在政治学领域，现代世界通行的很多概念和制度，即便不是罗马人发明的，也是在她手里达到了古代的完满形态，她为后世树立起政治世界的一根根"擎天柱"，比如公民、人民、共和、帝国、宪制、元首、皇帝、分权、独裁、军团、总督、行省、权利、法律等等。罗马就是一座政治学的宝库。我是政治学出身，自然就会对罗马格外倾慕。而这本书，很大程度上就是通过罗马来探究人类的政治学原理。"史"和"纲"的关系会在这本书里得到进一步的升华。

历史学是"炼金术"？

史实浩如烟海，罗马史也是如此，初见之时确实如庄子所言，"吾生也有涯，而知也无涯。以有涯随无涯，殆已！"[1]既然任何人皓首穷经都不可能完全掌握所有史实，那也就只能从中获取一部分。获取哪部分呢？取决于自己的意图。很多人把看历史当作听故事，就像赏玩珍奇，从中找到乐趣就好，历史可以被当作谈资跟朋友们讲一些稀奇的故事，可以被当作旅行之前的重要铺垫，可以被当作纯粹的性情陶冶。很多人把看历史当作长智慧的办法，就像修炼武功秘籍，从中找到通往成功的法门。历史学是炼金术吗，能炼出通往成功的金光大道吗？

历史学确有"炼金术"的功效，我在《西方史纲》的"前言"里解释"史纲"的意义之时就隐约暗示了：

> 史纲不是纯粹的简明史或者极简史，浮皮潦草地看个热闹。它是用鲜明的框架和逻辑，抓住历史演进当中重要的节点，讲一套完整的"大逻辑"，历史是药引子，大逻辑才是真见识。"史"是素材，"纲"是逻辑。透过对历史素材的解析，最终要呈现的是一套西方文明的大逻辑。[2]

---

[1]　郭庆藩：《庄子集释》（上），中华书局，2004年，第一一五页。

[2]　李筠：《西方史纲：文明纵横3000年》，岳麓书社，2020年，前言第4页。

如果说《西方史纲》的意图是破解文明的逻辑，那么，这本《罗马史纲》的意图就是要破解政治的逻辑。

不过，历史学不只是智慧的炼金术，即便它有这一面，也不是驶向成功的直通车。我们谈罗马，确实是因为她很成功。成功值得深思，但决不能奢望通过模仿就能再现。因为成功是一道窄门，具有不可复制的特殊性。妄想通过模仿别人的成功就获得成功，早就被中国古代的智者韩非嘲笑过了，他使用的故事正是我们非常熟悉的"守株待兔"。[1]

要想从别人的成功当中获得教益，必须对别人的成功加以深入的分析，把历史故事抽象成超越历史的通则，再用通则来面对今天的情势，指导今天的行动。所以，一切历史如果真的要有用的话，一定是曲通，而不是直通。如此说来，历史学就必须是炼金术，其中所谓"金"就是见识，而史实就是用来炼金的矿石。这本书想从罗马这座超级富矿当中炼出来的"金"就是超大规模共同体发展、壮大、繁荣的通则。

提炼通则——尤其是政治通则——是历史学的重要目的。清末民初的著名学者和翻译家严复先生曾经非常明确地讲，历史学和政治学"本互相表里，……读史不归政治，是谓无果；言治不求之历史，是谓无根"[2]。严复先生这里讲的"果"，就是政治的通则。所谓通则，表意可以理解为通行的准则，它们并不是物理法则那样的铁律，而是人类社会的一般原则、原理和逻辑。它们不是完全没有反例，但它们会深刻地表明人类社会的性质，按照它们操作来解决人类社会的问题的话，成功的概率比较大。更重要的是，通则揭示了人类共同体生活必须解决的基本问题，这就是我们"大观"学术小组研究的"元问题"。元问题的解决方案须应时代和国别的差异斟酌损益，但元问题本身不会轻易改变，它必须被深刻地认识和剖析，我们才有底气在当代的中国给出妥当的解决方案。这本书的重点就是从罗马史当中抽象出超大规模共同体的政治通则加以探讨。

历史的探究必须指向通则的探讨。只有将罗马的具体做法抽象为政治的

---

[1] 王先慎：《韩非子集解》，钟哲点校，中华书局，2003年，第四四二至四四三页。

[2] 严复：《政治讲义》，载王栻主编《严复集》（第五册），中华书局，1986年，第1243页。

一般原理，她对我们的教益和指导才具有实践性。单纯停留在故事的层面，无论是因她的成功而心驰神往，还是因她的衰败而捶胸顿足，她还仍然只是传说，无法与我们的时代和我们的任务产生有效的关联。简言之，提炼通则是架设起我们和历史之间的桥梁。

"通则"这座桥梁既是历史走向我们的法门，也是我们走向历史的法门。我们和历史通过它相互接近，融为一体，历史中蕴含的智慧也就会为我们所拥有。

不过，历史并非自然而然地向我们展开，我们必须用自己的"思"的力量把它重新激活，而通则就是激活历史的杠杆。面对沉睡的历史，我们必须对它明确地提出我们的诉求，我们要从中看到什么，我们想从中看到什么，我们的最终目的是弄清楚道理而不只是查清楚事实，想要得到什么样的道理得我们自己决定。有了这种决定，我们自己面对历史的时候才会成为有意识、有意志、有能动性的主体，沉睡的历史会因为我们的活力而被重新激活。

"当我们研究'过去'的时代，研究遥远的世界，这时候一种'现在'便涌现在我们心头。"[1]一旦我们用自己的"思"激活了历史，它便成为"我们的历史"，它不再是与我们无关的材料。正是在这种"激活"的关系当中，"一切真历史都是当代史"[2]。所有的历史书都是作者以自己时代的问题意识与历史展开对话，提出自己时代的问题，寻求更加具有普遍性的答案（即通则）来解决或回应自己时代的问题。如此一来，历史便在我们勇敢的"思"当中走向我们，汇入我们，充实我们。

激活历史，通过"思"让它走向我们，绝不是一个轻松的过程。"思"是辛苦的、艰苦的，甚至痛苦的，因为它必然有错误、有曲折、有浪费。我们对历史求教的时候，一开始通则只是我们自己的疑问或者猜想。我们必须去辛苦地查案，还原历史现场，推理案情的演变，观察各方角色的博弈，厘定其中的结构，检验我们自己提出的具有抽象性的疑问和猜想。当真是"吹

[1]　黑格尔：《历史哲学》，王造时译，上海书店出版社，2001年，绪论第5页。

[2]　克罗齐：《历史学的理论和实际》，傅任敢译，商务印书馆，1986年，第2页。

尽黄沙始到金"。"思"让我们走入历史，最终目标是要触摸到历史上那些伟大心灵的"思"，我们要和他们心心相印，借助伟大的心灵去领会人类社会的政治通则。这是一个永无止境的"猜想与反驳"的思维过程，[1]是炼金的过程，是我们的"思"不断成长的过程，也是我们成为历史主体的过程。正是在这种意义上，"一切历史都是思想史"[2]。

如果笛卡儿的名言"我思故我在"确实从心灵活动的高度界定了人，那么，通则不仅是历史还活着的证明，也是我们还活着的证明，它是我们用思之火炼出的金。

罗马，怎么看？

从罗马史当中提炼出人类社会的政治通则并不容易，我也摸索了很长很长时间，而且还在不停地摸索。虽然不容易，但其中真是乐趣多多，不同层次的需求都可以从中得到满足。我分了三个层次，它们也是由浅入深学习罗马逐级进阶的步骤。

第一步，**看热闹**。

罗马史上好玩的故事实在太多了。看罗马史的时候很容易就会发现，再高明的编剧也编不出罗马史的情节。可能很多人都知道恺撒和埃及艳后的故事，知道斯巴达克起义的故事，知道狼孩儿罗慕路斯建立罗马城的故事，等等。但大家很可能不知道，其实每个故事都有很多版本，每个版本想表达的核心意思大不一样，读不同的版本会有不同的感受，甚至得出相互冲突的观点。

举个例子，你心目中的恺撒是什么样子的呢？政治家、军事家、独裁者，还是借债高手、花花公子、"帮会"头目？有学者用庇护关系网络的分析证明了恺撒是一个庞大政治集团的老大，这是他在当时的罗马拥有极高的人望和实力最重要的根基，用这种人际网络来计算实力，恺撒就是第一名，

[1] 波普尔：《猜想与反驳》，傅季重等译，上海译文出版社，2001年，第47—83页。

[2] 柯林武德：《历史的观念》，何兆武、张文杰译，商务印书馆，1997年，第303页。

整个国家落入他的手中一点都不奇怪。[1]盐野七生女士特别喜欢恺撒，她带着难以抑制的倾慕之情写了足足两大卷。她到处为恺撒说好话，即便是对恺撒的风流成性也给出了"合理的"解释。在她笔下，被恺撒冷落的埃及艳后就是不明大势、小肚鸡肠、妒火中烧的怨妇。[2]

像这种不同的人写出不同版本、不同的人读了有不同感受的故事，在罗马史里面实在太多了。我在《西方史纲》里曾经说过，如果说读史让人明智的话，第一步就是要做一个好侦探。在各路证人证言当中，谁说的是真的，谁说的是假的，或者再高明一点，他们说的到底各有几分真、各有几分假，得我们去侦破。他们都是我们接近真相的帮手，也都是障碍。看热闹最终的目的是炼出自己的火眼金睛。

进阶的第二步是，**辨好坏**。

罗马史上有太多的是是非非，看热闹的时候如果往前多想一步，好与坏的选择就马上摆在你面前了。这本书想帮你从罗马史里学到的是分辨清楚大尺度的好和坏。恺撒风流成性到底怎么给出合理的解释，在我看来没那么重要。怎么理解"恺撒是大独裁者"这个问题更重要。独裁者就一定是大奸大恶吗？如果是的话，为什么当时有那么多罗马人热爱恺撒，他们爱一个大坏蛋又该怎么解释？难道只是因为欺瞒和哄骗？为什么后世那么多大人物以恺撒为榜样？他们也都是坏蛋，想成为恺撒那样的顶级坏蛋？

好和坏的尺度就像我们手机里的相机一样是可以变换焦距的。焦距不同，我们看到的景观会大不一样，评判自然也就不一样。所以，辨别好坏的关键不是咬定自己的立场绝不松口，而是恰当地调整看待不同问题的尺度和标准。恺撒这样的大人物，男女之事这种小尺度也可以评判一二，但是没那么重要，或者说，即便在这件小事上做出明确的评判，对恺撒的整体认识并没有太大的帮助，对我们通过恺撒来理解罗马、理解西方、理解超大规模共同体的奥秘并没有太大的帮助。

---

[1]　塞姆：《罗马革命》，吕厚量译，商务印书馆，2016年，第5章。

[2]　盐野七生：《罗马人的故事》［Ⅳ　恺撒时代（上）］，张伟译，中信出版社，2012年，第100—102页。盐野七生：《罗马人的故事》［Ⅴ　恺撒时代（下）］，谢茜译，中信出版社，2012年，第266页。

　　像评价恺撒这种难题，在罗马史里面会经常出现，左右为难其实是常态，这对我们自己的修行是极大的锻炼。读史让人明智的第二步是做裁判，第三步是做设计师。当你在罗马史的种种难题当中学会了用不同尺度的标准去评判不同的事情，你就有了把握不同的事情处于不同层次的能力，就可以试着把不同的好安放在不同的层次，让它们上下相安，塑造出一个强大的自我秩序。而我最想带你去辨别的好坏是罗马留给人类的政治遗产，公民、人民、共和、帝国、宪制、分权……这些关乎国运兴衰、关乎政治未来的大概念，它们的原生态到底是什么样子，到底好不好，好在哪里，不好在哪里，去辨明这样一些大是大非。罗马史是所有政治学家最好的武器库，马基雅维利就是最好的榜样，我们一起去跟他学习和体会怎么样从罗马史里淬炼出明智和远见。

　　进阶的第三步一定是，**成大器**。

　　罗马之所以特别吸引我，如果只能用一句话解释，那就是：她是西方古代史上唯一的超大规模共同体。

　　我们中国也是超大规模共同体。学习前人的经验，必须找对榜样。罗马是西方历史上最成功的政治共同体，她是现代的英帝国、美帝国学习和模仿的对象，但同时，她也有足够多、足够惨痛的教训。罗马的崛起和强盛让人心驰神往，但罗马的衰败和崩溃也让人感慨万千，如果你入戏够深的话甚至会捶胸顿足。

　　一个人的心胸有多大，盛得下千年罗马的兴衰吗？盛得下共和、帝国、教会的三位一体吗？大国国民的心胸必须是大尺寸的。作为一个中国人，只是明辨好坏，把各种好坏在自己的小世界里安排得井井有条是不够的，因为一个中国人的小世界和中国这个大国家根本不可能分开。大国的国民必须有大国的胸怀，而这种胸怀来自我们对大国的思考和体会。假如你是恺撒，庞培以国家的名义十二道金牌召你回京述职，实际上是要置你于死地，你心里的算盘怎么打？个人的荣辱生死，兄弟的恩怨情仇？这种算盘要打，但对于成大器是远远不够的。

　　像恺撒要不要跨过卢比孔河这种巨大的考验，在罗马史当中并不罕见，它们是帮助我们理解超大规模共同体的试金石。读史让人明智的第四步是做领航者，也就是成大器。格局有多大，事情才能做多大。当一个人认真地在罗马史的模拟人生中体会过格拉古兄弟、马略、苏拉、恺撒、西塞罗、屋大维、君士坦丁的滋味，带着君临天下的气度和眼界去面对超级复杂的难题的时候，大格局就会助推他成为领航者。所以，这本书讲罗马史的主要目的不是让你多知道几个故事，而是练就引领未来的能力。丘吉尔曾经说过，你能看见的过去有多远，你能看见的未来也就有多远。对于罗马这个超大规模共同体，我再追加一句，你能看见的过去有多大，你能看见的未来就有多大。唯有如此，历史学在你手里才会真的变成未来学。

如何进入超大规模共同体？

这本书用来解析罗马的核心概念是"超大规模共同体"，它是古代的罗马和今天的中国能够相互连通的最佳管道。那么，"超大规模"对于罗马究竟意味着什么呢？我分三步带你初步理解罗马的"大"。

第一步，从表面的振奋人心到内部的多元并存。

先看几个数字，感受一下罗马有多大。鼎盛时期，大约在公元2世纪，罗马拥有大约5000万人口，与同期中国的东汉王朝大致相当；[1]土地约有600万平方公里，比同期中国的东汉王朝版图大，与公元1年左右的中国西汉王朝的版图大致相当。

中国古代的王朝当中只有唐代早期超过1000万平方公里，清朝在乾隆年间超过1300万平方公里，元朝超过1300万平方公里，其他王朝几乎没有超过

---

[1]　古代人口的估算非常困难，本书采用《剑桥希腊—罗马经济史》和《中国人口史》的说法，参见Walter Scheidel, Ian Morris and Richard Saller（eds.），*The Cambridge Economic History of the Greco-Roman World*, Cambridge: Cambridge University Press, 2008, pp.47–49. David S. Potter（ed.），*A Companion to the Roman Empire*, Oxford: Blackwell Publishing, 2006, p.285. 葛剑雄：《中国人口史》（第一卷），复旦大学出版社，2002年，第399—408页。

500万平方公里的。[1]

公元2世纪的罗马帝国版图包括了今天的意大利、西班牙、法国、英格兰、德国南部、南欧诸国、土耳其、叙利亚、巴勒斯坦、埃及、利比亚、突尼斯、阿尔及利亚，地中海成了她的内湖。西方历史上唯一出现过能和她相提并论的大帝国只有亚历山大帝国，但这个帝国随着亚历山大英年早逝很快就瓦解了。

罗马帝国和中国东汉王朝的土地规模相差不大，但内部的结构大不一样，关键是罗马内部的多元性更加明显，也更加深刻。东汉王朝实际控制的土地是长城以南、兰州—成都以东的中国，拿中国现在的版图来看，相当于"大公鸡"的下半部。两汉在中国西部设立的都护府并没有形成稳定的统治，甘肃、新疆等广大的西域地区其实大部分时间并不在汉朝的直接掌控之中。也就是说，东汉统治的是非常典型的秦朝留下的中国版图，是同宗同源的战国七雄合并后形成的中国，是经历了秦朝书同文、车同轨的中国，是经历了罢黜百家、独尊儒术的中国，也就是一个文化上、行政上大致整齐划一的中国。在这个王朝，中国人有了新的名字，叫作汉族。

罗马就大不一样了，东南西北四个方向，都是和罗马城、和意大利不同的族群，他们的政治形态和文化形态都有鲜明的个性。北方的日耳曼人是离原始社会不远的部落集群；南方的非洲既有埃及那样延续数千年的法老神权政体，也有努米底亚那样从部落刚集权成为王国的共同体；东方既有希腊那样的城邦世界和文化高地，也有亚洲的专制王权，还有基督教会这种没有土地却有团体的精神民族；等等。总之，罗马帝国境内的种族、政权、宗教、文化、经济形态多得让人头晕眼花。[2]

如果说数千万人口、数百万平方公里土地让人觉得很振奋，那么，进入

---

[1]　古代国家疆域面积的估算非常困难，本书采用《布莱克维尔罗马帝国指南》和宋岩先生的说法。David S. Potter (ed.), *A Companion to the Roman Empire*, Oxford: Blackwell Pulishing, 2006, p.291. 顾颉刚、史念海：《中国疆域沿革史》，商务印书馆，2000年。宋岩：《中国历史上几个朝代的疆域面积的估算》，《史学理论研究》1994年第3期。

[2]　关于罗马与秦汉帝国的比较，可参见施德尔主编《罗马与中国：比较视野下的古代世界帝国》，李平译，江苏人民出版社，2018年，第10—24页。

庞大人口和广袤土地的内部，直接面对的就是罗马超级多元的状态。多，并不必然带来强，相反，它很可能意味着乱！从表面走向内部，我们很快就会意识到，大国必然面临着"多导致乱"的诅咒，那么，大国真正要处理好的问题就不再是"怎么变大"或者"怎么变得更大"，而是"怎么才能大而不乱"或者"怎么才能让多变成和谐的一"，如何在多样性当中求得统一性，是大国长盛不衰的核心所在。

从表面进入实质，我们就会冷静下来，罗马巨大的优势和巨大的麻烦是并存的。如果不能有效地处理大麻烦，大优势实际上是不可持续的。世界就是这样，人不能只想收获好的一面却拒绝坏的一面，好坏总是纠缠在一起的，看懂了好坏纠缠的逻辑，才能把握住文明的精华，也才能真正帮助我们走向未来。

所以，第二步是，从简单思维到复杂思维。

面对"大"的时候，很多人想出来的办法都是把"小"放大。这种思维的本质是算术累加，就像平时吃饭，面多了就多加点儿盐，盐多了再添点儿面。但是，世界上很多事情，尤其是那些高级的、重要的事情，用这种简单思维是想不通、行不通的。科学技术史上有一个很著名的例子：飞机的发明只有超越了模仿鸟类的"鸟飞派"简单思维，进入几乎看不见、摸不着的空气动力学的复杂思维，才是可能的。人按照鸟扑腾翅膀的原型，无论怎么样改变自己，都不可能飞上天。只有通过机械去解决升力、动力、操控三大问题，人才能坐上自己制造的飞机飞上天。思维转换是认识"大"的关键。

古代有两种非常经典的方案来面对"政治共同体做大了怎么办"的难题。

第一种是古希腊人的"细胞分裂"。我在《西方史纲》里谈过，古希腊城邦不愿意扩大自己的规模，一旦人口超过了城邦承载的限度，他们就选择移民新建城邦，派一批人去找一个新地方把母国的政治、经济、文化复制一遍。[1]这种细胞分裂的模式让希腊成了一个城邦组成的世界，整个地中海沿岸和岛屿洒满了希腊城邦，它们在经济上高度合作、在文化上高度共享，但

_____

[1]　李筠：《西方史纲：文明纵横3000年》，岳麓书社，2020年，第26—40页。

在政治上只是松散的同盟关系。希腊人的细胞分裂实际上是认识到"大"以后主动采取措施拒绝了"大"。

第二种是中国儒家的"家国同构"。如果一个小共同体经营得很成功，就把它的经验变成大共同体的原则。这是我们中国人的基本思路。想想《大学》的八条目：格物、致知、正心、诚意、修身、齐家、治国、平天下。[1]一个人德性有多好，就管理多大的地盘，如果德性完满，成了圣人，就该去管理整个天下。中国古代的基本社会政治结构是家国同构，家族和王朝的结构是相同的，治国和治家都是要仁民爱物。《大学》的八条目是家国同构的道德和心理支撑，也是家国同构的实践路径和秩序图景。家国同构实际上是认识到"大"以后主动采取措施把"大"当作"小"来处理。

但很显然，"大"和"小"不只是数量多少的问题，在很多时候，它们之间存在着性质的差别，复杂思维就显得十分必要了。举一个简单的例子。一个人如果想少生病，最好注意个人卫生，勤洗手、勤洗澡。但如果是几万人、几十万人、上百万人集中地生活在一个城市当中，人口密度非常高，健康问题就不是让所有人勤洗手、勤洗澡那么简单了。公共卫生不等于所有人一起把个人卫生搞好，它涉及城市规划、用水和污水管理、食品安全、医院和卫生所分布等大问题，都需要妥善安排，而且还要主动地把这些系统并网，连接成一个更大的系统。科学思维特别强调"量级"这个概念，它从科学的角度最好地说明了"大"和"小"存在本质差别，"大问题"不是"小问题"的解决方案放大就能处理得了的。

罗马是西方历史上最大的政治共同体，它所面临的问题之大、之难、之深，不是城邦、封建领地、王国能够相提并论的。在它们之中出现的问题，在罗马都出现过，但在罗马出现的问题，它们甚至都想象不到。大问题必须用复杂思维来解决，而罗马，就是我们操练复杂思维最好的演武场。

所以就必须走到第三步，从各不相干到连为一体。

多元要能够连为一体，才是真正的"超大规模共同体"。在这本书当中，我通常会用"帝国"这个词来代表。如果多元因素各自为政，罗马人

[1]　朱熹：《四书章句集注》，中华书局，2012年，第三至一三页。

过罗马人的，日耳曼人过日耳曼人的，埃及人过埃及人的，犹太人过犹太人的，就没有罗马帝国。怎么样才能过到一起去呢？多元如何能够融为一体呢？答案是：秩序。

"秩序"按照最一般的理解是有条理、不混乱。怎么才能让超级多元、不同性质的种族、政治、经济、文化在一起还能有条理、不混乱呢？我们必须把秩序进一步升级来理解：秩序是数量庞大、异质化程度高的多元元素之间复杂的、有韧劲儿的动态稳定关系。元素各不相同，多种多样，却还能通过复杂的机制，有韧劲儿地联系在一起，形成动态的相互依赖、相互扶助、相互成全的状态，共生共荣。各种要素进了这个大家庭能各自找到自己的位置，和别的成员相处好，自己获得成长，也帮助别人成长，大家合作共赢，这就是秩序。作为统治民族，罗马人必须为新加入的民族找到合适的位置。太喜欢清一色，太强调"非我族类，其心必异"，是做不成帝国的。

可以想象，如果一个民族是一个点，它大概需要从政治、经济、文化、社会几个方面和罗马人、和罗马治下的其他民族形成稳定的关系，那么，罗马帝国就是一张超级复杂的蜘蛛网。如果考虑到每一条线都不尽相同，这张蜘蛛网就更复杂了。罗马固然武功盖世，但只是凭借武力的话，是织不成这张网的。亚历山大英年早逝，我们没有机会见识他的文治，但他的部将们几乎没有织网的能力，凭借盖世武功打下来的庞大帝国也就随之解体了。罗马最令人惊叹的地方不是能打，而是打下来以后能管，能把如此多元的要素整合成一个和平繁荣的帝国。

所以，超大规模共同体的终极秘密就是如何在多元因素之间建立稳定联系，把它们连为一体。元素的数量增加，它们之间的异质性程度，它们之间的连接渠道，渠道的建立方式和维护成本，渠道的危机应对能力和自我修复能力，就是我们考察秩序的关键变量。这本书就是用这样一套方法去剖析罗马，理解大国必须拥有的多元性、复杂性和统一性。

这本书分成三章来谈罗马：王制时代、共和时代和帝国时代。这看上去似乎是按照历史顺序展开，不过就像《西方史纲》一样，我不是顺着讲故事，而是挑选一个个重要的节点来透视罗马。从王制到共和再到帝国，重要的不是时间的展开，而是超大规模共同体的生成和升级，里面的要点和逻辑才是最重要的，需要留意各种通则的探讨。每一章的第一节是这一章的导论，把整个时代的面貌和线索先集中展现出来。然后，再选取具体的重大事件来说明时代的特点。这些具体的重大事件之间存在着紧密的逻辑联系，甚至会超出自己的时代，影响下一个时代。就像罗马，她超越了自身，注入了后世，扩展到全世界。

第一章
王制时代

罗　马　史　纲

1.0 王制时代：罗马最初的基因

罗马的历史从王制时代开始，她的起点和所有民族一样是从野蛮迈入文明的挣扎。而"一切野蛮民族的历史都从寓言故事开始"[1]，罗马和所有民族一样，神话和传说填满了她起源的时代。现代史书通常并不喜欢讲这些神话和传说，比如《剑桥插图罗马史》就几乎对王制时代只字未提。[2]但神话和传说并非毫无价值，我们仍然可以从中观察到罗马最初的基因。人类学、神话学、考古学、历史学、政治学和其他学科其实已经为捕捉神话背后的真相提供了重要的工具。[3]这一章是一种冒险的尝试，想要一窥迷雾中的蛛丝马迹，正是它们变成了日后罗马的经纬。

谈罗马的王制时代，任务是要弄清楚"罗马的童年"。心理学告诉我

---

[1] 维柯：《新科学》（上册），朱光潜译，商务印书馆，2018年，第123页。

[2] 参见沃尔夫主编《剑桥插图罗马史》，郭小凌等译，山东画报出版社，2008年，第一、二章。

[3] 参见维柯：《新科学》（上册），朱光潜译，商务印书馆，2018年，第二卷。摩尔根：《古代社会》，杨东莼等译，商务印书馆，1981年，第二编第十一、十二、十三章。马林诺夫斯基：《巫术科学宗教与神话》，李安宅译，上海社会科学院出版社，2016年，第117—125页。韦尔南：《神话与政治之间》，余中先译，生活·读书·新知三联书店，2005年，第261—342页。谢维扬：《中国早期国家》，浙江人民出版社，1996年，第五章。李学勤主编《中国古代文明与国家形成研究》，云南人民出版社，1997年，第二篇。张光直：《中国青铜时代》，生活·读书·新知三联书店，1999年，第358—393页。王玉哲：《中华远古史》，上海人民出版社，2003年，第四章。

们，一个人的童年经历会给他留下或明或暗的重要特质[1]，其实一个民族也一样。弄清楚罗马的童年经历，非常有助于我们理解她后来为什么会长成巨人。

先来明确一下罗马成长的大致轮廓。罗马的历史大致可以分成三个阶段，这本书也大致按这三个阶段分成了三章：从公元前753年到公元前509年是王制时代，是罗马的童年；公元前509年到公元前27年是共和时代，是罗马的青壮年；公元前27年到公元476年是帝国时代，是罗马的中老年。

这四个年份，也就是四个时间节点，都发生了重大的事情，标志着罗马进入新阶段。公元前753年，罗马建城；公元前509年，国王被逐，王制结束，共和建立；公元前27年，屋大维成为奥古斯都，共和结束，帝国启程；公元476年，罗马沦陷，西罗马帝国覆灭。

现在我们一起走进罗马的童年，看看她是一个什么样的"天才少年"。我从"天才少年"的成长当中提炼出罗马成为巨人的基因，那就是：用永不枯竭的进取心勤恳务实地让自己变得强悍。这里有三个要点：进取、务实、强悍。

进取

永不枯竭的进取心是罗马长成巨人最重要的内在动力，而这种动力就来自罗马的童年经历。

我们总是会当事后诸葛亮，以为罗马后来成了世界霸主，她一定是天才儿童，出身不凡，一路都是优等生。不不不！罗马的童年完全是差生逆袭的典型。用盐野七生阿姨的话说，罗马人在同时代的"小朋友"中间智力不如希腊人，体力不如凯尔特人和日耳曼人，技术不如伊特鲁里亚人，经济不如迦太基人。[2]让罗马人逆袭的内在动力，是他们的进取心，而他们的进取心

---

[1] 心理学的关于儿童心理发展的理论很多，其中的经典是阿德勒的《自卑与超越》（曹晚红译，中国友谊出版公司，2018年）。

[2] 盐野七生：《罗马人的故事》（Ⅰ 罗马不是一天建成的），计丽屏译，中信出版社，2011年，第9页。用人类学方法科学分析罗马诞生前后意大利半岛居民的状况，参见蒙森：《罗马史》（第一卷），李稼年译，商务印书馆，2004年，第二、三章。

来自他们对自己所处位置的判断。什么判断？罗马处于边缘，若不奋起，只有灭亡。

是的，没错，边缘！罗马是一个从边缘地带崛起的城邦。我们已经非常习惯把罗马当成世界的中心，她怎么可能是边缘呢？她后来成了世界中心，但她一开始确实是边缘。"罗马的最初历史成了一部十分独特、典型的'边疆史'。"[1]

稍微对罗马的地理位置有点印象就知道，罗马位于亚平宁半岛的中部，位于这只"高筒靴"的膝盖附近，罗马看上去就是整个半岛的中心，它怎么会是边缘呢？

回到最初，看看罗马诞生之时亚平宁半岛上的势力划分，就明白了。实际上，整个亚平宁半岛被两股势力瓜分。一股势力是从北边来的凯尔特人，宽泛来说就是日耳曼人的老祖先，他们在苦寒的欧洲大陆待不下去，一批一批往南迁徙，先来到了高卢，也就是今天的法国，然后翻过阿尔卑斯山，就进入了亚平宁半岛。罗马建成的时代，他们已经是高筒靴大腿部分的主人了。

另外一股力量从海上来，对，就是希腊人。他们是海上民族，他们把"细胞分裂"的新建城邦游戏玩遍了整个地中海，不只是亚平宁半岛和西西里岛，他们的移民城邦往西建到了西班牙，往南建到了北非。在亚平宁半岛上，希腊人逐渐占据了下半部和西西里岛，也就是高筒靴的小腿、脚掌部分和它踢着的这个足球。西方哲学史上有一个著名的故事，柏拉图去叙拉古教导那里的国王，实现"哲学王"的梦想。[2]叙拉古就在西西里岛上。它长期都是西西里岛的霸主，甚至对亚平宁半岛上的脚掌部分都很有影响。也就是说，亚平宁半岛的下部和西西里岛是希腊文化圈的范围，属于

---

[1] 沃尔班克、阿斯廷等编：《剑桥古代史》（第七卷第二分册 罗马的兴起至公元前220年），胡玉娟、王大庆等译，中国社会科学出版社，2020年，第34页。关于罗马的自然地理状况的详细分析，参见Nathan Rosenstein and Robert Morstein-Marx (eds.), *A Companion to the Roman Republic*, Oxford: Blackwell Publishing, 2006, Chapter 5.

[2] 柏拉图：《柏拉图书简》，彭磊译注，华夏出版社，2018年，第52—136页。泰勒：《柏拉图——生平及其著作》，谢随知等译，山东人民出版社，2008年，第10—13、713—714页。

希腊世界。[1]

这个时候就很明确了，罗马正好处在北方的凯尔特人和南方的希腊人之间，她是在双方还没来得及把亚平宁半岛瓜分完的时候在夹缝中建立起来的，她对两个世界来说都是边缘。

夹缝中求生存的罗马当然是南北双向突进。"从有记录的历史一开始，她就是一个不间断的征服国家。"[2]不过，凯尔特人和希腊人太不一样了，罗马对付他们的策略自然也不一样。问题是，把他们挤压到哪里罗马才算是安全了呢，就可以满意了呢？我们没有办法在地图上画出安全线，更重要的是，我们没有办法在生存保卫的进取心和外部扩张的进取心之间画出一条明确的心理界线。罗马从一个小小的边缘城邦成长为囊括世界的大帝国，最内在的动力就是从夹缝中逼迫出来的进取心。

务实

有进取心的孩子多了，为什么罗马成了第一名？这就需要我们来看第二点：勤恳务实。

我在《西方史纲》里谈过罗马人的性格："罗马人的'人设'是典型的'农民—士兵'，在家老实种田，出门认真打仗。这种类型的人通常具备勇敢、忠诚、朴实的品格，有时甚至有些木讷。"[3]作为罗马人格化身的老加图，在自己的著作里理直气壮地说："最坚强的人和最骁勇的战士，都出生于农民之中。"[4]罗马人的这种性格完全对得上勤恳务实，但这里有一个大

---

[1]　关于希腊通过兴建移民城邦进而在整个环地中海地带形成希腊世界的解说，参见伯里：《希腊史》（Ⅰ），陈思伟译，吉林出版集团，2016年，第二章。哈蒙德：《希腊史》，朱龙华译，商务印书馆，2016年，第一卷第三章。布克哈特：《希腊人和希腊文明》，王大庆译，上海人民出版社，2012年，第92—104、225—242页。

[2]　芬利：《古代世界的政治》，晏绍祥、黄洋译，商务印书馆，2013年，第80页。

[3]　李筠：《西方史纲：文明纵横3000年》，岳麓书社，2020年，第85页。参见丛日云：《西方政治文化传统》，黑龙江人民出版社，2002年，第243—247页。

[4]　加图：《农业志》，马香雪、王阁森译，商务印书馆，2013年，第2页。

问题，那就是：勤恳务实和澎湃的进取心怎么兼容？

一般来说，勤恳务实的老实孩子都没什么大野心，大概率就老老实实成了普通人；有进取心的孩子呢，都不太循规蹈矩，大概率不好好踏踏实实做功课。罗马人居然把勤恳务实和进取心完美地兼容在一起，其中必有奥妙。这个奥妙在于罗马人的政治务实。此话怎讲？

罗马天然面对南北两路不同的竞争者，作为后起小邦，她必须理解他们的优点和弱点，而且切切实实地制定出不同的应对策略，这些不同的应对策略之间还不能相互打架。我们看看罗马天生的两路竞争者就容易理解了。

北方的凯尔特人，高大勇猛，暴躁易怒，自由散漫，随性而居。他们的组织还不够成熟，还没有实现集权过程来造就一个大国王。所以，尽管他们很能打，却也没有周详的计划去开疆拓土。不然的话，罗马的立锥之地都成问题。怎么样对付这样一个内部松散的大邻居？罗马得有打得了硬仗还能步步为营的本事。

南方的希腊人是商业民族，做生意，不爱打仗，所以各个城邦之间的贸易和文化联系很紧密，政治和军事同盟关系却很松散。所以他们也没有通过武力占领亚平宁半岛的行动。做生意，找到一个一个好地方建贸易据点才合算，打打杀杀不是希腊人的强项，也不是他们惯用的手法。怎么样对付这样一个生财有道又学富五车的邻居呢？罗马得学习他们的长处，同时又得找到他们的短处，要变得有钱有文化，但必须有自己紧密的政治和军事同盟。

罗马为了应对环境的多元性，必须扩展自身的多元性，而且必须把多种优点融会贯通。对付凯尔特人的套路和对付希腊人的套路不一样，哪怕是军事上的战略战术都不一样，何况军事行动必须用不同的外交策略、经济方略、文化战略来支持。罗马人确实很多时候都以武力取胜，但罗马人从来都不用蛮力，在军团胜利的前后左右，罗马人有各种非军事的战略战术全面支持。也就是说，罗马人手里不是只有军团一张牌，到哪里都跟对手死磕，而是讲究轻重缓急，讲究合纵连横，讲究战后治理。这样一来，罗马自身的多元性、复杂性、统一性就处于不断的锤炼当中，去周围所有的邻居里取其精华。

有一个例子最典型地说明罗马的政治务实，就是著名的"罗马人劫夺萨宾妇女"的故事。据罗马人深信不疑的传说，国父罗慕路斯带着3000兄弟选了罗马这个地方建了自己的城，但是，没有女人，部落就无法繁衍，所以必须去外边找。对萨宾部落连蒙带骗，罗马成功地掠夺了一批萨宾妇女。两个部落也即将展开大决战。但此时的萨宾妇女已经是罗马人的妻子，她们在战场上呼喊自己的父亲和丈夫。两个部落最终放下武器，协商合并。妇女，成为两个部落合并的纽带，罗慕路斯也坦然地和萨宾首领分享统治权，也让萨宾大家长们加入元老院，用同等的政治权力换取两个部落的全面融合。[1]

　　这虽然是传说，但里面暗藏着罗马成长的重大秘密，那就是"联盟"，罗马政治务实的最重要的体现就是建立各种各样的联盟。仗是一定要打的，可打完了怎么办？如果将战败者全部变成奴隶，罗马有多少军队可以控制多少奴隶、控制多大的地盘呢？罗慕路斯有3000兄弟，如果一直处于高度紧张状态的话，恐怕用不了几次部落大决战就打光了。一个国家如果一直处于与世界为敌的状态当中，其实是长不大的。所以，联盟意味着战争中的敌对关系必须在战后安排中转化为盟友关系，化敌为友是联盟的核心任务。打一个通俗的比方，打仗打赢了叫吃进来，联盟搞好了叫消化。吃下来，消化不了或者消化不良，能吃不是等于找死吗？

　　在萨宾战争的案例当中，罗马不仅是化敌为友，甚至是化敌为我，萨宾人成了罗马人。生活在罗马帝国早期的希腊人普鲁塔克，用他宽阔的世界眼光衡量萨宾战争的时候做出了这样的论断："罗马之所以能够向着伟大的成功之路迈进，在于它与被征服的城邦尽释前嫌，联合起来共同努力。"[2]盐野七生女士继承了普鲁塔克的这种看法，并在长达15卷的《罗马人的故事》当中把它贯穿到底。不是把萨宾战争传说的重心放在劫夺、战斗、战争，而是放在联合、融合、整合，才是分析"罗马何以伟大"的正解，从普鲁塔克

[1] 李维：《建城以来史》（前言·卷一），穆启乐等译，上海人民出版社，2005年，第41—53页。普鲁塔克：《普鲁塔克全集》（Ⅰ 希腊罗马名人传），席代岳译，吉林出版集团，2017年，第50—61页。盐野七生：《罗马人的故事》（Ⅰ 罗马不是一天建成的），计丽屏译，中信出版社，2011年，第30—33页。

[2] 普鲁塔克：《普鲁塔克全集》（Ⅰ 希腊罗马名人传），席代岳译，吉林出版集团，2017年，第54页。

算起，这已经是延续了2000年的悠久传统。

不过，以政治联盟为核心的联合、融合、整合不能停留在简单的部落合并，它必须步步升级。罗马变得越来越大，就必须对归顺或者降服的部落区别对待，不是谁来了都可以自动变成罗马人的。于是，联盟在区别对待的过程中自然就演化出一个同心圆结构，亲疏远近有差别，权利义务有差别，投入多少财政、军事、文化资源有差别。用联盟关系搭建起来的同心圆结构就是罗马处理多元性、复杂性和统一性的基本框架。我们可以把务实的政治联盟看成罗马可持续成长的基本路径。

强悍

有了进取心，有了务实的政治联盟作为成长路径，关键问题就来了，也就是第三点：强悍！

什么是强悍？一个人块头大、力气大是强悍，一个国家、一个文明呢，怎么样才能算是块头大、力气大呢？靠制度！只有制度能把一盘散沙的乌合之众变成纪律严明的军队，只有制度才能让诸多力量形成一个稳定的结构。而制度通常是超越人的直觉的，就像人想飞，往长上鸟儿的翅膀这个方向去努力是错的。如果把制度单纯地想成纪律，让所有人听话，千万人合成一人，当然也是错的。

在这里，我的结论是：罗马之所以强悍，是因为她的制度好，她的制度好是因为这些制度能让各种人群发挥出自己巨大的力量并形成合力。用通俗的话讲，好制度就是能把多元合为一体。这是罗马发展壮大不那么容易直接观察到的秘密，也是本书关注的核心议题。在关于罗慕路斯的传说中，我们已经能看到罗马制度的基本框架。具体细节，下一节会一一拆解。

罗马人通过制度带来的强悍把多元的资源不断聚拢，他们勤恳务实的特质也逐渐固定下来，他们微观上的个人品质和宏观上的共同体品质也就逐渐形成了。世人都觉得罗马人长于实践、短于理论。罗马人的光辉形象通常是大将军、政治家、法学家、工程师，和希腊人哲学家、文学家、艺术家、科学家的形象形成了鲜明的对照。制度，是人的行为规则，它会内化到人心里，强有力地塑造人的内在价值（品质）；价值，是制度的内在标准，它会外化为人们共同遵守的规矩，支撑着制度的良好运转和不断改进。制度和价值不能截然分开，它们之间的关联虽然曲折，但是非常稳定而强健的。从罗马人的品质和制度之间，我们已经看到了端倪，下文我们还会不断深入分析二者之间的关系。

　　总体而言，在王制时代，天资一般的罗马在凯尔特人的世界和希腊人的世界之间的夹缝中求生存，她的进取心让人佩服，她学会了用务实的政治联盟让自己持续地发展壮大，而制度则让罗马把逐步积累起来的力量固定成稳定的结构，她意气风发地走向成熟。

1.1　国父：罗慕路斯的遗产

罗马在王制时代特点就非常鲜明，那就是以永不枯竭的进取心勤恳务实地让自己变得强悍。所谓强悍，就是要有自己的好制度，把诸多力量整合成一个稳定的结构。前文已经透露过罗慕路斯带兄弟们劫夺萨宾妇女的故事。这一节就专门用罗慕路斯来分析罗马制度的基本框架，以及制度和国父的关系。

罗慕路斯的神话

话说大约公元前1200年左右的特洛伊战争——对，就是古希腊《荷马史诗》里说的大统帅阿伽门农和大英雄阿喀琉斯为兄弟去抢回绝世美女海伦攻打特洛伊，最后用木马计获胜的那场战争——结束后，特洛伊王的女婿，也是女神维纳斯之子埃涅阿斯乘船逃跑。最终，他逃到了罗马附近，当地的国王把女儿嫁给了他，王位也让他继承。

王位不知道传了多少代，到了公元前800年左右，埃涅阿斯家族的两兄弟共同继承了王位，弟弟谋害了哥哥，还杀了他所有的男性后裔以绝后患，就剩下一个女儿还让她做了必须终身守节的维斯塔贞女。但这位公主受到战神马尔斯的青睐，生下了双胞胎，哥哥叫罗慕路斯，弟弟叫雷穆斯。他们被扔进台伯河，但母狼养活了他们。他们长大之后，为母亲和外公报了仇，成为罗马的新王。

随后，他们放弃老城，另寻新地，在罗马安营扎寨。此时，弟弟被哥哥杀死，有的说是因为凭借观鸟确定王的大小次序，有的说是弟弟挑衅越过了界墙。无论如何，罗慕路斯成了唯一的王，公元前753年4月21日成了罗马建城的官方纪念日。[1]

作为建国之父，罗慕路斯不只是因为杀了自己的亲弟弟，成了唯一的统治者，更是因为后世对罗马国家而言最重要的制度，据说都是他创立的。主要有以下三点：

第一，国王是最高统治者，他是共同体的宗教、军事、政治的最高领导人，由公民大会选举产生。

第二，元老院是咨询机构，由国王挑选100名世家大族的长老组成，为国王提出忠告和建议。

第三，公民大会是立法机构，由全体市民组成，当然，只包括成年男性，他们的职责是选举国王，对国王咨询元老院之后提出的法律和政策做出表决，包括宣战的决定。

有了规矩就可以展开行动了，最重要的行动就是前文讲过的劫夺萨宾妇女并通过分享统治权壮大部落的故事。

罗慕路斯统治了罗马39年。在举行阅兵式的时候，乌云密布，狂风暴雨，之后罗慕路斯不知所终。无论他是成神而去，还是被元老院谋杀，但毫无疑问的是他被当成了神来敬拜，成为罗马的象征。[2]

---

[1] 维吉尔：《埃涅阿斯纪》，杨周翰译，译林出版社，2018年。李维：《建城以来史》（前言·卷一），穆启乐等译，上海人民出版社，2005年，第25—41页。普鲁塔克：《普鲁塔克全集》（Ⅰ 希腊罗马名人传），席代岳译，吉林出版集团，2017年，第37—48页。盐野七生：《罗马人的故事》（Ⅰ 罗马不是一天建成的），计丽屏译，中信出版社，2011年，第16—19、28—31页。比尔德：《罗马元老院与人民》，王晨译，民主与建设出版社，2018年，第45—61页。

[2] 李维：《建城以来史》（前言·卷一），穆启乐等译，上海人民出版社，2005年，第57—59页。普鲁塔克：《普鲁塔克全集》（Ⅰ 希腊罗马名人传），席代岳译，吉林出版集团，2017年，第49—50、65—71页。盐野七生：《罗马人的故事》（Ⅰ 罗马不是一天建成的），计丽屏译，中信出版社，2011年，第33—34页。

如何解读神话

罗慕路斯的神话故事讲完了，我们一起去看看背后暗藏的机关。

找到机关，得先有钥匙。最基本的，我们得先解决一个问题：什么是对待神话传说的正确态度。答案是：做侦探，而不是听故事。

学历史的第一步就是做侦探，懂得辨别真假。面对上古史，这个问题尤其要紧，因为所有的上古史都充斥着神话传说，都存在史料不可信的问题。

用罗慕路斯做例子，我们来看看材料来源和解读材料的方法，以后再碰到神话传说的时候，就不会只是听个故事了。有关罗慕路斯的一切，都是神话，类似我们中国上古传说中的黄帝。也就是说，关于他的故事，并不一定是历史事实，这些故事都没有办法证实，甚至找不到考古证据支持。不过，历史学家们对这类神话传说的态度很不一样。

古代的大历史学家普鲁塔克在《希腊罗马名人传》里面把罗慕路斯写了个仔仔细细，但他也明确交代这是他听来的故事，还交代了说故事的人其实还是可信的。[1]大史学家李维明确说，"那些建城前或即将建城时所流传下来的，与其说适合于纯粹的史记，还不如说适合于富有诗意的故事"。[2]总的来说，生活在公元1世纪左右的普鲁塔克和李维，独立地记录了他们在那个时代听到的故事，有自己客观的判断和对读者的交代，已经很了不起了。这很像生活在西汉的司马迁收集整理了当时的人都深信不疑的黄帝传说。

另一个极端是现代的大历史学家蒙森，他的《罗马史》不仅是公认的史学巨著，而且文采飞扬，获得了诺贝尔文学奖。他遵循"历史是科学"的信条，他就没怎么提罗慕路斯的故事。他是用考古学、人类学、民族学的资料和方法去还原罗马的早期历史。现代历史学讲证据，不容许装神弄鬼，而且会用科学的眼光去剖析古代史籍当中记载的神话以及作者的立场、意图和

---

[1]　普鲁塔克：《普鲁塔克全集》（Ⅰ　希腊罗马名人传），席代岳译，吉林出版集团，2017年，第37—71页，尤其是第37—40页。

[2]　李维：《建城以来史》（前言·卷一），穆启乐等译，上海人民出版社，2005年，第19页。参见迈尔斯：《李维的罗马建城叙述的基础与思想观念》，载娄林主编《罗马的建国叙述》，华夏出版社，2020年，第2—56页。

方法。[1]

我选择讲罗慕路斯的故事，但我的态度是谨慎的。我们这么办：所有神话传说虽然不是信史，不能够对细节和神秘因素太当真，但它们也不是一无是处，全不可用。奥妙在于，"'奠基'是回溯性建构"！[2]也就是说，起源或者建国的神话传说是后人对他们先辈的塑造。我们可以把它们当作文化的密码来破译，结合考古学、人类学、民族学的科学证据来挖掘神话传说中的真实，但更重要的是挖掘神话传说中反映出先民们建立了什么样的政治关系，至少是讲神话故事的"后人"能够理解的、褒奖的、批判的政治关系；看看这些理解、褒奖和批评怎么样占据那个时代的心灵，成为他们政治标准的重要来源。

王制时代的罗马，我们大致都用这种方法来解析。而且，需要注意的是，即便是后世有公认的信史记载，也不见得其中的每一个字都是真实准确的。司马迁的《史记》是公认的信史，但里面也有很多语焉不详之处，还有很多自相矛盾之处，都有待后世的侦探去破解谜团。[3]同样，罗马史上的大历史学家们的记录也有很多问题，甚至有过之而无不及。

事实的考订自有专业的历史学家去做。我们在这里最需要明确一个重要的视角差别，甚至是态度差别：古人写历史的态度和我们看历史的态度不一

---

[1] 蒙森：《罗马史》（第一卷），李稼年译，商务印书馆，2004年，第一章。参见兰克：《历史上的各个时代》，杨培英译，北京大学出版社，2010年，编者导言第9—20页、正文第6—18页。莫米利亚诺：《现代史学的古典基础》，冯洁音译，华东师范大学出版社，2015年，第四、五章。沃尔班克、阿斯廷等编：《剑桥古代史》（第七卷第二分册 罗马的兴起至公元前220年），胡玉娟、王大庆等译，中国社会科学出版社，2020年，第三章。汤普森：《历史著作史》（上卷 第一分册），谢德风译，商务印书馆，1996年，第四、五章。顾颉刚编：《古史辨》（第一册），海南出版社，2005年，第1—57页。

[2] 比尔德：《罗马元老院与人民》，王晨译，民主与建设出版社，2018年，第63页。关于罗马王制时代诸王神话在罗马历史上的演变过程，可参见Nathan Rosenstein and Robert Morstein-Marx (eds.), *A Companion to the Roman Republic*, Oxford: Blackwell Publishing, 2006, pp. 125-133.

[3] 中国古代对史籍的考证辨析就已经非常发达，比如清代学者赵翼在其《廿二史劄记》（中华书局，2005年）第一、二两卷中就考订了很多《史记》的模糊或者讹误之处。再比如，《史记》最著名的三部解释著作《索隐》《集解》《正义》在很多问题上的解释也不尽相同，甚至相互冲突，解释甚至进一步把《史记》存在的问题复杂化了。参见司马迁：《史记》，中华书局，2007年。

样。我们接受的是现代的史学观念，认为历史要忠实地记载真相。但古人写史的时候，就是写故事。History，拆开了，就是"他的故事"。在罗马历史上，几乎所有的历史学家写作都不是为了忠实地记录真相，而是用故事宣扬他们的政治、道德、宗教观念。波里比阿写《通史》是为了证明罗马的成功是因为政治制度的优良，李维写《建城以来史》是为了弘扬罗马传统美德，普鲁塔克写《希腊罗马名人传》是为了阐发他的柏拉图主义哲学，他们都故意地让材料和叙述为自己服务。文和史在古时候不分家，古时候的史书就是文学作品，甚至很多史书里存在着明显的文学炫技。可以明确地说，罗马的拉丁文走向成熟就和文史一体创作的蓬勃发展大有干系。[1]其实中国古代文史一体的现象也非常明显，经典史籍的文学性也非常高，鲁迅先生评价《史记》为"无韵之离骚"就是指明了它的文学美感[2]。确实，如孟子所说，"尽信《书》，则不如无《书》"[3]。史籍也不能尽信。

　　但是，我们不能走到另外一个极端，不能因为史籍不如我们认定的那么客观，不能因为史籍有文学性，就认定史书都不可信，都是骗人的。史书不如我们所想的那么直接地记录真相，也不会一无是处，它们是作者们用自己的眼光和笔法记录了他们认为最重要的事情。所以，我们得去和他们谈，关于这个问题，波里比阿，你怎么看；李维，你怎么看；普鲁塔克，你怎么看。这不就是侦探在盘问证人嘛！除了人证，还有物证，考古学就是物证的来源。想要真相，只有自己做侦探去查，没有人会拱手送到我们面前。事实上，罗马诸王可能是故事编排出来的，但重要的是，记在他们名下的那些事情是不能凭空捏造的，剖析这些事情才是我们追索上古罗马面貌的关键所在。[4]需要说明的是，我在下文频繁地使用他们的名字，以他们为主角剖析

[1]　汤普森：《历史著作史》（上卷　第一分册），谢德风译，商务印书馆，1996年，第四、五章。王焕生：《古罗马文学史》，中央编译出版社，2008年，第22—24、101—105、168—214、328—332、432—437页。刘津瑜：《罗马史研究入门》，北京大学出版社，2014年，第58—86页。

[2]　鲁迅：《鲁迅全集》（第九卷），人民文学出版社，2005年，第435页。

[3]　朱熹：《四书章句集注》，中华书局，2012年，第三七二页。

[4]　沃尔班克、阿斯廷等编：《剑桥古代史》（第七卷第二分册　罗马的兴起至公元前220年），胡玉娟、王大庆等译，中国社会科学出版社，2020年，第100—108页。

罗马早年的各种情况，更多地是为了方便把事情说清楚，而不是对他们的存在毫无反思地予以确认。

国家与国父

有了正确的态度，就可以解剖罗慕路斯传说了。从罗慕路斯的传说中，我们至少可以看到三个要点。

第一，神圣性是一个共同体的立身之本。

罗马人把自己的始祖追溯到爱神维纳斯和战神马尔斯，标记自己独特的神圣起源，是部落摆脱原始状态、超越动物性的群居、走向文明的起点。

赫拉利在《人类简史》里面有一个很有意思的观点：人的独特能力在于会讲故事，讲故事使人能够超越身边的世界，去想象、感受、利用看不见的力量。于是人就可以团结起来、组织起来，形成超越所有动物的合作，不仅可以围攻山羊、马鹿，还可以围剿犀牛、大象。[1]

神的后裔这种传说，是共同体的故事能够讲下去的起点，也是支点。只有把起点和支点树立在神那里，它们才是不可动摇的，故事就能不断讲下去，神圣性就能得到不断地生产，共同的根就种下了，合作也就能不断展开。

其实这种套路并不是罗马人独有。我们翻一翻《史记》的前五篇，黄帝、炎帝是中华始祖，还有尧、舜、禹、汤、文、武，他们都是神的后裔，都可以把血缘追溯到黄帝。再去翻一翻其他"二十三史"里面的开国皇帝《本纪》，很多都明确说这个王朝的开国皇帝是上天眷顾而生，身体有特殊机能，心智自幼年就非同一般。[2]

---

[1] 赫拉利：《人类简史》，林俊宏译，中信出版社，2017年，第一、二章。

[2] 关于五帝的传说，见司马迁：《史记》（第一册），中华书局，2007年，第一至一二六、一七三页。关于汉高祖刘邦、唐太宗李世民、宋太祖赵匡胤、明太祖朱元璋、清太祖努尔哈赤神奇出生的记载，见司马迁：《史记》（第二册），中华书局，2007年，第三四页；班固：《汉书》（第一册），中华书局，2007年，第一页；欧阳修、宋祁：《新唐书》（第一册），中华书局，1975年，第二三页；脱脱等：《宋史》（第一册），中华书局，1977年，第二页；张廷玉等：《明史》（第一册），中华书局，1974年，第一页；赵尔巽等：《清史稿》（第二册），中华书局，1976年，第一页。

这里我们来对比一下古罗马和古代中国的"王"。相比而言，古代中国的"王"比古罗马的"王"承载了更多的神圣性。

罗马的"王"在拉丁文里是rex，它的意思是宗教祭司、战争领袖和裁判官，它没有高高在上的味道，只是"大家长"。罗马的"王"虽然也有特殊的服饰、礼仪、权力、威严，但罗马人民绝大多数时候不把他们当神来看待，他们就是一国之主。[1]而且，王制时代的七位国王当中，只有首任国王罗慕路斯被封神，其他的都没有取得神的地位。更重要的是，王制没有给罗马人民留下好印象，共和时代甚至颁布法律决定"向往王制"是犯罪。[2]从罗马的演化来看，共同体的神圣性之所以给了罗慕路斯，重点落在他是"国父"（founder或者founding father），rex本身并没有沾到多少光。显然，从rex的文化含义如此之薄我们可以看出，罗马把她起源的神圣性主要给了国，而不是她的领袖。

古代中国则不同。古代中国的权威字典《说文解字》是这样解释"王"字的："天下所归往也。董仲舒曰：古之造文者三画而连其中，谓之王，三者天、地、人也，而参通之者王也。孔子曰：一贯三为王。"[3]贯通天、地、人"三才"者为"王"。很明显，古代中国把王设想成了经天纬地的奇才，赋予了他巨大的使命，民族的兴衰和文明的存亡都寄托在他身上。在中国传统当中，"王"的分量几乎重得无以复加，《史记·五帝本纪》就是最好的证据。

分析神话传说，最重要的就是看它怎么为共同体设计神圣故事，找到古人自认为的"神圣根源"。神话就是一个文明共同神圣根源的载体。有了

[1] 李维：《建城以来史》（前言·卷一），穆启乐等译，上海人民出版社，2005年，第39—41页。蒙森：《罗马史》（第一卷），李稼年译，商务印书馆，2004年，第59—61页。格罗索：《罗马法史》，黄风译，中国政法大学出版社，1994年，第27—32页。马尔蒂诺：《罗马政制史》（第一卷），薛军译，北京大学出版社，2009年，第72—77页。库朗热：《古代城邦——古希腊罗马祭祀、权利和政制研究》，谭立铸等译，华东师范大学出版社，2006年，第162—167页。
[2] 格罗索：《罗马法史》，黄风译，中国政法大学出版社，1994年，第203页。
[3] 许慎：《说文解字》，中华书局，1978年，第9页。参见苏舆撰：《春秋繁露义证》，钟哲点校，中华书局，1992年，第三二八至三二九页。杨阳：《家国天下事》，中国政法大学出版社，2015年，第54页。

根，我们才是同类，才拥有共同的文化身份，才负有同样的历史使命。

第二，神圣故事的主角是人，不是神，神圣品质必须人格化，国父就是国家神圣品质的人格化载体。

罗慕路斯英明神武、雄才大略、骁勇善战、吃苦耐劳，罗马人最想要的那些好品质都集中在了他身上，他简直就是完美无缺，他成了神，他消失之后很快就被封神。这种事情在人类历史上从来没有停止过。

读一读美国史，华盛顿就是完人；走一走美国，华盛顿的纪念碑随处可见。[1]华盛顿当将军打仗其实败多胜少，这种事实只有徐弃郁教授会不识相地在他的《美国简史30讲》里讲出来，但他也是为了反衬华盛顿的政治立场坚定、政治智慧高超，强调华盛顿是美国独立战争、制宪会议和建国大业的"定海神针"。华盛顿是美国的象征，既然是象征，就必须是完美的。

这里的重点不是简单地说不要迷信大人物，而是要去仔细观察和理解这些神一般的大人物，也就是各个国家、各个王朝的国父们。关于他们的伟大形象中究竟蕴藏着什么样的价值被不断地宣扬，怎么宣扬的，合情合理吗，自然而然吗？那些令人不快的事情是怎么被掩盖、扭曲、重写的？比如罗慕路斯杀弟让人很困惑，是不是像唐太宗在玄武门之变杀了哥哥弟弟一样让人难以轻松咽下？想清楚国家符号这个问题，我们就知道，国父作为一个国家的价值系统的核心符号，必须隐匿缺点，让他光辉万丈。因为这关系到一个王朝、一个国家，乃至一个文明在起点上的神圣品质，他是神圣品质的人格化载体，他的英明神武、完美无缺、光辉万丈是王朝、国家、文明的优良品质得以不断稳定生产的起点和支点。

第三，国父的最大功绩是留下制度，他仙逝了，人民可以凭借他留下的

---

[1] 乔治·华盛顿完美形象的简洁描写可见《华盛顿选集》中的《华盛顿生平》（《华盛顿选集》，聂崇信等译，商务印书馆，2012年，第344—346页）。在同代人当中，即便是不愿意把华盛顿吹捧成"加图"的革命元勋本杰明·富兰克林，在提及他时仍然处处表示高度的敬意。参见Benjamin Franklin, *The Autobiography and Other Writings on Politics, Economics, and Virtue*, Alan Houston (ed.), Cambridge: Cambridge University Press, 2004, p. xiv, 236, 339, 356. 美国对华盛顿隆重纪念并由此展开爱国主义教育的典型场所是华盛顿特区的独立纪念碑、华盛顿故居弗农山庄和约克敦战役纪念馆。

制度继续好好生活下去。

国王、元老院、公民大会的制度框架真的是罗慕路斯创设的吗？从人类学的资料来看，这种框架在原始部落里面并不稀奇。纯粹的狩猎为生的部落，人人都是猎手，平等就是自然的事情；到了农耕社会，有了剩余，能够养活宗教、文化、政治、军事人才，不平等就出现了，等级制开始发展。如此说来，罗慕路斯的罗马处于即将告别狩猎社会，一只脚已经踏入农耕社会的门槛上，他不能不有所集权，又不能太过集权。平等，反映在公民大会有权力，元老院有权威；集权，反映在有唯一的王，有长老们集成的元老院。罗马制度不是天上掉下来的，而是罗马人在相应社会发展阶段的主动选择。

罗慕路斯究竟有没有干这个事儿其实没那么重要，重要的是，没有他，罗马在那个发展阶段的制度大致也是可以确定的；而有了他，后世的罗马共和国就把他们引以为豪的制度追溯到了国父的头上，这套制度的神圣性就有了源头、有了基础、有了底气。反过来，事情就变成：罗慕路斯给罗马留下的最重要的遗产是国家的制度。

国父是作为国家制度系统的拱顶石存在的。如果说国父被神化是共同体存续必须将自己的核心价值"道成肉身"，那么，国父与制度的一体化，就是共同体存续必须将自己的基本制度"肉身化道"。后世的人民生活在好制度当中，都会感念国父创制的功绩，国父和制度就一体化了，不仅能够让人民主动地遵纪守法，而且很容易产生凝聚力和向心力。"一个共和国或一个王国的安宁，不是仰赖一个在生前进行英明统治的统治者，而是仰赖于一个能够把它创建得即便在其死后它仍能自我维系的统治者。"[1]留下好制度给人民带来好生活，正是国父永垂不朽的唯一法门。

---

[1] 马基雅维利：《李维史论》，薛军译，吉林出版集团，2011年，第184页。引文根据英文版略有调整，参见Machiavelli, *The Discourse*, trans. Leslie J. Walker, S. J., London: Penguin Books, 2003, p.142. Machiavelli, *Discourses On Livy*, trans. Harvey C. Mansfield and Nathan Tarcov, Chicago & London: The University of Chicago Press, 1998, p.36. "国父是国家制度的创立者"这一观点最强有力的阐发者正是现代政治学之父马基雅维利，他在《君主论》和《李维史论》两部名著当中通过各种角度和史实论证了这一观点。参见马基雅维利：《君主论》，潘汉典译，吉林出版集团，2011年，第五至十一章。马基雅维利：《李维史论》，薛军译，吉林出版集团，2011年，第一卷第九、十、十八、十九、二十、二十六章。

1.2 立教：精神统一的雏形

罗慕路斯的建国神话实际上没有把罗马的建国大业讲完，因为建国不光是找到一片土地，宣布我们是这里的主人。国家（文明）是一个复杂系统，它的创建当然不可能一步到位。"罗慕路斯统治结束时，罗马尚未完全成形。每位继承者都做出了自己独特的贡献。"[1]这一节我们谈努玛的立教神话，它是建国大业的延续，是建国大业走向纵深的关键环节。我们还是先讲神话故事，再来拆解它背后的机关。

努玛的神话

话说罗慕路斯乘风而去，罗马失去了王，原来的拉丁部落和后来的萨宾部落各怀鬼胎。元老院在新王的人选上争执不下，想出了一个馊主意，让元老们轮流做王，一人值半天的班。显然，无论是从效率来看还是从象征来看，这样的安排都是无效的。最后，在混乱不堪的情况下，拉丁部落推选萨宾部落的贤人努玛为王，萨宾部落高兴地答应了。不过努玛本人却是在使者们的几经劝说之下才从乡下出山的，他当王的时候已经40岁了。

---

[1] 比尔德：《罗马元老院与人民》，王晨译，民主与建设出版社，2018年，第93页。原文"成型"一词有误，故改为"成形"。

这位声名远播的智者到底会怎么当国王呢？李维和普鲁塔克给出的结论基本是一致的："他准备用正义、法律和道德重新塑造这座靠暴力和武力缔造的城！"[1]

努玛一上任就做了两件事。第一，解散罗慕路斯设立的王国护卫队，也就是拆除了王与人民之间的隔离墙。第二，专门为罗慕路斯设立了祭司，把国父封神这件事情坐实。

尽管做完这两件事，努玛得到了广泛的拥戴，但他的王位不见得就完全稳固了，因为他不像罗慕路斯以武起家，他手里没有兵。努玛是一位智者，普鲁塔克几乎把他写成了历史上的第一个"哲学王"。当然，和普鲁塔克的立场吻合，努玛在他笔下的形象是柏拉图派的哲学家。[2]努玛为王的43年当中，他大概干了这么三件大事。

第一，系统建立罗马宗教。

罗马原来是有一些宗教习俗的，努玛把它们系统化、制度化了。他建立和完善了祭司制度，规定了维斯塔贞女的权利和义务，设置了祭司长作为共同体的最高宗教官员，规定了祭司们守护圣火和各种神灵的职责，并让祭司们对人民生活的习俗做出指导。罗马人的生老病死、婚丧嫁娶都有宗教的指导了。

而这些习俗成了罗马法律的基础，很多早期的法律就是从明文确定习俗来的。因此，努玛也被看成罗马的大立法者。普鲁塔克的《希腊罗马名人传》当中就是把努玛和斯巴达的创始人来库古放在一起，标明了他们是大立法者。[3]

[1] 李维：《建城以来史》（前言·卷一），穆启乐等译，上海人民出版社，2005年，第63页。引文根据英文版略有调整。参见普鲁塔克：《普鲁塔克全集》（I 希腊罗马名人传），席代岳译，吉林出版集团，2017年，第123页。马基雅维利：《李维史论》，薛军译，吉林出版集团，2011年，第181页。

[2] 普鲁塔克：《普鲁塔克全集》（I 希腊罗马名人传），席代岳译，吉林出版集团，2017年，第114—139页，尤其是第114—120页。参见李维：《建城以来史》（前言·卷一），穆启乐等译，上海人民出版社，2005年，第61—67页。

[3] 普鲁塔克：《普鲁塔克全集》（I 希腊罗马名人传），席代岳译，吉林出版集团，2017年，第114—139、140—144页。参见马基雅维利：《李维史论》，薛军译，吉林出版集团，2011年，第177—184页。

第二，系统改进罗马历法。

在努玛之前，罗马人的日子过得有点儿颠三倒四，因为一年到底有多少天、多少月，每个月到底有几天，都很混乱。造成这种情况的原因是罗马先民想兼顾太阳的运行和月亮的运行，却没有兼顾好。对于一个农耕民族，如果天时掐不准，地就没法种了。中国以二十四节气为标志的农历，就是典型的农业生产时间表。

努玛的历法靠近了太阴历，就是依据月亮的盈亏来计算，我们熟悉的十二个月就出现了。从现在十二个月的英文名字里，我们还能看到努玛的痕迹。比如一月是January，就是用来纪念罗马的战神雅努斯，等等。原来一年的第一个月是March，一看就知道它和战神马尔斯（Mars）有关，罗马人把第一个月给了他们最崇拜的神，而努玛把它改成了三月。这样一来，每年大约稳定地有355天，剩下那些零头呢，20年闰一次。此外，努玛还规定了节假日，还有祭祀日，罗马人什么时间该干什么就明确了。这对于一个浑身有使不完的劲儿、天天想打仗的民族是最好的调整和约束。这套历法一直到650多年之后的恺撒手中才被改动。[1]

第三，全面建立职业团体。

划分职业的办法使用了富有宗教意味的手法。努玛让重要的职业都有了团体，而且每个团体都有自己的保护神。努玛尤其把技术工人团体分得很细，木工、陶工、染工、铁匠等等，都有自己的公会。

努玛这么干真是太聪明了！从经济生活来看，每个职业有了自己的组织，组织成员就容易团结和协作，经济效率就会提高。但更重要的是，他们就不会老惦着自己的部落身份，你是拉丁人，我是萨宾人。这样一来罗马内部部落之间争斗的基础就被大大削弱了，内部的融合也就大大加速了。

---

[1]　普鲁塔克：《普鲁塔克全集》（Ⅰ 希腊罗马名人传），席代岳译，吉林出版集团，2017年，第134—136页。盐野七生：《罗马人的故事》（Ⅰ 罗马不是一天建成的），计雀屏译，中信出版社，2011年，第36—38页。关于儒略历（恺撒历）的具体规定，详见阿德金斯等：《古代罗马社会生活》，张楠等译，商务印书馆，2016年，第435—438页。

文治的重要性

努玛的故事讲完了，我们来看看故事后面的机关。

第一，努玛立教的故事，核心是说，一个共同体要长大、要成熟，必须有优秀的文治。

伟大的国家当然是文治武功都彪炳史册。在罗马的开端，罗慕路斯代表了武功，努玛代表了文治。用我们中国人熟悉的话来说，罗慕路斯是罗马的太祖，努玛是太宗。

太宗的文治，核心是创造一个属于罗马的独特的精神世界。从努玛的举措推断，罗马进入文明的门槛，就必须对自己的精神世界有一番系统性的打造。如若不然，他们就和打打杀杀的部落没什么区别，谈不上走上了伟大的征程，甚至和围捕犀牛、大象的原始部落也没太大区别。

有了宗教，用宗教（社会）学的逻辑来说，罗马就有了一整套生产意义的机制和体系，罗马人做任何事都是有意义的，也就是有安顿、有奔头的。罗马人这才算正式地跨过了文明的门槛。意义的稳定生产和物质的稳定生产对一个文明来说同样重要，因为它们根本就不可能分开。没有稳定的意义生产，人就很难被主动而有效地组织起来展开分工与合作，物质生产也就不可能稳定。因为"人是悬在由他自己所编织的意义之网中的动物"[1]，没有意义就没有方向，行为自然也就毫无章法，只能停留在满足本能的初级阶段，许多人被组织起来展开有效的分工与合作就无从谈起。

所以，努玛的立教就是根本性的立法，就是通过宗教教会罗马人规矩。内心有了规矩，意义的生产就可以稳定下来，人与人之间的交往与合作也就稳定下来，整个共同体也就稳定下来了。[2]就像国家制度需要国父作为人格

---

[1] 韦伯名言，转引自格尔茨：《文化的解释》，韩莉译，译林出版社，1999年，第5页。韦伯在很多地方谈过类似的观点，其中《比较宗教学导论》里精要地谈到人通过"世界图像"才能将自己行为合理化的原理，参见韦伯：《韦伯作品集》（Ⅴ 中国的宗教 宗教与世界），康乐、简惠美译，广西师范大学出版社，2004年，第477—480页。

[2] 关于宗教在罗马的诞生、运行和作用的经典政治学分析，参见马基雅维利：《李维史论》，薛军译，吉林出版集团，2011年，第181—195页。关于罗马宗教的简要描述，参见阿德金斯等：《古代罗马社会生活》，张楠等译，商务印书馆，2016年，第七章。

化的载体，宗教制度也需要。于是，罗马人的集体记忆把这个天大的功劳记在了努玛头上，努玛是大立法者。

第二，努玛改历法的故事，核心是说，罗马从狩猎采集的原始社会正式进入了农耕社会。

为什么这么说？这就必须解释一下历法的社会经济功能。准确的历法对每天追捕山羊、马鹿，围剿犀牛、大象的猎人们来说，没什么用处。他们最多区分一下春夏秋冬就行了。而农民则不同，日子如果不能精确到月和日的话，农业生产没有办法展开。想想我们中国的节气，谷雨、小满、芒种、小暑等等，都是固定日子提醒农民们农田里这个时候该干什么活了。

努玛历法的出现，并不一定是他如何夜观天象、占星如神，而是反映了农业生产对历法的要求已经积累了一段时间，而天文观察和测算的能力在那个时候终于满足了这个要求。没有这么高精度的历法，农业就很难壮大。在各大古老文明里，历法的成就通常都与农业文明的成熟直接相关，美索不达米亚、埃及、中国都非常典型。[1]

然后，合理的是，有了稳定的农业，才能靠农业的剩余养活统治者、祭司、政府职员。如果农业得不到历法的"天时"保障，本身就跌跌撞撞，部落甚至会退回狩猎采集社会。统治者、祭司、政府职员即便出现，也无法稳定和壮大，文明就会被卡在萌芽阶段，不比隔壁的原始部落强多少，甚至很容易就被消灭。这绝不是危言耸听。因为狩猎部落的人们都是猎人，也就是很好的战士，而农业社会的人们成了农民，论单兵的战斗力显然是不如猎人的。只有靠组织，形成有组织有纪律的军队，才能从总体上克服微观上的劣势。也就是说，在跨入文明的门槛的节点，政府和军队搞不好的话，生存甚至受到彪悍的旧部落的严重威胁。[2]罗马在进入共和时代之后还被北方的蛮族攻占过呢，这个故事后文会提到。所以，文明是靠强大的系统性战胜了原始部落，而不是所有地方都绝对比原始部落强。而历法正是我们理解人类跨

---

[1]　张闻玉：《古代天文历法讲座》，广西师范大学出版社，2017年，第一讲。参见韦尔斯：《世界史纲》（上卷），吴文藻等译，广西师范大学出版社，2002年，第176—177页。

[2]　戴蒙德：《枪炮、病菌与钢铁：人类社会的命运》，谢延光译，上海译文出版社，2018年，第六、十四章。摩尔根：《古代社会》，杨东莼等译，商务印书馆，1981年，第二编第二章。

入文明门槛前后的艰难险阻和关键突破的重要标志。

这里再把"时间"往前引申一步：人类的时间刻度是在一步步精细化的。在狩猎采集时代，春夏秋冬就够用了；在农业时代，月和日准确，就够用了。到了工业时代，月和日的准确就不够用了，得到分和秒。到互联网和航天时代，都要精确到毫秒了，毫秒级的时间精度要求甚至已经通过手机游戏中的"刷新率"这个指标成了很多年轻朋友的日常要求。时间刻度越精细，产品也就越精细，反过来说也成立，产品的精细程度要求时间刻度必须精细。如果整个人类的发展是这样，我们个人何尝不是这样，一个人时间管理的单位越小、越精细，他的效率就越高，因为要安排、协调的事情越要合理。当然，这样一来管理成本也就越高，要求的管理能力也就越高，自然也就越忙、越累，尤其是心累。

第三，努玛建立职业划分和职业团体的故事，核心是说，比起战争，经济是让一个共同体走向融合的更好的办法。

努玛一生的努力以和平著称。他在位43年，战神雅努斯神殿的大门就没开过，这意味着罗马军队没有出城征战。史家们都强调这一点。[1]这里折射出来的是努玛通过文治的方法，用和平的方法改造罗马人的生活和品性。如此说来，让日常生活、让经济生活过得有滋有味、秩序井然，就特别重要。

职业划分如此之细，可以看出来罗马早期的经济多样性就已经非常可观了！尤其是把技术工人团体分得很细，木工、陶工、染工、铁匠等等，都有自己的公会，特别体现了罗马早期的经济多样性。显然，在公元前700年左右的努玛治下，站稳脚跟的罗马已经会聚了各式各样的人才。如果说罗慕路斯建城之时带领的3000兄弟大多是经济职能比较单一的"农民—士兵"，那么，经过五十年的迅速发展，罗马人的经济职能已经明显分化了。除了罗马人自己的分化，其他部落能工巧匠的加入也同样重要。有了"工"，不仅原来的"农"会得到更好的辅助、利用和开发，"商"的出现也会随之而来。

---

[1] 李维：《建城以来史》（前言·卷一），穆启乐等译，上海人民出版社，2005年，第63页。普鲁塔克：《普鲁塔克全集》（Ⅰ 希腊罗马名人传），席代岳译，吉林出版集团，2017年，第136—137页。盐野七生：《罗马人的故事》（Ⅰ 罗马不是一天建成的），计丽屏译，中信出版社，2011年，第35页。

因为工人不像农民，他们必须通过交换才能吃上饭，而交换的事务越来越多、越来越密，专司交换的商人自然就出现了。从努玛的社会团体整合来看，文明之初的"农——工——商"发展逻辑依稀可辨。

在社会管理和社会团结方面，努玛的立法行动和整编宗教、创建历法同样伟大，因为把多样性变成统一性的关键是制度，这里的关键制度是公会。有公会，公会里供着保护神，同业协作就容易展开，不同行业也相互尊重、相互合作，因为他们的保护神都是好朋友嘛！这样一来，罗马社会就变得厚重了，和平的生活对罗马人来说不仅是可能的，而且很舒服。罗马人就安居乐业了。

引入一个简单的心理学通则，职业团体立法和人民安居乐业之间的关联就非常容易理解，相应地，我极力赞扬"努玛真是太聪明了"也就容易理解了。心理学里面有个著名的理论叫作"社会认同"。塔菲尔和他的同事们在1970年和1971年做了一批实验，他们把被试者随机分成两组，两个小组内部都没有成员互动甚至素未谋面，小组也没有结构、没有等级、没有规矩，小组成员也没有历史和文化的联系，但在进行资源分配工作的时候，任何一个人都会偏袒自己的组员。塔菲尔由此证明了"社会认同"的存在。[1]人只要被放进任何"群"里，就会自动产生认同、偏袒，甚至是对"对照组"的敌意。这是一件自然而然的事情，不需要灌输，不需要纪律，也不需要共同经历。人天生就会区分"我们"和"他们"。"社会认同"理论几乎从心理学的角度证明了亚里士多德的名言"人是天生的政治动物"[2]。

用社会认同理论来看努玛的职业团体立法，他建了新的群来分罗马人，改变了罗马内部的社会认同基本框架。此话怎讲？如果没有职业团体立法，罗马人就是一个个部落组成的拼盘，你是拉丁人，我是萨宾人，原有的部

---

[1] Henri Tajfel, "Experiments in Intergroup Discrimination," *Scientific American* (Nov.1970): 96–102. Henri Tajfel, M. G. Billig, P. R. Bundy and Claude Flament, "Social Categorization and Intergroup Behaviour," *European Journal of Social Psychology* (Apr.–Jun.1973): 149–178.

[2] 亚里士多德：《政治学》，吴寿彭译，商务印书馆，1994年，第7页。引文根据英文版略有调整，参见Aristotle, *Politics*, trans. C. D. C. Reeve, Cambridge: Hackett Publishing Company, 2017, p.4.

落—血缘关系就会"阴魂不散"。遇到内部纠纷或外部艰难的时候，原有部落认同就会被强化，罗马就很容易走向分裂。

职业团体也是群，是群就会分，它们之间也会竞争，甚至斗争，不也会造成罗马的分裂吗？这种可能性是有的，但比原有的部落认同带来的危险要小得多。因为职业团体是经济团体，经济竞争是生活问题，生活问题归根结底是要大家协调、协商、协作解决。部落是血缘团体、宗教团体，它们之间的竞争就不只是简单的生活问题，而很可能变成"我们和他们的血不同""我们和他们的神不同"的生死问题，生死问题的解决办法一般是战争。

我们可以把努玛的职业团体立法看成：他故意用更和平、更安全、更容易改变的新群，淡化了更暴力、更危险、更不容易改变的旧群，从而使得内部冲突和分裂的可能性被大大降低，相应地，团结友爱和协作互助的可能性大大增加。[1]大立法者"四两拨千斤"地改变一个社会的基础，努玛干得真是漂亮。即便努玛只是传说，但罗马能够在自己的幼年就主动调整社会认同的基本框架，促成部落的加速融合，也是非常明智的做法，是巨大的文明成就。即便放在将近3000年后的今天，仍然是社会政治管理的好办法。

有了宗教、历法、职业团体，罗马内部的融合就变得稳定而坚实，忠诚朴实就和刚健勇武结合到了一起，罗马人传统的"农民—士兵"形象也就逐渐形成了。罗马人把刚健勇武的品质记在了罗慕路斯头上，而忠诚朴实的品质则记在了努玛头上。

罗马的多神教

上文已经提到罗马的诸神是好朋友了，谈过了努玛的宗教、历法和职业团体，就可以讨论这一节的核心问题了：多神教如何在精神上统一了罗马。

从努玛的所有作为反映出来的是，罗马需要宗教，但并不狂热。宗教把世俗生活的意义维护好就行，不需要高调地拎起世俗生活跟着它转。罗马人

---

[1]　参见蒙森：《罗马史》（第一卷），李稼年译，商务印书馆，2004年，第175—185页。

的宗教很"实惠"。[1]

用宗教（社会）学的话说，罗马宗教是典型的"人—人"模式。这个概念的意思是人和神之间的关系很像人和人之间做交易，说穿了就是人和神之间是"交换关系"。[2]罗马诸神并非高高在上，不食人间烟火，恰恰相反，供奉是必须的。你保佑我，我供奉你，人神之间互惠互利。这对非常习惯"烧香—还愿"模式的中国人来说一点都不难理解。

供奉对于罗马的神和鬼都特别重要，和古代中国的民间宗教一样，"断了香火"的神和鬼都会变成"游魂野鬼"，他们会生出怨气，鬼会为害人间，神会挑起祸端。相应地，盛大的仪式（尤其是祭祀仪式）和宏伟的神庙，都是给神的献礼，以神的名义开party（派对），让大家欢聚，给大家发福利，神当然高兴。这就引来下一个问题，罗马得在诸神之间搞平衡。虽然主神朱庇特、战神马尔斯、美神维纳斯格外受到青睐，但别的神也不能怠慢。[3]其实罗马的诸神世界和我们熟悉的大家庭差不多，那么，作为子民和他们相处的罗马人，行为也就不难理解了。这样的人—神关系不是很"其乐融融"吗？

人和神之间其乐融融的"人—人"模式，只能是多神教。相应地，一神教都是"人—神"模式，也就是说人无条件信赖神，人绝对服从神，人不能和神做交易。历史上的早期大文明，基本上都和罗马一样，古苏美尔、古巴比伦、古埃及、古代中国、古代印度，都是这样。为什么？我斗胆提一个看

[1] 参见Nathan Rosenstein and Robert Morstein-Marx (eds.), *A Companion to the Roman Republic*, Oxford: Blackwell Publishing, 2006, Chapter 10. Jörg Rüpke (ed.), *A Companion to Roman Religion*, Oxford: Blackwell Publishing, 2009, Chapter 5. Harriet I. Flower (ed.), *The Cambridge Companion to the Roman Republic*, Cambridge: Cambridge University Press, 2004, Chapter 8.

[2] 李林：《宗教学10讲》，"03.'人—人模式'：信徒能和神灵谈条件吗？"，得到App，2020年。李林：《信仰的内在超越与多元统一：史密斯宗教学思想研究》，社会科学文献出版社，2015年，第128—130、158—170页。莫斯：《礼物——古式社会中交换的形式与理由》，汲喆译，商务印书馆，2019年，第22—27、83—94页。

[3] 库朗热：《古代城邦——古希腊罗马祭祀、权利和政制研究》，谭立铸等译，华东师范大学出版社，2006年，卷一。参见蒙森：《罗马史》（第一卷），李稼年译，商务印书馆，2004年，第十二章。阿德金斯等：《古代罗马社会生活》，张楠等译，商务印书馆，2016年，第332—369页。

法：这些大文明都是上天眷顾的富家子弟，气候好、土地好、植物动物好，所以率先进入了文明，他们需要意义，但压力不大。

反过来看一神教。犹太人最早发明了一神教，后来是耶稣发明了基督教，穆罕默德发明了伊斯兰教，它们同出一脉。拿一神教的大哥犹太教来看，《圣经·旧约》简直就是犹太民族的苦难史，他们是穷人、是草根、是底层、是奴隶、是被迫害者，他们对意义的需求特别高。苦难如果不是神的考验，经历苦难才能通向最终的圆满，那生活的意义是什么？难道认命，自己这个民族就是天生的贱民吗，就活该受罪吗？那他们的生活怎么撑得下去啊！

回到罗马，富家子弟罗马的先天条件很不错，自己后天又很努力，而且成长的过程很顺利，没什么苦难要神帮他们撑过去。那么，一个多姿多彩的诸神世界就是合情合理的选择，和他们的多姿多彩的政治、经济、社会生活完全吻合。诸神有别，但他们是好朋友，和罗马现实生活的世界是高度对应的，足以解决他们对意义的需求。于是，诸神和谐的局面就足够了。反过来，也可以把罗马的诸神和谐看成罗马世俗生活多元一体的精神写照。[1]

不过，合理的另一面是，如果罗马人民的苦难增加，多神教很可能就不够用了，那么基督教成为国教就合情合理了。因为"人—人"模式通过人神交易的方式实现意义生产的过程会被苦难打断。在深重的苦难甚至是接二连三的深重苦难面前，人会迷茫、会怀疑、会动摇：我不是酬神了吗？神为什么不保佑我了？那我信他还有什么用呢？这个时候，"人—神"模式因为其绝对性反而更好地保证了意义生产的稳定性，就很容易取而代之。这是后话，后文会仔细分析这个问题，也就是帝国晚期的罗马为什么皈依了基督教。

---

[1]　关于各大宗教起源的比较有很多深刻而有趣的研究和讨论，参见韦伯：《韦伯作品集》（Ⅷ 宗教社会学），康乐、简惠美译，广西师范大学出版社，2005年，第一章。缪勒：《宗教学导论》，陈观胜、李培茱译，上海人民出版社，2010年，第二、三讲。伊利亚德：《神圣的存在：比较宗教的范型》，晏可佳、姚蓓琴译，广西师范大学出版社，2019年，第一章。赫拉利：《人类简史》，林俊宏译，中信出版社，2017年，第十二章。

1.3 融合：小国寡民的扩容

罗慕路斯和努玛的故事里，罗马给我们的感受是奋发有为、向前飞奔。不过，罗马的壮大不是一蹴而就的，而是一个过程，一个多元因素不断融合凝聚的过程。一个部落要变成国家，就必然会吸纳新的因素，因而变得多元。将多元打造为一体，"多"才能变成"强"而不是"乱"。这对所有大国来说都是必须妥善解决的问题。

罗马作为历史上最成功的大国，究竟是如何打造多元一体的？她的很多招数在王制时代就已经形成了，在罗马后来的发展过程中不断地出现、升级、完善，值得我们深入剖析。

用三个关键词来概括罗马在王制时代的融合，就是扩张、充实和加固。扩张才能带来体量的扩大，多元因素自然也就汇聚起来；充实就是理顺城邦内部的多元因素，让它们各安其位，城邦也就成长得很结实；加固是用政治军事制度把多元和谐的状态变成规矩，人和规矩形成相互加持的局面。这三个方面代表了融合的三个步骤，三位国王的作为正好典型地诠释了融合的"三步走"。鉴于他们的故事仍然带有神话和传说的成分，我们虽然用他们的名义展开分析，但重点其实不是他们干了什么，而是大约在那个时候罗马有了什么。

特别需要指出，扩张、充实、加固的"三步走"对大国而言不是一次性完成的，而应该成为无尽的循环。从三位国王的故事当中提炼出来的这个模型只是罗马融合循环的第一圈。罗马的壮大意味着她不仅后来跑了第二圈、第三圈，而且每一圈都跑得更大、更高明。所以我们才会看见融合的招数在不断地复现、升级和完善。下面我们就来看看罗马怎么在王制时代跑完了融合的第一圈。

扩张

融合的起点是扩张，反过来看，融合是解决扩张带来的各种问题的方向和措施。并不是所有的扩张都通过武力实现，但罗马确实是通过武力实现的。所以，融合是罗马对武力扩张必然引起的各种问题的回应。

罗马的第三位国王图鲁斯开启了罗马的大规模对外扩张，他也给出了很经典的战后融合方案。大史学家李维的名著《建城以来史》到图鲁斯这里，就写得比较详细了，甚至可以说是绘声绘色。从篇幅上看，李维只用了3页写努玛，用了12页写图鲁斯。后面的国王也相应地写得详细了。有了李维相对详细的记载，复原历史场景的材料更丰富了，不过，"怎么看"的眼光也变得更重要了。我们来看看图鲁斯的作为。

话说努玛病逝，图鲁斯·奥斯提利乌斯被选为国王。他在位32年，在他治下，罗马走上了对外扩张的道路。在图鲁斯一生辉煌的战绩当中，最关键的是他率领罗马灭掉了阿尔巴城。

阿尔巴城实在太重要了！前文讲过了罗马建城的神话。特洛伊的埃涅阿斯乘船逃跑来到了罗马附近，当地国王招他做了女婿，然后还把王位传给他，这个地方就是阿尔巴。罗慕路斯兄弟的外公就是阿尔巴城的国王，这位老国王被他的弟弟杀害，他的女儿也被迫害，于是才有了母狼养活罗慕路斯兄弟的神话。罗慕路斯逆袭成功之后并没有留在阿尔巴，而是和弟弟带着3000男丁找到了罗马这个地方建立新城。账要是这么算，阿尔巴城才是特洛伊王子埃涅阿斯的正统王城，罗马只是旁支。确实，整个拉丁姆地区大大小小的城邦和部落也都认阿尔巴是老大，因为她最根红苗正。

经过罗慕路斯的武功和努玛的文治，罗马这个旁支的力量超过了老大，在图鲁斯手上，罗马要变成老大了。从李维到盐野七生，几乎所有的罗马史作家都对罗马谋夺老大之位发动的阿尔巴战争一片袒护，找了很多理由。比如阿尔巴人寻衅滋事、不守信用、国王昏庸、武功差劲等等。[1]但罗马谋夺老大之位的野心却是明明白白的。

图鲁斯取得胜利后的三个做法，证明了这场战争不是两个城邦之间偶然的擦枪走火，而是宣告罗马的霸权正式启程。第一，战败的阿尔巴国王被两马分尸。李维说：在罗马，这是第一次也是最后一次实施无视人类法律的刑罚。[2]正统王室就此断子绝孙。第二，阿尔巴城被夷为平地，除了神庙，片瓦不留。第三，阿尔巴人全部移居罗马，给予罗马公民权，完全混入罗马本身。移入罗马的阿尔巴大家族也得到了元老院的席位，其中有一个家族叫作尤利乌斯，他们家后来出了罗马史上的头号大人物恺撒。

无论李维的记载是否准确无误，但罗马对外扩张由此启程是确凿无疑的。一个在后来武功盖世的霸主，总要有一个历史追认的辉煌起点，而罗马人把这个起点选在了阿尔巴头上是很有深意的。把阿尔巴连根拔除，目的是取而代之，取代的是阿尔巴城拉丁共主的地位，罗马由此理直气壮地走上了称霸世界的道路。先是拉丁姆地区，然后是意大利，然后是地中海，然后囊括了整个西方世界。

图鲁斯在位32年，战无不胜，战败国倒没有都被他夷为平地，不过大量人口被他迁入罗马却是有的。这个阶段的融合，战败者直接变成罗马人是基本的解决方案。在人类文明当中，尤其在古代，人口众多既是繁荣的标志，也是繁荣的基础。通过战争实现扩张，直接目标就是夺取人口和土地，我们习惯将这种行为叫作"吞并"。

"吞并"里面其实有很多讲究。这个问题大概可以分这么两个层次来考虑。

第一层，战争的目标是不是吞并。如果是，战后安排就必须明确做出，这种安排甚至会影响仗怎么打。因为攻击一方只图战场上的痛快的话，最

---

[1] 李维：《建城以来史》（前言·卷一），穆启乐等译，上海人民出版社，2005年，第81—85页。马基雅维利：《李维史论》，薛军译，吉林出版集团，2011年，第212—213页。盐野七生：《罗马人的故事》（Ⅰ 罗马不是一天建成的），计丽屏译，中信出版社，2011年，第44—46页。

[2] 李维：《建城以来史》（前言·卷一），穆启乐等译，上海人民出版社，2005年，第85页。

后得到一片焦土在经济上是不划算的，在政治上是不明智的，在道德上是不正当的。"战争决不是孤立的行为。"[1]如果战争的目标不是吞并而是痛快，它的性质就不再是具有政治性的行动，而成了孤立的动物性劫掠。劫掠行为对战胜国的成长有害无益，用生物学来比喻的话，这相当于病毒或者病菌致死率极高，迅速杀死宿主之后，自己将失去栖身之地。所以，如果说"战争无非是政治通过另一种手段的继续"[2]，那么，战争必须具有内在的政治性，战争的格局就必须比战场大得多。图鲁斯教会了罗马人"打大仗"。

第二层，战后的安排是不是奴役。这个问题并不完全取决于战胜者是否有菩萨心肠。从第一层我们已经能够看出，战胜者对战败者实行抢光、烧光、杀光的"三光政策"不仅是邪恶的，而且是愚蠢的。但留下的话，留多少呢，怎么留呢？这个时候，战败者的资源禀赋和服从意愿就显得非常重要了。资源禀赋高，留下的可能性就大，比如战败者当中有很多能工巧匠。服从意愿高，留下的可能性就大，因为统治成本低。反过来，如果资源禀赋低，或者反抗太剧烈，甚至两者兼具，战后安排没有办法展开，战胜者就宁愿实行"三光政策"，把战争当作沉没的成本。

这个时候再来看图鲁斯的战后安排，我们就可以分析出罗马扩张的战后安排为什么采取了这么奇特的方案：他直接把战败者变成罗马人。罗马征服周边地区的时候，她其实还是小国寡民，人口的汇入是让她变成大国众民的必要条件和重要途径。当时，战败者离罗马都很近，和罗马在宗教、习俗、族群、经济方面的差异并不大，罗马直接融合他们的难度不高。所以，不分你我，直接一体化，就是可行的，而且是划算的。一旦日后的战败者和罗马的差异拉大，这种办法就不可行了，就必须寻找更妥当的差异化安排。

---

[1]　克劳塞维茨：《战争论》（上卷），中国人民解放军军事科学院译，解放军出版社，1996年，第18页。

[2]　克劳塞维茨：《战争论》（上卷），中国人民解放军军事科学院译，解放军出版社，1996年，第30页。

充实

海量的新迁入人口来自不同的部落，宗教、习俗、文化即便很接近，也不会完全一样，那罗马在融合这些部落的过程中做得怎么样呢？第二步，充实，就变得很有必要了。从罗马第五任国王的故事里，可以找到重要的线索。

罗马的第五任国王叫塔克文·普利斯库斯，他的孙子后来成了罗马王制时代的末代国王，人称"高傲者"塔克文，所以一般就把这第五任国王叫作老塔克文。先来看看老塔克文当上罗马国王的故事。

老塔克文是彻彻底底的外邦人，他的出身证明了罗马社会和罗马政治的开放性、包容性和多元性。他的父亲是从希腊的科林斯逃到伊达鲁里亚地区的，娶了当地大户人家的女儿，但伊达鲁里亚拒绝外邦人融入他们的社会。于是家财万贯的老塔克文决定离开那里，去找一个待他们友好的地方。最终，他来到了罗马。事实证明，他是对的。他用十年时间，成了第四任国王安库斯信任的顾问，甚至被安库斯指定为遗嘱执行人和两个未成年王子的监护人。

老塔克文能登基成为国王，关键时候靠的是演说！演说，这个对后世罗马极端重要的机制，已经登上了罗马历史的舞台。话说上一任国王安库斯病逝，老塔克文毛遂自荐做国王，他在罗马城里做了巡回演说。演说的大意是他虽然来自外邦，但热爱罗马、忠于先王、敬畏神明、尊重法律。罗马人非常欢迎，市民大会让他顺利当选。

现在我们来解剖一下老塔克文当上国王的故事。关于老塔克文的记载是否完全准确并不要紧，要紧的是从中透露出来的罗马社会和罗马政治的开放性、包容性和多元性。罗马人接纳和吸收外邦人几乎是他们建城以来的天然基因。前文提过，拉丁人要是不去抢萨宾人的妇女，他们连延续香火都成问题。他们征战胜利后把战败者都迁来罗马，成为自己的公民。身份的门槛低，融合的步伐就快，壮大的步调就顺。而老塔克文当上国王的故事说明，这种通过融合实现的发展壮大已经非常普遍，达到了非常可观的地步，一个待了十年的移民就能做国王了！

移民十年之后就当上了国王，即便放在今天民主选举总统的国家，都是不可能的事情，比如在美国就不行。美国宪法第二条第一款第（4）项规定："任何人除非生为合众国国民或在本宪法通过时为合众国国民者不得当选为总统。年龄未满三十五岁及居住于合众国境内未满十四年者亦不得当选为总统。"[1]老塔克文既不符合"生为合众国国民"的条件，也不符合居住满十四年的条件。著名影星阿诺德·施瓦辛格曾经当选美国加州州长，但他的政治事业没有更进一步，因为他出生在奥地利。

相应地，公共演说也透露出了罗马社会和罗马政治的开放性、包容性和多元性。据李维说，老塔克文精心准备了演说，还有讲稿。[2]很难断定竞选巡回演说究竟有没有成为老塔克文当选的关键因素，甚至竞选巡回演说是否确有其事都是个问题。但是，这个传说至少明显地反映出罗马很早就已经有了公共演说，而且它已经成为罗马政治生活的重要组成部分。或者可以再退一步，后世罗马人对公共演说的喜爱让他们必须在传说中给它放一个好位置，他们选择了老塔克文。这本身就说明了公共演说在罗马是一种历时悠久的优良传统，它是罗马政治在初始阶段就已经非常重要的政治活动和政治机制。

老塔克文登基之后，发挥他外邦人的优势，改变了罗马的面貌。什么优势呢？他的家乡伊达鲁里亚人的技术优势。伊达鲁里亚人是当时意大利技术最好的族群，老塔克文把他的老乡们都招呼来罗马，干什么呢？当师傅。他们教罗马人修道路、修水渠、修房屋。

罗马人的工程能力是古代世界当中无与伦比的，最著名的例子是罗马大道，所谓"条条大路通罗马"。还有佛罗伦萨的圣母百花大教堂，罗马时代没有完成的穹顶，隔了差不多一千年，在文艺复兴巨匠布鲁内莱斯基手里才完成。[3]罗马人成为古代世界最杰出的工程师，就是从老塔克文招呼他的老

---

[1]　《美国宪法及其修正案》，朱曾汶译，商务印书馆，2014年，第8页。参见汉密尔顿、杰伊、麦迪逊：《联邦党人文集》，程逢如等译，商务印书馆，1997年，第459页。

[2]　李维：《建城以来史》（前言·卷一），穆启乐等译，上海人民出版社，2005年，第99—101页。

[3]　莱茨：《剑桥艺术史：文艺复兴艺术》，钱乘旦译，译林出版社，2010年，第19—21页。昂纳、弗莱明：《世界艺术史》，吴介祯等译，北京美术摄影出版社，2017年，第418—420页。

乡开始的。

据说，作为罗马心脏的古罗马广场在老塔克文手中完成了。而古罗马广场的完工也让本来因为七座山丘而各占山头的罗马人，有了很好的市政道路，可以顺畅地走动联络，变得相熟相亲。罗马人也确实很热爱这个广场，后世很多最重要的建筑都建在了它的里面或者周围，比如元老院、大竞技场、塞维鲁凯旋门、君士坦丁凯旋门等等。罗马工程的大发展从技术的层面印证了罗马通过不断的融合实现自身的壮大。罗马的工程很结实，更重要的是，它们反映了罗马从王制时代就开始把自己内部的社会经济关系打理得结结实实。

加固

有了"充实"还不够，还必须有"加固"，也就是把饱满起来的共同体用制度固定下来，让多元要素变得井然有序。所以融合必须有第三步：加固。罗马的第六任国王完成了融合三部曲当中的最后一步，甚至是最重要的一步。我们先看看他的故事。

他的名字叫塞尔维乌斯·图利乌斯，他的出身又刷新了罗马国王出身的下限，据说他是女奴之子。这是怎么回事？据李维说，塞尔维乌斯的母亲是战败的外邦人，被迁移来了罗马。塞尔维乌斯小时候被老塔克文看中，养在身边。老塔克文一直用心栽培他，还把女儿嫁给了他。

后来，第四任国王安库斯的两个儿子谋夺王位，暗杀了老塔克文。这个时候，王后赶紧差人找了女婿塞尔维乌斯，而不是亲儿子们。丈母娘苦口婆心地劝塞尔维乌斯为王。鉴于事态紧急，元老院支持这一决定，不过市民大会没有来得及开。就这样，塞尔维乌斯成了罗马的第六任国王。

从塞尔维乌斯即位的故事可以看到，罗马在那个时代仍然处于普遍而深刻的部落融合过程当中。培养能干的年轻人，把他变成女婿和政治继承人的做法，可能并不是老塔克文的发明。这种做法后来变得非常普遍，下文我们谈罗马皇帝继承制度的时候会重点再谈这个问题。不过，罗马人喜欢的这种政治继承方式被归功在老塔克文和塞尔维乌斯翁婿头上，成为类似良好安排的第一段佳话。很明显，后世的许多贵贱之分在当时还没有完全明确，融合能够相对轻松地突破身份的界限。

在历史学家的记载当中，塞尔维乌斯也是一位贤王，而正是记在塞尔维乌斯名下的改革，决定性地推动了罗马制度的结构化，就是我强调的"加固"。我们来看看这位贤王的四大举措。

第一，罗马有了城墙。

塞尔维乌斯系统地修建了罗马的城墙。罗马的防务因此发生了巨大的变化，相应地，市政规划也因此有了更强的军事属性。

现在的罗马，城墙已然保留得很完整，很多地方都是著名景点，但这些可见的城墙都是文艺复兴以后修建的。现在的罗马还有一段塞尔维乌斯城墙，就在罗马中央火车站旁边，它确实是古董，不过是公元400年左右新建的，离塞尔维乌斯差了近一千年。

在古代世界，有墙是有城的重要标志。没有墙，到底哪里是城的边界呢？这个问题在和平时期不需要回答，但到了战争时期就会成为大麻烦。城墙在冷兵器时代对防务来说是极其重要的。用军事科学的话说，城墙建得好，守城的人就是内线作战，攻城的敌人就是外线作战。通常而言，在冷兵器时代，内线作战的难度和成本要比外线作战低得多。围城的大军只要有一个口子，只要有一次粮草被劫，只要背对一支援军，就很容易满盘皆输。相应地，守城的军民只要自己不乱阵脚，就总是有突袭撕破敌军防线、和援军夹击敌军的可能。而且，冬天会帮守城军民的大忙，冬天一到围城的大军无论如何都坚持不下去，自动就撤兵了。[1]

有了墙，罗马本身的防务上了一个巨大的台阶。而且，墙加固了城作为国之中心的地位，它相当于让国有了明确的硬核。如此一来，国的政治、经济、文化、宗教都在这个硬核之内迅速成长，国也就迅速壮大。

第二，罗马有了户口。

---

[1] 布克哈特：《古希腊罗马军事史》，励洁丹译，上海三联书店，2018年，第94—95页。参见克劳塞维茨：《战争论》（上卷），中国人民解放军军事科学院译，1996年，第413—422页。克劳塞维茨：《战争论》（下卷），中国人民解放军军事科学院译，1996年，第468—473页。

据李维说，塞尔维乌斯组织了罗马史上的第一次人口普查，合格男丁有83 000人。[1]国家最重要的财富和战斗力是人民，人民的状况搞不清楚，国家就等于不清楚自己的基本盘，有目标、有计划、有方略的发展就无从谈起。有了人口普查，很多重大制度就有了基础，最直接的就是税制和军制。

顺理成章，第三，罗马有了国家。

所谓有了国家，这里特指罗马的基础组织框架，也就是"罗马军队—税收—选举"三位一体的制度。塞尔维乌斯在人口普查的基础上把士兵身份、纳税人身份和政治参与人身份捆在一起，系统地建立起罗马的纵向组织框架。有了这个系统与核心的"王—元老院—公民大会"制度合为一体，罗马国家制度才算真正建立起来。有史学家把这套制度称为"塞尔维乌斯宪法"[2]，虽然不免夸张，也难得到确切证据的证实，但罗马基本制度在王制时代得到了系统化的确立大致是可信的。

罗马的纵向框架是等级制。等级按照财富来划分，所有罗马公民分成了六个等级，越富有的等级要组建的百人队越多，要交的税越多，选举权也就越大。以第一等级为例，他们每个人的家产要在十万阿斯以上，这个等级要出八十个步兵百人队和十八个骑兵百人队，相应地，他们的选举权就是九十八票。后来共和时代的执政官、法务官、营造官、财务官、监察官，都是由百人队大会选举产生。一个百人队一票，百人队里自己协商，拿出统一意见投上一票。这是典型的间接选举制。而百人队又是战斗单位，所以他们一般都喜欢能打胜仗的人来做执政官，因为执政官就是罗马的最高军事统帅。也就是说，改革让罗马形成了民政和军政高度结合的政治体制，财富—军功—选举权—仕途被牢牢地连接在一起，形成一整套国家体制，同时也是个人的激励机制。这个三位一体的制度非常重要，我在后文会反复提到。

这里必须重点说说"公民"。这个概念以及它所蕴含的政治关系是古希腊罗马留给全人类的政治文明的精华。

---

[1]　李维：《建城以来史》（前言·卷一），穆启乐等译，上海人民出版社，2005年，第117页。尤特罗庇乌斯：《罗马国史大纲》，谢品巍译，上海人民出版社，2011年，第3页。

[2]　比尔德：《罗马元老院与人民》，王晨译，民主与建设出版社，2018年，第98页。原文为"塞维乌斯宪法"，此处为统一上下文译名，改为"塞尔维乌斯宪法"。

首先，"公民"（citizen）本身就要求政治共同体是民主政体或者共和政体，雅典是民主，罗马是共和。"公民"天生要求国家是公器，国家必须具有比较高程度的公共性。它针对的是国家属于私人。如果国家是一家一姓的私产，就没有公民（哪怕嘴上或者假宪法里这么叫），而只有子民或者臣民。最微观的原子和最宏观的共同体在公共性问题上是一致的，它们都是尚公抑私。[1]

其次，"公民"的身份由权利来标明，其中最重要的是宪法规定的基本公民权。"公民"的法律内涵就是宪法公民权和其他法律规定的权利。所以，公民总是和宪法、法律很亲近，没有它们对权利的保护，公民就是个空壳。从公民的法律逻辑来看，古罗马比起古希腊，虽然不是"公民"的创造者，却是它的实质铸造者，因为正是发达的罗马法到处规定各种权利，把"公民"填得满满的。[2]最微观的原子和最宏观的共同体在法律属性上是一致的，它们都尊重法律，指向法治。[3]

再次，"公民"的德性由"公民"的义务来体现，来锻炼。有权利必有义务，有宪法公民权的公民就要履行宪法和法律规定的义务。最常见的义务有服从、效忠、兵役、纳税，国家则为公民提供权利、安全和公共服务。公民履行义务，不仅仅是和国家交换利益，更重要的是培养公民的德性，凝聚起公民的共同体。热爱国家、为国尽忠、为国征战、为国纳税，最终目的是公民通过履行义务的行动团结成属于自己的国家。最微观的原子和最宏观的共同体在承担责任上是相互支撑的，它们都以对方的优良为自己的重要目的，甚至是首要目的。[4]

从罗马的塞尔维乌斯和雅典的梭伦开始算，西方的公民政治演化了三千年，现在已经成为人类共同的遗产和政治运行机制。塞尔维乌斯将选举人、

---

[1]　参见丛日云：《西方政治文化传统》，黑龙江人民出版社，2002年，第125—139页。

[2]　罗马法将生物意义上的人和法律意义上的人区分开，创造出"人格"的概念来规定法律上的人的各种权利。参见周枏：《罗马法原论》（上册），商务印书馆，2001年，第106—140页。

[3]　时至今日，宪法公民权不再只是各国宪法第一章的若干规定，它已经发展成为一个非常复杂的体系，详见维拉：《宪法公民权》（美国法精要·影印本），法律出版社，1999年。

[4]　马尔蒂诺：《罗马政制史》（第一卷），薛军译，北京大学出版社，2009年，第151—160页。

纳税人、服役人三重身份合一，打造出了公民的原型，罗马国家的微观基础就铸造好了。她成为一个强国，后来很快就变成共和，就是合乎逻辑的事情。相应地，如果公民的公共性、公民的权利、公民的德性逐渐被侵蚀，共和的微观基础就被破坏了，"服役人—纳税人—政治参与人"支撑的"选举—财政—兵制"都将逐渐瓦解，共和覆灭也就为期不远矣！

最后，罗马有了阵型。

所谓阵型，就是军队分成了前锋、主力、后卫。前锋试探，主力决战，后卫增补。很明显，有了上面的三点，建立了整齐的军制，军队内部的分工就可以展开了，这让罗马军团所向披靡。要知道，部落时代的战争基本上都是一拥而上打群架。凭借组织优势，罗马人很快就横扫了整个意大利，直到碰见战术大师汉尼拔，这套打法才真正遇到了对手。

军事史专家一般对罗马军队有了阵型这件事都给予高度评价。比如，基根在《战争史》当中就是把罗马军队的崛起追溯到塞尔维乌斯的改革，而他给罗马军事史的标题就叫作"罗马：现代军队的孕育地"[1]。简言之，现代军队就是从罗马军队孕育出来的，而罗马军队就是从塞尔维乌斯改革里孕育出来的。怎么组织军队是门大学问，古今中外的兵家都格外重视。古代中国的《孙子兵法》在一开头就讲战争的五个要素是道、天、地、将、法。其中，"法"就是讲军队的组织。[2]到了现代，接近两百年前，人类历史上最杰出的军事理论家德国人克劳塞维茨在他的名著《战争论》当中花了整整一篇（共十八章）来谈军队的组织。[3]

塞尔维乌斯的这四项改革太重要了，它们标志着罗马从一个强大的部落正式进化成一个国家，他"有资格被称为罗慕路斯再世"[4]。一个多元繁荣

---

[1]　基根：《战争史》，时殷弘译，商务印书馆，2010年，第346—347页。

[2]　孙武撰、曹操等注：《十一家注孙子校理》，中华书局，2004年，第一至八页。

[3]　克劳塞维茨：《战争论》（上卷），中国人民解放军军事科学院译，解放军出版社，1996年，第266—364页。

[4]　沃尔班克、阿斯廷等编：《剑桥古代史》（第七卷第二分册　罗马的兴起至公元前220年），胡玉娟、王大庆等译，中国社会科学出版社，2020年，第102页。Nathan Rosenstein and Robert Morstein-Marx (eds.), *A Companion to the Roman Republic*, Oxford: Blackwell Publishing, 2006, p.133.

的部落，有了制度的加固，才算真的完成第一轮的融合。而扩张、充实和加固将会在罗马的成长过程中不断相互加持、相互激励、相互完善，罗马就越做越大了。这些成就都记在了塞尔维乌斯的头上。

图鲁斯、老塔克文和塞尔维乌斯的故事展示出罗马在不断地扩展和融合，抢下盟主宝座、吸纳有才之士、壮大人口、强化技术，然后用制度把所有的力量整编成一个强有力的结构。不过，正当我们以为王制要无往而不利的时候，它却结束了，这都是末代国王惹的祸吗？下一节我们一起去侦破这个案子。

1.4 放逐：背德乱法的代价

罗马王制从公元前753年到公元前509年，传说历经了罗慕路斯、努玛、图鲁斯、安库斯、老塔克文、塞尔维乌斯和"高傲者"塔克文七代国王。末代国王"高傲者"塔克文"葬送"了王制，罗马走向共和。旧时代结束、新时代开启的关键时刻，必然有很多值得深挖的教益。

末代国王的故事

塔克文被放逐标志着罗马王制的结束、共和的开始。在共和就是"政治正确"的罗马，塔克文的形象肯定好不了，就像桀、纣在中国古代史书中的形象肯定好不了一样。我们先看看他做了哪些坏事。

第一，谋权篡位。

塔克文阴谋夺位的故事几乎是悠长的罗马史上层出不穷的狗血宫斗剧的第一幕，李维把它写得绘声绘色，比今天的各种电视剧还要精彩。

剧情大概是这样的。塞尔维乌斯是老塔克文培养的，他当上王之后也照顾老塔克文的后代，把自己的两个女儿嫁给了老塔克文的两个孙子，性情温顺的姐姐嫁给了野心勃勃的大孙子，性情暴烈的妹妹嫁给了老实温和的小孙子。不久之后，姐姐和弟弟两个老实人都死了，哥哥和妹妹两个坏蛋组成了新家庭。本来就不安分的塔克文，在新媳妇的不断怂恿之下，恩将仇报地干掉了自己的岳父塞尔维乌斯，而他的新媳妇乘着马车从自己父亲的身上碾过，送了他最后一程，成了新王后。他们是罗马史上最丧良心的国王夫妻。

第二，恐怖统治。

谋权篡位的塔克文没有得到元老院的认可，也没有得到公民大会的选举，他用恐怖统治来对付所有人，尤其是元老们。很多元老被杀害，很多元老被流放，很多元老被没收财产，罗马城鸦雀无声。塔克文的骂名"高傲者"由此而来。

第三，控制盟友。

塔克文发诏令会盟诸侯，自己却不现身。有盟邦领袖对他的做法和人品提出质疑，他就加以陷害，搞得人家破人亡。他把恐怖统治从罗马城延伸到了整个拉丁同盟。所有的盟友都不敢出声了。

第四，滥用民力。

塔克文掌控局势之后就开始大兴土木，罗马人都抱怨说他们从士兵变成了石匠。

塔克文似乎已经控制了局势，正当他得意的时候，他的宝贝儿子却给他捅了大娄子，这个事情成了塔克文父子被放逐的导火索。这个王子和他的父亲一样嚣张跋扈，他去亲戚科拉提努斯家做客的时候，强奸了他的妻子卢克蕾西娅。这位贞烈女子义正词严地向丈夫、父亲和朋友布鲁图斯申述自己的遭遇之后当场自杀，在呻吟之中她要男人们为他报仇。

现在，缔造共和的主角布鲁图斯出场了。他把卢克蕾西娅的尸体连夜带回罗马城，放在古罗马广场的讲台上，然后发表了激情澎湃的演说，历数塔克文家的罪状，从卢克蕾西娅一直上溯到谋权篡位。最后，他建议罗马人民团结起来，放逐塔克文家族。罗马人民响应了他的号召，对匆匆赶回的塔克文紧闭城门。

就这样，"高傲者"塔克文25年的统治结束了，从罗慕路斯开始的王制也一并结束了。这一年是公元前509年，罗马从此进入了共和时代，布鲁图斯和科拉提努斯成为共和时代的首届执政官。"布鲁图斯"这个名字也就对共和有了特殊的意义，成了共和的符号。[1]

案情介绍完了，我们来剖析一下塔克文被逐背后的关键点。

如何评判国王

虽然国王免不了寻常道德的评判，但个人道德品性并不是解读重大事件的首要标准，尽管大多数历史书都是这么写的。在大多数史书中，塔克文的狡猾、残忍、野心被故意安排在与共和大义敌对的语境当中，政治正确决定了他必须被写成道德败坏的样子。但是，回想一下，作为贤王的罗慕路斯、图鲁斯不也是这样吗？

我并不是说国王就应该在寻常道德面前拥有高高在上的豁免权，而是说寻常道德的审判不应该成为我们评判重大历史事件的唯一标准。因为寻常道德如果成了评判重大历史事件的标准，我们很容易既看不清事，也看不清人。如果我们跟着个人道德品性的褒贬走，那历史岂不是成了道德的大舞台，道德岂不是成了历史的主心骨？确实，有人就是要把历史和道德的关系紧紧地捆绑在一起，孔子作《春秋》而乱臣贼子惧，李维其实也是这样。

道德不是不重要，但道德不是全部，尤其不是学历史的全部，甚至不是中心。我们当然要尊重孔子和李维的看法，从他们的褒贬当中理解当时的人对他们先辈的看法，以便为他们的后人树立正确的标准。但这只是历史中的一个方面。如果当成了全部，历史就会变得很简单，就像京剧脸谱一样容易辨识，那样一来，历史反而变得干瘪了。

而且，把历史中的道德褒贬看得太重，对我们个人的道德判断力来说是一种毒害。关于这个问题，我在"得到大学"的开学典礼演讲里面用卡拉卡拉敕令为例分析过，我把这个演讲的文稿放在了"附录"里。

把这个问题再往前引申一步：太过道德化地看待历史很容易让我们自己

---

[1] 李维：《建城以来史》（前言·卷一），穆启乐等译，上海人民出版社，2005年，第119—151页。盐野七生：《罗马人的故事》（Ⅰ 罗马不是一天建成的），计丽屏译，中信出版社，2011年，第58—62页。

变得虚伪。在高调的道德思维当中，道德激情燃烧，好像真理在握，一个人就很容易思维简单，通常就是划线站队，跟圣人先贤们一起褒奖忠臣良将，一起痛斥乱臣贼子。

但是，道德激情吞食了道德判断力，会对人带来两个方面的巨大伤害。一方面，智识上，人对历史和世界的复杂性会丧失敏感和耐心，变得简单粗暴、顽固不化。[1]另一方面，道德上，人很容易变得心口不一，变得虚伪和傲慢。因为燃烧道德激情的人几乎察觉不到这样一个基本的事实：他自己根本达不到那些已经在他心里无限推高了的道德标准。人和自己的高标准分开了，那就只能嘴上说说，把自己说得道德上光鲜亮丽而已。对别人高要求，对自己却没要求，不是典型的伪君子吗？柏拉图和亚里士多德早就严肃地提醒过，激情必须被节制。[2]必须再追加一句，道德上的激情也不例外。

节制住道德激情，用清明的智识去剖析大人物面对大形势的时候有没有大智慧，才是评判大人物的恰当姿态，也才能捕捉到历史中最有力量的部分。

形势比人强

如果不是个人的道德品性，那么，解读重大事变的重要标准是什么？这不能一概而论，但在塔克文的案子里，就像几乎所有政治大事变的案子里一样，形势是重要标准。我们必须放下激情澎湃的道德评判，先去理智冷静地剖析当时的形势。

王制垮台最重要的原因是塔克文对形势的误判。他最失误的地方在于他高估了自己对罗马的控制力。当然，布鲁图斯迅速抓住了形势也是关键。他

---

[1] 阐发这个主题的著名学问家很多，这里特别需要提到的是两篇经典论文，一篇是韦伯的《学术作为一种志业》，另一篇是伯林的《现实感》。参见韦伯：《韦伯作品集》（Ⅰ 学术与政治），钱永祥等译，广西师范大学出版社，2004年，第153—191页。伯林：《现实感》，潘荣荣、林茂译，译林出版社，2004年，第1—44页，尤其是第23—31页。

[2] 柏拉图：《理想国》，郭斌和、张竹明译，商务印书馆，1986年，第148—152页。亚里士多德：《尼各马可伦理学》，廖申白译注，商务印书馆，2003年，第34—42页。

是趁塔克文在外征战的时候发动革命，引爆了罗马人对塔克文由来已久的不满情绪。

　　塔克文错误地估计了形势，根本原因在于他自以为用恐怖统治就能让人民服服帖帖。罗慕路斯和其他贤王虽然也狡猾、残忍、野心勃勃，但他们不会把这些寻常道德上的恶赤裸裸地用来针对自己的人民，而且他们用得很讲究、很巧妙，最终把这些容易给人民带来道德不适感的恶转变成人民对他们的敬畏。所以，表面上看起来一样的寻常道德品质其实根本不是一回事。这也是我们反对把历史全面地道德化的重要原因，道德其实并不是历史中的底层力量，它很容易被操纵、被涂抹、被虚构、被利用。

　　我们很清楚，没有人可以通过纯粹的武力和恐怖统治降伏人民，"民不畏死，奈何以死惧之"！[1]人民默不作声并不代表形势就有利于独裁者。独裁者的自我感觉良好，恰恰是他跌落深渊的前奏。没有卢克蕾西娅事件也会有别的事件，没有布鲁图斯也会有尤利乌斯，形势并不说话，但它会被布鲁图斯这样的聪明人识别，然后将它引爆。

　　我们再把焦距拉得远一点来看形势。塔克文的独裁和恐怖统治是想通过武力把罗马整齐划一到他一个人手里。这种做法短期内和罗马200多年来的发展大势相冲突，也和人类发展的长期大势相冲突，真是逆天者亡。

　　先看短期的罗马200年发展。回想一下前面四节，罗马成长的道路是开放多元的，融合更多的部落、汲取更多的技术、成为邻居的盟主，用制度把多元结为一体。塔克文强行实施的一元统治和罗马多元一体的发展道路完全背道而驰，后者就一定会把它碾碎。否则，罗马就跟他一起灭亡。其实，这种国家给坏国王陪葬的事情在历史上并不少见。假设不是布鲁图斯发动革命，而是某个盟友发动突袭，罗马会不会被夷为平地，就此从历史中完全消失？

　　再看长期的人类发展。人之所以是人而不是野兽，就是因为人会变得文明，我在《西方史纲》里一再强调，文明就是对野蛮的克服。塔克文的恐怖从文明的意义上看就是不把人当人看，尤其不把自己的罗马人当人看，把他们置于非人的野蛮境地。他这是逆文明的大势而动。这个道理我们中国人很

---

[1]　陈鼓应：《老子今注今译》，商务印书馆，2004年，第328页。

早就懂，孟子说得很清楚，"君之视臣如土芥，则臣视君如寇仇"。[1]反文明大势的独裁者，大概率迟早是要被不堪忍受的人民推翻的，因为大多数人不可能在非人的糟糕状况下待很久。

把焦距由近及远地调试来看各种形势，我们的眼界就会变得不同，历史学就有了变成未来学的可能，因为它锻炼了我们的眼力见。

形势的根基

形势的重要根基是"民情"。人民拥有什么样的性情以及用什么样的生活方式和社会政治组织来培育和滋养这种性情，对一个国家来说，甚至比国王是什么性情更重要。

这里先举一个例子，然后再用它来分析罗马，说说该怎么样去"体察民情"。理解美国，法国人托克维尔的名著《论美国的民主》几乎是《圣经》一样的存在，它的重要性仅次于《联邦党人文集》。这部名著就是从不同的角度去描写美国的民情，当时的美国人大多是清教徒，信仰坚定、勤奋工作、自食其力、勇于开拓、善于合作、诚实守信。托克维尔不光是给当时的美国人民写下道德评语，他通过宪法设置、权力安排、司法审判、乡镇自治、家庭、礼俗、情感、艺术方方面面去探析美国人的品质。[2]了解了这些，我们就容易理解美国为什么选择了共和制、联邦制、总统制、两党制。同样，美国的民情在20世纪下半叶发生了重大变化，托克维尔描述的民情和制度的契合状态就会出现裂缝，美国制度的适用性和日常运转就会遭到挑战。美国最优秀的政治学家们对美国民情在20世纪下半叶的变化其实非常敏感，也非常重视，比如亨廷顿和帕特南。[3]

[1] 朱熹：《四书章句集注》，中华书局，2012年，第二九五页。

[2] 托克维尔：《论美国的民主》，董果良译，商务印书馆，2004年。参见马南：《民主的本性——托克维尔的政治哲学》，崇明、倪玉珍译，华夏出版社，2011年，第八章。

[3] 亨廷顿：《我们是谁：美国国家特性面临的挑战》，程克雄译，新华出版社，2005年，第七至十章。帕特南：《独自打保龄：美国社区的衰落与复兴》，刘波等译，北京大学出版社，2011年，第2—9章。

　　回到塔克文的罗马，我们用"民情"的思路来分析一下王制时代的罗马人。他们跟着罗慕路斯从3000战士起家，天生自带勇武开拓的基因；然后经过了努玛的调教，懂得了宗教、历法和经济上的分工合作，作为农民的一面也稳定下来；再然后，在不断的胜利中更多的人被迁入罗马，他们习惯了在多神教下面和谐地分享生命和生活的意义，在多元的经济当中相互支持、相互依靠。所以，他们在性情上是刚烈勇武的，也是忠诚服从的；是开放包容的，也是守旧顽固的；是勤恳务实的，也是狡猾诡诈的。

　　通过历史接近了罗马人，就会发现他们和每个群体甚至每个个体一样，身上会并存着很多表面上相互冲突的道德品质。是的，人都是复杂的。罗马人怎么会例外呢？

　　但无论如何，复杂化之后的人民就不可能再接受简单粗暴的统治了。塔克文低估了自己人民的复杂性，只有自食其果。关于这一点，马基雅维利看得很明白，他对塔克文被放逐的评论是："君主们应该知道，在他们开始违反法律以及人们长期以来赖以生存的那些古老的生活方式和风俗习惯的那一刻，他们就开始失去政权。"[1]所谓法律、古老的生活方式和风俗习惯，既是民情的结晶，也是培育和滋养民情的社会政治生活规则。马基雅维利从破坏的维度直接揭示了统治者行为、政治法律制度和民情的关联。

　　我们可以从建设的维度复原统治者行为、政治法律制度和民情的关联，打一个比方：整个共同体就是一座漂浮在海上的冰山，它大致可以分成三层，最顶层是明确的制度，尤其是宪法规定的最重要的国家制度；中层的上半部分是次级的政治法律制度，它们在海面之上，是为共同体明确知晓的，下半部分是风俗习惯，它们在海面之下，没有成文的规定，大家约定俗成、心照不宣；底层是民众的性情，他们是积极还是消极，进取还是享乐，勤劳还是懒散，等等。三层之间有区别，又有联系，构成了一个整体，它们通常存在着内在的一致性。所以我们通常会说，有什么样的人民就会有什么样的国家，反过来说也成立。

　　政治学里通常有不同的学科负责研究顶层、中层和底层。比如共同体顶

---

[1]　马基雅维利：《李维史论》，薛军译，吉林出版集团，2011年，第452页。

层的研究最倚重宪法学，它背后需要政治哲学和政治科学的支撑。政治哲学负责把政治当中最重要的价值排序厘清，政治科学负责把政治当中最重要的行为模式查清，宪法学在此基础上负责找出好规则，通过引导人们的行为实现共同体追求的最重要的价值。共同体中层的研究最倚重比较政治学，它负责查明世界上已有的各种制度都有什么利弊，为各种中层的制度设计和创造提供基本的选项和论证。共同体底层最倚重政治文化研究，它负责借助心理学、统计学和其他学科查明现在的民情，为制度的改革提供预判和事实基础。

用这个冰山的三层结构来理解塔克文被放逐，就是他个人的行为与整座冰山相冲突。无论是顶层、中层还是底层，他都严重违逆，那么，他的出局就是必然。塔克文的出局让冰山的顶层发生了剧烈的动荡，什么样的顶层才和塔克文违逆的冰山更吻合呢？从罗马人民放逐塔克文的行动来看，罗马共同体已经具备了稳定的内在结构，不仅可以识别统治者的胡作非为，还有能力予以抗击。那么，合理的结果便是，新生的共和是这个稳定结构的升级和强化，而不是从天而降。

下一章我们进入罗马的共和时代。

第二章
共和时代

罗　马　史　纲

2.0 共和时代：罗马崛起的奥秘

罗马走出了王制时代，就进入了共和时代。共和时代从公元前509年末代国王塔克文被放逐开始，到公元前27年屋大维就任元首结束，历时近500年。

共和时代是罗马的青壮年，她意气风发地奔向成熟，取得了前无古人的丰功伟绩，成为世人称颂的光辉榜样。成功者身上总是有太多的光环，作为顶级的成功者，罗马共和身上的光环甚至让人目眩神迷，她几乎成了神话。她的人民勤劳勇敢、爱国奉献，她的军队所向披靡、战无不胜，她的经济繁荣昌盛、活力四射，她的文化独具特色、海纳百川，她的政治刚健有力、团结奋发。罗马共和成了西方后世心目中的黄金时代，[1]"共和"也因罗马的辉煌成为西方文明留给全世界的最有影响力的政治遗产。

本章用十二节的篇幅来讨论罗马共和，这一节是共和时代的导论，下面的十一节会展现和剖析共和时代的各种关键问题。这一节先解决关于共和的四个基本问题：第一，"共和"是什么；第二，解析制度的基本模型是什么；第三，罗马共和的初始状态是什么样的；第四，历史上对罗马共和制度最经典的分析说了什么，它靠谱吗。

---

[1] 马基雅维利：《李维史论》，薛军译，吉林出版集团，2011年，第141—158页。孟德斯鸠：《罗马盛衰原因论》，婉玲译，商务印书馆，1995年，第12—14页。柯克：《美国秩序的根基》，张大军译，江苏凤凰文艺出版社，2018年，第四章。

共和的三大品质

谈共和，我们先得仔细说说它到底是什么。

我在《西方史纲》里曾经简要地谈过，共和是人民共同的事业，共和要求人民拥有爱国奉献的美德，共和通过复合型的权力结构来管理国家。[1]现在我们追根溯源，从"共和"这个词的本义说起。"共和"的英文对应词是republic，它的直接前身是拉丁词res publica，表意是"公共事务"或者"公共财产"，中文用"共和"二字翻译，堪称传神。[2]共和最好的代言人之一西塞罗借罗马大英雄西庇阿之口给"共和"下了人类历史上最经典的定义，"他"是这样说的：

> 共和是人民的事业。人民不是人们随意聚合的集合体，而是许多人基于法律的一致性和利益的共同性结合起来的集合体。这种结合的首要原因不在于人的软弱，而在于人有天生的社会聚合性。[3]

透过这个经典的定义，我们可以把握住共和的三大品质。

第一，公共性。

res publica当中的res无论当作财产、事务还是事业都是说得通的，publica则明确地意指公共，没有疑义，它的词源就是"人民"（populus）。所以，用最具体的译法，"共和"可以译成"公共财产"；用最抽象的译法，它就是"人民的事业"。但无论如何，"公"字当头既是共和的门面，也是共和的核心。

---

[1]　李筠：《西方史纲：文明纵横3000年》，岳麓书社，2020年，第86—87页。

[2]　关于"共和"这个词的意义在西方3000年的曲折变化，参见刘训练：《"共和"考辨》，《政治学研究》2008年第1期。

[3]　西塞罗：《论共和国》，王焕生译，上海人民出版社，2006年，第75页。引文根据中文和拉丁文对照版、英文版和另一中文译本略有调整，参见Cicero, *On the Commonwealth and On the Laws*, James E. G. Zetzel (ed.), Cambridge: Cambridge University Press, 1999, p.18. 西塞罗：《国家篇 法律篇》，沈叔平、苏力译，商务印书馆，2002年，第35页。Nathan Rosenstein and Robert Morstein-Marx (eds.), *A Companion to the Roman Republic*, Oxford: Blackwell Publishing, 2006, pp. 256-258.

在三千年的西方历史上，共和的公共性在实存的共和国当中不尽相同，也不尽如人意。不过，没有人胆敢公开否认共和的公共性。即便有人想夹带私货，把私性很强的政治形态（比如封建王国）说成是"共和"，也只能尽力把原来具有明显私人性质的政治安排也说成共和的一部分，说它们也是具有公共性的，和共和的精神完全是符合的。[1]共和成了西方的政治传统，最重要的影响是公共性成为衡量政治优劣的重要标准，罗马让它变得不容抹杀、无法回避、不可取消。

共和的公共性标准最直接冲击的是君主制，可以说，共和一旦成为天经地义的政体形式，君主制的公共性定位就始终存在巨大的疑难。罗马共和之所以出现，就是为了反对王制（君主制），它在起源上就和君主制形成了针尖对麦芒的对峙关系。罗马共和越是成为后世心目中的政治典范，君主制为自身公共性辩护的压力就越大。到了启蒙运动和法国大革命时期，共和逐渐取得压倒性的优势，君主制被推入了不具备公共性的深渊，成了人民当家做主的首要障碍，成了革命的对象。随着法国大革命理想在全世界的传播，"共和制等于公共性，君主制没有公共性"也成了现代政治的基本信条。罗马共和在公共性这个极其重要的政治品质上可谓是现代政治观念和制度安排最坚实的历史源头。[2]

不过我们需要注意，政治和政治学从来都不是信条的影子，政治有自身的逻辑，政治学有自己的判断。把共和制和君主制对立，认为前者有公共性，是合法的，后者没有公共性，是非法的。这种非黑即白的思路过于简单了。公共性不是简单地通过宣称这个国家是共和政体就能轻松实现的，君主制也不是一丁点公共性都不具备，公共性对一个国家而言必须是整个制度系统的品质，而不只是标签。所以，公共性如果是现代国家必须追求的价值目标，那么，它必须通过系统性的制度建设和持续性的政策制定来加以实现。共和必须从一个伟大的价值下沉为制度安排和政策输出，才能切实地实现自

---

[1] 李筠：《论西方中世纪王权观》，社会科学文献出版社，2013年，第四章。

[2] 参见米勒、波格丹诺编：《布莱克维尔政治学百科全书》，邓正来等译，中国政法大学出版社，1992年，第650—651页。詹金斯主编：《罗马的遗产》，晏绍祥、吴舒屏译，上海人民出版社，2016年，第31—32页。

身的目标。因此，共和的公共性内含着共和国权力结构的复合性。关于共和的基本制度安排，后文马上就会详加讨论。

第二，法律性。

共和是人民的事业，那什么是人民？如果不把人民说清楚，共和也就没法说清楚。西塞罗强调了人民是"基于法律的一致性"聚合起来的共同体，这意味着法律是把一群人变成"人民"的"金质纽带"。[1]

"人民"其实也很复杂，它的定义也非常多，归根结底，"人民"的定义要解决的是政治当中的一个根本大问题："我们是谁"。在西方政治传统当中，"人民"至少有以下三种经典的定义：第一种，等同于"平民"，与贵族相对，就是城邦当中的穷人阶层；第二种，等同于"民族"，与其他民族相对，就是建立自己国家的主体；第三种，等同于"进步阶级"，与落后（反动）阶级相对，就是推动生产力发展和社会解放的主体。

不同的"人民"背后是不同的政治观，有不同的理论和宣传思路，有不同的政治目的、行动策略和制度安排。平民人民观是以亚里士多德为代表的古典政治学的看法，民族人民观是以威尔逊为代表的建立现代民族国家的理论努力，阶级人民观是以马克思为代表的历史唯物主义的理论武器。[2]

西塞罗强调，法律是人民之所以成为人民的金质纽带，我们称其为"法律人民观"。和上述三种人民观相比，特点在哪里？答案是稳定性、规范性和普遍性。无论是穷人、民族还是阶级，都只是社会中的一部分成员，而不是全体，他们和富人、其他民族、对立阶级共生共存，共生共存的基本方式是斗争。人一旦被编织进这种群体，基本生存方式就是斗争，而非和平。在现代条件下，斗争的制高点就是"人民的名义"、人民主权和国家机器。在

---

[1] 西塞罗：《国家篇 法律篇》，沈叔平、苏力译，商务印书馆，2002年，第35—42、98—99、164—172页。沃格林：《政治观念史稿》（卷一 希腊化、罗马和早期基督教），谢华育译，华东师范大学出版社，2007年，第173页。

[2] 亚里士多德：《政治学》，吴寿彭译，商务印书馆，1994年，第143—148、185—192、311—326页。Woodrow Wilson, "The Forteen Points"（Jan 8, 1918）, In *The papers of Woodrow Wilson*, Vol.45, ed. Arthur S. Link, Princeton: Princeton University Press, 1984, p.536. 马克思、恩格斯：《共产党宣言》，载《马克思恩格斯文集》（第二卷），人民出版社，2009年，第3—67页。

平民、民族、阶级这三个不斗争就无法证明自己存在、无法捍卫自己生存的范畴当中，稳定性是临时的，和平只是永恒斗争过程之中的暂时休战；规范性是虚伪的，规则只是永恒斗争过程之中的权宜之计；普遍性是自欺欺人的，全体只是某个集团自称代表了人民整体的宣传策略。

法律人民观以共同的法律来界定人民，人民是一个法律共同体。法律疆界之内是和平世界，刀剑和枪炮必须沉默，稳定性是内在追求；规则是构成法律世界的基本元素，得不到遵循乃至信奉意味着法律这个超越物理和生物之上的抽象世界根本无法存续，法治必须建筑在每个人内心深处；既然法律成为每个人内心持有的标准，也是一起建筑共同体的基本材料，它就是无处不在的，也就是绝对普遍的。

从政治存在论的深度来看，共和内含的法律人民观想要给人类带来稳定的、有规则的、普遍的和平生活。它确实在政治实践中比穷人、民族、阶级三种人民观内含的斗争政治观要脆弱，它容易被打破，容易被践踏，容易被嘲笑。但它一直顽强地存活着，不只是因为它这种美好的理想可以让人类在无穷无尽的政治斗争中得到温暖的慰藉，更重要的是，人类在经历各种名义支持下的相互厮杀之后，仍然会一次又一次回到艰难寻求共同和平生活的正道。

第三，德性。

共和的人性根源不是人的软弱，而是人天生的社会聚合性。也就是说，一起组成共和，不是因为我们单个人对付不了老虎豹子，而是因为我们天生就要在一起。"在一起"，不是出自外在的利害考虑，而是出自内在本性的需要。"在一起"是因为我们同属人类，我们天生拥有对彼此深沉的爱。[1]

西塞罗的这种想法来自亚里士多德的名言"人是天生的政治动物"，但它更具超越性。此话怎讲？亚里士多德没有构想成百上千的希腊城邦如何构成一个人类共同体。所谓"人类"，所有人同属一类，共享同一个世界，遵

---

[1]　西塞罗：《国家篇 法律篇》，沈叔平、苏力译，商务印书馆，2002年，第43—50页。西塞罗：《论老年 论友谊 论责任》，徐奕春译，商务印书馆，2003年，第97—100、113—120页。

循同一套自然法，这种观念是在亚里士多德和他伟大的学生亚历山大大帝去世以后形成的，是希腊化时代的产物，是斯多葛学派的贡献。[1]西塞罗吸收了两三百年来不断深化和扩散的斯多葛哲学，把它做成了几乎已经覆盖整个西方世界的罗马共和的核心价值。共和超越了小国寡民、星罗棋布、各自为政的城邦，当它变成世界帝国的时候，它的内核就是"相亲相爱的人类是一家"。大尺度的哲学和大尺度的政治共同体匹配到了一起，人类的爱就能更大尺度地被展现出来。大国的价值内核是大德，大德的心理内核是大爱。

此时再看西塞罗特意强调共和不是源自人的被迫而是人的本性，就是顺理成章的事情了，他的语境是覆盖了整个西方（世界）的雍容华贵的罗马共和。

在任何政治实践当中，德性的饱满都是非常短暂、非常稀缺、非常可贵的。任何伟大的政治事业都必须有伟大的德性来支撑。无论是作为领导者的大英雄，还是作为基本盘的人民，都必须有饱满的德性，才能成就大业。蝇营狗苟、利欲熏心、腐化堕落的人们，只会苟活在一个相互算计、相互利用、相互毒害的关系网络当中，根本就不可能团结起来干成什么大事。

既然德性是共和的内在要求和内在品质，它对德性的要求自然就会比较高，这也是它比较脆弱的原因。腐化的领导者会摧毁它，腐化的人民不自觉地就会拆散它。[2]为什么会这样？

共和的德性品质决定了它的原则是把自己建立在善的基础上，要用德性去团结人民，激励人民干大事。相反，专制的原则是恐惧，它把自己建立在控制的基础上，专制者利用人心里的各种恶对人民进行分化瓦解、区别控制、相互牵制。人民处于四分五裂、道德败坏、相互倾轧的状态，专制者最

---

[1] 黑格尔：《哲学史讲演录》（第三卷），贺麟、王太庆译，商务印书馆，1983年，第29—47页。梯利：《西方哲学史》（上册），葛力译，商务印书馆，1975年，第121—134页。福莱主编：《劳特利奇哲学史》（第二卷 从亚里士多德到奥古斯丁），冯俊等译，中国人民大学出版社，2004年，第277—291页。萨拜因：《政治学说史》（上卷），邓正来译，上海人民出版社，2008年，第183—202页。卡西尔：《人论》，甘阳译，上海译文出版社，2004年，第10—12页。

[2] 马基雅维利：《李维史论》，薛军译，吉林出版集团，2011年，第200—206、264—272、293—297、502—504页。

为有利。[1]共和是在推进善，专制是在利用恶。

推进善的共和几乎就像千年没有多少收获的西西弗斯，利用恶的专制几乎就像每个人心里随时会冒出来的欲望，每个人都知道它很危险，但都会真的感觉很爽。专制控制人的基本手段就是利用人的欲望，韩非教导秦始皇，君主的基本武器就是刑赏"二柄"。[2]刑罚抑制人的某些想法和行动，让人恐惧；赏赐助长人的欲望甚至贪婪，让人迷失。欲望膨胀的人才容易被威胁，刑罚带来的恐惧才有用武之地。中国的古话说得好，无欲则刚。因此，助长人民的欲望、促使人民堕落就是为威胁人民、控制人民创造土壤、铺平道路。专制者的刑赏"二柄"要把人民变成没有心肝地服从他的猪群，怕死、怕受伤、贪吃、贪睡、斤斤计较、好逸恶劳。

专制者自圆其说的逻辑出发点是不成熟的人民不值得信任。他们不仅声称人民未成年，没有能力管理自己，他们甚至会用上所有的手段让人民成不了年，管理不了自己。小孩子才好控制，长大了就不听话了，那就让他永远长不大。所以康德才会说，家长制是最大的专制。[3]

共和推进善，专制利用恶，给人带来的直观感受却在很多时候刚好相反，共和很可能让人不快，专制却很可能让人感觉很爽。后文会专门分析罗马人民的德性就是被"面包和马戏"毁掉的。共和催人奋进、让人用功，甚至逼人努力地在公民行动中锻炼自己的德性，在学会理解、学会忍让、学会包容、学会协调、学会合作、学会保留分歧的前提下保持团结和共同奋斗，是极其困难的，是很容易让人打退堂鼓的。

如此说来，共和确实是一项极其艰难的事业，它不是轻而易举就能获得的，获得之后也不是轻而易举就能维系的，它需要所有公民用自己的德性去悉心维护。

[1]　孟德斯鸠：《论法的精神》（上册），张雁深译，商务印书馆，1995年，第18、26—27、33、58—72页。孟德斯鸠：《波斯人信札》，梁守锵译，商务印书馆，2016年，第13—40页。

[2]　王先慎：《韩非子集解》，钟哲点校，中华书局，2003年，第三九至四三页。

[3]　康德：《历史理性批判文集》，何兆武译，商务印书馆，1997年，第183页。

制度的冰山模型

谈共和的公共性、法律性和德性主要是从价值的角度来解析共和。价值必须灌注到制度当中才能实现对人们认识和行为的调控，落实到人的心里和手边的价值才是真正活着的。因此，制度是关键。任何美好的价值必须找到妥当和可行的制度来实现。否则价值就只是纸上谈兵，它或许具有崇高的哲学意义或者审美趣味，但它的政治实践性就会大大减损。

"制度"这个词在我们的工作和生活里频繁出现，但除了政治学家、法学家和经济学家，很少有人深究它的含义和里面蕴含的道理。我们来看三个问题。第一，制度到底是什么？第二，制度这个系统里面是什么样子的？第三，好制度会失灵或者崩溃吗？解释了这三个问题，再拿它们做标准来看共和制度，就有了观察和理解共和时代的主线。

关于制度的理论很多，政治学、法学、经济学都讲了海量的道理，我在这里把它们集中简化成"冰山模型"。前文已经用它解释过塔克文被放逐，现在，我们用它来理解作为一个系统的制度。

先解释第一个问题，制度到底是什么。最简单来说，制度就是游戏规则。[1]没有规则，游戏就玩不起来，而生活就是由各式各样的游戏组成的。规则定了，游戏才玩得起来。玩在一起的人就可以组成一个共同体。"制度是人们发生相互关系的指南。"[2]如果玩游戏的人遵循同一个指南，他们就可以相互预测对方会做什么，大家就容易彼此信赖地生活在一起，所有人的生活都会变得更好。比如在市场上，我们都认可交易必须遵循诚实信用的原则，所有交易都不能违反这个原则，所有交易规则都必须按照这个原则来制定，而且对违规者做出惩罚，对受害者做出救济，这个市场就会繁荣，大家从交易当中各得其所。相反，如果大家在市场里都不遵守诚实信用的各种规则，这个市场里充斥着坑蒙拐骗，出现了坑蒙拐骗的事情也没有制止和惩处，那么，这个市场很快就会关门大吉，所有人都玩不到一起了，也就不能

[1]　诺斯：《制度、制度变迁与经济绩效》，刘守英译，上海三联书店，1994年，第3页。青木昌彦：《比较制度分析》，周黎安译，上海远东出版社，2002年，第1—4页。

[2]　诺斯：《制度、制度变迁与经济绩效》，刘守英译，上海三联书店，1994年，第4页。

通过市场的交易来改善生活了。

市场经济必须讲诚实信用，就是离我们最近的游戏和游戏规则。我们可以把这种思路推而广之，用诺贝尔经济学奖得主诺斯教授的话说，"制度确定和限制了人们选择的集合"。[1]它意味着，人和人之间根据规则玩游戏，大家都不出圈儿，自然就会形成一个大家都舒服的稳定的局面。我顺着诺斯教授的思路补充三点。

第一，游戏规则不一定被游戏者明知，但这并不妨碍大家一起把游戏玩得很好。就拿诚实信用来说，我们可以从伦理学、政治学、经济学、社会学中找到很多理论支持它，这些理论可能绝大多数人都不知道，知道了也不一定认可，但这并不妨碍我们在日常生活中遵循诚实信用的原则，我们依然是合格的、优秀的市场行为主体。

第二，游戏规则必须具有比较高的稳定性。如果规则老是变来变去，它就失去了行为指南的作用，我们之间也就没有办法有效地预测对方的行为，我们之间产生冲突的可能性就会大大提高。冲突多了、大了、频繁了，我们就很难好好生活在一起了。但这并不意味着规则是一成不变的，它当然会改变。合理的变化应该是平缓的，让大多数游戏者都觉得合理，也来得及适应。

第三，游戏规则看起来冷冰冰的，但里面蕴含着温暖的善的价值。我遵守诚实信用的原则很可能并不是因为我要做一个让人称赞的道德高尚的人，我只是觉得这样去做生意我心安理得，甚至我只是觉得这样去做生意能做得长久。制度的好坏不在于它标榜自己要实现什么样的伟大目标，而在于如果人们照它生活，在不知不觉中通过无数人同样的行为就能创造一个宏观上的好局面。大家都诚实信用，市场就公平，公平的市场就繁荣，繁荣的市场就能带来更大、更长远的效益。这不是一个人遵守规则就能办到的，而是无数人行动汇集起来之后的结果。[2]能创造宏观好局面的，就是好制度；不能

---

[1] 诺斯：《制度、制度变迁与经济绩效》，刘守英译，上海三联书店，1994年，第4页。译文根据英文版略有调整，见Douglass C. North, *Institutions*, *Institutional Change and Economic Performance*, Cambridge: Cambridge University Press, 1991, p.4.

[2] 哈耶克：《法律、立法与自由》（第一卷），邓正来等译，中国大百科全书出版社，2000年，第一卷第二章。哈耶克：《自由秩序原理》（上），邓正来译，生活·读书·新知三联书店，1997年，第十章。

的，就是空头支票。

好价值在下沉为好制度的时候，客观效果好不好就变成了第一位的标准，原来理论上说得再漂亮也必须接受客观效果的检验。在主观的价值论证和客观的制度运行效果之间存在着一个鸿沟，好想法并不必然带来好制度，更不必然带来好效果。好制度到底需要什么，才能让好价值变成好效果？一般人的答案是意志力。想通过组织动员、坚决贯彻、万众一心跨越从理论到实践、从主观到客观的鸿沟，这种愚公移山的精神固然值得钦佩，但思维过于简单了，它适用的范围有限，适合相对简单的事情，遇到复杂的事情很可能就不灵了。

正确的答案是行动的逻辑，更确切地说是"集体行动的逻辑"。[1]无数的人面对同一个制度的时候其实目的和动机是不同的，自然而然，对制度的利用就是不同的。"万众一心"的意志力思路很难达成好的效果，关键在于它要求每个人的目的和动机与制度设计者完全一样，即便每个人都心存敬畏和善意去执行制度，但人和人之间的理解力和执行力也是有差别的，客观上很难保证劲儿使到一块儿。集体行动的逻辑是一种复杂思维，它从起点上就承认人的目的、动机、理解力、执行力的不同，把这些因素都考虑进去，不同的人对于制度的不同利用产生的效果可以累加。杜绝破坏、奖励最佳、激励努力，让不同的人各得其所，最终宏观上得到一个好局面，制度就成功了。所以，好制度的设计思路不是把所有人简化成一个人来考虑，让所有人像一个人一样加油、努力、奋进，而是把多种多样的人变成不同的类型，让不同人群的不同行动后果可以汇成合力，所有人都可以享受到好局面。用我们中国人再熟悉不过的典故来说，就是大禹治水。

有了上面对制度的基本解释，我们就可以进入第二个问题了，制度这个系统里面是什么样子的？

制度的内部结构像一个金字塔。它分成三层：第一层是正式制度，第二层是非正式制度（习俗），第三层是民情（人民的性情）。正式制度是被国家的法律固定下来的规则；非正式制度是大家习以为常但还没有用法律来固

---

[1]　奥尔森：《集体行动的逻辑》，陈郁等译，生活·读书·新知三联书店，1995年，导论。

定的规则；民情是我们每个人心里自己默认的规则。请看下图。

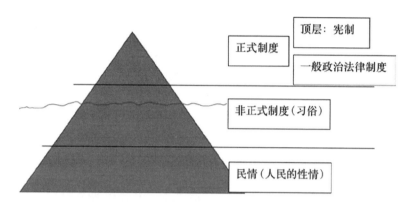

正式制度 — 顶层：宪制

正式制度 — 一般政治法律制度

非正式制度（习俗）

民情（人民的性情）

图1　制度的冰山模型

一方面，每个人都按照自己的性情做事，但我们也会受到正式制度和非正式制度的约束，我们就会向大多数人靠拢；另一方面，正式制度和非正式制度的基础是人的性情，因为只有人照做，规则才活着。

在金字塔的中间偏上的地方有一道波浪线，就是海平面。线上面是人的理智明知的规则，线下面则是不完全为人的理智明知的规则。整个制度系统像一座漂浮在海上的冰山，我们总是看见露出海面的冰山一角，却容易忽略它海面下庞大的底座。也就是说，很多制度我们是知道的，但它的基础是什么我们不完全知道，所以很容易对这些制度的运转做出错误的判断。制度的强行移植之所以失败，就是因为外来的塔尖和本土的底座不匹配。某种制度看上去再好，但是和人民的习惯和性情不符，也就没有根基，无法运转，强行移植自然会失败。

有了这个“冰山模型”解释制度的内部结构，我们可以有以下三个重要的推论。

第一，制度（游戏规则）既是客观的也是主观的，它既是独立于我们每个人的，也是在我们每个人心里的。规则如果是纯客观的，跟我们每个人没有关系的话，它也就无法成为我们的行为指南；规则如果是纯主观的，跟我们心灵之外的世界没有关系的话，它也就无法成为我们和无数他人共同遵守的行为指南。一个人生下来就要学习各种规则，从一个生物人变成一个社会人，这是一个规则不断装到人心里的过程。生活里把这个过程叫作"成长"，中国古代的儒家把这个过程叫作"做人"，现代社会科学把这个过程叫作"社会化"。[1]

第二，制度（游戏规则）的不同层次之间是相通的、同质的，而不是隔绝的、异质的。一个国家最大的规则是宪法，最小的规则是个人身上的习惯，中间还有各种法律、规章、习俗，总的来说它们虽然效力级别不同、覆盖范围不同，但它们共享同样的原则和精神，"只有相互一致和相互支持的制度安排才是富有生命力和可维系的"[2]。也就是说，系统内部必须存在一致性和协同性，只有这样，冰山才是一个整体，否则，冰山就很危险，会断裂，甚至会坍塌、会崩溃。

第三，制度（游戏规则）会改变，一定会，专业术语叫它"制度变迁"。制度变迁大致可以分成两种。

一种是自下而上的改变。我们普通人玩小游戏的时候，只要回合足够多，自然就会一起优化规则。用经济学的话说，给定足够长的时间，市场自己就会达成均衡。比如淘宝让我们的交易变得很方便，但付款的安全性从一开始就是至关重要的问题。万一买家收了货不付钱怎么办，万一卖家发的货和描述不符我要退货怎么办。沿着交易资金更安全、更合理、更公平的方向，阿里做出了支付宝。

另外一种是自上而下的改变。国家认定某种制度必须建立，通过法律或者政策推动整个社会的改变，公民必须去接受和适应。比如1950年新中国的婚姻法规定了一夫一妻制，中国几千年来的一夫一妻多妾制从此作古。

在一个国家当中，自下而上和自上而下的制度变迁一直在发生，变是常态。无论从哲学、政治学、法学、经济学哪个视角看，世上不存在万古不易的完美制度，只存在可以带来好局面而且不断改进的好制度。

现在我们就来看第三个问题，好制度会失灵或者崩溃吗？当然会。从政

---

[1] 王先谦：《荀子集解》，沈啸寰、王星贤点校，中华书局，1988年，第一至三六、三二一至三七八页。阿尔蒙德、维巴：《公民文化》，徐湘林等译，东方出版社，2008年，第十二章。

[2] 青木昌彦：《比较制度分析》，周黎安译，上海远东出版社，2002年，第19页。

治学的角度，我们可以看到至少两种典型的制度崩溃。

第一种，外部撞击。如果一个制度系统是一座漂浮在海面上的冰山，它迟早是要撞上其他冰山的。而且，它的对外扩张性越强，撞上别的冰山的可能性就越大。这种撞击，小的是部落冲突，大的是国家间冲突，最大的是文明的冲突。[1]说不定某一天"三体人"来了，还会有星球间冲突。

有冲突，就有被击毁的可能性。比如罗马就完全摧毁了迦太基。迦太基制度是被很多古代著名学者当作好制度的典范的，而且迦太基长时期作为地中海霸主所取得的辉煌业绩也在事实上证明了她制度的有效性。[2]但她被更强大的罗马彻底摧毁了。再比如，曾经强大又美好的荷兰被英法联手摧毁了。[3]人类历史上这种好制度被外部力量完全摧毁的悲惨事件并不罕见。好，不一定就能保证这个制度系统能够抵御外敌。从生存的角度看，一个好制度系统如果被外敌摧毁了，说明它还不够好。

即便没有完全被外部力量彻底摧毁，一座受到严重撞击的冰山，内部也会发生剧烈的震荡，规则系统会发生紊乱，重新稳定下来是一件非常困难的事情。中国从1840年鸦片战争开始的近代史是这种情况最好的说明。如果没有从混乱中重新找到秩序，这个国家或者文明也会瓦解消散，这相当于被敌人砍了一刀之后没有立即倒地身亡，跑回家之后仍然因为流血过多致死。还有更不幸的。重伤之人跑回家躺床上奄奄一息的时候，新的强敌又找上门来了，终于再也无力抵抗。古老的波斯帝国就是这样，被拜占庭皇帝希拉克略击溃，元气还没有恢复，穆斯林大军就来了。[4]

第二种，内部混乱。制度系统发生内部混乱是一种必然！除了上面提到的由于外部撞击导致的内部混乱之外，即便没有外部撞击，系统也天然存在内部逐渐混乱的自然趋势，这是由物理上的热力学第二定律决定的。

[1] 亨廷顿：《文明的冲突与世界秩序的重建》，周琪等译，新华出版社，1998年，第八至十一章。

[2] 亚里士多德：《政治学》，吴寿彭译，商务印书馆，1994年，第97—102页。波里比阿：《罗马帝国的崛起》，翁嘉声译，社会科学文献出版社，2013年，436—438页。

[3] 参见李筠：《西方史纲：文明纵横3000年》，岳麓书社，2020年，第281—289页。

[4] 瓦西列夫：《拜占庭帝国史：324—1453》，徐家玲译，商务印书馆，2019年，第303—312页。希提：《阿拉伯通史》（上），马坚译，新世界出版社，2015年，第142—145页。

　　热力学第二定律又叫熵增定律。"熵"是物理上用来衡量混乱的指标。熵增定律告诉我们，一个孤立系统内部的熵只能增大或不变，不能减小。熵必然增大，混乱自然而然地会被普及。[1]人类的制度系统也不能逃脱这样的自然规律。也就是说，制度系统作为一座漂浮在海面上的冰山，和我们每个人一样，逆水行舟，不进则退。如果不能展开有效的、良性的制度变迁，让整个系统变得更合理，那么，合理的结果就是衰败、衰朽、衰亡。

　　好制度也一样逃不开熵增定律，以为自己足够好就赖着不走，实际上是等死。制度和人一样，不能干守株待兔的傻事。中国古人在这方面的智慧非常有共鸣感，《易经》就是在讲"变"的道理，孟子说"生于忧患，死于安乐"，韩非子讲"世异则事异，事异则备变"。[2]从这种必须适应变化、必须妥当变化、必须在危机萌芽的时候主动寻求变化的意义上来看，所谓好制度的好，就是改变和适应的能力。到这里，好制度会不会失灵或者崩溃就变成了一个动态的能力问题，而不再只是静态的品质问题。

　　再继续追问一步，改进可以是无止境的吗？换句话说，制度系统有天花板吗？如果改进可以无止境，这座能力超强的冰山岂不是会变成高耸入云的通天塔？答案是否定的。任何制度系统都不可能无止境地改进，都有天花板，它不会变成通天塔。人类社会和物理世界一样，极限是存在的。这个问题下文讨论帝国的时候再细说，现在我们该去看初生的罗马共和了。

罗马共和的初始状态

　　冰山模型可以用来观察和分析所有的制度，大到国家的宪法，小到班组的规章。在这里，我们用它来剖析罗马共和诞生之时的状态。先明确给出结论：罗马共和取代王制实际上不是改天换地，而是系统升级。

　　这个论断和热爱共和的人们意见不完全一致，他们当然认为共和取代王

---

[1]　关于熵增定律的通俗科学解说，参见吴军：《全球科技通史》，中信出版社，2019年，第194—199页。另参见本书附录《卡拉卡拉浴场随想》。

[2]　朱熹：《四书章句集注》，中华书局，2012年，第三五五页。王先慎：《韩非子集解》，钟哲点校，中华书局，2003年，第四四五页。

制是罗马史上改天换地的划时代事件。他们会说，共和取代了王制是整个制度体系的重新建造；整个国家最重要的制度从君主制变成了共和制；君主制以君主为尊，共和制以人民为尊；君主制里君主说了算，共和制里人民说了算。[1]这些话都没错，但它们在公元前509年左右的罗马不完全是事实。它们饱含理想主义，却和共和制度的实际运作状况有差距。

我们先来看共和制度的基本游戏规则。共和是人民共同的事业，权力属于人民，最重要的制度安排就是所有公职必须向人民开放，所有官员效忠国家而不是任何私人。要做到这一点，三个制度就是必须的：选举制、任期制、同僚制。

选举制。最重要的官员由人民选举产生，决不能是血缘继承、家族世袭。这一点对罗马压力不大，罗马从一开始就连国王都是选举的，不是世袭的。世袭制为西方普遍认可是中世纪的事情。[2]

任期制。国王是终身的，执政官一年一选、一年一换，法务官、财务官、监察官、保民官等也大体如此。有的官员即便任期不止一年，也是有法定任期的，最长不超过一年半。其中权力很大的独裁官，通常任期只有半年。和我们中国人理解的不太一样的地方是，王制和共和的明显差别不是上面提到的家族世袭还是人民选举，而是终身制还是任期制。它是罗马共和以及后世的西方判断一个国家是君主国还是共和国最明显的制度标记。

同僚制。所有官员都有和他平起平坐、权力一样、可以相互否决的同僚，执政官有两个；法务官开始有一个，很快变成两个，后来逐步增加至十个；保民官有十个等等。同僚的存在保证了任何官员都不能独揽大权，都必须和自己的同僚商量好了才能把事情办成。[3]

[1] 西塞罗：《国家篇　法律篇》，沈叔平、苏力译，商务印书馆，2002年，第80—90、119—123、225—250页。卢梭：《社会契约论》，何兆武译，商务印书馆，2008年，第81—98页。

[2] 布洛赫：《封建社会》（上卷），张绪山译，商务印书馆，2004年，第九章。李筠：《论西方中世纪王权观》，社会科学文献出版社，2013年，第50—59页。

[3] 蒙森：《罗马史》（第二卷），李稼年译，商务印书馆，2004年，第一章。林托特：《罗马共和国政制》，晏绍祥译，商务印书馆，2016年，第七章。马尔蒂诺：《罗马政制史》（第一卷），薛军译，北京大学出版社，2009年，第十六章。盐野七生：《罗马人的故事》（Ⅰ 罗马不是一天建成的），译丽屏译，中信出版社，2011年，第155—162页。

实现上面三个制度需要相应的民情作为基础，共和需要人民有爱国奉献的美德，培育美德必须有相应的制度。共和属于人民，人民当然应该爱戴共和，人与国之间形成相互依赖、相互支持、相互激励的关系。这也需要在制度上做很多文章，其中最重要的是公民权利珍贵，甚至神圣，公共仪式要制度化，节庆要制度化，还有，公民教育要通过各种方式展开。

制度越来越多、越来越密，就必须进行系统地整合，整合的结果最终是共和成了一个复合型的权力结构。选举制、任期制、同僚制已经在很大程度上让手握重权的官员多元化了，同样重要的是，执政官、元老院、公民大会也各自享有巨大的权力。所有制度都不是一成不变的，而是在政治斗争中不断地相互磨合。

简单总结来说，共和的基本特征是权力属于人民，爱国奉献美德和复合型权力结构。本章会用它们当作检测标准，罗马把它们巩固了，就是经典的共和体制，罗马把它们弄丢了，共和也就亡了。

既然所有这些制度都不是一成不变的，就有必要追究一下它们在共和初年是什么样子。把从王制到共和的故事当作制度变迁和演化的例子解析一番，我们会对罗马、对共和、对制度有更切实的理解。

如果说共和取代王制最明显的变化是一年一换且两人一同掌权的执政官取代了终身制的国王，那我们就用执政官的选举制、任期制和同僚制来看看共和到底离王制有多远。其实没那么远，因为换了"头"，不等于全都换了。换头这个动作绝不意味着罗马从头到尾焕然一新，而且，头不仅没有被削弱，反而变得更强大了。

我们先说选举制，在选举制这个关键的切入点上，我们要明确共和与民主的区别和联系。对比过后更容易搞清楚共和是一套什么样的游戏规则。我们现代人很容易把共和与民主混为一谈，于是很容易把人民选举和君主世袭相对立，认为人民选举是共和，君主世袭是专制。这些都是现代政治的标准，是法国大革命以来形成的现代意识形态。在这种观念的笼罩下，一种想当然的判断似乎变得理所当然：共和权力小，专制权力大；民选执政官权力小，世袭君主权力大。错误的历史判断就会接踵而至：每次革命都必定削弱了权力。事实可能正好相反！

　　我们用民主选举的标准来看看罗马共和的诞生。罗马的领袖从国王变成执政官，并不存在从世袭到民选的转变，国王和执政官一样是民选的，而且，执政官的选举并不比国王的选举更民主。如果说民主是竞选者对广场上的人民发表演说，保证给人民带来福利和胜利，接受人民山呼海啸的崇拜，人民的团体和大会以粗糙的程序进行投票确认，那么，罗马的国王和执政官几乎是同样民主的。如果说候选者的产生并不由民众说了算，政治大家族的势力和庇护网络发挥着巨大的实际作用，贵族角力和妥协仍然比人民同意更具实质意义，那么，罗马的执政官和国王几乎同样是不民主的。所以，用民主和选举的标准来看，共和并不比王制强多少。[1]

　　为什么差距不大呢？或者说执政官与国王之间微小的差距说明了什么？一方面，回溯性建构的作用非常明显。罗马七位国王的传说都没有褒奖世袭制，世袭制没有在其中占据显要的地位。这说明共和时代整理和汇集王制传说的时候已经把共和的色彩涂抹在了王制传说上面，这是罗马民族集体的价值选择，他们是这个样子，就把祖先也传成了这个样子。祖先的样子按照我们的样子被塑造，这并不稀奇，就像在宗教当中，神的样子按照人的样子被塑造一样。另一方面，罗马王制时代政治军事情势的紧绷使得世袭制不足以维护罗马民族的生存和发展。这个道理后文解释罗马皇帝为什么不是世袭制的时候会仔细展开。总之，民主在罗马共和当中并不是关键的组成部分，或者说民主成分在罗马共和当中并不那么重要。

　　实际上，在近500年的罗马共和史和后世的西方历史上，共和无论在政治实践中还是政治理论中，都有意把自己和民主区分开来，对民主的操作标准也不是特别在乎，甚至在很大程度上认为民主不是好政治，有意加以防范。[2]共和和民主最大的交集是"人民的名义"，在抽象的层面上都把人民确认为国家的主人，但在以下三个方面存在着原则上的重大差异，操作和运

---

[1]　蒙森：《罗马史》（第二卷），李稼年译，商务印书馆，2004年，第5—10页。马尔蒂诺：《罗马政制史》（第一卷），薛军译，北京大学出版社，2009年，第303—311页。

[2]　比如美国宪法之父詹姆斯·麦迪逊的观点就是其中的典型，其经典论证见汉密尔顿、杰伊、麦迪逊：《联邦党人文集》，程逢如等译，商务印书馆，1997年，第65—70页。

作的重点也就不同：第一，共和注重多元治理，民主强调多数统治；第二，共和信奉精英主义，民主持守平民立场；第三，共和遵循分权制衡，民主高举人民主权。[1]

其实，任期制和同僚制的出现对于共和的诞生更具实质性意义。任期制几乎成为共和不容辩驳的明显标识和"政治正确"。在罗马塑造的共和传统当中，有任期制就叫共和，没有任期的终身制就是君主制，不需要与家族世袭扯上关系。也可以反过来说，取消任期制就是颠覆共和，后来的西塞罗、布鲁图斯就是这么看恺撒的，终身独裁官就是君主，就是从制度系统金字塔的顶端毁掉了共和。这种看法从公元前509年就稳固地留下来了，历经了2500多年，对西方文明来说，这是常识！

同僚制规定任何官员都有和自己平起平坐的同僚存在，绝大多数官职设置的人员都是复数，不是单数。根据亚里士多德的政体分类学说，一人之治是君主制，多人之治是贵族制，[2]罗马共和取代王制从同僚制的设置来看确实是从君主制变成了贵族制。制度金字塔的拱顶石被换掉了。共和的精英主义气质和它的贵族制性质是高度吻合的。

现代政治制度确实不再是严格的同僚制。双执政官的顶层设计确实不常见。现代共和国的总统或者总理都是法定一个人担任。但这并不意味着同僚制的完全消失，因为各国都规定了副总统和副总理的存在，这些职位不仅承担了非常状态下一把手备胎的角色，也对一把手的日常职权予以分享和分担。所以，在不那么强的意义上，罗马共和留下的同僚制仍然普遍存在。

这其中的道理并不复杂。共同体越大，一把手就越需要助手，分工是国家事务的轻重繁简客观要求所致。即便是君主制下，君主也需要宰相、大臣、枢密院、内阁、三省六部。君主制下的分工、分权、分责是臣子为皇上分忧，共和制下的则是民选官员根据法律赋予的职权协同履职，它们存在性质的不同，在游戏规则的安排上自然也有不同。既然官多是由事繁所致，那

---

[1]　张凤阳等：《政治哲学关键词》，江苏人民出版社，2006年，第87—102页。

[2]　亚里士多德：《政治学》，吴寿彭译，商务印书馆，1994年，第132—134页。

么，合理分派他们的权力就是他们各司其职又相互协同的基本前提。复合型权力架构对共和来说就是权力分化和制度展开的自然结果，而对君主制来说是君主们迫于客观情势无奈承认的结果。

不过，就像选举制并不必然削弱领袖的权力一样，任期制和同僚制也不必然意味着权力被削弱。事实上，罗马共和的执政官的权力在很多方面比从前的国王还要大。执政官不仅和从前的国王一样，是罗马的最高行政长官、裁判官和军事统帅，而且几乎拥有无上的"治权"（imperium），在外领兵作战的时候更是如此。[1]比如，他们卸任之后自动成为元老院成员，他们在任之时有权增加或者删除元老院的名单，他们领兵在外却任期届满的时候通常都会成为续任执政官，继续担任统帅。要说他们比国王明显少了什么权力，那就是宗教权力，祭司长这个职位独立出来，成为罗马的宗教领袖。但这也并不会对执政官构成威胁，因为遇到大事要占卜吉凶的话，执政官是启动这种仪式最重要的官员。祭司长不得擅自行动。[2]

面对这样一个权力更加饱满的长官，罗马人民是前门赶走虎，后门放进狼吗？这里的原理是，权力的强弱并不是判断权力的好坏的首要标准，权力的性质才是首要标准。所谓权力的性质就是权力是否专断、是否任性、是否守法。专断的权力、任性的权力、不守法的权力，再小也是恶的；共治的权力、审慎的权力、守法的权力，再大也是善的。我们通常容易混淆权力的专断程度和权力的大小。混淆以后，我们就不得不在强大的专制和混乱的无政府状态当中艰难地选择，结果发现怎么选都不对。其实这种痛苦的选择完全是不必要的。一个大国当然需要强大的权力，否则没有办法建立起和维系好秩序，大国的多元复杂性必须依靠秩序来解决，强大的权力对大国来说就是

[1]　"Imperium"一词通行的译法为"治权"，它也是"帝国"（Empire）的直接前身，"帝国"作为庞大权力体的意象也由此而来。"治权"扩张为"帝国"是罗马在共和时代的业绩，从词源上就能非常清楚地看到罗马共和和帝国的一体性。关于"治权"一词的详细分析，参见Harriet I. Flower (ed.), *The Cambridge Companion to the Roman Republic*, Cambridge: Cambridge University Press, 2004, pp. 36-42.

[2]　蒙森：《罗马史》（第二卷），李稼年译，商务印书馆，2004年，第5—10页。马尔蒂诺：《罗马政制史》（第一卷），薛军译，北京大学出版社，2009年，第303—311页。林托特：《罗马共和国政制》，晏绍祥译，商务印书馆，2016年，第142—164页。

必须。所以，对大国来说，问题在于如何把权力的性质变得良善，从大小上做文章永远不会有正确的解法。

罗马需要强大的权力，共和时代比王制时代更需要，这是执政官成为无冕国王的基础。首任执政官布鲁图斯面对塔克文父子的反扑，最终战死沙场，和塔克文的大儿子同归于尽。共和国一开始就面临着塔克文想要复辟的危机。而且，塔克文的背后是一堆等着罗马内讧取而代之的城邦。罗马不是有了共和就万事大吉了，共和必须有能力保卫自己，抵御潮水般的外敌就需要强大的执政官。所以，从执政官的权力设置和它背后的军事形势来看，共和不是和王制势不两立，而是王制的强化和升级。

新生执政官权力的强化可以推演出一个政治通则：政治革命越是激烈、越是艰难、越是面对强大的敌人，领导革命以及建立新秩序的领袖，就会拥有越大的权力，他们通常比他们打倒的对象的权力更大。革命是力量的比拼，革命一方战胜革命对象要靠宏观上革命一方的力量强过革命的对象，核心就是要革命的领袖拥有比专制国王更强大的力量，所以，革命成功以后，革命领袖的权力强于国王是必然。否则革命很可能就被扑灭了。西方历史上最显眼的例子之一便是拿破仑。作为革命领袖的他在反革命势力一浪高过一浪的革命大潮下，不是取代波旁王朝成了新的国王，而是成了法兰西帝国的皇帝。[1]

执政官取代国王只是罗马共和最明显的变化，它背后的实质性支撑是元老院政治的形成。元老院的地位和权威在共和时代比王制时代更强大，它把王制时代所形成的特点进一步发扬光大，地位和功能也发生了实质性的变化。元老院不再只是咨询机构，它取代了国王成为共和国大部分时候实际运转的政治中心。

说清楚元老院和执政官的关系，元老院的核心地位就很容易理解了。执政官和元老院的关系极为密切，它们甚至就是一体的。执政官在任的时候有

---

[1] 托克维尔：《旧制度与大革命》，冯棠译，商务印书馆，1997年，第一至四章。阿伦特：《论革命》，陈周旺译，译林出版社，2007年，第39—40、61页。斯考切波：《国家与社会革命》，何俊志、王学东译，上海人民出版社，2007年，第五章。

权增加和删除元老院名单上的名字，做事需要元老院配合，卸任之后自动成为元老。元老们或者当过执政官，或者有望成为执政官，而且，当过的也有望再次当选。元老院不是由和执政官毫不相干的一堆人组成的，它就是执政官俱乐部。元老之间确实也讲实力、讲门第、讲势力、讲派系，但无论如何，这是一个精英的集体游戏。执政官一年两人、一年一换，常规情况下任何人都没有足够的时间和权力打破这个集体游戏。元老们也严格维护这种集体游戏，任何人的独裁倾向都会被集体遏制，所以"向往王制"被法律界定为犯罪。罗马虽然没有发展出雅典的陶片放逐法那样对优秀人物特别不友好的制度，但保持势力均衡、集体遏制优秀人物的事件也不少，比如盖世英雄大西庇阿就遭遇了政治迫害。[1]

从共和政治实际运转的这种集体游戏性质来看，共和天生带有非常明显的精英气质和贵族气质，和民主不是一回事。作为中心，元老院运转得好，共和政治就有主心骨；元老院残酷斗争、整体衰落，共和政治的芯子也就烂了。这是我们观察罗马共和兴衰最重要的线索。

罗马国家的名字叫SPQR，就是"罗马元老院与人民"。说完执政官和元老院，我们来看看罗马人民从共和诞生当中得到的提升。显然，共和比王制让人民更加舒服，或者说，共和更适合罗马当时的民情。王制这件紧身衣被共和的宽松大袍托加取代了。共和取代王制是把王制时代已经逐渐成熟的多元复杂的民情用正式的制度加以承认。

上一节我们重点讲了罗马王制时代的民情，塔克文逆势而动，结果被放逐。政治制度必须对民情做出妥当的回应，给出恰当的安排。拉丁人、萨宾人、阿尔巴人、伊达鲁里亚人等部族融合的多元格局已经在王制时代巩固，罗马人刚烈勇武、忠诚服从、开放包容、守旧顽固、勤恳务实、狡猾诡诈的复杂性格在王制时代已经形成，只不过需要多元复杂的政治制度把它们都安顿好。其中很重要的是多元复杂的长官体系，官员和人民的关

---

[1]　参见本书第二章第七节。蒙森：《罗马史》（第三卷），李稼年译，商务印书馆，2005年，第246—247页。盐野七生：《罗马人的故事》（Ⅱ 汉尼拔战记），计丽屏译，中信出版社，2012年，第288—294页。

系不仅是一个国家权力的纵向安排，也是政治体系塑造民情的基础管道。罗马除了执政官有两个，法务官、营造官、财务官、监察官、市政官都至少是两个。后来还有了保民官，很早就是十个。这些官员都是民选的。

尽管贵族的精英游戏仍然是罗马官员的产生和工作的主旋律，但罗马官员的性质与君主制下的臣子存在着本质差别。从"忠诚"这个角度看，君主制里面，官员带有非常严重的私人效忠的立场，他们都是国王的奴仆；只有在共和国里面，官员才是人民的公仆。但光看官员们怎么说不行，得看他们怎么做。所以我们可以通过官员的行为反推这个国家的性质，如果他们嘴上说为人民服务实际上却对"老板"唯命是从，这个国家就是个披着共和国外衣的君主国。

共和官员的行动逻辑跟君主制下臣子的行动逻辑大不一样。民选官员，哪怕像罗马那样大多是间接选举，比君主制明显的好处是官员们更加容易体现和整合共同体的多元性和复杂性。哪怕候选人仍然只能是贵族出身，哪怕他们仍然是拉帮结派，但他们不能通过讨好一个人就万事大吉。他们起码得讨好一群人，而且，他们必须至少在许多人群里面挑一群去讨好，必要的时候还得兼顾好几群，甚至还得适时地换人群去讨好。人民确实没有直接掌握罗马共和国的权力，但他们成了罗马名义上的主人，成了各路贵族讨好和拉拢的对象。[1]

这样一来，多元复杂的民情就匹配上了多元复杂的政治关系。从王制到共和的转变，是制度系统对多元复杂民情的承认。王制天然倾向政治的一元性，而共和天然倾向政治的多元性。共和国必然是一种多元的权力平衡，也是一种动态的权力平衡，正是波里比阿，第一个道破了共和多元权力平衡的秘密。

---

[1]　芬利：《古代世界的政治》，晏绍祥、黄洋译，商务印书馆，2013年，第80—88、109—122页。

波里比阿的非凡见识

波里比阿在他的《通史》里写下了混合政体学说来解释罗马的崛起。[1]这个学说是罗马历史上，乃至整个西方历史研究和政治学研究中影响最大的罗马制度模型。它把罗马成功的地方性经验上升为具有高度普遍性的世界史历程和政治学原理。罗马历史有了它，就从一个小城邦的励志故事，变成了对世界潮流演变的探讨；罗马制度有了它，就从一个地方性的习俗习惯，变成了大国崛起进而征服世界的最坚实的基础。所以，现代罗马史权威蒙森说，波里比阿的《通史》是"罗马史界的太阳"[2]！波里比阿这部著作正是历史学和政治学融为一体的典范，他从"罗马崛起"的历史当中抽象出"混合政体"的政治学原理，建立起历史大势和政治制度之间的紧密关联，历史找到了内在的主心骨，政治找到了展示自己最好的舞台。西方名著当中如此这般将历史学和政治学熔于一炉的顶级作品，还有修昔底德的《伯罗奔尼撒战争史》和马基雅维利的《李维史论》。[3]

我们先看波里比阿混合政体学说的要点，然后再把关键之处详加解释。

第一，共和之所以战无不胜，是因为共和的政体好。

第二，共和政体好是因为它是混合政体。

第三，混合政体就是君主制、贵族制、民主制混合在一起，融合了它们各自的优点，同时又避免了它们各自的缺点，所以可以逃出政体衰败的循环。

---

[1]　本书引用的波里比阿《通史》版本为Polybius, *The Histories*, trans. Robin Waterfield, Oxford: Oxford University Press, 2010. 中译本为波里比阿：《罗马帝国的崛起》，翁嘉声译，社会科学文献出版社，2013年。

[2]　蒙森：《罗马史》（第四卷），李稼年译，商务印书馆，2014年，第408页。

[3]　参见Polybius, *The Histories*, trans. Robin Waterfield, Oxford: Oxford University Press, 2010, Introduction. 修昔底德：《伯罗奔尼撒战争史》（上册），谢德风译，商务印书馆，2004年，译者序言第17—18页。施特劳斯、克罗波西主编：《政治哲学史》（上册），李洪润等译，法律出版社，2020年，第1—31、368—384页。任军锋：《帝国的兴衰：修昔底德的政治世界》，生活·读书·新知三联书店，2017年，第103—106页。马基雅维利：《李维史论》，薛军译，吉林出版集团，2011年，第141—143页。

　　第四，罗马共和的混合政体是这样构成的，执政官是君主制元素，元老院是贵族制元素，公民大会是民主制元素。它们三方在实际运作中会相互支持，也会相互监督，所以罗马能够避免腐坏。[1]

　　先解释一下"政体"这个概念。"政体可定义为国家如何组织它的权力机关，通过这种组织方式，权力机关的安排被固定下来，最高权威得以确立，公民共同体及其所有成员所追求的目的得以规定。"[2]简单来说，政体就是一个国家怎么组织，组织国家的关键是怎么安排权力机关。是不是看起来没那么复杂了？对，"政体"这个看起来很高深的政治学概念对应的英文单词是constitution，我们在大多数情况下都把它译成了"宪法"。宪法规定的核心内容就是国家的权力机关怎么设置，各有什么职权和责任。政治学里的政体和法学里的宪法其实是一回事。

　　这个时候我们再来看波里比阿的基本论断，"共和之所以战无不胜，是因为共和的政体好"可以翻译成"共和之所以战无不胜，是因为共和的宪法好"或者"是因为共和的权力机关设置讲究、合理、厉害"，或者"是因为共和的权力被有效地组织和安排"。一句话，波里比阿认为国家强大最重要的根源是她的权力有没有安排得当。"对于所有政治局势，造成成功或失败的主要因素是这个国家的政体。"[3]用现在的话说，波里比阿讲的是罗马共和的顶层设计，顶层设计好，是国家强盛的"主要因素"。那怎么才算得当呢？他的答案是"混合政体"。

　　所谓混合政体就是君主制、贵族制、民主制混合成一个政体，融合了它们三者的优点，同时又避免了它们三者的缺点，所以可以逃出它们都无法避

[1]　Polybius, *The Histories*, trans. Robin Waterfield, Oxford: Oxford University Press, 2010, BOOK SIX. 波里比阿：《罗马帝国的崛起》，翁嘉声译，社会科学文献出版社，2013年，第六书。

[2]　Aristotle, *The Politics of Aristotle*, trans. Ernest Barker, Oxford: Oxford University Press, 1946, p.156. 参见Aristotle, *Politics*, trans. C. D. C. Reeve, Cambridge: Hackett Publishing Company, 2017, p.84. 亚里士多德：《政治学》，吴寿彭译，商务印书馆，1994年，第178页。引文根据英文版略有调整。

[3]　波里比阿：《罗马帝国的崛起》，翁嘉声译，社会科学文献出版社，2013年，第394—395页。引文根据英文版略有调整，参见Polybius, *The Histories*, trans. Robin Waterfield, Oxford: Oxford University Press, 2010, p.371.

免的走向衰败的命运。

我们用写宪法的思路来考虑一个国家的政体问题。如果这个国家是君主制，宪法最应该写的是什么？当然是"君主拥有最高权力，且神圣不可侵犯"。这个国家的最高权力机关就是君主，其他权力机关都是它授权设置的，都对它负责。相应地，贵族制的宪法就应该写"元老院拥有最高权力"，民主制的宪法就应该写"公民大会拥有最高权力"。这样写不是已经够明确了吗？找到国家权力的制高点，其他权力机关都围绕它安排，一个国家的权力不就井然有序了吗？问题出在衰败。

亚里士多德和波里比阿代表的古希腊和古罗马政治学传统都坚定地认为单纯的政体不可避免地会走向衰败，会腐化，会蜕变，会瓦解。这是必然。[1]再好的国家也无法避免走下坡路的命运。亚里士多德设想混合政体能够摆脱衰败，基本上还是思想实验，波里比阿则把罗马共和当成了实际存在的典范。往大了说，混合政体不只是一个国家强盛的根本制度基础，甚至是政治能够逃脱命运束缚的升天之路。这个时候我们再来看波里比阿对罗马共和的分析，他简直是用政治学把罗马捧上了天。他生活的那个年代，罗马击溃了最强大的敌人迦太基，环顾世界已经没有了值得一提的对手，吞并整个世界指日可待，似乎已经触摸到了永恒。

这么厉害的混合政体是怎么混成的呢？波里比阿认定罗马共和的混合政体是这样构成的：执政官是君主制元素，元老院是贵族制元素，公民大会是民主制元素；它们三方在实际运作中会相互支持，也会相互监督，核心是达成三者权力的平衡；正是权力的平衡克服了单纯政体的弊端，罗马也就能够避免衰败和腐坏。

这个时候我们可以揭晓"波里比阿的非凡见识"了：大国的政体是否优秀，核心在于是否实现多元权力的平衡。这是波里比阿的创见。那政治学的祖师爷亚里士多德讲混合政体的时候没有把握住这个要点吗？亚里士多德用了另外的办法来实现混合政体：中产阶级占据一个城邦人口的主体。用现在

---

[1]　亚里士多德：《政治学》，吴寿彭译，商务印书馆，1994年，第231—248页。波里比阿：《罗马帝国的崛起》，翁嘉声译，社会科学文献出版社，2013年，第402页。

的话说，优秀城邦的社会结构是橄榄型的。亚里士多德的设计和波里比阿的设计都对，但我认为波里比阿的更重要。我来给你做做亚里士多德和波里比阿的裁判。

回想上文讨论过的冰山模型，亚里士多德是想通过冰山底座的改变来实现混合政体。中产阶级占据主流，极富和极贫的人都是少数，社会结构就是橄榄型的。而中产阶级趋近于中道，不走极端，既不像贵族那样天生自带傲慢和精英倾向，也不像下层平民那样理性不足，容易被利益和激情支配，中产阶级的温和与稳定使得城邦容易持守中道、持守理性、持守正义，实现全面的平衡。[1]

祖师爷讲得很好啊，这就是一个城邦长远的成功之道啊，有问题吗？有！本书的核心视角——超大规模共同体——一旦打开，亚里士多德的好想法就不够用了。问题就出在规模。一个城邦只有两三万、十几万人的时候，把人口通过各种方法向中产阶级迁移，基本可行。但即便如此，实现人口混合的很多条件是比较苛刻的。比如，这个城邦最好没有矿。一旦有矿，非常容易造成贫富差距，矿老板和矿工都很难成为中产阶级，把他们混成一体就极度困难。类似的隐性条件非常多。也就是说，亚里士多德想通过混合人口（混合底座）的方式实现权力的混合（塔尖的混合），条件多、难度大、费时长、效果差。对于大国，只能作为长期规划。

这个时候我们再来看波里比阿的权力平衡方案。它没有把重点放在改变人民（底座）上面，而是放在权力（塔尖）的平衡上面。国家即便遵从亚里士多德的教导塑造一个橄榄型社会，让底座更稳固，也不是燃眉之急，只要权力安排妥当，人口多元不是大国崛起的障碍。波里比阿的权力平衡方案对大国来说特别有用的地方就是它的条件没有那么苛刻，它默认人民天然是多元的，不需要急迫地把底座整齐划一，各方势力争取自己的权力、利益和地位，最终达成一个多元平衡的局面。波里比阿允许各个阶层各显神通，不需

---

[1]　亚里士多德：《政治学》，吴寿彭译，商务印书馆，1994年，第200—202页。参见刘训练：《亚里士多德论混合政体》，《中共福建省委党校学报》2013年第8期。西塞罗：《国家篇 法律篇》，沈叔平、苏力译，商务印书馆，2002年，第75—76页。储建国：《调和与制衡——西方混合政体思想的演变》，武汉大学出版社，2006年，第37—47页。

要像亚里士多德教导的那样"向中看齐"，如此一来，各个阶层的优势也能发挥出来，整个国家的活力会更充足。

关键是，波里比阿的权力平衡方案是一个动态的方案。权力平衡的取得必须通过权力之间的斗争和妥协。[1]由此，权力的平衡就上升为权力的制衡，没有动态的"制"，不可能有局面上的平衡。既然各个阶层并不需要改变自己，那就必须在国家权力分配（政体）当中争取自己那一份。权力和权利一样，只能自己去争取，没有人会赠送给你。如此看来，斗争就是无法避免的。有斗争就会有崩溃的危险，国家内部的权力斗争会引发内战，掀桌子了，大家都没有舞台了。所以，妥协很重要，在共和里面，妥协是保证斗争有度、有节、有上限的安全阀。斗争和妥协对共和来说，就像汽车的油门和刹车，缺一不可。它们的平衡一旦被破坏，动态的权力平衡就被打破，共和的根基和优势就瓦解了。

裁判做完了，我认为波里比阿的权力制衡方案比亚里士多德的中产阶级方案更好的理由是：第一，它对多元性更加友好，对多元性的承认更加坚定；第二，它的条件更宽松，可实施性更强，对于大国更是如此；第三，它的动态性更强，更容易塑造一个有活力的局面。

波里比阿分析的罗马共和既然这么厉害，她为什么还是衰败了，被帝制取代了呢？波里比阿看漏了什么，还是看走眼了什么？混合政体和权力制衡这种大国强盛的核心秘密有适用边界吗？我们一起把波里比阿的理论再往前推进，我们对罗马共和的走势会有更清晰的理解，对好政治、好国家、好政体的困难也会有更深入的看法。

第一，好制度才能战无不胜，这基本上是铁律。

如果想去找一些反例，倒也是可能的，至少在短期内是有的，但按照这种反例去发展自己的国家，从长远来看，都失败了，而且大概率败得

---

[1]　波里比阿：《罗马帝国的崛起》，翁嘉声译，社会科学文献出版社，2013年，第402—410页。参见储建国：《调和与制衡——西方混合政体思想的演变》，武汉大学出版社，2006年，第52—56页。

很惨。[1]

回想一下冰山模型，冰山的三层分别是正式制度、非正式制度和民情，好制度意味着从最顶端的政体到最底端的人民的性情不仅都好，而且相互匹配。也就是说，顶层设计的权力结构合理，法律规章都是良法，风俗纯良，人民安定且又积极向上。战争年代，胜负很大程度上是制度优劣的比拼，波里比阿在乎战场上的输赢。和平年代，国家的长治久安和繁荣昌盛取决于好制度是否能够不断自我更新，制度仍然是基础与核心。

第二，罗马共和制度好，不只是因为混合政体，但它是核心。

罗马的成功因素里至少还有罗马的公民兵制度，罗马对战败者的融合和联盟策略，罗马多元开放的经济政策，等等。其实，这个问题非常容易解释，政体只是制度这座冰山的"塔尖"，而不是全部。罗马共和好，一定是塔尖和下面各部分都好，光有塔尖好是不够的。

确实，混合政体不是好制度的全部。但问题是，混合政体是不是所有这些好制度、好政策的核心平台和连接点？答案是肯定的，对罗马来说是肯定的。对其他政治共同体来说，这得自己去找，自己去磨，打磨出属于自己的多元权力平衡。波里比阿也说，罗马的混合政体不是设计出来的，而是在斗争和困难中总结经验教训得来的。[2]

虽然，混合政体不是共和的全部，但它是塔尖，是拱顶石，是整个罗马制度体系最重要的受力点和均衡点。多元势力的博弈之所以没有弄得一地鸡毛，反而使秩序井然，形成合力，拱顶石几乎有化腐朽为神奇的作用。政体是化混乱为秩序的钥匙。像柏拉图、亚里士多德、阿奎那、马基雅维利这些顶级大脑都在研究政体理论，几乎可以把政体理论看成西方古典政治学的炼金术。反过来看，一旦混合政体被打破，罗马共和的核心结构就坍塌了，多元力量无法和谐共处，共和就离覆灭不远了。这是她后世衰败的主要原因，

---

[1] 制度优劣的比较确实很有意思，波里比阿强调罗马共和的制度优势之时就比较了斯巴达、克里特和迦太基。（波里比阿：《罗马帝国的崛起》，翁嘉声译，社会科学文献出版社，2013年，第430—442页。）我曾经用比较制度的方法解释过英国为什么战胜了法国、战胜了德国，参见李筠：《英国国家建构论纲》，载李筠：《英国政治思想新论》，商务印书馆，2019年，第207—246页。

[2] 波里比阿：《罗马帝国的崛起》，翁嘉声译，社会科学文献出版社，2013年，第403页。

下文讨论格拉古兄弟、马略、苏拉、庞培、恺撒的时候会仔细展开。

第三，古典政体理论是有限经验的总结，它没有穷尽政治，不足以把政治完全看透。

柏拉图、亚里士多德对君主制、贵族制、民主制的政体分析，被波里比阿修正，后世还有理论家继续修正，但无论如何它们都带有非常强的经验总结的特征，而经验的作用往往是有限的。从这些有限的经验总结当中推导出来的政体循环、政体衰败、衰败免疫的道理当然也就不是绝对正确的。到了现代，马基雅维利还对政体理论加以运用和改造，比他晚一辈的博丹就公然否定这种理论了。[1]

不过，对理解政治、理解罗马来说，政体原理仍然是基础、是必修课、是初始参照系，只有在它的基础上进一步观察、总结、分析，才能对政治有可靠的理解。尽管它不完全对，但直接略过它是不行的。如此说来，政治学是一门从历史中不断归纳和凝聚核心概念、通则、逻辑和理论的学问，它会有阶段性的主题、主旨、主流，但也会有革命性的更新换代。[2]

最后，波里比阿对罗马混合政体的分析并非严丝合缝。

罗马的执政官、元老院、公民大会和君主制、贵族制、民主制三种政体的对应只是原则性的。波里比阿做了自己的文章，有的地方夸大其词了，有的地方隐匿不报。要成就一个完美的模型，当然会舍弃一些不重要的枝节。但从事后的罗马共和时代的政治演变来看，波里比阿舍弃的东西并不是无关紧要的枝节。其中最大的缺点是，他低估了罗马政治动态博弈的激烈程度，也就是低估了共和容纳斗争的限度；他低估了博弈当中贵族和平民的各自分化，也就是低估了亚里士多德强调的人民同质化程度的重要性；他低估了巨大资源不断汇入罗马之后罗马民情的变化，也就是低估了规模变大对于共和

---

[1]　马基雅维利：《君主论》，潘汉典译，吉林出版集团，2011年，第1页。博丹：《主权论》，李卫海、钱俊文译，北京大学出版社，2008年，第148—174页。李筠：《古今之变中的博丹主权理论》，《浙江学刊》2018年第3期。

[2]　关于学术如何更新换代的原理和逻辑，库恩的《科学革命的结构》（金吾伦、胡新和译，北京大学出版社，2003年）通过"范式转移"这个核心概念讲得非常清楚。

的挑战是全方位的。[1]

　　总体说来，波里比阿的理论为我们观察罗马共和时代提供了一个基本框架，是很好的参照系，但我们必须借助更多的人类政治经验的总结，借助更多的政治斗争的分析，借助更多的政治学之外的人类行为原理，才能把罗马共和看得更清楚。

---

[1]　博丹：《易于认识历史的方法》，朱琦译，华东师范大学出版社，2020年，第210—234页。蒙森：《罗马史》（第四卷），李稼年译，商务印书馆，2014年，第407页。林托特：《罗马共和国政制》，晏绍祥译，商务印书馆，2016年，第316—317页。比尔德：《罗马元老院与人民》，王晨译，民主与建设出版社，2018年，第184—188页。晏绍祥：《希腊城邦民主与罗马共和政治》，人民出版社，2018年，第300—307页。

2.1 同化：多元一体的铸就

本书关注的核心问题是罗马这个古代最成功的超大规模共同体的运行逻辑。她从一个弹丸大小的城邦，变成了世界帝国；从建城时候的七个小山头，变成了接近500万平方公里的辽阔幅员；从罗慕路斯的3000兄弟，变成4600万人口的庞然大物，确实让人惊叹。

由小变大，最显眼的事情当然是军事征服。在一般人印象里，帝国贪婪成性，疯狂的领土扩张应该集中在帝国时代。这个印象不太适合罗马，罗马的世界帝国的版图其实在共和时代就已经差不多打下来了，罗马在帝国时代的领土扩张其实很有限。以屋大维在公元前27年称奥古斯都为标志，罗马从共和时代正式进入帝国时代。在此之后，屋大维开拓的新疆土并不是特别大，而且，他留下祖训，守好现在的边界，不要再搞领土扩张。后来的皇帝们当然也没有那么听话，但他们所获的战果并不多，即便打了大胜仗，新得来的大片领土也不好管，没过多久又丢掉了。比如五贤帝之一图拉真皇帝千辛万苦打下了达契亚（大概是今天的罗马尼亚），很快又丢掉了。五贤帝之后，罗马忙于内战，自顾不暇，对外征服很难提上日程。罗马版图的巅峰大致就停留在公元150年左右的五贤帝时代，而且比帝国初年的屋大维时代，并没有特别显著的变化。

罗马为什么能打，为什么必须打，后文会专门解释，这一节先解释罗马吃下来以后怎么消化。一个国和一个人一样，要是想赶紧长大，就得多吃多锻炼。打仗就是多吃多锻炼，吃下对手，锻炼身手，下次吃更大的。不过这里面有一个不太显眼却同样重要的问题，那就是吃了得消化。消化不了，胀肚子了，就不会接着去胡吃海喝了。所以，罗马鲸吞了世界，我们不仅要看到她牙口好，而且要看到她肠胃好。"维持和扩大统治不仅要依靠暴力，还要依赖于人力、经济资源与中央权力的不断强化的联系。"[1]罗马在这些方面拥有异常惊人的能力。

罗马这种惊人的消化能力叫作"同化"，它是一个国家通过求同存异实现多元复杂的社会力量和谐统一的能力，是通过制度在大规模范围内进行内部整合的能力，是通过有序安排使"千姿百态"各安其位的能力。同化的目标是整合，整合的结果是一体化。[2]

同化，在共和时代就已经做得非常成功了。如果说同化是帝国的核心能力之一，那么，罗马其实很早就已经是披着共和外衣的帝国了。罗马的同化政策取得了巨大的成功，不仅支撑罗马成为世界帝国，也受到了历史学家们的道德褒奖，波里比阿、普鲁塔克和盐野七生都是典型。[3]共和时代的罗马到底有什么高招呢？主要有三个方面：基础设施、间接统治和精神结构。

基础设施

基础设施是同化的显性手段，这非常容易理解。古代中国最明显的基础设施建设的成就莫过于"车同轨，书同文，行同伦"，这句话出自儒家经典《中庸》，不过，真正做成这件事的是秦始皇，它们成了古代中国的大一统

[1]　伯班克、库珀：《世界帝国史：权力与差异政治》，柴彬译，商务印书馆，2017年，第26页。

[2]　米勒、波格丹诺编：《布莱克维尔政治学百科全书》，邓正来等译，中国政法大学出版社，1992年，第559页。

[3]　波里比阿：《罗马帝国的崛起》，翁嘉声译，社会科学文献出版社，2013年，第509—516、573—576、610—613页。普鲁塔克：《普鲁塔克全集》（Ⅱ 希腊罗马名人传），席代岳译，吉林出版集团，2017年，第十篇。盐野七生：《罗马人的故事》（Ⅰ 罗马不是一天建成的），计丽屏译，中信出版社，2011年，第211—217页。盐野七生：《罗马人的故事》（Ⅱ 汉尼拔战记），计丽屏译，中信出版社，2012年，第287—288页。

的标志。[1]罗马人基础设施搞得好，是人类历史上有名的。不过，在谈大国治理的时候，必须把基础设施的范围大大地扩展。实际上，即便是把基础设施的范围扩大好几圈，罗马人仍然做得异常优秀。

说罗马人搞基础设施，我们马上就会想起"条条大路通罗马"，罗马人修路是一绝。盐野七生女士整整花了一卷来写罗马大道，不仅有详细的文字描述，还有很多珍贵的插图，把罗马大道讲得很清楚了。罗马道路工程之浩大、延续时间之长，在人类历史上堪称奇迹。从公元前300年到公元200年的500年时间里，罗马人修筑了8万公里的干道，接起来的话，可以绕地球赤道两圈，加上支线则超过15万公里，差不多可以绕地球赤道四圈。[2]这种工程规模，西方只有在18、19世纪进入工业革命之后才超过。比如美国在19世纪下半叶和20世纪初的这50年修筑了40万公里的铁路。再比如，中国从2008年第一条高铁京津城际开通至2019年末，高铁里程接近3.5万公里，铁路总里程则接近14万公里。在农业时代，罗马路网和中国长城一样堪称帝国级别的基础设施。

罗马大道的战略影响是极其深远的。我们以罗马的第一条大道，被称为"皇后大道"的阿皮亚大道解析一下。阿皮亚大道始建于公元前312年，起点在罗马城内，顺着亚平宁山脉一路向南，终点在布林迪西，也就是意大利这只高筒靴的脚后跟。布林迪西是意大利半岛最重要的军港，罗马军队去希腊或者更远的地中海东岸作战，很多时候都是先从这里上船，也就是说，它是罗马从海上通往东方的咽喉。在法律上，布林迪西也是罗马和平的分界线。大家都知道罗马军队班师回朝，在渡过卢比孔河之前必须卸下武装。卢比孔河在意大利半岛的北部，它是和平世界的北界。而南界就在布林迪西。罗马军团下船登岸之后必须解除武装，否则视同叛国。第一个带着全副武装的军团在布林迪西登陆的将军是苏拉，数十年后恺撒带兵跨过卢比孔河其实已经有了违法的先例。罗马大道就是这样把重要的战略据点连在一起，形成

[1]　朱熹：《四书章句集注》，中华书局，2012年，第三七页。司马迁：《史记》（第一册），中华书局，2007年，第二三五至二四七页。
[2]　盐野七生：《罗马人的故事》（X 条条大路通罗马），韦平和译，中信出版社，2012年，第17页。

了网络。[1]

罗马大道的路线设计是按照城市的军事重要性展开的，一级城市之间的大道尽量笔直，逢山开洞、遇水架桥，二级城市用支线连入大道，以此类推。另外罗马大道还有一个讲究，也大大强化了它的战略性：和城市的关系。罗马大道从不修成绕城高速，全部都是穿城而过，完全笔直。这里面有战略上的讲究。从外部看，便于罗马军队迅速控制城市；从内部看，便于罗马式城市规划的普及。如果考虑到阿皮亚大道修建的时候罗马还没有完全控制意大利半岛的南部，那大道修建的战略性就非常直接了。你这个城市愿意连入这么方便的大道吗？想占罗马人的便宜，连进去了，实际上就是进入了罗马的军事体系，成为她的军事盟友只是迟早的事情。穿城而过的阿皮亚大道成了让许多城市不战而降的利器。蒙森直接认为，修建大道促使罗马明确了统一意大利全境的意图。[2]

随着罗马向外征服，大道的军事用途逐渐下降，经济用途逐渐上升，罗马路网逐渐从运兵网下沉为物流网。物流通畅是大规模贸易的基本前提，罗马境内的商贸及其繁荣和罗马路网这个超大规模基础设施的贡献密不可分。军用下沉为民用，一个基本的前提是大道的质量好。罗马大道的质量堪称人类工程史上的典范。还是以阿皮亚大道为例。公元600年的时候，它已经运行了近1000年，而且在西罗马帝国已经灭亡无人维护的情况下，它依然运转良好，让东罗马帝国的高官们惊叹不已。即便到了现在，除了一些地方被辟为历史古迹之外，阿皮亚大道被加以改造，仍然在服役。[3]

罗马路网的同化作用在军事上和商贸上都极其明显。一方面，罗马军队凭借路网的迅速移动，用最硬的方式把各城市连在一起，罗马军事的一体化因为军队移动的迅捷和便利不仅得到落实，而且非常独特。独特之处就在于，如果移动迅捷和便利，驻军的必要性就大大减小了。其实罗马共和时代

---

[1] 关于罗马路网整体分布的简要描述，参见阿德金斯等：《古代罗马社会生活》，张楠等译，商务印书馆，2016年，第229—235页。

[2] 蒙森：《罗马史》（第二卷），李稼年译，商务印书馆，2004年，第117页。参见盐野七生：《罗马人的故事》（X 条条大路通罗马），韦平和译，中信出版社，2012年，第37页。

[3] 盐野七生：《罗马人的故事》（X 条条大路通罗马），韦平和译，中信出版社，2012年，第33页。

的军制是不支持罗马到处驻军的。罗马军团是在有战事的时候才召集公民得以组建，战事结束士兵们就解甲归田。和士农工商并列的职业军人的出现是后来的事情，到了帝国时代才比较成熟。既然没有职业军人，哪里来的驻军呢？考虑到共和时代的公民兵制度，罗马大道对于罗马军事扩张和军事控制的战略重要性就更上一个台阶了，它相当于伸进每一座重要城市的兵锋，平时没有兵，有事兵马上就到。大道的畅通和网络化有效缓解了罗马早年因为兵制而导致的兵员紧张，有效地支持了罗马军事体系的整合。

　　另一方面，罗马商人凭借路网的贸易往来，用最有弹性的方式把罗马联系在一起，成为一个内部依存度极高的经济体。市场经济是流动的经济，物流、人流、钱流都在畅流，经济就繁荣。有了宽阔、平整、安全的罗马大道，物流和人流就非常畅通。考虑到共和时代的罗马金融业还不够发达，钱流仍然得像物流一样靠人流来完成，那么，罗马路网简直就是罗马经济体的血管。发达的血管和繁荣的经济形成了良性的正向激励关系，血管越发达，越有利于"三流"的畅通，经济就越繁荣；反过来，经济越繁荣，越需要更加繁密和优质的血管，路网就需要不断完善。

　　大地盘并不必然意味着大规模市场经济。只有通过地上的路网和海上的航线把大地盘连为一体，让各部分通过物流、人流、钱流形成经济循环，大地盘才能成为一个经济体。否则，经济相互隔绝的各个地方就没有最基本的相互连通和相互依赖，地方主义就会在经济层面生根发芽，成为威胁共同体统一的底层隐患。所以，从经济整合的角度来看，罗马路网对古代世界最发达的超大规模市场经济的贡献可谓厥功至伟。[1]

　　罗马整合超大规模共同体的手段之中，和路网直接相关的是城市建设。说起建造城市，无数伟大的罗马建筑马上就会叩响你的心门，大竞技场、凯旋门、万神殿、西班牙台阶、许愿池喷泉……其实，不光是罗马城，罗马所到之处，城市全部都按罗马标准修建公共建筑。所以，在法国可以看到极为

---

[1]　罗马经济整合的成功状态，可参见罗斯托夫采夫：《罗马帝国社会经济史》（上册），马雍、厉以宁译，商务印书馆，1985年，第101—116页；厉以宁：《罗马—拜占庭经济史》（上编），商务印书馆，2006年，第147—152、185—194页。

壮观的罗马公共水桥，在北非的突尼斯和西亚的约旦可以看到挖掘出来的广场、会堂、剧院、浴场、竞技场等等。去这些空间上离罗马城很远的地方看罗马遗址，时空交错的魔幻气氛会让人更直接地体会到罗马的伟大。

罗马人是西方最精于建筑的古代民族，他们总结的建筑之理、他们悟出的建筑之道、他们积累的建筑之技，是西方建筑史上的精华，也是西方建筑史最重要的基础。作为屋大维的随军工程师、建筑师、规划师，维特鲁威总结经验，写出了《建筑十书》。这部著作堪称西方建筑理论的"圣经"，也深刻地影响了西方的美学，是理工和人文结合的典范，被一千多年之后文艺复兴时代的西方文化精英们当作教科书来使用。[1]维特鲁威在《建筑十书》里开篇就讲"建筑师的修养"，然后讲城市规划和布局，规划和布局的核心是城市公共建筑须围绕"主街道"展开。[2]这就和前面谈过的罗马路网的战略性关联起来了。下面我们来看公共建筑本身的同化功能。

公共建筑是凝聚人心的法宝。因为它是塑造共同体成员共同情感的特定空间。凡俗的时间在这种空间当中会被净化成神圣的时间，人在其中放下油盐柴米，直接浸润在宝相庄严之中，因为共享了集体的神圣性而找到自己存在的意义。这种感受和感情是说不清道不明的，但它存在，而且非常强大，公共建筑就是普通人感受神圣的最佳场所。神庙让人们一起供奉和祭祀，得到共同的敬畏感；会堂让人们一起商议和妥协，得到共同的存亡感；浴场让人们一起休闲和放松，得到共同的生活感；广场让人们一起狂欢和出征，让人们获得共同的使命感。各式各样的人，因为有了这些共同的情感，凝聚成人民。正是因为承载了如此重要的政治功能，罗马人才拼命地修建各式各样的公共建筑。所以，我们去罗马城或者别的罗马遗址参观的时候，除了观察建筑的宏大精妙之外，还要了解它们的历史，想到它们如何通过塑造共同的情感和共同的生活来塑造"我们人民"。

罗马的公共建筑工程浩大，但都是来自"捐赠"，而不是政府财政拨

[1]　参见Giorgio Vasari (1511-1574): *Lives of the Artists* (selections), https://sourcebooks.fordham.edu/basis/vasari/vasari-lives.asp.

[2]　维特鲁威：《建筑十书》，陈平译，北京大学出版社，2012年，第63—74页。

款。这里涉及罗马贵族的独特政治生存方式。要团结人民、凝聚人心，富人有义务通过捐赠修建公共建筑的形式来实现，罗马把这种行为上升为一种重要的美德，叫作"慷慨"。大人物为公共事业必须挥金如土，小气吝啬会为人所不齿。从城邦内部的结构来说，富人通过兴建公共建筑让穷人欢乐祥和，底线意义是"买保险"，高线意义是人格挺立和国家担当。从城邦外部的结构来看，被征服城邦的富人通过兴建公共建筑向罗马当局示好，并且希望通过罗马式的做派取得罗马当局的认可，从而跻身元老院，成为罗马的核心政治成员。所以，大部分罗马式城市的兴建或者改建，并不是罗马当局主动出资，甚至都不用发布征服者的命令，而是地方贵族主动投诚的结果。[1]

对于罗马这样的超大规模共同体，道路和建筑这些可见的基础设施只是其中的一小部分，更大的部分其实是那些不能直接看见的基础设施，比如安全、法律、市场。

安全是一个社会的基本公共物品，没有安全，社会都难以成立。罗马人在接近500万平方公里的土地上为4600万人提供安全，靠的不是警察，那个时候没有警察；靠的也不是军队，十几万军队根本顾不过来。如此说来，罗马境内的高度安全简直是一件不可思议的事情。

罗马人通过很多重大行动带来安全，比如共和末年庞培以雷霆之势肃清了整个地中海的海盗。罗马人也通过很多小动作带来安全，比如修筑罗马大道的工程规章规定大道两旁要留够10米的宽度，在穿过森林的时候也是如此，为的是减少道路两旁盗匪埋伏的可能性。

不过，最重要的是在政治上，罗马主要靠信任和服从带来安全。来硬的，多少军队都控不住数百万平方公里的地盘，只有来软的，才是无远弗届的。信任和服从是降低统治成本的法宝。那信任和服从从哪里来？靠威信，崇高的威信。罗马不光是军团能打，而且是有事它就一定会出现，处置一定会公正。各地人民相继成了罗马人民，信任罗马带来的安全，自然就愿意服

---

[1] 盐野七生：《罗马人的故事》（Ⅹ 条条大路通罗马），韦平和译，中信出版社，2012年，第18—22页。比尔德：《庞贝：一座罗马城市的生与死》，熊宸译，民主与建设出版社，2019年，第53—57页。

从罗马的秩序。

但这还不够，还需要法律。法律是个好东西，对于庞大的国家尤其好！因为它天生就是用来处理陌生人关系的。法律的内在精神是平等，它天然就会平等对待所有人。这真的是法律天生善良吗？是，不过也不完全是。因为离了平等，法律根本就玩不转。法律是行为规则，它的运作方式是，不管是谁，只要行为符合特定的情况，结果就必须是相对应的特定结果。[1]

稍微解释一下法律这种"追求平等"的运作机制。法律规定杀人偿命，就是说，无论谁，只要杀人，就必须偿命。要是不平等，甲杀了人偿命，乙杀了人不偿命，法律不就没用了嘛！这个时候，不光是对逍遥法外的乙来说法律没有用，对心里愤愤不平、不再相信法律的甲和其他围观群众来说，法律也没有用了。法律能够带来安全与和平，就是基于所有人都相信依照法律行事是对的，特权一旦打破了这种"相信"，人们心里都看不起法律，也就不会真诚地依它行事了。不相信法律的人是法律上的投机分子，有好处就守法，同样，有巨大的好处而且不会被法律追究的时候，就会违法。这样的人多了，共同体就会形成法不责众的局面，法律的秩序就瓦解了。

超大规模共同体的整合必须依靠法律。因为法律会带来无数公民内在的一致性："法律面前人人平等"意味着不同的人在法律面前都是一样的。法律的平等追求在实际运作过程中会变成"匿名性"。不管是谁，法律就是这么规定的，就必须这么做（不这么做）。这种特性在小共同体里，村子里，熟人社会里，用不着。用了反而坏习俗、伤感情。但是，对于大共同体、大都市、陌生人社会，它就特别有效，甚至规范大多数人的行为也只有靠它。亿万生民，统治者不可能一个个发布具体的命令。法律是对所有人抽象而平等的命令。而公民权就是使用罗马法的入场券，有了它，这个人就加入了罗马法的世界。[2]所以，公民权的发放和争夺在共和时代是个大问题。这个问题后文谈贵族和平民的斗争时再细说。

---

[1] 参见博登海默：《法理学：法律哲学与法律方法》，邓正来译，中国政法大学出版社，1999年，第285—292页。

[2] 参见尼古拉斯：《罗马法概论》，黄风译，法律出版社，2004年，第63—69页。詹金斯主编：《罗马的遗产》，晏绍祥、吴舒屏译，上海人民出版社，2016年，第十四章。

因此，罗马法在古代世界如此发达，它实际上是罗马统治超大规模共同体的基础设施。在行为规则意义上，法律是罗马这个超大规模共同体得以整合的基础。有了它，4600万人理论上都知道该怎么做，不该怎么做，做法就有规矩了，而且是大家明知的，是可以以此合理预测陌生人行为的。如果海量的陌生人之间能够相互知道其他任何人的做法都不会太离谱，那么，他们对于安全感、守规矩、做生意的需求就都可以顺利落实了。这是罗马让庞大的人口能够安心的法宝，也是罗马和其他古代大帝国的重大差别，还是罗马留给现代文明最重要的启示和智力资产。

当然，必须承认，古籍上留下的法条不一定就是罗马人实际生活的样子，但至少从它们的字句当中可以看到，也可以从很多考古实物看到，统治者对铺设法律这种基础设施是非常用心的。如果说罗马法在各地的实行千差万别是实情，那么，罗马法成为罗马的象征和基础性治理方法也是实情。[1]

最后一个重大的基础设施——市场，就简单谈几句，因为我们实在是太熟悉了。生活在一个繁荣的市场经济当中，每个人都能够切身感受到市场对于生活的便利性和必要性。市场把无数的陌生人奇妙地合为一体，交易、合作、分工、互相需要、互相成全。罗马有意维护繁荣的市场，庞大的罗马法体系当中绝大部分条文是私法的内容（也就是民事法律），它们既是繁荣市场经济的保护者，也是繁荣市场经济的结果。也就是说，超大规模的罗马市场经济和超大规模的罗马私法互为因果。因为只有如此强悍的法律体系，才足以维护如此庞大的市场经济；也只有如此大规模繁荣的市场经济，才需要如此大规模的游戏规则。生活在其中的亿万生民有饭吃、有衣穿、有生意做，自然也就容易安乐祥和。

间接统治

有了道路、建筑、安全、法律、市场这一系列的良好基础设施，绝大多

---

[1] 詹金斯主编：《罗马的遗产》，晏绍祥、吴舒屏译，上海人民出版社，2016年，第十四章。卡泽尔、克努特尔：《罗马私法》，田士永译，法律出版社，2018年，导论。

数老百姓就可以凭借这些基本的"同"被安放在一个界面上，他们也就很容易因为日常的安居乐业而被化为一体。但这还不够，因为只有对罗马和各种政治共同体之间的关系做出妥善安排，道路、建筑、安全、法律、市场这些地基和梁柱才有屋顶。我在《西方史纲》里强调过，"政治是文明的硬壳"。[1]从反面来看，一旦政治出问题，战争肆虐，道路、建筑、安全、法律和市场就都毁了。从正面来看，一个共同体能做多大，最难的部分是政治架构。道路、建筑、安全、法律和市场向外铺展的步伐受限于政治安排，在本国政治权力之外，道路的延伸、建筑的兴修、市场的拓展都是可能的，但都比较艰难，很容易被敌对势力摧毁。安全和法律若没有政治权力作保，几乎无法存在。所以，罗马成为超大规模共同体，必须有妥善的政治安排，让罗马的权力成为护卫道路、建筑、安全、法律和市场的硬壳。罗马建构自身权力的主要方法是间接统治，它是罗马政治统治的精华所在。

相比而言，我们很容易理解直接统治，好像统治者派自己的官吏对老百姓发号施令就是政治统治唯一的样子。或者再加上不服从就派军队镇压。这种理解确实和常见的现象非常吻合，但它太过狭窄了，尤其对理解复杂多元的庞大中国来说是非常不利的。施展在《枢纽》里费尽力气讲农草互动、过渡地带、满清格局、多元互构，就是要用多元的大格局撑破我们对政治和历史惯常的狭窄理解。[2]如果说，拿整齐划一的直接统治来理解古代中国政治已经很不妥当了，那么，拿这种眼光就根本没法理解古代罗马，更无法面对未来的中国和世界。我们一起来看看罗马的间接统治到底怎么玩，这里我先给出一个基本的模型，在下面的章节当中我会从不同的侧面解释这个模型。

一言以蔽之，罗马的间接统治从政治关系上看是一个同心圆。罗马城是圆心，半径长短决定了统治方式的差别。罗马城是圆心意味着罗马掌握最高权力和政治主动性，罗马城的政治是标准、是模板、是理想。半径是什么呢？是民情，是文化，是"冰山"的底座，是文明的程度。民情和罗马越像，半径就越短，相反，半径就越长。半径越短，就越靠近圆心，政治安排

[1]　李筠：《西方史纲：文明纵横3000年》，岳麓书社，2020年，第94页。

[2]　施展：《枢纽：3000年的中国》，广西师范大学出版社，2018年。

就越和罗马一体化。

罗马主动区分战败者的文明程度（半径）来决定战后统治方案。这说起来合情合理，但在政治实践中很难想到，更难做到。如果是直接统治的套路，战胜者就对战败者编户齐民，我们那儿怎么管，你们那儿就怎么管，你们的官员愿意效忠我们，按照我们统治方式来的，就接着做，不行的话我们就派官员去管。总之，征服者按照自己的统治方式把战败者完全格式化。

罗马不这样。她在胜利后要看战败者的文明程度离她有多远。

第一层，离得近，就直接变成自己人，贵族一样进罗马的元老院，平民一样获得罗马的公民权。

第二层，离得远一点，但大体相近，宗教、政治、法律、风俗差不多，就让它做自治城市或者行省，贵族进元老院的名额少一点，公民只能享有拉丁公民权，也就是民事权利和罗马人一样，但没有选举权。

第三层，离得再远一点，各方面的差异比较明显，但在战略上必须直接控制，就把它变成行省，最高行政长官（总督）由罗马派遣，相对主动地推行罗马化的政策，让罗马的政治—军事统治和当地的社会自治、传统治理模式协调起来。

第四层，离得更远一点，各方面的差异很明显，在战略上必须保持稳定的，就把它变成盟国，让他们维持自己原有的政治和军事形态，只要承认罗马是宗主国就好，打仗的时候出兵，原来的政治统治基本不动。罗马唯一要做的就是扶持"亲自己"的人掌权，实际的统治尽量少插手。而且，罗马不从盟国头上征收年金或者贡赋。

外围，再远一点，各方面差异非常明显，没法谈、没法联盟的，就把他们驱赶得远一点，划定界线让他们不要过来，罗马军团哪怕越过界线深入人家的腹地，也是狠狠教训完了就撤，绝不恋战。[1]

举一个例子说明一下间接统治的同心圆结构。武功盖世如恺撒，征伐日

[1] 沃尔班克、阿斯廷等编：《剑桥古代史》（第七卷第二分册　罗马的兴起至公元前220年），胡玉娟、王大庆等译，中国社会科学出版社，2020年，第286—305、400—404、464—476页。孟德斯鸠：《罗马盛衰原因论》，婉玲译，商务印书馆，1995年，第34—35页。盐野七生：《罗马人的故事》（Ⅰ 罗马不是一天建成的），计丽屏译，中信出版社，2011年，第169—174页。

耳曼人的时候总是适可而止。向东进发最远的一次，渡过莱茵河教训了日耳曼人以后他就撤了，撤军的时候还烧毁了自己建造的桥梁。他的目的是保证离意大利比较近的高卢稳定就好。在蛮荒的日耳曼丛林里压制、管制、控制日耳曼人是费力不讨好的事情，甚至是不可能的事情。[1]

恺撒在高卢征战八年，取得过很多次以数万人击溃敌军数十万人的重大胜利，但之所以辗转八年，是因为恺撒要厘清卢比孔河与莱茵河之间广大地区的政治关系，他要做成一个有梯度的共和国北疆。本书谈罗马起源的时候就强调过，罗马是在北方的日耳曼人和南方的希腊人之间求生存。日耳曼人从莱茵河东岸源源不绝地向南挤压，就会传导到高卢，然后传导到意大利，自有罗马以来的北患就一直不断发作。[2]只有按照接近罗马的程度设置不同权限的行省和同盟关系，把高卢变成罗马的大同盟去抵挡北部的日耳曼人，意大利才能获得真正的安全。想要一劳永逸地消灭所有日耳曼人是不可能的，那么，唯一可行的办法就是把高卢的诸多日耳曼部落做成多层次的政治结构。"只要可能，凯撒就允许他们自治，尽可能不打扰当地的秩序。……但如果形势所迫，凯撒就会使用铁腕。"[3]恺撒这种战争中的战略大格局非常直接地体现了罗马统治的精髓。战争是政治的延续，没有考虑清楚政治格局的仗，再酣畅淋漓最终也是白打。恺撒不是为了痛快而打，甚至不完全是为了功勋卓著去打，而是为了塑造一个共和国北疆的同心圆结构去打。他成功了，不仅北境安定，而且重塑了半个罗马，那么，剩下的事情当然是去重塑另外一半罗马。

恺撒的故事下文会重点再谈，我们回到罗马的政治同心圆结构。有了圆心、同类、行省、盟友、外敌的同心圆，帝国的间接统治框架就建立起来

[1] 凯撒：《高卢战记》，任炳湘译，商务印书馆，1997年，第79—89页。蒙森：《罗马史》（第五卷），李稼年译，商务印书馆，2014年，第216—222页。盐野七生：《罗马人的故事》[Ⅳ 恺撒时代（上）]，张伟译，中信出版社，2012年，第193—200页。
[2] 波里比阿在公元前145年左右对罗马的北患就有了非常系统的认识，足见日耳曼人自古就是罗马的劲敌，也足见波里比阿之后的100多年恺撒系统性地解决这个问题对于罗马有多重要。参见波里比阿：《罗马帝国的崛起》，翁嘉声译，社会科学文献出版社，2013年，第212—237页。
[3] 博恩：《凯撒的指挥艺术》，载李世祥编译《凯撒的剑与笔》，华夏出版社，2009年，第95页。

了。在这个结构里面，罗马和每一个战败者达成的政治关系都不会一模一样。同类（比如早先征服的意大利城邦）、行省（比如早年就被征服的南高卢和西班牙）、盟友（比如帮助罗马打败迦太基的努米底亚），这些政治关系与其说是统治，不如说是广义的同盟，罗马实际上是编织了一个庞大的政治关系网络，建构了一个超级复杂的同盟。从这种政治网络结构来看，就像很多学者建议的那样，与其说罗马是一个帝国，不如说她是一个霸权。[1]她要的是居于整个网络的核心和主导地位，而并不要求把网络上的每一寸都变得和自己一模一样。

这样我们就容易理解，超大规模共同体，容纳了不同的民族、不同的文化、不同的宗教、不同的经济形态，在政治上为什么能够连为一体。光靠武力，能征善战的罗马军团只会被无穷无尽的攻城略地活活累死。但事实上，罗马军团并不是在帝国境内均匀分布，甚至很多行省根本就没有罗马驻军。我在《西方史纲》里强调过，帝国的规模不是由帝国军团的战斗力单边决定的，而是由它和帝国治理成本的平衡点决定的。[2]罗马共和时代驾轻就熟的同盟编织，使得她的治理成本大大降低，当然，法律和市场经济也起到了相同的作用。所以罗马才能做这么大。

历史上长期掌握霸权的帝国也大都学习罗马实行间接统治，19世纪的大英帝国如此，现在的美帝国同样如此。直接统治不能多，出现一两个麻烦的地方，一旦用了直接统治的方法派军队去镇压，就足以拖垮整个帝国。比如英国在印度就靠王公土司和东印度公司来统治，收效甚好，后来在非洲的统治越来越直接，大英帝国的元气都耗在了里头。[3]同样，美国在越南实在熬得难受，咬咬牙就撤了，而苏联陷在阿富汗里面，是苏联衰落的重要原因。

[1] 阿斯廷、沃尔班克等编：《剑桥古代史》（第八卷 罗马与地中海世界 至公元前133年），陈恒等译，中国社会科学出版社，2020年，第231—257页。格罗索：《罗马法史》，黄风译，中国政法大学出版社，1994年，第十三章。芬纳：《统治史》（卷一 古代的王权和帝国），王震、马百亮译，华东师范大学出版社，2014年，第560—581页。盐野七生：《罗马人的故事》（Ⅰ 罗马不是一天建成的），计丽屏译，中信出版社，2011年，第169—174页。

[2] 李筠：《西方史纲：文明纵横3000年》，岳麓书社，2020年，第100页。

[3] 詹姆斯：《大英帝国的崛起与衰落》，张子悦、解永春译，中国友谊出版公司，2018年，第四部分。亚当斯：《重铸大英帝国》，覃辉银译，广西师范大学出版社，2018年，第十四章。

　　所谓帝国的经营，不是去把全世界变成和自己一个样子，而是把全世界织成以自己为核心的网，其中最关键的就是多元化的政治同盟关系。

精神结构

　　有了庞大而稳固的政治同盟，一个个部落、城邦、王国就可以在罗马这个超大共同体里面各安其位，超大规模的"一"就逐渐形成了。但这还不够，必须有"精神结构"的打造。各个地方的精神如果没有经过罗马主动的结构性安排，同化很可能只是口服心不服，超大规模共同体就很可能是表面上风平浪静，实际上暗潮汹涌。

　　各地宗教不同、文化不同是极端重要的民情不同。回想一下"冰山模型"，各地的底座如果和罗马不同，他们对于同一个事情的理解和感受和罗马人不同，做出的反应肯定不同，那么，他们和罗马之间的摩擦就会一直不断。犹太人和后来的基督徒就是这样，因为他们的信仰特别坚定，不容改动。罗马人怎么解决这个冰山底座的问题呢？答案是多神教。

　　前文我们已经通过努玛立教的故事分析过罗马多神教的建立。多神教是罗马这个先天条件优厚的富家子弟自然形成的宗教形态。既然是大户人家的大手笔、大气派，就在自己长大之后把它发扬光大。确实，罗马人就是这么干的。万神殿就是这种思路的集中体现。

　　万神殿最初是在公元前27年由屋大维的副手阿格里帕兴建的，目的是纪念屋大维击败安东尼和克里奥帕特拉。它在公元80年被焚毁，公元125年由哈德良皇帝重建。万神殿用巨大的圆形穹顶创造出极为开阔的室内空间。穹顶顶端的圆孔让阳光洒进来，随着时间的变化，巨大空间之内的光影也不断变化，宇宙尽在其中，诸神端坐四壁，给人一种难以抵挡的心灵震撼。[1]

　　万神殿有形的建筑奇观透露了罗马多神教内含的政治结构：宇宙和谐，

---

[1]　关于万神殿的建筑工程特色，参见曹昊主编《永恒之城：罗马历史城市建筑图说》，化学工业出版社，2015年，第81—85页。

诸神联欢。万神殿是罗马自努玛立教以来多神教不断发展的巅峰式展现。所以，尽管严格来说它是帝国时代兴建的建筑，但我们仍然用它作为罗马精神结构的模型。

罗马有诸神，最重要的是主神朱庇特、神后朱诺和战神马尔斯，还有维纳斯。然后，罗马人的始祖是神，埃涅阿斯是神，罗慕路斯也是神。再然后，大部分皇帝也成了神。从奥古斯都开始把恺撒封神，很多皇帝也都进了万神殿。

关键问题是，战败者各有各的神怎么办？没关系，也请进万神殿，和所有的老神一起联欢。只要他们自己不排斥，罗马肯定是欢迎的。"就共和时期的情况而言，各种神灵共处却相安无事，如同引进外邦神灵或认可新的神力一样不会造成多少不安。"[1]虽然这些新上梁山的来自偏远地方的神在万神殿里座次自然是比较靠后，和朱庇特、马尔斯、维纳斯没法比，不过没有关系，他们在万神殿里也有位子，也得到罗马的供奉。作为战败者，神庙、神灵不被连根铲除就已经是万幸了，居然还得到了战胜者的供奉，那还跟罗马军团玩了命死磕干什么呢？

罗马人也特别会在这种事情上下功夫。有个好地方，英国的巴斯，巴斯有个罗马浴场博物馆。那里面掌管温泉的女神叫作苏丽斯·密涅瓦，博物馆的镇馆之宝就是她的黄金面具。苏丽斯·密涅瓦，听起来怎么怪怪的？没错，密涅瓦是罗马的智慧女神，相当于古希腊的雅典娜，苏丽斯是谁？她是罗马时代英国岛上土著的温泉女神。罗马人来了，把她们合二为一，告诉土著：你们的苏丽斯就是我们的密涅瓦，她们不仅不打架，而且就是一回事。"罗马人有一种把自己的神的名字给予同它最相近的外国神的习惯。"[2]罗马人就用这样的套路把整个西方世界的各路毛神全部都收编了，也就用自

[1]　沃尔班克、阿斯廷等编：《剑桥古代史》（第七卷第二分册　罗马的兴起至公元前220年），胡玉娟、王大庆等译，中国社会科学出版社，2020年，第649页。

[2]　孟德斯鸠：《罗马盛衰原因论》，婉玲译，商务印书馆，1995年，第88页。罗马自部落时代至共和末年同化其他部落宗教的简要情况，参见库朗热：《古代城邦——古希腊罗马祭祀、权利和政制研究》，谭立铸等译，华东师范大学出版社，2006年，第336—341页。

己的宗教把战败者的宗教同化了。[1]所以，黑格尔说，"罗马的宗教是一种完全不含有诗意的，充满了狭隘、权宜和利用的宗教"[2]，尽管态度很不友好，确实也有道理。

各路神仙如果都来罗马的万神殿里联欢了，信这些神的人还有什么理由打架呢？于是，整个罗马的精神结构就是放大版的罗马多神教，它的核心象征就是万神殿。据说古代罗马最多的时候承认和供奉了三万多尊神。神，都是罗马的神；人，自然也都成了罗马的人。神的联欢和人的政治同盟，其实是同一个帝国的不同侧面，精神结构和政治结构相似且相互支撑，国家的繁荣和发展便走在正确的轨道上。所以波里比阿在比较了罗马和雅典、斯巴达、克里特、迦太基的政体的时候，意味深长地说："罗马政体在对诸神的观念这个地方最明显地展现出其优越性。"[3]

总的来说，罗马在共和时代就做了很有帝国气象的事情，不仅体现在疯狂的领土扩张，更体现在同化，也就是基础设施、间接统治和精神结构的打造，把超级多元的战败者稳稳当当地同化成一个共同体，这个共同体的名字叫作罗马。

---

[1]　需要说明的是，罗马的宗教并不只是政治和军事的战略武器，民众对多神教的自发融合也非常积极，他们经常狂热崇拜异邦的神，比如埃及神伊西斯在罗马就疯狂地流行过，甚至引起了元老院的恐慌。罗马人崇拜伊西斯的典型状况可参见比尔德：《庞贝：一座罗马城市的生与死》，熊宸译，民主与建设出版社，2019年，第407—415页。

[2]　黑格尔：《历史哲学》，王造时译，上海书店出版社，2001年，第289页。引文根据英文版略有调整，参见Georg W. F. Hegel, *The Philosophy of History*, trans. J. Sibree, Kitchener: Batoche Books, 2001, p.310.

[3]　波里比阿：《罗马帝国的崛起》，翁嘉声译，社会科学文献出版社，2013年，第441页。引文根据英文版略有调整，参见Polybius, *The Histories*, trans. Robin Waterfield, Oxford: Oxford University Press, 2010, p.411.

2.2 文化：大国灵魂的进化

通过基础设施、间接统治和精神结构的打造去实现同化，有两个方向的可能，一个是文明程度不如罗马的，另外一个是文明程度高于罗马的。希腊世界的同化就属于后一个方向的问题。

古希腊是西方文明的第一阶段，古罗马是第二阶段。古罗马和古希腊的基本关系，我在《西方史纲》里概括为"接力"，语言和哲学是古希腊把西方文明的大旗交接给罗马人的两根接力棒。[1]现在我们把立场从整个西方文明转移到罗马，如果你就是那个在政治上、军事上强势崛起的学生，你将如何面对才高八斗的老师？这一节我们通过分析如何面对自己的文化劣势，来看看超大规模共同体灵魂的进化。

当罗马遇上希腊

罗马向北推进对付日耳曼人的时候不存在任何文化上的压力，相反，罗马的优势非常明显，她甚至可以露出帝国主义的嘴脸宣称"征服是为了播撒文明"。恺撒和塔西佗无论想写得多么客观公正，都难以抹除他们在日耳曼

---

[1]　李筠：《西方史纲：文明纵横3000年》，岳麓书社，2020年，第74—81页。

人面前的文化优越感乃至傲慢。[1]对于文明程度的劣势，当时的日耳曼人和其他部落也确实认账。无论是基础设施、间接统治还是多神教结构，对文明程度比罗马低的王国、城邦、部落来说，罗马人来了简直就是发福利，带他们跑步进入文明世界，他们当然愿意跟罗马人同化。所以，三大同化手段在很多地方，实施的主体其实很多时候都不是罗马人，而是战败者的精英阶层。修路修桥、兴建广场剧院竞技场、引进罗马的法律、让交易习惯和风俗同罗马接轨等等，最积极的是战败者精英。他们最想成为罗马人，甚至想成为罗马的元老，也就主动向罗马靠拢，学习霸主的方方面面。

　　但南边的古希腊呢？罗马推进到意大利高筒靴的小腿部分的时候，就和希腊世界正面交锋了。罗马在王制时代，还没成什么气候，古希腊已经是地中海的领袖了。希腊人通过"细胞分裂"的办法把新建移民城邦的游戏玩遍了地中海世界。意大利南部和西西里岛当时都属于希腊世界。

　　举一个例子，叙拉古。它在西西里岛的东南端，面向地中海，是希腊世界的著名城邦。据记载，公元前509年罗马共和取代王制的时候，西西里岛上的希腊式城邦叙拉古已经非常繁荣，是当时雅典城规模的10倍。叙拉古之所以著名，一方面是因为它的战略位置和繁荣富庶。它是罗马走向地中海的重镇，也就成了罗马和迦太基联合打击希腊人的战略要地，后来自然成了罗马和迦太基全面战争（布匿战争）的重要争夺目标。另一方面，叙拉古太有名，当然是因为柏拉图。柏拉图投身政治，三次赴叙拉古实现他的哲学王理想，都以失败告终。叙拉古因为西方哲学与政治之间首次焦灼的纠缠而青史留名。[2]类似叙拉古这样的希腊城邦在意大利南部和西西里岛上非常多，罗马向南拓展生存空间，尤其是驶向地中海，就必然会撞上希腊。

　　罗马和希腊一开始当然是各走各路。罗马在公元前509年由王制转变成共和，公元前494年设置保民官，公元前449年颁布《十二表法》，它们都是

---

[1]　参见凯撒：《高卢战记》，任炳湘译，商务印书馆，1997年，第137—144页。塔西佗：《阿古利可拉传 日耳曼尼亚志》，马雍、傅正元译，商务印书馆，1997年，第55—80页。

[2]　蒙森：《罗马史》（第三卷），李稼年译，商务印书馆，2005年，第二章。柏拉图：《柏拉图书简》，彭磊译注，华夏出版社，2018年，第50—136页。李筠：《西方史纲：文明纵横3000年》，岳麓书社，2020年，第61—63页。

共和初创时期的重要节点。同时期的希腊在干什么呢？公元前492年，第一次希腊波斯战争爆发，公元前490年希腊人赢得马拉松战役，公元前480年希腊人赢得萨拉米海战，希腊波斯战争结束。在两个平行世界里，希腊已经赢得最光辉的胜利，击败强悍的波斯，捍卫了自由和文明；罗马则刚刚成为有志青年，打造出混合政体的雏形，试探着成为拉丁姆地区的霸主。

希腊人登上胜利的巅峰之后不到50年，公元前431年他们的内战伯罗奔尼撒战争开打，打了27年，希腊全面衰落。这个时候的罗马忙着攻占和收编自己周围的小城邦和小部落。到公元前326年，罗马和南部山民萨莫奈人的战争开始，罗马要拿下意大利这只高筒靴的小腿部分。而在公元前323年，亚历山大大帝已经完成了荡平希腊、击溃波斯、深入印度的征程，英年早逝。也就是说，罗马离统一意大利还远，希腊在政治上、军事上就已经溃败了。希腊盛极而衰，罗马意气风发。

不过，从亚历山大大帝东征开始，希腊文化急速传播，占领了整个地中海世界，甚至播撒到更遥远的东方。历史上把亚历山大大帝去世（公元前323年）到屋大维建立罗马帝国（公元前27年）之间这段时期叫作"希腊化时代"。[1]按照这种历史分期标准，罗马共和最令人振奋的扩张期和最令人痛惜的衰落期都处于希腊化时代，罗马的青壮年是在希腊文化全面的浸润下度过的。

长线来看，罗马接受希腊文化主要有三条途径。第一条是伊达鲁里亚人，第二条是意大利南部城邦，第三条就是希腊化时代。[2]

第一条途径，我们在第一章"王制时代"的"融合"一节就提到了，是伊达鲁里亚人。第五任国王老塔克文就是从伊达鲁里亚城邦迁徙来的移民，他把自己的老乡也都招呼来了罗马，罗马人的工程水平明显提高。伊达鲁里亚人深受希腊文化的熏陶，他们是希腊文化间接汇入罗马的涓涓细流，不过确实够早，也够独特。根据考古资料细究文字记载匮乏的上古史，"无

---

[1] 陈恒：《希腊化研究》，商务印书馆，2006年，第41页。勒纳、米查姆、伯恩斯：《西方文明史》（Ⅰ），王觉非等译，中国青年出版社，2005年，第六章。

[2] 莫米利亚诺：《外族的智慧：希腊化的局限》，晏绍祥译，生活·读书·新知三联书店，2013年，第17—30页。陈恒：《希腊化研究》，商务印书馆，2006年，第426—430页。

可争议的事实是，意大利的诸城市国家是在希腊城邦这一榜样的影响下形成的"。[1]罗马是其中之一，而且被同样受希腊文化影响的诸多城邦包围，伊达鲁里亚只是其中最明显的管道之一。想一想罗马建城的埃涅阿斯神话是希腊的特洛伊战争神话的延续，希腊文化真是在罗马的童年时代就深深种在她血脉里了。

第二条途径，我们在"前言"里就提到了，希腊世界延伸到意大利南部和西西里岛，罗马和它们接触越频繁，受到希腊文化的感染就越多。随着罗马向南拓展，希腊文化不断汇入罗马，逐渐形成了犬牙交错的繁密文化网络。

第三条途径，就是希腊化时代，希腊文化的世界级传播和罗马霸权的世界级拓展相互交织，这种状态是从布匿战争时期开始的。当罗马击败了地中海对岸的霸主，掉头向东征服马其顿和希腊半岛的时候，希腊文化和罗马征服就全面地相互渗透了。希腊文化汇入罗马形成了水银泻地之势。

希腊世界的政治和军事从公元前431年伯罗奔尼撒战争开打就一路下行。亚历山大大帝开创了希腊化时代，他英年早逝之后，他的部将瓜分了帝国，这些希腊化王国在军事上没有再取得辉煌的成就，不过依然强悍。政治上，它们都从东方学来了专制统治。在文化上，希腊化时代取得的成就仍然令人叹为观止。我们都知道古典希腊时代有哲学大宗师泰勒斯、苏格拉底、柏拉图、亚里士多德，有数学大宗师毕达哥拉斯，有戏剧大宗师索福克勒斯、欧里庇得斯和阿里斯托芬，历史学大宗师希罗多德和修昔底德，等等。希腊化时代，也出了很多大宗师，比如几何学大宗师欧几里得，物理学大宗师阿基米德，哲学大宗师芝诺和皮浪，还有我们屡屡提到的历史学大宗师波里比阿，等等。他们是古典希腊时代文化血脉的直接延续，希腊文化一直非常强势，而希腊化时代则把这种文化强势从希腊半岛带出来，推向了整个地中海世界。在强势文化的包裹之下，不要说在共和时代，甚至到了帝国时代，罗马城也从来没有成为地中海世界的学术中心。

---

[1] 沃尔班克、阿斯廷等编：《剑桥古代史》（第七卷第二分册　罗马的兴起至公元前220年），胡玉娟、王大庆等译，中国社会科学出版社，2020年，第58页。

希腊人的学富五车、才高八斗，罗马人素来是景仰的。据说罗马的第一部成文法《十二表法》就是考察后学习模仿的结果。[1]使团究竟从希腊学了多少法律知识回来已经无从考证，但这个故事一直流传下来，足以说明罗马人对希腊文化的高度景仰，他们把自己法律的起点和有文化的希腊牢牢捆在了一起。

后来，罗马人通过马其顿战争在军事上拿下了希腊，这大概是公元前130年左右完成的事情，基本上和布匿战争同时进行。其中的标志性事件是名城科林斯被彻底摧毁。科林斯是希腊世界亚该亚同盟之中最重要的城邦之一，它被夷为平地是希腊化时代的分水岭，在此之前希腊化进程一路上行，自此之后希腊化进程走向衰败。可以说，罗马共和在希腊化时代急速成长，也从军事上对这个时代釜底抽薪。罗马人自己也把毁灭科林斯和毁灭迦太基相提并论，认为类似的暴行决不能再发生。一百年后恺撒重建了科林斯。再过了七八十年使徒保罗在这里传教，规劝希腊人皈依基督教，留下了《圣经·新约》里的著名篇章《哥林多书》，哥林多就是科林斯。可以说，科林斯集成了希腊、罗马、基督教三大西方传统，它的境遇很典型地展现了希腊罗马之间的关系和罗马独特的成长道路。

回到罗马和希腊的碰撞。科林斯被毁灭在罗马征服希腊的过程中不是常态，而是特例。罗马对投降和战败的绝大多数希腊城邦可以说非常宽大，政治上的安置并不复杂，而且蕴含着可观的尊重，那就是自治城市。它们的公民大会、陪审法庭、执政官都按自己的老办法产生，基本上是"马照跑、舞照跳"，而且它们并不需要负担罗马的驻军和赋税，只是必须在政治和军事上承认罗马的霸权。这种战后安置政策对战败者来说，放到任何时代、任何地方恐怕都很难再宽大了，而在当时，罗马赢得了希腊人的尊重。

为什么自由惯了的希腊人会对罗马人的到来欢呼雀跃呢？那当然是因为罗马人到来之前他们不自由。那是什么人让他们不自由呢？是亚历山大大帝

[1]　黄美玲：《法律帝国的崛起：罗马人的法律智慧》，北京大学出版社，2019年，第80—89页。盐野七生：《罗马人的故事》（Ⅰ　罗马不是一天建成的），计丽屏译，中信出版社，2011年，第76—78页。

的部将们留下的东方式专制王国，其中最重要、最直接的是马其顿王国。罗马统帅弗拉米尼击败了马其顿国王腓力五世，希腊大学问家普鲁塔克为他作传的时候，一开头给他的评价就是"使希腊的城邦获得自由"[1]。希腊化时代，这些专制王国实施神权式的军事独裁制，国王宣称自己就是神，依靠军队对内控制国家，对外征服和掠夺。希腊城邦成立了埃托利亚同盟和亚该亚同盟抱团自保。单个希腊城邦被马其顿王国攻陷，或者被马其顿的下属城邦攻陷，结果通常是男性全部被杀死，妇女儿童全部被卖身为奴。[2]面对如此野蛮的敌人，希腊联盟都选择和罗马结盟对抗马其顿，并最终取得了成功，所以才会有"罗马带给希腊自由"的说法。当他们掉头与罗马为敌却最终战败之时，没有遭到马其顿式的严厉惩处，罗马以宽大、温和、和平的方式把希腊半岛编织进自己的霸权网络。

但是，文化的高低并不会因为战争取胜就马上逆转。如果你是战胜者，面对的战败者是自己素来景仰的老师，在政治上、军事上宽大地安置了他，但文化上你将如何自处？确实，政治和军事安置相对简单，文化安置是个大难题。别的战败者文化比罗马低，自然就学罗马的，希腊的文化比罗马高，会生出什么样的变故来呢？我们话分两头，最后合拢。一方面，罗马如痴如醉地学习，热烈地拥抱；另一方面，罗马又毫不妥协地抗拒，顽固地抵制。希腊文化的汇入导致了罗马灵魂的分裂！

拥抱派

先来看罗马人如痴如醉地学习希腊。只要涉及有文化的事情，希腊人都取得了很高的成就，罗马人基本上是小学生。哲学、数学、诗歌、戏剧自不待言，就连实用的学问，罗马人也得靠希腊文化。比如医术，罗马城在公元

[1] 普鲁塔克：《普鲁塔克全集》（Ⅱ 希腊罗马名人传），席代岳译，吉林出版集团，2017年，第674页。

[2] 布克哈特：《古希腊罗马军事史》，励洁丹译，上海三联书店，2018年，第七章。陈恒：《希腊化研究》，商务印书馆，2006年，第73—94页。

前500年到公元200年的七八百年里，医生这个职业就只有希腊人来干。[1]

一个人要长大，很重要的一件事就是学会说话，一个文明也是一样。"语言是存在的家。"[2]在哲学家看来，语言是人打开世界、走向世界、拥抱世界的通道。罗马是在希腊语的浸润中长大的。语言是希腊教育罗马的最重要的方式，是希腊把西方文明的香火传给罗马的接力棒。[3]语言最好地证明了希腊文化对罗马文化的全面碾压，早年的拉丁语根本不是希腊语的对手。不都是说话吗，有那么大差别吗？的确有。希腊语已经深刻、细腻、博大地承载了人类智慧的结晶，已经成为世界性的"普通话"，拉丁语基本上还只是方言土话。[4]波里比阿的《通史》、普鲁塔克的《希腊罗马名人传》、《圣经·新约》、哲学家皇帝奥勒留的《沉思录》都是用"普通话"写成的。罗马的拉丁语在波里比阿时代拿得出手的作品和代言人寥寥无几。

打个比方：我和朋友一起去海边看日落，有一群海鸥正好飞起，我那位有文化的朋友马上吟诵王勃的名句"落霞与孤鹜齐飞，秋水共长天一色"，而我呢，只会喊"鸟啊，鸟啊，哥们儿你看，好多鸟啊！"我听了他的劝，回家好好看了王勃的《滕王阁序》，才后悔自己当时的表现有多丢人。觉得丢人的我自然也就诚心诚意向他学习。越是羞愧，就越是发狠要好好学习，就越是什么都去学。

有一部分罗马人就是带着这样一种心情去学希腊的，他们是贵族。贵族们有经济实力和战争作为窗口去接触希腊文化，很多战败者变成了奴隶或者人质来到罗马，成了贵族们的家庭教师，甚至座上宾。其中最著名的就是波里比阿，他是希腊亚该亚同盟的重要领袖。罗马善待希腊各城邦，把它们编织进霸权同盟的网络，条件之一就是重要人物送去罗马做人质，波里比阿就这样去了罗马。

---

[1]　蒙森：《罗马史》（第三卷），李稼年译，商务印书馆，2005年，第406—409页。

[2]　海德格尔：《林中路》，孙周兴译，上海译文出版社，1997年，第316页。

[3]　李筠：《西方史纲：文明纵横3000年》，岳麓书社，2020年，第77—79页。

[4]　柯因内语（Koine）是希腊化时代的世界通用语言，它是希腊本土（阿提卡）语言的简化版，koine这个词的意思就是"共同""普遍""通行"。我按照意思直接把它译成了"普通话"。参见陈恒：《希腊化研究》，商务印书馆，2006年，第155—156页。

波里比阿的《通史》前文已经详加解析，这里我们用这位大历史学家来说明当时罗马文化的状况。在历史记录这个领域，波里比阿之前，罗马就没有像样的著作。当时的罗马只有故事和传说，而且混乱不堪，连荷马那样称职的诗人也没有。比如埃涅阿斯流亡和罗慕路斯建城，到底哪个算是罗马的起源，它们之间又是什么关系？到波里比阿的时代，两个传说才开始逐渐合到一起，最终要到屋大维时代的大诗人维吉尔手上，罗马起源的故事才算说顺了。[1]维吉尔生活在波里比阿之后差不多100年。

波里比阿一上手，就把罗马史提高到了世界史的高度，眼界宽阔，理论深刻。而且，他坚持用科学求真的态度和技法驳斥和舍弃了很多不可信的传说和史料，《通史》的可信度就很高。所以现代罗马史权威蒙森讲，我们这些研究罗马史的人都是波里比阿的徒子徒孙。[2]罗马已经成为世界霸主的时候，罗马文化与希腊文化整体上的差距基本和波里比阿与混乱传说的差距一样大。

其实，在波里比阿来罗马之前很久，教授希腊语的学校就已经遍布罗马城和她的同盟城邦了。[3]不过，随着马其顿战争的节节胜利，希腊文化像水银泻地一般覆盖罗马，罗马的学习状态被彻底地激发出来。其中，有一拨罗马贵族掀起了学习希腊文化的狂潮。波里比阿作为人质留在罗马很多年，照顾他的是以西庇阿家族为首的罗马名流。大西庇阿是罗马的大英雄，正是他率军彻底击败了罗马的头号死敌汉尼拔，他的故事后文专门细谈。在罗马的文化进程之中，这位盖世英雄就是当时罗马世界的头号希腊粉丝，而且他身边聚集了一大批罗马政要和希腊的文化人，他们叫作西庇阿派。他们公开地推崇和宣扬希腊文化，在他们的带领下，贵族学习希腊文化、养活希腊文化人成了时尚。[4]

---

[1] 维吉尔：《埃涅阿斯纪》，杨周翰译，译林出版社，2018年。关于埃涅阿斯传说的演变及其与罗慕路斯传说的关系，参见比尔德：《罗马元老院与人民》，王晨译，民主与建设出版社，2018年，第66—70页。

[2] 蒙森：《罗马史》（第四卷），李稼年译，商务印书馆，2014年，第404页。

[3] 蒙森：《罗马史》（第三卷），李稼年译，商务印书馆，2005年，第361页。

[4] 蒙森：《罗马史》（第四卷），李稼年译，商务印书馆，2014年，第386—388页。

作为罗马文化象征的西塞罗，对西庇阿派的文化贡献大加赞赏。他的名著《论共和国》就是借小西庇阿和他最亲密的朋友们之口来讨论"什么是共和国"，这是最好的致敬，就像柏拉图对话录的绝大部分主角都是苏格拉底一样。而且，在第三卷的"引论"里，西塞罗亲自"出面"高调地褒奖他们：

> 我们还能想象出比西庇阿、莱利乌斯、菲卢斯更完美的人吗？为了成就伟大之士的至高荣耀，他们将给他们自己祖传的知识注入了源自苏格拉底的哲学知识。这种有意愿和能力去同时获取祖先制度和哲学知识的人，配得上所有的赞美。[1]

波里比阿在《通史》里也频频褒奖西庇阿家族，他和小西庇阿的关系非常亲密。亲密到什么程度？他跟随小西庇阿去了迦太基，目睹了迦太基被罗马夷为平地，也就是亲眼见证了罗马战胜最重要的对手，登上世界之巅。这对他创作《通史》是最直接的刺激。《通史》的主题就是"罗马为什么能够统治世界"。[2]这意味着高傲的文化人波里比阿在罗马政治和军事的辉煌业绩面前心悦诚服。就这样，西庇阿家族和波里比阿之间形成了一种奇妙的惺惺相惜之感，罗马人承认和追求希腊文化，希腊人承认和理解罗马霸权。这是一种对双方而言都非常开放和包容的世界观。哪怕在今天看来，也是令人心驰神往的。

学习希腊的风气在罗马贵族当中一直很盛行，因为当时开办的学校里老师都是希腊人，学校里的教科书也都是希腊材料和希腊套路。后来，罗马贵族年轻的时候大多要亲自去希腊学习几年。作为罗马文化标志性人物的西塞罗如此，这不奇怪。不过你可能不知道，西塞罗的死对头恺撒，青年落难的

---

[1]　西塞罗：《论共和国》，王焕生译，上海人民出版社，2006年，第215页。引文根据中文和拉丁文对照版、英文版和另一中文译本略有调整，参见Cicero, *On the Commonwealth and On the Laws*, James E. G. Zetzel (ed.), Cambridge: Cambridge University Press, 1999, p.61. 西塞罗：《国家篇 法律篇》，沈叔平、苏力译，商务印书馆，2002年，第93页。

[2]　波里比阿：《罗马帝国的崛起》，翁嘉声译，社会科学文献出版社，2013年，第129—131页。

时候也是去希腊上学，练就了不比西塞罗差的口才和文章，不然他写出史学范本《高卢战记》的功夫从哪里来？

罗马的下层民众也不断被希腊文化洗刷。一方面，有文化的希腊人战败后成了奴隶，能写会算的事情都交给他们做。另一方面，希腊戏剧逐渐成为罗马的公共演出，平民都去看戏，就沾染上了希腊文化。[1]

总的来说，不要说共和时代，就算到了帝国时代，罗马人在文化上一直都是希腊人的学生。从顶级贵族到平民百姓，喜爱和拥抱希腊文化的罗马人，从未中断。

抵制派

但事情还有另一面，那就是毫不妥协地抵制希腊文化。在抵制派看来，希腊文化是外国文化，会严重侵蚀罗马自己的文化，让罗马丧失民族特性，崇拜希腊文化的罗马人简直就是卖国贼。罗马必须发扬自己的文化传统，只有这样才能延续罗马的传统美德。如果希腊文化的靡靡之风吹遍了罗马，罗马引以为豪的朴实、忠诚、勤劳、勇敢就会瓦解，罗马就离亡国不远了。他们把文化的纯洁性上升到了国家存亡的高度。

太阳底下真是没有多少新鲜事，中国从20世纪90年代开始发酵的文化保守主义在2000多年前的罗马就已经出现过了。从中国自己的历史来看，晚清的时候这种思潮很流行，势力也很大；中古的时候排佛运动也很厉害；上古的时候秦国也对山东六国的"文化污染"进行了抵制。

抵制希腊文化的头号猛将当属马可·加图，历史上一般叫他老加图，和后来恺撒的死敌小加图区别开。老加图是小加图的曾祖父。从他的立场你大概可以猜到，没错，老加图是大西庇阿的政坛死敌，大英雄西庇阿最后险遭

---

[1] 蒙森：《罗马史》（第三卷），李稼年译，商务印书馆，2005年，第366—396页。蒙森：《罗马史》（第四卷），李稼年译，商务印书馆，2014年，第381—385页。阿斯廷、沃尔班克等编：《剑桥古代史》（第八卷 罗马与地中海世界 至公元前133年），陈恒等译，中国社会科学出版社，2020年，第488—504页。葛怀恩：《古罗马的教育——从西塞罗到昆体良》，黄汉林译，华夏出版社，2015年，第23—42页。

弹劾，郁闷地离开罗马，就是老加图带头干的。

老加图对希腊文化，几乎可以用深恶痛绝来形容。他对罗马人欢呼鼓掌的希腊使团演说不以为然、不屑一顾。他认为苏格拉底就是个夸夸其谈和标新立异的骗子，哲学就是败坏人性情的坏东西，戏剧就是靡靡之音。他甚至连医学都抵制，不仅看不起医学之父希波克拉底，自己也不去看病，因为他那个时代医生全部是希腊人。他甚至自己写书教孩子们和罗马人怎么样才能不去看医生。[1]作为同时代人，波里比阿在《通史》当中也记载了老加图轻蔑和鄙视希腊文化的很多细节。[2]

现在流传着一句俏皮话来嘲讽顽固派：抵制什么货都不重要，关键是要抵制蠢货。对比开放大度、风流雅致的大西庇阿，老加图简直就是个封闭顽固的乡巴佬，他这种顽固近乎愚昧，不用理他就好了。但我严肃地认为，老加图的文化保守主义不是当作滑稽小丑打发掉就可以了，里面另有玄机，必须认真对待。

每个民族，哪怕强大到统治世界的罗马民族，都会在文化上用特殊性来证明自己的存在。我强大，是因为我是独一无二的，我独一无二是因为我有传统留下来的历史、语言和美德。如果这些根基在文化侵蚀的浪潮下不复存在，那即便我强大了又怎么样，我还是我吗？这是站在整个民族的高度发出"我们是谁"的灵魂拷问。

为了正面回答这些灵魂拷问，老加图不仅动手写历史书，他的著作《起源纪》算得上罗马人自己的第一部历史书，他还发动所谓古文运动，呼吁保持拉丁文的纯洁性。他不遗余力地通过演说和文章证明拉丁文不比希腊文差，拉丁语语法就是在这种古文运动中逐渐确立下来的。老加图的念念不忘和不遗余力在不久之后就有了回响。罗马文人墨客强化本土性和自身独特性的作品不断问世，他们也推崇老加图是精神领袖。虽然他们的作品

---

[1] 普鲁塔克：《普鲁塔克全集》（Ⅰ 希腊罗马名人传），席代岳译，吉林出版集团，2017年，第640—642页。

[2] 葛怀恩：《古罗马的教育——从西塞罗到昆体良》，黄汉林译，华夏出版社，2015年，第31—32页。参见阿斯廷、沃尔班克等编：《剑桥古代史》（第八卷 罗马与地中海世界 至公元前133年），陈恒等译，中国社会科学出版社，2020年，第508—523页。

质量还没有办法和希腊人的作品匹敌，甚至连"拥抱派"的都比不上，但他们极力推动罗马文化的成长，而且也不知不觉推动了希腊文化融入罗马文化。[1]

其实，抵制派也在迅速希腊化。老加图实际上也没有办法完完全全地离开希腊文化，他的著作当中自觉不自觉地运用了希腊语的文法和思路。他的徒子徒孙更是如此。文化一旦流入，变得越来越像空气，想完全隔离是不可能的。越是想迎头赶上，就越需要去借助厉害的文化武器，就这样，希腊文化作为抵制派的武器从后门汇入了罗马文化，罗马文化也因此变得更加充实、壮实、结实。

抵制派在罗马也掌握大权，老加图当过执政官，还当过监察官。他们必定会制定相应的文化政策去抵制希腊文化。所以，罗马的民众和官方政策也被抵制派注入了文化保守主义的色彩。举一个例子。罗马人看戏剧，主要是喜剧，喜剧就是要夸张、滑稽和讽刺，里面的角色尤其主角都是被人嘲笑的对象。很长一段时间，罗马喜剧里主角的身份都是外国人，尤其是雅典人，而决不能是罗马人。对于戏剧内容的这种政治审查，是有专门官员负责的。[2]显然，这是缺乏文化自信的表现。

这让我想起了频频被朋友们当作笑料的苏格拉底。苏格拉底被同时代人写进喜剧里当笑料是常有的事，其中最著名的是喜剧之父阿里斯托芬的《云》。在《云》里面，苏格拉底是个传授诡辩术的古怪老头儿，丑态百出，滑稽不断。[3]《云》甚至有点让他斯文扫地、尊严受损。普鲁塔克在350年后谈起这段故事的时候让苏格拉底这样回应："老实说，我根本不在意，他们在剧院中对我开玩笑，看来像是与一群要好的朋友参加盛大的宴

---

[1] 普鲁塔克：《普鲁塔克全集》（Ⅰ 希腊罗马名人传），席代岳译，吉林出版集团，2017年，第621、624、643—644页。蒙森：《罗马史》（第四卷），李稼年译，商务印书馆，2014年，第402—417页。

[2] 蒙森：《罗马史》（第三卷），李稼年译，商务印书馆，2005年，第372—373页。

[3] 埃斯库罗斯等：《古希腊悲剧喜剧全集》（第六册 阿里斯托芬喜剧·上），张竹明、王焕生译，译林出版社，2007年，第157—261页。

会。"[1]苏格拉底的弟子柏拉图在《会饮篇》里面写过苏格拉底和阿里斯托芬的关系。他们相谈甚欢，不仅一起喝酒聊天、通宵达旦，而且聊出了很多经典话题。比如，爱就是宙斯把人一劈两半，让他们苦苦寻找对方，只有在一起了，才能治好宙斯留下的伤。[2]显然，开得起玩笑的苏格拉底是有自信的、有朋友的、有智慧的、有爱的。

回到老加图的罗马。文化保守主义渗透进罗马的风俗习惯、娱乐消遣、文史创作，甚至成了官方政策和文化氛围，原因不在于罗马有很多人和老加图一样愚昧，而在于文化碰撞提出的"我们是谁"这个灵魂拷问让罗马人的灵魂处于严重不安的状态。

灵魂的进化

罗马之所以伟大，不在于能够避免文化斗争，使自己的灵魂免于分裂的挣扎，而在于能重新将分裂的两个方面统合为一，在文化上达到更包容、更和谐、更自信的状态。但这必定是一个长期斗争的过程。

从漫长的罗马史来看，拥抱派和抵制派自西庇阿和老加图往后都后继有人，不乏能士，甚至在一个大人物身上就会同时体现出这两种路线，比如西塞罗。他一方面捍卫拉丁语的纯洁，另一方面又吸收希腊语的优雅，最终他发明了新古典主义拉丁文体。[3]拉丁文在他手里（和口中）上了一个新的台阶，有资格和希腊文一较高下。西塞罗的口若悬河和妙笔生花既是拉丁的，也是希腊的。凭借文学泰山北斗的地位，西塞罗不仅成功击败霍腾修斯坐上了罗马第一律师的宝座，而且成为后世学习和称颂的典范。从罗马哲学家塞涅卡、文学家昆体良、神学家奥古斯丁，到但丁、彼特拉克这些文艺复兴巨匠，再到启蒙运动、美国革命，西塞罗的标准拉丁文和他的共和主义、爱国

[1] 普鲁塔克：《普鲁塔克全集》（Ⅳ 道德论丛），席代岳译，吉林出版集团，2017年，第17页。

[2] 柏拉图：《柏拉图文艺对话集》，朱光潜译，商务印书馆，2016年，第218—221、266—267页。

[3] 蒙森：《罗马史》（第五卷），李稼年译，商务印书馆，2014年，第489—490页。葛怀恩：《古罗马的教育——从西塞罗到昆体良》，黄汉林译，华夏出版社，2015年，第60—97页。王焕生：《古罗马文学史》，中央编译出版社，2008年，第213—214页。

精神全面地融入了西方文明的每一个阶段。

就像西塞罗综合了希腊文和拉丁文一样，罗马不仅没有因为文化斗争而走向分裂，相反，她变得更结实了，她的灵魂变得更结实了。共和末年，健康、积极、开放、自信的罗马由恺撒的行动宣示出来：第一，恺撒写《高卢战记》给罗马人看，清晰冷峻的文风让他和老对手西塞罗一样并列新古典拉丁文学大师之列。这部著作以单篇速递的形式呈现在罗马人面前，给了关注政局的罗马人非常直接的新式拉丁文教育。第二，恺撒当权之后给了罗马城所有的教师和医生完整的罗马公民权，他们绝大多数都是希腊人。第三，恺撒兴建了包罗希腊文和拉丁文著作的国家图书馆，并任命当时最博学的罗马文人瓦罗做馆长。瓦罗的就任表明，罗马人有了属于自己的，从希腊文化中滋养出来又能够达到顶级水准的大学问家，而且，罗马要建设一座将希腊文化囊括在内的文化圣殿。[1]

文化开放主义和文化保守主义是一个对外频繁交往的民族自然都会产生的态度，前者会指责后者是顽固派，后者会指责前者是卖国贼。只要一个民族还在与外界接触，两种力量就都不会消失，他们的口水战就会一直持续下去。而且，越是和软硬兼备的对手产生对抗，国内的拥抱派和抵制派的斗争就会越激烈。

但一个伟大的民族会同时审慎地对待两派，发挥他们的优势，避免他们的短处，不陷入任何一方的极端。从政治策略上讲，任何一派调门太高都应该受到当局的抑制。从一个民族灵魂的进化来说，这是一个长期的过程，既是不断消化外来文化的过程，也是不断充实自己文化的过程；既是不断展现自己文化的过程，也是不断提升自己文化的过程。在消化、充实、展现、提升之中，把它变得独具特色，它只有经历了这样的过程，才可能变得独具特色。

在文化成长的过程中，拥抱派和抵制派不仅会在自己的路线上做出贡

---

[1]　蒙森：《罗马史》（第五卷），李稼年译，商务印书馆，2014年，第511—517、522—523、530—532页。盐野七生：《罗马人的故事》[Ⅴ 恺撒时代（下）]，谢茜译，中信出版社，2012年，第236—238页。施利策：《凯撒叙述风格的演进》，载李世祥编译《凯撒的剑与笔》，华夏出版社，2009年，第117—129页。

献，也会不知不觉地为对方做贡献。拥抱派会引入更多的外来文化，引起自身民族文化的扩容和结构性调整；抵制派会挖掘更多的本土文化，引发自身民族文化的重新激活和适应性改造。拥抱派也会自觉不自觉地夯实本土文化，抵制派也会自觉不自觉地利用外来文化。他们在短时期之内确实"相反"，但长时期来看，他们对一个民族文化的整体而言更是"相成"。西庇阿和老加图不就是最好的例子吗？他们拉开阵仗相互斗争，是罗马文化进化的人格化显现，进化的罗马最终会迎来西塞罗和恺撒，标明罗马文化站上了世界级的高度。中国历史上从来就不缺这种例子，最成功的当属佛教的中国化以及由它刺激产生的宋明理学。

　　尽管文化开放主义和文化保守主义最终会推动一个民族灵魂的进化而取得更高的成就，但活在当下的人们心里还是会有很多的纠结。其实，对外来文化，没必要太在乎它的原产地，好就学习，学会了，用得比发明人还好，它自然就本土化了。对于传统文化，没必要太在乎它的纯洁性，与时俱进，让它在现代条件下活色生香，它自然就世界化了。大国文化进化的旅程当中必然会有外来文化和本土文化、开放主义和保守主义、拥抱派和抵制派，就像一个车子得有两个轮子，它们得一起往前走。虽然不能步调完全一致，不过最好是两个轮子，独轮车翻车的概率实在太大。把两个轮子协调好，车会跑得更快。

2.3　阶级：政治斗争的逻辑

看过了罗马共和时代的文化斗争，现在我们来看她的政治斗争。如果说政治斗争是历史和政治演化的重要动力，那么，罗马共和演化的内部动力就是贵族和平民的斗争，而不是奴隶主和奴隶的斗争。

关于罗马的奴隶制问题，我在《西方史纲》里已经谈过，大致观点是：罗马是人类文明史上最发达的奴隶制国家，但罗马并不是毁于斯巴达克大起义这样的政治军事斗争。罗马对奴隶制的严重依赖导致她的经济结构存在着致命的缺陷。一旦对外战争停止，奴隶来源萎缩，建立在超级廉价劳动力基础上的罗马经济就会基座动摇。而且，奴隶的极端使用导致生产技术的改进被严重抑制，使得罗马经济无力应对奴隶枯竭、内战四起、投资萎缩的经济困局。[1]纵观罗马史研究，奴隶制问题主要是社会经济史的议题，政治军事史当中其实谈得非常少。[2]这说明奴隶制问题的政治重要性相对不高。

---

[1]　李筠：《西方史纲：文明纵横3000年》，岳麓书社，2020年，第97—102页。罗斯托夫采夫：《罗马帝国社会经济史》（上册），马雍、厉以宁译，商务印书馆，1985年，第61、141页。厉以宁：《罗马—拜占庭经济史》（上编），商务印书馆，2006年，第208—218页。诺思：《经济史上的结构和变革》，厉以平译，商务印书馆，2002年，第116页。

[2]　参见刘津瑜：《罗马史研究入门》，北京大学出版社，2014年，第199—209页。另外，蒙森的五卷《罗马史》和盐野七生的十五卷《罗马人的故事》谈及奴隶制也非常少，即便是斯巴达克大起义也着墨不多。作为西方罗马史研究汇总的《剑桥古代史》（第七卷第二分册和第八卷）甚至几乎没有提及奴隶制。

从共和建立到屋大维登基，贵族和平民之间的斗争贯穿了罗马共和政治。这个议题在所有罗马史著作中都被放在了显要的位置大书特书，政治史、军事史自不必说，社会经济史和法律史也不例外。贵族和平民之间的政治斗争是罗马共和政治演化的基本动力，是罗马共和制度和法律不断更新的重要动因，是罗马共和走向兴盛和衰落的底层力量。所以，贵族和平民之间的政治斗争最充分地展现出罗马共和政治的独特性，是理解罗马共和政治的钥匙。贵族和平民的斗争对罗马共和如此重要，罗马共和又是共和的鼻祖和典范，总结其中的经验和教训自然也就成为后世所有共和国必须严肃对待的课题。

贵族的优势

贯穿罗马共和时代的贵族和平民的斗争，表面上贵族是占据优势的。我们先往回追溯到王制时代，看看它古老的根源。

罗马自罗慕路斯建城就建立起元老院，元老院就是贵族的大本营。元老都是世家大族的大家长，他们围绕在国王周围襄助国是。从罗慕路斯传说中可以看出，贵族在罗马政治当中的优越地位，几乎是罗马从娘胎里就带来的。

塞尔维乌斯改革把罗马的军制、税制、选举制捆在一起，一共六个等级，贵族是第一等级，出兵最多、拿钱最多、选举的票数最多，以此类推。尽管存在等级，但所有等级的成员都是罗马公民，塞尔维乌斯用系统化的制度使罗马人之间既有差别又能团结，最初的罗马国家就这样统合形成了。

到了共和时代，贵族的政治优势进一步强化，因为从王制到共和最重要的结构性变化就是元老院取代国王成为罗马的政治中心。所有政治学家都明确承认，罗马共和其实是一个贵族政体。即便波里比阿用混合政体让罗马共和变得更具包容性、结构更漂亮，但他自己都倾向于罗马混合政体的重心在贵族制。[1]罗马也确实是由贵族通过元老院这个机构来掌握大权。执政官和

---

[1]　波里比阿：《罗马帝国的崛起》，翁嘉声译，社会科学文献出版社，2013年，第405—406页。

其他重要官员不是独立于元老院之外的力量，而是从元老院产生、与元老院合作、卸任后进入元老院的贵族。

罗马贵族有权，这还不算完，他们还有钱，他们基本上都拥有大片的地产，其中很多人还经营其他生意，他们掌握了罗马的绝大多数财富。这还不算完，贵族还拥有宗教神圣性和道德优越性。只要家族是一个社会的基本单位，家族被神圣化就是必然，祖宗崇拜就是必须，家庭组织和宗教信仰、伦理道德、习俗规矩完全是一体的。罗马在这个方面达到的高度丝毫不比古代中国逊色。比如恺撒所属的尤利乌斯家族就把自己的源头追溯到爱与美的女神维纳斯。各大家族都会有类似的神圣故事，编织成传统，让所有人相信他们家与神相连、祖上积德、祖上有功、天赋异禀，所以有权、有钱、有名望是完全合情合理的事情。[1]

罗马著名的世家大族有瓦莱里乌斯家族、费边家族、科尔涅利乌斯家族、克劳狄乌斯家族等等。从《执政官年表》看，共和国最重要的官职就是在这么几个、十几个家族当中转悠。共和早期，瓦莱里乌斯和费边两大家族就出了45个执政官，科尔涅利乌斯家族是作为瓦莱里乌斯家族的旁支兴起的，他们家后来出了盖世英雄西庇阿。[2]总之，"贵族们拥有并使用着三件武器：家族、金钱和政治联盟"[3]，他们控制了罗马。

早年有很多历史学家沿着贵族统治的路子把罗马共和写成了非常暗黑的权谋政治，贵族权势熏天，平民暗无天日。但这并不符合实情，也不是我们理解贵族和平民斗争的正确思路，而且，它也被后来的历史学家们逐渐修正了。[4]那么，罗马贵族到底是怎么样控制罗马的呢？贵族有三宝，家族、金钱和政治联盟，这不假，贵族主导着罗马，这也不假，但贵族对罗马的控制

[1]　库朗热：《古代城邦——古希腊罗马祭祀、权利和政制研究》，谭立铸等译，华东师范大学出版社，2006年，第1—50、75—104页。

[2]　沃尔班克、阿斯廷等编：《剑桥古代史》（第七卷第二分册　罗马的兴起至公元前220年），胡玉娟、王大庆等译，中国社会科学出版社，2020年，第224—225页。

[3]　塞姆：《罗马革命》，吕厚量译，商务印书馆，2016年，第24页。

[4]　参见晏绍祥：《希腊城邦民主与罗马共和政治》，人民出版社，2018年，第265—291页。刘津瑜：《罗马史研究入门》，北京大学出版社，2014年，第161—167页。

绝不是滴水不漏，他们也不是铁板一块，他们的生活和政治都必须顾及基本的公共性。把罗马贵族想象成高度团结的暗黑集团，暗藏着过度的道德批判，严重损害了罗马共和政治的丰富性和多样性。

贵族和平民的日常生活不是完全隔绝的，贵族也不完全是掠夺成性的，其中的关键是"庇护网络"。庇护网络确实也是贵族占据主导地位和控制平民的手段，但它并不是绝对暗黑的政治工具，里面有利益交换、有分工合作，还有诚实信用、责任担当，甚至有脉脉温情。在庇护网络中，贵族是恩主，平民是门客，他们的交往是有血有肉的人的交往。

罗马人也讲人情世故。贵族是恩主，想要改善生活或者出人头地的平民就去当贵族的门客。恩主保护和提携门客，门客为恩主效力，他们之间讲究信义，背叛是最可耻的行径。越是大家族，就越是掌握庞大的庇护关系网络。只要是人存在的地方，人脉就必须加以经营。贵族们特别用心经营这种网络，因为有很多事情他们不能亲自去干，不仅是因为没有时间，更重要的是罗马的风俗乃至法律不允许，比如做生意。贵族甚至会解放奴隶，把一个能干的奴隶变成门客，好让他有完整的公民权来经营重要的买卖。[1]

恩主关照门客，小事情主要有就业、子女教育、诉讼，恩主在门客有困难的时候要提供意见，甚至动用自己的金钱、关系或者名望出手相助。贵族的大家长每天上午要专门留出时间会见门客，布置和安排各种任务，协调和解决各种麻烦事。对恩主来说，门客当然有远有近、有大有小、有文有武，就像古代中国著名的公子孟尝君手下，既有鸡鸣狗盗之流，也有仁人志士之辈。[2]很明显，只要是经营人和人之间的关系网络，就会同时有见得光的和见不得光的，有前台的和后台的，有高尚的和卑鄙的。但无论如何，绝不会是简单纯洁的。在普遍的庇护网络当中，既会有宾主尽欢的美谈，也会有你死我活的冲突；既会有恩义两全的高尚，也会有沆瀣一气的卑鄙；既会有精诚合作的大手笔，也会有蝇营狗苟的平常戏。问题的关键不是把哪一面当成

---

[1]　公元前218年罗马通过《克劳狄法》，禁止元老参与商业活动。参见阿德金斯等：《古代罗马社会生活》，张楠等译，商务印书馆，2016年，第49页。

[2]　司马迁：《史记》（第七册），中华书局，2007年，第二三五九页至二三六三页。

主流，甚至当成全部，而是查明庇护网络的运作状态和演化的方向。

其中，最需要明确的是，庇护网络的大小和强度对于恩主的政治生涯是重要的砝码，这也是恩主们不遗余力地经营庇护网络最重要的政治动机，因为门客很重要的作用是组织成恩主竞选的后援会。只要是门客，恩主在参加任何竞选的时候都必须帮忙。人情、拉票、贿赂都是选举中常见的东西。恩主之间甚至会达成协议让自己的后援会支持盟友当选。[1]比如恺撒、庞培、克拉苏各有各的势力，但之所以形成"前三巨头同盟"控制罗马，就是因为他们协调共享了自己掌握的庇护网络。这个让后人听起来瑟瑟发抖的庞大网络，在当时却是秘密的。

平民和贵族不是各活各的，而是通过庇护网络紧密地交织在一起。平民要取得更多的政治权利和经济利益，合理的方式是从网络生存状态当中获取，打倒贵族相当于摧毁自己的生存网络。所以，贵族和平民斗争合理的逻辑是，尖锐的斗争当中最底层的平民往往是主力，他们在庇护网络中嵌入得不够深，地位和处境越好的平民，和贵族斗争的动力越弱。

平民的胜利

贵族的优势十分明显，平民用什么样的方式和贵族斗争呢？他们会暴动，把罗马搞得乱七八糟，除此之外，他们还有一个绝招：撤离。我们走了，不在罗马过了，留下你们贵族自己玩自己的。共和于公元前509年建立，第一次平民撤离发生在公元前494年，后来仍然频频发生。[2]贵族们知道自己离不开平民，就向他们妥协，可以说，罗马共和制度的发展就是一次次妥协的结果。罗马共和制度演变的轨迹和重要的节点在宏观上充分证明：占据优势和主导地位的贵族不能，实际上也没有做到一手遮天，平民尽管处于

---

[1]　阿斯廷、沃尔班克等编：《剑桥古代史》（第八卷　罗马与地中海世界　至公元前133年），陈恒等译，中国社会科学出版社，2020年，第191—197页。

[2]　芬利：《古代世界的政治》，晏绍祥、黄洋译，商务印书馆，2013年，第133—153页。蒙森：《罗马史》（第二卷），李稼年译，商务印书馆，2004年，第一、二章。盐野七生：《罗马人的故事》（Ⅰ　罗马不是一天建成的），计丽屏译，中信出版社，2011年，第118—128页。

劣势和被动的地位，但绝不是可有可无，更不是毫无反抗之力。实际上，平民在和贵族的斗争中，几乎是取得了不可逆转的节节胜利。

逼迫贵族妥协，平民取得的标志性战果有：

第一，保民官的设立。

"平民保民官的起源，在等级冲突的故事中居于核心地位。"[1]保民官的设立和公元前494年罗马平民第一次大撤离直接相关，一开始有2名或5名，公元前457年确立为10名。

保民官只能由平民担任，并由平民选举产生，对国家的法律——尤其是元老院主导和推动出台的法律——拥有否决权。也就是说，保民官代表平民，只要他不同意，行使否决权，贵族们几乎什么也干不了。

保民官还有两项重大权力，都是肯定性的，积极主动的，都和平民大会有关。平民大会由保民官主持，平民大会的决议起初只是对平民有效，公元前287年《霍腾西亚法》通过后，平民大会决议对全体公民有效。保民官由此掌握着非常主动的立法权。平民大会承担着对叛国罪等重罪进行审判的职能，在此类案件的审判中，保民官充任控诉人。保民官由此掌握着非常主动的检察权。

另外，保民官有权逮捕、监禁官员，甚至包括执政官和监察官这样的高级官员，还可以根据法律对他们进行罚款和停止他们职权的行使。

握有如此强大权力的保民官势必成为贵族和平民斗争中的焦点，它的兴衰存废关乎共和的国运。罗马共和史上最著名的格拉古兄弟改革当中，兄弟两人都是顶着保民官的官衔"冲锋陷阵"的，这一幕也是整个罗马史上保民官最出风头的场面。下文会专门花篇幅重点谈这场改革和保民官的地位。

第二，第一部成文法的颁布。

罗马史上，《十二表法》是第一部成文法，它是辉煌的罗马法的起点。它于公元前450年最终颁布。大史学家李维称它是"一切公法和私法的

---

[1]　林托特：《罗马共和国政制》，晏绍祥译，商务印书馆，2016年，第181页。

渊源"[1]。

《十二表法》也是平民和贵族斗争的产物，焦点问题是债务奴隶的问题。虽然它基本上没有实现平民的要求，但是"法律为公众知晓"的原则被确立下来，贵族和平民的斗争通过法律来确定妥协成果的政治机制得以启动，有法律史专家甚至认为它有再次确立共和（政体）的重大政治作用。[2]

第三，政治界限的拆除。

公元前367年，《李锡尼法》颁布，它规定共和国的所有重要职位全部向平民开放。第二年，第一个平民出身的执政官被选出；十年之后，第一个平民出身的独裁官被任命；而后，平民出身的财务官、法务官陆续出现。

怎么会出现《李锡尼法》这种门户大开的选择呢？贵族是保守的、顽固的，尤其在分享权力这个问题上，他们怎么可能主动向平民示好，这不合常理啊！确实，《李锡尼法》是罗马吃了大亏之后痛定思痛的选择。它颁布前的二十几年，公元前390年罗马遭受了共和时代的奇耻大辱，罗马城被北方来的凯尔特人攻占了，他们把罗马城烧杀抢掠了一遍，最后拿着巨额赎金凯旋。

痛定思痛的贵族们明白了，人是一个国家最重要的资产，有人才有士兵，有人才有农民，有人才有纳税人，有人才有门客。光靠贵族手里的钱和权，都没有办法抵御外敌，更不用说罗马的发展壮大。

《李锡尼法》从法理上把罗马变成了真正的共和国，一切官员在法律上

---

[1]　Livy, *History of Rome* (Loeb Classical Library), Vol.II, trans. B. O. Foster, Cambridge: Harvard University Press, 1939, p.113. 格罗索：《罗马法史》，黄风译，中国政法大学出版社，1994年，第76页。乔洛维茨、尼古拉斯：《罗马法研究历史导论》，薛军译，商务印书馆，2013年，第142页。

[2]　格罗索：《罗马法史》，黄风译，中国政法大学出版社，1994年，第82页。乔洛维茨、尼古拉斯：《罗马法研究历史导论》，薛军译，商务印书馆，2013年，第143页。塔拉曼卡主编《罗马法史纲》（上卷），周杰译，北京大学出版社，2019年，第121—123页。黄美玲：《法律帝国的崛起：罗马人的法律智慧》，北京大学出版社，2019年，第89页。沃尔班克、阿斯廷等编：《剑桥古代史》（第七卷第二分册　罗马的兴起至公元前220年），胡玉娟、王大庆等译，中国社会科学出版社，2020年，第131页。

都是人民选举的，为人民谋福利，对人民负责。[1]

后来，在萨莫奈战争之后，公元前287年《霍腾西亚法》通过，规定平民大会的决议获得和法律一样的效力；在同盟者战争之后，公元前90年《尤利乌斯公民法》通过，授予意大利全境人民拉丁公民权。在平民获取权利的路上，战争是最好的帮手。[2]

第四，债务奴隶制度的废除。

公元前326年，罗马废除了长期存在的债务奴隶制度，虽然它来得有些迟，罗马平民为此已经斗争了一百七八十年，但这对平民来说是大解放，仍然是重大的胜利。

所谓债务奴隶就是一个人如果还不起钱，就会变成债主的奴隶。欠债还钱当然是天经地义，但用人格、尊严和自由作为抵押，是不可接受的。这种恶法在现实生活中简直是穷人身后可怕的无底洞。穷，就有变成奴隶的危险，这对任何人的人格、尊严和自由来说都是极大的威胁。因为债务奴隶制度认定人和物之间没有差别，只要达到特定的条件（债务数额和期限），人就可以转化为物。这种认定和转化，和奴隶制一样是反人道的，用来对待自己的公民同胞，实在是对"共和是人民共同的事业"的侮辱。光荣自豪的罗马公民怎么能够忍受这种侮辱呢？

终于，恶法在公元前326年废除了。相应地，罗马平民获得了更大的自由，他们身后的无底洞消失了，他们自然也就更加乐意为国效力。从政治上看，债务奴隶制度的废除远远不只是一项民事法律制度被废除，而是罗马共和的地基得到了重新加固，暗藏在每个公民身后的大坑被填平了，他们变得

---

[1] 格罗索：《罗马法史》，黄风译，中国政法大学出版社，1994年，第90—91页。乔洛维茨、尼古拉斯：《罗马法研究历史导论》，薛军译，商务印书馆，2013年，第19—21页。塔拉曼卡主编《罗马法史纲》（上卷），周杰译，北京大学出版社，2019年，第142—148页。蒙森：《罗马史》（第二卷），李稼年译，商务印书馆，2004年，第48—51页。盐野七生：《罗马人的故事》（Ⅰ 罗马不是一天建成的），计丽屏译，中信出版社，2011年，第147—153页。

[2] 格罗索：《罗马法史》，黄风译，中国政法大学出版社，1994年，第93—94、293页。塔拉曼卡主编《罗马法史纲》（上卷），周杰译，北京大学出版社，2019年，第252—259、376页。蒙森：《罗马史》（第二卷），李稼年译，商务印书馆，2004年，第51页。蒙森：《罗马史》（第四卷），李稼年译，商务印书馆，2014年，第217页。

更加团结，国家的基础就更加牢固。

共和是人民的国家，贵族尽管占据优势地位，但仍然必须在客观上顾及共和的公共性，他们不能把共和私有化为自己小集团的囊中物。一旦如此，共和的基座就逐渐消失了。基座消失的冰山，"塔尖"自然会下沉，整体自然会变得弱小。人民若被贵族变成猪狗，共和随即国将不国。罗马周围强敌环伺，自己做小意味着很容易被敌人吞噬，公元前390年被凯尔特人攻占的教训可谓刻骨铭心，所以必须让平民变得更加饱满。每个城邦都应该有自己的方法据以使人民能够表达他们的抱负，尤其是那些在重大事情上想要利用人民的城邦更是如此。[1]罗马在共和时代的意气风发表明，占据优势地位的贵族在和平民斗争的过程中，尽管顽固、尽管傲慢、尽管自私，但仍然表现出足够的审慎、开放和明智。这种通过斗争获得团结，促使整个国家欣欣向荣的局面，被从波里比阿到马基雅维利再到联邦党人的有志者不断研究和称颂。

公民权问题

罗马城的问题在贵族和平民的斗争和妥协过程中一步步解决，总的来说还算顺利，罗马在迅速地发展壮大，别的不说，兵员是充足的。罗马城之外的意大利盟邦里的平民怎么办？要不要把他们像罗马人一样对待？问题的焦点是公民权。

公民权有那么重要吗？我们现代人几乎每个人出生就拥有某个国家的公民权，已经习以为常，甚至不觉得它珍贵。其实这最多是100年来的事情。比如，德国在1919年才给了妇女普选权，美国是在1920年，英国是在1928年，法国则是在1944年。公民权的获取是一个漫长的过程，它几乎贯穿了3000年的西方文明史。自公民权在古希腊罗马诞生，"为权利而斗争"就是常态，[2]罗马城的平民不也经过了一系列斗争，才有了为自己代言的保民

---

[1]　马基雅维利：《李维史论》，薛军译，吉林出版集团，2011年，第157页。

[2]　耶林：《为权利而斗争》，胡宝海译，中国法制出版社，2004年，第1—6页。

官，才有了为自己落实权利的法律—政治机制，才有了政治界限的拆除和债务奴隶制度的废除吗？

"融合"一节已经从政治学的角度定位了公民：人有公民权，是公民构成了国家，国家就必须是民主或者共和政体；人有公民权，宪法和法律承认和保护他的各种权利，公民们因此结为一个实在的法律共同体；人有公民权，就要履行宪法和法律规定的义务，公民们结成的国家成为责任的共同体。如果一个人没有公民权，他就不是民主或者共和政体的一分子，在政治上没有任何参与的资格和机会，宪法和法律对各种权利的保护对他来说也没有效力，相应地，他也不为这个国家承担任何义务，总之，他跟这个国家就没有什么政治法律关系。

现在我们从社会生活的角度来看，在罗马世界中一个人没有公民权会是什么样子。这个问题并不难查证，只要找一部罗马法教科书一看就明白了。罗马法的体例一般分为三部分：人法、物法、债法。人法规定人的法律身份和资格，物法规定物的取得、占有、使用、处分，债法规定契约和侵权。[1]一个人如果没有公民权，人法对他不适用，那么，人格、自由、婚姻、家庭、收养、监护、财产、信托这些罗马法的规定对他来说都没用，这些制度再好都跟他没关系。相应地，物法和债法也一样。他在生活中几乎什么法律保障都没有，很多事情做不了，被人伤害了没人管。

"同化"一节强调过，法律是罗马实现超大规模共同体的整合最具特色的基础设施。人法、物法、债法规定得那么好，一个人一旦有了公民权，加入了罗马的法律世界，可能政治上有大把升官发财的机会，但更重要的是，普通人在日常生活中就有了保障、有了依靠！用法律赢得万民归心，比用刀剑成本低得多，也可靠得多。

但问题在于，任何好东西都是有成本的，法律也不例外！作为战败者，罗马宽大地把他们直接变成罗马公民，对王制时代需要急速摆脱小国寡民状

---

[1] 盖尤斯：《法学阶梯》，黄风译，中国政法大学出版社，1996年，目录。查士丁尼：《法学总论》，张企泰译，商务印书馆，1997年，目录。尼古拉斯：《罗马法概论》，黄风译，法律出版社，2004年，目录。

态的罗马来说，既是必要的，也是划算的。罗马越打越大，同盟的层次越来越丰富，同心圆的结构越来越复杂，公民权也就不能像从前那样随便给了。为什么？站在微观的个人角度，取得罗马公民权几乎没有什么成本。但站在宏观的国家角度，成本高昂。一个战败城邦的人民如果全部一次性获得罗马公民权，这意味着罗马必须保证自己的法律在这个城邦有效运转。维持日常运转需要法官和法院，对付非常的违法状态需要军队。前者不是罗马直接派驻，但也需要大量的沟通、协调和立法，把规则、人员、机构理顺。后者就只能靠罗马军团了。法律就像罗马大道一样，表面上似乎是免费的，实际上成本高昂，免费使用者不该去苛责成本的承担者为什么那么小气。[1]

但没有办法，谁让你是老大呢，老大就不该小气。罗马在公民权发放的问题上"拖拖拉拉"，为她的"小气"付出了惨重的代价：盟友们因为公民权没有及时发放和罗马翻脸了，史称"同盟者战争"（公元前90年—公元前89年）。

公民权扩展不利的问题早就出现了，同盟者战争的爆发说明冰冻三尺非一日之寒。法律是罗马扩展统治的基础设施，政治同盟是罗马称霸世界的关系网络，这些都需要公民权这个入场券来激活！罗马人早年把战败者的人民全部移居罗马，都给了公民权，怎么越长大还越小气了呢？

公民权扩展的好处在政治上非常明显，但罗马遇到了新形势，公民权扩展的难处也就充分暴露出来了。公民权扩展的坎是在罗马征服了整个意大利半岛之后出现的，问题在于规模带来了复杂性。罗马的同化政策是要测量文明程度的。当她只是征服了周边地区，就像阿尔巴城，离罗马只有十几公里，相当于天安门到东四环的距离，公民权给了就给了。但是，仗打大了，战败者和罗马的差异越来越大，他们能懂罗马的风俗和规矩吗？会遵守吗？文明程度离罗马越远，罗马铺设法律这种基础设施的成本就越高。

对于法律的大道铺不铺，在罗马内部有扩展派，也有拒绝派，双方拉锯，问题就搁置了，直到同盟者战争爆发。这场战争发生在公元前90年左

---

[1] 关于"自由不等于免费"的经济学解释，参见薛兆丰：《薛兆丰经济学讲义》，中信出版社，2018年，第207—210页。

右，是马略和苏拉联手打赢的，分化敌军最主要的策略就是放下武器就发放公民权。既然能拿到公民权，还不受叛国罪的处罚，那投降就好了，还打什么仗啊！[1]

我们可以把同盟者战争看成意大利范围内的"为权利而斗争"。如果人家已经是你的同盟者，要的也是公民权，那他们就懂得权利的珍贵和用法，给他们也就是可行的。结果是，公元前90年《尤利乌斯公民法》让意大利平民都得到了罗马公民权。就这样，罗马通过发放公民权来巩固政治同盟，她的霸权网络又得到了升级。"扩大公民权的范围变成了既是对效劳的一种奖赏，也是扩大忠诚范围的一种手段。"[2]同盟者战争是这条正确道路上的一次感冒。

从帝国经营的高度来看公民权发放和同盟者战争，有以下三个重要的观察点：

第一，罗马霸权的形成带有很强的偶然性，关键是她的适应能力极强。

按照万能理性设计师的思路，既然罗马法律和罗马大道一样能够穿透别人的城邦，那就尽全力往外铺。这好比说，罗马要称霸世界，就制定好周全的战略计划拼命地打。现实中的罗马根本不是这么干的。同盟者战争的爆发表明罗马的征服和征服后的治理都存在一定的被动性和滞后性，罗马没有那么多如意算盘。不过，罗马的强大就在于她手中有好牌，不急着打，哪怕被动，也要在关键的时候打，她一出手，很快就能掌控局面。

第二，罗马政治同盟的扩展和公民权扩展具有同构性，这是罗马霸权和其他霸权的重要差别。

宏观上，罗马和别的城邦结成同盟，成了别人的老大，和微观上，别的城邦的人民归附之后享有公民权，成为罗马人，受罗马法保护，是相互呼应的，在结构上是相互支持的。其影响甚至是"革命性的"。[3]我们熟悉的很多霸权，只有宏观上的政治和军事结盟，却没有微观上的法律一体化。这种

[1]　蒙森：《罗马史》（第四卷），李稼年译，商务印书馆，2014年，第七章。盐野七生：《罗马人的故事》（Ⅲ 胜者的迷思），刘锐译，中信出版社，2012年，第106—121页。

[2]　伯班克、库珀：《世界帝国史：权力与差异政治》，柴彬译，商务印书馆，2017年，第31页。

[3]　比尔德：《罗马元老院与人民》，王晨译，民主与建设出版社，2018年，第160页。

同盟如过江之鲫，其中只有极少数政治同盟成为庞大的帝国，即便曾经权势熏天，也很快烟消云散。政治和军事的结盟多以利为目的，小国要么为了好处、要么出于恐惧，很难和霸主一条心，遇到合适的机会就反叛，实在是很正常的事情。

罗马则不同。她不仅在政治和军事上建立起以利为目的的同盟，而且还通过有担当的行动维护道义（这个问题下一节细谈），更重要的是，她通过法律把各地的人民一体化了。她用法律打造的人民是国家的基础，使得政治和军事同盟就像站在大地母亲身上的泰坦巨人，果真是力大无穷。这种优势在同盟者战争之前的布匿战争当中就已经发挥得淋漓尽致了。

第三，罗马对差异性的保留是一种保守的审慎，而这种品质是帝国秩序不断扩展的必要条件。

作为斗争结果的《尤利乌斯公民法》，只给了意大利城邦的人民和"老公民"不一样的权利。新公民只能去新设的8个选区投票，而不能去"老公民"的35个选区投票。显然，罗马人发放的权利有许多种形态。其中最值得注意的是"拉丁公民权"。所谓"拉丁公民权"，可以理解为没有政治参与权的罗马公民权，民法（即人法、物法、债法）当中规定的诸多权利可以享有，其中最明显的也是对普通人生活最有用的是贸易权、通婚权和迁徙权。[1]

很明显，罗马将选举执政官、保民官、法务官、监察官这些国家核心官员的权利排除了，没有给同盟者的人民。这种差异安排是政治本能的反映，也是当时主动出击的合理安排。同盟国人民享有民事权利，已经过上了安稳的日常生活，罗马路途遥远，每年一次的选举实在参与不起，也就算了。而罗马，一定要将霸权核心的政治权力生成和流传的核心环节掌握在自己手中。

即便是拉丁公民权的发放，罗马也没有采取一刀切的做法。在民事权利当中，罗马根据当地传统、习俗、法律以及与罗马的战略关系，会减去其中的一部分。也就是说，从公民权来看，罗马也是一个同心圆结构，离圆心越

---

[1]　盖尤斯：《法学阶梯》，黄风译，中国政法大学出版社，1996年，第36页。尼古拉斯：《罗马法概论》，黄风译，法律出版社，2004年，第68—69页。塔拉曼卡主编《罗马法史纲》（上卷），周杰译，北京大学出版社，2019年，第371—377页。

近，权利就越饱满。这和她的政治军事同盟的同心圆结构是完全一致的。正是这样一种明确安排差等的结构，使得罗马治下的盟国和盟国的人民既获得了安全性，也获得了争取向上攀爬的动力，一个稳定又有生机的大国正是在这样一种带有保守色彩的审慎经营下稳步壮大的。

帝制的奠基

贵族和平民之间的斗争推动罗马共和发展壮大，她会走向何方？答案是非常明确的，罗马共和最终走向了帝制。为什么平民的节节胜利会让罗马共和最终走向帝制，难道不应该是民主吗？

表面上平民节节胜利，不仅权力扩大了，队伍也不断壮大。但罗马并没有按照他们的步调往前走。人多势众，并不必然就有能力当家做主。罗马共和不是民主制，平民崛起之势到底被导向何方，并不是平民本身主导的。在这一节的末尾，我们先从权力斗争的角度来简要分析罗马共和的走势，后文会通过不同的事件和角度剖析罗马共和为什么最终走向了帝制。

在罗马共和成长的过程中，尽管平民的权力一直在扩张，但掌权的始终是贵族。

这里有个大问题是我们理解罗马贵族演化的关键：平民派。恺撒不是平民派的领袖吗？他登上了至尊之位啊！一点没错，但“平民派”意味着什么呢？

平民派不是平民，而是贵族，更确切一点，是新贵族，罗马史研究中把他们称为“显贵”。当然，贵族派里也有老的和新的，也有显贵。平民派和贵族派之间的斗争不是平民和贵族之间的斗争，而是显贵和老贵族们的斗争，是显贵之间的斗争，归根结底是贵族内部的斗争。[1]

---

[1] 沃尔班克、阿斯廷等编：《剑桥古代史》（第七卷第二分册　罗马的兴起至公元前220年），胡玉娟、王大庆等译，中国社会科学出版社，2020年，第489—493页。塞姆：《罗马革命》，吕厚量译，商务印书馆，2016年，第2章。晏绍祥：《显贵还是人民》，载晏绍祥：《希腊城邦民主与罗马共和政治》，人民出版社，2018年，第265—291页。刘津瑜：《罗马史研究入门》，北京大学出版社，2014年，第161—167页。

　　只不过平民派从平民这里获取支持，贵族派从保守的贵族们和元老院获得支持。马略代表平民派，苏拉代表贵族派；恺撒代表平民派，庞培代表贵族派。但他们同属于贵族，他们都不是平民，无论他们谁获胜，都是贵族的胜利，而不是平民的胜利，最多只是平民的间接胜利。

　　贵族不是铁板一块，他们之间也有斗争，他们之间斗争的激烈程度和频繁程度甚至远远超过他们和平民之间的斗争。而显贵——尤其是平民派显贵——的出现，意味着贵族内部发生了重大的结构性分化。平民的崛起成为这种分化的关键因素。原来的贵族内部争斗当然会因为权力和利益、政策和方略展开，但平民崛起永久性地改变了贵族内部的结构。平民派和贵族派一旦形成，贵族内部的斗争就会越来越激烈，双方势力也会越来越大，造成了贵族集团本身的严重削弱和溃散，共和的掌权阶级就逐步瓦解了，共和自然也就衰亡了。

　　说起权力斗争，一般人总是会觉得充满了阴暗，贵族是权力斗争的常客，这种阴暗的印象自然就会安到他们头上。但只要卷入权力斗争，谁也清白不了，平民也不例外。

　　平民和贵族一样有阴阳两面。贵族有讲秩序、讲传统、讲规矩、审慎、睿智、英明的一面，同时也有专横、傲慢、顽固、残酷、阴险、卑劣的一面；平民有勤劳、朴实、忠诚、勇敢的一面，也有短视、逐利、爱激动、不管不顾的一面。古代政治理论对贵族的信任比对平民的多，现代政治理论把这种格局翻转了过来。

　　有了对贵族和平民斗争的认识，罗马共和走向帝制的基本逻辑就可以理解了。一句话，海量激情澎湃的平民把善于迎合他们、满足他们、利用他们的恺撒这个新贵族送上了至尊之位。[1]罗马越变越大，平民的势力越来越大，贵族是阻挡这种势头呢，还是顺应这种势头？他们因此分裂成了两派。顺应这种势头，驾驭平民，碾碎挡路的老贵族，这个新贵族就成了万人之上的君主。他靠平民击败了自己的同伴，共和这种贵族同伴之间共同

---

[1]　蒙森有个特别有趣的对比，他认为"一切政治家中最与恺撒相近似"的是现代英国革命时期的克伦威尔。蒙森：《罗马史》（第五卷），李稼年译，商务印书馆，2014年，第391页。

充当政治核心的制度就垮掉了，相应地，万民在下、一人在上的帝国就形成了。

　　平民的崛起为帝制奠基，那平民为什么会崛起？当然是因为对外扩张。下文我们先看罗马的对外扩张，看罗马是怎么样做大的，然后再回来看崛起的平民怎么样推动了贵族之间的分化和斗争，最终把共和推向了帝制。

2.4 争霸：征伐四方的苦涩

罗马共和意气风发，最重要的体现就是她的对外征服连战连捷，一步步掌握了地中海世界的霸权，从城邦进化成了帝国。必须再次强调，罗马共和是披着共和外衣的帝国。[1]共和站稳脚跟之后，就开始编织拉丁同盟，到布匿战争结束，帝国式的多元治理大框架已经基本成熟，这距离屋大维登基还有一百多年。罗马的征服和帝国的铸就，听起来是一件豪气干云的事情，至少对罗马来说是这样。但其中暗藏着很多罗马的苦涩和病灶。

我在《西方史纲》里已经指出了罗马的死穴之一：罗马成于兵，也毁于兵。[2]我的这个看法没有改变，这本书还要进一步深挖。在罗马军国主义膨

---

[1] 把"共和"当成"帝国"看待从古罗马帝国时代的著名作家们就开始了，李维、阿庇安、塔西佗用"帝国"（impero/empire）来说共和时代的罗马似乎是非常自然而然的事情。举几个例子，如Livy, *History of Rome*, Vol.V, trans. George Baker, New York: Peter A. Mesier et al., 1823, pp. 250-251. Appian, *Appian's Roman History*, Vol. Ⅲ (Loeb Classical Library), trans. Horace White, Cambridge: Harvard University Press, 1972, pp. 360-361.Tacitus, *The Histories*, Book Ⅰ-Ⅲ, (Loeb Classical Library), trans. Clifford H. Moore, Cambridge: Harvard University Press, 1980, pp. 222-223. 古代作家使用"帝国"一词之时当然不会有今天那么丰厚、复杂的含义，大致是"治权"（imperium）一词的强化和延伸，我们可以把它理解成"霸权"。我正是在这个意义上把"共和"当成"帝国"看待的。

[2] 李筠：《西方史纲：文明纵横3000年》，岳麓书社，2020年，第87—96、117—123、130—136页。

胀的道路上，第一个要解析的难题就是征服的根源：罗马到底是豺狼成性，天生爱打仗，还是被逼无奈，打惯了就停不下来？罗马的军国主义到底是怎么一路走来的，跟帝国有什么关系。这一节通过意大利战争、布匿战争和朱古达战争来剖析这个问题。

惊扰四邻

布匿战争是罗马征伐四方过程中最重要的战争，是罗马的成年礼，赢下它，我们熟悉的那个战无不胜的罗马就出现了。布匿战争的过程和其中的深意，后文三节会不断展开。这一节我们先看它的起因，把它放到前前后后的罗马对外战争中去看。有了意大利战争这个"前传"，罗马到底怎么和迦太基针锋相对上就很清楚了。

事情是这样的。话说罗马在公元前390年左右被凯尔特人占领，罗马人痛定思痛，公元前367年颁布了《李锡尼法》，把平民好好团结起来，之后罗马就开始了意大利的统一大业。第一步，先扫平周边的拉丁姆地区，把意大利这个高筒靴的膝盖周围吃下来。第二步，他们不得不往南进发，因为他们惹上了意大利中南部的萨莫奈人。罗马人和这个擅长游击战的山地民族纠缠了四十多年，终于拿下了意大利高筒靴的小腿部分。第三步，罗马刚想歇口气，高筒靴的脚踝又来了。意大利高筒靴的脚掌和西西里岛那个足球是希腊人的地盘。这个时候希腊人也坐不住了，意大利南部城邦从希腊那边请来了战术大师皮洛士。

皮洛士到底有多厉害？我们来看看大史学家李维留下的故事。话说罗马和迦太基的大决战扎马战役以罗马的胜利告终，汉尼拔输给了西庇阿，罗马由此登上世界之巅。当时的罗马并没有摧毁迦太基，也没有逼死汉尼拔。后来，两位军事奇才在希腊名城以弗所偶然相会，聊起了"天下武功排名"。汉尼拔认为，亚历山大大帝天下第一，皮洛士天下第二，自己是天下第三。西庇阿最后问汉尼拔，如果扎马战役是您老人家赢了我，（排名）又会怎样？汉尼拔回答，那我的排名会超越皮洛士，也超越亚历山大大帝，成为当之无愧的天下第一！[1]

　　这个故事未必是真的，但一贯严肃端正的李维这么写，至少证明当时罗马人心目中的排名大致如此，罗马人对皮洛士和汉尼拔相当敬佩，李维自己在很大程度上也表示认可。当然，李维也含蓄地表扬了自己罗马这边的大英雄西庇阿，如果汉尼拔敢称天下第三，那么，正面击败他的西庇阿自当是排名前三，甚至就是天下第一。排名第一的亚历山大大帝，在希腊化时代基本上成了武神，地中海世界的军人无不膜拜。[2]排名第二的皮洛士是罗马的直接对手，可以说，罗马在战术上的第一个劲敌就是他，第一个在战场上教会罗马人战术的也是他。和皮洛士交手的罗马军团，只不过是收服了拉丁姆地区和山民萨莫奈人的地区劲旅，意气风发、纪律严明不假，就是还有点土气。皮洛士转战希腊地区多年，见多识广，国际范儿十足。他以亚历山大大帝为偶像，善于排兵布阵、善于利用地形、善于激励士兵。罗马和皮洛士对阵，两次大战皆败。[3]

　　在皮洛士战争中，迦太基出场了。这是怎么回事？皮洛士在意大利南部两败罗马，但他也觉得罗马不好对付，不是一两次胜利就能击溃的。何况自己也损失不小。再加上意大利盟友没有兑现承诺出兵出钱，皮洛士也瞧不起他们，双方生了嫌隙。正在此时，西西里的希腊人来请皮洛士去对付迦太基，皮洛士也就去了。这样一来，罗马可以暂时松一口气，迦太基则被拖进了战局。

　　西西里岛上的地盘，希腊人占了一半，迦太基人占了一半。希腊人来请

---

[1]　Livy, *History of Rome*, Vol.V, trans. George Baker, New York: Peter A. Mesier et al., 1823, pp. 17–19. 李维：《自建城以来》（第三十一至四十五卷选段），王焕生译，中国政法大学出版社，2018年，第117页。盐野七生：《罗马人的故事》（Ⅰ 罗马不是一天建成的），计丽屏译，中信出版社，2011年，第182—183页。

[2]　格林：《马其顿的亚历山大》，詹瑜松译，民主与建设出版社，2018年，397—405页。晏绍祥：《希腊城邦民主与罗马共和政治》，人民出版社，2018年，第251—261页。

[3]　普鲁塔克：《普鲁塔克全集》（Ⅱ 希腊罗马名人传），席代岳译，吉林出版集团，2017年，第716—726页。蒙森：《罗马史》（第二卷），李稼年译，商务印书馆，2004年，第131—152页。盐野七生：《罗马人的故事》（Ⅰ 罗马不是一天建成的），计丽屏译，中信出版社，2011年，第201—207页。

皮洛士，迦太基就和罗马联手，很合理，敌人的敌人就是我的朋友。罗马人和迦太基人联盟，一起对付希腊人。他们的设想大概是胜利之后罗马拿走意大利南部，迦太基拿走西西里岛。罗马和迦太基签订了条约，协同作战。[1]结果如他们所愿，皮洛士输了。皮洛士兜兜转转、疲惫不堪、心灰意懒的最后时刻，罗马才勉强扳回一局。在这唯一一次对皮洛士取胜之后，罗马人"攻占了皮洛士的营寨，罗马官员们因此第一次有机会亲自了解了希腊人的军事系统是如何运作的"。[2]

皮洛士输在哪里？他打仗很厉害，在正面对决当中罗马和迦太基都少有胜绩。问题出在政治上，就皮洛士所处地位而言，"其真正缺点在于内政的不良"。[3]皮洛士在西西里岛上和在意大利南部的遭遇一样，希腊世界的政治基础太松散，各城邦之间很难协调统一，容易互相猜忌、互相拆台、互相瞧不起。罗马人和迦太基人多玩几次声东击西，希腊人的城邦就开始吵架。皮洛士也不是好政治家，常胜将军充满了傲慢，他粗暴干涉盟友内政，甚至杀人夺城。到最后，希腊联盟乱作一团，皮洛士都不知道重点是对付希腊盟友，还是对付罗马和迦太基。周旋了很久，耗不动了，没意思了，最后他灰溜溜地回了希腊。他一走，罗马自然是大获全胜，统一了意大利全境。[4]

不过，胜利，和上一次一样，不意味着和平，而是意味着新的战争马上开始。这次的对手正是曾经的盟友迦太基。昔日战友翻脸了！西西里岛的争夺成了双方交恶的直接起因，但背后隐藏的是为了争夺地中海霸主的地位，

---

[1] 关于罗马和迦太基签订的一系列盟约，参见波里比阿：《罗马帝国的崛起》，翁嘉声译，社会科学文献出版社，2013年，第291—295页。

[2] 沃尔班克、阿斯廷等编：《剑桥古代史》（第七卷第二分册 罗马的兴起至公元前220年），胡玉娟、王大庆等译，中国社会科学出版社，2020年，第533页。参见孟德斯鸠：《罗马盛衰原因论》，婉玲译，商务印书馆，1995年，第15页。

[3] 蒙森：《罗马史》（第二卷），李稼年译，商务印书馆，2004年，第154页。参见孟德斯鸠：《罗马盛衰原因论》，婉玲译，商务印书馆，1995年，第15—16页。

[4] 普鲁塔克：《普鲁塔克全集》（Ⅱ 希腊罗马名人传），席代岳译，吉林出版集团，2017年，第727—730页。蒙森：《罗马史》（第二卷），李稼年译，商务印书馆，2004年，第152—159页。盐野七生：《罗马人的故事》（Ⅰ 罗马不是一天建成的），计丽屏译，中信出版社，2011年，第207—209页。

双方都憋足了劲儿要和对方一决雌雄。

　　到这里我们先暂时停下来看一看，总结一下罗马共和统一意大利半岛的进程。长线来看，罗马共和的疯狂扩张，既是主动的，也是被动的。

　　此话怎讲？罗马起初是为了生存而扩张，罗马的地形不利于防守，最好的防守就是进攻。很快，罗马的仗越打越大，根本停不下来，这和她的急速成长惊扰了周围的邻居直接相关。拉丁姆地区拿下了，萨莫奈人害怕；萨莫奈人拿下了，希腊人害怕；希腊人拿下了，就轮到迦太基人了。"随着迦太基的失败，罗马也被推上了帝国之路，这是一条不归之路。"[1]罗马人确实是战斗民族，来者不拒，统统都打，打到没有对手为止，他们真正的对手其实是他们自己。

　　从罗马自身的行为来看，说她豺狼成性恐怕不妥，因为她从头到尾就没有一个周详的计划去吞并什么地方。先吞并谁，后吞并谁，一步步精心计划，然后精心实施，完成最初设定的蓝图，这不是罗马征服的实情。"历史学家完全有理由把最后的结果归结为战争的威力及其带来的变化，任何认为罗马处心积虑地成为世界霸主的观点都是站不住脚的。"[2]蒙森在这个问题上甚至不惜和古罗马著名历史学家撒路斯特对峙。[3]把罗马完全想成希特勒德国那样有计划、有预谋、有步调地吞并世界是不对的。战争的起因往往和邻居的惶恐有关，双方一接触就走进了恶性循环：怀疑导致敌意，敌意导致摩擦，摩擦引发战争。

　　当然，罗马在战略上并不是只有被动的一面，也不会总是得到历史学家的谅解。公元前150年左右，波里比阿跟随小西庇阿摧毁迦太基的时候，就在思考罗马的战争到底是主动还是被动，霸业如何铸就；公元前55年左右，撒路斯特跟随恺撒平定高卢的时候，已经是充满了批判的笔调，他批判罗马

---

[1]　沃尔班克、阿斯廷等编：《剑桥古代史》（第七卷第二分册　罗马的兴起至公元前220年），胡玉娟、王大庆等译，中国社会科学出版社，2020年，第502页。

[2]　布林格曼：《罗马共和国史》，刘智译，华东师范大学出版社，2014年，第121页。参见比尔德：《罗马元老院与人民》，王晨译，民主与建设出版社，2018年，第156—162页。

[3]　蒙森：《罗马史》（第三卷），李稼年译，商务印书馆，2005年，第273页。"撒路斯特"一译"撒路斯提乌斯"，本书统一用"撒路斯特"。

的自私、贪婪、颟顸、傲慢，就像修昔底德批评希腊一样。[1]主动与被动、侵略与防卫、野心与和平对罗马来说都有，一个庞然大物一定是矛盾的综合体，而不可能是纯而又纯的简单状态。所有这些两面性在微观上可以在每一次战争中找到，在宏观上也可以把罗马的征服过程分成前后两段。大致而言，公元前146年毁灭科林斯和迦太基两座名城是转折点。[2]

战无不胜

理解了罗马为什么打，我们就来看看罗马为什么能打。战争是罗马的基本存在方式，"罗马人注定和战争结下了不解之缘，他们把它看成是唯一的艺术，他们把自己的全部才智和全部思想都用来使这种艺术趋于完善"。[3]罗马共和的疯狂扩张，从结果上看很疯狂，但从过程看，一定是罗马善于啃硬骨头，罗马的牙口好。如果一个国家坐大了，邻居又不友好，真的出手了，就不要手软。罗马做到了。罗马能打硬仗，能打持久战，至少可以归结为三个因素：品质、组织和同盟。

第一，罗马人的品质好。罗马人的典型形象是"农民—士兵"，天生有一半的职责就是当兵打仗。但我们不能把这件事情简单说成罗马人天赋异禀，然后简单地说罗马因为天赋注定要征服世界。这里面的奥秘是人的自然品质如何变成人民的道德和政治品质。

罗马人勇敢、忠诚、善于服从、守纪律、讲规矩，热爱自己的国家，为她血战到底。罗马人是优秀的士兵。这是罗马人民的政治品质。[4]罗马的尚

---

[1] 波里比阿：《罗马帝国的崛起》，翁嘉声译，社会科学文献出版社，2013年，第129—140页。撒路斯提乌斯：《喀提林阴谋　朱古达战争》，王以铸、崔妙因译，商务印书馆，1996年，第216—219页。参见凯特尔：《修昔底德与撒路斯特》，载刘小枫编《撒路斯特与政治史学》，曾维术等译，华夏出版社，2011年，第51—64页。

[2] 参见阿斯廷、沃尔班克等编：《剑桥古代史》（第八卷　罗马与地中海世界　至公元前133年），陈恒等译，中国社会科学出版社，2020年，第423—429页。

[3] 孟德斯鸠：《罗马盛衰原因论》，婉玲译，商务印书馆，1995年，第8页。

[4] 李筠：《西方史纲：文明纵横3000年》，岳麓书社，2020年，第85页。参见丛日云：《西方政治文化传统》，黑龙江人民出版社，2002年，第243—247页。

武"民情"植根于罗马人普遍的性格，他们确实很暴力、很好战，甚至很嗜血。这是罗马人的自然品质。但正如比尔德所说，罗马人并不比邻居们更好战，说"罗马人是大灰狼，邻居们都是小绵羊"是不对的，其实大家都一样。[1]只不过罗马后来变成了庞大的帝国，就容易被人揭露其国民性格中的暴虐和残酷的一面。

解释罗马人和邻居们一样好勇斗狠，重点不是为罗马人开脱，说这也没什么，反正大家在古代的野蛮状态里都差不多；重点也不是把罗马的战无不胜归结到他们好勇斗狠的性格。相反，问题恰恰是：好勇斗狠几乎是所有上古民族的性情，那为什么是罗马人打出了帝国？他们的好勇斗狠跟一般人的究竟哪里不一样？也就是说，人的自然品质如何凝聚成人民的政治品质？

好勇斗狠决不必然带来勇敢、忠诚，善于服从、守纪律、讲规矩，热爱自己的国家，为她血战到底这一系列优秀士兵的道德和政治品质。最好的对照组就是罗马北方的强邻凯尔特人。他们确实勇敢，却多半是血气之勇，暴怒的时候不管不顾，泄气的时候抱头鼠窜。他们的忠诚、服从、守纪律、讲规矩都因为没有一个稳固的国家而只有自然形成的部落变成了奢谈，热爱国家、为国而战根本就无从谈起。所以，尽管他们面对罗马的大多数时候都有体格更好的战士，有数倍乃至十倍以上的兵力优势，但他们仍然不是罗马的对手。

"罗马的德行是勇敢，然而并不是个人的勇敢，而是根本上与同伴们一起结成联合体相关的那种勇敢，这个联合体被当成了最高利益，可以由各种非法的暴力组织而成。"[2]大家的好战民情可能都差不多，关键是制度把民情往哪儿引。回想一下冰山模型，民情是制度的基础，制度是民情的结晶，它们是属于同一群人的规矩。制度会引导民情，强化民情，升华民情。我在《西方史纲》里提过，军功授土、军功授衔的制度引导罗马人的勇敢进化成

---

[1] 比尔德：《罗马元老院与人民》，王晨译，民主与建设出版社，2018年，第156—157页。

[2] 黑格尔：《历史哲学》，王造时译，上海书店出版社，2001年，第281页。引文根据英文版略有调整，参见Georg W. F. Hegel, *The Philosophy of History*, trans. J. Sibree, Kitchener: Batoche Books, 2001, p.304.

了为国征战的行为逻辑。[1]在新的行为逻辑当中，激励就变得不再单纯，人心里的本能就会被升华为更加可靠的道德和政治品质。对罗马人来说，其中的关键是"荣耀"（Gloria）。

罗马人追求荣耀，从平民到贵族、从普通士兵到伟大统帅莫不如此，它是罗马人首要的道德和政治品质。获取荣耀是人的重要动机，它虽然离真正的德性还有一定的距离，但它和动物式的物质满足与心里痛快已经拉开了巨大的差距，它让人有了巨大的精神空间，能够想象超越肉体之外的长远和深邃。

罗马人自己对荣耀的讨论非常多，也非常深。最经典的看法来自撒路斯特的《喀提林阴谋》和西塞罗的《论责任》。[2]西塞罗在《论共和国》末尾写下的"西庇阿之梦"堪称西方历史上描绘荣耀的"最佳影片"，他用西庇阿祖孙两位大英雄的梦中对话道出了生死的意义：人之所以能超越生死，走向永恒，正是源自为共和国的正义事业鞠躬尽瘁所带来的荣耀。后来，这个"罗马梦"成了西方所有伟大政治家共同的梦。[3]

用荣耀来看罗马征服，很多事情就容易理解了。比如罗马征服确实带来了巨大的物质利益，但罗马征服的直接目标不是物质利益，物质利益只是伴随胜利的荣耀而来的副产品。"经济利得对罗马人来说是……成功的战争和权势扩张的一个内在组成部分。"[4]有两个非常重要的罗马现象和罗马式荣耀非常吻合，一个是罗马贵族的慷慨。慷慨是罗马人极为看重的美德，它意味着为了荣耀不惜金钱。知道了荣耀对罗马人的重要性，罗马贵族、名流和

[1] 李筠：《西方史纲：文明纵横3000年》，岳麓书社，2020年，第85—86页。

[2] 参见Donald C. Earl, *The Moral and Political Tradition of Rome*, Ithaca: Cornell University Press, 1967. 撒路斯提乌斯：《喀提林阴谋　朱古达战争》，王以铸、崔妙因译，商务印书馆，1996年，第93—103页。西塞罗：《论老年　论友谊　论责任》，徐奕春译，商务印书馆，2003年，第121、208—209页。刘训练：《在荣耀与德性之间：西塞罗对罗马政治伦理的再造》，《学海》2017年第4期。

[3] 西塞罗：《国家篇　法律篇》，沈叔平、苏力译，商务印书馆，2002年，第126—137页。参见维罗利：《尼科洛的微笑：马基雅维里传》，段保良译，上海人民出版社，2008年，第244—246页。周林刚：《马基雅维里的梦》，载高全喜主编《大观》（第2卷），法律出版社，2010年，第383—388页。

[4] William Harris, *War and Imperialism in Republican Rome*, Oxford: Oxford University Press, 1979, pp.54—67. 转引自基根：《战争史》，时殷弘译，商务印书馆，2010年，第349页。

后来的皇帝们挥金如土地捐赠建造公共建筑就容易理解了。

另一个是"除名毁忆"。一个人一旦被判处叛国罪或者被认定为国家公敌，他就会被逐出公共生活，他在灵魂上和精神上被判处死刑，被国家和人民抛弃、遗忘和诅咒。他的名字和头衔从所有官方记录中被删除，塑像全部被捣毁。他的著作被焚毁并禁止流传。他的财产被罚没，继承权和被继承权全都作废，甚至宅邸都被夷平。[1]历史上最著名的遭遇这种酷刑的人物就是罗马最伟大的改革家格拉古兄弟。"除名毁忆"这种酷刑是荣耀的反面。它暗含的极致的残酷性，从反面有力地证明了罗马人对荣耀有多在乎。

说明了荣耀是罗马征服的心理动机，能够让我们更接近这个波澜壮阔的历程。但就像所有波澜壮阔的历程一样，有阳面，自然就会有阴面。荣耀本身就有阴阳两面，它完全渗透到了整个罗马征服的过程当中。

荣耀的阳面如西塞罗所说，荣耀虽然离真正的德性还有一段距离，但它是达成德性最好的管道。从结果来看，德性是目的，荣耀是德性的副产品。"西庇阿之梦"激励罗马人追求的是完满的德性。那才是"真正的荣耀"。相反，不以德性为本的荣耀便是"虚假的荣耀"。[2]

"西庇阿之梦"是荣耀的正道，是罗马人内心的勇敢、责任、纪律、坚韧、爱国、奉献的结晶。做这种梦的人，无论是普通士兵还是三军统帅，他们就是罗马的脊梁。罗马的战无不胜是由他们撑起来的，罗马的伟业是他们人格品质的外化。任何想成就大业的民族，必须拥有这种品质，必须拥有一群硬骨头担当起这种品质。美国的阳面充分地继承了罗马的这种品质，最好的例子就是美国著名的西点军校的校训：责任、荣誉、国家。

相应地，有阳就有阴，撒路斯特对荣耀的阴面给出了深刻的剖析，也就是西塞罗所说的"虚假的荣耀"。关于"虚荣"，后文会专门通过庞培来剖析，它不只是个人的愚蠢，更是瓦解国家和权力的毒药。这里我们先通过撒路斯特来看罗马的民情，以及这种民情在罗马征服中的作用。撒路斯特的犀

---

[1] 熊莹：《"除名毁忆"与罗马元首制初期的政治文化》，《历史研究》2009年第3期。

[2] 西塞罗：《国家篇 法律篇》，沈叔平、苏力译，商务印书馆，2002年，第134—137页。西塞罗：《论老年 论友谊 论责任》，徐奕春译，商务印书馆，2003年，第184—188页。

利之处在于他告诉我们：荣耀离贪婪、恋权、沽名钓誉、野心、专横、傲慢甚至阴险、卑鄙、残暴、无法无天并不远。[1]荣耀和它们之间其实只有一纸之隔。而这张纸，就是委任状。喀提林之所以阴谋颠覆共和，就是因为他着了魔一样地想当执政官。罗马有大大小小的西庇阿，也就会有大大小小的喀提林。喀提林们的贪婪和野心同样在把罗马往前推，他们也渴望胜利，也给罗马带来了土地、财富、人口。

如果一个人会被荣耀扭曲，一个民族就不会吗？罗马人在征服过程中暴露出的冷酷、蛮横、凶残、虚伪、狡诈，照样被公正的史学家们记录了下来。[2]他们和做"西庇阿之梦"的罗马人离得并不远，甚至在绝大多数时候这"两种人"实际上就是同一群人、同一个人。为什么会这样？

总的来说，荣耀离权力太近，通过荣耀登上巅峰其实是一条极其险峻的权力之路。军功授土、军功授衔的制度把罗马人的勇武改造升级成了为国征战的荣耀，是从罗慕路斯、塞尔维乌斯就已经开启的政治进程，它格式化了每一个罗马人。换句话说，荣耀把罗马人好勇斗狠的自然品质转化成为国征战的行为逻辑和价值认同，也就把权力变成了每个罗马人身体里奔腾的热血。

有权力，就必须有对权力的节制，人心里的权力也不例外，以荣耀的面貌出现的权力也不例外。必须有巨大的德性去提升和节制荣耀，人和国家才是走在正道上。试想一个场景：一个奋勇杀敌的罗马士兵难道不是一个杀人的魔鬼吗？他为了胜利后的升官发财和爱国奉献的舍身忘我能分得清楚吗？为国杀敌就能把一个人魔鬼的一面洗得干干净净吗？显然，讲清楚这个事情，个人是无能为力的，只有一个国家的征战是为了和平、为了正义、为了大道，才能让所有奋勇杀敌的士兵在道德上脱罪。

---

[1] 撒路斯提乌斯：《喀提林阴谋　朱古达战争》，王以铸、崔妙因译，商务印书馆，1996年，第95—104页。参见刘小枫编《撒路斯特与政治史学》，曾维术等译，华夏出版社，2011年，第1—50页。

[2] 西塞罗在《反喀提林第二演说》中对罗马人民喊话，其中很多对人民的糟糕描述看起来是要让人民和阴谋家划清界限，但也暴露了人民其实也就是这样。参见撒路斯提乌斯：《喀提林阴谋　朱古达战争》，王以铸、崔妙因译，商务印书馆，1996年，第172—187页。基根：《战争史》，时殷弘译，商务印书馆，2010年，第349页。丛日云：《西方政治文化传统》，黑龙江人民出版社，2002年，第245—246页。

西庇阿战胜迦太基的时候，罗马共和的德性是饱满的，那是荣耀的阳面克制住阴面的时代，是权力为德性服务的时代，所以，她的罪恶尽管存在，但可以理解，甚至可以被宽恕，罗马共和也就意气风发地飞奔向前。到了喀提林阴谋的时候，那是经过了格拉古兄弟改革的混乱、马略的大屠杀、苏拉的独裁统治、前三巨头的秘密联盟的罗马共和，她的德性已经溃散，她的荣耀就没有了提升和节制，她的德性已然被权力践踏，她的贵族和人民就无法再维系一个傲然挺立的国家。[1]而撒路斯特批判的正是这样一个已经败坏了的国家，他对荣耀的剖析正是他对罗马民情的诊治，罗马的是非标准因此尚存一息，这个国家就还有希望。

荣耀是一把钥匙，是它而不是勇武才是罗马人首要的道德和政治品质，它存在着阴阳两面。罗马征服的光荣与残酷并存、伟大与邪恶同在，罗马共和的成功与失败同源、兴盛与衰败同理，都可以由荣耀解开。

第二，罗马人的组织好。组织精良是军队战斗力的重要保证。

这个问题不难理解。罗马人有组织有纪律，就能让同样人数的军队富有极其可观的战斗力。

在王制时代，有组织有纪律是罗马在军事上能够战胜凯尔特人的根本原因。前文谈过塞尔维乌斯改革，他把罗马军队分成了前锋、主力和后卫。有分工，效率就出来了。没有分工的军队和打群架的流氓没有什么区别，士兵再勇猛，战斗力也是有限的。而分工的基础就是有组织有纪律。更进一步，有组织、有纪律，战略战术就可以执行了，战场上的各种阴谋阳谋才有用武之地。[2]

有组织有纪律，一群人在一起就是部队、就是军团、就是铁拳，没有组织和纪律，一群人在一起就是乌合之众。这样的两群人一交手，前者有战略

---

[1]　参见刘训练：《在荣耀与德性之间：西塞罗对罗马政治伦理的再造》，《学海》2017年第4期。
[2]　罗马在共和时代的军纪严明，甚至是非常残酷的，处决不服从命令者、反抗命令者、临阵脱逃者、反叛者都毫不留情。对付集体违纪或士气不振的队伍，罗马的狠招叫"十一抽杀律"：每十个士兵抽签找出一个用棍棒打死，让士兵们亲手处决自己曾经并肩战斗的战友，绝对震撼心灵。参见布克哈特：《古希腊罗马军事史》，励洁丹译，上海三联书店，2018年，第110页。马基雅维利：《李维史论》，薛军译，吉林出版集团，2011年，第588页。

战术，后者只会一拥而上打群架，基本上胜负立判。西方军事史上第一个通过组织精良取得重大胜利的战例是温泉关战役，斯巴达三百勇士拖住了波斯十万大军，为希腊世界赢得了宝贵的时间。当我们去翻查军事史上各种著名的以少胜多的战例，会发现一个共同点，胜方虽然兵员更少，但他们组织更精良，才能有效地执行统帅高明的作战计划，取得最终的胜利。所以，军事史特别爱写军队组织形态的变化，这是可以观察到的提升战斗力的因素，而且它比较容易学习和复制。罗马在军队组织上的不断学习和改进备受军事史家称赞。[1]

重装步兵组成方阵是核心建制，对它的改良一直没有停止。队形、分工、武器都会随着战争的变化不断调整。在这里我们只谈一条，百夫长制度从罗马有方阵开始，就是罗马军团的顶梁柱。

罗马的百夫长制度无论在古代还是现代、西方还是中国，都显得很奇特。罗马的百夫长不是招募来的，招募来的那是雇佣兵头子，也不是上级长官指派的，指派那是现代军队官僚化、理性化之后的做法。他是练出来的，有军事史家把罗马的百夫长制度称为"教练督导制"[2]。什么意思？我们可以把百夫长理解成老兵头子，他可能得能征善战、勇武过人、身先士卒，不过更重要的是得稳重、老练、识大局，他也要起到传帮带新兵的作用，军团中的首席百夫长甚至有权列席统帅部的作战会议。[3]

罗马的百夫长与其他文明的老兵头子不同的地方在于他是罗马公民大会的投票人。罗马人选执政官、保民官、法务官、监察官等这些高级官员是需要公民大会投票的，但不是每个罗马公民一人一票，而是一个百人队一票。每个百人队内部自己商量，最终由百夫长去投票。比如，按照塞尔维乌斯改革的等级方案，罗马分为六个等级，第一等级能投98票就是因为他们提供了

[1] 基根：《战争史》，时殷弘译，商务印书馆，2010年，第346—355页。布克哈特：《古希腊罗马军事史》，励洁丹译，上海三联书店，2018年，第九章。帕克等：《剑桥插图战争史》，傅景川等译，山东画报出版社，2004年，第48—53页。

[2] 基根：《战争史》，时殷弘译，商务印书馆，2010年，第353页。

[3] 波里比阿：《罗马帝国的崛起》，翁嘉声译，社会科学文献出版社，2013年，第410—430页。布克哈特：《古希腊罗马军事史》，励洁丹译，上海三联书店，2018年，第109页。

18个骑兵队和80个步兵队，第六等级能投5票是因为他们提供了5个预备役步兵队。整个罗马一共193票，就是由193个百夫长率领自己的兄弟们做出百人队的集体决定。[1]后世的罗马虽然扩大了，但以百人队为选举单位的制度没有改变。

这个时候我们就清楚了，百夫长不只是打仗时候的基本作战单位的长官，也是政治选举时候的基本选举单位的执行人。对于手下战时平时都天天和他在一起的兄弟们，他是长官、是教官、是大哥、是政治代表。如果我们把罗马的庇护网络加进去，百夫长还是社会生活中罗马猛男们的老大。百夫长是罗马军事—政治—社会三合一结构的基层节点。他们当然也就是执政官（将军）们最需要争取的基础性力量。

从百夫长制度这个关键的制度标本来看，罗马共和时代军队的组织精良在于其非常独特的军事—政治—社会基层组织的一体化。塞尔维乌斯改革造就的士兵—选民—纳税人三位一体的公民制度，结合百夫长制度进一步整合、凝聚、加固，成就了罗马无比强悍的基层组织。这才是罗马军队组织精良的根本所在。"罗马成功的基础是把军事和经济组织融入国家之中，把分层和公民身份同陆上战争的需要联在一起。"[2]如果说罗马霸权是一座通天的高塔，那么，百夫长和他身后的兄弟们就是建造这座通天塔的砖头。这些砖头几乎得无比坚硬，塔，才能盖得通天。当然，一旦这些砖头变质了，通天塔迟早会坍塌。

第三，罗马人的联盟好。我从本书一开始就一直在强调罗马善于间接统治、善于织网、善于多元整合，尤其在"同化"一节特别强调这是罗马政治的精华，也是罗马能够打硬仗、打持久战的战略资本。现在我们来看看它在军事上的巨大威力。[3]

---

[1]　盐野七生：《罗马人的故事》（Ⅰ 罗马不是一天建成的），计丽屏译，中信出版社，2011年，第55—57页。

[2]　迈克尔·曼：《社会权力的来源》（第一卷），刘北成、李少军译，上海人民出版社，2007年，第314页。

[3]　Paul Erdkamp (ed.), *A Companion to the Roman Army*, Oxford: Blackwell Publishing, 2007, pp. 98-101.

如果说对付凯尔特人和萨莫奈人有强悍的军团和战略战术就够了，那么，对付皮洛士和汉尼拔就不够用了。文明程度高，在战场上就直接体现为战略战术高明，在这个层次上，皮洛士和汉尼拔不仅不比罗马差，反而比罗马强。那罗马怎么打败军事上文明程度更高的对手呢？这个时候，政治联盟的威力就发挥出来了。政治联盟的家底有多厚，就是双方能耗多久的最重要的本钱。

我在《西方史纲》里讲过一个"内裂"的原理。大致意思是，国与国交战必然引起国内政治的分裂，乃至人心的分裂，谁能扛住这种分裂，自己别先散架，谁就能赢得硬仗和持久战。[1]会搞政治同盟的罗马在抗击内裂这一点上做得特别好。

看看罗马的两位伟大的对手。先是希腊战术大师皮洛士。他在阵前只输给罗马一次，就是双方交手的最后一次。蒙森诊断，战场上的常胜将军皮洛士输在"内政不良"。作为对手的罗马就是最好的对照组，"内政优良"是战胜劲敌的根本所在。皮洛士在意大利南部和西西里岛的希腊盟友们很难形成有效的政治军事同盟，它们不仅很难协调统一给皮洛士带来军事和政治上的支持，甚至自己钩心斗角、相互拆台、互相敌对。皮洛士本人也不是善于经营政治同盟的政治家，他居然没有凭借自己的赫赫威名把希腊城邦打造成一个紧密团结的战时同盟。相反，他意气用事地杀死叙拉古领袖，占据这个战略重镇，引起西西里岛上其他希腊城邦的一片恐慌。战术大师输在了政治格局，虽然没有彻底战败、横尸沙场，却也只能灰溜溜地打道回府。

对罗马而言，更严峻的考验是汉尼拔战争，也就是第二次布匿战争。汉尼拔是战术大师，但更可怕的是他还是战略大师。他的政治格局比起皮洛士要高好几个档次。

从战略上来看，汉尼拔天才地选择了罗马人意想不到的军事路线，从西班牙出发，翻过阿尔卑斯山南下进入意大利，搞得罗马人手忙脚乱。坎尼会战，罗马将士死了七万，汉尼拔几乎未损一兵一卒。汉尼拔的战略很清楚，除了在重点地区狠狠打击罗马人之外，最重要的事情就是离间罗马和意大利盟友的关系。因为只有这样，罗马才会从大变小，他才有彻底瓦解罗马的可

---

[1]　李筠：《西方史纲：文明纵横3000年》，岳麓书社，2020年，第48—55页。

能。汉尼拔的战略直指罗马最重要的底牌——政治联盟，足见他真是有大眼界、玩大手笔的帅才。

但是，他失败了。无论他对罗马的盟友们如何威逼利诱，罗马的意大利盟友们叛变的很少很少。当然，这也和费边的战略部署直接相关，这个问题后文会细谈。无论如何，最后，汉尼拔实在熬不住了，罗马人围魏救赵，直接攻击迦太基，汉尼拔就离开意大利回去救老巢了。他一走，罗马的心腹大患就解除了。和皮洛士一样，罗马在自己家门口并没有直接击败敌军主帅，而是依靠雄厚的政治家底把他熬走了。[1]

罗马共和战无不胜有其原因，有品质优秀的士兵、有组织精良的军队、有紧密联盟的政治，连战连捷确实乎情理。

老大的烦恼

说了罗马共和凭借超强武力鲸吞世界的原因，也得说说她的难处。我把罗马在大战略上的难处叫作"老大的烦恼"。

从长线来看，罗马的军事行动在战略上还是具有明显的被动性质。罗马四处攻城略地，都战无不胜了，怎么还被动呢？我们不能只看见罗马在一场一场战争中的胜利，却对更重要的整个战略局面视而不见；我们不能只看到罗马获得的好处，却对罗马面临的难处视而不见。如果只盯着成功人士得到的战果和好处，却不能体会他的难处，那么，他的成功之道和优秀品质就得不到确切的理解。从"惊扰四邻"的意大利战争和布匿战争的战略进程来看，罗马很多时候是不得不打。那么，打败了汉尼拔，登上了世界之巅，是不是就指哪打哪，随心所欲呢？也不是。

罗马做盟主，而且做得越来越大，原来是拉丁姆地区，后来变成了整个意大利，赢下布匿战争和马其顿战争之后很快成了整个地中海世界的盟主。

[1] 阿斯廷、沃尔班克等编：《剑桥古代史》（第八卷 罗马与地中海世界 至公元前133年），陈恒等译，中国社会科学出版社，2020年，第90—93页。蒙森：《罗马史》（第三卷），李稼年译，商务印书馆，2005年，第六章。盐野七生：《罗马人的故事》（Ⅱ 汉尼拔战记），计丽屏译，中信出版社，2012年，第五章。

盟主要做什么？最重要的就是维护盟友的安全！

我们可以把罗马社会当中的庇护关系网络放大到世界范围来看。别人认你当老大，最重要的事情就是他被欺负的时候能指望你出头。只要小弟有事，老大就得出头。小弟越来越多，要管的事情越来越多，老大是不是越来越累？这就是"老大的烦恼"。这种局面其实让风光无限的罗马狼狈不堪、疲惫不堪。你现在知道当盟主有多累了吧？我们一起来看看其中一个很典型的例子：朱古达战争。

这场战争的名字来自罗马在这场战争中的死敌朱古达这个人，地方在北非的努米底亚王国，就在迦太基旁边。当年的努米底亚是罗马的重要盟友，大西庇阿在扎马战役当中直接击溃汉尼拔，多亏了努米底亚骑兵的援助。努米底亚也非常识相，认罗马做老大。这种关系甚至是由两国政要来具体完成的，大英雄西庇阿被努米底亚的国王指定为遗嘱执行人，好好看管他的儿子们。儿子们还不错，孙子们就出事了。

朱古达是国王的养子，他最能干，他曾经跟随小西庇阿在西班牙战场上摸爬滚打。当然，他的眼界也就最宽，野心也就越大。等养父驾崩，他打败两个哥哥，独吞王国。一个哥哥死了，另一个跑到罗马元老院求援。罗马没动粗，当了和事佬，说你们兄弟俩别打了，这个王国划成两半，西半边给哥哥，东半边给朱古达。五年之后，朱古达灭掉了哥哥，还把帮助哥哥的罗马人杀了个干干净净。这个时候罗马就坐不住了，朱古达战争正式开打。[1]

盟友的家事最终变成了罗马的战事，当老大就是这么难。罗马的霸权做得越大，必须得管的事儿就越多、越大、越繁杂。成为霸主的罗马，像朱古达战争这样盟友内乱的事儿要管，两个盟友之间打起来的事儿要管，盟友被外国比如波斯帝国欺负了的事儿要管（叙利亚战争），还有仰慕英名的外人跑来请求主持公道的事儿要管（马其顿战争）。四处征战的罗马，其实在很

[1] 撒路斯提乌斯：《喀提林阴谋 朱古达战争》，王以铸、崔妙因译，商务印书馆，1996年，第219—261页。盐野七生：《罗马人的故事》（Ⅲ 胜者的迷思），刘锐译，中信出版社，2012年，第73—77页。布林格曼：《罗马共和国史》，刘智译，华东师范大学出版社，2014年，第209—211页。

多时候是在四处灭火。所以，屋大维建立帝制以后划定了罗马的疆界，留下祖训，不要再往外扩张。他明显地知道，地盘大了，小弟多了，实在管不过来。自己再出去惹事儿，收一堆爱惹事儿的小弟或者老被别人欺负的小弟，老大真是会活活累死。

老大的烦恼还不只是被动地四处灭火，根本的压力在于世界级的版图该如何操盘，最直接的问题就是形形色色的小弟都安在什么位置比较妥当，容易长治久安。安排得越好，灭火的事儿不就越少嘛。

"同化"一节谈间接统治的时候已经总结了罗马霸权塑造同心圆结构的方法：合并、自治、建行省、结盟友、御外敌。罗马也确实在征服过程中不断改进这个同心圆结构。比如，早年的拉丁同盟在意大利战争中就被意大利同盟取代，里面有重大的结构性变化。原来的拉丁同盟是一个网状结构，盟主罗马居中，是圆心；拉丁盟友是第二圈，他们的人民拥有完整的罗马公民权，有权投票；自治城市是第三圈，他们的人民或者拥有拉丁公民权，无权投票，但一般三年之后就能获得投票权，或者拥有比完整的拉丁公民权更少的权利，在日后通过自己的功绩取得更多的权利；殖民据点是第四圈，虽然是罗马人去战略据点建立起来的，但规模小、人口少、成分复杂，就放在外围做前哨。

后来，罗马拿下了意大利中南部的山民萨莫奈人，这个同盟就进化了。改进的核心是罗马废除了各盟友之间签订军事和贸易协定的权利，统统收归罗马。也就是说，原来的拉丁同盟是一个多边关系网络，任何成员国都可以自由产生双边关系，而意大利同盟是一个散射关系网络，只有罗马和成员国可以发生双边关系，成员国之间的双边关系只能由罗马做主。显然，罗马强化了对同盟的控制，从联席会议的召集人变成了说一不二的盟主。[1]正是这样一个更加紧密的以罗马为核心的同盟，成为罗马战胜皮洛士和汉尼拔的底牌。

从几百年的长线来看，罗马编织同盟的能力确实不错。但从几年、十几

---

[1]　阿斯廷、沃尔班克等编：《剑桥古代史》（第八卷　罗马与地中海世界　至公元前133年），陈恒等译，中国社会科学出版社，2020年，第90—93页。盐野七生：《罗马人的故事》（Ⅰ　罗马不是一天建成的），计丽屏译，中信出版社，2011年，第169—174页。

年的短线来看，罗马编织同盟的行动则充满了波折。我们把焦距拉近，看看罗马收小弟的时候会怎么办，收来一堆新的小弟之后盘面怎么调。

　　一旦进入微观的细部，罗马可以被指责的地方就非常多，其中最明显的是罗马元老院当中为了一个小弟的事情充满了各种令人不齿的钩心斗角。撒路斯特在写朱古达战争的时候花了大量的笔墨去写罗马元老们的权力斗争，每个人都在其中打着自己的小算盘。有的是想扬名立万，所以想得到战争的指挥权；有的是想维护家族传统势力和权威，所以想用老大打招呼的办法平息争端；有的是想推进国内的改革，所以没把朱古达战争当重点；有的是对朱古达的胡作非为义愤填膺，所以想速战速决；还有的是想借机捞钱，所以和朱古达暗通款曲，收受贿赂。[1]好一幅罗马元老院的众生相。

　　他们各自都有值得道德批判和政治批判的地方，但这不是重点。重点在于，再宏大的政治进程都是由微观的权力斗争和利益交换构成的。宏观上的场面越大，微观上的多元性就越强。用微观上的简单纯洁造就宏观上的白璧无瑕，是童话，不是政治。各色人等的博弈能否最终出现好局面是政治的重点，是建立好制度、塑造好机制的目标，道德批判和纯洁性追求则不是。

　　有了微观和宏观的视野差别，我们再来看罗马收小弟这个事情就更容易获得清明的理智。小弟惹事也好，小弟来投也好，都是对老大的严峻考验。老大内部随之而来的激烈政治斗争是寻求妥当安排的过程。

　　一个极端是撒路斯特批判的对象。撒路斯特曾经借死敌朱古达的嘴说："这是一座准备出卖的城市，而如果它碰到一个买主的话，它注定很快会灭亡的！"[2]如果罗马元老院承受不住朱古达的金钱攻势，一堆政治生意人把国事当作私人买卖来经营，罗马确如朱古达所说，很快就会灭亡。朱古达的嘲讽是不是真事儿不重要，撒路斯特的批判很重要。作为老大的罗马必然会面临小弟带来的各种风险，今天是金钱，明天是土地和奴隶，后天是执政

---

[1]　撒路斯提乌斯：《喀提林阴谋　朱古达战争》，王以铸、崔妙因译，商务印书馆，1996年，第219—261页。

[2]　撒路斯提乌斯：《喀提林阴谋　朱古达战争》，王以铸、崔妙因译，商务印书馆，1996年，第253页。

官宝座和军事指挥权，还有家族名望和门客帮派……所有这些都会通过"荣耀"这种激情在每个罗马人心底作祟，无止无休。罗马没有在如此复杂的诱惑和因为诱惑产生的各种斗争中解体，反过来确实证明了她还是有正气、有底气、有霸气。

另一个极端是我们想象中的纯洁。如果罗马人在朱古达作乱的时候团结一致、毫无异议、异口同声，不是很令人鼓舞吗？不是很道德高尚吗？不正是符合老大最应有的光辉形象吗？绝不，那将是一个极其虚伪的格局。在这种格局当中，权力的结构不是多元的，而是高度一元的，某个人物控制了元老院，甚至也控制了人民。所有人都按照他暗示的意思同仇敌忾，实际上是一种变相的吹牛拍马，和取得胜利之后令人作呕的歌功颂德是一样的。这个人成了罗马的老大，也就是罗马世界中老大的老大。如此一来，共和也就不再是共和，而变成了帝制。显然，罗马共和的霸业不是在这种格局中取得的。

历史上的罗马处于两个极端之间。当元老院通过斗争能够达成符合国家利益的一致，共和就欣欣向荣；如若达不成，共和就是在白白消耗自己的心力，就会走向衰亡。

元老院斗争的多样性和复杂性是历代罗马史作家津津乐道的话题。元老们当然会像撒路斯特所说，简直是一群狼狈为奸的政客；他们也会有真正的义正词严、大义凛然和为国为民。但无论是哪一种，都表明元老院作为帝国的心脏跳得实在很累。大人物就是得有一颗大心脏，大国也一样如此。不这样，实在是没有办法承受小弟们惹来的各种令人心累的麻烦。

通过元老院斗争解析老大的烦恼，特别需要明确一点：老大的烦恼和我们普通人的烦恼大不一样，他考虑得要更大、更多、更全、更深。特别明显的就是，我们普通人通常只会把老大的行动当作双边行为来理解，罗马又去打朱古达了，就是因为这个小弟不听话。但这种表面上的双边作战对老大而言一定是一个多边安排，一定有多重目的，一定有不为人知的事情要办。制服朱古达固然是因为他不听话，但他的努米底亚王国对于罗马在北非的战略安排很重要。这个国家不仅出产地中海世界最好的骑兵，也是北非的战略重心，往东，它的安定是保证迦太基重建的基本条件；往南，它是统领一众非洲小国和部落的大哥；往西，它是对抗埃及托勒密王朝的主力。老大的账不好算，算不好，老大就当不成。看政治，必须学会算大账。

"老大的烦恼"说明了，疲于奔命的征伐四方和永无止境的内部斗争是罗马用政治联盟建立霸权必然要付出的代价。很多本不属于罗马的仗，她也必须打，而且必须打赢；很多本不必要的斗争，她必须斗，但她很可能因此心力交瘁。罗马征服是一个豪迈的过程，但它躲不开奔忙的疲累和内斗的心累，它注定也是一个充满了苦涩的过程。

2.5　惨败：自我膨胀的陷阱

　　罗马共和的对外扩张总体而言比较顺利，唯一的惨败是汉尼拔带来的。这一节我们来看看罗马共和为什么会遭遇这种耻辱性的失败。俗话说，胜败乃兵家常事，经常打仗的国家输一场有什么好奇怪！但罗马惨败在汉尼拔手里意非同一般，用今天的话说，它是大国在崛起过程中大概率会遭遇的坑。我们探讨的主要不是军事上的兵家胜败，而是关乎国运兴衰的大事。我把罗马遭遇汉尼拔的惨败归结成"膨胀期陷阱"，现在我们就一起进这个坑看看。

汉尼拔带来的惨败

　　我们先来简单复盘一下坎尼战役之前的战争进程。上一节已经聊到了布匿战争的起因：罗马和迦太基联手对付希腊战术大师皮洛士，皮洛士败走之后罗马和迦太基展开了西西里岛的争夺战。这是第一次布匿战争，它发生在公元前264年到公元前241年。战争的目的不光是争夺西西里岛，双方心知肚明，这是地中海世界霸主的争夺战。

　　在战场上，罗马对海上霸主迦太基取得关键的胜利，是因为他们发明了乌鸦吊桥，把海战变成了陆战，士兵冲过吊桥和敌人在甲板上肉搏。勇猛的罗马士兵一旦找到自己熟悉的步调，自然是如鱼得水。迦太基就这样输掉了海战，输掉了地中海。[1]

迦太基战败之后，接受了罗马的条约。平心而论，这个条约并不苛刻。

第一，迦太基永久撤出西西里岛，而且永久放弃对它的权利。

第二，迦太基承诺不向罗马及其盟国发动战争。

第三，双方释放战俘，都不收取赎金。

第四，迦太基向罗马支付赔款2200塔兰特，分10年付清。

第五，罗马尊重迦太基的独立和自治。[2]

仔细看和约，迦太基在政治和军事上完全放弃西西里岛，但抢地盘的仗打输了不就是把地盘给人家嘛，合理。然后是战争赔款。2200塔兰特这点钱对地中海商业霸主迦太基来说根本就不算什么，何况还分10年付清。迦太基光是凭非洲的农业，每年收入都超过12 000塔兰特，更不用说它在整个地中海的贸易当中的获利。对比一下，根据《马关条约》，清王朝给日本的战争赔款是2亿两白银，是清王朝年收入的2倍多，分8年还清，还得算利息。[3]

和平承诺、交换战俘、尊重独立这三条基本上都能算是平等条款。不过里面确实有些不对等的意思，因为迦太基失去了对罗马及其盟国宣战的权利，双方在军事地位上存在着明显的高低。但罗马保证了对迦太基独立和自治的尊重，也算是给了迦太基和平承诺。既然西西里岛得到了，我高你一头的地位也定了，钱这种小事意思意思就行。不过，迦太基没有成为罗马的小弟，没有被罗马编入霸权同盟网络。

就这样，持续了23年的第一次布匿战争在公元前241年结束了。罗马颇为心满意足，举行了盛大的凯旋仪式，甚至关上了战神雅努斯神殿的大门。她的意思是和平来了，不用再打仗了。

迦太基那边并不平静。战争结束后，因为没有及时支付雇佣军的工资，

---

[1]　蒙森：《罗马史》（第三卷），李稼年译，商务印书馆，2005年，第31—33页。盐野七生：《罗马人的故事》（Ⅱ 汉尼拔战记），计丽屏译，中信出版社，2012年，第27—30页。

[2]　参见波里比阿：《罗马帝国的崛起》，翁嘉声译，社会科学文献出版社，2013年，第296页。盐野七生：《罗马人的故事》（Ⅱ 汉尼拔战记），计丽屏译，中信出版社，2012年，第50页。

[3]　根据统计和推算，1893年清王朝的岁入大约为8900万两白银。参见万志英：《剑桥中国经济史：古代到19世纪》，崔传刚译，中国人民大学出版社，2018年，第327页。

雇佣军叛变了，迦太基岌岌可危。这个时候挺身而出打败叛军的将军是哈米尔卡·巴卡。这个人你可能没听说过，但他儿子你一定听说过，就是汉尼拔。哈米尔卡是坚定的贸易派，主张迦太基以贸易立国，但他被农业派排挤了，于是他决定离开迦太基去西班牙闯一片新天地。

据说9岁的汉尼拔央求父亲带自己走的时候，父亲很不情愿，直到汉尼拔看穿了父亲的心思，发誓终身与罗马为敌。就这样，饱含深仇大恨的汉尼拔父子去开拓西班牙了。[1]这时候我们就知道为什么第二次布匿战争罗马还是和迦太基打，但汉尼拔的行动却是从西班牙展开的了。

到西班牙之后的第17年，26岁的汉尼拔接替自己的姐夫担任迦太基的西班牙总督，他开始亲自磨刀霍霍了。波里比阿说得很清楚："自汉尼拔掌权伊始，他毫不掩饰向罗马开战的目的，这就是他最终想要的。从此往后，罗马和迦太基之间的关系充满了猜忌和紧张。……任何长点儿心的人都看得出来，他们开战已为期不远。"[2]事端终于从围攻西班牙的萨贡托这个城市开始。罗马来使好言相劝，让汉尼拔停止对盟友的攻击，汉尼拔避重就轻。罗马又派使团去迦太基，迦太基也没有重视，无论是劝阻汉尼拔还是引渡汉尼拔，迦太基都没有答应。数月之后，萨贡托陷落。罗马向迦太基宣战。用兵如神的汉尼拔为了一座小城居然花费八个月时间，为的就是等罗马宣战。公元前218年，第二次布匿战争开打。大史学家李维将这场战争称为"往日进行过的所有战争中最值得记忆的一场战争"[3]。

---

[1] 波里比阿：《罗马帝国的崛起》，翁嘉声译，社会科学文献出版社，2013年，第199—200页。李维：《自建城以来》（第二十一至三十卷选段），王焕生译，中国政法大学出版社，2015年，第7页。Livy, *History of Rome*, Vol. II, trans. George Baker, New York: Peter A. Mesier et al., 1823, p. 394. 阿庇安：《罗马史》（上卷），谢德风译，商务印书馆，2016年，第147—148页。蒙森：《罗马史》（第三卷），李稼年译，商务印书馆，2005年，第75页。

[2] 波里比阿：《罗马帝国的崛起》，翁嘉声译，社会科学文献出版社，2013年，第237页。引文根据英文版略有调整，参见Polybius, *The Histories*, trans. Robin Waterfield, Oxford: Oxford University Press, 2010, p.104.

[3] 李维：《自建城以来》（第二十一至三十卷选段），王焕生译，中国政法大学出版社，2015年，第5页。Livy, *History of Rome*, Vol. II, trans. George Baker, New York: Peter A. Mesier et al., 1823, p.393.

　　开战之后的罗马和汉尼拔并不对等。罗马没有什么进一步明确的反应，没有气势汹汹地派大军来围剿汉尼拔。汉尼拔倒是处心积虑，正在酝酿他的惊天大计。看到这种不对等状况的一个重要原因是我们和波里比阿一样有后见之明，遮蔽了我们对当时真实情况的想象。当时的罗马忙得不亦乐乎，波里比阿记载了罗马当时正在对付高卢人、马其顿人、萨莫奈人。[1]和迦太基本来就有和约，何况汉尼拔执掌的西班牙没有和罗马直接接壤。虽然萨贡托是罗马盟友，毕竟它的位置在两国分界线（埃布罗河）以南，它被攻占相当于人家汉尼拔在自己地盘上拔了一颗钉子。罗马作为老大，派使者打了两次招呼，义正词严一下，但毕竟手头的事情太多，顾不过来。在汉尼拔的惊天大计实现之前，他和罗马处于高度的不对等状态。汉尼拔确实是准备和罗马死磕到底，罗马却对汉尼拔没怎么上心，没有给予相应的战略重视。显然，上文引用的波里比阿对汉尼拔野心的描述，是后人知道所有过程和结果之后的回溯，它作为总体判断并没有错，但它和细部的差异仍然值得我们思考和玩味。切换焦距是读历史必须练就的功夫，也是读历史特别能带来乐趣和见识的地方。

　　当汉尼拔带着三十几头大象和他的军队翻过阿尔卑斯山出现在意大利，罗马人才如梦方醒。这怎么可能？他确实来了。在波里比阿之前，汉尼拔翻越阿尔卑斯山进入意大利的故事就已经被传得神乎其神了，波里比阿把汉尼拔的这次成功归结为他卓越的理性和健全的常识。[2]汉尼拔的壮举成了历代史家，尤其是军事史家夸赞的经典大手笔，甚至远远超过坎尼战役的辉煌胜利，成了他最让人熟悉的标签。[3]

　　汉尼拔出人意料的还不只是翻越阿尔卑斯山直接进入意大利的战略选择，还有一系列战役中的超高战术素养。汉尼拔在战役指挥中可谓用兵如神，自视武功天下第三确实有凭有据。进入意大利之后的数场战役，汉尼拔连连大胜，数以万计的罗马将士死在汉尼拔手里。

---

[1] 波里比阿：《罗马帝国的崛起》，翁嘉声译，社会科学文献出版社，2013年，第二书。

[2] 波里比阿：《罗马帝国的崛起》，翁嘉声译，社会科学文献出版社，2013年，第313—315页。

[3] 参见蒙森：《罗马史》（第三卷），李稼年译，商务印书馆，2005年，第93页。

第一仗是提契诺战役。罗马两个军团被汉尼拔击败，罗马士兵阵亡20000，被俘15000。执政官老西庇阿被自己17岁的儿子快马救走。如果我是汉尼拔，情愿用两个军团来换这17岁少年的人头，他就是16年后在扎马战役中击败汉尼拔的罗马主帅大西庇阿。

第二仗是特雷比亚战役。罗马四万人的军队在与汉尼拔的正面对决中溃败，两万人阵亡，一万人被俘，一万人逃跑。逃跑得生的士兵中又包括了大西庇阿。

第三仗是特拉西梅诺战役。罗马两万五千人的军队落入汉尼拔的包围圈被暗算，汉尼拔对天气、地形和侦察的高度重视和妥帖把握帮助他笑纳了新送来的大礼，经过顽强抵抗，最终只有6000名罗马士兵逃脱。

第四仗是著名的坎尼战役。罗马生气了，后果很严重，集结了差不多十万大军和汉尼拔正面对决。汉尼拔仍然以差不多一半的兵力轻松获胜。罗马士兵阵亡七万，和他们一起阵亡的还有执政官保卢斯、80名元老和30名前执政官、法务官和财务官。[1]汉尼拔仅损失5500人，而且大多是后来招募的高卢士兵，他的西班牙兄弟们几乎毫发无损。这是汉尼拔辉煌的顶峰。这次战役发生在公元前216年，直到14年后的扎马战役之前，汉尼拔本人率领的军队从来也没有被罗马击溃。

在与汉尼拔的多次较量当中，罗马损兵折将。士兵阵亡了十几万。算算账，罗马当时总共能征召的公民大约80万，大约罗马城20万、盟国60万。罗马男丁服役的年龄是17岁到47岁，青年和老年承担的任务相对较轻，久经沙场的战士们为了一雪前耻更是冲在前面，也就是说，罗马正值当年的男丁急剧减少，甚至遭遇了极其严峻的兵员危机。如果阵亡士兵达到了可征召的总人口的五分之一，还有数万被俘和溃逃的，事实上汉尼拔已经动摇了罗马的国本。[2]

将领也是如此。作为罗马军队总司令的执政官，有十几个都死在汉尼拔

---

[1] 阿庇安：《罗马史》（上卷），谢德风译，商务印书馆，2016年，第165页。盐野七生：《罗马人的故事》（Ⅱ 汉尼拔战记），计丽屏译，中信出版社，2012年，第142—143页。

[2] 阿斯廷、沃尔班克等编：《剑桥古代史》（第八卷 罗马与地中海世界 至公元前133年），陈恒等译，中国社会科学出版社，2020年，第88—89页。

手下，续任执政官、法务官、财务官则有数十上百人。罗马每年产生两名执政官，按照平均数来算，汉尼拔待在意大利的十六年当中，几乎一半执政官都死在了他手上。元老院成员被汉尼拔换了至少一半。靠打仗起家的罗马，从来没有输那么惨过，而且是在自己家门口。

膨胀期陷阱

"汉尼拔战记"我们暂时先谈到这里，现在我们来分析一下罗马遭遇的"膨胀期陷阱"。膨胀期陷阱是崛起的罗马给自己挖的坑，只不过是汉尼拔这个天才把罗马推进坑里去了。我甚至认为，没有汉尼拔，也会有别的人来干类似的事情，狠狠地教训一下自我膨胀的罗马。波里比阿和李维两位大史学家虽然都很重视汉尼拔战争以及罗马在战争前期的惨败，但他们都没有对罗马做出批评。蒙森在这个问题上一如既往地洞若观火，他评论坎尼战役惨败的时候说："平心而论，不但一些愚昧或卑鄙的人，而且罗马民族本身都犯了严重的政治错误，这一战就是惨酷而公正的责罚。"[1]蒙森所说的"惨酷"我们在上文已经讨论过，"公正"我们用"膨胀期陷阱"来说明。膨胀期陷阱大致分三步走：膨胀，轻敌，混乱。

第一步，膨胀。

膨胀期陷阱的首要条件是发展势头大好。所谓膨胀期陷阱，就是得先膨胀起来。这个条件有极为充分的客观依据。罗马确实在崛起，所有人也都看到了罗马在崛起，罗马人也意识到自己的国家处于快速上升的通道当中。

罗马自公元前509年进入共和时代以来，确实是顺风顺水，除了公元前390年被凯尔特人教训了一次之外，都是不断地胜利。先吞并拉丁姆地区，然后是意大利中部，然后击败萨莫奈人掌握了意大利中南部，再然后赶走了皮洛士，拿下了意大利南部，最后击败迦太基成为地中海霸主。这是公元前241年。

---

[1]　蒙森:《罗马史》（第三卷），李稼年译，商务印书馆，2005年，第114页。

古代世界国运如此昌隆的国家并不多见。两个半世纪多一点的时间，罗马从一个小小城邦变成了地中海的霸主，而且依然没有见顶，她还在向上飞奔。对比一下，古希腊在雅典和斯巴达的率领下抗击波斯，登上辉煌的顶峰，随后经过残酷的伯罗奔尼撒战争，最终被马其顿收服，一共也就150多年（公元前492年至公元前338年）。马其顿在腓力二世和他的儿子亚历山大大帝的率领下，创立长矛步兵方阵和机动骑兵部队，荡平希腊，远征东方，从腓力二世登基到亚历山大大帝去世一共也就36年（公元前359年至公元前323年）。中世纪的加洛林王朝自查理·马特自立，到查理曼武功鼎盛，再到他的孙子用《凡尔登条约》把帝国肢解为三，一共也就92年（公元751年至公元843年）。

中国的秦国（朝）自商鞅变法崛起，秦始皇一统天下，然后二世而亡，一共151年（公元前356年至公元前206年）。刘邦建立的西汉王朝享祚210年（公元前202年至公元8年）。刘秀建立的东汉王朝享祚196年（公元25年至公元220年）。李渊建立的唐朝享祚290年（公元618年至公元907年）。蒙古自成吉思汗统一各部，经忽必烈建立元朝，至元朝灭亡，一共163年（公元1206年至公元1368年）。朱元璋建立的明朝享祚277年（公元1368年至公元1644年）。努尔哈赤建立后金，多尔衮入关，至宣统退位，爱新觉罗的政权享祚296年（公元1616年至公元1911年）。

阿拉伯帝国的倭马亚王朝享祚89年（公元661年至公元750年），阿拔斯王朝享祚508年（公元750年至1258年）。奥斯曼帝国享祚623年（公元1299年至公元1922年）。

长命王朝在人类历史上本就不多，我们看到的绝大多数长命王朝其实晚年都是没有什么行动能力的植物人。比如阿拔斯王朝在公元9世纪中叶已经被塞尔柱卫队架空，它真正的辉煌也就不到100年。唐朝虽然持续了近300年，但在安史之乱（公元755年至公元763年）以后政治和军事态势都是一路下行。再比如奥斯曼帝国，1683年最后一次进攻维也纳失败后也陷入衰败和没落，它的辉煌期持续了近400年！罗马共和在赢得第一次布匿战争的时候还在上行通道中，离真正的世界霸主地位（击败汉尼拔）还差约40年。把罗马共和放在整个人类的政治和军事史上看，她的辉煌期持续时间非常长，位列前三不成问题。[1]

回到第一次布匿战争结束时候的罗马，她已经击败了世界级的对手，不仅拿下了不如自己的各种意大利部落，还打败了希腊的皮洛士，他代表的可是亚历山大大帝以来希腊世界优秀的军事传统和光辉灿烂的文化传统！然后是迦太基，地中海上的霸主，他的生意洒满了整个地中海，有钱有权有兵，整个地中海世界哪里的兵最强悍，他就去哪里买雇佣军。他们都被罗马打败了，罗马确实有资格膨胀。这时候的罗马可以展开双臂，目中无人地问：还有谁?!

确实，罗马好像已经打遍天下无敌手了。即便高卢、马其顿、叙利亚的战事仍然在进行当中，罗马完全有信心击败所有对手。

第二步，轻敌。膨胀期陷阱的心理条件是轻敌。客观的大好形势只有带来了主观的轻敌心理，陷阱才会出现。我们来看看罗马轻敌的表现。

先看罗马和迦太基在第一次布匿战争结束后签订的和约。这份和约基本上是个平等和约，赔款对大财主迦太基来说简直就是九牛一毛，军事控制则完全没有进入议程。我们可以把和约看成罗马的宽宏大量，但即便不是事后诸葛亮，通过正常的实力对比也能做出判断，这样的安排对霸主级别的对手来说实在是打击太轻了，对他根本没有伤筋动骨。宽宏的和约是罗马自我感觉过于良好的表现。自我感觉太好，就容易低估对手。此时的罗马甚至没有把迦太基编织进自己的霸权网络，迦太基没有变成罗马的小弟，对罗马没有服从和协助的军事义务。既然如此，就更应该提高对迦太基的战略警惕，就更应该做出系统性的政治和军事安排。罗马人没有，他们高高兴兴回去举行凯旋仪式了，然后关上了战神雅努斯神殿的大门。

罗马对迦太基的轻视还表现在从迦太基手中夺取了撒丁岛。迦太基战败之后只是把西西里岛交给了罗马，撒丁岛则没有。和约签署三年后，撒丁岛

---

[1]　当代国际关系理论大师汉斯·摩根索认为，历史上通过征服形成的诸多大国在其创立者的有生之年，"它们就已经难以生存下去了。在西方文明中，这一规律的唯一例外是罗马帝国"。他认为原因在于罗马实现了两个转变：一个是罗马将被征服者转变为罗马人，另一个是罗马在吸收希腊文明的过程中实现了自身的转变。参见摩根索：《国家间政治》，徐昕等译，北京大学出版社，2006年，第539页。摩根索强调的这两个重要转变会在本书中以不同的议题来展现。

民反抗迦太基统治，杀死迦太基总督，向罗马求援。罗马趁机派兵占领撒丁岛，她在西地中海的制海权进一步扩张。迦太基抗议，但因为国内雇佣兵作乱，拿罗马的小人行径没有办法。无力归无力，记恨则是免不了的，哈米尔卡就是其中的典型。[1]事后来看，趁乱夺取撒丁岛只是一次普通的顺手牵羊，不是有意图、有预谋、有计划的战略性打击。干出这种无赖行为，本身就说明罗马根本没把迦太基放在眼里。

满腔怒火的哈米尔卡去了西班牙开拓，建立新迦太基，罗马也派了官员去西班牙调查。调查的结果又严重低估了哈米尔卡的战略意图。罗马官员回去向元老院汇报说，哈米尔卡开拓西班牙只是为了弥补迦太基的经济损失，对于哈米尔卡从西班牙经高卢过阿尔卑斯山攻入意大利则根本没提，因为他们认为这种事情绝不可能。[2]他们缺乏战略眼光和想象力可能是因为个人能力有限，但元老院在听取汇报之后居然没有询问战略问题，实属不该。低估了一两个蛮族部落不打紧，低估了迦太基这样的昔日霸主是要付出代价的。

当哈米尔卡在西班牙迅速扩张，已渐成气候，罗马也没有针锋相对，只是和两个希腊城邦建立了盟友关系。其中一个城邦就是后来汉尼拔用来挑起战端的萨贡托。从哈米尔卡到汉尼拔，迦太基在西班牙的事业迅猛发展，罗马却瞻前顾后、举棋不定、三心二意、全无妙招，二十几年间对手不知不觉就坐大了。蒙森由此直接批评罗马"眼光短浅、懈弛无力"，和她历来的政策坚定、诡计多端、控制大局完全不符。[3]罗马在西班牙事务中没有显示出过人的战略眼光，偏偏最强劲的敌人就出现在这里。不过，从罗马对迦太基这种轻敌的状态来看，罗马确实还真不是处心积虑地吞并世界，连头号死敌都没有好好盘算，罗马的算盘确实打得没那么响。

在战略上轻视既有实力又恨死自己的对手，一定会吃大亏。罗马的轻敌在很大程度上是自我膨胀的结果，把自己太当回事，而且把死敌太不当回

---

[1] 盐野七生：《罗马人的故事》（Ⅱ 汉尼拔战记），计丽屏译，中信出版社，2012年，第57页。

[2] 蒙森：《罗马史》（第三卷），李稼年译，商务印书馆，2005年，第76—77页。阿斯廷、沃尔班克等编：《剑桥古代史》（第八卷 罗马与地中海世界 至公元前133年），陈恒等译，中国社会科学出版社，2020年，第26—27页。

[3] 蒙森：《罗马史》（第三卷），李稼年译，商务印书馆，2005年，第78页。

事。这种丧失审慎的态度放到战场上，一定是骄兵必败。

第三步，混乱。轻敌者必遭死敌致命攻击，攻击一旦到来，自我膨胀的轻敌者往往会陷入一片混乱。因为她的实力其实不像自己想象的那么强，她的浮夸所掩盖的缺点会暴露无遗，这时候她自己都不知道该怎么办才好。

从汉尼拔的征程来看，罗马的脓疮被一步步刺破，混乱也一步步升级。汉尼拔在西班牙有所行动的时候，罗马就应该有所警觉，并加强高卢行省的防备。结果没有。汉尼拔围攻萨贡托，罗马派了使节去调停，没调停成，也就宣战了，但宣战之后，也没拿出什么强有力的办法。就这样，善于伪装又善于隐蔽的汉尼拔一路神出鬼没，穿过西班牙，穿过高卢，翻过了阿尔卑斯山。汉尼拔翻越阿尔卑斯山进入意大利，确实是军事史上数一数二的大手笔。但罗马作为当时地中海世界的第一军事大国居然充当了这样丢人的背景板，实在是不应该。

汉尼拔在提契诺战役中歼灭了罗马两万人、俘虏了一万五千人之后，罗马才觉得大事不妙。真是来者不善！罗马对汉尼拔的围追堵截开始了。之后数次战役，急火攻心的执政官们不仅自己战死，也把十几万复仇心切的罗马士兵送进了汉尼拔的虎口。[1]直到费边掌握大局，罗马盲目自大的心理、轻敌狂躁的情绪才得到了控制，这个故事下一节再细聊。

罗马之所以被汉尼拔打得乱作一团，和自己没有处理和控制好复杂的局面有关。罗马本身四处征战，把诸多对手都一一安排出轻重缓急，一一配置相应的军事和经济资源，一一按自己的设想最终拿下，这种思路过于理想化了。忙，必然带来乱，是客观现实，高手固然能够提前运筹帷幄，但也不可能一切尽在掌握。罗马的忙乱我们只要看看波里比阿和李维的记录就知道了。他们的巨著总是头绪很多，一会儿写这个战场，一会儿写那个战场，迦太基和西班牙说了一段，又去说高卢了，又去说马其顿和希腊了，场景切换特别频繁。他们在事后写书的时候都顾不过来，可想而知罗马在实战当中真

---

[1] Livy, *History of Rome*, Vol.II, trans. George Baker, New York: Peter A. Mesier et al., 1823, pp. 412-477. 普鲁塔克：《普鲁塔克全集》（Ⅰ 希腊罗马名人传），席代岳译，吉林出版集团，2017 年，第328—340页。

是很难兼顾。但批评罗马在前期没有给汉尼拔足够的重视仍然是必要的，不是用后见之明来苛责罗马，而是基于迦太基的战略重要性就应该在忙乱中给予它更高的优先级。

直到汉尼拔进入意大利让罗马伤筋动骨，她才发现汉尼拔是最凶狠的敌人，他居然已经成了心腹大患。毫无疑问，此时罗马必须迅速对手中复杂事务的优先级做出调整，而这种临时硬调很容易带来混乱。即便汉尼拔已经成了心腹大患，罗马也不可能马上就专心对付汉尼拔，毕竟手里的事情太多。而心腹大患又必须急速处理，罗马就越想速战速决。汉尼拔充分利用了罗马这种急火攻心的心理，一次次把罗马军团装进口袋。盘面复杂和心腹大患两相夹击，全面和重点无法兼顾，罗马甚至乱了阵脚。从目中无人到惊慌失措，并不需要太长的时间，只要战败够惨烈就行。坎尼战役之后，罗马人感到了恐惧，"到处充满着无边无际的混乱和沮丧"，甚至丧失了自信，很多贵族青年提议撤离意大利，费边甚至要派兵把守城门，阻止惊慌失措的人民逃离罗马。罗马人居然都要放弃罗马城和意大利了，足见混乱已经进入了人心。罗马盟友也有不少倒戈，投降汉尼拔，罗马同盟大有瓦解之势。[1]混乱确实在坎尼战役后达到了高潮。

照膨胀、轻敌、混乱三步走的"膨胀期陷阱"来看，罗马惨败，确实是意料之外，却也在情理之中。从第一次布匿战争和约签订到坎尼战役，一共二十五年；从汉尼拔进入意大利到坎尼战役，也就短短两年。庞然大物摇摇欲坠，其实从来不需要很长时间。

[1] 普鲁塔克：《普鲁塔克全集》（Ⅰ 希腊罗马名人传），席代岳译，吉林出版集团，2017年，第341页。李维：《自建城以来》（第二十一至三十卷选段），王焕生译，中国政法大学出版社，2015年，第33—35页。Livy, *History of Rome*, Vol.Ⅲ, trans. George Baker, New York: Peter A. Mesier et al., 1823, pp. 1-11. 阿斯廷、沃尔班克等编：《剑桥古代史》（第八卷 罗马与地中海世界 至公元前133年），陈恒等译，中国社会科学出版社，2020年，第61页。

2.6 逆袭：盖世英雄的格局

"膨胀期陷阱"解释了罗马在汉尼拔战争初期遭遇惨败的根本原因。布匿战争之所以是罗马的成年礼，就是因为她爬出了陷阱，褪去了年少轻狂。这花了罗马一代人的时间。其中的主角是两个大英雄，费边和西庇阿。这一节我们透过他们两人来看罗马怎么样爬出陷阱，实现逆袭，走向辉煌。

拖延的底气

先看费边。话说公元前216年，罗马在坎尼会战当中惨败，约十万大军，被汉尼拔用差不多一半的人马在正面对决中击溃，真是奇耻大辱。罗马元老院和人民有点慌神了，派人去希腊的德尔菲神庙求神谕指示。按照神谕，罗马人举行了巨大的祭祀仪式，甚至用了活人献祭，据说是为了平息诸神的愤怒。[1]这看起来有点迷信，但是个极好的开端，因为目中无人的罗马人知道谦卑了。

费边此时被任命为独裁官，他已经60多岁了，此时授命比中国古代传说

---

[1] Livy, *History of Rome*, Vol.Ⅲ, trans. George Baker, New York: Peter A. Mesier et al., 1823, pp. 80-81. 普鲁塔克：《普鲁塔克全集》（Ⅰ 希腊罗马名人传），席代岳译，吉林出版集团，2017年，第341—342页。

中周文王请70岁的姜子牙出山也差不太多。这个老神仙到底有什么高招呢？说起来真是让人沮丧，没别的，就一个字"拖"。从此，拖延这种办法就有了新名字，叫作"费边战术"。你可能心里打鼓，拖延谁不会啊？遇到困难的人大多数都是拖延症患者，还用他教吗？非也非也，费边战术的战略非常高明！

费边不是消极避战，拖而不决，而是避敌锋芒，耗其元气。他像一只盯住猎物的雄鹰，盘旋不是消遣，而是寻找战机。无论是特拉西梅诺战役的背后暗算，还是坎尼战役的正面对决，都证明了汉尼拔的战术确实是超一流的，面对这样的敌人跟他死磕，未见得有胜算。费边非常清楚，汉尼拔的军队是身经百战的职业军人，一次次惨败后紧急征召的罗马军队不过是平时务农的业余新兵。[1]那不打能解决问题吗？没说不打，而是要战略高明地去打。那费边战术怎么就高明了呢？

我们可以从两个方面看费边战术的战略含义。第一个方面是让罗马重回正轨。

上一节重点强调了罗马的自我膨胀。目中无人的罗马人吃了大亏，第一反应是什么？怒火攻心，巴不得明天就集结最强大的军团把汉尼拔收拾得干干净净。是啊，结果就是坎尼会战的惨败啊！

回到罗马人当时愤怒、躁动、热血上头的心境，你就知道费边的冷静有多可贵。他确实是避敌锋芒，但同时也是在给罗马人自己降温，找回稳重、理智、审慎，才有机会击败天才的汉尼拔。还是膨胀、还是轻敌，就还是混乱，结果就还是惨败。走出这样一种恶性循环是非常不容易的。

费边看似没出息的打法，是罗马找回自己的镇静剂。不过，罗马人信任费边也没那么痛快，为此也付出了巨大的代价。汉尼拔公元前218年进入意大利，给了罗马提契诺战役和特雷比亚战役两场惨败，公元前217年又在特拉西梅诺暗算罗马得手，这个时候罗马已经请费边就任独裁官，费边就已经拿出了"费边战术"。很明显，罗马人没有老老实实听费边的话，才有后来公元前216年坎尼战役的惨败。

---

[1] 波里比阿：《罗马帝国的崛起》，翁嘉声译，社会科学文献出版社，2013年，第348页。

费边出自罗马的顶级贵族家族，据普鲁塔克说，他们家族有神的血统，祖上出过大人物，立过大功。费边"判断稳健、天赋极高"，他在就任独裁官之前就已经当过两次执政官，取得过重大战役的胜利，荣享了盛大的凯旋仪式。而且，他的端正肃穆是出了名的，拥有"最伟大的"（马克西姆斯，Maximus）这一尊称。所以罗马在三次惨败后任命他做独裁官，全权指挥整个战局。[1]

费边在就任独裁官之前就已经对汉尼拔战争有了与众不同的想法，普鲁塔克是这样记载的："他发觉迦太基军队在兵力优势，以及金钱和补给不足的状况下，身为主将的汉尼拔想要率领久历兵戎的队伍，达成速战速决的目标。他认为不应该主动迎击敌军，而是尽力援助盟邦，切实控制所属各个城市的活动，让汉尼拔的力量像燃烧的火焰，由于燃料供应不继而自动熄灭。"[2]这基本上就是费边战术的战略要点。

但罗马人并没有在费边就任独裁官之后就全心全意地相信他，在坎尼战役惨败之前，令人厌恶的权力斗争可谓如火如荼。费边避敌锋芒，紧追不舍，但就是不交火。急火攻心的罗马人认为他是孬种，汉尼拔也非常识时务地用行动和舆论塑造费边的孬种形象。激动的罗马人甚至骂费边是汉尼拔的跟班。如果只是闲言碎语，倒也无妨，但这种气氛恰恰是政客出来争夺权力的好时机。半年的独裁官任期届满，费边"一事无成"，被叫回罗马。在政客们的聒噪之下，罗马人把费边的指挥权分了米努修斯一半。米努修斯年少轻狂，很快就中了汉尼拔的计，好在费边对他和汉尼拔都很了解，及时解围。得救生还的米努修斯亲率残部到费边大营致谢，尊称费边为"父亲"，

[1] 波里比阿：《罗马帝国的崛起》，翁嘉声译，社会科学文献出版社，2013年，第346页。引文根据英文版略有调整，参见Polybius, *The Histories*, trans. Robin Waterfield. Oxford: Oxford University Press, 2010, p.197. 普鲁塔克：《普鲁塔克全集》（Ⅰ 希腊罗马名人传），席代岳译，吉林出版集团，2017年，第324—326页。马基雅维利：《李维史论》，薛军译，吉林出版集团，2011年，第587—588页。

[2] 普鲁塔克：《普鲁塔克全集》（Ⅰ 希腊罗马名人传），席代岳译，吉林出版集团，2017年，第326页。

表示今后将完完全全尊重他的权威。[1]

然而，并不是所有罗马将军都像米努修斯那样幸运。他们往往像极了被汉尼拔围困之前的米努修斯，目中无人、轻狂傲慢、立功心切，看不起费边战术，但他们却没有米努修斯那样的幸运和费边搭档。转眼一年过去了，新选上的执政官瓦罗和保卢斯全然两极，瓦罗对待费边比当年的米努修斯还过分，保卢斯虽然也想立功，但听了费边的劝。瓦罗和保卢斯带着约十万大军去围剿汉尼拔了，结局就是坎尼战役的惨败。[2]

人教人很难教得会，事教人也许教得会。正确的做法不一定在它被提出来的时候就得到万众的拥戴，人民需要教育，教育是一个过程，也会付出代价。对罗马来说，用坎尼战役的惨败教会人民费边战术是当时正确的做法，代价确实足够高昂。坎尼战役之后，费边得到了受过教育的罗马人民再无疑义的拥戴，整个战略也按照费边的思路展开。这就是"拖延的底气"，老神仙费边根据罗马和汉尼拔双方的实力和特点制定出正确的战略，罗马人吃过大亏之后理解了它，最终形成了沉稳、明智、团结的局面。罗马人一旦找回了自己，胜利自然就不远了。

拖延的攻击性

有了回归正轨的罗马，费边战术的战略攻击性就可以实现了，费边战术第二个方面的战略意义就是让汉尼拔找不着北。

汉尼拔这么聪明，怎么可能找不着北呢？这里的"北"，说的是攻击目

---

[1] Livy, *History of Rome*, Vol.Ⅲ, trans. George Baker, New York: Peter A. Mesier et al., 1823, pp. 41-45. 李维：《自建城以来》（第二十一至三十卷选段），王焕生译，中国政法大学出版社，2015年，第45—49页。普鲁塔克：《普鲁塔克全集》（Ⅰ 希腊罗马名人传），席代岳译，吉林出版集团，2017年，第333—336页。波里比阿：《罗马帝国的崛起》，翁嘉声译，社会科学文献出版社，2013年，第353—358页。

[2] 波里比阿：《罗马帝国的崛起》，翁嘉声译，社会科学文献出版社，2013年，第358—367页。Livy, *History of Rome*, Vol.Ⅲ, trans. George Baker, New York: Peter A. Mesier et al., 1823, pp. 44-71. 普鲁塔克：《普鲁塔克全集》（Ⅰ 希腊罗马名人传），席代岳译，吉林出版集团，2017年，第337—339页。

标。汉尼拔随便找一个罗马的盟友打了就是了，怎么会没有目标呢？确实，除了罗马城，汉尼拔如果真的发狠攻击任何一座城市，都是十拿九稳。但汉尼拔从来不用蛮力。

他到底想干什么？他的终极目的当然是摧毁罗马。但在战争过程中他的基本功课是拆散罗马在意大利的政治同盟。这跟攻城略地有关系吗？有莫大的关系。拿下一座城池，要耗费多少士兵？汉尼拔的兄弟们都是从西班牙带来的，死了就没了，他在意大利不可能找到兵员的补给，所以他很珍惜。这是他不能用蛮力的根本原因。只为了一座城，就打光了兄弟们，那胜利也等于失败，因为这样一来就没有下文了。

即便拿下了城池，然后呢？在这里发展自己的势力？当地人是罗马的盟友，他们会服从汉尼拔吗？汉尼拔准备把多少士兵变成警察和特工来维持统治？这个时候，本书一直强调的罗马政治同盟的威力在战术层面就显示出来了。费边的稳健直接体现在他联合盟友的手法，他在下一盘大棋，一盘战略进攻性极强的大棋。

坎尼战役之后的罗马其实已经出现了同盟解体甚至四面楚歌的危险，有的城市动摇，有的恐惧，有的被汉尼拔拿下，有的想趁火打劫，马其顿甚至和汉尼拔结成同盟一起对付罗马。"为了使其他的城市和盟邦不致出现背叛的状况，不要使用严酷高压的手段，而是待之以公正和蔼的态度，更不能因为稍微发生一点征候，就产生怀疑和猜忌的心理，就这一方面而论，费边的作为获得丰硕的成就。"[1]在四面楚歌的情况下，老大因为怀疑和猜忌对小弟使用严酷和高压的手段是自然而然的事情，但毫无疑问这会加剧同盟的瓦解。很快，老大将会众叛亲离。众叛亲离的他就不再是老大了，很容易被敌人彻底杀死，甚至会被势利投机的小弟杀死。费边的同盟政策有老大气派。关键是他止住了汉尼拔带来惨败之后的同盟瓦解之势，从稳固同盟的角

---

[1] 普鲁塔克：《普鲁塔克全集》（Ⅰ 希腊罗马名人传），席代岳译，吉林出版集团，2017年，第343页。为统一上下文译名，原文中的"费比乌斯"改为"费边"。

度看，说费边帮罗马力挽狂澜、扭转乾坤并不过分。[1]逆境中选择公正与和蔼而非严酷与高压的政策，是一种"反自然的"非凡勇气和智慧。如此一来，费边稳住的就不只是罗马城，而是整个意大利以罗马为核心的霸权同盟。

盟友稳住了，对罗马越忠诚，汉尼拔攻城略地的效果就越像打劫，不像战争。因为战争是政治的延续，归根结底，解决政治问题的战争才是有意义的。解决不了政治问题的军事行动，可不就是抢了东西就走嘛。

而且，即便有盟友投降汉尼拔，从军事上看汉尼拔也不敢常驻，因为这等于自己画地为牢。汉尼拔胆敢把任何城池当作老巢，罗马潮水般的军团一定会把它围得水泄不通。不用打，饿都可以饿死汉尼拔。所以，汉尼拔不能停，必须一直神出鬼没。而且，罗马人执行费边战术，避敌锋芒，也没有让汉尼拔太轻松。不施加压力，汉尼拔真的就可以稳下来长期经营了。费边的老朋友马塞卢斯承担了追击汉尼拔的重任，当时的罗马人把费边称为"罗马之盾"，把马塞卢斯称为"罗马之剑"。[2]

神出鬼没挺好啊，汉尼拔就是让罗马人老挨打愣是抓不着。汉尼拔的神出鬼没确实给罗马人造成了极大的困扰，"汉尼拔已经到门口了"成了当时的罗马妇女吓唬孩子的惯用招数。[3]但是，神出鬼没会带来一个天大的难题，就是吃饭。五万兄弟吃饭可不是闹着玩的。即便有计划的抢劫也很不容易。神出鬼没和补给困难成了汉尼拔没有办法解决的两难。罗马人后来甚至可以预估汉尼拔要去哪里抢粮食，就在那里守株待兔。

这个时候再来看费边战术，就知道它厉害了。罗马人确实也像警察抓小偷那样去追着汉尼拔不放，但重点是让他在流窜当中找不到资源的根基和政治的根基。汉尼拔越是流窜，就越没有章法，离间罗马同盟、壮大自己的同

---

[1]　蒙森在描写坎尼战役惨败后费边的作用时说：他的"勇毅比他一切的武功尤有益于国家，他和其他有名的元老领导一切行动，使公民恢复其信赖自己和信赖将来的能力"。[蒙森：《罗马史》（第三卷），李稼年译，商务印书馆，2005年，第115页。]

[2]　普鲁塔克：《普鲁塔克全集》（Ⅰ 希腊罗马名人传），席代岳译，吉林出版集团，2017年，第573—580、342页。

[3]　盐野七生：《罗马人的故事》（Ⅱ 汉尼拔战记），计丽屏译，中信出版社，2012年，第179页。

盟就越提不上日程，那么，他还怎么实现瓦解罗马的宏大目标呢？双方就这么耗吧，甚至有一整年，双方居然都没有交火。

从战略上来看，费边已经把汉尼拔装进了笼子里，他的以柔克刚让罗马找回了战略主动权。不过，还是得有人出来一锤定音。没错，该西庇阿出场了！

青出于蓝

大英雄西庇阿在本书里的出场并不光彩。上一节提过，汉尼拔到意大利之后第一次胖揍罗马，叫作提契诺战役，罗马士兵阵亡两万、被俘一万五，偏偏有个17岁的少年从中逃脱了，就是西庇阿！如果我是汉尼拔，情愿用这场辉煌的胜利来换这一颗少年的人头。那是公元前218年。两年后，罗马在坎尼会战中惨败。然后费边得势，双方开始耗。

逐渐走上正轨的罗马打得就越来越有章法了。上文已经交代了费边和马塞卢斯在意大利的打法。意大利之外呢？对，进攻西班牙，端了汉尼拔的老巢。但西班牙的战事进展并不顺利。公元前211年，本来在西班牙已经取得战绩的两个罗马军团被迦太基军队全部消灭。因为母国迦太基花钱请了大量的雇佣军来西班牙帮忙，而罗马人在西班牙征召的军队里边，出了成千上万的逃兵，双方力量悬殊，罗马又遭惨败，两位将军阵亡。这两名阵亡的指挥官，正是西庇阿的爸爸和叔叔。

这对罗马来说是非常糟糕的局面，一旦西班牙军队来和意大利的汉尼拔会合，费边把汉尼拔装在笼子里的战略就瓦解了，到时候有了强大增援的汉尼拔很可能就势不可当地直捣罗马了。这个时候挺身而出的正是24岁的西庇阿。在公民大会的选举中，"不是每个百人队，而是每个人，无一例外，都同意"西庇阿挂帅出征。[1]但他的年龄对罗马人从政来说实在太嫩了，罗马

[1] Livy, *History of Rome*, Vol. III, trans. George Baker, New York: Peter A. Mesier et al., 1823, pp. 347-348. 李维：《自建城以来》（第二十一至三十卷选段），王焕生译，中国政法大学出版社，2015年，第139—141页。

法规定执政官候选人得40岁。西庇阿人望高，元老院又实在找不到合适的人选，就决定让年龄大大不合格的西庇阿去西班牙试试。这一试，罗马史上最伟大的统帅之一就诞生了。

西庇阿的光辉业绩很多，这里主要是要通过他来讨论罗马对汉尼拔的逆袭。如果说费边为逆袭打好了基础，让仓皇失措的罗马重新站稳脚跟、找到步调，他是逆袭的根基，那么，西庇阿就是逆袭的利剑。

西庇阿战术高明，堪称大师。李维记录他和汉尼拔在以弗所城讨论"天下武功排名"的故事无疑把他送上了神坛。在战术上，西庇阿对汉尼拔来说，确实青出于蓝。西庇阿17岁从汉尼拔刀下虎口脱险，到24岁率军进攻西班牙，七年之间，不仅虎口脱险的事情不少，更重要的是他学会了汉尼拔的各种招数。汉尼拔作为罗马的敌人，七年来给罗马人上了一堂又一堂痛彻心扉的军事大课。战场就是课堂，里面最好的学生是西庇阿。在势均力敌的时候，双方可以你打你的、我打我的，不被对方打乱节奏很重要。但在敌强我弱的时候，弱势一方一定要迅速熟悉敌人的战法，并加以灵活运用。这个时候还坚持你打你的、我打我的，就很难从惨败的失利中走出来。

西庇阿青出于蓝的武功在他抵达西班牙的时候便迅速展现。第一仗，西庇阿就端了汉尼拔的老巢卡塔赫纳，这可是从汉尼拔的父亲哈米尔卡就开始经营的西班牙地区的中心，是"新迦太基"。从这第一仗就可以看出来，西庇阿真是汉尼拔的好学生，汉尼拔擅长的兵贵神速、神出鬼没、专打七寸这些招数西庇阿全部掌握了，简直是"以彼之道还施彼身"。[1]

随后的第二仗，西庇阿在正面对决的维拉克战役当中击败了汉尼拔的二弟哈斯德鲁鲍尔。之后二弟重新整编部队，和汉尼拔一样从西班牙越过高卢和阿尔卑斯山进入了意大利。西庇阿虽然及时给罗马送去了情报，但没有主动追击。为此，费边大发雷霆，因为他最清楚汉尼拔兄弟会合之后的战略后果。好在罗马将军们也很机灵，在汉尼拔兄弟会合之前把他二弟的部队全部歼灭，史称梅陶罗战役。

---

[1]　波里比阿：《罗马帝国的崛起》，翁嘉声译，社会科学文献出版社，2013年，第499—508页。

西庇阿之所以没有追击汉尼拔的二弟，把他放进了意大利，很重要的原因是西班牙还有汉尼拔的三弟马戈和朋友吉斯戈，他们加起来的兵力比西庇阿多不少。西庇阿的目标是他们。果然，在第三仗伊利帕战役当中，西庇阿灵活改造了汉尼拔的战术，即便以三分之二的兵力迎敌，还是击溃了他的三弟和吉斯戈，最终七万多敌军十不剩一。到此为止，汉尼拔在西班牙的老巢算是彻底被清盘了。此时的西庇阿只有29岁。

最后也是最重要的，当然是西庇阿在扎马战役中正面击败了汉尼拔。在赢下西班牙之后的三年，公元前202年，西庇阿在迦太基城旁边的扎马和汉尼拔本人对决。扎马会战是两国最好的将军用国运相赌的战役。双方都布下奇阵，结果，西庇阿用更加出人意料的变阵打败了汉尼拔。英国著名军事科学家、战略家李德哈特详细分析了此役的阵法，结论其实就在他著作的名字当中："西庇阿：比拿破仑更伟大的统帅"。[1]此役过后，西庇阿被罗马人授予尊称"非洲征服者"（Africanus），"他是第一个被以他征服的人民的名字颂扬的统帅"[2]。

从战术层面来说，西庇阿是汉尼拔的学生，从提契诺的残兵到扎马的胜者，他一路学习，一路运用，一路改造，最终超越了自己的老师。扎马战役的胜利是学生给老师最好的答卷。西庇阿的辉煌战绩充分表明，想要逆袭，最佳道路就是青出于蓝，最基本的功课就是要虚心学习对手的最强项。把汉尼拔的打法吃透，战术运用得比他还好，是罗马逆袭的军事基础。西庇阿消化了汉尼拔，比汉尼拔的排兵布阵还要优秀，罗马的武功自是精进了不少，才真正算得上在军事上天下无敌。

---

[1] Sir Basil Henry Liddell Hart, *Scipio Africanus: Greater than Napoleon*, London: Little, Brown, 1926, New York: Da Capo Press, Reprint 2004. 参见波里比阿：《罗马帝国的崛起》，翁嘉声译，社会科学文献出版社，2013年，第569—573页。

[2] Livy, *History of Rome*, Vol.Ⅳ, trans. George Baker, New York: Peter A. Mesier et al., 1823, p.217. 李维：《自建城以来》（第二十一至三十卷选段），王焕生译，中国政法大学出版社，2015年，第251页。参见比尔德：《罗马元老院与人民》，王晨译，民主与建设出版社，2018年，第165—167页。

经纬天下

　　如果西庇阿的故事只说到这里，他在罗马史上的地位不足以超过费边。因为费边战术蕴含着罗马逆袭的战略基础，费边还是大厦将倾之时的定海神针。大人物的高下必须由大战略、大手笔的比拼来评判。西庇阿之所以配得上波里比阿、西塞罗、李维、普鲁塔克这些罗马顶级文人的交口称赞，关键是他最能代表罗马，他把费边的"勇毅"带到了一个新的境界。这里面的核心是他极其宏大的政治格局。我用中国传统语词称之为"经纬天下"。

　　军事上的青出于蓝是逆袭的硬基础，在大决战当中击败头号死敌汉尼拔的西庇阿自当是军功第一。但他和很多优秀的罗马将军一样，是优秀的政治家，他们在战争中、战争后都会对未来做出更加长远的规划。在那个时代，费边代表了罗马的过去、罗马的传统、罗马的底气，而西庇阿则代表着罗马的未来、罗马的世界、罗马的永恒。西庇阿的政治格局是雍容大度的罗马最好的展现，这一面一旦释放出来，罗马的政治基础无比厚重，才真的是天下无敌。我们来看看西庇阿的大手笔。

　　第一，西庇阿在军事上选择了正确的打法，拒绝了游击战，他对政治格局的掌控成竹在胸。

　　先解释一下游击战。游击战是不对等的战争，是做出敌强我弱的判断之后选择的特定战争形态。毛泽东同志将游击战的原则总结为"敌进我退、敌驻我扰、敌疲我打、敌退我追"[1]。中国共产党是把游击战上升到战略高度并凭借它取得重大军事和政治胜利的政党[2]，这在人类历史上极其罕见。游

---

[1]　毛泽东：《星星之火，可以燎原》，载《毛泽东选集》（第一卷），人民出版社，1991年，第104页。毛泽东：《中国革命战争的战略问题》，载《毛泽东选集》（第一卷），人民出版社，1991年，第204页。

[2]　中国共产党关于游击战战略地位的论述可参见毛泽东：《星星之火，可以燎原》，载《毛泽东选集》（第一卷），人民出版社，1991年，第97—108页。毛泽东：《中国革命战争的战略问题》，载《毛泽东选集》（第一卷），人民出版社，1991年，第170—244页。毛泽东：《抗日游击战争的战略问题》，载《毛泽东选集》（第二卷），人民出版社，1991年，第404—438页。毛泽东：《论持久战》，载《毛泽东选集》（第二卷），人民出版社，1991年，第439—518页。毛泽东：《战争和战略问题》，载《毛泽东选集》（第二卷），人民出版社，1991年，第541—557页。

击队员以非正规作战方式极大地拓展了作战空间，将强大的正规军拖入不擅长的、更广袤、更复杂的作战空间，并凭借对崩溃的社会结构的重塑和对技术条件的全面利用，在实现新共同体打造的基础上改变敌强我弱的格局，从而通过对更宏大的政治过程的掌控赢得军事上的胜利。[1]

汉尼拔在意大利的战争表面上有游击战的特点，他的军队神出鬼没，但实质上不是游击战。因为他的军队是职业军人组成的，而不是敌人摸不清的模糊身份（战斗人员和非战斗人员无法区分）；他的作战是以正规战的方式展开而没有利用非正规作战（中国人最熟悉的非正规战莫过于几个游击队员带领广大老百姓展开的地道战、地雷战、麻雀战）；他确实有打乱并重塑政治和军事空间的意图，瓦解罗马的政治联盟，扩大自己的联盟，改变政治和军事力量的对比，但他没有做到。如此算来，汉尼拔是孤军深入，不接地气，费边战术避其锋芒、耗其元气的打法直指他根基不牢的死穴。

同样是孤军深入，西庇阿在西班牙为什么不展开游击战？理由非常明确，因为他的判断是敌弱我强。汉尼拔在西班牙的帮手兵力远超西庇阿的远征军，还有母国迦太基买来的雇佣军帮忙，不要忘了，西庇阿的爸爸和叔叔因此战败阵亡。

敌人兵多，不足为惧，良将总是以少胜多，关键在于"以奇胜"。很多人以"兵者，诡道也"来理解"奇"，把战争想成阴谋诡计的比拼，但这里面存在着重大的误解。[2]战争当然要出奇制胜，要攻其不备、出其不意，但这是将领追求的临敌状态，而不是战争的准备过程和作战的基础。如果把诡计当作战争的全部，就会陷入一种高度机会主义的状态，不用心打造过程，不尽力夯实基础，胜利就变成了侥幸。所以《孙子》一开篇就教将领们懂得"势"，从道、天、地、将、法五个方面好好去理解、盘算、改造大盘。所谓"奇"，是在掌握大盘的情况下，哪怕敌人兵多，我方也可以通过士气、调度、阵法实现关键点的对敌优势，从而将其击溃。

[1]　参见施米特：《游击队理论》，载施米特：《政治的概念》，刘宗坤等译，上海人民出版社，2004年，第265—332页。

[2]　这两句兵家名言皆出自《孙子兵法》，见孙武撰、曹操等注：《十一家注孙子校理》，中华书局，2004年，第八七、一二页。

西庇阿对大盘的状况心中有数，他青出于蓝的武功能够保证他在军事上和敌人对阵的时候总是能"以奇胜"。这是他军事上拒绝游击战的底气。但更重要的是他政治上的底气。

罗马是泱泱大国，具备经营大国的政治框架，西庇阿也具备实现罗马式政治框架的能力。他深入西班牙，在军事上存在着一定程度的劣势，但在政治上是绝对的强势，他要做的就是落实这种强势。他不需要像游击队员那样和群众打成一片，造成当地社会结构的崩溃，然后进行重塑。他只需要将罗马式的社会结构大大方方地带给当地人。将西班牙的政治空间并入罗马的政治空间，他就能在政治上进而在军事上反客为主。这是汉尼拔在意大利不敢想的。因为他在西班牙的经营并没有让他拥有比罗马霸权更加强大的政治系统，他本人的政治治理经验也不够充分。他从战略高度意识到他在意大利处于敌强我弱的处境，弱就弱在政治同盟。他也确实尽力瓦解罗马的同盟，壮大自己的同盟。但终究没有胜过罗马。所以，尽管他没有在战场上失败，但他在政治空间的主导权这个问题上没有赢过罗马。

我们来看西庇阿对西班牙的政治整合，直接难题就是攻占卡塔赫纳之后怎么办。汉尼拔在意大利面对的难题，西庇阿在西班牙同样要面对。但西庇阿没有选择像汉尼拔那样神出鬼没打游击，而是宽宏大量地对待汉尼拔的老巢。西庇阿不仅没有烧杀抢掠，还让卡塔赫纳自治，并且许诺那里的居民：如果归附罗马，等战争结束后就给他们罗马公民权。[1]这是典型的化敌为我，迅速把敌人的老巢同化入自己的同盟，既不用担心他们会伺机反抗，又可以适当征调民力。这需要远见，也需要魄力。

波里比阿针对这个问题总结了统治被征服人民的政治学原理，"人们以合乎人性的方式去对待邻居，去提出未来会有更佳生活之希望的人，会赢得权力。"[2]强者的政策如果得当，则人心逆转；人心逆转，则权力易手；权力易手，则胜利不远。

[1] 蒙森：《罗马史》（第三卷），李稼年译，商务印书馆，2005年，第136—137页。盐野七生：《罗马人的故事》（Ⅱ 汉尼拔战记），计丽屏译，中信出版社，2012年，第196—197页。
[2] 波里比阿：《罗马帝国的崛起》，翁嘉声译，社会科学文献出版社，2013年，第511—512页。

第二，西庇阿在个人恩怨问题上选择了超乎常人的宽容大度，超凡的自信带来了百川归海。

如果说西庇阿治理卡塔赫纳很有王者风范，很容易和中国古代孟子所言"箪食壶浆，以迎王师"[1]的仁政路线产生共鸣，那么，西庇阿对个人恩怨的超越则给人匪夷所思的观感。

在维拉克战役（公元前208年）当中击败汉尼拔二弟哈斯德鲁鲍尔之后，西庇阿没有苛刻地处置战俘，西班牙士兵全部被释放，迦太基士兵被送往罗马。其中最关键的是，西庇阿放走了迦太基盟友努米底亚王国派来的骑兵队长马西尼萨王子，此人正是西庇阿的杀父仇人。三年前，正是马西尼萨率领努米底亚骑兵团击败了西庇阿的爸爸和叔叔。按照我们普通人的想法，杀父之仇不共戴天，既然擒获，必是杀之而后快。即便按照将军的想法，敌将骁勇，彼时各为其主，此时也应当收为己用。但西庇阿都没有，他居然派一队骑兵送马西尼萨去他想要去的任何地方。[2]离清剿西班牙全境还远着呢，汉尼拔的二弟败逃，三弟和吉斯戈仍然毫发未损，放跑了这样的重要将领，真不知道西庇阿怎么想的！更匪夷所思的事情还在后面。

放走马西尼萨四年之后，西庇阿率军踏上非洲大陆，围攻迦太基，迫使汉尼拔离开意大利回非洲救国。这个时候的马西尼萨简直是倒霉透顶，王位被西法克斯夺走了，未婚妻也成了人家的王妃。他带着200名骑兵迎接登陆非洲的西庇阿。盐野七生在这个地方写得令人动容：马西尼萨说，两年前，你曾经希望与我缔结同盟。现在我能给你的只有我自己。西庇阿微笑说，对我来说，这就足够了。

西法克斯娶作王妃的绝世美人正是迦太基名将吉斯戈家的，两个邻国联姻很正常，对方国王得位不正仍然维持政治联姻也可以理解。西法克斯表面上在西庇阿和迦太基之间调停，实际上是让西庇阿识相地打道回府。但西法克斯和迦太基既低估了马西尼萨，更低估了西庇阿。二人联手夜袭西法克

[1] 朱熹：《四书章句集注》，中华书局，2012年，第二二三页。

[2] 盐野七生：《罗马人的故事》（Ⅱ 汉尼拔战记），计丽屏译，中信出版社，2012年，第196—197页。

斯，西庇阿成功帮助马西尼萨夺回王位。[1]天哪，帮杀父仇人夺回王位？是的，从此之后地中海世界最好的骑兵王国努米底亚就成了罗马的铁杆盟友，他们的第一次合作就是战胜迦太基和汉尼拔。西庇阿的宽宏大度收到了政治上最好的回报。这不是提前算计得来的，完全是西庇阿对人心和局势具有超凡自信的把握带来的结果。顺便提一句，"争霸"一节提过的朱古达战争就是努米底亚王国惹出来的事情，朱古达的爷爷就是马西尼萨。

第三，西庇阿在战略上选择了顶风单干，政治意志异常坚定。

西庇阿从清剿西班牙全境到登陆非洲之间遭遇了非常不愉快的政治处境。他没有在西班牙恋战，速回罗马之后就开始计划登陆非洲，直捣迦太基。这种想法遭到了费边和一干元老的强烈反对。他们认为只要西班牙拿下了，汉尼拔在意大利这个笼子里也撑不了多久，就不必费劲去打非洲了。而且，老家伙们非常讨厌少年得志、武功盖世、威望如日中天的西庇阿。

他们有两个明面上的理由。一个是，西庇阿存在着对共和不忠的野心。当西庇阿在西班牙大获全胜之后，不仅罗马将士拥戴，连敌方投降和俘虏的西班牙人也拥戴，他们在欢呼的时候喊出了"国王"。虽然西庇阿没有被胜利冲昏头脑，严格遵守罗马传统，正告将士们国王这种称呼"在罗马是不可容忍的"，但政敌们仍然对他极不放心，并以此作为政治武器大肆攻击。[2]

另一个是，西庇阿放纵将士。对小事不放在心上，手下骄兵悍将居功自傲干出枉顾法纪的事情，作为统帅确实要负间接责任。这也成为政敌们攻击的要点。

无论是称王还是违纪，背后都有实力雄厚的费边家族和势头正盛的科涅利乌斯（西庇阿）家族的政治斗争，和罗马的战略选择交织在一起。登陆非

---

[1] 盐野七生：《罗马人的故事》（Ⅱ 汉尼拔战记），计丽屏译，中信出版社，2012年，第232—241页。Livy, *History of Rome*, Vol.Ⅳ, trans. George Baker, New York: Peter A. Mesier et al., 1823, pp. 86-98. 蒙森：《罗马史》（第三卷），李稼年译，商务印书馆，2005年，第155—156页。

[2] 波里比阿：《罗马帝国的崛起》，翁嘉声译，社会科学文献出版社，2013年，第515页。Livy, *History of Rome*, Vol.Ⅳ, trans. George Baker, New York: Peter A. Mesier et al., 1823, pp. 86-98. 李维：《自建城以来》（第二十一至三十卷选段），王焕生译，中国政法大学出版社，2015年，第173页。

洲的"'进攻战略'为西庇阿家族所支持,而为其他统治家族所反对"。[1]

费边在"进攻战略"问题上显示出贵族精英的保守和顽固,他对西庇阿几乎总是恶意针对。原因可能有很多,比如年高德劭的老人家总是嫌弃少年英雄不过是得到幸运女神的垂青;比如以稳健著称的拖延战术总设计师一定会反对新战略的出台,因为那将意味着他的战略过时了,他也过时了;再比如,贵族集团必须长幼有序,盖世功勋很可能打破既有的论资排辈,这关系到罗马贵族统治集团的内部稳定性。大国的政治精英在战略问题上存在分歧并为之展开政治斗争,不会是简单的谁的主张更有利于国家利益就听谁的,里面一定会夹杂着个人恩怨、私利计算和势力集结。以费边在汉尼拔战争中获得的巨大威望,说西庇阿进军非洲是一意孤行并不过分。但他就这么干了。

西庇阿坚决地实施他的进攻战略,他当上执政官之后直接去了西西里岛,元老院没有给他一兵一卒,他自己在西西里岛组织志愿军,然后登陆非洲,然后就有了帮助马西尼萨夺回王位的故事,再然后就有了元老院增兵,最后就有了扎马战役和对汉尼拔的胜利。西庇阿这种逆风而行、力排众议、自带干粮撑起一个国家的气概,在历史上是极其罕见的。他的政治意志异常坚定,他一定要把罗马带出意大利,带出欧洲,带向非洲。有了这样的大人物,足以证明罗马的元气已经恢复,而且是霸气外露。

在扎马战役之前,费边去世了。他没有看到大结局,他没有看到宿敌汉尼拔在军事上彻底被击溃,也没有看到政敌西庇阿在政治上大获全胜。西庇阿用自己的实力证明了他的进攻战略是对的。在政治当中,正确、正当、正义(在英文里它们可以用right一个词囊括)必须用实力来证明,没有实力的正确只是空口白牙;但同时实力也必须用正确、正当、正义来证明,没有它们的实力既是邪恶的,也很容易烟消云散。

第四,西庇阿在战后方案上选择了宽大为怀,而不是斩草除根,罗马的

---

[1]　阿斯廷、沃尔班克等编:《剑桥古代史》(第八卷　罗马与地中海世界　至公元前133年),陈恒等译,中国社会科学出版社,2020年,第81—88页。蒙森:《罗马史》(第三卷),李稼年译,商务印书馆,2005年,第155—156页。

世界胸怀由此被完全打开。

"文化"一节谈过，大英雄西庇阿是罗马的文化开放主义的代表，他和他的朋友们力挺希腊文化，把罗马贵族变得腹有诗书，他在文化上选择了拥抱世界。世界级的胸怀体现在他对迦太基的战后处理。

对待战败的迦太基，西庇阿的战后处置并不苛刻，甚至宽大得让我们大跌眼镜。在击败宿敌汉尼拔的关口，按照普通人的想法，肯定是有仇报仇，现在是"我为刀俎，人为鱼肉"。不，这不是西庇阿的选择。迦太基被夷为平地是五十多年后第三次布匿战争（公元前146年）的事情。汉尼拔也没有被西庇阿当作头号战犯立即处决。西庇阿给迦太基开出的条件是：

一、罗马承认迦太基独立的政治法律地位，尊重其自治权，保留其城市和财产，尊重其按照自己的法律和习俗进行统治，尊重其在汉尼拔战争爆发前拥有的非洲属地。罗马不在迦太基设军事基地，也不在迦太基驻军。

二、迦太基全面放弃西西里岛、撒丁岛及西班牙等海外领地。

三、迦太基正式承认以马西尼萨为国王的努米底亚王国。

四、迦太基不得与罗马盟友开战，不得对非洲之外的民族作战，经罗马同意才得与非洲的民族作战。

五、迦太基释放所有罗马战俘，罗马在和约签订后释放迦太基战俘。

六、迦太基解除武装，仅保留十艘战舰自卫，所有大象和其他战舰全部交出。

七、战争赔款一万塔兰特，五十年分期支付。

八、派一百名人质到罗马作为和平担保，人选由罗马决定。

九、提供罗马军队现在的给养，直到双方和约签订。[1]

"经巨战而仍存的罗马人，却可以追怀既往，觉得自豪，瞻望将来，觉得自信。"[2]这些条款显然并不是将迦太基置于死地的做法，相反，西庇阿不仅给了迦太基生存的机会，甚至还在很大程度上给了它尊严和体面。这种

---

[1] 波里比阿：《罗马帝国的崛起》，翁嘉声译，社会科学文献出版社，2013年，第574—575页。阿庇安：《罗马史》（上卷），谢德风译，商务印书馆，2016年，第230—231页。盐野七生：《罗马人的故事》（Ⅱ 汉尼拔战记），计丽屏译，中信出版社，2012年，第261—262页。

[2] 蒙森：《罗马史》（第三卷），李稼年译，商务印书馆，2005年，第163页。

处置方式表明了西庇阿的世界级的心胸和气度。就像他当年善待卡塔赫纳，放跑了杀父仇人一样，在大获全胜之后他也善待了迦太基。蒙森夸赞，西庇阿明智禁止滥用胜利来凌辱敌人。[1]确实，敌人已经在战场上被击溃，既然战争已经在战场上结束，胜利者就没有必要凶恶地进行清算。恃强凌弱地毁灭已经战败的对手只是狭窄心胸和狭隘格局的恶性爆发，并不会因为胜利的光环而免除其道德上的邪恶，更重要的是，本来通过战胜强敌打开的世界之门将由此关闭，各自又回到自己熟悉的小世界。

战胜者如果要妥当地安排战后世界，就必须往前看，而不是往回看。放不下恩恩怨怨，惦记着血债血偿，未来就不会在胜利者的手中打开，因为新世界并没有在他心中敞开。西庇阿做到了世界性的大度安排，罗马才真的从汉尼拔战争中浴火重生，重生的罗马才真正走出意大利，变成世界帝国。

---

[1] 蒙森：《罗马史》（第三卷），李稼年译，商务印书馆，2005年，第160页。

2.7　分歧：鸽派鹰派的互啄

　　罗马在汉尼拔战争的逆境中浴火重生，西庇阿给罗马带来了真正的帝国气象。但是，大国政治从来都不是简单纯净的美好状态，被任何人喜欢的一面都必定存在它的反面。帝国从来都是"对立复合体"，在每一个问题上都由相互对立、相互竞争乃至相互斗争的两个（甚至多个）方面构成。[1]多元复杂的相反相成是帝国的基本属性。如果帝国的行动或者走向让你觉得出人意料甚至匪夷所思，在很大程度上是因为你把它想小了、想简单了。西庇阿推动和展现的罗马霸权没有按照我们期望的雍容大度走下去，因为西庇阿代表的鸽派输给了老加图代表的鹰派，罗马迅速落入了令人厌恶的帝国主义窠臼。他们两派之间的路线斗争表面上好像是帝国采取什么样的方略就会以什么样的面貌示人，实际上是帝国成长的机制。这一节会用帝国对外战略的二元结构来解析超大规模共同体成长的复杂性。

并非"外交"

　　本书一直在强调，无论是政体打造、领土扩张还是政治联盟建立、霸主

[1]　施米特：《罗马天主教与政治形式》，载施米特：《政治的概念》，刘宗坤等译，上海人民出版社，2004年，第51页。

地位取得，罗马在共和时代其实就已经是一个帝国了。帝国不光是要大，更重要的是她是一个多元复杂的统一体，至于她的政体是不是帝制，其实是次要的事情。这也是我们今天还在探讨帝国问题的根本原因。

"争霸"一节重点谈过"老大的烦恼"，罗马在击败汉尼拔之后已经成为地中海世界无可疑义的霸主，老大的烦恼自然随之升级，它会集中体现在罗马对外战略的选择上。但本节谈的并非罗马的"外交"。

说"对外"，很自然就会涉及"外交"这个概念，但它并不是讨论罗马对外战略的好办法，也不是讨论帝国政治的好办法，甚至并不是讨论大国政治的好办法。所谓外交，与内政相对，它们得以成立的前提是存在着界限把"外"和"内"区分开。区分一旦出现，内外有别，自然就要采取不同的政治方略和治理手段。连通内外的基本做法就是"外交是内政的延续"。

这套概念和逻辑现在几乎是理所当然，但它们对历史上大多数大国政治战略几乎不适用，它们只在近500年来民族国家作为世界政治基本单位的时代部分有效，在民族国家不断演化的过程中逐渐失效。内政外交的区分和相应的政治制度和治理技术的配备，其实是以一个从未完全实现的理想模型为前提的，那就是与他国界线分明的主权国家。这种国家以民族作为人口、历史、文化的基础，以民族主义的叙事打造出"自古以来"就和其他民族泾渭分明的共同体（民族），以民族自决的法理支撑它对主权独立的要求，从而以主权划定排他性的政治空间。

用这种主权带来排他性地位、塑造封闭政治空间的眼光，很多事情很难看得懂，自以为看懂了，也很难经得起追问。比如，19世纪下半叶的巴尔干半岛冲突，20世纪下半叶的阿拉伯—以色列冲突，并不是领土处于这些地区的国家能够排他地、自主地决定的，它们都是大国角力的战场。反过来看，大国也一样，他们的霸权意味着超出自己领土范围的诸多问题、势力、利益和权力一定会在本国的政治中心展开博弈。曾经作为巴勒斯坦和以色列和平之门的戴维营会谈，是巴勒斯坦领袖阿拉法特和以色列总理巴拉克在美国总统克林顿主持下去美国的戴维营谈判。2000多年前，朱古达和他的哥哥也都跑去罗马元老院演讲，也在私底下贿赂罗马元老，打造自己的人脉和势力网络。大国的首都成为世界政治舞台的中心，不仅意味着史诗大戏一样的光彩场面，也意味着腐败血腥一类的肮脏勾当。这个道理其实很简单，聚光灯越是炫目，灯的背后就越是黑暗。大国被各种好与坏"渗透"，是常态。

问题出在视角，用主权国家的视角看政治是一种自以为是的封闭眼光，习惯了它，眼界和思维就会被它限制，人就成了井底之蛙。主权国家这一整套排他性、独立性、至上性的逻辑看起来很漂亮、很雄赳赳气昂昂，但每一环都存在着重大问题。我们暂且放下民族只是一个"想象的共同体"[1]和民族自决的正当性及可行性，单就从权力的性质和运作机制来看，主权国家实际上并不能实现绝对的界限分明，对于大国，尤其困难。"国际政治像一切政治一样，是追逐权力的斗争。无论国际政治的终极目标是什么，权力总是它的直接目标。"[2]权力不会因为任何国家宣称自己划定了界限就自觉停止扩张，让它停止扩张的唯一方法是用权力顶住权力。大国并不是只在自己的领土范围内存在，它一定会突破自己的物理空间去寻求更加广阔的政治空间，它的权力一定是超越自身国界的，否则它就不是大国。

如此说来，大国天生就不守界限，它必须要越出自己的物理界限，进入他国的政治空间，与他国展开权力的博弈，甚至意图支配他国。两国的实际边界不取决于弱国的宣示或者公认的国际准则，而取决于强国的权力在哪里被弱国顶住，或者被其他大国和国际体系牵制住。对大国而言，权力向外扩张是常态，那么，想划定内外的界限就更加困难，执着于内外的标准就容易自缚手脚、画地为牢。小国之所以小，就是因为它们的权力比大国小很多，它们顶住大国权力扩张的难度大，所以，国际格局往往是诸多大国之间权力平衡的结果。我们常说"弱国无外交"，我们可以接着追问，弱国难道还有完全自主的内政吗？它不是已经被列强或者它们的代理人渗透、牵制乃至操控了吗？外交屡弱和内政疲软只是同一个国家权力近乎瓦解的不同侧面。所以政治必须内外连通了看，更好的说法是政治必须放下界限、内外一体地

---

[1] 参见安德森：《想象的共同体：民族主义的起源与散布》，吴叡人译，上海人民出版社，2005年，第一章。

[2] 摩根索：《国家间政治》，徐昕等译，北京大学出版社，2006年，第55页。

去看。

　　上述摩根索代表的现实主义国际政治观确实在一定程度上会给人暗黑和无奈的观感，但需要强调的是，一方面，尽管大国占据主导性的强势地位，但它们并不能为所欲为，因为别的大国依旧存在，霸权是有极限的。不审慎地对待极限，过度扩张，会酿成"大国政治的悲剧"。[1]另一方面，尽管权力驱动的国际政治讲究实力比拼，但这并不意味着国际政治当中没有任何道义或是非可言，因为它也是人的事务，人终究是一种必须将行动赋予意义的动物，他不仅追求被别人理解，也追求被自己理解。完全失去意义、道义和规范的权力不可能让对方服从，甚至也难让掌权者操控。[2]

　　大国如何理解自身的内与外，其实与它如何理解"谁是我们""谁是他们"在很大程度上是一回事。大国天然是多元复杂的统一体，越是扩张，越多的"外"就变成了"内"，越多的"他们"就变成了"我们"。但就像"同化"一节讨论过的，把"他们"变成"我们"是极其困难的。打下来，很多民族都取得过彪炳史册的战绩，打下来之后管得好，罗马用了庞大的基础设施、复杂的间接统治和巧妙的精神结构来实现一体化。所以罗马更加长命，也更加值得剖析。所有帝国都会面临内外难辨的困境，因为它们天然的多元复杂性使得清晰的内外界限很难划出，即便临时划出，也很容易遭遇尖锐的挑战而被打破。历史上的这种棘手案例实在太多，比如清王朝抵抗日本权力扩张的过程中，朝鲜、台湾、辽东半岛、满洲究竟哪个是清王朝的"内"？再比如，苏联出兵布拉格，是看成对平等主权国家的悍然干涉，还是社会主义阵营内部的管教和约束？内外之分对大国来说是如此之难，与其执着其间，让自己左支右绌，不如主动降低这对范畴的重要性。[3]不同权力主体之间的远近、亲疏、强弱都是更重要也更值得认真对待的标准。

---

[1]　米尔斯海默：《大国政治的悲剧》，王义桅、唐小松译，上海人民出版社，2014年，第41—43页。

[2]　温特：《国际政治的社会理论》，秦亚青译，上海人民出版社，2014年，第三章。

[3]　参见于向东、施展：《中国外交的形式主义与神秘主义——世界格局视野下的中国外交》，《文化纵横》2012年第4期。

鸽派与鹰派

　　我们来看看击败汉尼拔、登上巅峰的罗马如何对待她面前的世界。一个武功盖世的霸权，手下已经有了成百上千的小弟，简直是前呼后拥，她会选择什么样的姿态做老大？对于老大的这种处境，"外"和"内"的眼光很难说清楚问题。哪里是"外"？谁是"外"？问题提错了，就不可能找到正确答案。我们必须换一种思路。盐野七生在她的书里使用了一对概念，叫作"稳健的帝国主义"和"严厉的帝国主义"。[1]为了方便，我把这对概念置换成我们更熟悉的一对概念："鸽派"和"鹰派"。[2]

　　新闻分析或者历史书里，"鸽派"和"鹰派"这两个词很常见。鸽和鹰非常形象地形容了一个大国内部两种典型的战略和军事政策倾向。鸽代表和平，鹰代表武力。西方传统选择了这两种鸟来当政治倾向的象征，和它们的习性有关。鸽子温和，与人为善；老鹰凶猛，狠绝无敌。

　　西方传统中，鸽子代表和平的典故可以追溯到《圣经·旧约》里诺亚方舟的故事。诺亚从方舟里面放出鸽子，看看大洪水退去了没有，鸽子衔回了橄榄枝报信，说明灾难已经结束，诺亚可以下地重启人类的生活了。[3]鸽子和橄榄枝，从此就成了和平的象征。

　　鹰不用多解释，它天生威猛，是飞鸟中的王者。传说罗慕路斯就把鹰作为罗马的标志，尤其是罗马军队的标志。后来的各国沿袭了罗马的传统，也把鹰当作自己的标志，尤其是军队的标志。拜占庭帝国、神圣罗马帝国、沙皇俄国、英国、美国、德国的军旗、军徽乃至国旗、国徽，上面都有鹰。

　　对应到一个国家的战略和军事政策倾向，一般印象都会认为鸽派比较温

---

[1]　盐野七生：《罗马人的故事》（Ⅱ 汉尼拔战记），计丽屏译，中信出版社，2012年，第297—298页。

[2]　把"稳健的帝国主义"和"严厉的帝国主义"置换成"鸽派"和"鹰派"，本书的考虑主要有两层，一方面是想通过大家更熟悉的概念来说清楚下文重要的政治学原理，另一方面是不想把已经没有太多价值的关于"帝国主义"的理论争论扯进来。摩根索曾明确说，自19世纪以来"帝国主义"这个词已经被各方力量用滥了，在这种滥用过程中，"帝国主义"一词已经丧失了全部的具体含义。（摩根索：《国家间政治》，徐昕等译，北京大学出版社，2006年，第82页。）

[3]　《圣经·旧约·创世纪》，第8章第8—12节。

和，主张用外交斡旋、谈判和条约来解决争端；鹰派比较强硬，主张用斩首行动、武装干涉和战争来解决争端。甚至一个国家的外交部是鸽派的代表，国防部是鹰派的代表；外交官是鸽派的代表，军官是鹰派的代表。这样的印象当然是有道理的。

不过，这些印象就像所有的印象一样，是表面而肤浅的。我们很容易找出非常强硬的外交部长，比如美国20世纪50年代的国务卿杜勒斯。也可以找到非常温和的大将军，比如指挥海湾战争的美国参谋长联席会议主席鲍威尔，他退伍后还做过国务卿。

通常而言，鹰派更容易获得民众的支持，鸽派在舆论上容易处于弱势，尤其在即将开战或者战争进行得比较顺利的时候更是如此。根本原因在于鹰派的强硬会带来更加鲜明、直接、热烈的政治存在感。"所有政治活动和政治动机所能归结成的具体政治性划分便是朋友与敌人的划分"[1]，按照施米特的看法，敌友划分是政治的标准，就像善与恶是道德的标准，美与丑是审美的标准，利与害是经济的标准。敌友划分越鲜明、越清晰、越尖锐，政治的存在感就越强。《毛泽东选集》的第一句话就是："谁是我们的敌人？谁是我们的朋友？这个问题是革命的首要问题。"[2]明确敌人和朋友，最直接的目的是展开革命和战争动员，让人民参军入伍，或者至少获取他们的认同和支持，进而形成共同的政治目标，打造政治共同体。通过敌友划分的宣传，目标的制定者就容易掌握共同体塑造的进程，自然也就凝聚起权力，成为共同体的核心。这是战争与革命中的权力运作逻辑。在这种逻辑当中，如何迎敌、仗怎么打其实是次要问题。人民被动员，就是被教育，被惊醒，要从日常生活的状态进入战争与革命的非常状态，变得热乎乎，具备政治意识，才能成为战争与革命依靠的力量。所以，战争与革命的意识形态宣传是激活人民的政治动员，人民的政治化就是革命化、战争化。

很明显，以尖锐区分敌人和朋友的口径展开战争动员必须处于"绝对"

---

[1] 施米特：《政治的概念》，刘宗坤等译，上海人民出版社，2004年，第106页。

[2] 毛泽东：《中国社会各阶级的分析》，载《毛泽东选集》（第一卷），人民出版社，1991年，第3页。

状态：我方绝对正确、正义、正当，敌方绝对错误、邪恶、败坏。这种绝对逻辑会不断自我强化，打造极强的硬核把所有人吸引到自己周围，任何阻力都会被当作敌人对待。这个时候，鸽派的处境就非常不妙了。因为他们的理性、弹性、韧性在日益尖锐的非黑即白场景中将从不坚决、不合时宜变成软弱、绥靖，最后他们甚至变成通敌的奸细。历史上世界各国在进行全民战争动员的时候，鸽派都被噤声甚至铲除了，二战前的德国和日本都非常典型。[1]所以说，鸽派确实像鸽子，天生硬实力有短板，与鹰派正面硬碰的时候多半折翼。但从罗马、德国和日本的教训来看，鹰派大获全胜的国家其实是极度危险的。

下文通过西庇阿和老加图的争斗剖析鸽派和鹰派的结构性关系，和所有其他方面一样，维持结构的均衡而不是追求酣畅淋漓的痛快才是大国长盛不衰之道。

武力为基础

最先要澄清的是，鸽派并不排除武力的使用，鹰派也不是光会打仗。也就是说，鸽派和鹰派之分，不是非武力和武力的区分，恰恰相反，他们的背后都是武力。

西庇阿打败汉尼拔，武功天下第一，但他在罗马政坛当中居然是鸽派，是稳健派。他的鸽派行动首先体现在他对迦太基宽宏大量的战后处置，然后体现在后来叙利亚战争的一系列行动当中。不是怕打仗，而是不轻易打仗。好话要说在前头，使团的调查和评判要做在前头。实在穷尽了和平的可能，那就开战。即便开战，也要充分利用外交关系，合纵连横使我方同盟稳固、敌方同盟瓦解，而不是一味地使用蛮力。

我们来看看他在叙利亚战争中的招法。第一步，西庇阿先笼络和安顿了

---

[1]　参见迈内克：《德国的浩劫》，何兆武译，商务印书馆，2012年，第二、三、五、七章。埃文斯：《第三帝国的到来》，赖丽薇译，九州出版社，2020年，第三章。服部卓四郎：《大东亚战争全史》（上卷），张玉祥等译，世界知识出版社，2016年，第1章。

挑起战端的希腊部落埃托利亚。正是罗马小弟埃托利亚不满自己的大哥，向叙利亚的塞琉古王朝求援，才引发了罗马和叙利亚的对峙。按一般人的想法，这个小弟既没有实力又不懂事，打了也就打了，即便他识相来降，也要狠狠处置，以儆效尤。西庇阿既没有给他一顿胖揍，也没有痛快接受他的投降，而是用六个月的休战协议稳住他。这样的威慑是为了保证从意大利到叙利亚的补给线和联络线完全通畅。

第二步，西庇阿稳住了马其顿王国。马其顿国王腓力五世曾经在汉尼拔战争中和汉尼拔结盟，但他已经被弗拉米尼打败，希腊诸城被罗马解放。尽管如此，马其顿仍然是希腊世界的第一军事强国。西庇阿专程到马其顿王国首都佩拉和腓力五世会面，热爱和熟悉希腊文化的他和腓力五世相谈甚欢，二者甚至成了密友。

第三步，西庇阿劝退了蠢蠢欲动的比提尼亚。想在罗马对峙叙利亚的战争中伺机而动，趁火打劫，是非常不明智的，我西庇阿已经知道你的这种心理，而且有了防范。凭借西庇阿的赫赫威名，比提尼亚也就没敢轻举妄动。

最后，西庇阿规劝叙利亚投降，并提出了三条和平建议：叙利亚放弃爱琴海全域和小亚细亚的希腊城邦；建立两国之间的缓冲区；叙利亚承担此次战争的全部费用。叙利亚国王安条克也表示了友好，送回了在上一次战争中西庇阿被俘的儿子。但他拒绝了罗马的条件。于是双方开打。西庇阿卧病，没有上战场，经过汉尼拔战争历练成熟的罗马将士仍然轻松取得胜利。

回想一下西庇阿在扎马战役之后对迦太基的处置，你甚至可以想出他给叙利亚开出的和约：罗马承认叙利亚自治，从叙利亚撤军；划定军事行动的范围和权利；战争赔款，分期付款；人质由罗马人挑选。西庇阿打败敌人之后不是把他们置于死地，而是把他们变成盟友。[1]

西庇阿的军事行动完全为政治安排服务，这样的战争胜利了才有意义，也才有实惠。这位温和的鸽派领袖以超强的武力为底牌，一次次从容不迫、

[1] Livy, *History of Rome*, Vol. V, trans. George Baker, New York: Peter A. Mesier et al., 1823, pp. 66-195. 李维：《自建城以来》（第三十一至四十五卷选段），王焕生译，中国政法大学出版社，2018年，第135—153页。蒙森：《罗马史》（第三卷），李稼年译，商务印书馆，2005年，第九章。盐野七生：《罗马人的故事》（Ⅱ 汉尼拔战记），计丽屏译，中信出版社，2012年，第279—287页。

调度有方、闲庭信步地实现了帝国利益的最大化。

和大将军出身的鸽派领袖西庇阿相映成趣，鹰派领袖老加图是文人出身，他的演讲和文章比他的军功更有名。当然，老加图也是当过军团长和执政官的，也享受过胜利荣归的凯旋仪式。

老加图代表的鹰派非常强调对不服从者的压制性，他看起来当然很好战，但也不是为了打而打，而是为了帝国的绝对权威。而且，强硬的鹰派也绝不是在战场上只会猛打猛冲的"钢铁直男"，素以道德严苛著称的老加图在战略战术上同样要得一手好计策。

我们来看老加图的一个小故事。据普鲁塔克绘声绘色地讲，执政官老加图去平定西庇阿已经收服但尚未稳固的西班牙。他征召一个蛮族部落来参战，对方的要价很高很高，老加图眉头都不皱就爽快答应了。他的理由是，如果战争胜利，这笔钱会由敌人来支付，万一战败，"没有人留下来要求报酬或是支付金额"[1]。你可以说他很明智，也可以说他很狡黠，但无论如何这个形象和传统留下的老加图形象有不协调之处。他确实是罗马质朴、端正、严肃、顽固的道德形象代表，但他也是罗马的政治家和军事统帅，"他们"是同一个人。

老加图最具鹰派特色的行动当然是促成了第三次布匿战争，最终导致罗马完全毁灭迦太基。"迦太基必须毁灭！"据说这句名言成了老加图晚年在元老院发言不变的结尾，它自然是老加图充当鹰派领袖的最佳证据。尽管这句名言有"演义"之嫌，但毫无疑问它非常鲜明地反映了老加图在第三次布匿战争中的鹰派立场和领袖地位被当时的罗马人和后来的历史学家们完全承认。名言可能是罗马当时坊间的杜撰，但它确实很准确地定位了老加图的主张和形象。[2]

---

[1] 普鲁塔克：《普鲁塔克全集》（Ⅰ 希腊罗马名人传），席代岳译，吉林出版集团，2017年，第627页。

[2] 公元2世纪的历史学家阿庇安谈起这一段的时候就用了"据说"来表明这句名言的杜撰性质，但老加图作为战争发动者的地位并无疑义，现代的罗马史专家尊重阿庇安的这个意见。阿庇安：《罗马史》（上卷），谢德风译，商务印书馆，2016年，第243—244页。迈尔斯：《迦太基必须毁灭》，孟驰译，社会科学文献出版社，2016年，第485—486页。爱讲故事的盐野七生女士则把这个故事写得更加惟妙惟肖。盐野七生：《罗马人的故事》（Ⅱ 汉尼拔战记），计丽屏译，中信出版社，2012年，第311页。

老加图推动第三次布匿战争和毁灭迦太基，原因有远有近。远的原因是文化上的。"文化"一节谈过，老加图是罗马的文化保守主义的代表。他是站在罗马文明的纯洁性这种高度来思考问题，然后为它奋斗一生的人。他的强硬当然是军事上的强硬，但更是政治格局和文化格局上的强硬。我们通常注意到老加图反对希腊文化，但鄙视迦太基文化构成了老加图和他保守的罗马人民毁灭迦太基的基本心理背景。

公元前194年，第二次布匿战争的大决战扎马战役8年后，罗马著名剧作家普劳图斯推出了他的新喜剧《布匿人》。用迦太基人（布匿人）汉诺作为主角，讲了一个特别恶心迦太基人的故事。迦太基商人汉诺去希腊寻找他被绑架而且被卖为性奴的女儿们，他的办法是每到一个城市就去妓院把妓女一个个包夜，然后再问她们的出身。剧中的汉诺"精明""手段巧妙""通晓所有语言""懂得隐藏自己"，非常符合罗马人对迦太基人的印象：有钱无信的"娘娘腔"。[1]这和罗马人崇尚的有力无欺的"纯爷们"构成了鲜明的反差。可想而知，罗马人在剧场里哄笑的时候，他们对迦太基文化的鄙视和轻蔑自然而然就种下了。迦太基人固然善于经商，也确实惯用雇佣军，但罗马人把他们演得如此不堪，是傲慢心理和低级趣味的奇特组合。正是这样一种在理性上看起来扭曲而阴暗的文化传播非常容易通过娱乐的方式塑造对手的漫画式形象，成为"全民共识"。但是，这种暗藏自身扭曲和阴暗心理的对手形象很难经受住真正的战争理由的检验。试问，如果对手真是既坏又蠢，简直是自作孽不可活，那我们为什么要如此全民愤慨、不依不饶、兴师动众地去针对它，为什么击败如此不堪的它会成为我们的梦想？

老加图当然不是一般的看剧群众，所以他找到了极佳的发力点来推行他的鹰派政策：努米底亚和迦太基的摩擦。马西尼萨的努米底亚王国作为罗马击败迦太基的最佳盟友，在汉尼拔战争结束后风生水起，自然也就和邻居迦太基摩擦不断。罗马当然一直偏袒马西尼萨。当迦太基来向罗马告状，要求协调两国纠纷的时候，老加图作为调查团成员去了迦太基。结果，他回国向元老院汇报的结论是"迦太基必须毁灭"，因为它不仅又恢复了繁荣，而且

---

[1] 迈尔斯：《迦太基必须毁灭》，孟驰译，社会科学文献出版社，2016年，第478—479页。

还在恢复军备。[1]自此之后，鹰派的声音就越来越响，直到迦太基真的被夷为平地。老加图在小西庇阿执行灭城命令之前去世了，他没有看到迦太基的毁灭，但他确实主导了它被毁灭。

我们可以看到，鸽派和鹰派二元的背后，武力是共同的根基，双方都不曾放弃，也不敢轻视，只不过使用武力的方式和姿态不同。

"三观"有差异

鸽派温和，鹰派强硬，是帝国对外战略的不同政策倾向，也是帝国不同的管理模式。我们把帝国置换成"庇护关系网络"看，这个问题就比较容易理解。帝国是霸权、是盟主、是老大，用什么姿态管理自己的一众小弟比较好呢？

鸽派，西庇阿对兄弟们，友好、宽松、信任，这个老大当得像大哥，甚至像亲哥。鹰派，老加图对兄弟们，古板、严厉、提防，这个老大当得像家长，甚至像严厉的父亲。一般人肯定会觉得西庇阿那样的老大好，问题是，如果你是老大呢？你还会选择像西庇阿那样做吗？答案恐怕就变成了不一定！

我们先来看鸽派。看看西庇阿怎么对待马西尼萨。杀父仇人在战败之后不仅被放走，然后还帮他夺回王位，打败共同的敌人之后还默认他欺负邻居迦太基，人家告上门来还把人家给灭了。罗马对努米底亚王国真是够意思，就像西庇阿对马西尼萨够意思。但这和西庇阿一贯被人指控纵容和包庇手下其实是完全连通的。西庇阿包庇和纵容属下，最后变成了罗马包庇和纵容努米底亚。

这个问题从西庇阿平定西班牙就有人提出来。随后西庇阿单枪匹马去西西里岛组织远征军登陆非洲的时候，老加图做了随行的财务官，结果他对西

---

[1] 普鲁塔克：《普鲁塔克全集》（Ⅰ 希腊罗马名人传），席代岳译，吉林出版集团，2017年，第644—645页。阿庇安：《罗马史》（上卷），谢德风译，商务印书馆，2016年，第241—244页。蒙森：《罗马史》（第三卷），李稼年译，商务印书馆，2005年，第175—176页。

庇阿"把大把金钱散发给士兵"非常不满，二人志同道不合，老加图回了罗马。老加图后来也是让同伙抓住西庇阿的财务问题不放，最终成功让西庇阿退出政坛。[1]

如果这个纵容和包庇兄弟的老大是一个国家呢？第三次布匿战争就是最直接的回响。小弟出门的时候知道背后有老大力挺胆子就特别大，惹是生非就在所难免，老大也就越不省心，要替他善后的事情就越多。这样的小弟多几个，老大就忙不过来了。鸽派的温和、宽大、厚道大概率会让帝国霸权出现管理的疏忽，甚至丧失必要的审慎，就像西庇阿那样，"不矜细行，终累大德"[2]。霸权的多层级结构会因为过于宽松的管理而变得松弛，各种差异化的安排遭遇挑战和突破，同心圆结构最终就会走向解体。所以，宽，有宽的疏漏。

再来看鹰派。看看老加图怎么对待迦太基。尽管已经变成了小弟，但因为打过架就记恨在心，抓到机会就大做文章，甚至置之死地而后快。老加图和马西尼萨的关系肯定不会好，因为马西尼萨和西庇阿是铁哥们儿。但他利用马西尼萨对迦太基的压制挑起对迦太基的战端，说明他对马西尼萨也不是诚心相待。老加图的鹰派做法看起来有点小肚鸡肠，甚至阴险毒辣，谁都信不过，却也谁都拿来用，好像对谁都不太够意思。

如果这个对兄弟们不太够意思的老大是一个国家呢？马西尼萨的努米底亚王国膨胀之后引发的朱古达战争就是直接的回响。朱古达对罗马的不敬几乎是路人皆知。在他看来，国与国之间不过是以利相合、以力相拼，没有什么情分和道义可言。[3]能利用老大的时候就用，能自己单干就干，老大要是翻脸就拼了。老大其实和我一样势利，他那些嘴上的仁义道德不过是虚伪的托词。有拿小弟不当人看的老大，自然就会有拿老大不当哥看的小弟，双方

---

[1] 普鲁塔克：《普鲁塔克全集》（Ⅰ 希腊罗马名人传），席代岳译，吉林出版集团，2017年，第620—621、636页。

[2] 孔安国传、孔颖达疏：《十三经注疏·尚书正义》，北京大学出版社，1999年，第370页。

[3] 撒路斯提乌斯：《喀提林阴谋 朱古达战争》，王以铸、崔妙因译，商务印书馆，1996年，第237—253页。盐野七生：《罗马人的故事》（Ⅲ 胜者的迷思），刘锐译，中信出版社，2012年，第74—76页。

的钩心斗角就开始了，他们的关系就真的变成了赤裸裸的利与力。霸权的多层级结构会因为过于紧绷的管理而变得脆弱，战争和预防战争的成本就会大大增加，同心圆结构的弹性和韧性就会下降，最终变成直接统治，直到付不起代价而走向崩溃。所以，严，有严的麻烦。

在这两种管理模式的背后，是"三观"的差别，世界观、价值观、人生观都有重大差别。他们都有站得住脚的理由，也都有自身难以克服的缺陷。

鸽派认为世界本质上是和平的，兄弟们再不成熟总是会成长的，不长进的兄弟好好教育了也就开窍了。总之，世界很宽，是因为自己心里很宽。西庇阿出身于罗马的顶级贵族家庭，三十出头就手握盖世功勋，他完全有理由这样阳光地对待整个世界。但他天然容易低估兄弟们的复杂性，政治里面的情义和道义再深厚，终究不可能完全摆脱利与力。以包庇和纵容对待兄弟们对利与力的追逐其实绝非上策，让他们各安其位又是何其困难。所以，鸽派的理想主义底色会让他们很难绕开"天真"这种政治上致命的危险。

鹰派认为世界本质上是斗争的，兄弟们的投靠也只是暂时的，他们不会跟你一条心，形势有变化他们就顾自己，如果反叛能得到好处，他们很容易就反了。比西庇阿小一岁的老加图是萨宾人，农民出身，混迹罗马，虽然得到瓦莱里乌斯家族的提携，但确实个人打拼非常艰辛。他也完全有理由这样阴森森地对待这个世界。"迦太基必须毁灭！"这句名言看起来很豪迈，其实渗透着老加图内心的不安全和不自信。但是，他天然容易低估政治所必需的道德和理想，政治里面的利与力再强，终究不可能完全放弃道德和理想的解释、引导和规训。以高压和严酷的姿态对待复杂多样的兄弟们会过于简单粗暴，丧尽了心服的话，谁都付不起直接控制所有人的成本。所以，鹰派的现实主义底色会让他们很难绕开自我孤立这种政治上致命的危险。

我必须再次强调我非常喜欢的那句名言：政治应该是现实主义的，政治也应该是理想主义的。这两条原则相互补充时为真，相互分离时为假。[1]我们把镜头给拉远一点，罗马共和当中，西庇阿代表的鸽派和老加图代表的鹰

---

[1] 博兰切利语，转引自萨托利：《民主新论》，冯克利、阎克文译，东方出版社，1998年，第43页。

派，其实和古代中国的儒家和法家的二元结构非常像。一阴一阳，一软一硬，一慈一严，一宽一紧。正所谓"一阴一阳谓之道"。一个庞大的国家，不能是一根筋。必须是两根筋拧成一股绳才有长久发展和繁荣的主心骨。二元结构的健全，是一个大国真正具备帝国本色的标准。还在一根筋地往前冲，就说明帝国还不成熟。

两翼要齐飞

有了鸽派与鹰派二元相反相成的判别标准，我们就可以从罗马来看帝国发展的动态平衡了。鸽派和鹰派各贡献了一只翅膀，不仅少了谁，帝国都飞不起来，甚至合作得不协调，帝国也飞不远。

鸽派和鹰派之间经常吵架，鸽派总是指责鹰派太蛮横、太粗暴、太不讲道理，鹰派总是指责鸽派太软弱、太娘娘腔、太优柔寡断。他们自然是要吵的。吵架对他们来说再正常不过了。但是，他们之间如果不懂得妥协与合作，帝国本身就会变得非常危险。中国历史上最典型的例子莫过于秦二世而亡。秦朝太过鹰派，太过刚猛，太过霸道，结果二世而亡。这说明帝国如果极端地故作强硬，表面上很强悍，实际上会变得很脆弱。同样，过于温和，则无力应对强敌，中国历史上因为文弱而导致亡国的也不乏其人，比如李后主和宋徽宗。[1]

鸽派和鹰派的二元相反相成在一个人身上很难完成，伟大如西庇阿和老加图都只代表了一派，而且没能克服自己一派的缺陷。如果这种平衡和统一通过个人的品性和历练极难达成，那么，稳妥的方式是通过制度引导和规制两派的斗争，促使客观上出现平衡和统一的效果。很不幸，罗马共和在这里没有一如既往地为我们提供光辉的榜样，而是留下了令人痛心的教训。

我们来看看罗马的失衡，关键事件是老加图成功地通过弹劾案让西庇阿黯然隐退。打完了汉尼拔，马其顿又不安分了；马其顿拿下了，叙利亚又不

---

[1]　关于北宋遭受靖康之耻而亡国过程之中宋徽宗应负责任的讨论，可参见伊沛霞：《宋徽宗》，韩华译，广西师范大学出版社，2018年，406—409页。

安分了。不过只要盖世英雄西庇阿出马，没有拿不下的战争。希腊世界和地中海东岸的小亚细亚都落入了罗马的霸权掌控之下。西庇阿一路春风得意，却不料遭遇了老加图致命的政治"狙击"。

老加图暗中指使两个保民官弹劾西庇阿的哥哥路奇乌斯，指控他在叙利亚战争中贪污了叙利亚王国战败之后的赔款500塔兰特。西庇阿被当作证人传唤到元老院的时候，证人做证的程序简直就成了对犯人的审判，两个保民官把火烧到了西庇阿头上，要弹劾他。为达目的，他们甚至翻出来陈年旧事，指控西庇阿当年在对付汉尼拔的一次战斗中越权行事。总之，整个罗马政坛被搞得乌烟瘴气，剧情非常地狗血。

西庇阿在慷慨陈词之后离开了罗马，即便保民官向元老院提议要缺席审判他，他也没有回罗马。有人在元老院仗义执言，西庇阿在法律上没有留下任何污点。但他已经心灰意冷，四年之后，52岁的大英雄在乡间别墅去世。他至死也没有释怀，罗马人为什么要这样对待他，他拒绝把遗体埋在家族墓地里面，他不想埋在罗马。他的遗言是：不知道感恩的祖国啊，你有什么资格拥有我的遗骨。[1]

公元前183年，西庇阿辞世；公元前149年，老加图辞世。比西庇阿小两岁的老加图比他多活了三十多年！西庇阿的过早离世和老加图的长命百岁，显然让罗马更容易往鹰派的方向倾斜。但双方焦灼拉锯了很久。直到迦太基忍无可忍之后进攻努米底亚，然后又愚蠢地拒不接受罗马的最后通牒。西庇阿的养孙小西庇阿在迦太基城下等到的命令是，像毁灭科林斯那样彻底毁灭迦太基。

老加图没有看到大结局，他在84岁高龄去世，第三次布匿战争刚刚开始。不过，迦太基的结局终于如他所愿。对罗马来说，重要的其实不是迦太基被毁灭，而是鹰派路线大获全胜。罗马共和落入了强硬的、蛮横的、掠夺性的帝国主义，直到恺撒和屋大维颠覆了她，把她变成了帝国。[2]

---

[1] 盐野七生：《罗马人的故事》（II 汉尼拔战记），计丽屏译，中信出版社，2012年，第288—294页。

[2] 参见摩根索：《国家间政治》，徐昕等译，北京大学出版社，2006年，第84页。

西庇阿和老加图的动态平衡在罗马并没有结束，后来的恺撒和屋大维都把鸽派和鹰派集于一身。这里需要把我们对二元结构的认识再次升级：鸽派和鹰派的二元对立是帝国内部的世界主义和本土主义的纠缠。就像西庇阿代表了世界主义，老加图代表了本土主义，他们的对立和平衡反映在文化斗争当中，也自然会集中到帝国战略当中。而他们代表的罗马式的世界主义和本土主义之间的纠缠，将会在所有的帝国当中不断地上演，这是帝国的宿命。

中世纪的神圣罗马帝国到底是和教皇缠斗到底，必须当上名副其实的天下共主，还是管好德意志就行？英国到底是做欧洲的协调人，维持均势，还是做好自己大英帝国的主心骨就够了？美国到底是充当世界警察，还是自己光荣孤立？他们都有摇摆，他们都在摇摆中前行。

当帝国的世界主义一面走强的时候，它会背上更多的责任，一方面被人指责虚伪、多管闲事，另一方面大量消耗实力，最终可能虚脱致死。反过来，当帝国的本土主义一面走强的时候，它会夺取更多的实惠，一方面被人指责利欲熏心、为富不仁，另一方面大量消耗自己的道德资本，最终可能众叛亲离。从帝国的这种宿命来看，老大并不好当，当老大是一个走钢丝的活儿，一定要超级会玩平衡，远远不像一般人印象里那样可以为所欲为。懂得这一点，帝国才真正走向成熟，但这也不能保证它就能走得长远。

2.8　改革：上下求索的艰难

　　并吞八荒的罗马共和豪气干云，不过，衰亡的种子总是暗藏在兴盛的欢喜当中。从这一节开始我们用四节讨论五内俱焚的罗马共和，查清她的覆灭和帝制的形成。共和被帝制取代一直是罗马史研究的显学，可以说，如果罗马史只能讲一个话题，大概率就是它。[1]我在《西方史纲》里对罗马共和覆灭的基本判断是，在小而穷的基础上设置的共和制度不能适应罗马变得大而富。[2]旧制度的不适应通过一系列动荡表现出来，上层的贵族斗争和下层的平民崛起都严重冲击了旧制度，这些动荡造就了新形势、酝酿了新打法，共和制度终于被撑破了。改革，可以看成罗马应对大而富带来的棘手新形势所做出的主动自我调整，它要下安黎民百姓，须得上抑豪强权贵，求索不得的恶果不仅是改革者暴毙，更可怕的是国家的裂解。

大而富的麻烦

　　棘手的新形势是从大而富里面来的。罗马共和并吞八荒，最直接的结果

[1]　参见蒙森：《罗马史》（第五卷），李稼年译，商务印书馆，2014年，第十一章。刘津瑜：《罗马史研究入门》，北京大学出版社，2014年，第167—174页。

[2]　李筠：《西方史纲：文明纵横3000年》，岳麓书社，2020年，第87—88、103—108页。

就是把罗马变得大而富了。繁荣富强好啊，这是每个国家都梦寐以求的目标。不过，历数地球上曾经出现过的国家，其中的绝大多数都没有变成大而富，而且，变成大而富的国家稳定地享受繁荣富强的日子也并不长。大块头必须有大智慧，否则很容易由盛转衰、千金散尽。

一般人很容易看到大而富的好处，却不太注意大而富的麻烦。大而富最直接带来的问题就是贫富不均，进而引发人民对公平正义的怀疑和过往激励机制的失效，从而导致政治结构的扭曲变形，没有及时有效调整，很可能会走向解体。这个道理和一帮兄弟一起创业很像。成功之前一起打拼，找到了正确的风口和正确的协作方式，就意气风发地杀出一片天地。问题是，成功了之后呢？同甘共苦的兄弟情义得经得住公司上市股份分配的考验，得经得住合伙制变成公司制之后权力重新分配的考验，得经得住重新确立共同新方向、新目标的考验。所以，兄弟之间到底是"塑料兄弟情"还是真的情比金坚，得靠成功来检验。一个国家也必须经得起成功的检验，否则，辉煌的顶峰往前一步就是万丈深渊。

罗马从小国寡民变成大而富的状态，局面已然是今时不同往日。古罗马著名历史学家塔西佗对这个问题的看法非常精辟，他说：

> 随着帝国疆域的扩大，人类内心中由来以（已）久的、对权力的渴望也就充分滋长起来并且约束不住了。但国家的资源贫乏的时候，平等是容易维持的。但是一旦全世界被征服，敌对的国家或国王被摧毁，而人们可以毫无顾虑地追求财富的时候，贵族和平民之间便开始发生争端了。有时是保民官惹起麻烦，有时又是执政官僭取了过多的权力。内战的最早的一些回合是在罗马城内和广场上进行的。[1]

我们先梳理一下罗马发展壮大的线索，以便对罗马共和"大而富的麻烦"有一个宏观的把握，然后一层层解开罗马启动改革、改革引发内战的逻辑。

---

[1] 塔西佗：《历史》，王以铸、崔妙因译，商务印书馆，1985年，第110—111页。

海量资源汇入了罗马。

罗马的对外战争朝着天下无敌的方向推进，最直接的后果当然是海量的资源汇入罗马，土地、奴隶、金钱、矿藏，应有尽有。虽然前文强调过，物质利益并不是罗马征服最重要的内在动力，但我们丝毫不否认物质利益是罗马征服非常重要的客观后果。

古代战争的残酷性除了体现在战场上的尸横遍野之外，更体现在战争中和战争后的烧杀抢掠。罗马从烧杀抢掠当中获得了海量的财富是不争的事实。古代作家们往往在这个问题上写得不是很清楚，只是大概说夺得金银财宝无数，大批俘虏变成了奴隶，确切的数目并不多，即便写了也未见得准确。[1]但需要注意的是，掠夺只是通过战争获取财富的一种手段，尽管它最为明显，但它也最容易遮蔽罗马通过战争获取财富的全貌。除了掠夺之外，还有以下四点值得注意。

首先，掠夺并不是无一例外地在战后展开。如若战败者签订城下之盟，成为罗马的盟友，它很可能免遭厄运。毕竟为了霸权的铺展，多一个盟友比多一堆瓦砾要强。罗马人编织同盟的政治逻辑客观上在一定程度上抑制了他们的动物性。必须再次强调，军事行动如果不结出权力进一步伸展的政治后果，就没有意义，其实也很难有长期的经济效益。

其次，不掠夺战败者并不代表没有经济收益，直接收益来自战争赔款。战争赔款是罗马开出的战后和约当中必写的条款。但需要注意的是，罗马开出的几乎所有战争赔款都要求分期付款，短的10年，长的甚至50年。而且对战败者来说，罗马要价并不高，不像一战后的《凡尔赛条约》，不会搞垮赔款者的经济运行和财政运行。[2]"惨败"一节解释了第一次布匿战争后战争

---

[1] 比如李维记录的第二次布匿战争结束的状况和阿庇安记录的第三次布匿战争结束的状况，在财务上只有粗略的说明。Livy, *History of Rome*, Vol.Ⅳ, trans. George Baker, New York: Peter A. Mesier et al., 1823, p.216. 阿庇安：《罗马史》（上卷），谢德风译，商务印书馆，2016年，第300页。

[2] 关于《凡尔赛条约》置德国于死地以至于德国无力赔款也引发欧洲经济普遍混乱的诊断和严厉批评，英国著名经济学家凯恩斯在参加巴黎和会的时候就已经提出，他对这种只讲仇恨不看未来、只想赔款不顾经济的颟顸做法表示愤慨，他退出了英国代表团，并著书系统地予以分析。参见凯恩斯：《和约的经济后果》，张军、贾晓屹译，华夏出版社，2008年。

赔款和迦太基经济的比例关系，我们明显可以看到这一点。对罗马来说，战争赔款不是经济武器，而是政治武器，她的目的不是金钱最大化，而是通过这个项目维持两国的政治不对等关系，每年都提醒对方你是战败者，你要履行和约义务，要老老实实做我的盟友。第二次布匿战争后，迦太基曾经提出提前还款，把之后数十年的款项一笔结清，罗马拒绝了。[1]

再次，罗马并不一定从战败者头上收取税金，但一定要让盟友负担军事协助的义务。

承认战败者成为盟友，给它政治上自治的权利，经济上和财政上自然不能直接收税。不过，罗马出门打仗的时候，作为盟友必须提供兵员和物资，比如努米底亚得提供骑兵。罗马也会向盟友征调军粮，但一般都会以相对公平的价格寄付对价，不让盟友们白给。随着罗马的仗越打越远，盟友们有为罗马远征军提供后勤保障的义务，大军路过之时提供给养。[2]

不能把战败者直接变成盟友，但如果这个地方相对文明程度高，战略地位也重要，罗马就把它变成行省，派总督管理。对于行省，罗马是收税的，总督的重要职责，除了军事上的安全和司法上的管理，就是收税。罗马在行省收的税大致分两种，人头税和财产税。税率并不高。但地大人多之后，总量确实可观。

最后，罗马征服最大的经济收益来自大规模市场经济形成后带来的红利。罗马提供的安全、秩序、道路一系列条件逐渐让庞大而多元的地中海世界成为一个畅通无阻的整体。一方面，人、财、物的大规模、远距离流动使得经济极其繁荣，蔚为可观；另一方面，富人们无论产业在哪里，还是想回罗马城获得荣耀，所以整个帝国的金钱都在向罗马城汇集。

"罗马的革命起于一种危机，这危机却不源于……政治冲突，而源于经济和社会的情形。"[3]罗马确实在经济上变得大而富，这种变化确实和罗马的征服直接相关。这看起来很幸福，但它却也是麻烦的客观基础，因为它大

---

[1]　盐野七生：《罗马人的故事》（Ⅱ 汉尼拔战记），计丽屏译，中信出版社，2012年，第279页。

[2]　阿斯廷、沃尔班克等编：《剑桥古代史》（第八卷 罗马与地中海世界 至公元前133年），陈恒等译，中国社会科学出版社，2020年，第246—249页。

[3]　蒙森：《罗马史》（第四卷），李稼年译，商务印书馆，2014年，第65页。

概率会加剧政治斗争。

海量资源的汇入必然引发政治斗争的加剧。

财富迅速增长一定会加剧政治斗争吗？经济学证明，一定会。这里的关键概念叫"帕累托最优"（Pareto-optimality）。它在学术上的意思是指社会资源配置的一种状态，与该状态相比，不存在另外一种可选择的状态，使得至少一个人的处境变好而同时没有任何其他人的处境变差。[1]用通俗的话说就是，在经济生活中，在没有人变坏的情况下，至少有一个人可以变好。资源配置如果能实现这种状态，就叫作帕累托改进。而经济学告诉我们帕累托最优是理想状态，在现实中诸多条件难以满足，几乎不存在。帕累托最优这种无人受损却至少一人得益的状况只是理想之中的，现实中的绝大多数情况都是有人受益的时候就一定有人受损。利己通常都是以损人为代价的。大概只有一种情况能达到无人受损、有人受益的状态，那就是天上掉馅饼。而帕累托最优的反面就是抢劫，一个人的受益绝对以对方的受损为代价。如此说来，经济发展让不同的人的处境以及他们之间的关系不断变化，处于帕累托最优和抢劫之间，结果越接近帕累托最优，当事人越觉得公平合理，越接近抢劫，当事人越觉得不公平、不合理。

罗马征服带来的巨额财富在拿到手但还没有分配的时候，对所有罗马人来说是帕累托最优，因为他们没有一个人受损，但肯定有至少一个人得到了改善。外部资源的汇入看起来真是像天上掉馅饼，这也是掠夺让掠夺者集团内部兴奋和团结的原因。但是，只要一分配，帕累托最优的局面瞬间就瓦解了，因为外部资源、天上掉下来的馅饼瞬间就成了内部事务，成了罗马人之间的事情。它自然也就不再可能是帕累托最优，有人拿到了，就有人少拿了，无论分配规则是什么，都不可能绝对地公平。在掠夺者集团当中，很明显，分配是按等级展开的，执政官拿到的战利品一定比普通士兵多得多。如此一来，罗马的战无不胜意味着富人越富、穷人越穷的态势像滚雪球一般一发不可收拾，等到罗马赢得了第三次布匿战争、马其顿战争、叙利亚战争，把地中海变成内湖，成了世界帝国，贫富差距已经达到

---

[1]　张维迎：《经济学原理》，西北大学出版社，2015年，第291—295页。

了霄壤之别的程度。

贫富差距扩大的过程，从长线来看一定是一个政治斗争加剧的过程。尽管两个过程并不会绝对同步，但它们发展的总体态势是吻合的。传统、道德、权威、纪律等因素会在一定时间内缓冲掉贫富差距带来的不公平的感觉，但时间长了，贫富差距日趋严重，人民生活普遍贫困，任何解释都难以缓解人民心中普遍的不满，政治斗争的火药就充足地积攒下来了。只要一些偶然事件的火星，就能让这个充满了愤懑的社会爆炸。罗马是我们一起打下来的，为什么你们贵族锦衣玉食、奢华腐败，我们这些流血流汗的平民不仅没有改善生活，反而变得更加贫困？

罗马的贫富不均事实上比滚雪球的态势还要严重。因为贵族和平民之间巨大的政治身份和权力的差异、经济和社会地位的差异使得罗马在财富分配问题上落入了"富人越富，穷人越穷"的马太效应。如果只是按照军衔和军功为依据分配胜利果实就足以造成贫富分化的滚雪球态势，那么，贵族们兼并土地的"天性"使得财富更加迅速地向他们集中，雪球滚得简直是插上了翅膀。兼并土地使得大量自由农丧失土地，自由农即便保有土地也难以在市场上和贵族的大田庄抗衡。因为大田庄不仅有资本支撑，还有经济上的规模效益，更有极其便宜的大量奴隶充当劳动力。贵族的奴隶制田庄红红火火和自由农经济的普遍破产，是海量资源汇入罗马之后马太效应的结果。[1]

"奴隶没有什么关系，公民才是紧要的。"[2]对传统的罗马平民来讲，最重要的是土地。罗马共和的基础是自由农经济、自由农阶层和自由农社会政治生活。平时种地，有事打仗，罗马人就是农民—士兵，确切地说是有公民权的自由农士兵。海量资源汇入及其不公平的分配对自由农士兵造成了极大的损害。一方面，战胜得来的绝大部分土地被贵族们拿走了；另一方面，贵族们用大量的奴隶去种地。自由农的生存空间被不断挤压，很多人都破

[1] 参见蒙森：《罗马史》（第三卷），李稼年译，商务印书馆，2005年，第十一章。阿斯廷、沃尔班克等编：《剑桥古代史》（第八卷 罗马与地中海世界 至公元前133年），陈恒等译，中国社会科学出版社，2020年，第257—269页。

[2] 迈克尔·曼：《社会权力的来源》（第一卷），刘北成、李少军译，上海人民出版社，2007年，第319页。

产，沦为无地可种的城市游民。[1]

这样一来，罗马共和的农民—士兵—政治参与人的三合一公民制度就成问题了，罗马共和的基础遭到了严重的侵蚀，逐渐扭曲变形。没有了土地自然就不再是农民，没有农民就没有士兵，既不是农民又不是士兵的底层平民却手握选举权，大势就不妙了。"在那些仍然被少数寡头集团控制着的国家中，日益积聚起来的改革压力必须逐步获得释放，否则，当它增长到某种突破点时就会一发不可收（拾），湮没并摧毁整个社会结构。"[2]破产自由农积攒而成的庞大城市游民群体所蕴含的爆炸性力量将彻底改变罗马，共和既已基础空虚而扭曲，又要面对排山倒海的不满，最后轰然倒塌实在并不意外。

我们对比一组数字，就知道问题有多严重了。罗马自塞尔维乌斯改革以来就有人口普查的制度，目的是摸清家底，最重要的任务就是查清有多少自由农可以当兵。公元前131年，登记在册的罗马公民不到32万，比公元前218年汉尼拔进入意大利时候的28万，看起来变化不大，实际上却是触目惊心。因为这七八十年间罗马赢得了无数的胜利和土地。这还是罗马不断调整公民等级的财产标准之后的结果。[3]在这七八十年之间，罗马灭掉了迦太基、打

---

[1]　关于收入的贫困引发的行为能力的贫困和一系列恶果之间的传导逻辑，阿马蒂亚·森给出了非常精彩的经济学论证。参见阿马蒂亚·森：《以自由看待发展》，任赜、于真译，中国人民大学出版社，2002年，第4章。

[2]　这是著名政治学家亨廷顿对20世纪60年代拉丁美洲多国改革起因的评论，拿来看罗马共和的格拉古改革的起因竟然如此地切中要害，说明改革的政治逻辑对不同时代、不同国家的改革行动来说具有高度的内在一致性。参见亨廷顿：《变化社会中的政治秩序》，王冠华等译，上海人民出版社，2008年，第301页。

[3]　我们从划定公民等级的财产标准可以非常直接地观察到罗马贫富差距的扩大以及传导到它的基本制度规定上。罗马第六等级公民免税、免兵役，第五等级以上缴税、服兵役。第五等级和第六等级的区分标准从6400阿斯先降到了4500阿斯，最后降到了1500阿斯，但负担税赋和兵役的公民仍然在急剧地减少，足见人民的赤贫化非常严重。税可免，罗马也有钱，但兵员基础的急剧萎缩却不能用钱来解决问题。而且，普通士兵的士气和战斗力在这种情况下也变得非常糟糕。形成对照的是，第一等级公民的标准却上涨了10倍，说明富人也在急剧增加。两相比较，罗马贫富差距的扩大非常明显地呈现出来。参见盐野七生：《罗马人的故事》（Ⅲ　胜者的迷思），刘锐译，中信出版社，2012年，第25—32页。布林格曼：《罗马共和国史》，刘智译，华东师范大学出版社，2014年，第171—172页。蒙森：《罗马史》（第四卷），李稼年译，商务印书馆，2014年，第72—73页。

败了马其顿、赢得了希腊的爱戴、击溃了叙利亚的塞琉古王朝，地中海几乎成了内湖，一个战无不胜的庞大国家，兵员基础只增加了一成，地盘却扩大了数十上百倍，这种咄咄怪事背后必然埋藏着巨大的危机！显然，大而富已经给罗马共和带来了致命的大问题。罗马已经到了非改不可的地步了。

这个时候，西方历史上最彪炳史册的改革家格拉古兄弟就可以出场了。先透露他们的结局，作为改革家，他们两兄弟都死于暴乱，而且当权者在很长时间之内都不允许为他们竖立墓碑，不允许人民悼念，他们被当局恶毒地施以"除名毁忆"的酷刑。任何人听到这种故事，心里都很难平静。为国家的存亡竭力推动改革的英雄居然落得如此下场！比起商鞅被车裂、张居正被鞭尸、谭嗣同被砍头，王安石被罢相之后忧愤而死算是好结局了。改革家在中西历史上遭受极度不公正的待遇几乎是常态。按照一般人的惯性思维，一定会把这种现象归结为掌权者太保守、太顽固、太反动。

不过，改革从来都没有那么简单。政治斗争的视角当然很重要，但如果只从这个视角看改革，那么，就很难理解改革的难处，甚至很容易走向改革的反面。此话怎讲？如果只是坏人太坏，那就干掉他们啊，这就不再是改革，而变成了革命，甚至不是革命，而只是政变。革命和政变就离改革的初衷太远了，因为它们的焦点是换人，而不是办事。结果往往是人换了一茬又一茬，事还是办不成。想要把改革顺利推进下去，取得成效，就必须自觉地把它和革命区分开，按照它自身的逻辑走下去。我们来看格拉古兄弟的改革，看看他们的得失，从中剖析出改革的逻辑和改革失败的教训。

改革的方向

大国天然客观存在贫富不均，迅猛崛起的过程把大国变得大而富一定会加剧贫富不均。面对这种情况，政府唯一的选择是通过制度的改革有效地减缓贫富不均，保证国家的团结和稳定，这是改革最基本的正确方向。如此说来，改革的方向一定是实现更多的平等，是使下层民众获得更多的利益，是使整个国家的秩序在很大程度上被重塑而实现新的稳定。

相较而言，改革的第一目标是维护现行的秩序，革命则是颠覆现行秩序；改革的范围相对较小，至少在短期之内会集中在少数几个重大社会政治议题上，革命的范围相对较大，要彻底改变共同体的方方面面；相应地，改革通常相对缓慢，革命则非常迅速。改革是"在领导、政策和政治制度方面发生范围有限而又速度和缓的变化"，而革命则"涉及价值观念、社会结构、政治制度、施政方针及社会政治领导方面的迅速、完全和剧烈的变化"。[1]

格拉古兄弟以《土地法》为核心的改革从方向和目标上看完全是正确的。在古代社会，农民的生存改善、农业的效率提高、国家自农业而来的财政收入稳定增长，是改革的核心议题。中国古代著名的商鞅变法、王安石变法、张居正变法都在农业上大做文章，商鞅废井田、开阡陌，以小农为基础的土地私有制形成；王安石立青苗法、免役法、方田均税法、农田水利法，一望而知目的就是抑制土地兼并、调动亿万小农；张居正实施一条鞭法，做法也是抑制土地兼并，安农于田，从而丰实国库。[2]成熟而庞大的农耕文明必须安顿好自己的基础，农业是最具基础性的经济部门，也是绝大多数民众基本的生存方式，还负担着国家最基本的税源和兵源。土地兼并形成的大庄园，在经济上可能效率更高，但在政治上决不可接受。一方面，作为国家基础的农民会因土地兼并变成生活无着的流民，国家的税源和兵源逐渐枯竭，而流民则成为推翻国家的主力；另一方面，作为国家对抗性力量的大庄园主会被土地兼并大批量地制造出来，他们在赋税、徭役、兵役、管理各方面与国家展开竞争，甚至拥有自己的武装，与国家在军事上形成对峙。所以，一个成熟的农业帝国总是必须面对安顿农民—抑制兼并—丰实国库这种三位一体的任务，完不成这个任务，帝国解体或者王朝更替就不可避免。事实上，绝大多数王朝都没有像北宋有王安石、明朝有张居正，即便有，他们也没有完成改革。古代改革史，无论是罗马的格拉古兄弟还是中国的王安石、张居

[1] 亨廷顿：《变化社会中的政治秩序》，王冠华等译，上海人民出版社，2008年，第287页。

[2] 万志英：《剑桥中国经济史：古代到19世纪》，崔传刚译，中国人民大学出版社，2018年，第48—51、201—206页。刘守刚：《财政中国三千年》，上海远东出版社，2020年，第48—53、236—245、299—305页。郭建龙：《中央帝国的财政密码》，鹭江出版社，2017年，第251—267、355—358页。

正，都证明改革是一项极其容易夭折和遭遇反扑的事业，而它们的失败意味着对国家和人民来说正确的道路被堵死。

任何国家都存在有识之士，对于棘手的形势做出正确的判断、拿出相应的办法。在格拉古兄弟改革之前，罗马平民们已经用激烈的抗争表达了自己的不满。有公心、有见地的贵族们已经形成了共识，改革是必须的，而且，重点问题就是土地。大致方案就是抑制贵族们在新占领土地上的瓜分，把更多的土地分给平民。罗马的土地法其实已经不止一次地出台，目的也都是安顿小农、抑制兼并，然而，都收效甚微。尤其在不断取得战争胜利的背景下，海量土地、奴隶、资本的洪流汇入，限制个人拥有的土地上限这种做法遭遇了顽固坚决的公然抵制和不计其数的下有对策。[1]

罗马贵族为什么会形成土地改革的共识？因为这种思路是共和国基本性质自然引导出来的，甚至是农业帝国的基本政治通则自然引导出来的。从共和的角度看，共和是人民的国家，是以自由农士兵为基础的国家。如果国家属于人民，人民为什么会变成流民？流民还会把共和当成自己的国家吗？即便他们还是把共和当成自己的国家，他们还会当兵纳税吗，还会安分守己吗？如果不在制度上合理地、巧妙地均贫富，让穷人在生活上稳稳地安顿好，共和的基础就会坍塌，共和政治就会在穷人和富人之间无休止的恶斗中完全劣质化，共和就会走向崩溃。

通常而言，农民是农业帝国当中最老实勤恳的阶级，他们没有那么多伟大而玄虚的理想要实现，他们最容易安于现状，所以他们最容易被欺负，被欺负之后也很难有对抗的办法。"没有哪一个社会集团会比拥有土地的农民更加保守，也没有哪一个社会集团会比田地甚少或者交纳过高田租的农民更为革命。"[2]农民问题总是具有天然的"积累性"。它爆发出来，往往是问题已经积累了很长一段时间了，已经比较严重了，参与人数已经非常可观了。如此说来，改革就是要安农于田，而且妥善安置农民的速度必须比农民变成流民，进而变成起义军的速度更快。在农民赤贫化问题为主的社会政治

---

[1]　布林格曼：《罗马共和国史》，刘智译，华东师范大学出版社，2014年，第176—184页。

[2]　亨廷顿：《变化社会中的政治秩序》，王冠华等译，上海人民出版社，2008年，第311页。

情势当中，改革是在和革命赛跑。

罗马的土地和农民问题比起上述通则稍有自身的特殊性。这和罗马共和的政治性质和制度安排相关。中国古代的农民问题长线来看都是以农民起义和王朝更替的方式予以暂时性的解决，罗马共和则不是。区别在于中国古代的农民没有直接的政治参与渠道，而罗马赤贫化的公民们有，他们有投票权，是贵族讨好和拉拢的对象，他们还可以用撤离和暴乱威胁贵族，取得贵族的妥协。他们的存在感很强，无论在他们自己心里还是贵族们的心里，都很强。贵族在面对他们的时候分裂了，而其中为他们说话、帮他们想办法、和他们打成一片的平民派显贵逐渐占据上风，新平民和新显贵之间的合作成就了古代历史上最壮观的民粹主义。这不是中国古代的改革家们的状态。商鞅、王安石、张居正都为赤贫的农民想办法，但他们的政治站位是高高在上的国之柱石，安民是为了强国，他们从来不准备通过动员农民来完成改革，他们所持的是民本主义价值观。正是罗马的这种特殊性让罗马在洪流的冲刷之下从共和走向了帝制。

改革的方法

改革是正道，不过，好心办好事也得讲究方式方法。格拉古兄弟的方式方法欠妥，是改革失败的主要原因，因为他们把改革干成了革命。我们从以下三个方面来看到底为什么他们的做法大大欠妥。

首先，改革必须"上下求索"，而不只是俯身向下亲近民众。

格拉古兄弟没有团结好贵族们一起推进改革大业，他们在核心决策层没有搞好团结，甚至都没有积攒充足的力量。

改革和革命的不同点之一是自上而下，是由统治集团发起，有计划、有步骤、有方向地推开。所以统治集团步调一致很重要。格拉古兄弟俩都没办成这件事情，而且把它推向了反面，他们都试图动员流民去压制顽固的贵族，原来的整个统治集团几乎都被他们推到了改革的对立面。这实际上就把改革干成了革命：动员下层，推翻上层。

改革比起革命，一个重大难点是在势力划分和斗争策略上不是二分法，而是三分法，改革派"必须两线作战，同时面对来自保守和革命两方面的反对"[1]。保守派不想改，革命派想改天换地，改革派居中，就必须上下求索。上要利用保守派内部的分歧，让他们分化，促使他们更多地从保守派变成改革派；下要节制革命派的热情，让他们冷静，促使他们更多地接受缓和而稳妥的改革方案。如果改革派过于懦弱，就会被保守派吸收，改革也就自动终止。但反过来，改革派过于激进，相当于加入了激进派，局面就自动从三分变成了两分，激进派誓死推翻保守派的黑白大搏斗开始了，改革也就自然死亡了。

改革家必须上下求索，同时分化保守派和节制激进派，把各方拢到改革的大局中来，而不是推动任何一方走向对立，掀桌子、散摊子。这需要极其高超的政治技艺，而不是光有政治热情就能办到的。没有热情，改革无法启动；光有热情，改革势必变成革命。"实际改革所必须的政治才能是罕见的，仅此一条就足以说明为什么改革是如此罕见了。"[2]我们来看看格拉古兄弟在这个问题上怎么把好牌打烂了。

按罗马传统，格拉古兄弟出身都特别好，有政治资本推动改革。他们的妈妈是大西庇阿的女儿，"非洲征服者"可是当时罗马政治第一人。他把女儿嫁给格拉古兄弟的爸爸，就是因为爸爸人品特别好，有军功，而且名声特别好。虽然爸爸很早去世，但妈妈一心一意把他们兄弟俩和姐姐拉扯大。罗马再婚的情况非常普遍，妈妈甚至拒绝了埃及法老的求婚。她成了罗马妇女的典范。姐姐长大之后嫁给了小西庇阿，就是大西庇阿的养孙，亲手毁灭迦太基的统帅。他们兄弟俩成了新一代罗马政治第一人的小舅子，还跟着姐夫一起去西班牙打仗，有了军功。这还不算完。他们两兄弟还分别娶了罗马顶级贵族家庭的女儿，两位岳父都是德高望重的元老，在元老院里排名数一数二。按照门第出身来看，他们兄弟俩几乎是贵族中的贵族。[3]可他们偏偏就和老贵族们直接对着干。

[1]　亨廷顿：《变化社会中的政治秩序》，王冠华等译，上海人民出版社，2008年，第288页。

[2]　亨廷顿：《变化社会中的政治秩序》，王冠华等译，上海人民出版社，2008年，第288页。

[3]　普鲁塔克：《普鲁塔克全集》（Ⅲ 希腊罗马名人传），席代岳译，吉林出版集团，2017年，第1471—1474页。

　　公元前133年，哥哥提比略·格拉古在保民官任上提出了《土地法》，因为这部法律调整的对象只限于国有土地，所以并没有引起大地主们明目张胆的公开反对，他们的私有地产并没有被打土豪分田地，而且罗马兵员匮乏已经是大家都想解决的问题。但小农种地需要一定的资本启动，提比略提议用国库资金支持的时候，很多之前没有公开对改革表态的贵族现在都公开了反对立场。保守派因为名不正言不顺，就暗地使坏，支持格拉古兄弟的好朋友马克·屋大维行使保民官否决权对付《土地法》。提比略在和屋大维公开辩论无法改变对方立场之后，提议公民大会罢免屋大维。《土地法》固然获得通过，罗马共和第一起因为政见不同罢免同僚的案件也由此产生。保守派一击未中，反而促使提比略拥有更大的名望和实际权力，他们自然会团结得更紧。

　　随后，小农扶助金没有着落，帕加马国王送来了大礼。帕加马国王写下遗嘱，他死后将帕加马并入罗马，成为一个行省。提比略想用这个新行省的税赋作为小农扶助金的来源。按罗马当时的惯例，行省设立的职权在元老院。提比略这种想法和做法就不只是在找点钱来支持《土地法》的运转，而变成了和元老院争权。这样一来，很多本来支持土地法的贵族都倒戈了。提比略和元老院的剑拔弩张已经非常明显。

　　保民官的任期只有一年，提比略为了连任来推进改革事业，必须团结平民，他在选举前搞了集会。元老院以为平民要拥戴提比略当国王，神经紧绷，双方对峙，结果发生了踩踏和混乱，提比略在混乱中被暴徒袭击身亡。

　　哥哥和元老院的对峙还算不上你死我活，他死后并没有被污名化，而且《土地法》继续实施。但弟弟盖乌斯·格拉古是带着颠覆元老院体制的图谋来的。公元前124年12月他一上任就推出了一系列法案，显然，他是有备而来。

　　为了彻底解决罗马面临的难题，盖乌斯贯彻《土地法》，推出《小麦法》，推动《殖民城市法》，这些社会经济改革当然存在着实施它们钱从哪里来的难题。更重要的是，盖乌斯着力提高骑士阶级的经济和政治地位，甚至要给他们元老院议席；《陪审改革法》准备把原来由元老们充任的陪审员完全用骑士来替代；《行省法》修订则想把富饶东方行省的税赋用来作为支持改革的资金；选举规则由第一到第六等级的尊卑有序依次投票变成所有等级同时投票；最后，给予意大利全境人民拉丁公民权。当然，盖乌斯还要通过保民官可以连选连任的法律，保证自己握有正式的重大权力来主导改革。元老院很快就结成了反对盖乌斯的统一战线，阴的，造谣中伤，把盖乌斯的一切改革举措都说成是谋取私利和权势；阳的，派出德鲁苏斯任保民官，提出各种法案给盖乌斯的法案"添砖加瓦"，让所有改革措施更加激进，以至于难以执行。

　　结果，又是集会出了事。如果说哥哥提比略死于集会只是场面失控造成混乱导致的"意外"，那么，元老院针对弟弟盖乌斯的集会发布了非常严厉的"最终劝告"。"元老院最终劝告"相当于现在的国家进入紧急状态。执政官得到授权，凡是有反对国家行为者，无须审判，格杀勿论。事态最终演变成执政官奥皮米乌斯用正规军剿灭盖乌斯同党，盖乌斯当天在逃亡中自杀，事后被清洗的同党多达3000人，"除名毁忆"的酷刑随后施加。[1]

　　格拉古兄弟和元老院的对立程度越来越高，弟弟盖乌斯的很多措施实际上就是在削夺元老院的职权。他们没有成功地"上下求索"，上，他们没能有效地分化元老院，反而使元老院最终结成了铁板一块的反改革统一战线；下，他们没能有效地节制追随者和赤贫化平民的热情。他们都不是善于协调政治关系的政客，在元老院或者私人宅邸穿梭从来不是他们的强项。相反，他们都是非常杰出的演说家，站在台上雄辩滔滔，场下必是群情激昂。[2]盖乌斯和他的同党最终遭到元老院的血洗，是盖乌斯本人在改革中实施错误政治策略的必然结果，因为把改革应有的三分局面变成革命的两分局面的人正是他自己。正是由于格拉古兄弟采取了二分法的基本路线，罗马贵族在民粹

---

[1]　阿庇安：《罗马史》（下卷），谢德风译，商务印书馆，2016年，第6—25页。蒙森：《罗马史》（第四卷），李稼年译，商务印书馆，2014年，第二、三章。盐野七生：《罗马人的故事》（Ⅲ 胜者的迷思），刘锐译，中信出版社，2012年，第32—68页。

[2]　普鲁塔克对格拉古兄弟的口才有比较详细的描述，评价是"其他演说家与他相比有如黄口小儿"。普鲁塔克：《普鲁塔克全集》（Ⅲ 希腊罗马名人传），席代岳译，吉林出版集团，2017年，第1479、1490—1493页。蒙森说弟弟盖乌斯·格拉古是"罗马所有演说家的魁首"。蒙森：《罗马史》（第四卷），李稼年译，商务印书馆，2014年，第93页。Robert Morstein-Marx, *Mass Oratory and Political Power in the Late Roman Republic*, Cambridge: Cambridge University Press, 2004, pp. 267-271.

潮流面前无可挽回地分裂成了平民派和贵族派，罗马共和"就在这两派之间的争斗中被撕得粉碎"[1]。

然而，如果发动革命，誓死铲除元老院，他们又没有准备——做此打算的话，就必须手握重兵，强力推行改革的时候让元老院不得不俯首称臣，让元老院从决策核心彻底降格为咨询机构，但他们手里没有一兵一卒。尤其是弟弟盖乌斯，在元老院动武之后，他甚至都没有领导同党进行武装反抗，而是选择了逃跑，随后在逃跑途中选择了自杀。[2]他们对罗马存在的问题看得够深、够全，解决方案也够大、够远，但他们的政治技艺和军事能力不足以支持他们完成大业，他们自己对改革所必需的权力过于掉以轻心。马基雅维利对这个问题的论断非常狠绝，确实道破了实质："所有武装的先知都获得胜利，而非武装的先知都失败了。"[3]

其次，改革必须有效地控制实施的步伐。

就像军事谋略和政治谋略一样，改革并不是费边战就一定能拖赢，也不是闪电战就一定能命中，它必须有快有慢，该快的时候快，该慢的时候慢，但快慢的控制权必须掌握在改革派手中。

如上文所述，格拉古兄弟的《土地法》草案并不极端，但他们一步步走向极端，让改革失去了稳健的步调，甚至失去了控制权。我们先来看作为改革起点和核心的《土地法》，它规定：第一，租借国有土地的上限为500尤格（相当于125公顷），儿子再租借，一个儿子名下不得超过250尤格。全家租借总额不得超过1000尤格。第二，国有土地租借权可以继承，不可转让。第三，租借已超过1000尤格的，多余部分退还国家，国家支付补偿金。国家设立常设委员会以租借形式再将此类土地分配给农民。[4]

---

[1] 撒路斯提乌斯：《喀提林阴谋 朱古达战争》，王以铸、崔妙因译，商务印书馆，1996年，第258页。

[2] 盖乌斯最终要求随他逃跑的唯一一名奴隶杀死他，奴隶服从了他的命令。见普鲁塔克：《普鲁塔克全集》（Ⅲ 希腊罗马名人传），席代岳译，吉林出版集团，2017年，第1503页。

[3] 马基雅维利：《君主论》，潘汉典译，吉林出版集团，2011年，第22页。

[4] 关于《土地法》内容的详细分析，见马尔蒂诺：《罗马政制史》（第二卷），薛军译，北京大学出版社，2014年，第389—396页。

贵族们没有公开反对的原因是这个法案没有涉及私人地产，没有打土豪分田地，但他们未来进一步扩大地产的机会被限制住了。如果不是眼前的切肤之痛，还是可以通过各种下有对策去转圜的，所以没必要立刻激烈反抗。何况，土地问题引起的社会不稳和兵源匮乏也确实是大问题。但随后的事情就一步步变味了。《土地法》实施需要给小农们扶助金，贵族们不同意从国库出；打帕加马国王遗赠的主意不仅动了元老院的钱，也动了元老院的权。

改革的核心措施很明确，但实现核心改革措施必须有相应的配套措施。造车得配好轮子。从扶助金来源问题来看，哥哥没有把轮子准备好就开始造车了，结果陷在了造轮子的环节当中。还没解决，就死于暴乱。

弟弟就任保民官之后的一系列法案表明他把整个改革计划想得更周全了。《土地法》必须实施，这是改革的核心。为了稳定罗马的社会治安，《小麦法》出台，国家购买小麦再以低价卖给所有平民，赤贫化的平民显然从中受益最大。《军队法》降低最低等级公民的服役年限，减轻他们的负担。不愿意回到田里的平民可以去修桥修路，《公共事业法》出台。再不行就移民建立新城市，《殖民城市法》出台。这一系列法律都通过了。其实并不是所有的配套改革措施都会被保守派狙击。对平民有益，保守派又不反对的改革举措，就应该迅速推进。盖乌斯做到了。[1]

但是，保守派的财产、地位、权力被改革措施触动时，他们必然全力反扑。这个时候不顾利益平衡地迅猛推进，就很容易造成统治集团的决裂。结果便是流血收场。

改革和革命的重要不同点是稳妥把握利益的平衡，把原来不平衡的利益格局往平衡的方向调试，而不是像革命那样掀掉桌子从头来。所以，改革的方案必须有所折中，不能走极端，不能为了打击保守派而打击保守派，而是为了掌握改革的控制权而有节制地打击保守派。

为了消除改革阻力，让骑士阶级进元老院，陪审员全部由骑士担任，《行省法》削夺元老院设定税赋的权力，废除投票尊卑有别的投票顺序，普发公民权。元老院在受到这些迅猛打击的情况下，回头再看作为改革核心的

---

[1]　盐野七生：《罗马人的故事》（Ⅲ 胜者的迷思），刘锐译，中信出版社，2012年，第49—50页。

《土地法》，简直就是蓄谋已久的战书。这样一来，尖锐的政治斗争就直接打断了问题的解决。一贯对元老院持强烈批评态度的撒路斯特都承认："格拉古兄弟求胜之心过于急切，以至他们的行动表现得不够持重。"[1]

改革的控制权，改革措施的快与慢，之所以极难把握，就在于背后的权力安排存在着难以实现的超高要求："增进社会—经济平等的措施通常要求权力的集中，而增进政治平等的措施则要求权力的扩散。"[2]在格拉古兄弟改革当中，以《土地法》为核心的社会经济改革举措为了普惠下民，必须有足够大的权力把这一系列措施实施和推广，没有集中的权力，普惠的事情推不动，很容易被官员们的下有对策搁置起来。而骑士和元老院的平等、意大利盟友的公民和罗马城公民的平等，是在扩散权力，通过给更多的人权力来重塑权力的宏观结构。所以，为了集中权力，格拉古兄弟追求保民官的连选连任，为了扩散权力，格拉古兄弟削夺元老院的职权。但问题是，他们凭什么让元老院出局？他们准备好控制一个没有元老院的罗马共和了吗？归根结底，他们想好怎么重塑罗马的权力格局了吗？答案是都没有。所以，他们对改革的硬底牌没有充分的把握，对改革的控制权自然也就处于追求极端最大化的状态，也就不能非常主动地控制改革的节奏，只是一味地图快。如此一来，改革就变成了革命，革命就面临着镇压。

再次，改革必须树立极好的公共信誉。

公共信誉关乎人心向背，对于改革至关重要。有公共信誉，即便因为改革措施遭受损失的反对者，也很难公然反对改革，他们至少还能保持表面上的团结。丧失了公共信誉，改革完全被大多数人——甚至包括改革的受益人——看成新一茬贪官污吏中饱私囊或者夺权起势的游戏，改革的道义基础就很容易瓦解。革命几乎不需要面对类似的难题。革命情势下，只有党派忠诚，没有公共信誉。革命最重要的是抓住自己一方的"死忠粉"，然后让这个群体不断地扩大。在革命派和反革命之间并不存在公共信誉，两派各信各

---

[1] 撒路斯提乌斯：《喀提林阴谋 朱古达战争》，王以铸、崔妙因译，商务印书馆，1996年，第259页。
[2] 亨廷顿：《变化社会中的政治秩序》，王冠华等译，上海人民出版社，2008年，第288页。

的，把自己说得无比高尚，把敌人说得无比邪恶，不需要对方承认自己。

格拉古兄弟——尤其是弟弟盖乌斯——在改革时就已经面临着保守派的疯狂抹黑，说他们的改革就是谋私利、夺公权。但他们自己的行动却很大程度上坐实了这种恶意的抹黑，关键问题出在土地法改革委员会。

土地法改革委员会是非常必要的。"几乎所有成功的土地改革，都需要建立起专司其事的机构。凡是在没有设置这种机构的地方，……改革就会毫无效果。"[1]这是因为土地改革既意义重大，又牵涉海量的繁杂事务，普通行政官僚体系的怠惰和怠工很容易让土地改革像泥牛入海一样无影无踪。而且，罗马当时并没有发达的行政系统。这个任务只能由格拉古兄弟亲自操刀。

我们来看看这个改革核心机构的人员构成。第一拨，哥哥提比略，弟弟盖乌斯和哥哥的岳父。第二拨，哥哥死后，补充了弟弟的岳父。第三拨，哥哥的岳父死后，补充了弟弟的死党弗拉库斯。[2]最后领导同党对抗元老院清洗的正是弗拉库斯，失败后，他的人头和弟弟盖乌斯的一起被放在罗马广场示众。作为解决土地问题核心机构的三人委员会，根据新的《土地法》有权决定哪些地是国有土地，可以分给平民。它一直都是格拉古兄弟和他们的岳父、死党组成的，远不够公开透明。照保守派的看法，这个委员会就是打土豪分田地的指挥部，他们就想尽办法不让它正常工作。其实换作任何人，看到这样的人员构成，也很难不起疑心。[3]

改革和革命的重要不同点是权力共享，改革派和保守派在分享权力的过程中一起解决问题，在解决问题的过程中凝聚共识。改革不能像革命那样，我全对，你全错，我要拥有全部权力，把你完全碾碎。所以，改革的核心部门必须邀请反对派参与。共享权力当然会让保守派阻挠改革的机会大大增加，因为他们的成员也在核心权力机构当中。但是，共享权力一方面能让保守派相对安心，更重要的是争取开明派和广大群众的支持，向全社会树立起

[1]　亨廷顿：《变化社会中的政治秩序》，王冠华等译，上海人民出版社，2008年，第326页。

[2]　蒙森：《罗马史》（第四卷），李稼年译，商务印书馆，2014年，第79页。

[3]　马尔蒂诺：《罗马政制史》（第二卷），薛军译，北京大学出版社，2014年，第397页。

公平、透明、有公心的正面形象。

即便保守派成员在核心机构中使坏，也要充分利用这种机会展开合法斗争，公开他的恶行，赢得更多的支持，在维护公共信誉的基础上稳步替换核心机构的成员，让开明派成为支持改革的重要力量。公共信誉的重要性和脆弱性决定了核心权力机构必须多方分享权力，权力的斗争必须通过公开的方式进行，斗争的结果是吐故纳新，最终达成开明派占据主导、保守派有苦难言的局面。很明显，这种权力斗争没那么爽快、痛快、畅快，它需要韧劲、机巧和耐心，这些权力斗争的特点其实正是改革本身的性质所要求的。

回头审视格拉古兄弟对土地改革委员会的设置，一方面可以看得出他们太热情，太急于求成，另一方面可以看得出他们可用的铁杆并不多。这个委员会面对如此艰巨的任务，却是如此地单薄，他们展开改革的核心队伍确实是难撑大局。在力有不逮却又理想高涨的时候，很可能就会理直气壮地做出越法之事。

改革的界限

好心办好事也要顾及法纪，尤其是国家的基本政治结构。改革是有界限的。

改革的阻力越大，改革者就越想突破常规，去获得更大的权力，来对抗反对派的束缚。在越来越尖锐的政治斗争中，他们就想去获得超越法律的权力。改革由此就会走向自己的反面：它不再是维护共和，而变成了颠覆共和。改革之所以是艰难的上下求索，很重要的原因是它往上是在不断试探共同体的天花板，即共同体的宪制。在试探过程中其实很容易把宪制捅破，导致共同体的崩溃或者解体。往下，改革是在不断塑造共同体的根基，即共同体的民情。在塑造过程中其实很容易把民情变得更恶劣，导致共同体基础的腐化和坍塌。上下两端都是改革者必须谨慎面对的界限。

格拉古兄弟对共和制度的严重破坏由哥哥开头，弟弟干了个痛快。我们先简单看一看他们干了哪些坏规矩的事情，其实上文都提到了。

第一，保民官任职终身化。

第二，削夺元老院职权。

第三，踢开元老院立法。

这三个大问题下一节再细谈，因为它们惹出了罗马共和政治体系彻底改变的态势，我们把它们放到新态势中去看。

元老院最后给格拉古兄弟安上了恢复君主制的罪名，在我看来，其实并不算特别冤枉。共和的法纪，乃至基本政治结构，被他们的（尤其是弟弟的）所作所为严重破坏。上述三条，不要说兄弟二人彻底实现，只要他们惹出苗头，都是对共和制度的极大威胁，"在政治上给罗马造成了巨大的灾难"[1]。他们已经从挽救国家的初衷一路狂奔到坐实国家的分裂、摧毁国家的根基。而后来人真的把他们颠覆共和的未竟事业发扬光大了。难怪蒙森批评弟弟盖乌斯是"政治上的纵火犯"，而他的看法其实早就隐含在古代作家阿庇安的写作意图当中，他的《内战史》就是从格拉古兄弟改革说起。呼应阿庇安将格拉古兄弟改革看成罗马内战起点的，在他旁边有罗马最具政治见识的历史学家塔西佗，在他们之前有罗马最伟大的作家西塞罗，在他们之后有罗马最伟大的神学家奥古斯丁。[2]

格拉古兄弟改革几乎像人类历史上所有的改革一样，我们越是深入了解，就越是心里五味杂陈。从古至今的作家们在叙述格拉古兄弟改革的时候其实也一样，从咒骂、控诉、指责到解说、分析、揭示再到同情、惋惜、辩白，应有尽有。透过白纸黑字，仿佛能听见千百年前他们的拍案声或者叹息声。改革比我们想象的要复杂得多、困难得多、艰巨得多。罗马史上乃至整个西方历史上最著名的格拉古兄弟改革，仔细看来，提供的几乎全都是教训。这足以说明改革为什么这么难，也说明汲取教训是多么重要。

---

[1] 布林格曼：《罗马共和国史》，刘智译，华东师范大学出版社，2014年，第189页。

[2] 蒙森：《罗马史》（第四卷），李稼年译，商务印书馆，2014年，第86页。阿庇安：《罗马史》（下卷），谢德风译，商务印书馆，2016年，第十三卷。西塞罗：《国家篇 法律篇》，沈叔平、苏力译，商务印书馆，2002年，第78页。奥古斯丁：《上帝之城：驳异教徒》（上），吴飞译，上海三联书店，2007年，第124—125页。阿米蒂奇：《内战：观念中的历史》，邹娟、伍璇译，中信出版社，2018年，第41—42页。

2.9 民粹：崛起平民的脱缰

　　格拉古兄弟改革，目的是通过《土地法》为核心的一系列措施安顿赤贫化的平民，让大而富的罗马找到自己新的正轨。但格拉古兄弟的方式方法大大欠妥，他们几乎是在用干革命的做法来迅猛地推进改革。他们过于激进的做法已经超出了改革的界限，给罗马带来了革命性的改变，有些改变是他们明确追求的，有些却是他们始料未及的。但这些有意图的后果和非意图的后果结出了一股不可逆转的大势，那就是平民政治变成了汹涌的洪流，罗马共和因此地动山摇。这股平民主义的洪流不是健康的民主，而是糟糕的民粹。只有看清楚格拉古兄弟怎么样点燃了民粹的鬼火，才能理解马略令人发指的大屠杀不只是一时任性，也才能理解后来苏拉的恐怖统治和共和的无可救药，共和被帝制取代的底层逻辑也就清楚了。

民粹政治逻辑解析

　　"民粹主义"（Populism）这个词确切地说是非常现代的。它的直接原型是19世纪中叶的俄国的民粹主义和19世纪90年代的美国人民党运动。俄国的民粹主义是俄国知识分子制造出来的，是反沙皇专制的思想武器。他们主张下层民众（主要是农民）就是对的、好的、善的，是政治合法性的终极来源，知识分子应该为他们服务；政治的事情就只能由平民通过激进的手段推动，必须通过革命彻底改变社会政治制度；所谓精英，都是肮脏、腐朽、反动的坏蛋；他们的思维方式非黑即白，非常极端，用人民的名义残酷地消灭一切反对派。[1]

我借用"民粹"这个词来谈罗马共和的衰败，是想通过民粹政治的逻辑说明坏民主其实存在着古今一贯的共性，伟大如罗马共和也经不起民粹政治的冲击。这里面的政治逻辑有些曲折，很多罗马的现象今天依然存在，但其中的道理并非一望而知；很多罗马的现象今天已经不明显，但其中的逻辑仍然在后台运行。对政治而言，"显"和"隐"、"名"和"实"会因为现象的复杂交缠而变得模糊难辨。政治里面很多表面上相差很远的东西，其实离得很近，并非水火不容，而是暗通款曲，比如君主和平民（僭主和暴民）；相反，政治里面很多表面上离得很近的东西，其实相差很远，并非略微变通，而是南辕北辙，比如民主和民粹。

罗马共和晚期的民粹政治，和古希腊古典时代晚期的暴民政治之间，具有很高的相似性。它们都被民粹主义的批评者视为现代民粹主义遥远却典型的源头。柏拉图和亚里士多德对古希腊劣质化民主都有非常深刻而严厉的批评。他们批评的其实就是民粹，用亚里士多德的术语来说叫作"极端平民政体"，而他的老师柏拉图则基本上就是把民粹等同于民主。在他们看来，平民（民粹）政体就是多数人掌权却只顾追求私利的政体，它就是暴民政体，是最坏的政体。[2]

柏拉图和亚里士多德的这种看法，在之后的2000多年里，一直是西方的主流。即便现代民主经过了宪制、代议制、政党竞争和多元主义的层层改造和限制，民粹也并不会消失。因为"民主本身即含有民粹的基因，具有朝向

[1] 米勒、波格丹诺编：《布莱克维尔政治学百科全书》，邓正来等译，中国政法大学出版社，1992年，第588—589页。费吉斯：《娜塔莎之舞：俄罗斯文化史》，郭丹杰、曾小楚译，四川人民出版社，2018年，第四章。

[2] 柏拉图：《理想国》，郭斌和、张竹明译，商务印书馆，1986年，第335—337页。亚里士多德：《政治学》，吴寿彭译，商务印书馆，1994年，第309—326页。李筠：《西方史纲：文明纵横3000年》，岳麓书社，2020年，第56—63、363—370页。

民粹发展的内在趋向"。[1]这背后的道理其实亚里士多德已经讲得很明白：政治植根于人性。最简单的办法，我们可以把人性和政治的关系理解成映射关系，好政治植根于人性中的善良天使，坏政治植根于人性中的肮脏和邪恶。如果人不能一劳永逸地让人性完美无缺，坏政治就会隔三岔五、改头换面、难以察觉地死灰复燃。但人性和政治之间的关系远比映射复杂，因为人性中的善良和美好很可能助纣为虐，人性中的肮脏和邪恶也可能成全大局。政治可为的空间就是通过建立制度去引导无数人的行为，达成共善的局面，惩恶扬善只是其中的路线之一而不是全部。但无论如何，只要人性中存在着自主、自尊、自立以及和他人平等的成分，民主政治就有生命力。相应地，人性中这些听起来不错的成分暗含着、夹杂着、携带着唯我独尊、非黑即白、任性放纵、好逸恶劳，它们的膨胀就会把健康的民主变成糟糕的民粹。所以，民粹不只是存在于遥远的古希腊罗马，它在我们每个人心里都有种子。

我们来看看民粹的特征和逻辑，也就是它的病征和病理。

第一，民粹的基础是坚决主张平民至上。这是区分民粹和其他民主的首要标准。

实行民主的国家，无论古今中外，都承认"人民至上"，现代民主更是必须承认人民主权。"人民"是谁？"共和时代"一节已经谈过一些。健康的民主并不急于找出绝对清晰的答案。因为人民和人一样是在不断成长的，疆域的改变、世代的延续、观念的更迭都决定了绝对清晰的答案最多只是一个极其有限的切片。人民的意志必须通过多元的、稳妥的、长脉络的方式去不断地寻找、展现和澄清。

民粹不这样，它坚持人民就是平民，就是现在活着的这些底层民众，贵族、地主或者资本家作为异质因素都被排除在外。平民拥有全部的道德优越性和政治合法性，人民（平民）成了一个集所有美好于一身的想象的共同体。而且，这个共同体具有明显的排他性和攻击性，不仅贵族、地主或者资

[1] 丛日云：《从精英民主、大众民主到民粹化民主——论西方民主的民粹化趋向》，《探索与争鸣》2017年第9期。

本家都是坏人，他们卑鄙、肮脏、邪恶，甚至一切不与我为伍、不加入人民的人，都是坏人，也都是敌人。反精英因此成为民粹非常重要的可观察到的特征。民粹主义的顶层是一种对平民、穷人、劳苦大众的纯粹政治想象。民粹坚持看得见摸得着的平民是人民之时，已经陷入了自己制造的"超级政治幻觉"。[1]

　　第二，民粹的政治运行是僭主当政。这是民粹政治实际运转的必然选择。

　　民粹政治通常以政治运动的方式出现，它的形式主要是广场集会、群众抗议，甚至暴乱骚乱，看起来都像是乌合之众的盲动。民粹运动的政治诉求似乎也高得离谱，几乎让任何当局都无法承受，比如免费全民医疗、免费全民大学教育、免费人人有房。民粹运动的情绪都是负面的，委屈、苦闷、压抑、愤怒。基于这些表面特征，有政治学家说民粹运动都是抗争型的，任何人都无法向自己抗争，所以民粹无法实现治理，也就是说民粹掌权之后玩不下去。[2]这种看法太过"近视"，其实亚里士多德在《政治学》里就已经给出了系统性的精彩解析。

　　民粹政治（运动）当然可以从在野的抗争转变为执政的治理，否则怎么可能有暴民政体的出现？暴民政体本身就是一种政体，暴民们不仅掌权，而且把邪恶的权力做成了稳定的政治结构。民粹执政的关键是僭主。亚里士多德早就讲过群情汹汹的暴民和野心勃勃的僭主是最好的合作者。[3]

　　所谓僭主，就是野心勃勃、不择手段、利用群众非法篡取权力的政治人。几乎所有民粹主义的观察者都注意到了暴民与僭主的紧密合作。僭主是"理想"中的人民的代表，他用广场演说等一系列方式动员平民，无边际地高扬理想，无止境地许诺实惠。激情演说既是平民被急速政治化的过程，同

[1]　米勒：《什么是民粹主义？》，钱静远译，译林出版社，2020年，第25—36页。

[2]　米勒和丛日云二位先生都批判了这种观点，详见米勒：《什么是民粹主义？》，钱静远译，译林出版社，2020年，第二章。丛日云：《民粹主义还是保守主义——论西方知识界解释特朗普现象的误区》，《探索与争鸣》2020年第1期。

[3]　亚里士多德：《政治学》，吴寿彭译，商务印书馆，1994年，第202—203、248—252页。参见塔格特：《民粹主义》，袁明旭译，吉林人民出版社，2005年，第136—140页。

时也是僭主急速凝聚权力的过程，广场上的山呼海啸就是僭主篡取权力最好的政治资本。有了登高一呼的僭主，广场群众就有了具象的代表和领导者，幻觉中的纯洁人民仿佛就找到了道成肉身的法门。

僭主篡位之后当然是要掌权的，掌权也仍然是依靠群众的。那么，僭主曾经许诺的种种实惠因为客观不能而无法兑现的时候怎么办？不用着急，民粹仍然可以沿着自己的逻辑把命续下去。第一招，通过剥夺敌人实现财富的转移来稳住平民，或者通过宣扬激动人心的计划继续鼓舞人心。第二招，僭主可以把所有的失败归结为敌对势力搞破坏，敌人（"甩锅"对象）的制造可以不断地花样翻新。第三招，迅速编织和扩大自己的庇护网络，以近乎黑社会的方式把平民改造为帮会成员。这些招数都非常自然地从纯洁无瑕且具有高度排他性和敌对性的人民形象当中推出来。

不过，民粹政治的运作很难制度化，无论是掌权之前的政治运动还是掌权之后的政治统治，民粹政治都存在着难以克服的反体制性质。既有的体制，民粹要反，自己的体制，因为反体制性质而无法稳固，甚至无法建立。民粹政治不是不能掌权，而是掌权之后仍然无法讲规矩，因此它天然具有不稳定性。处于民粹政治中的人不可能得到稳定的生活，无论是热情洋溢地冲上街头以运动或者活动为乐、为业、为使命的人，还是老老实实上班、居家、过日子的人，在民粹运动和民粹权力的影响下都没有安生日子。

第三，民粹的政治思维是走极端。这是民粹政治想象和政治运作得以成立和展开的必要心理条件，或者说是民粹政治必备的"软件"。

人民的绝对纯洁、正义、善良和敌人的绝对肮脏、不义、邪恶，是支撑起民粹世界的支点，想要把民粹运动做大，就必须注入更多的心理能量让这个支点从一个点变成整个世界。所以，全称判断、说狠话、说满话、非黑即白、势不两立、你死我活，在民粹中不仅是对的，而且是必须的。[1]没有思维上的这种高度对立制造的势能，就不可能有热情洋溢地推动运动、团结同

[1] 林红：《民粹主义——概念、理论与实证》，中央编译出版社，2007年，第三章。米勒：《什么是民粹主义？》，钱静远译，译林出版社，2020年，第15—32页。塔格特：《民粹主义》，袁明旭译，吉林人民出版社，2005年，第128—133页。

伴、凝聚权力的动能。

从政治文化的角度看，民粹是过度的参与者文化。所谓参与者文化，就是政治存在感很强，参与要求热烈，政治热情很高，对自己的组织或者运动的认同度和忠诚度很高。[1]民粹主义的"过度"就在于无论主动投身其中还是被动卷入其中的人，都要求超强的政治存在感，"我们人民"就是一切，其他都不重要，是垃圾；他们期望参与国家的重大决策，而最重大的当然就是事关他们自身的免费全民医疗、免费全民大学教育、免费人人有房这些关系民生的大事；他们非常热情，需要明天就改变国家乃至改变世界，不，现在就要改变；他们是组织和运动的死忠粉，组织或运动的一切缺点和失误在他们心里根本不存在，有人指出的话，要么就是不明真相，要么就是造谣中伤。

这样热乎乎的状态必然带来三种基本的思维特征：简单化、情感至上、迷信权威。思维的极端化和简单化、情感至上、迷信权威是相通的：把什么事情都看成很简单，不就那么回事嘛，就容易走极端；对什么事情都注入巨大的感情，就不太讲道理，就容易走极端；把什么事情都简单化了、情感化了，我方领袖就一切都对。[2]它们会在一个人心里相互加持、相互强化，而且，民粹分子之间的这种心理也会相互加持、相互强化。

一个人在生活和工作中通常不会如此极端、如此简单化、如此感情用事、如此迷信，民粹思维似乎离我们每个人很远。其实不然。个体心理和群体心理有很大差别，群体心理并不等于个体心理的简单叠加，而是会发生非常奇异的"化学反应"。一个日常生活中理智冷静的人一旦进入山呼海啸的广场集会，他大概率会像换了一个人一样：在极度热情的蒸腾下，他会声嘶力竭，会激情澎湃，会主动从众却又信念坚定，会毫无个性却又自信爆棚，会做出过激甚至犯法的行为却毫无羞耻感和罪恶感，会感到自己崇拜和热爱的那个"大我"（人民）灵魂附体，自己充满了无限的正义和力量。总之，他完全不是平时的他。而当他从广场集会回到日常生活，会怀疑广场上的那

---

[1] 阿尔蒙德、维巴：《公民文化》，徐湘林等译，东方出版社，2008年，第18—19页。

[2] 林红：《民粹主义——概念、理论与实证》，中央编译出版社，2007年，第三章。

个他是不是自己，好像做了一场梦或者喝醉酒闹了一场事。民粹是一种非常特殊的心理场域，在其中，每个人都不再是原来的自己。[1]任何人都有可能进入这种心理幻境，日常生活中如果不是真的走上街头参加政治运动的话，迪厅蹦迪可能最容易接近这种状态。

这里需要提请大家特别注意的是，有一种表面上看起来和热乎乎的民粹不符的思维，它似乎很冷静、很理智、很超然，却是民粹思维的变种和利器，那就是阴谋论。阴谋论符合所有的民粹思维和感情特征：它极其鲜明地区分敌我，出事情一定是敌国或者一小撮敌对分子的阴谋；它极力把复杂的问题简单化，没别的，就是坏人使坏，而且一贯如此；它极力挑起同伴对假想敌的愤怒和憎恨，制造热烈的政治情感；它极力暗示对我方领袖的爱戴，只要我方紧紧团结在他周围，一切阴谋都不会得逞，迷信权威就能解决问题。[2]因此，阴谋论和群众的负面情绪宣泄、反精英、反建制这些可观察的现象一样，是检测民粹主义在一个社会流行程度的重要指标。

共和宪制遭受冲击

之所以说罗马共和变成了帝制，最重要的标准就是宪制发生了变化。按照"共和时代"一节的"冰山模型"，宪制是冰山的顶端，它必须和中层和底座相匹配。底座一旦改变，顶端无法独存。而且，顶端也会遭遇直接的冲击。罗马共和地动山摇，很大程度上就是因为宪制既遭到直接攻击，又被釜底抽薪。而这双重攻击，都始于格拉古兄弟。蒙森说盖乌斯·格拉古是"政治上的纵火犯"，我们可以进一步明确地说是格拉古兄弟点燃了民粹的鬼火。

之所以说是鬼火，是因为格拉古兄弟的民粹主义做法让崛起的平民开始"脱缰"。有"缰绳"，不是对平民的赤贫化状态视而不见，更不是不允许

---

[1]　参见勒庞：《乌合之众：大众心理研究》，冯克利译，中央编译出版社，2004年，第11—51页。卡内蒂：《群众与权力》，冯文光译，上海三联书店，2020年，第一章。

[2]　塔格特：《民粹主义》，袁明旭译，吉林人民出版社，2005年，第142—145页。

平民崛起，平民崛起谁也挡不住，而是说，赤贫化平民的生活改善以及随之展开的政治和法律改革，必须顾及共和的法纪，尤其是共和的宪制。法纪和宪制就是缰绳，就是界限，就是底线。脱开了它们，平民崛起必定走向歧途，因为共和会被民粹的洪流彻底冲毁。现在我们来一一解析上一节末尾提到的三件大事，格拉古兄弟——尤其是弟弟——枉顾法纪、破坏宪制的罪行。

第一，保民官任职终身化，这意味着君主制隐约重现。

哥哥提比略在前、弟弟盖乌斯在后都推动保民官连选连任，甚至无须固定每年的选举日期，保民官自己可以随时启动选举程序。

这样做的实质是想让他们自己每年都能选上保民官。否则，反对派贵族在固定日期在选举里做文章，他们就有可能选不上，一旦没有了权力，他们的改革事业也就终止了。

但是，保民官想当多久就当多久，完全操控在自己手上，不是和共和制度里的任期制严重冲突了吗？一个想当多久就当多久的领袖，不就是君主吗？和高傲者塔克文有什么区别呢？从获取越法之权的标准看，格拉古兄弟的民粹僭主形象非常鲜明。

蒙森在这个问题上对格拉古兄弟予以严厉的指控：盖乌斯·格拉古想废除共和制而代之以僭主制。"用近代语来说，就是……拿破仑式的专制君主政体，其形式为经过连年重选而终身任职的官，其权力因绝对控制那形似至尊的人民大会而成为专制，这就是一位威权无限、终身任职的平民保民官。"[1]这几乎是古往今来对格拉古兄弟最严厉的指控，它几乎是对元老院血洗盖乌斯理由的重申，它在格拉古兄弟和拿破仑之间建立起关联的桥梁是恺撒。毫无疑问，这样的指控一旦坐实，格拉古兄弟以民粹领袖上僭主之位颠覆共和的骂名怕是就洗不掉了。

盐野七生女士在叙述格拉古兄弟改革的时候充满了同情和温情，尽管她没有蹚蒙森的这趟浑水，但她明确认为"罗马人的路途尽管曲折反复，但最

---

[1]　蒙森：《罗马史》（第四卷），李稼年译，商务印书馆，2014年，第103页。

终还是沿着两兄弟所立路标指示的道路前进"[1]，而罗马前进的方向就是恺撒。她的温婉其实和蒙森的狠绝相差并不远。

记述格拉古兄弟改革最重要的两位古代作家阿庇安和普鲁塔克相对都比较克制，阿庇安隐隐地持批评态度，普鲁塔克则暗暗地给了更多的肯定。蒙森的"政治上的纵火犯"一说大致来自阿庇安，为平民争取自由的勇士形象大致来自普鲁塔克，不过，普鲁塔克对他们破坏法纪是有明确批评的。

和蒙森展开正面对决的是意大利法律史专家马尔蒂诺，他甚至点了蒙森的名予以正面反驳。雄才大略的改革家、为民请命的自由卫士只是白璧微瑕，法律上并无严重错失，只不过是自己急于求成和敌人（贵族）太过凶恶和强大。[2]

蒙森和马尔蒂诺这两个极端，我认为其实并非水火不容，只要稍加矫正，他们就能融合为一。问题出在意图和后果之间的关系。蒙森大致是用恺撒（和拿破仑）的军人专政反推格拉古兄弟的意图，毕竟恺撒就是用终身独裁官这个法宝把罗马从共和带进了帝制。但平心而论，格拉古兄弟在这个问题上的野心比恺撒差远了，差别就在军队。如果他们蓄意毁坏共和，根据罗马的军国传统和当时的武功鼎盛，他们应该像恺撒一样去当执政官，统兵出征，得胜凯旋，树立军威。但他们追求的居然是保民官的连任。这至少说明他们的目的性不够强，起码没有恺撒那么强。既然目的性不够强，很多事情实际上就是他们行动的非意图后果，而不是处心积虑。

再来看马尔蒂诺。他为格拉古兄弟各种法律措施的辩白大多是就事论事，没有和罗马平民崛起的政治大势联系在一起，有点只见树木，不见森林。他想把格拉古兄弟改革和西方现代的民主化历程联系在一起，把他们看成健康民主遥远的先声和先锋。也就是说，马尔蒂诺把格拉古兄弟改革置于和蒙森完全不同的政治脉络和逻辑当中。不过，民主的千年大势仍然无法掩盖格拉古兄弟的重大错误，看得再远，也不能抹杀他们对罗马共和的巨大伤害。他们的诸多立法即便从意图上完全是为了救民于水火、救国于将倾，但

[1]　盐野七生：《罗马人的故事》（Ⅲ　胜者的迷思），刘锐译，中信出版社，2012年，第66页。
[2]　马尔蒂诺：《罗马政制史》（第二卷），薛军译，北京大学出版社，2014年，第440—444页。

后果却是陷民于民粹、陷国于裂解。很多恶果纵然不是他们的主动追求，却是由他们的行动所引发，他们难辞其咎。撇得干干净净既不符合事实，道理上也说不通。

格拉古兄弟不是坏到处心积虑颠覆共和的阴谋家，也不是对共和倾覆毫无责任的无辜者。他们发动的改革深层次、全方位地触动了罗马，很多走势是他们想到的，很多是他们没想到的。他们想的做的，没有蒙森说的那么处心积虑，也没有马尔蒂诺说的那么白璧微瑕。关于保民官任职终身化的问题，确实是和个人权位的相关性极高，容易得出诛心之论。但我们只要往后退一步，把他们的长期行动联系起来看，就更容易对他们、他们的改革和罗马的走势有更准确的定位，那就是他们和元老院的关系。

第二，削夺元老院职权，这意味着改变共和的政治中心。

格拉古兄弟削夺元老院的权力是不争的事实，在这一点上，他们真的是处心积虑。[1]上一节也提过，他们压根就没想团结元老院来推进改革。如果说他们对元老院有分化，也不是为了团结其中的大多数，而是为了彻底将它瓦解。[2]他们对元老院的策略非常明确，元老院既然是顽固派的大本营，那就把它变成空壳。他们团结平民反对现行体制的打法是典型的民粹。在他们手中，保民官代表平民派、元老院代表贵族派的二元格局急速形成，两派的斗争愈演愈烈。哥哥提比略还没动手对付元老院就在暴乱中丧生。弟弟盖乌斯十年后就任保民官，处心积虑地对付元老院。元老院很多权力都被他一点一点地剥离或者稀释，比如，裁判重大案件或者为案件指定审判法庭的权力，分配新占领地区资源的权力，决定行省税赋使用的权力，等等。还有，他们极力推动骑士阶级加入元老院从而改变元老院的构成。

共和宪制当中，元老院是政治运转的核心。元老院是一个贵族共治的平台，强大到战胜汉尼拔的西庇阿都有可能遭到弹劾和审判，无论其中孰是孰非，起码证明贵族作为集体可以约束他们之中的第一人。这对于区分罗马有

---

[1]　马尔蒂诺：《罗马政制史》（第二卷），薛军译，北京大学出版社，2014年，第402、441—443页。

[2]　蒙森：《罗马史》（第四卷），李稼年译，商务印书馆，2014年，第97页。

没有被民粹挟持是非常重要的观测点。贵族强大如西庇阿，他也明知自己是贵族中的一员，他必须遵循贵族集体游戏的规则。他受了委屈之后并没有召集手下的兄弟们带上刀剑包围元老院，而是离开了罗马。贵族有贵族的圈子，有贵族的玩法，圈子里再有争斗，毕竟是圈子里的事情。元老院就是这个圈子。

元老院空壳化，共和会变成什么呢？大概率是君主制，如果加上平民崛起进而民粹化的趋势，说是僭主制也不为过。元老院的职权被削夺，就意味着有人引入民粹打破贵族圈子对权力的集体垄断。从权力下行的长线来看，这是民主的必经之路。但从权力转移的短线来看，贵族圈子集体被削夺的权力到了谁的手中呢？当然不会是广场欢呼的民众，而一定是他们的代表，那个在广场上振臂一呼应者云集的人。

事实证明，确实如此。弟弟盖乌斯把削下去的元老院权力直接或间接地全都抓到了自己手上，他当保民官那两年，自己就成了罗马政治的核心。夙兴夜寐，殚精竭虑，忙碌和专注的程度令人瞠目结舌，但他享受其中、乐在其中。[1]这很容易让中国人联想起秦始皇或者雍正皇帝。为民请命也好，自由卫士也罢，改变共和的权力中心是盖乌斯的追求，他在很大程度上也短暂地实现了。共和的政治中心是元老院，这是共和宪制的基本标准，无论元老院到底是英明的精英领导还是肮脏的寡头分赃，只要它的核心地位被取代，共和也就瓦解了。盖乌斯想瓦解元老院，他想过这就等同于瓦解共和吗？

元老院的血腥反扑是普鲁塔克和马尔蒂诺用来为盖乌斯辩白的重要理由。但在这里陷入贵族顽固和平民激进的黑白对决不利于我们理解罗马共和衰败的走势。马尔蒂诺在这个问题上的看法充分显示出法律史专家对宪制的重视和敏感度，他认为"元老院最终劝告"的镇压之法"比保民官的民主改革尝试对罗马宪制更具破坏性"。[2]于私，贵族寡头们要对打破圈子抢夺权力的行为发动严厉的反击；于公，元老院要对正在颠覆共和的行动断然制止。但是，这个于法无据的"最终劝告"居然授权执政官对自己的公民如不

[1] 蒙森：《罗马史》（第四卷），李稼年译，商务印书馆，2014年，第101—102页。
[2] 马尔蒂诺：《罗马政制史》（第二卷），薛军译，北京大学出版社，2014年，第400页。

服从格杀勿论，这其实是一份宣战书，最糟糕的是，它宣布的居然是内战开打。"事后来看，罗马历史学家……将这些事件归结为全面内战的征兆，预示了后来所发生的那些臭名昭著的流血事件。"[1]从法理上讲，元老院滥用了职权，开了邪恶的口子。从大势上讲，斗争双方都不再守规矩，那么，舞台在双方不断升级的斗争中被拆毁就只是迟早的事情。

当我们用内战的后见之明审视格拉古兄弟改革之时，尤其是审视他们削夺元老院职权，意图改变政治中心之时，不禁要问：他们既然已经和元老院势不两立，欲将其摧毁，他们可曾预想内战的后果？如果他们没有想到，他们就太天真了；如果他们想到了，为什么不早做准备？无论团结贵族还是制服贵族，都必须防止国家的分裂和内战才是啊。从盖乌斯最后的软弱和逃跑来看，他没有准备，他甚至没有想到他的改革会制造出如此恐怖的分裂。所以，他真的没有蒙森说得那么像恺撒，却也真的没有马尔蒂诺说得只是白璧微瑕。没有想好后手的大人物在历史上不是少数，而是大多数，因为在当时没有人能够把大势看得非常明白。但无论如何，引发内战之势的责任格拉古兄弟撇不清，因为正是他们处心积虑地削夺元老院的职权，意图改变共和的政治中心。

第三，踢开元老院立法，这让平民加速堕落。

这是最要命的。平民堕落是格拉古兄弟夺权行动的恶果，是平民派领袖"团结"平民的政治行动最重要的非意图后果。民粹的重要特征是反体制，广场上的山呼海啸还不足以表明人民的意志吗？为什么还要经过那么多制度和程序才能决定？这么点简单的事情要弄出这么多繁文缛节，一定是肮脏的精英们故意阻挠，制度和程序难道不是他们的盔甲吗？

《土地法》草案无法在元老院通过的时候，哥哥提比略把草案带上平民大会，直接鼓动平民通过。[2]民粹的逻辑启动了：人民就是一切，人民就是对的，人民想干什么就干什么，谁阻挡人民谁就是人民的敌人。

[1] 阿米蒂奇：《内战：观念中的历史》，邬娟、伍璇译，中信出版社，2018年，第14页。

[2] 普鲁塔克：《普鲁塔克全集》（Ⅲ 希腊罗马名人传），席代岳译，吉林出版集团，2017年，第1481—1482页。Henrik Mouritsen, *Plebs and Politics in the Late Roman Republic*, Cambridge: Cambridge University Press, 2004, pp. 65-71.

　　人民当然有权力，共和就是人民的国家。但人民的政治行动也是很有制度和法纪的，人民意志的表达必须通过审慎的制度和程序来实现。罗马有很多形式的公民大会，都有比较固定的召集程序、议事规则和权限。[1]广场上的集会群众不等于罗马人民，更不是讨论和通过法案合适的主体。踢开立法程序走上街头，直接向群众喊话，这是典型的僭主行为，这是在点燃民粹。

　　既然依靠平民，就必须讨好平民，无原则讨好平民是民粹得以运行和不断升级的重要基础。为了"贿赂"平民，弟弟盖乌斯"提出一个史无前例的建议，主张政府每月免费供应每个公民的谷物"[2]。罗马原来确实为了首都的稳定由政府出面平抑粮价，大致做法是政府在粮价低的年头收购粮食，在粮价高的年头低价卖给民众。如果盖乌斯的《小麦法》只是如盐野七生所说国家以买卖的方式保证粮食的稳定供给，确实无可非议，但真如阿庇安所说首倡免费发粮，就真的是开了罗马政府无原则讨好平民的坏头。只要把平民哄高兴了，他们就成了野心家压制元老院最厉害的武器。走上街头，一呼百应，万众云集，群情激愤，元老院很难抵抗。

　　事实上，罗马后来的野心家们都纷纷学习讨好和贿赂平民，对平民的贿赂不断升级，这甚至成了罗马的新传统。后来的历史学家借用古罗马诗人尤文纳尔的名句，把这种坏传统叫作"面包和马戏"。[3]发面包让底层平民吃饱，演马戏让他们高兴，他们就成了野心家们的政治武器。这个套路至今仍然非常好使，罗马的"面包和马戏"其实就是今天的"福利和娱乐"。当真的有人在台上讲免费全民医疗、免费全民大学教育、免费人人有房的时候，他只不过是想把台下的人变成他篡取权力的铺路石。

　　铺路石，意味着另一种"非人化"。否认、诋毁、奴役，是我们能够明确想到的"非人化"，因为这些做法明确地把人不当人看。但许诺福利的民

[1] 参见马尔蒂诺：《罗马政制史》（第一卷），薛军译，北京大学出版社，2009年，第339—350页。

[2] 阿庇安：《罗马史》（下卷），谢德风译，商务印书馆，2016年，第19页。

[3] 刘津瑜：《罗马史研究入门》，北京大学出版社，2014年，第239页。希伯特：《罗马：一座城市的兴衰史》，孙力译，译林出版社，2018年，第58—66页。Henrik Mouritsen, *Plebs and Politics in the Late Roman Republic*, Cambridge: Cambridge University Press, 2004, pp. 98–114.

粹，同样在把人"非人化"，因为它在急速地助长人心底的好逸恶劳、任性放纵和傲慢无耻。领惯了福利的人就不想再上班，就赖在福利上，失去了一个人应有的基本的进取之心，对"付出才有回报"的自然法变得不以为然，对没有福利的养活甚至福利的削减都坚决认为是政府的错。自己不劳动不是错，政府不发福利、不提高福利都成了错。这样是非扭曲，人也就非人化了。如果说否认、诋毁、奴役造成的非人化是对人的"棒杀"，那么，许诺福利的民粹则是"捧杀"。

我对现代福利国家有专门的研究[1]，所以对许诺福利的民粹特别敏感。我去罗马第一眼看到罗马地标大竞技场的时候，下意识地脱口而出"这就是皇帝给人民的贿赂啊！"施展在旁边马上补了一句，"这大手笔是在利用人心底的恶！"我们进了大竞技场之后就爬到它最高的一层，一面走一面讨论。大竞技场就是大马戏场，尽管里面上演的多是血腥的角斗，但本质是娱乐节目。从这座罗马的地标，我们看见的不是罗马的伟大，而是罗马的腐化。这么大不敬的话，怎么讲？

大竞技场虽然兴建于帝国时代，是韦斯巴芗皇帝用了七年时间（公元72至79年）建立的，用来纪念他对耶路撒冷地区的征服，用的奴隶也大多是来自耶路撒冷的战俘，据说多达七万。人们通常会控诉伟大的工程都是由奴隶的白骨堆成的。我完全不否认这一点。但我和施展更想讨论的是享受大竞技场的罗马人民是在自寻死路。游戏的好处在于游戏者可以享受游戏带来的快感，但并不需要真的付出代价。看角斗士角斗的平民们并不需要上场厮杀，但血肉横飞确实刺激，甚至惊心动魄。当角斗即将结束的时候，他们的山呼海啸可以决定是否杀死输掉角斗的一方，尽管最终的决定是由皇帝做出，但皇帝通常不会违逆群众的呼声，他们可以体验操持生杀大权的快感。然而这一切，不需要他们付出鲜血和生命，甚至绝大多数角斗表演都是免费的，连一毛钱都不用花。享受快乐有什么不好，至于说成自寻死路那么严重吗？

大竞技场标志着罗马人民的腐化。

一方面，看戏的罗马人在急速地非人化。他们在嘲笑、谩骂、侮辱给他

---

[1] 李筠：《论西方福利国家危机的政治逻辑》，《当代世界与社会主义》2019年第6期。

们带来快感的角斗士，他们对角斗士的生死大事也毫不在乎，他们在大竞技场当中兴高采烈、激动万分，背后却是令人发指的冷血。把别人不当人看的人自己也在非人化，兔死尚且还有狐悲。在大竞技场的欢乐中，人心里基本的同情和悲悯就这样被游戏不知不觉地蒸发掉了。"这种赤裸裸的残杀带来的冷酷的否定性，显示出所有在灵魂中发生的精神的客观目的都同时被残杀掉了。"[1]违背人道主义，就是在杀死自己人性中的善良天使。

　　另一方面，他们在急速地制造强大自我的幻觉。胜利、掌权、生杀予夺让看戏的人觉得充满了荣耀，但这是地地道道的虚荣。真正的胜利是由正义的战争来支撑的，游戏提供的胜利只是做戏罢了。真正的血气、勇敢、荣誉、团结是由战争的沙场来提供的，游戏提供的最多是模拟。但习惯了看戏的人通常必须假戏真做，不投入，怎么获得游戏的快乐呢？久而久之，真作假时假亦真，他们把模拟当成了真实，大竞技场变得比战场更伟大、更重要；同时，假作真时真亦假，他们失去了真正的血气、勇敢、荣誉、团结，在战场上真的就不行了。

　　著名思想家孟德斯鸠在他的名著《罗马盛衰原因论》"论罗马人的腐化堕落"一章，开头第一句话就是"我以为在共和末期传入罗马的伊壁鸠鲁学派大大地有助于腐蚀罗马人的心灵和精神"。[2]所谓伊壁鸠鲁学派的学说，在人生信条方面就是享乐主义。享乐对于品行的败坏自不用解释。但大竞技场不只是享乐的标志，而是由政治力量全面推动的全民享乐。这就是"面包和马戏"的逻辑，它充分发掘和利用人心底的恶，把好逸恶劳、任性放纵和傲慢无耻变得理所当然、理直气壮、堂而皇之，这就是民粹政治对它的"人民"实实在在的毁灭。

　　罗马人民被"贿赂"腐化了，他们心里变得只有"面包和马戏"。当他们不用劳动，领了面包吃饱，转身去大竞技场里手舞足蹈地欣赏杀人游戏，懒惰就取代了勤劳，无赖就取代了勇敢，成为新的民情。公民对国家的效

[1]　黑格尔：《历史哲学》，王造时译，上海书店出版社，2001年，第292页。引文根据英文版略有调整，参见Georg W. F. Hegel, *The Philosophy of History*, trans. J. Sibree, Kitchener: Batoche Books, 2001, p.313.

[2]　孟德斯鸠：《罗马盛衰原因论》，婉玲译，商务印书馆，1995年，第52页。

忠、对正义的追求、对责任的担当全部都被贿赂关系取代和腐蚀了。这样堕落的人民不再是共和的柱石，而是巨婴，他们没有能力也没有意愿去撑起共和了。

　　弟弟盖乌斯免费发放粮食的提议至于让他背负腐化人民的罪名吗？我们愿意相信，腐化人民绝不是盖乌斯的初衷。但讨好人民的行动一旦启动，它必然会变成贿赂人民，而且不断升级迭代、花样翻新。我认为在民粹政治摧毁罗马共和这件大事上，格拉古兄弟应该负责。因为僭主与暴民合作的民粹逻辑在格拉古兄弟手里已经全部成形，之所以没有在他们身上彻底展开，是因为他们英年早逝，更是因为元老院尽管已经开始腐化和变得颟顸，但仍然拥有比民粹逻辑强大的力量。用不了多久，民粹的鬼火将烧毁罗马的根基，也就是她的人民，也会烧毁她的中层和顶端，也就是她的元老院、政治精英和贵族共治，它让罗马共和走向深渊的速度比任何人想象的都要快。

　　格拉古兄弟去平民那里汲取权力的时候，居然创造了腐化人民的政治逻辑，民粹的鬼火就这样点燃了。一旦点燃，想扑灭它是非常困难的。因为人心底的自私、贪婪、无耻、傲慢被释放出来之后真是一股汹涌的洪流。何况像格拉古兄弟那样的政治家会告诉他们，他们完全是对的，无法无天地干枉顾法纪的事情在道义上和政治上完全没问题。民粹的鬼火非常恐怖，它会从顶端到根基完完全全烧毁整个国家，所以说，格拉古兄弟被当作恢复君主制、颠覆共和的罪人来对待，即便有当时贵族栽赃陷害之嫌，从长线的政治演变和政治逻辑来看其实并不冤枉。

民粹政治和军国主义结盟

　　果然，没有过太久，民粹的鬼火就迎来了第一次大爆发，从盖乌斯·格拉古被元老院清算到马略在罗马城实施疯狂的大屠杀，中间只隔了不到50年。这次的主角是马略。他是第一个连任五年执政官的罗马人，可见他的名望有多高；但他也是第一个对罗马发动大屠杀的人，可见他的心态有多畸形。在我看来，马略是民粹鬼火带来的政治红利的第一个收割者，也是被民粹鬼火烧死的罗马共和领袖。在马略身上，民粹政治和军国主义的结盟出现了，但没有完全成功。

罗马史提到马略，主要是讲两件事，一件是军队改革，另一件是大屠杀。我们先来迅速地回顾一下马略的军队改革。马略之前，罗马九战七败，这可是击败了汉尼拔、拿下了马其顿之后的罗马！上一节提到的自由农士兵被挤压的恶果已经直接显露出来，战无不胜的罗马变成了满地找牙的菜鸟。马略改革了军制，把公民兵制变成募兵制，发军饷，降低当兵的身份门槛，兵源得到了保证。然后改变军制、严肃军纪、重新分工，罗马军队的组织效能也提高了，战斗力就回来了。马略军队改革确实说明贵族和平民之间的"阶级斗争对罗马共和国的军事效力贡献不少"[1]。不过，军队改革也孵化出意想不到的恶果：兵随将转。士兵们只认将军，不认国家。军队被私有化了。最终酿成了各路军阀拥兵自重的局面，共和被私有化的军队完全挟持，走向灭亡。而且，兵随将转在帝国时代仍然没有改变，帝国对武力的控制也成问题。它也是帝国最终覆灭的重要原因。[2]

回看始作俑者马略，他不可能预先估计到兵随将转会带来那么深远的变化，就像格拉古兄弟没有预见点燃民粹的鬼火会有如此严重的后果。"这次罗马兵制的完全革命，大体来看，确似乎起于纯粹的军事动机；并且一般说来，这不是一个人的作为，更不是一个处心积虑的野心家所为，而是已不足取的制度迫于时势不得不变。"[3]马略的才干在军事，不在政治。他推高和利用了民粹的洪流，却根本没有政治能力去驾驭它。

这一点，光从马略的名字就能看出端倪。盖乌斯·马略，听上去没什么奇怪。但略知一点罗马风俗的基本知识就会一眼看出不对劲的地方。罗马平民的名字是这样，甚至很多平民就只有名，没有姓。确实，姓氏的讲究

[1] 迈克尔·曼：《社会权力的来源》（第一卷），刘北成、李少军译，上海人民出版社，2007年，第314页。

[2] 参见李筠：《西方史纲：文明纵横3000年》，岳麓书社，2020年，第117—123页。蒙森：《罗马史》（第四卷），李稼年译，商务印书馆，2014年，第六章。盐野七生：《罗马人的故事》（Ⅲ胜者的迷思），刘锐译，中信出版社，2012年，第89—93页。Paul Erdkamp (ed.), *A Companion to the Roman Army*, Oxford: Blackwell Publishing, 2007, pp. 81-82.

[3] 蒙森：《罗马史》（第四卷），李稼年译，商务印书馆，2014年，第179页。

在贵族里才有。就像中国古人，此君姓刘名备字玄德；诸葛亮、关羽、张飞都有名有姓有字。罗马也类似。贵族名字一般都有三个词，举个例子，盖乌斯·尤利乌斯·恺撒，意思是尤利乌斯家族里恺撒这一支自己名叫盖乌斯的男生。三个词的一般顺序是名（自己）、姓（家族）、家名（家族分支）。[1]马略少了家名，在当时并不常见，尤其在大人物当中更是少见。家族名的缺失说明马略的家族不大，连分支都没有开出来，无权无势。确实，这个从乡下来的贫寒青年在罗马这个爱讲贵族身份和门第的地方一辈子都没有摆脱内心深处的自卑。

撒路斯特和普鲁塔克讲了同样一个故事，对我们理解马略的心理特别有帮助。马略在朱古达战争中对主帅梅特鲁斯的战法不满，想回国参选，当上执政官的话，他就可以从副将变成主帅，主导战局。于是他去向梅特鲁斯请假，当梅特鲁斯得知他请假是为了回罗马选执政官的时候，傲慢地回答：不要急着回罗马竞选；当我的儿子成为竞选人的时候，你还有足够的时间竞选执政官呢！[2]马略当时已经48岁，而梅特鲁斯的儿子只有20岁，离竞选执政官的法定年龄还差20岁。梅特鲁斯对马略的轻蔑由此可见一斑。贵族的傲慢对马略造成的心理伤害激发了马略的雄心壮志，也留下了功成名就都无法平复的阴暗和扭曲。

离开战场回国竞选执政官的马略许诺一定打败背信、残忍、狡猾的朱古达。胜选之后马略成了主帅，他手下的苏拉凭借胆识生擒朱古达。战争结束，人民自然把头功记在主帅马略的头上，他算是用战功证明了他对人民言而有信。

三年之后，日耳曼人从北方南下进入高卢，再不阻挡就要冲进意大利

---

[1]　拿马略名字说事儿的第一人是普鲁塔克，他对马略的名字和出身介绍之后，很快就非常不客气地给出了极其负面的评价："过于激昂的情绪、不合时宜的野心，以及极其愚蠢的贪婪。"见普鲁塔克：《普鲁塔克全集》（Ⅱ 希腊罗马名人传），席代岳译，吉林出版集团，2017年，第741—742页。关于罗马姓名的风俗，见阿德金斯等：《古代罗马社会生活》，张楠等译，商务印书馆，2016年，第315—319页。

[2]　撒路斯提乌斯：《喀提林阴谋 朱古达战争》，王以铸、崔妙因译，商务印书馆，1996年，第281页。普鲁塔克：《普鲁塔克全集》（Ⅱ 希腊罗马名人传），席代岳译，吉林出版集团，2017年，第746—747页。

了。马略再次担任执政官，这一当就是五年连选连任。就在出征的第一年，他展开了军队改革。军改的内容主要是公民兵制变募兵制以及新军制的建立，军事史家都对马略军队改革的军事效果予以了高度的肯定。[1]这里我们重点看马略军队改革的政治逻辑，也就是罗马的民粹政治和军国主义结盟的关键点。

第一，募兵制是吸纳赤贫化平民最好的管道。

有了募兵制，赤贫化平民就可以参军入伍，不仅有仗打，而且领工资。这能很好地解决罗马的失业问题和它带来的一系列不稳定。所以，马略的募兵制里面一个很重要的机关是降低身份的门槛，不然赤贫化平民是进不了军队的。

在军队改革之前，马略就已经抹除了参军的门槛，军队改革之时，他把熟悉的做法变成了法律正式加以肯定。在朱古达战争期间，马略成功当选执政官之后，"他自己则征募军队，不过不是像我们的祖先那样按照阶级征募，而是允许任何人自愿参加军队，而他们大多数是无产者。……事实上，对（于）一个渴望权力的人来说，最贫苦的人是最有帮助的"。[2]撒路斯特这段清晰的观察和犀利的评论非常直接地挑破了"民粹领袖—赤贫化平民"和"野心将军—私人化士兵"之间的关联。在罗马城，他们是平民拥戴的执政官和赤贫化的平民，上了战场，他们是士兵拥戴的大将军和效忠于他个人的士兵。罗马城内的民粹逻辑因为罗马制度的民政—军政一体化设置自然就挪移到了军队里、战场上、国门外。

第二，军队是最好的个人政治资本。

"枪杆子里面出政权"的道理对中国人来说再熟悉不过了。不过，军队并不是任何时间都能被强烈需要它的人所掌握。上文我曾经谈过，格拉古兄弟就没有掌握军队，这是他们在元老院强硬反扑后无法把改革进行到底的重

[1] 布克哈特：《古希腊罗马军事史》，励洁丹译，上海三联书店，2018年，第118—121页。基根：《战争史》，时殷弘译，商务印书馆，2010年，第352页。帕克等：《剑桥插图战争史》，傅景川等译，山东画报出版社，2004年，第48—53页。

[2] 撒路斯提乌斯：《喀提林阴谋 朱古达战争》，王以铸、崔妙因译，商务印书馆，1996年，第304页。

要原因。不过不要忘了，募兵制取代公民兵制是军队私有化的制度前提，而募兵制是在格拉古改革失败后由马略主导完成的。也就是说，格拉古兄弟即便想掌握军队，但难度太大。按照公民兵制度，士兵只在有战事之时才被召集，战事完成之后解甲归田。更重要的是，执政官或者法务官一年一选，即便在外出征，一年兵权到期之后仍然必须从元老院获得授权才能续任。任期制阻断了将军和士兵形成紧密的联系。格拉古兄弟至死都没有达到参选执政官的法定年龄。如若他们命长，当上执政官，说不定他们会主动推行募兵制。

格拉古兄弟死后，没有新的显贵冒头来当平民派的领袖，赤贫化平民没有老大。马略出身不高，又是乡下人，还不善于搞关系，罗马贵族的庇护关系网他根本就进不去，"马略站在交际场外"[1]。朱古达战争中试验的募兵制在后来的日耳曼战争前被军改固定下来。广场上的赤贫化平民几乎全都进了马略的兵营，而这一去就是五年，马略连任五届执政官。军队改革建立起来的募兵制拆除了将军和士兵之间建立紧密关系的重要制度障碍，而这些从赤贫化平民摇身一变而来的士兵，"他唯一的家是兵营，他唯一的技术是战斗，他唯一的希望是将军"[2]。战事繁重让马略长期统兵，他也确实爱兵如子，居然越权给予所有士兵罗马公民权。就这样，赤贫化平民找到了可靠的老大，也让马略拥有了庞大的庇护关系网络。恐怕连马略自己都没想到军队改革会给他带来如此强大的政治资本。这简直是天作之合。

平民派领袖有了军队，元老院不就只有束手就擒了吗？马略为什么没有推进格拉古兄弟的改革大业，或者说马略为什么没有提前动手干恺撒推翻共和、建立帝制的事情？这和马略的个人能力有关。马略是好将军，但不是好政治家。胜利归来的马略没有彻底毁掉元老院的动机。一方面，他心里没有格拉古兄弟改革的蓝图，他只是个好将军，军队改革成功了，仗打赢了，哪有那么多事情还要干？在政治上，他的眼里没有活儿。另一方面，他已经让元老院服服帖帖，他觉得一切尽在掌握，"误认为这种政体极易推翻"[3]。

[1] 蒙森：《罗马史》（第四卷），李稼年译，商务印书馆，2014年，第175页。
[2] 蒙森：《罗马史》（第四卷），李稼年译，商务印书馆，2014年，第179页。
[3] 蒙森：《罗马史》（第四卷），李稼年译，商务印书馆，2014年，第181页。

他严重低估了元老院在政治上的诡诈和政治本身的复杂性。如此说来，在军队改革问题上雄才大略的马略真的只是个赳赳武夫，政治上根本不堪大任。对顺应民粹潮流的平民派显贵来说，格拉古兄弟能文不能武，马略能武不能文，所以他们都没有取得最终的胜利。只有到了文武双全的恺撒手中，民粹颠覆共和的大业才能彻底完成。

第三，军队的复员安置最考验将军能不能成为优秀的政治家。

马略不能文的短板在他第六次就任执政官之后暴露无遗。马略的前五个执政官任期都是在战场上履职的，没有考验他的治理能力和斗争水平。有新式军队，再加上战略战术，马略击溃人口众多的日耳曼部落问题不大。他的声望也达到了顶峰。可问题是战争结束了，军队就要复员，这样一来赤贫化平民又失业了。这个时候怎么办？很可惜，这个时候的马略基本上是两眼一抹黑，他根本拿不出政治方案来安顿复员的兄弟们，但又知道他们是他最重要的政治资本。于是，他放任手下的保民官提出各种讨好平民的政策，"面包和马戏"不断升级。民粹的洪流从战场上又回到了罗马城，问题还是没有彻底解决。[1]

回想一下盖乌斯·格拉古的系统化解决方案，《土地法》安民于田，《小麦法》解决吃饭问题，《公共事业法》解决不愿务农的平民的就业问题，《殖民城市法》拓展新的城市，《行省法》解决上述法律得以执行的资金问题。马略完全可以照葫芦画瓢啊！但他没有。而且，他手下也没有治世之才，"他既不晓得如何劝化他的政敌，又不晓得如何约束他的党羽"。从战场上回了城的马略简直是一团糟，无怪乎蒙森刻薄地说"这位名将在政治上只是个无能之辈，他的野心是一个农人的野心而非一个政治家的野心"[2]。但洪流不会停下来，马略也不甘寂寞。

第四，民粹政治家的昏招本身植根于民粹政治的非理性，而军队的加入把这种不可抑制的非理性推到了无以复加的高度，灾难就降临了。

---

[1] 普鲁塔克：《普鲁塔克全集》（Ⅱ 希腊罗马名人传），席代岳译，吉林出版集团，2017年，第767—769页。

[2] 蒙森：《罗马史》（第四卷），李稼年译，商务印书馆，2014年，第186页。

　　马略的昏招是对罗马城展开大屠杀。事情是这样的。北方蛮族被赶跑了，同盟者战争又来了，因为公民权发放的问题。这场战争"阶级"一节重点谈过。现在重要的是让马略疯狂的死对头立大功了。马略和其他将军们在同盟者战争里表现都不错，但第一名是苏拉。所以，罗马人选了苏拉当执政官，让他去对付亚洲的米特拉达梯战争。

　　结果老骥伏枥的马略自己要当统帅去打仗，还愣是让人把苏拉的统帅权给搅黄了。苏拉可不是善主，罗马第一次有了将军领兵回罗马夺权的事情。不过这次没有恐怖统治，没有杀人，马略也成功逃跑了。苏拉安排好秦纳和屋大维做执政官之后就带兵去亚洲打仗了。结果没过几天，秦纳主导公民大会通过法案宣布苏拉是国贼，屋大维行使了否决权，罗马就这样又分裂了。秦纳请回马略主持大局，但没想到马略竟然对罗马大开杀戒。元老50人、骑士1000人被杀，屠杀持续了五天五夜，本就败落的贵族阶级损伤大半。马略终于把憋了一辈子的愤懑完全发泄出来，代价是这个国家的根基。几个月后，马略第七次就任执政官，当了17天他就去世了。[1]

　　马略最后的昏招表明，民粹领袖和民粹民众一样，由情绪驱动是常态，而且认为自己没什么错，破坏法纪、打砸抢烧，甚至杀人屠城都是兴之所至。非理性是民粹的基本心理状态，民粹领袖和民粹民众概莫能外，挣脱宪制和法纪的缰绳对他们而言只是迟早的事情，而对本国人民进行大屠杀这种匪夷所思的事情在民粹的逻辑当中并不难理解。民粹的世界观本身就是一个我方占据道德和政治制高点的幻想世界，民粹的行动逻辑是不断地蒸腾所有人的热情，民粹的思维方式是走极端、非黑即白、势不两立。只要能量够充足，非理性的街头暴力就会上升为非理性的大屠杀。军队的民粹化正好为民粹大潮注入了十足的能量，马略的心理阴暗和扭曲使得他轻易地扣动了屠杀同胞的扳机，在屠杀的狂欢当中，被杀的元老、骑士、平民、家眷、奴隶都是罪有应得的敌人，一切人间应有的界限完全被践踏。

　　马略和秦纳为领袖的平民派最可悲也最可怕的是丧失了古典世界当中最

---

[1] 阿庇安：《罗马史》（下卷），谢德风译，商务印书馆，2016年，第60—63页。普鲁塔克：《普鲁塔克全集》（Ⅱ 希腊罗马名人传），席代岳译，吉林出版集团，2017年，第773—785页。

重要的两种美德：审慎和节制。马略在大屠杀后去世，秦纳和其他平民派成员并没有比马略更好，他们不仅没有治世之才，而且专横跋扈、结党营私、讨好民众、践踏法纪。平民派竟然和他们的对手贵族派一样腐化和无能，完全没有带来政治新气象。民粹政治对寡头政治的道德攻击是成功的，但对它的政治取代是失败的。谁说攻击坏人的就一定是好人，难道不会同样都是坏人吗？在政治当中，往往后者的概率更大。当这种坏人和坏人缠斗在一起的局面发生之时，整个国家的溃败就不远了。

不过，贵族派尽管遭遇屠戮，还有一息尚存，因为苏拉在大屠杀之时统兵在外。苏拉代表的贵族派能够力挽狂澜救共和于大厦将倾吗？没有。他带来的暂时的稳定只是共和的回光返照。贵族最后的反扑再强硬，终究还是敌不过民粹对共和宪制的一再打击和对共和民情的不断腐化，何况腐化的贵族派自己也肆无忌惮地破坏共和的宪制和法纪。

2.10　独裁：祖宗成法的回归

　　贵族和平民的斗争是推动罗马共和政治发展的内在动力，而斗争的主角是同属贵族的平民派和贵族派显贵。从罗马共和后期的形势来看，大而富的罗马在政治、军事、经济上出了一大堆问题，平民的赤贫化以及它带来的政治斗争已经动摇了国家的根基。平民派解决这一系列问题的方向是承认扩容、利用扩容、推动扩容，但落入了典型的民粹政治。无论是格拉古兄弟的行动还是马略的行动，都没有把大而富的罗马导入一个稳定的制度框架，反而破坏了原来就已经不够用的制度框架。共和走向衰亡，他们难辞其咎。贵族派有办法吗？有，就是苏拉的内战、独裁和复古政治。苏拉的办法救了共和吗？没有。从人类的政治史来看，复古政治从来不可能从根本上解决问题，严格来说，复古政治根本就不是解决方案。

内战烽烟

　　苏拉，在几乎所有的罗马史著作中都被当成导致共和覆灭最关键的人物。他的名字几乎成了西方乃至人类历史上"野心家"的代名词。普鲁塔克借用古希腊著名悲剧大师欧里庇得斯的话来点评苏拉说："人类特别要留神'野心'，所有那些拥有最高'权力'的人，终究会摧毁和毒害追随的群

众。"[1]阿庇安批评苏拉在共和里"成为事实上的国王"[2]。西塞罗说苏拉
对人民的慷慨完全是由野心所驱使。[3]我在《西方史纲》里强调，大多数史
书里对苏拉的脸谱化负面道德评价知道就行了，放下浓墨重彩的道德脸谱才
能把真正的大势和关键看清楚。苏拉确实是奸雄，带兵回京当然是错，终身
独裁当然也是错，恐怖统治更是错得离谱，但我认为他最大的错是没有利用
手中的无上大权为罗马制定一套面向未来的新制度框架。[4]我的这些基本观
点没有改变，本节要进一步细究苏拉靠独裁专制强力支撑的复古政治为什么
救不了共和。

在上一节谈马略的时候已经提及苏拉，用一句话总结苏拉的前半生的
话，那就是：马略跟他，简直是"既生瑜，何生亮"。我们一起来看看他们
俩之间的纠葛。

32岁的苏拉初出茅庐，去马略手下参加朱古达战争。马略经过军队改革
的新式部队并没有迅速拿下对手，而苏拉去了之后凭借过人的胆识深入虎
穴，通过外交手段生擒了朱古达。[5]

随后，同盟者战争开打，意大利盟友们因为公民权不平等的问题和它带
来的分配不公已经忍无可忍，而执政官马略实在没有能力处理公民权扩展的
问题。在这次战争中，苏拉立得头功，马略表现平平。"阶级"一节谈过，
罗马通过了《尤利乌斯公民法》，用发放公民权的办法分化瓦解了反叛的盟
友们，战争才得以平息。战争结束后，苏拉当选执政官，被派往亚洲作战。
然而，老骥伏枥的马略喜爱荣誉和渴望名声已到疯狂的程度，[6]他想再立新
功，也想遏制苏拉，居然伙同保民官苏尔皮基乌斯把苏拉的统帅权搅黄了。

[1] 普鲁塔克：《普鲁塔克全集》（Ⅱ 希腊罗马名人传），席代岳译，吉林出版集团，2017年，第
822页。
[2] 阿庇安：《罗马史》（下卷），谢德风译，商务印书馆，2016年，第82页。
[3] 西塞罗：《论老年 论友谊 论责任》，徐奕春译，商务印书馆，2003年，第111页。
[4] 李筠：《西方史纲：文明纵横3000年》，岳麓书社，2020年，第103—108页。
[5] 撒路斯提乌斯：《喀提林阴谋 朱古达战争》，王以铸、崔妙因译，商务印书馆，1996年，第
325—330页。
[6] 普鲁塔克：《普鲁塔克全集》（Ⅱ 希腊罗马名人传），席代岳译，吉林出版集团，2017年，第
827页。

苏尔皮基乌斯是典型的民粹煽动家，他召开平民大会通过决议把亚洲战争的指挥权交给了马略。民粹领袖败坏朝纲已经到了挟平民大会踢开元老院废立执政官（决定统帅权归属）的地步了！

苏拉可不是善主，他跑回兵营调动了三万五千名罗马正规军将士，要求他们为自己恢复名誉，罗马正规军第一次把兵锋指向了罗马城。盐野七生女士在此处非常明确地点破了苏拉带兵回京夺权的要害：军队私有化，她形象地说，这些在同盟者战争中支持苏拉的老部下此时此刻已经把苏拉当成了他们的"老板"。[1]马略军队改革意想不到的后果竟然来得如此之快，募兵制造成了兵随将转，进而引发了军队私有化，军队就成了将军的公司，将军就成了士兵们的老板。结果，马略逃跑，没跑掉的苏尔皮基乌斯被处死，头颅放在罗马广场示众。不过，这次苏拉还没有实行恐怖统治。到这里，我们先暂时停下来，深究一下罗马的第一次内战。

内战对任何悠长的文明来说都是难以逃脱的创伤和痛苦。孟子就对中国文明的第一阶段大规模内战表示了强烈的愤慨，正所谓"春秋无义战"[2]。内战之所以对共同体和其中的人伤害如此之深，根源在于它蕴含着极其深刻的矛盾和悖论。既然是"内"，何必开战？既已开战，"内""外"又将如何区分？内战在根本上把"我们是谁"这个本来就难以回答和安顿的大问题变得更加模糊难辨，在和同胞的血腥厮杀之中，一连串灵魂拷问都会变得没有办法回答：我们是谁？他们是谁？他们不是我们吗？他们为什么不是我们？如果他们不是我们，我们又是谁，他们又是谁？有位非常著名的公法学家曾经这样感慨过：

> 内战有其特别残酷的方面。内战是兄弟阋墙，因为它是在一个共同体的，包括对手在内的政治统一体之内进行，在同一个法律制度之内进行，因为，交战的双方同样绝对坚持和绝对否定这个共同的统一体。双方都绝对地和无条件地将对手视为不义的一方。它们以正义的名义取消

---

[1]　盐野七生：《罗马人的故事》（Ⅲ 胜者的迷思），刘锐译，中信出版社，2012年，第121页。

[2]　朱熹：《四书章句集注》，中华书局，2012年，第三七二页。

对手的正义性。[1]

内战意味着"我们人民"分裂成两个势不两立的军事集团展开你死我活的血腥斗争，要将曾经的公民兄弟置之死地而后快。双方都同时绝对坚持"这个国是我们的国"和"这个国不是他们的国"，在这种坚持当中，双方都坚决地把对方从"我们人民"当中排除出去，成了敌人，成了绝对的"他者"（Other）。双方都自以为正义而且对方不义，双方都为了维护共同体的完整而丧心病狂地破坏共同体的完整，双方都在毁灭对方的过程中既毁灭了自己也毁灭了共同体。兄弟阋墙、父子反目、朋友成仇、战友断义……曾经所有美好的"在一起"，如今都变成了冷冰冰、恶狠狠乃至血淋淋的"弄死你"。正是因为同胞之间的极度敌对，所有人的是非标准都被严重地颠覆了，所以，"内战不仅危险，而且会导致道德沦丧"[2]。对一个经历残酷内战的国家来说，它承受的不只是看得见的巨大破坏，更是看不见的道德亏空。内战的后果如此严重，百病缠身的罗马共和毁于其中，确实是劫数难逃。

罗马对于西方的一个重大"贡献"就是发明了"内战"。这件事情听起来有点匪夷所思，难道不是有政治共同体就有内战了吗，何须等到罗马人来发明，古希腊的伯罗奔尼撒战争不就是希腊世界的内战吗？阿米蒂奇给出了很有意思的解释，我觉得非常有道理，他的解释能够帮我们更深刻地认识罗马，也更深刻地认识内战。他的解释大致是这样的：罗马人发明的"内战"一词（拉丁文是bellum civile，翻译成英文是civil war），揭示出了上文谈到的内战的矛盾和悖论。本来，罗马人对"战争"的观念非常明确，它就是为了抵御外敌，最终实现正义的武装冲突。为了正义，针对外敌，使用暴力，法律在这个地方是沉默的，杀人抢劫这些和平世界里的犯罪行为在战场上根本就不算违法，更不是犯罪。相应地，罗马是法治之境，刀剑必须沉默：作

---

[1] 施米特：《从困围中获救》，载施米特：《合法性与正当性》，冯克利等译，上海人民出版社，2015年，第227页。参见阿米蒂奇：《内战：观念中的历史》，邬娟、伍璇译，中信出版社，2018年，第viii—ix页。

[2] 阿米蒂奇：《内战：观念中的历史》，邬娟、伍璇译，中信出版社，2018年，第v页。

为罗马军队总司令的执政官在罗马城里也不得配备武装，元老院议事不得携带武器，将军胜利回国必须在卢比孔河或者布林迪西解散军队。"战争与和平"对应着"外与内"，对应着"敌人与同胞"，对应着暴力与法律。罗马人发明"内战"这个词，就是对这种多重基本界限被打破的反思。civil的本义是"公民的"，公民之间怎么会有战争，应该只有诉讼才对；再升级一层，civil的延伸意思是"礼貌的、有教养的、文明的"，讲礼貌的、有教养的文明人之间怎么会用粗俗、野蛮的暴力来解决问题？在罗马人看来，修昔底德在《伯罗奔尼撒战争》中细致描写和严厉批评的那种敌对行动叫"党争"（stasis），属于各个城邦的人们为了党派利益结党营私、钩心斗角最终导致火并，和罗马共和一国之内的公民相互敌对大不一样。"党争"固然也很坏，但没有共和国这个大前提，又哪儿来的"内"呢？而没有"内"，敌对斗争的逻辑和残酷性大不一样，心理纠结和道德混乱更是大不一样。[1]

苏拉固然受了委屈，但发动内战就是打开了潘多拉的盒子，随后的恺撒和庞培对决、屋大维和安东尼对决以及帝国时代数不清的内战，都从苏拉开始，他背负骂名理所当然。不过，把共和内战单纯归咎于苏拉的野心和血气就太过简单了。总体而言，大而富的罗马变得极度贫富不均，社会分裂已经出现；格拉古兄弟改革正式启动了民粹潮流，共和被分裂成平民派和贵族派；马略的军队改革客观造成了军队私有化，军队加入了势不两立的政治斗争，内战就很难避免了。我们要看清楚"人"，更要搞明白"势"。但势头不对的时候，一个国家败坏的速度快得简直让人瞠目结舌，发动内战的苏拉很快就让我们再次大跌眼镜。

恐怖统治

话说苏拉打完第一次内战之后并没有实行恐怖统治。相反，他还很大度地安排了平民派领袖秦纳当执政官，意在缓和贵族派和平民派的冲突，然后就高高兴兴带兵去亚洲了。

---

[1]　阿米蒂奇：《内战：观念中的历史》，邬娟、伍璇译，中信出版社，2018年，第一章。

　　结果苏拉前脚走，秦纳后脚就把他打成了国贼，还剥夺了苏拉的统帅权，苏拉和好几万兄弟在前线就成了无名之师。秦纳控制不了罗马的局面，迎回了逃跑的马略，结果马略进了罗马城就实行大屠杀。杀完没几天他就去世了。马略的大屠杀上一节已经仔细谈过，现在我们看苏拉。

　　马略去世，苏拉在做什么？苏拉没有忙着回罗马算旧账，而是安心地把亚洲的米特拉达梯战争打完，而且还让几个盟国签订互不侵犯条约，建立好帝国东部的政治同盟关系。这还没完，他优哉游哉地在希腊待了一年。三年就这么过去了。真是够沉得住气啊！

　　三年里，苏拉的队伍越来越壮大。士兵不用说。罗马遭到马略的大屠杀，能跑的贵族都赶紧跑，大多数都跑来了苏拉身边。苏拉的元帅大帐都可以开元老院会议了。其中有两个带着军团来投奔的年轻人要特别提一下，就是庞培和克拉苏，他们后来和恺撒组成了"前三巨头同盟"。

　　胜券在握，苏拉给罗马的元老院写了一封信，正式告诉他们：我胡汉三要回来了！秦纳、马略的儿子一干人等不是苏拉的对手，苏拉很快就扫清了所有障碍。苏拉用公文告诉元老院，他要做无限期独裁官，元老院只有点头的份儿。苏拉这才风风光光地进了罗马城。

　　进城就任终身独裁官之后，苏拉实施了人类历史上最早的恐怖统治。他的办法是"公敌名单"。列入名单之人即为国家公敌，即在诛杀之列，而且株连父子兄弟，财产全部充公，任何人杀死他们不仅无罪，而且可以领赏；包庇他们，则与之同罪。关于名单上究竟有多少人，数字并不确切。阿庇安说，有元老40人，骑士1600人，不久之后又添加了不少；普鲁塔克说，第一天80人，第二天220人，第三天更多，那至少就是520人。蒙森说，名单上最后大约有4700人，尽管很多古代作家记录不一致，但"这些不同的报告并无大冲突之处，因为被处死的不只是元老和骑士，名单在数月之内随时可以加入人名"。[1]

---

[1]　阿庇安：《罗马史》（下卷），谢德风译，商务印书馆，2016年，第79—80页。普鲁塔克：《普鲁塔克全集》（Ⅱ 希腊罗马名人传），席代岳译，吉林出版集团，2017年，第853页。蒙森：《罗马史》（第四卷），李稼年译，商务印书馆，2014年，第307页及其注释1。

苏拉的第一重目的是清洗政敌，以马略为首的平民派宁可杀错，不可放过。马略已经去世，被苏拉从坟墓里挖出来锉骨扬灰，和他有关系的人都被处死，甚至死前还要遭受侮辱和酷刑。格拉古兄弟的家族无人幸免。苏拉一点也不在乎错杀任何人，只要有人提议往名单里加上谁的名字，他都同意。而且，清洗的范围不只是在罗马城，而是扩散到了整个意大利。胆敢包庇公敌的城市，会被武力占领，拆除城墙，甚至烧杀抢掠。这样一来，杀人就不限于清洗政敌了，有的人"公报私仇"地把自己的仇人添进去，有的人却是为了谋财害命，有的人甚至杀了人领了赏再把名字补进去。这是一场坏君主和坏人民紧密联手的狂欢。罗马如此堕落，在恐怖统治中已经成了人间地狱。

苏拉的第二重目的是掠夺财产。贵族和骑士上了黑名单，财产自然充公，他们的土地和财宝都落入了苏拉和他的同党手中。短时间大量地产流入市场甚至引起了地价暴跌。在这里面最得意的是克拉苏，他嗅觉灵敏地在这桩千载难逢的大生意里尽情捕猎，成了遥遥领先的罗马首富。据说他的名言是："能靠财产利息供养一个军团才算富有。"[1]

苏拉的第三重目的是树立绝对权威。他要为复古政治消除任何杂音。这是他实行恐怖统治最重要的"理性原因"。和马略非理性的大屠杀不同，苏拉不是极度狂热地投入恐怖统治，而是极度冷血地操控恐怖统治。所有"失控""过度""扩大化"都是他默许的，他要"把屋子打扫干净再请客"。苏拉"是以抽象的眼光看恐怖政策，以为这是创行新专制政体所必需"[2]。

恐怖，有其自身的"追求"，是"历史上，通过在被统治者中间制造恐惧心理以达维持权力和推行政策的一种经常运用的手段"。[3]但这种残暴、血腥、反人道的无耻行径根本不可能为新秩序打好基础，以为"鲜血可以换来纯洁"是极其愚蠢的想法。

从好的方面来看，被恐怖威慑的人民不会真正对恐怖的实施者心悦诚

[1] 布林格曼：《罗马共和国史》，刘智译，华东师范大学出版社，2014年，第246页。

[2] 蒙森：《罗马史》（第四卷），李稼年译，商务印书馆，2014年，第310页。

[3] 米勒、波格丹诺编：《布莱克维尔政治学百科全书》，邓正来等译，中国政法大学出版社，1992年，第756页。

服。这甚至不是因为人民有多高尚、有多充满正义感，而是恐怖的心理机制本身是让人失去道德能力。说白了，恐怖就是把还活着的人都"吓傻了"。吓傻了的人像木头一样，没有道德判断力和行动力，甚至连感知力都丧失了。他们怎么可能做出服从的道德判断？服从只不过是呆若木鸡的机械反应罢了。没有心，哪里来的心悦诚服！

从坏的方面来看，被恐怖威慑的人民会因为保命而陷入极端的机会主义。杀人取赏、趁机敛财、公报私仇、出卖朋友、撒谎告密，人性中最丑陋、最肮脏、最邪恶的部分全部喷涌而出。所以罗马才变成了人间地狱。恐怖不可能带来纯洁，只会带来极度的肮脏。恐怖实施者得到的不会是老老实实的顺民，而是寡廉鲜耻的暴民。

罗马人民在恐怖之下要么成了呆子要么成了坏蛋，在这样的民情基础之上能建立什么好制度呢？经过马略的大屠杀和苏拉的恐怖统治，一方面，罗马贵族作为一个整体衰落了，他们从前只是腐败和颟顸，现在都快被杀光了，剩下的又会好到哪里去呢？共和的主心骨阶级没落了。另一方面，罗马平民作为一个整体也腐化了，他们从前只是喜欢"面包和马戏"，现在都成了呆子和坏蛋，呆子醒过来之后大概率不也成了坏蛋吗？共和的基础阶级没落了。罗马国家的名字叫"罗马元老院与人民"（SPQR），当元老院和人民都腐坏和败落了，罗马还凭什么撑下去呢？平民派和贵族派"两党的癫狂和罪恶等于八两和半斤，于是国家似乎更沉沦得不可救药"[1]。

复古政治

恐怖统治持续的时间一般都不会特别长，因为这种非人的状态持续不了很久，统治者固然可以疯狂和变态，被统治者很难长久生活在黑暗之中。果然，苏拉停止了恐怖统治，开始"挽救共和"了。苏拉确实认为共和"有病"，也确实认为他自己"有药"。苏拉的"药"就是复古政治。我们把苏拉的"药"分成四个部分来看。

[1] 蒙森：《罗马史》（第四卷），李稼年译，商务印书馆，2014年，第310页。

第一，就任终身独裁官。这是药引子。

"独裁"（dictatorship）在现代和"专制"（despotism）并列为最糟糕的政治统治。不过，独裁之所以变成坏词，和苏拉有很大关系。也就是说，在苏拉之前，独裁是个好制度，原则上来说它是挽救共和于危亡的制度性补丁。在罗马史上，独裁官是在外敌入侵或者内部动乱的危急情况下，执政官根据元老院的推荐而任命，并得到公民大会批准的最高级官员，一般任期六个月，任期内甚至拥有暂停宪法实施的权力。"尽管他施行绝对的权力，他却不是一个暴君，而是一位救世主。"[1]它的原意相当于现在各国通行的宪法上的紧急状态。国有危难，授人专权解除危机，部分法律暂停实施，公民权相应克减，是宪法和法律授予独裁官行使超越法律甚至宪法的权力。

《瓦莱里乌斯法》授予苏拉独裁权力。无限期任职，什么时候结束宪法上的非常状态，苏拉说了算；一切案件，苏拉是最高裁判官，苏拉的判决就是终极结果，不得上诉；苏拉有权改变国家的疆界和行省的划分；苏拉任命所有官员，包括执政官和对外征战的将领；所有原来的官职是否仍然有权力，以苏拉的决定为准。一贯冷静克制的阿庇安谈起苏拉的独裁官权力之时都忍不住愤怒地抨击："在苏拉统治之下，独裁官的任期才第一次成为无限期的，因此成为一个专制暴君的统治。"[2]

其实我们不需要像阿庇安这么激动，站在政治大局而非破坏法纪的角度看可能是另外一番模样：作为补丁的苏拉其实不是暴君，只不过是个超大号的补丁，大得让人难以接受，所以难以理解。

---

[1] 米勒、波格丹诺编：《布莱克维尔政治学百科全书》，邓正来等译，中国政法大学出版社，1992年，第201页。关于罗马独裁官制度的历史沿革和政治法律定位，参见马尔蒂诺：《罗马政制史》（第一卷），薛军译，北京大学出版社，2009年，第326—336页。马尔蒂诺：《罗马政制史》（第二卷），薛军译，北京大学出版社，2014年，第226—230页。林托特：《罗马共和国政制》，晏绍祥译，商务印书馆，2016年，第164—169页。格罗索：《罗马法史》，黄风译，中国政法大学出版社，1994年，第160—161页。塔拉曼卡主编：《罗马法史纲》（上卷），周杰译，北京大学出版社，2019年，第192—196页。

[2] 阿庇安：《罗马史》（下卷），谢德风译，商务印书馆，2016年，第84页。参见塔拉曼卡主编《罗马法史纲》（上卷），周杰译，北京大学出版社，2019年，第383—384页。

显然，苏拉拥有了前所未有的权力。但我认为这仍然是情有可原的。道理在于这次授权不是一般的紧急状态，而是要对格拉古兄弟之前就积累下来的种种问题做一个总的结论。如果不是这样，共和恐怕是难以维系了。既然要办大事，就得集大权。反过来理解也可以，只有为了办大事，办国家根本政治结构的改造这种大事，才需要集这么大的独裁权力。

苏拉至少表面上通过合法的手段得到了无上大权，关键是要看他用无上大权做了什么事。独裁权力是治世良方的药引子，没有它，这么大的方子很可能根本就出不来，出来了也实行不了。政治有很现实主义的一面，就是认后果。如果苏拉把大事做对了，也做成了，很可能两千年来他不仅不用背负国贼、独裁者、野心家的骂名，反而会成为再造共和的新国父。他发动内战、恐怖统治、无限期独裁所有这些罪名不至于烟消云散的话，至少也会变成瑕不掩瑜。然而，他自以为做对了的大事，其实既没有做对，也根本做不成。迷上了权力又信心满满的独裁者，其实大概率是既做不对也做不成大事的。

第二，发放公民权。这是熬药的山泉水。

独裁者苏拉承认公民权扩展到意大利全境。

苏拉是同盟者战争的英雄，他理解《尤利乌斯公民法》。公民权的扩展是大势所趋，只需要略加修改就行。苏拉添上了授予公民权的附加条件，那就是"不得与罗马为敌"。这个条件在任何人看来都是合情合理的。成为一个国家的公民，当然要效忠国家，而不能成为它的敌人。

从这一点上看，苏拉对罗马变得大而富是承认的，也顺应这个潮流，而且明确知道公民权扩展是使大而富的罗马变得有序的基本途径，是巩固罗马霸权、稳定同盟关系的必要条件。也就是说，只有用公民权让国家把所有意大利人在法律上平等相待，法律作为日常管理的最有效的手段才能发挥威力，同盟者战争才不会再次出现。即便公民权扩展会让平民派有更多的追随者可以利用，但苏拉已经不能再打限制公民权的主意了，和平民派的斗争必须去别的地方想办法。苏拉是识时务的。

如此一来，格拉古兄弟提上日程的公民权在意大利普及的问题终于有了比较妥善的定论。这对共和的稳固是重大利好，因为充斥在意大利全境人民之中和城市之间的不稳定政治关系，被导入了公民之间、公民与政府之间、政府与政府之间的稳定法律关系。法律主政，刀剑沉默。对内乱了半个世纪的罗马来说，似乎水银泻地一般的安宁和平静已经唾手可得。有了这锅清澈的山泉水，苏拉就可以下药了。

第三，恢复元老院作为共和国核心的地位和权力。这是主料。

恢复元老院的核心政治地位和权力，是苏拉利用独裁专政的无上大权要完成的核心任务。概括起来就一句话：废除格拉古兄弟以来平民派削弱元老院的所有法律，让罗马的政治核心重回少数贵族主导的共和旧制度。这就是复古政治的核心。连对苏拉抱有"同情的理解"的蒙森都免不了批评苏拉的改革"其中所含的政治思想——真的，它既是复古，当然不免这样——没有一个是新的"[1]。

"共和时代"一节就强调过，罗马共和不是民主。她虽然由人民构成，也对人民友好，但她有自己特定的政治原则和运作机制，那就是少数德高望重、明智审慎、武功超群的贵族之间协调商议来治理国家。人民在共和国里面不是直接做主，共和的核心其实是贵族政体。在民主派看来，共和带有严重的精英主义倾向，甚至很容易蜕化成寡头政治和分赃政治。

苏拉为了做到这一点，甚至不惜矫枉过正。正常措施有，立法权重归元老院，公民大会决议不再直接拥有法律效力；行政权和财政权重归元老院；任命将军和确定他们作战区域的权力重归元老院。

矫枉过正的措施有，执政官卸任后要隔8年才能重新当执政官，年龄必须42岁以上；法务官任职年龄必须39岁以上，做过法务官才有做执政官的资格；财务官任职年龄必须30岁以上，卸任后有资格递补成为元老院成员。这样一来，所有人的仕途就只能按照年资一步一个脚印往前走。我之所以说矫枉过正了，是因为这种晋升阶梯在小国，在事情不多、情况不复杂、野心家很少的国家，没问题。但这些条件，现在的罗马已经全部都不满足了。

作为贵族派领袖的苏拉，一手抓恢复元老院的政治核心地位，因为元老院是贵族派的大本营；另一手还要抓削夺平民派的权力，他的两手都

---

[1]　蒙森：《罗马史》（第四卷），李稼年译，商务印书馆，2014年，第335页。

很硬。

第四，创造多种制度压制平民派获取权力。这是必要的辅料。

恢复元老院核心地位的同时，必须严厉削夺平民派的权力。否则制度上二虎相争的困局解不开。苏拉在此也下了狠手。

首先，废除格拉古兄弟为赤贫化平民发粮食的制度。这是平民派讨好群众的基本招数。用国库的钱买民粹派野心家的政治资本，这种事情不能再发生。

其次，架空公民大会。

苏拉胆子再大也不敢废除公民大会，甚至不敢公开挑衅它的崇高地位。但是，一方面，前面提到了，公民大会决议不再直接拥有法律效力，立法权实质上重归元老院；另一方面，严格控制公民大会活动，不召集公民大会，召集了也只让大会表面上行使一下通过欢呼来表示赞同的权力。在这个方面，苏拉不仅显示出对民主非常不友好的态度，甚至充满了蔑视。

最后，最关键的，狠狠削弱保民官的权力，让它"形同虚设"。[1]

格拉古兄弟就是凭保民官权力推动了革命。后来出了一大堆激进的平民派政治领袖走的都是这条路。不打掉保民官这张平民派的王牌，贵族派就难以安生，他们需要的精英政治就始终面临着制度性的重大挑战。苏拉太清楚这一点了。

不过，他同样清楚的是，保民官职位不仅是平民派的王牌，还拥有近乎神圣的"捍卫公民自由"的宪法地位。如果动手太明显，会激起强烈的反弹。于是他做了三个动作：第一个是保民官拥有的控告权和提案权都必须经过元老院同意。第二个更狠，保民官职务与其他官职不兼容。也就是说，当过保民官之后就不能当执政官、法务官、监察官、财务官、营造官这些重要的官职。有政治抱负的年轻人自然就要好好掂量了。第三个是，保民官干满一年卸任后要再当保民官，中间得间隔10年。这样就防止了野心家通过连任保民官来持续掌握权力。

事情干完了，苏拉个人最终的选择让人大跌眼镜：复古改革一年完成，

---

[1]　格罗索：《罗马法史》，黄风译，中国政法大学出版社，1994年，第298页。

完成之后苏拉毫无征兆地宣布退休，他去乡间别墅安度晚年了。两年后的公元前78年，苏拉去世。对于苏拉的辞职，很多臭骂他独裁专制的历史学家都不得不给出了很高的评价。抨击他的阿庇安说"难以置信"，骂他道德败坏的普鲁塔克也称赞他"有胆识"。[1]而对苏拉很有好感的蒙森，直接把苏拉的辞职和华盛顿相提并论。[2]

先不忙着评论苏拉辞职到底是不是高风亮节。我猜，他一定是认为他该干的、能干的，都干完了、干成了。既然干完了、干成了，对于国家的大危机，最好的解决方案已经实现，那就遵守这个方案，把权力变成元老院主政的常规状态。

但我认为，苏拉的复古改革只是共和的回光返照。看起来秩序恢复了，但旧制度根本不足以解决新问题。为什么会这样？一个集了无上大权的人，也有足够的狠劲儿和智慧，出的每一招也都打在了死敌的痛点上，立的每一条法也都是共和的老规矩，怎么就那么容易不灵了呢？

理由其实并不复杂，因为罗马已经不是原来的罗马了。罗马已经不是刚刚建立时那个小而穷的城邦，而是变成了大而富的世界帝国；罗马已经不是团结一致的铁拳，而是变成了贵族和平民都腐化堕落的"金玉其外败絮其中"；罗马已经不再是公民为国征战获得荣誉和财富的共同体，而是变成了将军当老板、流民来打工的无数"公司"……罗马变了，大了，复杂了，最重要的是，坏了。复古政治最大的缺点，用我们中国人熟悉的话来说叫作守株待兔、刻舟求剑、掩耳盗铃。以为问题还是这么些问题，祖宗成法睿智无比，一切的混乱只要有原汁原味的老办法就能迎刃而解。这完全是一厢情愿的错误判断。所以，不是苏拉不够厉害，是他的立场牢牢地绑架了他看世界的方向，他往回看，哪怕是余光已经瞟到了未来，但他仍然坚决地带着罗马往回走。无数的历史证明，过来了，就再也回不去了。强大如苏拉，也不可能扭转大势。

[1]　阿庇安：《罗马史》（下卷），谢德风译，商务印书馆，2016年，第88页。普鲁塔克：《普鲁塔克全集》（Ⅱ 希腊罗马名人传），席代岳译，吉林出版集团，2017年，第856页。
[2]　蒙森：《罗马史》（第四卷），李稼年译，商务印书馆，2014年，第336页。

手握无上大权、心中超级自信的苏拉表面上一年就完成了复古改革，实际上他把方向搞反了，他的事情就不可能做对，无论如何都做不对的事情，自然也就不可能做成。"苏拉的事业，由于缺乏内在生命力，必然随着他个人的消失而崩溃。"[1]罗马共和的事态发展很快就让苏拉体制土崩瓦解，后生晚辈们自觉主动地彻底摧毁了他的所有政治遗产。说白了，苏拉用无上大权极端强硬地找回来的那些老规矩，没有人愿意再遵守，平民如此，贵族亦如此，平民派显贵如此，贵族派显贵亦如此。苏拉在公元前78年去世，不到30年时间，恺撒就率军跨过了卢比孔河，共和彻底覆灭。这直接说明苏拉体制根本就没多大用。苏拉的复古政治只不过是行将就木的罗马共和的回光返照。

正是在这个意义上，我批评苏拉没有用无上大权去开创新制度，他也就不可能真正为罗马赢得长治久安和繁荣富强。蒙森把苏拉和华盛顿相提并论实在是过于草率了。同样是急流勇退，华盛顿留下的是一个权力结构稳固的、风气蓬勃向上的、开放和自信如朝阳一般的美国，而苏拉留下的只是大厦将倾、倾轧争斗、依旧在各路乱战中找不到方向和出路的罗马。本质上，苏拉辜负了他曾经拥有的无上大权，急流勇退只不过是自以为是的自我安慰罢了。他的发动内战、恐怖统治、无限期独裁这些滔天大罪会因为他制度建设的失败而失去兜底的王牌，后世对他改革的英名有多么容易淡忘，对他的罪名就有多么容易铭记。

苏拉的复古政治是贵族派医治衰败罗马的方案，因为它本质上的顽固、僵化、过时，它根本就没有用。看看罗马的改革，真是"左右为难"。左手格拉古兄弟的平民派激进改革不行，右手苏拉的贵族派复古改革也不行。实质上，他们都违反了改革的基本策略：旧瓶装新酒。它的意思是，要把大家（包括贵族和平民，包括统治阶级和被统治阶级）熟悉的旧章法巧妙变通成

[1] 格罗索：《罗马法史》，黄风译，中国政法大学出版社，1994年，第300页。参见阿庇安：《罗马史》（下卷），谢德风译，商务印书馆，2016年，第89页。蒙森：《罗马史》（第四卷），李稼年译，商务印书馆，2014年，第336—339页。塔拉曼卡主编：《罗马法史纲》（上卷），周杰译，北京大学出版社，2019年，第391页。布林格曼：《罗马共和国史》，刘智译，华东师范大学出版社，2014年，第255页。

解决新问题的新机制。历史上最重大也最成功的"旧瓶装新酒"当属英国光荣革命建立了立宪君主制。它似乎延续了公元11世纪诺曼征服以来的英国君主制传统，甚至和13世纪形成的"王在议会"（King-in-Parliament）看起来没什么差别，甚至国王仍然拥有很多革命前的专权。但是，国家的政治中心和决策中心从宫廷变成了议会，国家的政治斗争机制从争宠变成了政党政治，国家的统治核心从封建贵族变成了大资产阶级，国家的公民权问题、宗教问题、海外扩张问题、反腐败和公共财政建设问题等一系列新的时代课题，都在新制度搭建的新机制系统当中得到稳步的解决。因此，光荣革命成为顶级的改革典范。[1]

我们再回过头来看罗马共和，格拉古兄弟的平民派激进改革是新瓶装新酒，苏拉的贵族派复古改革是旧瓶装旧酒。格拉古兄弟没有找好合适的旧瓶子，在我看来，这个旧瓶子应该是元老院和它制定的法律，尤其是那些历史上已经颁布过的对平民友好的法律。比如公职向平民开放的《李锡尼法》，再比如保证平民大会决议有法律效力的《霍腾西亚法》，等等。不打破元老院这个旧瓶子，基本的团结就还有保证，措施的出台就还有合法的权威，大问题的解决就还有合乎体制的平台和管道。打破了，新酒便无处封装，就变成了冲毁一切的洪流。

反过来，苏拉的复古改革是旧瓶装旧酒，对新形势几乎视而不见。他倒是也承认了给意大利全境人民发放公民权的《尤利乌斯公民法》，但崛起的赤贫化平民有强烈的政治诉求，得用什么样的正式体制加以组织和安顿？海量的赤贫化平民加入募兵制支撑起来的新式罗马军队，得用什么样的正式体制防止兵随将转和军队私有化？一个个像苏拉一样崛起的新军阀跃跃欲试，是执政官隔8年才能再次参选的老规矩挡得住的吗？被野心家挤满了的元老院，还能够像从前一样有商有量、和衷共济、精诚团结吗？光给元老院恢复

[1]　参见李筠：《英国政治思想新论》，商务印书馆，2019年，第207—246、137—159页。丘吉尔：《英语民族史》（第二卷　新世界），薛力敏、林林译，南方出版社，2004年，第297—304页。Kenneth O. Morgan (ed.), *The Oxford History of Britain*, Oxford: Oxford University Press, 2010, pp. 398-409. 克莱顿·罗伯茨、戴维·罗伯茨、比松：《英国史》（上册），潘兴明等译，商务印书馆，2013年，第475—480页。

核心政治地位和权力，甚至加上架空公民大会和保民官职位，都应对不了已经恣意奔腾的新酒。旧瓶自然也就被冲毁，旧酒只不过是散发着腐烂气味的酸汁。

苏拉确实集了无上大权想把罗马带回古代的共和，元老院为核心的体制被暂时恢复了。这只是共和的回光返照。旧制度不可能解决新问题。苏拉带来的稳定注定转瞬即逝，新军阀们马上就会敲响共和的丧钟。其中，庞培是个很有意思的关键人物，下一节就用他当主角来谈共和的覆灭。

2.11　虚荣：政治权力的溃散

苏拉用内战、恐怖、独裁、复古暂时稳住了共和晚期的乱局，明眼人都知道复古体制维持不了很久，但谁也没想到它的崩溃竟然来得如此之快。苏拉死后不到八年，他的复古政治就被他的得力干将庞培摧毁。庞培会把罗马共和带向何方？很不幸，庞培可能是整个罗马史上最让人鄙视的大人物，他的虚荣最终彻底瓦解了罗马共和已经溃散的权力。

权力的生产

权力（power）这种东西，还会瓦解吗？会，当然会。权力如果会形成，怎么就不会瓦解呢？我们先看权力的形成，然后再看它的瓦解。知道了它怎么形成，理解它的瓦解就容易了。

权力的定义很多，但五花八门的学术概念总的来说都是以马克斯·韦伯的说法为核心："'权力'（Macht）就是在一种社会关系内部某个行动者将会处在一个能够不顾他人的反对去贯彻自身意志的地位上的概率。"[1]或

---

[1]　韦伯：《经济与社会》（第一卷），阎克文译，上海人民出版社，2010年，第147页。

者简单一点，权力是"将个人之意志加诸他人之行动的可能性"[1]。权力就是让别人按照自己意志行事的可能性，它看起来几乎是一个"实心铁球"，几乎像原子一样"不能再分"，但其实是由很多要素构成的。

说起权力的要素，一般人首先会想到暴力（violence），但暴力不是权力。的确，暴力是迫使他人就范最直接的力量。但暴力不等于权力，它只是权力的后盾，而不是权力本身。确切地说，暴力必须变得有组织、有纪律、可控制，成了武力（force），才能成为权力的后盾。权力、武力、暴力构成了一个相互联系、相互支持但也相互冲突、相互竞争的光谱，位于两端的是：权力的目的和作用是要人服从，暴力的目的和作用是要人毁灭。暴力唯有能被控制，成了有组织、有纪律的军队、警察、监狱，甚至帮派、团伙、黑社会，才能带来"威胁"，让人服从。这么说吧，暴力拿来威胁别人的时候，对方害怕了，从了，那叫权力；要是对方不害怕，就是跟你死磕到底，你就是杀死他，他死到临头就是不服、不从，那你对他就没有权力。政治经营的是权力，所以，从权力和暴力的关系来看，政治如果要把权力做大，就必须有效地约束和管理暴力，把它变成有组织、有纪律、可控制的武力为我所用。[2]

除了武力，还有很多要素像暴力一样构成了权力的原料，比如财富。比尔·盖茨或者马云说话有分量，全世界愿意听他们的高见，因为他们的财富是潜在的巨大力量，可能通过很多曲折的方式"逼人就范"。同理，名誉或者声望也是权力的重要原料，娱乐明星、体育明星的巨大影响力也非常可观。梅西离开巴塞罗那足球俱乐部的事情不仅引起了全世界的关注，甚至造成了世界级的球迷分裂和对峙。

但是，和暴力一样，财富和名誉只是权力的原料，而不是权力本身，它们的丰厚当然有助于生产出更多的权力，但生产的流程和工艺也很关键。这

[1] 韦伯：《韦伯作品集》（Ⅲ 支配社会学），康乐、简惠美译，广西师范大学出版社，2004年，第3页。

[2] 参见阿伦特：《权力与暴力》，载贺照田主编：《西方现代性的曲折与展开》，吉林人民出版社，2002年，第423—442页。克劳塞维茨：《战争论》（上卷），中国人民解放军事科学院译，解放军出版社，1996年，第12—22页。

就好比没有好的炉子，再好的矿石也只能炼出渣子。家里有"矿"确实是从政的好条件，但不一定能让"矿主"成为政治家，因为"炼钢"确实非常复杂。"权力是一种必须被动员、发展和组织起来的东西，它必须被创造出来。"[1]搞清楚怎么样创造权力，最需要注意的是理解那些不太看得见的权力要素，比如组织、规则、谋略、道理、感染力等等，它们是创造权力的机关所在。一个人或者一个组织，组织越有序、规则越得到执行、谋略越高超、道理越让人觉得对、感染力越强，就越能够凝聚起更大的权力。如果相反，权力就瓦解了。

权力就在我们身边，我们却觉得很难搞懂它。因为权力的生产很复杂。政治最麻烦的地方就在于，各种权力要素的用法在绝大多数时候很难兼顾，它们之间的冲突甚至非常难以协调。也就是说，权力的生产存在着严重的自我拆台的危险。比如，如果一个人的感染力极强，很善于鼓动人心，那他怎么把热情似火的追随者变成讲规矩、守纪律的组织成员？两个要素在一个人身上兼顾都很难，何况是很多要素。拥有不同要素的人倒是可以合作，但谁能把他们捏在一起呢？好政治总是很稀有，出现了也让人细想起来觉得有点不可思议，有点风云际会的味道。但很可惜，风云际会大概率会变成风吹云散，好政治其实非常容易崩溃。一般人通常只关注原料是否充足，却不太注意权力的生产也有它独特的机制和法门，更少去计算生产权力的超高难度和超强的偶然性。

我们先拿庞培的前半生做例子，看看他怎么掌握了无上大权。然后再看，他怎么瓦解了自己的权力，也一并瓦解了罗马共和所剩无几的权力。庞培之所以让人鄙视，就因为他根本不会运用和维护自己手中巨大的权力。用现在的话说，他抓了一手好牌，却打得稀烂。

庞培真是入局早，站位高。庞培在罗马政坛几乎是含着金钥匙出生的。庞培的父亲当过执政官。庞培小时候就特别招罗马人喜欢，据说他颜值超高，"略带忧郁气质的眼睛和面孔的轮廓，与亚历山大大帝的雕像极为神

---

[1] 亨廷顿：《变化社会中的政治秩序》，王冠华等译，上海人民出版社，2008年，第120页。

似"[1]。玉树临风、慷慨大度、乐善好施、平易近人本就让庞培成了人气明星，再加上用兵的素养和演讲的口才，一颗政治新星冉冉升起。

天赐良机，庞培成了罗马第一人苏拉的爱将。苏拉从东方回国，内战即将开打，23岁的庞培非常识时务地带着自己的军团加入了苏拉的队伍。苏拉对庞培委以重任，派他去围剿反对派，他在西班牙大获全胜。25岁的庞培成了罗马史上最年轻的凯旋将军，这可是34岁的大西庇阿击败汉尼拔之后才享受的待遇。这一切都出于苏拉的力挺，苏拉就是要在兵败的元老院面前树立自己的威严，也想培养庞培做他的接班人。苏拉为了"栽培"庞培，甚至让庞培离婚娶他的继女为妻。庞培从非洲作战归来，一贯不正经的苏拉开玩笑给了他一个名号，叫作"马格努斯"（Magnus），翻译成英文是"the Great"（伟大的）。西方历史上，在这个玩笑之前，只有亚历山大拥有这个名号，我们通常把它翻译成"大帝"。[2]

事后来看，苏拉的玩笑和抬举真是坑了庞培一生，因为少年庞培内心里的一种病毒完全发作了，它叫作虚荣。虚荣将一步步瓦解他的权力，也一并瓦解共和的权力。相比而言，恺撒是典型的大器晚成。23岁的恺撒因为躲避苏拉的黑名单逃亡在外，25岁回国。回国了手里也没有兵，还欠了一屁股债，后来当律师也不成功，直到37岁才真正起步，40岁才真正崛起。

从起点来看，庞培几乎是天选之子，恺撒却是个倒霉蛋。对比一看，反而可以说，起点不是不重要，但真的没那么重要。在政治斗争的长跑中，权力的聚散其实很平常，而且非常快。不过，庞培的好戏才刚刚开始。

庞培确实运气好，实力也强。

苏拉去世，必然叛乱又起，虚荣的庞培站出来要去平叛，但年龄还是问题。按照苏拉的共和老规矩，领兵出征的将军至少得是法务官，法务官的法定任职年龄是39岁，庞培整整差了10岁。没办法，元老院无将可派，只有从了庞培，苏拉体制的第一道口子就撕开了。庞培也真是运气好，叛将被自己

[1] 普鲁塔克：《普鲁塔克全集》（Ⅱ 希腊罗马名人传），席代岳译，吉林出版集团，2017年，第1111页。

[2] 普鲁塔克：《普鲁塔克全集》（Ⅱ 希腊罗马名人传），席代岳译，吉林出版集团，2017年，第1117—1122页。

的手下杀死，叛军也就散了。庞培又凯旋了。

差不多前后脚，克拉苏镇压斯巴达克起义也接近尾声。他也是投靠苏拉的有志青年，和庞培不同，他不是有家世而是有钱。克拉苏太过贪婪，他几乎是人类历史上挣钱最不择手段的人，最典型的例子就是他在苏拉恐怖统治的时候大发横财。[1]他也想当官，也想立功，斯巴达克大起义来了，他砸钱，然后严厉治军，消灭了斯巴达克的主力。从西班牙凯旋的庞培顺路消灭了斯巴达克的残部。克拉苏忌惮庞培来抢夺胜利果实，庞培认为克拉苏不过是个有财无德的土豪，两人交恶。如果他们此时就结成钢铁同盟的话，很可能恺撒就没什么机会了。

无论心里有多么瞧不起对方，苏拉手下的两个红人还是携手凯旋。但他们商量好了，不解散军队，而是和元老院谈条件。第一，要凯旋仪式，这个要求正常，打了胜仗确实该给荣誉；第二，要国家出钱安置复员的士兵，这基本上也合理，但是已经越权了；第三，要当明年的执政官，这基本上就是要挟了。元老院答应他们的要求之后，他们才解散军队，凯旋进城。[2]

元老院对他们有权力吗？为什么作为共和制度核心机构的元老院对于违反制度的将军无计可施，只有低头服软？最直接的原因就是罗马的军事格局已经不再支撑元老院的权力。从前的战争规模不大，作为总司令的执政官每年一换，甚至士兵都每年一换。这种制度安排非常有利于贵族们之间的权力平衡。一年时间，谁的功勋都不会比别人多太多，也就谁都服从元老院的权威。

但罗马的仗越打越大，时间越打越长，加上马略的募兵制，一个将军带着一堆稳定的部下长期在外作战，他们成了一个共同体。罗马扩张得越厉害，新军阀就越是不断出现。苏拉是第一个成功登顶的军阀。作为苏拉的得意门生，庞培在要挟元老院的时候说了这句名言：苏拉可以，我为什么不

---

[1] 普鲁塔克：《普鲁塔克全集》（Ⅱ 希腊罗马名人传），席代岳译，吉林出版集团，2017年，第977—978页。

[2] 普鲁塔克：《普鲁塔克全集》（Ⅱ 希腊罗马名人传），席代岳译，吉林出版集团，2017年，第1129页。盐野七生：《罗马人的故事》（Ⅲ 胜者的迷思），刘锐译，中信出版社，2012年，第185—188页。

可以？

我在《西方史纲》里一再强调，罗马成于兵也毁于兵。庞培这种作为已经表明：共和对自己的军队失控了。大而强的武力已经撑破了共和的种种控制机制，共和的底牌实际上就瓦解了。武力可控，就是权力的基础；武力失控，就是权力的坟墓。

按照苏拉的规定，做官得一级一级来，先财务官，后法务官，最后执政官，庞培一步登顶。就这样，庞培离法定任职年龄还差六岁的时候当上了执政官，和克拉苏一起。庞培和克拉苏这两位苏拉的得意门生执政之后"竭诚尽力地从事于废除苏拉的制度"[1]。一方面，恢复了被苏拉废除的《霍腾西亚法》，还平民大会决议以法律效力，还恢复了保民官的权力，尤其是法律创制权；另一方面，让骑士重回陪审法庭。苏拉为了让元老院坐稳政治核心，废除了格拉古兄弟的《陪审改革法》，把陪审员由元老和骑士各占一半改回全部由元老担任。庞培和克拉苏改成元老、骑士、平民各占三分之一。元老们气急败坏，但就是拿这两位新军阀一点办法也没有。[2]加上在他们之前的执政官已经立法恢复了保民官卸任后担任其他官职的权力，给罗马城人民发粮食的《小麦法》也重新通过，苏拉体制在他去世八年后基本宣告作废。

为什么会这样？上一节我们已经谈过，复古政治无法解决新问题，这是根本原因。现在我们把这个原因放到苏拉青睐的庞培头上检视一下。庞培是苏拉捧红的，就一定要把苏拉的事业继续进行下去吗？他主观上愿意吗，客观上有能力吗？这个问题得怪苏拉，是他让庞培陷入了两难：42岁有资格参选执政官，卸任后再次参选得间隔8年，要么庞培遵守苏拉的规矩，等到42岁再当执政官，他就是一个选择平庸的人，他在客观上就没有能力保卫苏拉体制；要么庞培违反苏拉的规矩，他是客观上有能力的人，但他就一定会冲破苏拉设定的天花板。所以，无论是庞培无能，还是庞培背叛，苏拉体制都

---

[1]　蒙森：《罗马史》（第五卷），李稼年译，商务印书馆，2014年，第84页。

[2]　普鲁塔克：《普鲁塔克全集》（Ⅱ 希腊罗马名人传），席代岳译，吉林出版集团，2017年，第1130页。盐野七生：《罗马人的故事》（Ⅲ 胜者的迷思），刘锐译，中信出版社，2012年，第188—190页。

是保不住的。对于庞培如此，对于克拉苏又何尝不是如此，对于所有苏拉的追随者又何尝不是如此？如果苏拉的追随者全部被他自己置于无能和背叛的两难境地，没有人捍卫他的事业不是很正常的事情吗？一个体制如果只是一厢情愿地定下规矩，却不能让能干的人在里面得到激励，就不可能获得他们的忠诚，他们就会从中逃离，甚至成为它的破坏者。从这个意义上讲，庞培为了自己的权力扩张和大好前途背叛了不近人情又不讲道理的苏拉并不是特别过分的事情。但他由此得罪了元老院却是必须付出的代价。

之后的庞培虽然遭遇了元老院的频繁打压，但在战场上还是好运连连，当然，他的武功也确实鹤立鸡群。虽然坏了很多规矩，比如说再次就任执政官的时间间隔不满8年，独裁官从来没有在意大利境外设立，而且一次授权就是3年，等等，但庞培的巨大胜利让这些违制的事情似乎都不值一提。他先是以迅雷不及掩耳之势肃清了地中海的海盗，只用了89天，让所有人瞠目结舌。然后出征东方，追击米特拉达梯的路上扫平了亚洲各国，包括帕提亚（波斯）在内的东方各国俯首帖耳，地中海完全成了罗马的内湖。

军功在罗马最容易带来威望，胜利在罗马最容易得来爱戴。庞培在东方的行动出奇地顺利，甚至在他改变作战意图，故意"收服"不在计划当中的目标之时，也极其顺利。蒙森为此刻薄地说，命运女神让庞培"解决一切辉煌而不费力的事"[1]。

在东方取得节节胜利的庞培开始飘飘然了，虚荣已经让他忘乎所以，他开始用东方式的礼仪来包装自己。他接见前来拜访的亚美尼亚国王的时候充满了傲慢，就像亚历山大大帝接见战败国的国君。对方也呈上王冠，表示完全臣服。"许多重要的将领和君王都聚集在他的身边，仅仅蛮族国王就有12位之多。……当他写信给帕提亚国王的时候，一点也不肯降尊纡贵……在信函的封面上写着'万王之王'的头衔。"[2]这对共和来说是大忌，但他一点也不在乎。他特别喜欢别人对他吹牛拍马、歌功颂德，他享受极了。回罗马

---

[1]　蒙森：《罗马史》（第五卷），李稼年译，商务印书馆，2014年，第366页。

[2]　普鲁塔克：《普鲁塔克全集》（Ⅱ 希腊罗马名人传），席代岳译，吉林出版集团，2017年，第1147页。

之前，他还仿效亚历山大大帝看望哲学家第欧根尼的典故，去希腊拜会了哲学家波赛东尼，还给希腊的哲学研究慷慨捐款。回到罗马之后，他举行了极为豪华的凯旋仪式。如果庞培在此时去世，他可能会成为罗马史上和西庇阿并列的战争英雄。但他才43岁，后面的事情会把他变成笑柄。庞培恐怕是罗马史上，乃至整个人类历史上头号手拿全部好牌却输了个精光的人。

权力的瓦解

　　庞培确实有武功，运气更是好得出奇。但他登上权力巅峰的时候，虚荣的病毒也全面地发作了。从公元前63年庞培东征凯旋，到公元前48年他在法萨卢斯大决战当中逃跑，也就10多年时间。虚荣，让他一败涂地，英名尽丧。

　　虚荣作为一种恶，亚里士多德就已经严肃地讨论过："一个自视重要，却配不上那种重要性的人是虚荣的，尽管不能说所有自我估价过高的人都是虚荣的。"[1]在我看来，亚里士多德下面这句对虚荣的解释，几乎就是为庞培量身定做的："他们常常追求与他们自身不相称的荣誉，然后又被发现了本来的面貌。"[2]如果说日常生活中爱慕虚荣只是会引来嘲笑或者厌恶，它并不致命，那么，很不幸，政治中的虚荣是致命的，而且，远远超出我们的想象。

　　"争霸"一节我们曾经讨论过"荣耀"是驱动罗马征伐四方最重要的内在动力。在"荣耀"（Gloria）前面加上"虚"（vain）就变成了"虚荣"（vain-glory），它的致命之处在于"不切事"和"不负责任"。韦伯对政治中的虚荣予以极其严厉的批评：在政治的领域中，最严重的罪恶，归根究底来说只有二——不切事和没有责任感。而虚荣——尽可能让自己站在台前受人瞩目的需要——在最强烈的时候，会引诱政治家犯下这两项罪恶之一，甚

---

[1]　亚里士多德：《尼各马可伦理学》，廖申白译注，商务印书馆，2003年，第107页。另外，霍布斯对虚荣也有很好的解释，参见霍布斯：《利维坦》，黎思复、黎廷弼译，商务印书馆，1997年，第41页。Thomas Hobbes, *Leviathan*, J. C. A. Gaskin (ed.), Oxford: Oxford University Press, 2008, p.38.
[2]　亚里士多德：《尼各马可伦理学》，廖申白译注，商务印书馆，2003年，第112—113页。

至两者皆犯。[1]所谓不切事，就是不关心实际的事情，政治家的心已经被各种玄虚的事情占满了。这些玄虚可以是身边下属的吹牛拍马，也可以是民粹群众的歌功颂德，甚至还可以是远方蛮族国王的毕恭毕敬。"政治家像一个暴发户似的炫耀自己的权力、虚荣地陶醉在权力感里……乃是扭曲政治动力的最严重的方式。"[2]虚荣会让政治家丧失政治所必需的现实感，在纷繁复杂的社会现象中不是冷静睿智地去识别和处理对于整个国家最重要的问题，而只是把各种鲜花和掌声当成了追求的对象，成了别人褒贬毁誉的奴隶，从而丧失判断力和意志力，甚至丧失主体性。如果是这样，他怎么对自己负责呢？一个丧失了对自己负责的能力的人，怎么对国家负责呢？正因如此，不切事和不负责任"两者皆犯"，是顺理成章的事情。从这个意义上看，权力是世界上最厉害的迷幻药，"皇帝的新衣"不是童话故事，而是政治家必须时刻警惕和克服的自我催眠和他人陷害。

如此说来，虚荣的庞培就非常危险了。我们来看看他怎么瓦解了自己的权力。

第一，庞培不会打造自己的政治集团。

想实现统治，军阀必须变成党魁，武力才能被有效地转换成权力。中国的古话说得好，马上得天下，焉能马上治天下？[3]威胁必须变成敬畏甚至爱戴，武力才算变成权力，而这个从战争到和平的转换必须经过组织的建设。庞培需要把从前的部下变成一个紧密的政治集团，不仅要达成攻守同盟，而且要赢得党派斗争，最重要的是还要在斗争当中处理好国家大事。党魁必须带领他的党派一步步用政绩来证明自己的实力，做大自己的队伍，凝聚更多的权力。

---

[1] 韦伯：《韦伯作品集》（Ⅰ　学术与政治），钱永祥等译，广西师范大学出版社，2004年，第253页。

[2] 韦伯：《韦伯作品集》（Ⅰ　学术与政治），钱永祥等译，广西师范大学出版社，2004年，第254页。

[3] 此话的典故出自《史记·郦生陆贾列传》：陆生时时前说称《诗》《书》，高帝骂之曰："乃公居马上而得之，安事《诗》《书》！"陆生曰："居马上得之，宁可以马上治之乎？且汤武逆取而以顺守之，文武并用，长久之术也。"［司马迁：《史记》（第八册），中华书局，2007年，第二六九页。］

庞培在这方面的作为几乎可以用白痴来形容。"如果没有自己的党派的话，一个政治家就一无是处。"[1]他好面子，重要的部下被弹劾，他居然不干预。那意味着原来的兄弟们就这样一个个被反对派用司法的手段干掉了。再比如，他想拥有大权，却总是装出一副半推半就的样子，想让元老院来三顾茅庐，即便答应了，还假装谦虚，结果元老院顺理成章地就把他的谦虚当真，直接削弱他办事的权力。[2]

这样一来，庞培的政绩自然就很差。他手下得力的人本来就不多，还被一个个干掉；他手里拥有的权力本来就不实，还被一层层限制；他本来就脸皮薄，不善于政治斗争，还被元老院和无良政客两面夹击。他治下的罗马居然出现了毫无节操的政治恶斗，蒙森称之为"最荒谬的政治滑稽剧"[3]。他凭借军功和军队得来的权力就这样因为没有组织、没有帮派、没有兄弟逐渐瓦解。

问题的关键在于，虚荣摧毁了庞培打造组织的可能性。一方面，鲜花和掌声让庞培误以为所有人都是他的人，党派完全没必要。不好好打造属于自己的党派，就不可能把士兵的爱戴和人民的拥戴转化为政治效忠，士兵和人民跟庞培就是"弱关系"，关键时候根本帮不上忙。如此一来，庞培就浪费了士兵对他的爱戴和平民对他的拥戴，海量的矿石根本没有炉子把它们炼成权力。另一方面，吹捧和拉拢容易让庞培改变主张，甚至改变立场，党派在客观上根本就立不起来。这一点下文谈"目标"的时候再进一步展开。实际上，庞培不是在建立或者经营自己的党派，而是被各种党派追逐和争夺，"尽管庞培为自己的卓越地位洋洋自得，但是每个争取庞培的眷顾的派别都力图消灭别的派别，迫使庞培只跟自己站在一起"。[4]被虚荣掏空了主心骨

[1] 塞姆：《罗马革命》，吕厚量译，商务印书馆，2016年，第85页。

[2] 普鲁塔克：《普鲁塔克全集》（Ⅱ 希腊罗马名人传），席代岳译，吉林出版集团，2017年，第1154—1161页。蒙森：《罗马史》（第五卷），李稼年译，商务印书馆，2014年，第89—90、254—259页。

[3] 蒙森：《罗马史》（第五卷），李稼年译，商务印书馆，2014年，第254页。参见塞姆：《罗马革命》，吕厚量译，商务印书馆，2016年，第47—52、64—68页。

[4] 霍兰：《卢比孔河：罗马共和国的衰亡》，杨军译，中信出版社，2016年，第245页。

的"伟人"庞培，表面上是罗马的领袖，实际上他本人成了各路势力角逐的竞技场。

权力的大小不光要看绝对的力量有多大，更要看权力对比关系。"山中无老虎，猴子称大王"是常有的事。我们来看看庞培的对手恺撒的组织建设。恺撒特别擅长此道，编织庇护关系网络是恺撒的强项，恺撒几乎是西方历史上经营人脉关系的第一人。恺撒对"朋友"从来都是慷慨解囊，他用金钱能买到的"友谊"几乎都买到了，罗马城能拍着胸脯说没收过恺撒钱的人恐怕只有小加图。恺撒是在"花钱买人"。西塞罗在著作中谈到"慷慨"这种美德的时候专门把恺撒（和苏拉）拿出来单讲，严正指出他（们）在金钱上的慷慨根本不是慷慨，而是笼络人心。[1]恺撒不仅会用钱，而且会协调各种关系，让朋友帮朋友的忙，一来二去，大家都成了朋友。而且，恺撒在严重的政治斗争中还特别敢于帮"朋友"出头。就说庞培，他清剿海盗和征服东方两次挂帅都严重违制，年龄不够、权限太大，恺撒两次都和元老院作对投了赞成票，而且公开力挺庞培。最后，最重要的是，恺撒没有和"朋友们"停留在纯粹的私人友谊上，而是结成了"恺撒党"，有轻重、有联络、有协调、有分工、有目标。"恺撒党"从元老、骑士、银行家到部落首领、青年才俊、百夫长，覆盖了几乎所有掌握权力的人群。[2]恺撒多年征战高卢，对罗马城发生的事情却清清楚楚，庞培在治理中的权力瓦解尽在他的眼底，但这一次他根本没有出手相帮。

对比庞培和恺撒在组织上的长短确实非常有利于看清楚他们之间的胜败究竟为何，但这并不是说政治就应该照黑社会团伙那样去经营，而是说"组织"是权力聚散极其重要的要素。组织得力，不仅是大人物振臂一呼，应者云集，更重要的是命令和纪律能够让大人物的意志在极大的范围内得以实

---

[1]　西塞罗：《论老年　论友谊　论责任》，徐奕春译，商务印书馆，2003年，第111页。

[2]　塞姆：《罗马革命》，吕厚量译，商务印书馆，2016年，第5章。和恺撒形成鲜明对照的是，庞培几乎从来不对处于危难时刻的"朋友"伸出援手。西塞罗被保民官克劳狄乌斯政治攻击并放逐出罗马的时候，庞培并没有理会他的当面苦苦哀求。说到西塞罗，他和庞培一样没有"组织才能"，也没有成功地打造出属于自己的党派。参见普鲁塔克：《普鲁塔克全集》（Ⅲ　希腊罗马名人传），席代岳译，吉林出版集团，2017年，第1565—1568页。

现，也就是对更多的人拥有权力。塞姆把"恺撒党"描写成暗黑的黑社会团伙，把恺撒描写成黑社会头目，我认为确有证据，但过于苛刻了。

一方面，恺撒党不是一丁点理想和追求都没有。即便作为蛊惑人心的大旗，恺撒也必须树立起自己为民请命、为国效命的合法合德的正面形象。对于普通群众，恺撒必须如此，而对于"高级党员"，也因人而异，讲理想、讲正义的正派人士，恺撒也会晓之以理。一个几乎覆盖了罗马的党派，纯粹靠利与力是不可能形成的，更不可能干成把恺撒送上王座这种惊天大业。

另一方面，任何社会动荡都意味着原有秩序和组织的失效和瓦解，新组织的再造就是社会秩序再造的第一步。组织再造在实际操作上不得不从"人之常情"开始，而不是从"伟大理想"开始。新组织要让农民有田、让士兵得胜、让官员坐稳、让商人和银行家有钱赚，大家都得到自己想要的，组织就壮大了。壮大了再来定规矩、讲纪律，就有战斗力了。有战斗力再来讲理想、讲改变世界，就有希望了。从实际到高远，对新建组织来说，得一步一步来。对于组织内部不同来路的成员、不同级别的成员、不同忠诚度的成员，伟大理想的故事得分不同的版本讲。组织的建设从来都不可能绝对地清清白白，不能过于苛刻地讲凡是不清白的组织都是黑社会团伙，这样简单的一概而论对我们认识组织、权力和政治不仅无益而且有害。

庞培和恺撒真是既生瑜，何生亮。从组织建设的角度看，庞培毫无建树。在严酷的政治斗争中他必败无疑。

第二，庞培不会筹划自己的政治目标。

作为罗马长时间权势熏天的头号大人物，庞培居然没有明确的政治目标。他既不像苏拉那样一心维护旧体制，也不像恺撒那样一心颠覆旧体制，都不知道他到底想怎么样？好像只要被大家供起来，享受赞美和光荣就好了。庞培曾经对罗马人民公开演讲说自己"没有意图进行任何政治的改革"[1]。回头看庞培的一生，这不是演讲的修辞，而是他发自内心的真实想法。

---

[1] 普鲁塔克：《普鲁塔克全集》（Ⅱ　希腊罗马名人传），席代岳译，吉林出版集团，2017年，第1163页。

没有目标的庞培始终没有稳健的政治步伐，只是跟着局势被动地摇摆。当元老院把他作为实力派严防死守的时候，他选择了和恺撒、克拉苏结成三巨头，一起对抗和架空元老院。当恺撒在高卢取得了盖世功勋，元老院来拉拢和利用他，他马上转身和元老院合作对付恺撒，装成共和的守护神。当了几十年罗马共和的政治第一人，在平民派和贵族派的持续恶斗中居然没有明确的选择，也没有成为任何一派的领袖，还被动地在两派之间来回摇摆，不是庞培定力好，实在是因为他没主见。

没有目标，对普通人来说并不致命，但对政治家来说，一定是致命的。没有目标，就没有标准在严酷的斗争中判断"谁是朋友，谁是敌人"，也就没有办法创建组织、制定规则、拿出谋略、讲出道理、散发出感染力。目标看起来很虚，但它是组织的拱顶石，拱顶石没有了，组织建不起来，权力就不可能生产出来。大人物可以根据情势选择公开自己目标的程度、方式和人群，但无论如何必须有，而且必须坚定。如果老是让大家猜，今年是在积蓄力量，明年是在憋大招，让大家等啊等、盼啊盼，最后的结果很可能是他真的什么都没有。

虚荣，虚掉的就是目标，因为鲜花和掌声已经成了目标。从庞培身上可以明显地看出来，虚荣对大人物来说最可怕的地方就是让他丧失真正的政治目标，进而带着整个国家丧失政治目标，他自己和整个国家都丧失了制造权力的能力。所以共和晚期是一个公认的无政府状况。庞培就是这种无政府状况的集中展现，无论是他的行为还是他的内心。

虚荣既然取消了目标，自然就会危及责任。既然没有目标，也就不存在责任。虚荣的政治家真是想负责任都找不到真正的责任可以负，因为标准都被掏空了。政治家不负责任或者根本就没法负责任，国家和人民处于混乱和失范的状态就太正常了。韦伯说虚荣会引来不切事和不负责任这两桩政治上"最严重的罪恶"，确实是难得的真知灼见。

第三，庞培缺乏果敢的政治决断。

一个好面子的人，这个戏要做得好，那个人又不能得罪，怕惹来人民的差评和属下的不满，决断的时候就会特别瞻前顾后、犹豫不决、反复无常。要是普通人，我们可以一笑了之，但大人物，很可能就在生死存亡的关头被敌人摧毁。

庞培在政治上拿不定主意的时候实在是太多了，我们只看他最后和恺撒的大决战。话说恺撒渡过卢比孔河是庞培和元老院逼的。因为延长在外将领的权限在军阀时代已经是惯例，他们唯独针对恺撒，让他解散部队，一个人回京述职。这显然是要拔了恺撒的牙再把他关进笼子里。[1]恺撒的决断是带兵回京。

既然如此，你庞培也是干过这种事情的人，更知道恺撒不是善主，要整死他的话，你就得做好准备啊！庞培在这个时候居然是超级糊涂的状态，不仅给了恺撒喘息的机会，居然夸口说"我只要在意大利跺一下脚，到处都会出来勤王之师"。军队压根就没来得及召集。元老院问那你庞培跺脚了没有啊？庞培只能含糊其词。[2]庞培最后的方案居然是跑路，元老们基本上都跟着他跑了。恺撒得到的是一座政治上空空如也的罗马城。[3]

这还不算完。如果说大撤退是避敌锋芒，用时间换空间，把恺撒引入庞培自己掌控力极强的东方作战，也勉强说得过去。可庞培在战场上居然犯了缺乏决断的错误。他的思路是消耗战，因为他手下兵多、钱多、元老多，无论硬实力还是软实力，他都占据优势，耗不起的是恺撒。在首战得胜之后，他选择追而不打，目的就是让被动、匮乏、着急的恺撒自行崩溃。战略上，他完全是对的，寻求速战速决的是恺撒。但他不仅没有用这个思路说服部下和元老们，反而在他们得胜的热情之下改变了主意。普鲁塔克在这件事上直接批评庞培说："拿一艘船的舵手来说，最大的忌讳是'懦弱无能'。"[4]

[1] 阿庇安：《罗马史》（下卷），谢德风译，商务印书馆，2016年，第117—128页。凯撒：《高卢战记》，任炳湘译，商务印书馆，1997年，第237—239页。蒙森：《罗马史》（第五卷），李稼年译，商务印书馆，2014年，第九章。塞姆：《罗马革命》，吕厚量译，商务印书馆，2016年，第69—71页。
[2] 普鲁塔克：《普鲁塔克全集》（Ⅱ 希腊罗马名人传），席代岳译，吉林出版集团，2017年，第1167、1169页。参见Plutarch, *Roman Lives: A Selection of Eight Roman Lives*, trans. Robin Waterfield, Oxford: Oxford University Press, 1999, p.276. 塞姆：《罗马革命》，吕厚量译，商务印书馆，2016年，第72页。
[3] 尤特罗庇乌斯：《罗马国史大纲》，谢品巍译，上海人民出版社，2011年，第65页。
[4] 普鲁塔克：《普鲁塔克全集》（Ⅱ 希腊罗马名人传），席代岳译，吉林出版集团，2017年，第1175页。霍兰：《卢比孔河：罗马共和国的衰亡》，杨军译，中信出版社，2016年，第267页。

这样一来，他们就都掉进了恺撒的步调。而且，庞培让他的虚荣变成了部下们的狂妄，他们在这个时候依然热血沸腾地把庞培称为"万王之王"。[1]可惜他们面对的是用兵如神的恺撒，是政治上最会安排大局的恺撒。结果，庞培第一次输了，而且输得非常羞耻，英名尽丧。

庞培在法萨卢斯战场上只是看到败势就选择了逃跑，扔下浴血奋战的将士们不闻不问，历代作家都予以严厉批评，蒙森更是直呼庞培"可耻"。[2]且不论坚持血战可能仍有胜算，即便必败，作为统帅也有义务策马谈判，为将士们争取宽大的战后处置。在大决战当中统帅逃跑这种巨大的不负责任的行为，甚至让庞培以往所有的辉煌战绩全都蒙上了阴影。虚荣导致的没有组织、没有目标、没有决断、没有责任在逃跑之中全部汇集到一起，铸成了彻彻底底的虚空，军事、政治、道德全部一败涂地。随后庞培选择逃去埃及，逃亡埃及是所有选择当中最差劲的，结果他还没有上岸就被埃及人杀了。蒙森刻薄地说庞培死到临头"还是不改其糊涂寡断的故态"[3]。不过这已经不重要了。

政治决断力差有两种表现。一种是为人所熟悉的拿不定主意，耳根子软，谁来说两句好像都有道理，马上就推翻前面的决定。另外一种表现是大家不熟悉的，或者说经常见却从不往这里想：喜欢众望所归，从不力排众议，总是让大家感觉从善如流，让大家感觉他一定会最后压阵，其实他自己心里根本就没底，只是顺着大家走罢了。这两种表现其实通常是并存的。

虚荣必然带来没有决断，因为判断标准已经变成了鲜花和掌声，只要跟着它们走就好了，而真正需要动脑筋、下狠心、出狠手的事情被取消了。在政治当中，不用说残酷斗争的危急关头，即便是太平无事的日常决策，决断

[1] 凯撒：《内战记》，任炳湘、王士俊译，商务印书馆，1996年，第143—153页。阿庇安：《罗马史》（下卷），谢德风译，商务印书馆，2016年，第158页。普鲁塔克：《普鲁塔克全集》（Ⅱ 希腊罗马名人传），席代岳译，吉林出版集团，2017年，第1175页。

[2] 蒙森：《罗马史》（第五卷），李稼年译，商务印书馆，2014年，第365、358—359页。阿庇安：《罗马史》（下卷），谢德风译，商务印书馆，2016年，第162—170页。凯撒：《内战记》，任炳湘、王士俊译，商务印书馆，1996年，第152页。普鲁塔克：《普鲁塔克全集》（Ⅱ 希腊罗马名人传），席代岳译，吉林出版集团，2017年，第1180—1181页。

[3] 蒙森：《罗马史》（第五卷），李稼年译，商务印书馆，2014年，第362页。

力都是极其重要的，主政者不决断就等于将政治决断的权力拱手让人。无论
是敌人收走了，还是属下偷走了，权力都属于他们了，对主政者来说权力就
丧失了。从权力的基本定义我们可以看到虚荣有多危险：如果权力意味着让
别人的意志按自己的意志行事的可能性，虚荣则取消了自己的意志，那还谈
什么让别人按自己的意志行事呢？虚荣是对意志的瓦解，也就是权力的彻底
空心化，彻底地走向虚无。这个时候回看克劳塞维茨对"战败"的解释，就
很容易理解庞培在大决战当中可耻的逃跑了：战败不是表面上的行为，不是
缴械投降也不是签订和约，而是丧失战斗意志。[1]意志一旦瓦解，哪怕将士
们还在浴血奋战，哪怕还有各种可能，全都没有意义和作用了。虚荣导致庞
培实际上长期处于意志薄弱的状态，遇到困境自己内心先崩溃，只不过是大
考终于在法萨卢斯来临。虚荣的人，正如亚里士多德所说，高估了自己，追
求自己根本配不上的荣誉，迟早会露出他的本来面貌。

普力夺社会

如果说共和借来的保护神庞培是个没有主心骨的人，那么，去借这个保
护神的共和肯定是没有了主心骨才会病急乱投医。庞培的政治无能代表着传
统贵族普遍的政治无能，他们已经没有真正的政治能力来执掌这个庞大的国
家了。以贵族共治支撑的共和也就该退出历史舞台了。庞培的病，非常有代
表性地展现了罗马共和的病。而我借用亨廷顿的概念，把罗马共和晚期的病
看成是"普力夺社会"。

"普力夺"（Praetor），"形容的是一种政治化的社会，在这种社会
里，它不仅指军人干政，而且指各种社会势力都干政"[2]。中文"普力夺"
一词可以延展为"普遍的对权力的争夺、抢夺、篡夺"，和这个词的英文发
音也很贴合。整个社会都在争夺、抢夺、篡夺权力，政治成了几乎所有人的

[1] 克劳塞维茨：《战争论》（上卷），中国人民解放军军事科学院译，解放军出版社，1996年，第33页。
[2] 亨廷顿：《变化社会中的政治秩序》，王冠华等译，上海人民出版社，2008年，第162页。

事业，每个人都热乎乎地追求自己的政治目标，并且急速形成一个个政治团体或者政治运动，与别的政治团体和政治运动展开激烈的对抗。整个社会就在这种普遍争夺、抢夺、篡夺权力的激烈政治进程中迅速自我消耗，走向衰朽。对权力的争夺、抢夺、篡夺越激烈，权力的溃散就越严重，最终谁也没有权力，秩序就无从建立，社会就陷入人人夺权和权力匮乏的恶性循环，除了政治恶斗，再无其他。[1]亨廷顿用"普力夺"主要是解释政治现代化进程中的拉美国家，尤其要解释它们那里为什么军人政变和军人干政是家常便饭。但回看罗马共和晚期的社会政治情势，真是非常吻合。而且，"普力夺"（Praetor）一词本来就出自罗马，它就是罗马的"法务官"（裁判官），也有学者把它译成"副执政官"。[2]普力夺和罗马真是渊源颇深。下面我们就来把罗马共和晚期的普力夺性质摊开了谈。

第一，普力夺的基本政治条件是参与爆炸。

现代化在政治上基本等同于政治民主化，无论附加多少条件和限制，民主化是政治现代化的核心。[3]民主化存在上下两个基本支撑点，上是人民主权的确立，下是民众的普遍参与。人民主权是民主的擎天柱，人民拥有最高权力意味着整个政治空间属于人民；民众普遍参与是民主的地基，民众普遍参与意味着整个政治空间由人民建造。这一上一下的出现意味着传统政治权威和政治组织遭受普遍的打击和全面的解体。人民主权的构想出自政治理论家们的总结、提炼和创造，民众的参与则是由民主运动的动员而来。传统社会当中，民众是沉默的大多数，只有唤醒他们的权利意识和权力欲望，民主化浪潮才能席卷整个社会，进而重新塑造政治共同体。民众被唤醒，又得

---

[1]　亨廷顿：《变化社会中的政治秩序》，王冠华等译，上海人民出版社，2008年，第162—165页。

[2]　格罗索：《罗马法史》，黄风译，中国政法大学出版社，1994年，第91—93页。马尔蒂诺：《罗马政制史》（第一卷），薛军译，北京大学出版社，2009年，第十六章。林托特：《罗马共和国政制》，晏绍祥译，商务印书馆，2016年，第156—164页。

[3]　布莱克：《现代化的动力——一个比较史的研究》，景跃进、张静译，浙江人民出版社，1989年，第二章。艾森斯塔德：《现代化：抗拒与变迁》，张旅平等译，中国人民大学出版社，1988年，第一章。阿尔蒙德、鲍威尔：《比较政治学——体系、过程和政策》，曹沛林等译，东方出版社，2007年，第十三章。

知自己是国家的主人，理所当然地掌握权力，自然就加入夺权的政治斗争中来。这种民众被唤醒、积极参与、要求权力急速发展的状态就是参与爆炸。

罗马共和在人民主权和参与爆炸两端尽管和现代的民主化浪潮不同，但也具有非常明显的相似性，关键的政治逻辑其实是一样的。罗马本来就是"罗马元老院与人民"（SPQR），人民虽然不独占最高权力和最高地位，但仍然分享了它们。所以，沿着人民伟大、人民有权、人民当家做主的逻辑去伸张人民的权力在道理上和法理上并不存在任何障碍。"阶级"一节我们谈到了平民的节节胜利，平民崛起在罗马共和之中既合乎共和自身的原则，也合乎共和增强实力的现实需要。平民崛起过程中最重要的是《霍腾西亚法》的颁布，它规定平民大会决议拥有法律效力，平民（阶级）的巨大权力得到了法律的保障。

随着罗马变得大而富和贫富不均的问题日益严重，平民的参与也越来越活跃，终于，在格拉古兄弟那里，为民请命的改革全面展开，它是对民众最好的政治动员。"民粹"一节提醒大家，被动员起来的平民已然失控，不仅为"面包和马戏"所豢养，而且变得枉顾法纪、无法无天。我说格拉古兄弟点燃了民粹的鬼火，在普力夺的意义上可以置换成格拉古兄弟教唆民众形成了普遍夺权的状态。苏拉厌恶保民官的根本原因便是这个职位为民粹煽动家提供了权力、讲坛和神圣性，民众被一个个巧舌如簧的保民官鼓动起来，成为难以遏制的洪流。他把保民官职位变得形同虚设就是要铲除民粹煽动家动员平民的制度根基。

格拉古兄弟开创的民粹政治极其充分地动员了赤贫化的罗马平民，平民派夺取权力的路线迅速走向成熟。这必然会逼迫作为对手的贵族派迅速形成，并建立自己的夺权路线。苏拉对马略和秦纳的反扑以及后来的恐怖统治和独裁专制非常典型地展现了贵族夺权的特点。由此，贵族也被动员起来。平民派和贵族派带着罗马的平民和贵族急速地政治化，所有人都卷入其中，晚期的罗马共和简直成了一锅沸腾的热汤。普力夺的基本政治条件在晚期罗马共和实在是太充足了。

第二，普力夺的基本运作状态是普遍夺权。

被动员起来的民众非常容易通过暴动的方式摧毁原来的权力。但如果没有组织，他们就几乎不可能建立起新的权力。而新组织，其实就是新制度。[1]但建立新制度是非常困难的。这就好比一锅沸腾的热汤里面，所有原来的材料（家族、教会、行会、王朝）全部都溶化了，每个人都成了原子状态，那他们靠什么图纸、什么模具、什么形式重新聚合成分子和更大的物质体呢？

"娜拉走后怎样？"[2]是所有被动员民众都必然要面对的问题。被动员起来的民众脱离或打倒了原来的组织和权力，从不再被他人命令的简单角度看，他们确实获得了解放。可问题是，他们不可能长期停留在无权力的无政府状态。没有权力支撑起来的命令服从关系，人与人之间的协作在家庭和村庄的范围内还能维系，更大的范围则无能为力。一旦共同体规模无法扩大，就很容易被别的共同体征服。所以，找回权力是必须的。问题是旧权力已经溃散，人们想回也回不去了。新的权力生产就必须展开。而新权力的生产就是各种人创造各种新组织的实验。这不是大学实验室里通过高级设备创造各种理想条件来进行的物理、化学、生物实验，而是社会之中充满竞争乃至斗争的权力争夺。用霍布斯的话说，这是一切人反对一切人的战争。[3]也就是说，现代化之所以会带来一段时间的混乱，是因为从传统向现代的过渡必定是一个全社会重新制造权力的锦标赛。

晚期罗马共和的夺权之普遍、之恶劣、之肮脏是人类历史上少有的。从撒路斯特开始，到阿庇安、李维、塔西佗、普鲁塔克，再到孟德斯鸠、吉本，历史学家通过书写来揭露，而且饱含着严厉的批判。用普力夺的政治原理，比用道德批判更容易看清这种政治现象的机理，也更利于避免重蹈覆辙。

全社会重新制造权力的锦标赛固然在传统向现代转变的过程中大规模发生，但对罗马而言，它也革命性地发生了，因为罗马足够大，需要的权力足

[1] 亨廷顿：《变化社会中的政治秩序》，王冠华等译，上海人民出版社，2008年，第10—19页。

[2] 鲁迅：《娜拉走后怎样》，载鲁迅：《鲁迅全集》（第一卷），人民文学出版社，2005年，第165—173页。

[3] Thomas Hobbes, *Leviathan*, J. C. A. Gaskin (ed.), Oxford: Oxford University Press, 2008, p.85. 参见霍布斯：《利维坦》，黎思复、黎廷弼译，商务印书馆，1997年，第94页。

够多，参与比赛的选手在数量上和质量上都足够优秀。大而富且贫富不均的罗马逐渐撑破了原来为城邦规模共同体服务的共和制度，旧的不灵了，新的在哪里？格拉古兄弟的民粹政治率先发难，代表旧制度的元老院既无能又邪恶，夺它的权越来越成为首要任务，否则一切安顿平民的救国方案都没有办法展开。但民粹政治本身具有强烈的反组织特征，格拉古兄弟虽然发动平民运动很厉害，但都没有制造出强有力的平民派组织。

马略的军队改革之所以提高了军队的战斗力，基本原因是改进了军队的组织形式，新组织必然带来新权力。于是，谁都想去掌握这种极其方便地就能化公为私的新式军队。贵族们拼命地变成新军阀，苏拉第一个成功登顶。军队成了乱局之中最容易凝聚权力的新式组织。组织带来实实在在的权力，这是普力夺社会当中军队总是能成功地从民粹运动手里摘取胜利果实的原因。[1]这个道理对罗马适用，对担任黄埔军校校长的蒋介石适用，对坚决主张"枪杆子里面出政权"的毛泽东适用，对两千年后的拉美国家同样适用。但是，军队的加入导致夺权的激烈程度和血腥程度陡然上升。元老院血洗格拉古弟弟的改革之时诛杀了3000多人，马略的大屠杀和苏拉的恐怖统治诛杀的贵族和骑士都远远超过了这个数字，何况还有内战当中阵亡的数万将士和暴乱当中死亡的无数平民。

在现代的普力夺社会中，"各个团体是八仙过海，各显神通。富人行贿，学生造反，工人罢工，暴民示威，军人就搞政变"。[2]罗马没有现代的大学和工业，自然没有学生造反和工人罢工，不过富人行贿、暴民示威、军人搞政变，现代拉美的乱局比起晚期罗马共和，简直就是徒子徒孙。晚期罗马共和的演讲煽动、结党营私、阴谋勾结、出卖背叛、血腥暗杀都成了后世坏政治的样板，撒路斯特的《喀提林阴谋》就是一幅典型的罗马普力夺社会的众生相。

普力夺社会最可怕的地方在于各路夺权者在权力斗争的过程中极度容易陷入为权力而权力的状态，大家杀红了眼，都不知道对抗从何而起，到底为

[1] 亨廷顿：《变化社会中的政治秩序》，王冠华等译，上海人民出版社，2008年，第165—173页。
[2] 亨廷顿：《变化社会中的政治秩序》，王冠华等译，上海人民出版社，2008年，第163页。

了什么，将会走向何方。恶斗本身成了政治。

第三，普力夺的基本政治结果是政治衰朽。

全民夺权锦标赛或者一切人反对一切人的战争，很容易变成一个黑洞，它吸引了所有权力投入其中，却把它们全部吞噬。全面角力的结果是权力的溃散。谁都想要权力，谁都去夺，却谁都得不到，或者得到了也很快灰飞烟灭。煽动家格拉古兄弟成功吗？出师未捷身先死，长使英雄泪满襟。连任五届执政官的马略成功吗？最后以疯狂的大屠杀谢幕。终身独裁官苏拉成功吗？尸骨未寒改革就全部被自己的门徒推翻。伟大的庞培成功吗？最后落得大决战可耻地逃跑。还有他们背后无数平民和士兵的白骨，他们要么死于暴乱，要么死于内战，为这些夺权的枭雄当了炮灰却连名字都留不下。为什么会这样？

中国古代有一门学问叫作"厚黑学"。普力夺社会就是一个厚黑横行的社会，整个社会落入了比动物世界还要残酷的境地，因为人的厚黑手段的残酷性远远超过动物受到自然规律节制的争夺和捕猎。厚黑无论对一个人还是一个国家来说，都是死路。它会夺去一个人或者一个国家最基本的信任和信念，让权力的生产变得不可能。

让我们回到韦伯的权力概念来看厚黑满地的普力夺。如果权力意味着让别人的意志按自己的意志行事的可能性，那么，普力夺是一种全民"厚黑"恶斗中一切人都不可能服从任何他人意志的状态。试想一个场景，当你用枪指着一个绝对厚黑的人的时候，他跪地求饶、满口谄媚，你敢饶了他的命然后把他变成你的士兵吗？你怎么知道你一旦放下枪，他不会立即对你开枪？如果你根本信不过厚黑的他做出的保命承诺，你为什么要用自己的性命去换取他根本不可能的服从？于是，你的选择大概率是杀死他。但我们说过，一旦杀死，就没有权力了，因为死人不会服从。如此一来，没有信任的话，服从就变得不可能，权力也就不存在了。[1]造成服从不可能的就是人人热切地参与夺权，都想命令，都不想服从。谁都想要，谁都去夺，结果最后变成了

---

[1]　对这种场景做出最精彩哲学分析的是英国著名政治哲学家霍布斯。参见霍布斯：《利维坦》，黎思复、黎廷弼译，商务印书馆，1997年，第十三章。

谁都没有！这是一个在相互恶斗中权力被急剧蒸发的状态。普力夺是对权力最现实的否定。

格拉古兄弟被血洗，民粹政治的权力遭受重创；马略大屠杀，贵族派精英的权力遭受重创；苏拉恐怖统治，平民派精英遭受重创；在这些大事件之间，平民和贵族，平民派和贵族派，各种团体、党派、军阀、财阀全部都在互相毁灭。相应地，组织、制度，乃至庇护网络都遭到了普遍的摧毁。格拉古兄弟挑战元老院权威的时候顾及共和宪制了吗？苏拉独裁专制的时候顾及平民派的立法了吗？庞培就任执政官不也亲手摧毁了苏拉留下的复古政治吗？权力的确在生产，但也在消灭，而且消灭的速度比生产的速度要快得多，二者的差距越来越大。最后的态势变成了所有人在毁灭所有人，所有人都在毁灭权力，什么都留不下，什么都存不住。没有权力，没有组织，没有制度，没有信任，朝着这个方向堕落就是政治衰朽。普力夺必然带来政治衰朽，它意味着权力的溃散，它最终将导致一个社会变成权力极度匮乏的死寂状态。普力夺社会特别需要权力来重新建立秩序，没有权力，乱就停不下来，但它的内在机制偏偏又在蒸发权力，这就让整个社会陷入了极其可怕的恶性循环。晚期的罗马共和就是在这样一条普力夺造成的政治衰朽的路上越陷越深，从这种逻辑来看，共和的覆灭实在是势所必至。

通常而言，大规模共同体即便落入普力夺，仍然是能够挣脱的，因为大规模共同体生产权力的原料和技法都比较充足。罗马如此，中国也如此。但对于小国，普力夺很可能是难以挣脱的魔咒，大概率得靠外力才能解除。

从公元前133年提比略·格拉古发动改革，到公元前48年恺撒在法萨卢斯大决战当中击败庞培，罗马共和在政治衰朽的路上已经走了85年。最终，西方历史上最善于生产权力的恺撒把罗马带入了帝制，终结了罗马共和的普力夺状态，也终结了罗马共和。

第三章
帝国时代

罗　马　史　纲

3.0 帝国时代：超大规模的框架

罗马告别了共和时代，就进入了帝国时代。帝国时代从公元前27年屋大维就任元首开始，到公元476年西罗马帝国覆灭结束，历时504年。

帝国时代是罗马的中老年。她当然有不可一世的中年，但也会走进衰退老化的老年，最终不可避免地走向死亡。罗马帝国收获的赞颂不如罗马共和多，一方面是因为帝国取得的业绩没有共和那么骄人，另一方面是因为共和长期在明面上占据了"政治正确"，帝国却总是遭受道德批判。赞共和、抑帝国的传统正是从帝国时代最伟大的历史学家李维这里开始的。

从上一章对共和成败的剖析可以得出明确的结论，罗马帝国是罗马共和的升级版。一方面，很多很多概念里属于帝国的事情，共和早就已经干了，而且干得非常成功。另一方面，帝国实际上是"共和制度框不住大而富的国家"这个大危机的解决方案。方案当然不是一步到位的，集大成者是恺撒，帝国在他手里终于成形了。可以说，无论从共和的成还是她的败来看，帝国都是她的合理延伸。而后世的西方文明在很多方面都是罗马帝国的延伸。

"帝国"这个概念里面包含的意思非常复杂，最直接的理解就是"超大规模共同体的秩序"。"前言"强调过，"秩序"是多元因素之间稳定的动态平衡结构。而帝国就是把超大规模的多元因素结成稳定结构关系的大框架，建立和维护这样一种极其高难的框架必须具备非常特殊而且优异的品质。帝国时代就是帝国的品质不断展开和实现的时代。罗马是古代世界当中最成功的帝国之一，她并不是完美无缺的，但她留下的经验极其值得我们去挖掘，教训也极其值得我们去反思。但更重要的是，她所揭示出来的超大规模共同体必须应对的问题，并不会随着她的崩塌而取消。每当新的超大规模共同体出现，这些问题必定随之浮现，甚至以非常尖锐的方式摆到人们面前。从回应大问题的角度看，罗马帝国是所有超大规模共同体必须参详的第一对象。让我们先在自己心里把她揭示出来的问题操练起来。

本章用十一节的篇幅来讨论罗马帝国，这一节是帝国时代的导论，下面的十节会展现和剖析帝国时代的各种关键问题。这一节先解决关于帝国的三个基本问题：第一，帝国的哲学品质是普遍性；第二，帝国的宗教品质是唯一性；第三，帝国的治理品质是同心圆。

帝国的哲学品质是普遍性

通常而言，帝国被理解成一个庞大的政治机构或者政治工具。[1]这种理解当然没有错，但是远远不够。把帝国当成工具，它就成了个死东西，无论是它正辉煌的时候，还是它瓦解以后。它无非只是恺撒或者屋大维手里的镰刀或者斧头，或者不识时务的遗老遗少凭吊邪恶祖先的坟头荒草。狭隘的理解会让我们错失帝国的遗产，也会让我们无法汲取帝国的教训，更无法攫取帝国的精髓。

历史上出现过很多版本的帝国哲学，和帝国工具论相反，它们把帝国说成了自身具备伟大价值的自足的实体，是终极力量和终极价值的终极实现。比如，波里比阿把罗马的霸权看成"命运"无可阻挡的展现，《圣经·但以理书》说上帝带来启示"最终的帝国"将是历史的终结，李维把罗马看成"世界上最优秀民族的业绩"，黑格尔把罗马看成世界精神的"主观内在

---

[1]　参见米勒、波格丹诺编：《布莱克维尔政治学百科全书》，邓正来等译，中国政法大学出版社，1992年，第226页。

性"这个特定的环节和阶段。[1]

所有近乎"玄学"的帝国定位大致可以分成两类。一类是波里比阿和李维代表的古典人文主义，他们试着建立起命运、德性和力量之间的关联。帝国作为力量的极致，一定和某种伟大的德性有关，一定展现了命运的安排。德性必须修炼，命运必须敬畏，而解释帝国何以如此孔武有力则成了修炼德性和敬畏命运最好的课题。

另一类是《圣经》和黑格尔代表的神学，他们试着建立起上帝和帝国之间的关联。全知全能全善的上帝如何规划世界的走势，帝国是最好的展现，它最能透露出上帝深不可测的隐秘安排。当然，罗马完全可以作为神学当中的"反题"来处理，它的"伟大"只不过是虚荣和狂妄，但即便如此，它也是虚荣和狂妄的极致，是上帝实现最终计划的重大反向安排。奥古斯丁的罗马帝国是必将毁灭的地上之城。黑格尔的"世界精神"（或者"绝对精神"）就是他学说体系中上帝的替代者，罗马作为反题，是日耳曼这个合题的必要前置准备。

无论是人文的还是神学的理论，帝国都被赋予了具有浓重神秘色彩的内在价值，远不是工具就能打发掉的。当然，我并不是要带大家回到古代的"迷信"当中，用古人对帝国的心驰神往来召唤每个人心中的帝国荣光。在祛魅了的现代世界，这种做法既不明智，甚至也是不道德的。重新进入罗马帝国的精神结构，是为了查清帝国的基本框架，是为了弄清楚帝国的"精神现象学"，[2]是为了对帝国展开宏观上的政治学和社会学分析，是为了恢复帝国应有的厚度，以便恢复我们已经被"薄"的政治和政治学严重伤害的政治想象力和理解力。

我们先来看第一点，帝国的哲学品质是普遍性。

[1]　波里比阿：《罗马帝国的崛起》，翁嘉声译，社会科学文献出版社，2013年，第129—140页。《圣经·但以理书》，第7章。李维：《建城以来史》（前言·卷一），穆启乐等译，上海人民出版社，2005年，第19页。黑格尔：《历史哲学》，王造时译，上海书店出版社，2001年，第276—280页。沃格林：《政治观念史稿》（卷一　希腊化、罗马和早期基督教），谢华育译，华东师范大学出版社，2007年，第一部分第五章。
[2]　参见黑格尔：《精神现象学》（下卷），贺麟、王玖兴译，商务印书馆，1997年，第六章。

普遍性（Universality）是哲学当中非常常见的词，它的基本意思就是无处不在。帝国的哲学品质是普遍性，就是说帝国"无处不在"，它可以从三个方面来理解：第一，从内容上来看，帝国就是文明。她是文明，是人类的光明所在，她拥有"文明"意义上的优越性和完备性，甚至她就是文明本身，"野蛮"没有价值上的意义，和她相比就是"无"和"全"的关系。第二，从空间上来看，帝国至大无外。她是最广的，至大无外意味着在她之外没有别的，即便有，也根本不重要，也没有任何意义。第三，从时间上来看，帝国是恒定的。她是永恒，时间对她来说不存在。对她来说不存在本质的变化，也就不存在时间的流逝，因此她是完满、是终结。[1]

哲学意义上的以罗马为原型的"帝国"在西方是一个穷尽一切美好的合理秩序，它是西方对秩序的基本想象的顶峰，所以，它充分展现了抽象意义上的政治的极限。它被化入了一个词，叫作"罗马治下的和平"（Pax Romana）。在中国传统当中，有且只有一个大词能和西方的"帝国"相提并论，那就是"天下"。如果让你放飞心灵，你能够想象出比它们更宏大、广大、伟大的秩序吗？思之所及，即是人之所在。

我们来对比一下现在的基本秩序想象：主权国家们的游戏。

现在一般人能够想象的世界秩序就是主权国家们的游戏。各主权国家独立和平等，甚至可以往好了想，加上互相尊重和友好交往，这种想象的化身就是联合国。虽然你也知道大国欺负小国的事情从来没有消失，还知道联合国其实也没那么大权威，但你依然觉得各国互相尊重主权独立和领土完整、互不侵犯、互不干涉内政、平等互利、和平共处是应该的，这个理想是对的。理想其实一点也不虚幻，它在很多时候就是我们的见识所及、眼界所及、思维所及，它就是我们的天花板。

[1]　参见克尔斯特：《古人的天下观及其政治与文化含义》，载刘小枫编：《西方古代的天下观》，华夏出版社，2018年，第118—139页。哈特、奈格里：《帝国》，杨建国、范一亭译，江苏人民出版社，2003年，第11页。沃格林：《政治观念史稿》（卷一　希腊化、罗马和早期基督教），谢华育译，华东师范大学出版社，2007年，第152—153页。赵汀阳：《天下体系：世界制度哲学导论》，中国人民大学出版社，2011年，第23—57页。许纪霖：《新天下主义与中国的内外秩序》，载许纪霖、刘擎主编：《新天下主义》，上海人民出版社，2015年，第3—25页。

　　和帝国的普遍性支撑起来的普遍主义格局相对，主权国家独立平等的格局，在哲学上是一种特殊主义的格局。每个国家里面自己的主权最大，对外则大小一律平等，所有国家相互承认对方的主权在各自的地盘上最大，它们每一个都没有资格也没有必要去质问其他任何一个的文明程度、文化传统和政治制度。世界上现在有200多个国家，200多个都是"最大"，每个国家都是一个特殊的"最大"，不容别人挑战和侵犯，每个国家都以自己民族的名义成了神。问题是，如果诸神在帝国的万神殿里面没有办法一直和谐共处、把酒言欢，那么，他们全都自立门户之后为什么就会和平共处、互不侵犯、平等互利了呢？所以很多公法学家和国际政治理论家都恶狠狠地认定，民族国家并立的格局只会是一个以力相拼、以利相交、毫无道义、永无宁日的丛林社会。[1]

　　"国家间政治"究竟是不可能有正确解法的永恒悖论，还是有可能走向世界联邦的过渡阶段？但无论如何，它不是自古就有，也不会万古长存。这种特殊主义的格局现在在人们心里几乎成了"天经地义"。但它真的成为主流实际上也就70多年时间，标志就是1945年10月24日联合国的建立。往前追溯促成这种格局诞生的力量，大概有以下四个明确的标志：第一，一战结束后宣称各民族平等建国的威尔逊主义，那是100多年前；第二，"三十年战争"后确立各国主权独立和平等的《威斯特伐利亚和约》，那是1648年，到今天只有370多年；第三，法国思想家博丹论证国家主权的特征和效力，那是1576年，到今天只有440多年；第四，意大利思想家马基雅维利阐明国家才是政治的基本单位，那是1515年左右，到今天也就500年出头。

　　我们认为理所当然的世界格局，基本成为共识和制度也就70多年，追溯到它的萌芽，也就500多年。但罗马在西方存在了接近1200年，后来在拜占庭又延续了1000年；帝国即便在西方的中世纪以后没有强大的政治存在，还是被惦记、怀念、向往了1000年。即便到了现代，帝国梦仍然在延续，拿破

---

[1]　施米特：《政治的概念》，刘宗坤等译，上海人民出版社，2004年，第24—34、133—137页。
摩根索：《国家间政治》，徐昕等译，北京大学出版社，2006年，第二十章。温特：《国际政治的社会理论》，秦亚青译，上海人民出版社，2014年，第一章。

仑的法兰西帝国和希特勒的第三帝国都是春秋大梦。"罗马长期的统治使人们习惯于一种在一个单一政府之下的单一文明的观念。……在罗马人的心目中，罗马帝国在本质上、在概念上都是全世界性的。这种观念就传给了基督教会。……一个人类的家庭、一个公教、一个普遍的文化、一个世界性的国家，这种观念自从它被罗马差不多实现以来，始终不断地在萦绕着人们的思想。"[1]而中国从秦始皇到溥仪，帝国存续了差不多2200年。21世纪的今天，"天下体系"和"新天下主义"的思想仍然掷地有声。[2]其实，帝国占据人类心灵的时间远比民族国家要长得多。我们有什么理由认定现在的格局就会永远存续下去，又有什么理由认为在人类文明史上占据更大篇幅的帝国秩序已经彻底过时了呢？

　　我并不是说罗马帝国什么都好，实际运作中的罗马帝国当然充满了血腥、杀戮、奴役、压榨，也没有真的做到绝对的文明、绝对的宽广，更没有永恒不灭。我甚至也不是说帝国秩序就比民族国家格局更好，应该为它的到来而努力。既然讨论的是帝国的哲学品质，重点是在穷究政治秩序的终极想象。现在以民族国家为单位的特殊主义更多的是现实，是欧洲各国中世纪晚期以来博弈形成的权力格局，而不是想象，或者说这种格局蕴含的想象力成分比较低。它非常容易助长政治世界中的囚徒困境，把政治行动锁死在现实主义的维度，而缺乏打破囚徒困境的尝试，甚至缺乏打破囚徒困境的勇气。政治学重拾帝国的话题不是为了往回看去恢复昔日荣光，复古政治必定失败，而是为了从哲学的高度打开已经僵化的政治思维空间。帝国是一种大格局、大尺度、大手笔的思维方式，它会提示现在格局的有限性，也会提示未来格局的可能性。正是在这个意义上，我们要去探讨帝国的历史，正如丘吉尔所说，你能看见的过去有多远，你能看见的未来就有多远。

　　对我们这些已经把民族国家并立的特殊主义格局当作理所当然的人们来说，帝国的普遍性最重要的作用是让我们去敢于想象更大的文明可以而且应

---

[1]　罗素：《西方哲学史》（上卷），何兆武、李约瑟译，商务印书馆，1996年，第355—356页。

[2]　赵汀阳：《天下体系：世界制度哲学导论》，中国人民大学出版社，2011年，第23—57页。许纪霖：《新天下主义与中国的内外秩序》，载许纪霖、刘擎主编：《新天下主义》，上海人民出版社，2015年，第3—25页。

该通过更大的气魄和手段来促成，而不是轻易地对自己现下的囚徒身份服软认怂。习惯性地把一切政治纷扰锁定在两国之间不可调和的利益矛盾，找出"文明的冲突"来护航，找出宗教和文化的差异来死扛，是一种非常典型的摩尼教思维。它觉得世界并没有那么复杂，无非就是善神和恶神之间永无休止的搏斗。这种思维看起来很简明因此很犀利，其实非常偷懒和浅薄，更重要的是它没有建设性，不可能对未来的美好做出积极的设想，更窒息了为之努力的勇气。谁不知道在政治上弥合分歧、化解冲突、共建美好极其困难，但正如韦伯所说，"除非我们执着着那些不可能的事情，否则，可能之事皆不可得"。[1]

帝国的宗教品质是唯一性

帝国在哲学品质上的普遍性，在很大程度上保证了帝国在宗教品质上的唯一性。但它们不是一回事。帝国在哲学品质上的普遍性，重点在它支撑起来的秩序想象，而帝国在宗教品质上的唯一性，重点在它对意义生产的垄断。

帝国的唯一性表面上非常容易理解，中国人自然会想起"天上天下，唯我独尊"[2]。作为文明的、至大无外的、超越时间的美好秩序当然是唯一的，帝国和天下一样，唯我独尊，没有朋友、没有同伴，甚至没有敌人。中国古人庄子有一句名言说得极好，叫作：六合之外，存而不论。[3] "天下"之外还有什么吗？或许有吧，但有没有都不重要了，关键是我们根本就说不清楚，也不必劳神去说。谈帝国在宗教品质上的唯一性，先是要理解她的自我定位：她自定义为唯一的文明世界。这里的重点不是从人生哲学意义上反

---

[1]　Max Weber, *Political Writings*, trans. Ronald Speirs, Cambridge: Cambridge University Press, 1994, p.369.

[2]　"天上天下，唯我独尊"这句名言据说是佛祖释迦牟尼出生后说的第一句话，流俗的看法是这是佛祖不可一世的自我宣言，但佛祖的"我"并不是指他自己，不过究竟指什么，佛学多有争论。参见玄奘、辩机：《大唐西域记校注》（下卷），季羡林等校注，中华书局，2000年，第523页。

[3]　郭庆藩：《庄子集释》（上），中华书局，2004年，第八三页。

对极度自我中心的傲慢与偏见，说我们不能再像乾隆皇帝对待英国特使马戛尔尼那样，自我感觉良好，除我之外眼里没有任何人。这种理解对于帝国在宗教品质上的唯一性表面上好像训诫得有理，实际上根本就没摸到要害。我们主要谈的不是这个事情。

对于帝国在宗教品质上的唯一性，切中要津的理解是，帝国是一个完满的（封闭的）意义生产体系。"立教"一节谈努玛的文治，他为罗马立教的重大作用就在于多神教是符合罗马社会政治生活和心灵特点的意义生产机制和体系。一个文明的成长离不开意义的生产，如果把文明比作一个人，她一定要自信满满才能茁壮成长，那她的自信从哪里来？对，从自己的信念里来，而对绝大多数古老文明来说，是宗教提供了信念。宗教必须源源不绝地为一个文明提供信念。把宗教定位成意义生产的机制，是用社会学的底层思考方法对宗教的绝佳透视。

帝国在精神上的成熟和饱满让她走到了一个门槛：意义全在我这里，在我之外没有意义，这就意味着她对意义生产的垄断。当她足够大、足够自信的时候，意义的生产就会形成闭环，唯一性就产生了。很多文明、宗教乃至哲学都会试图对意义生产进行垄断，认为自己这个完满而丰沛的体系是唯一的，其他意义生产者只不过是跳梁小丑。我们无须再去抨击历史上作为帝国负资产的自以为是、傲慢自大、目中无人的品性和行动，它们早就被20世纪初的文化人类学研究和20世纪下半叶的后现代思潮解构了。这里的关键问题仍然是意义如何生产。

帝国之所以能够长治久安，得到各种人群的普遍服从，很重要的一个原因就是她的意义生产机制特别强大，就是让所有人都觉得她好，值得追求，值得向往。有了这种超强的软实力，帝国才能赢得四方来朝，就像罗马和古代中国的大唐。意义生产的机制是多种多样的，其中容易看得见的是神话的流行、宗教的繁盛、哲学的穷究、戏剧的欢乐，其实，军队的凯旋、大道的宽阔、会堂的矗立、生活的富足、相处的融洽也都会带来意义的生产。人本身就是"悬在由他自己所编织的意义之网中的动物"，人的事情干得好，无论对自己和对他人都能带来意义的生产。反之，意义就会瓦解和溃散。在诸多意义生产机制里面，宗教是首要的，这就是为什么从波里比阿到马基雅维利的政治观察家都在称赞罗马多神教，它确实在很长一段时间充当了罗马崛起的意义生产核心。社会政治生活的方方面面取得的成就因为宗教作为强有力的核心而有了意义的依归，一切的美好都可以汇集成诸神庇佑了罗马这个幸运而又争气的民族。[1]

罗马在很长时期当中意义生产的基本框架是多神教提供的万神殿结构，"同化"一节曾经仔细谈过。罗马人把战败者的神都请进了万神殿，这意味着战败者的精神世界和罗马的精神世界融为一体。战败部落、城邦或者王国的意义生产不仅没有被终结，反而获得了更高级、更广阔、更有尊严的精神空间。如此一来，罗马的精神世界和她的军事版图一样也在不断扩张。如果罗马在政治权力上变成了霸权，不再有对手，那么，她在精神世界当中也必须完成同样的事业，实现对意义生产的闭环和垄断，一切的意义生产都将变成内部制造。

罗马人用他们的神庙、大道、市政规划、广场、剧院、浴场，当然还有公民权、军队、罗马法，让战败者不仅感受到更高级的文明，而且愿意拥抱和融入这种更高级的文明，去过文明的生活。一句话，像罗马人这样生活，或者变成罗马人，活得有意思、有奔头、带劲。如果说不遗余力地打造万神殿结构是让万神联欢然后合为一体，那么，同化——政治上的、法律上的、经济上的、文化上的、生活方式上的输出——就是俗常生活的意义生产，这是罗马在兼并和覆盖被征服地区的意义生产。这种扩张性的意义生产一旦稳定地、持续地、大规模地展开，一个看不见的精神网络就被铺设到了罗马征服的广大地区，统治成本就急速下降，武力直接控制就可以安心退场了。从治理有方的角度看，帝国在宗教品质上的唯一性不是没有自信地跟外人大喊唯我独尊，而是创造出一个垄断性的意义生产体系，打造出具有高度向心力、内聚力和吸引力的意义世界，让所有在她之内的黎民百姓都在不知不觉中变得自信满满，让所有在她之外的一切力量都变得羡慕不已。

不过，罗马的万神殿结构、对被征服地区的同化和意义生产的兼并是有

---

[1]　波里比阿：《罗马帝国的崛起》，翁嘉声译，社会科学文献出版社，2013年，第441—442页。马基雅维利：《李维史论》，薛军译，吉林出版集团，2011年，第181—195页。

极限的，它曾经的成功不代表它能够万古长存。它的缺陷主要有三点。

第一，罗马万神殿里的诸神仍然会争夺座次，导致精神结构核心框架的动荡。意义生产会因为核心的动荡而遭到严重的破坏，破坏之后甚至无法恢复生产。如此一来，帝国的精神世界很可能陷入如同政治世界一般的普力夺状态，帝国的精神就溃散了。而诸神之间的座次之争几乎是无法避免的，就像政治当中的权力争夺无法避免一样。

第二，罗马万神殿里无论容纳了多少神，战争和暴力始终是底色。说得好听，罗马的内心充满了进取精神；说得不好听，它充满了侵略性。无论怎么样用荣耀来包装，战争和暴力始终难以面对正义和公平的拷问。当荣耀已经无法掩盖战争和暴力的不义和不公，意义生产并不会马上崩溃，而会走向它的反面：生产虚伪。意义生产就会变得扭曲乃至邪恶，因为它生产出来的都只是每个人心照不宣的假话，帝国的精神在不断萎缩，却还在勉力地、勉强地、勉为其难地编织皇帝的新衣。

第三，罗马万神殿的世俗程度其实比较高，也就是和世俗生活的关联非常紧密，也就容易被世俗政治、军事、经济的下行趋势拖累。一旦世俗生活受到严重的创伤，它也很容易让意义生产陷入困境。皇帝出现暴行乃至实行暴政的时候，军队遭遇惨败乃至大片疆域丢失的时候，经济出现危机乃至萧条不断蔓延的时候，怎么解释？是因为人不够虔诚，还是因为诸神之间的争斗？如果是前者，需要发动（宗教的、司法的、军事的）内战把不虔诚的人清除吗？如果是后者，需要支持善神向恶神开战吗？现实的斗争引起精神的分裂，精神的分裂又引发更严重的现实斗争，帝国的精神和肉体很可能会在这种恶性循环当中彻底自我耗竭。

万神殿结构这三个缺陷的其中任何一个爆发都会导致帝国对意义生产的垄断被打破，也就是帝国在宗教品质上的唯一性出现裂痕。通常而言，三个缺陷会相互传染，如此一来，帝国的意义生产会呈加速度的态势走向瓦解。三症齐发的结果是，万神殿被一神教的基督教取代了。最适合帝国宗教品质的，和帝国最般配的，最终还是一神教，因为它在教义上的起点就是独一真神，它天然倾向意义生产的垄断。不过，即便是意义生产更为强劲的一神教也没能阻止罗马帝国的灭亡。这些问题后文会展开细谈。

帝国的治理品质是同心圆

帝国在治理品质上的同心圆结构和她的多神教万神殿结构是对应的，是相互支持和相互交织的。"同化"一节已经强调过，间接统治是帝国政治的精髓，间接统治的政治体系从静态结构来看就是一个同心圆。把帝国境内超级多元的人群按照文明程度划分成不同的层次，每个层次有不同的政治权力和义务，各得其所，上下相安。这是将杂乱的"多"变成有序的"一"的最有效的办法。甚至从人类历史的长线来看，这可能是唯一的办法。

帝国在治理品质上的同心圆结构事关差等的安排。我在《西方史纲》里解释亚里士多德百科全书式的知识体系的时候曾经打过一个比方：如果你家里只有十本书，你随手放哪里，想用的时候都可以及时找到；但如果你家里有一万本书，如果不按照特定的标准分门别类，想用的时候就很难找得到。亚里士多德不是人类的图书管理员，而是人类知识基本框架的设计者。[1]如果我们把亚里士多德换成恺撒，把海量的知识换成海量的人群呢？是不是也得有标准把他们分门别类，才能让他们各安其位。有标准，就有区分，就有差别，甚至较起真来就有歧视，区分、差别、歧视在英文里用discrimination一个词就可以表示。消除歧视意味着消除一切差别、放弃一切区分、取消一切标准吗？当然不是，这不合理，实际上也根本做不到。强而为之，只会事与愿违。[2]那么，问题就不再是有没有标准，而是标准是否合理，它所产生的区分和维护的差别是否合理，当然，道德上和心理上的歧视应该被尽可能淡化。

庞大的帝国要把几近无穷多元的人群安排妥当，确实是个天大的麻烦。我们先不说化解麻烦的招法，先来看看帝国的对手——民族国家——怎么应对这个问题。它的方案是"一族一国"，即"一个民族，一个国家"。

"一族一国"的现代民族国家对待多元人群的时候，和帝国的思路刚好相反，不用那么麻烦了，我们过我们的，你们过你们的，各不相干，不就清

[1] 李筠：《西方史纲：文明纵横3000年》，岳麓书社，2020年，第66页。

[2] 关于这个问题的经济学论证，参见薛兆丰：《薛兆丰经济学讲义》，中信出版社，2018年，第319—334页。

净了吗？从威尔逊开始，"一个民族，一个国家"的原则逐渐得到了承认，成了解决问题的标准答案，好像一个民族就当然应该拥有自己的国家。但是，这个思路内外两头都有大问题。

从"外"的角度看，边界在哪里呢？有边界才能够区分内和外，边界内是自己人，边界外是别人。按照"一族一国"的原则，民族标准就是国家标准，那么，民族标准就够明确吗？拥有什么样的共同点的人算是一个民族呢？这本身就是一个天大的麻烦。

即便解决了身份标准的问题，多民族国家该怎么办呢？按照"一族一国"的原则，是不是就应该被拆分掉呢？把原则贯彻到底的话，只要一个人群声称自己是一个民族，就应该让他们独立建国。如此一来，几乎所有的国家都会被完全肢解。一族一国的原则贯彻到底，反而会彻底瓦解国家。这是民族国家的致命伤之一。

从"内"的角度看，符合多么严格标准的人算是同一个民族呢？既然是一族，就得相同，所以，民族国家追求内部的均质化，国家之内的所有人都一样。可是，"同"到什么程度算是"同"呢？什么方面我们必须相同呢？标准越高，就会把越多的人排除出去；标准越低，民族就越不纯，成了大杂烩。[1]如果一味追求人人相同，这个国家岂不是变成了千人一面？如果放弃追求相同，一族一国的根基在哪里呢？这又是一个天大的麻烦和致命伤。

民族国家内外两个致命伤都没有办法用自己一族一国的原则来解决，把原则贯彻到底的结果很可能是瓦解自身，也就是说"一族一国"原则带有严重的自反性，自己反对自己。而民族国家的内外两个致命伤就是"一族一国"原则本身的自反性造成的。这个时候我们就会发现，政治确实很无奈，当某种解决方案存在一堆问题的时候，和它对立的方案其实也是如此，而绝不会是完美无缺。

回过头看帝国的多元一体式同心圆结构，就不存在民族国家这样的内外

---

[1] 关于这个问题的讨论，参见施米特：《政治的概念》，刘宗坤等译，上海人民出版社，2004年，第138—157页。施米特：《霍布斯国家学说中的利维坦》，应星、朱雁冰译，华东师范大学出版社，2008年，第67—88页。刘擎：《悬而未决的时刻》，新星出版社，2006年，第21—48页。

为难。对外，她天然不需要去通过界定单一身份划出内外之间的界限，她只要通过界定多重身份实现治理的差等就行。对内，她天然不需要去追求人民的均质化，她只要让不同的人各安其位、融洽相处就行。越是大国，同心圆结构的适用性就越强。因为越是大国，她的多元性、复杂性就必然越强，她的权力必定会跨越看得见的国界，她就越不能执着于民族国家式的简单清晰的楚河汉界，而必须实现对多元复杂因素的层次化治理。

但是，多元一体的同心圆结构也有自己的为难之处。没有一种治理结构是完美无缺的，而且，优势往往和劣势交织在一起，人不能光要好的，不要坏的。这里先简单提示三个方面，具体的分析下文专门通过典型事例再细谈。

第一，同心圆有赖于"圆心"的开放和包容，开放和包容有赖于自信和大度，自信和大度有赖于安全和高效。第二，同心圆有赖于政治、军事、经济、宗教、文化各方面的协同。第三，同心圆有赖于层层代理人的不断产生，而且要比较忠诚地为帝国服务。

如此说来，同心圆的治理结构需要多重的均衡，是一个同时走好几条钢丝的高难局面。大国就是稳定有序的多重均衡，这是大国必须完成的任务。罗马对人类最大的贡献就是自己亲身示范原来政治可以这么玩，可以玩得这么大，可以玩得如此高难度。虽然她还是从钢丝上掉下来了，但所有人见她耍过之后就知道了，超大规模的政治共同体原来是可以有的，她成了后世有抱负的政治家和民族的榜样。

3.1 再造：王图霸业的降临

帝国的品质——帝国在哲学上的普遍性、在宗教上的唯一性、在治理上的同心圆——是对帝国的抽象描绘。帝国的兴衰就是她的品质的生与灭。帝国的普遍性如何形成但又最终瓦解，帝国的唯一性如何凝聚但又最终消散，帝国的同心圆如何构筑但又最终崩溃，并不是宿命。这个宏大的过程可以通过一个个关键点得到透视，帝国兴衰的逻辑可以解析清楚。抽象的品质可以也必须在具体的历史场景中获得它的形式、样态和过程，它们才能得到更加确切的理解。

如果把硕大的罗马帝国具体具体再具体，缩微到一个人身上，这个人非恺撒莫属，他就是帝国的化身。唯一有一点点可能和恺撒构成竞争的，只有他的政治继承人屋大维。我们就从恺撒的王图霸业来看他怎么样建立了帝国、再造了罗马。

恺撒的故事确实是太难讲了。因为关于他的资料实在太多，好玩的事情太多，他是罗马史上被后人反反复复研究的对象，各种政治行动、军事策略被学问家们仔仔细细地复盘，各种八卦、绯闻被老百姓们津津乐道，每个时代的历史学家都在恺撒身上投射自己的期望或者怨恨，恺撒恐怕是历史研究当中最聚讼纷纭的人物，有人爱他如神，有人恨他入骨。恺撒的传记至少公元1世纪的普鲁塔克和苏维托尼乌斯就开始写了，后世每个写罗马史的作家都不可能对恺撒视而不见，通常大家给恺撒的都是浓墨重彩。比如，阿庇安的《内战史》篇幅最长的一卷是恺撒和庞培之间的内战。比如，蒙森的《罗马史》第五卷有一半和恺撒有关，篇幅比整个第一卷还长。再比如，盐野七生的十五卷《罗马人的故事》，花了足足两大卷写"恺撒时代"，论人物和年代都是全书当中最详细的，拿出来单独作为《恺撒传》没有任何问题。[1]

　　恺撒成为文艺作品的主角是常有的事情，其中最著名的当属莎士比亚的名剧《尤利乌斯·恺撒》。[2]沿着莎士比亚的脚步，各国都把恺撒的故事拍成了电影，最早的恺撒电影至少可以追溯到1914年意大利导演瓜佐尼的《尤利乌斯·恺撒》，最近一部则是2018年英国人勾连着现在的美国政治复拍了莎翁名剧《尤利乌斯·恺撒》。自有电影的百年来，恺撒电影有数十上百；后来有了电视，相关电视剧更是数不胜数；再后来有了游戏，恺撒也是常客。恺撒恐怕是在所有时代复现频率最高、强度最大的历史人物。关于恺撒的材料已经丰富到历史和文艺的界限都变得模糊了。在恺撒身后不到两百年的普鲁塔克那里，如我所面对的材料繁复、真假难辨的局面就已经出现了，他写《恺撒传》的时候一开始就对读者说："这两位显赫的人物（亚历山大大帝和恺撒）可供颂扬的伟大事迹实在无法胜数，只能将他们一生当中最为人津津乐道的传闻轶事概约加以描绘。"[3]从浩如烟海的材料中爬出来，我选择讨论恺撒的三个要点：立场、全才和遇刺，从这三个方面来解析他对帝国的塑造和罗马的走势。

---

[1]　中文世界中，蒙森的《罗马史》在学术界影响大，盐野七生的《罗马人的故事》在普通读者中影响大，但毫无疑问他们都是恺撒的拥趸。在西方的历史研究中，将恺撒视为盖世英雄乃至救世主确实以蒙森为代表，但反对派也大有人在，比如埃德蒙·迈尔就把恺撒视为追求希腊式专制王权的野心家。两种倾向都有很多重量级学者支持和重量级著作支撑，不断分化的观点和不断更新的选材之丰富令人叹为观止，形成了一个历史学界的"恺撒世界"。最新的研究则倾向于跳出蒙森的理想化和迈尔的黑恶化，重新以"深谋远虑的政治家"来剖析恺撒。参见亚韦茨：《凯撒、凯撒主义与史家》，载李世祥编译《凯撒的剑与笔》，华夏出版社，2009年，第36—55页。

[2]　莎士比亚：《莎士比亚全集》（第5卷），朱生豪等译，译林出版社，2016年，第187—273页。

[3]　普鲁塔克：《普鲁塔克全集》（Ⅱ 希腊罗马名人传），席代岳译，吉林出版集团，2017年，第1195页。

我来，我见，我征服

说到"立场"，"立场坚定"这个词完全不足以形容恺撒的个人品质。他的确异常地立场坚定，但背后是一套完整的人生选择，"我来，我见，我征服"这句豪言最鲜明地透露出恺撒的强者人格。[1]而从恺撒的种种选择当中，我们可以明确地看到罗马共和末期的形势和恺撒对形势的驾驭和推动。

恺撒所属的尤利乌斯家族据传说是在罗马合并了阿尔巴城之后迁到罗马来的。他们家族自称是维纳斯的后代，算得上大贵族，但在恺撒之前，一直是二流贵族，和费边家族、瓦莱里乌斯家族、克劳狄乌斯家族、科涅利乌斯家族没法比。恺撒家里的两桩婚事透露出他们家族的政治地位。第一桩婚事是明显的攀高枝，不过是别人来攀恺撒家的高枝。马略这个农民的儿子，娶了恺撒的姑姑。尽管马略后来成功领导罗马的军队改革，成了第一位连任五届执政官的大英雄，但从门第上讲，是马略高攀了尤利乌斯家族，这也说明尤利乌斯家族还不够高，让马略可以攀得上。第二桩当然是恺撒本人的婚事，恺撒17岁时与科苏提娅解除婚约，转而与科涅莉娅结婚。前一位姑娘只是普通骑士家庭出身，而后一位姑娘是权倾一时的四任执政官秦纳的爱女。恺撒算是攀了高枝，不过这也是当时平民派贵族之间极其重要的政治联盟手段，秦纳也想借这桩婚事缓和与保守派的关系。恺撒和科涅莉娅所生的爱女茱莉亚后来被恺撒嫁给了庞培，成为维系"前三巨头同盟"的重要纽带。当然，恺撒的尤利乌斯家族也不是光靠亲家和女婿，他们家也出过执政官。在同盟者战争中，最重要的战略武器是《尤利乌斯公民法》，授予意大利盟友公民权来分化瓦解对方。这部"公民法"之所以叫"尤利乌斯"就是因为它是恺撒的父亲老恺撒主持通过的。[2]

---

[1]　"我来，我见，我征服"（Veni, Vidi, Vici），是恺撒给元老院的捷报。恺撒在法萨卢斯大决战击败庞培之后继续扫平各方反对势力，在击败本都国王法尔那克斯之后恺撒给元老院寄送了这封捷报。凯撒：《内战记》，任炳湘、王士俊译，商务印书馆，1996年，第218页。

[2]　普鲁塔克：《普鲁塔克全集》（Ⅱ 希腊罗马名人传），席代岳译，吉林出版集团，2017年，第1269页。苏维托尼乌斯：《罗马十二帝王传》，张竹明等译，商务印书馆，2015年，第1页。盐野七生：《罗马人的故事》［Ⅳ 恺撒时代（上）］，张伟译，中信出版社，2012年，第34—35页。

在共和晚期的乱局当中，有了父亲、姑父马略、岳父秦纳，恺撒他们家的地位迅速膨胀，立场也就迅速明确了。对，他们家是平民派。尤利乌斯家族是领导平民去对抗老贵族的显贵。权倾一时的马略和秦纳都不是好政治家，没有为罗马的平民政治找到好的出路和安顿的框架，而且还遇上了比他们更硬、更狠、更有章法的苏拉。

苏拉带兵回到罗马，姑父马略、父亲老恺撒、岳父秦纳都已经去世，恺撒也上了恐怖统治的黑名单。很多人为恺撒求情，苏拉的条件是让恺撒离婚，恺撒拒绝了，选择了逃亡。有人说这是恺撒骨头硬、个性强，不向大独裁者屈服；有人说这是恺撒忠贞，疼老婆。[1]都对，但都没抓住重点，都只是就事论事。在我看来，不到20岁的恺撒对自己的政治基本盘已经有了明确的认定，而且认定了就贯彻到底。只有拒绝苏拉，才能保住成为平民派领袖的可能。如果服软了，姑父、父亲、岳父积攒起来的政治资本很可能就轮不到他来继承了。恺撒后来的行为很清楚地证明了这一点。恺撒逃亡之后被海盗绑架，当绑匪索要巨额赎金的时候他自己主动提高了赎金的数目，朋友去筹钱的时候他和绑匪们尽情欢乐，"好像他们不是看管肉票的禁卒，而是他的卫士"[2]。恺撒确实是个混世魔王，他的一生都表现出令人赞叹的举重若轻的气度和技艺，他选择实现目标的手段尺度之大让人瞠目结舌，甚至让人觉得匪夷所思，有作家甚至讲恺撒的内心"鬼神莫测"[3]。但这恰恰证明了恺撒心里的立场、目标、想法都是极度明确的。心里糊涂的人，干一件让所有人都猜不透的事不难；而只有心里特明白的人，干出来的事才会一直让绝大多数人都表面以为懂了，实际上要事后很久很久才能弄明白其中的一部分。获释之后的恺撒跑到军中服役，不久，苏拉亡故。他没有马上回罗马，

[1]　普鲁塔克：《普鲁塔克全集》（Ⅱ 希腊罗马名人传），席代岳译，吉林出版集团，2017年，第1269—1270页。苏维托尼乌斯：《罗马十二帝王传》，张竹明等译，商务印书馆，2015年，第1—2页。盐野七生：《罗马人的故事》［Ⅳ 恺撒时代（上）］，张伟译，中信出版社，2012年，第43—44页。阿伯特：《凯撒大帝：征服高卢、罗马内战与帝制时代奠基》，朱利勇译，华文出版社，2019年，第23—34页。

[2]　普鲁塔克：《普鲁塔克全集》（Ⅱ 希腊罗马名人传），席代岳译，吉林出版集团，2017年，第1270页。

[3]　汉密尔顿：《罗马精神》，王昆译，华夏出版社，2019年，第74页。

而是跑去罗得岛学习雄辩术，由此他和西塞罗成了校友。恺撒非常清楚，唯有掌握雄辩术这门技艺，才能够把广场上热情似火的平民、把校场上整装待发的士兵变成自己的家底。

恺撒的平民派领袖之路从两个葬礼开始，一个是姑姑的葬礼，她是马略的发妻，另一个是自己发妻的葬礼，她是秦纳的女儿。恺撒在姑姑的葬礼上不仅抬出了马略的遗像，还发表了热烈的演说。而给亡妻大办葬礼，演说也成了"空前的盛举"[1]。尽管保守派仍然对马略和秦纳的国贼身份不依不饶，但恺撒就是要把葬礼办成盛会，其实是宣告平民派又有了主心骨。腐化愚顽的贵族们大多把恺撒的行动看成博取政治资本的政治伎俩，有"德高望重"的元老警告大家"恺撒不是在暗中破坏体制，而是公开装设投射武器开始推翻政府"，恺撒用他如簧的巧舌骗过了元老院。[2]可以说，在当选祭司长之前，恺撒就已经向旧体制宣战了。

恺撒的魄力、决断力、执行力正是从这里开始一步步大白于天下，他的果敢狠绝几乎是人类历史上数一数二的，在中国历史上大概只有秦始皇能相提并论。我们来看后来的几个重要事件。

祭司长恺撒的妻子在祭祀之夜和浪荡的保民官克劳狄乌斯企图幽会，事败之后全城都知道恺撒被戴了绿帽子。恺撒没有兴师动众去追击克劳狄乌斯，也没有在离婚质询中提及通奸之事，恺撒在大庭广众之下选择了隐忍。克劳狄乌斯是典型的民粹政客，卑鄙下流，讨好民众却很在行。普鲁塔克对恺撒隐忍的解释是"为了讨好民众"，但事后来看，恺撒是要用克劳狄乌斯这条恶犬对付西塞罗。作为拥护旧制度的重量级元老，只有通过放逐的方式

[1] 普鲁塔克：《普鲁塔克全集》（Ⅱ 希腊罗马名人传），席代岳译，吉林出版集团，2017年，第1273页。

[2] 普鲁塔克：《普鲁塔克全集》（Ⅱ 希腊罗马名人传），席代岳译，吉林出版集团，2017年，第1274页。

让西塞罗离开罗马，恺撒才好安心地去西班牙赴任。[1]

恺撒有一个让西塞罗和其他有道德感的人特别受不了的特性就是用坏人。恺撒特别善于用坏人，甚至恺撒麾下的得力干将都很难找出几个好人，大概只有写《喀提林阴谋》和《朱古达战争》的大史学家撒路斯特是公认的好人，从开始的克劳狄乌斯到最后自认为是恺撒继承人的安东尼，道德上看全都是坏蛋、混蛋、王八蛋。我们可以说恺撒就是顶级坏蛋、坏蛋头子，他的团伙就是一窝坏蛋。[2]但正如我们在"放逐"一节讨论过的，寻常道德并不是评判大人物的首要标准。从恺撒和几乎所有政治上的大人物身上，我们可以明显地看到，他们不仅会用好人，更会用坏人，甚至用坏人比用好人还要技艺娴熟。能够驾驭坏人，才能在政治的腥风血雨中拥有一柄又一柄的利器，像西塞罗这样的好人，在政治当中几乎是手无寸铁，起不了什么作用也就很正常。

绿帽子丑闻当中，体现恺撒魄力、决断力和执行力的除了坚决使用坏人之外，还有隐忍。强悍到恺撒，在时机不到的时候也必须隐忍，当恺撒选择隐忍的时候，他总是把戏演得很足。恺撒作为平民派领袖，在保守派扎堆的元老院里游刃有余，就是因为他的演技超一流，能够瞬间把严重的政治指控变成哄堂大笑。在"喀提林阴谋"期间，元老院高度紧张，一心捍卫共和的小加图更是神经紧绷，元老院议事的时候他指控恺撒和喀提林暗通款曲，要求恺撒当众宣读从门外塞进来的字条。结果小加图从恺撒手里拿到的字条是自己的姊妹塞维莉娅写给恺撒的情书，一贯道德严肃的小加图当场下不来

---

[1]　普鲁塔克：《普鲁塔克全集》（Ⅱ　希腊罗马名人传），席代岳译，吉林出版集团，2017年，第1277—1278页。普鲁塔克：《普鲁塔克全集》（Ⅲ　希腊罗马名人传），席代岳译，吉林出版集团，2017年，第1564—1568页。盐野七生：《罗马人的故事》［Ⅳ　恺撒时代（上）］，张伟译，中信出版社，2012年，第97—100页。布里格曼：《罗马共和国史》，刘智译，华东师范大学出版社，2014年，第297—298页。阿伯特：《凯撒大帝》，朱利勇译，华文出版社，2019年，第64页。

[2]　有研究者严肃地讨论过恺撒的魔鬼形象，追溯了历史上把恺撒和撒旦相提并论的著名剧作家和他们的戏剧作品，参见布利塞特：《凯撒与撒旦》，载李世祥编译《凯撒的剑与笔》，华夏出版社，2009年，第14—35页。

台，元老们也都一众哄笑。[1]伪装是隐忍的保护壳，时机不到，必须和光同尘。恺撒的伪装不只是体现在元老院里的演技和急智，还体现在很多方面，比如他也非常擅长发表义正词严的演说，[2]再比如他是"第一位设计密码与朋友通讯的人"[3]。

从西班牙回来之后，需要隐忍的事情又来了。恺撒从西班牙凯旋，想要竞选下一年的执政官。但罗马的规矩是候选人得自己进城登记，进了城，凯旋仪式就没有了。要风风光光的凯旋仪式，还是通向未来的竞选机会，恺撒毫不犹豫地选择了后者。为此，他和庞培、克拉苏秘密地结成了"前三巨头同盟"。[4]放弃凯旋仪式，对崇尚荣誉的罗马军人来说，需要极大的勇气，但对恺撒来说，根本不是问题，因为他非常清楚要干成更大的事情，就必须先当上执政官。权力是成就事业的第一武器。公元前59年，恺撒就任执政官，这个时候的恺撒41岁。他的惊天阴谋终于可以大展拳脚地付诸实施了。

恺撒在一年执政官任上的"疯狂"行动下文再谈，他在任上已经为自己征服高卢做好了所有铺垫。卸任执政官，恺撒出征高卢，建立属于自己的盖世功勋。

恺撒在高卢征战八年，异常地死心眼儿，一定要把高卢收拾得滴水不漏才肯回罗马。"同化"一节谈过，恺撒在高卢不只是取得一场接一场的重大

[1] 普鲁塔克：《普鲁塔克全集》（Ⅲ 希腊罗马名人传），席代岳译，吉林出版集团，2017年，第1380页。盐野七生：《罗马人的故事》［Ⅳ 恺撒时代（上）］，张伟译，中信出版社，2012年，第83页。

[2] 恺撒在元老院精彩演说的典型，见撒路斯提乌斯：《喀提林阴谋 朱古达战争》，王以铸、崔妙因译，商务印书馆，1996年，第136—141页。

[3] 据普鲁塔克说，恺撒的信件加密法是移位法。移位法就是把整个字母表平行移位，比如a变成d，那么b就成e，c就成了f，以此类推。不知道移了多少位（也就是密钥）的人，拿到信件看起来就像天书，通信的对方知道密钥，就可以解密出正常内容。参见普鲁塔克：《普鲁塔克全集》（Ⅱ 希腊罗马名人传），席代岳译，吉林出版集团，2017年，第1284页。恺撒可能是历史上非常早的使用通信加密的著名人物，但远不是第一人。早在5000年前，古埃及人就已经使用移位法进行通信加密了。

[4] 普鲁塔克：《普鲁塔克全集》（Ⅱ 希腊罗马名人传），席代岳译，吉林出版集团，2017年，第1279页。苏维托尼乌斯：《罗马十二帝王传》，张竹明等译，商务印书馆，2015年，第10—11页。盐野七生：《罗马人的故事》［Ⅳ 恺撒时代（上）］，张伟译，中信出版社，2012年，第112—114页。

胜利，而是把共和国的北疆编织成了一个层次分明的同心圆结构。恺撒系统化地建立了共和国北疆的政治、军事、财政秩序，这相当于兴建了半个罗马。为了延长在外领兵的权力，恺撒和元老院、庞培、克拉苏做了不少政治交易。为什么非要这样？恺撒不只是把高卢当作自己统治罗马的垫脚石，也把它当成罗马长治久安的基石，平定高卢等于解除了罗马自诞生以来北方民族的威胁，安定罗马的北疆。为了实现这个宏大的抱负，他宁愿牺牲一般政客看起来已经非常大的利益和权力。因为他坚信，做好对大局最有利的事情，利益和权力自然会乖乖跑到他兜里。果不其然，其实只到了出征高卢的第三年，恺撒基本上已经可以用权势熏天来形容了。他和庞培、克拉苏在卢卡举行会盟，元老院的一大半元老都跑去赶场，骑士和富商更是不计其数。三巨头在会盟当中把下一年的执政官、法务官、保民官的人选都定了，还给恺撒的高卢统帅权延长了五年。[1]罗马的中心已经不是罗马城，而是巨头们的大帐所在之处。

最后，最体现恺撒魄力、决断力、执行力的当然是跨过卢比孔河，历代史书都对这件事情极尽渲染。卢比孔河是战争与和平的分界线，是武力与法律的分界线，罗马法规定军队班师必须在卢比孔河北岸解除武装，否则视为叛国。凭借武力夺取罗马的统治权，苏拉和庞培事实上都干过，这个事情对于恺撒的难度在于，他是顶着元老院的"最终劝告"这么干的，他在名义上非常吃亏。但他还是毫不犹豫地干了。

从恺撒自己写的《内战记》来看，他自己没有渲染"跨过卢比孔河"这个场景，他只是一如既往地用冷静客观的笔调陈述事情的经过，其中最重要的是说清楚"跨过卢比孔河"的原因是元老院的不公、不义、不法。除了蒙森遵照《内战记》的写法，其他作家都在文学化地渲染恺撒渡河的决定性时

[1] 普鲁塔克：《普鲁塔克全集》（Ⅱ 希腊罗马名人传），席代岳译，吉林出版集团，2017年，第1287—1288页。阿庇安：《罗马史》（下卷），谢德风译，商务印书馆，2016年，第116—117页。蒙森：《罗马史》（第五卷），李稼年译，商务印书馆，2014年，第263—267页。盐野七生：《罗马人的故事》［Ⅳ 恺撒时代（上）］，张伟译，中信出版社，2012年，第180—186页。

刻，当时恺撒所言"孤注一掷"成了又一句恺撒留给后世的名言。[1]

恺撒自己不写"跨过卢比孔河"，是因为《内战记》和《高卢战记》一样要尽快公示给罗马人民，它是争取民心的高级宣传材料。[2]写了，是在理直气壮地说我决意践踏国法和对抗元老院吗？这会加剧民众心里的撕裂感，而且，对恺撒最想表达的"我是迫不得已""我是讨回公道""我是替数万将士讨回公道"没有任何帮助。也就是说，写了，有害无益。那就不如不写。

历代作家大写特写，恰恰是他们都认同恺撒在"孤注一掷"时刻表现出的魄力、决断力和执行力。作家们是在用恺撒的卢比孔河展现人心当中进行选择之时的极致状态。其实，孤注一掷并不是恺撒独有。任何一个人，只要事业做得够大，一定会遇到凶狠而强悍的敌人，一定会遇到被身后的兄弟们架上去下不来的情况，也一定会遇到法度的限制，卢比孔河是这三重重大困难集于一身的具象体现。任何一个国家做得够大，就会碰见罗马，就像任何一个人做得够大就会碰见卢比孔河。而恺撒的孤注一掷非常鲜明地展现了他的强者人格。普鲁塔克在这一点上看得非常清楚，他几乎像心理学诊断一样描述了恺撒的强者人格：

> 恺撒是天生做大事的人，热爱荣誉，现在已经完成很多伟大的勋

[1] 这句名言的原话是"骰子已经掷下，就这样吧"，恺撒用了希腊剧作家所写的台词，英文一般译为"The die is cast"，中文成语"孤注一掷"与它的表意和含义都非常吻合。凯撒：《内战记》，任炳湘、王士俊译，商务印书馆，1996年，第6—16页。蒙森：《罗马史》（第五卷），李稼年译，商务印书馆，2014年，第312页。阿庇安：《罗马史》（下卷），谢德风译，商务印书馆，2016年，第131页。普鲁塔克：《普鲁塔克全集》（Ⅱ 希腊罗马名人传），席代岳译，吉林出版集团，2017年，第1296页。盐野七生：《罗马人的故事》［Ⅳ 恺撒时代（上）］，张伟译，中信出版社，2012年，第325页。比尔德：《罗马元老院与人民》，王晨译，民主与建设出版社，2018年，第286页。

[2] 《高卢战记》和《内战记》是政治宣传材料的说法来自蒙森，后世学者也有不同意见，认为是恺撒为后世历史学家准备的原始材料。我支持蒙森的意见。参见蒙森：《罗马史》（第五卷），李稼年译，商务印书馆，2014年，第522—523页。德威特：《凯撒战记的非政治本质》，载李世祥编译《凯撒的剑与笔》，华夏出版社，2009年，第130—142页。

业，并未能使他满足于现状，享受过去的辛劳所创造的收获。反而激起雄心壮志要继续前进，计划从事更为伟大的事业，赢取更多的荣誉，好像他已经拥有的一切都已耗用完毕。事实上，他是在与自己争强斗胜，好像把过去的他看成另一个人，他总是计划将来能完成某些工作，能够超越从前的成就。[1]

恺撒几乎是西方传统当中强悍政治人格的化身，他内心的烈火永不熄灭，荣誉和成就永远放在未来。正是在这一点上，他成了后世所有志存高远的政治家的榜样。理解了这样一个人格无比饱满的恺撒，那么，他在卢比孔河之前的那么一点点纠结，无论是出于习惯性地演戏，还是真的对国家和命运透露出一丝丝的敬畏，都不重要了。"我来，我见，我征服"，才是恺撒。

有了这样一块人格无比饱满的拱顶石，帝国这座大厦就可以封顶了。我们已经谈过，帝国的很多事情，其实共和已经干了，而且干得很漂亮。罗马的基础设施、间接统治、精神结构自王制时代就已经有帝国风范，在共和时代已经趋于成熟，尤其是打败汉尼拔之后。只不过变得大而富的罗马反而因为一连串的激烈政治冲突陷入了濒临解体的危局，她需要在顶层做出调整。格拉古兄弟、马略、苏拉都做出了重大调整，但都失败了。格拉古兄弟有帝王之心，但无帝王之力；马略有帝王之力，但无帝王之才；苏拉有帝王之才，但无帝王之识。到了恺撒这里，帝王之心、帝王之才、帝王之识都齐备了。恺撒是平民派，也是君主派。以元老院为核心的旧贵族集团已经没有德性和能力统治罗马，他们不承认，自然也就不会驾驭平民崛起的力量，恺撒就是要摧毁元老院的核心地位，成为平民拥戴的领袖。强人和平民联手干掉贵族，这就是当时的大势，从这个角度看，平民派和君主派其实是一回事。恺撒"不仅得到时代精神（Geist）的青睐，还得到了当时罗马社会结构的帮助。共和国已有死亡的兆头，而时代精神偏爱这一野心勃勃的事业。……（恺撒是）一个能够将自己的天才、野心与让士兵无限忠诚的能力结合到一

---

[1]　普鲁塔克：《普鲁塔克全集》（Ⅱ　希腊罗马名人传），席代岳译，吉林出版集团，2017年，第1315—1316页。

起的人"。[1]恺撒对大势的走向判断正确，他坚决要站到大势的顶端，而且他真的有站上去的本事。用现在的话说，恺撒上对了车，而且是个好司机。

孤注一掷

如果说跨过卢比孔河是恺撒的武功让他有资格在面对强敌、兄弟和法度的时候无所畏惧地孤注一掷，那么，恺撒独揽大权之后的建规立制才是他彻底改造罗马的孤注一掷。恺撒"进城"了，武能马上安天下的恺撒文能下马治天下吗？恺撒确实是文武双全。我们先看他的武，然后重点说他的文。

恺撒武功盖世，无论是战略、战术还是组团、练兵，恺撒是军事上的全才，是人类历史上被公认的战神级别的大人物。在恺撒武功的定性问题上，历史学家们基本上都承认普鲁塔克的这段评价：

> 在整个战争期间他为了征服高卢实施很多次远征行动，证明他是一位吃苦耐劳（的）士兵和运筹帷幄（的）将领，与统率大军最杰出、最伟大的司令官相比毫不逊色。实际上，要是和费边、西庇阿、梅特鲁斯相比，或是和同时代而稍早的苏拉、马略和两位卢库拉斯相比，甚至和就是在战争中赢得盖世英名的庞培相比，就会发现恺撒的作为已凌驾于他们所有人之上——或者就作战处境的困难而言，或者就所征服范围的广大而言，或者就击败敌人的数量和凶猛而言，或者就怀柔部族的野性和狡诈而言，或者就对待被征服者的仁慈与宽厚而言，或者就给予部队赏赐的慷慨而言。而他所展开会战之多和杀敌之众，都让他们所有人望尘莫及。[2]

考虑到恺撒领兵的时间，他在军事上取得的成就真是令人称奇。恺撒是

---

[1] 卡夫：《战士凯撒》，载李世祥编译《凯撒的剑与笔》，华夏出版社，2009年，第96页。

[2] 普鲁塔克：《普鲁塔克全集》（Ⅱ　希腊罗马名人传），席代岳译，吉林出版集团，2017年，第1281—1282页。引文根据英文版略有调整，参见Plutarch, *Roman Lives: A Selection of Eight Roman Lives*, trans. Robin Waterfield, Oxford: Oxford University Press, 1999, pp. 313-314.

在42岁出征高卢之时，才作为最高统帅指挥军队，而且他在这42年当中并没有花多少时间在军队服役，如果说他出征高卢之时是一张白纸，也差不太多。征伐高卢的恺撒在军事上基本上是现学现卖。但就是这样，他用八年的时间就取得了超越古代名将和庞培的战绩。恺撒作为战略家和战术家，至少有这样一些特点是被后世的将军和史家交口称赞的。[1]

第一，动脑子。恺撒打仗主要靠动脑子，不靠拼蛮力。"对一个统帅来说，用计谋取胜的责任并不比用剑取胜的少一些。"[2]

第二，明职责。尤其是统帅和副将之间的职责要分清楚。"副将应该一切行动都听从吩咐，统帅则必须不受拘束地考虑整个大局。"[3]

第三，察人性。洞察人性是判断行动最重要、最深厚的根基。在《高卢战记》和《内战记》当中，恺撒对人性发表的精彩评论非常多。比如，"军队的弱点不也正象（像）身上的创伤那样，必须隐忍不露，才能不使敌人更增加希望吗？"[4]

第四，讲纪律。服从命令是军人的天职，恺撒对不服从者严厉惩处，其他过失则宽厚大度。恺撒"要求他的士兵们有纪律、能自制，并不亚于要求他们勇往直前、热情奔放"。[5]

第五，爱士兵。恺撒不光像其他将领那样发钱、发地、发公民权，干得比他们还狠，而且，他真的是尊重士兵，和他们一起风餐露宿，甚至能叫上很多士兵的名字。士兵当然也用忠诚和勇敢回报恺撒。[6]

---

[1]　参见蒙森：《罗马史》（第五卷），李稼年译，商务印书馆，2014年，第七章。阿德科克：《起趄武夫》，博恩：《凯撒的指挥艺术》，卡夫：《战士凯撒》，载李世祥编译《凯撒的剑与笔》，华夏出版社，2009年，第75—102页。

[2]　凯撒：《内战记》，任炳湘、王士俊译，商务印书馆，1996年，第51页。

[3]　凯撒：《内战记》，任炳湘、王士俊译，商务印书馆，1996年，第126页。

[4]　凯撒：《内战记》，任炳湘、王士俊译，商务印书馆，1996年，第82—83页。

[5]　凯撒：《高卢战记》，任炳湘译，商务印书馆，1997年，第185页。

[6]　恺撒对士兵直呼其名并亲切交谈的记录在两部战记当中记载非常多，一个非常经典的场景是与庞培在法萨卢斯大决战的关键时刻，首席百夫长克拉斯提努斯向恺撒"表白"之后第一个冲入战场。凯撒：《内战记》，任炳湘、王士俊译，商务印书馆，1996年，第149页。参见凯撒：《高卢战记》，任炳湘译，商务印书馆，1997年，第57页。

　　第六，重细节。作为将军的恺撒深知细节的重要性，他甚至连部队的卫生问题都要紧抓。恺撒安营扎寨之时，"自己一面也行军到尽可能远的地方，直到他认为新的环境已经足够增进军队的健康为止"[1]。

　　第七，建制度。对于募兵制的罗马军队，恺撒深知百夫长的极端重要性，恺撒在自己和百夫长之间建立了关键的连接点，就是军团长制度，淡化共和传统中的军事保民官制度。[2]

　　第八，知动静。恺撒的战法是动若脱兔、静如处子，该快的时候让敌人根本意想不到，该慢的时候让敌人失去耐心。恺撒是掌握节奏的大师，时间是恺撒的朋友。[3]

　　第九，勤学习。恺撒既然在统率大军之前军事经验并不多，他取得辉煌战绩的重要原因当然是不断地学习。和打仗有关的一切他都在努力学习，其中很经典的事件是他和工程师们一起研究如何急速建造桥梁，出其不意地击溃了日耳曼人。[4]

　　从以上九条来看，恺撒是将卓越的政治家素质下沉到军事上，高维领域的素质在低维领域不仅得到了充分的贯彻和发挥，而且得到了充满创造性的强化和升级。如果说战争是政治的延续，那么，恺撒在高卢的征战不仅把政治延续得极好，而且用战争把政治变得充实和饱满。战争的复杂和诡谲当然给恺撒注入了更多的灵活性和策略性，但同时也让恺撒的大格局得到了更精细的打磨，大小、虚实、长短、轻重之间的抉择都似闲庭信步。同样身兼杰出政治家和军事家的拿破仑就说，想精通兵法，得经常研读恺撒的战记。[5]我们还可以把拿破仑的嘱咐再往前延伸一步，想从统帅变成君王，得仔细琢磨恺撒的战记——从恺撒的字里行间寻找恺撒迅速成熟的历程。

---

[1] 凯撒：《高卢战记》，任炳湘译，商务印书馆，1997年，第237页。

[2] 凯撒：《高卢战记》，任炳湘译，商务印书馆，1997年，第10页。卡夫：《战士凯撒》，载李世祥编译《凯撒的剑与笔》，华夏出版社，2009年，第98页。

[3] 恺撒运用急行军击败敌人的记录在两部战记当中非常多，比如凯撒：《高卢战记》，任炳湘译，商务印书馆，1997年，第108—109页。凯撒：《内战记》，任炳湘、王士俊译，商务印书馆，1996年，第155—156页。

[4] 凯撒：《高卢战记》，任炳湘译，商务印书馆，1997年，第87—89页。

[5] 阿德科克：《赳赳武夫》，载李世祥编译《凯撒的剑与笔》，华夏出版社，2009年，第82页。

其实，恺撒征服高卢本身就带有非常明显的文治性质。恺撒征服高卢不只是打败了一大堆高卢部落和日耳曼部落，更是系统性地建造了帝国北疆的秩序。会盟诸侯、分层治理、编织网络才能把洪水一般的高卢人和日耳曼人导入明渠，残酷的战争才不会白打。自有罗马以来五百多年始终不安稳的北疆被恺撒纳入了稳定的结构之中。从这个角度看，恺撒这八年用"征服高卢"来描述并不准确，更准确的说法应该是"经略高卢"。如此说来，恺撒已经为经略罗马做好了准备。

现在我们来看恺撒的文治。有了文治，平民派的梦想才能成真。看看从前的平民派领袖，格拉古兄弟有文治但没有武功，改革没有武力作为后盾支持，结果两兄弟都死于暴乱；马略、秦纳倒是有武功，但文治太差，积蓄起来的巨大力量没有办法被驯服，最后以大屠杀的方式收场。要改变罗马，必须激发出平民的力量，然后驾驭好它，二者缺一不可；进一步，通过军队和法律来驾驭平民，二者缺一不可。我们可以把从格拉古兄弟到马略、秦纳再到恺撒的历程看成平民派不断成熟的过程，看成先有文后有武然后文武双全的过程，达到这一步，平民派才能统治整个罗马。当然，君主制也就浮出水面了。

在"三巨头"时期，第一次担任执政官的恺撒就显示出非同一般的治国才干。他的三大举措当然是对平民派有利，确实也有打击贵族派的用意，但从更大、更长远的格局来看，确实对国家和人民有利。

第一，《元老院纪事》。执政官恺撒创立《元老院纪事》，也就是把元老院每天的议事、讨论、决议速记下来，次日公之于众。[1]这招对保守派来说简直太损了，它相当于把贵族寡头们的秘密政治、分赃政治、小圈子政治用"新闻"的方式阳光化、公开化、透明化。贵族元老们在元老院里面的言行就得掂量掂量了，不然出门被群情激愤的民众围攻，甚至都有当场丧命的危险。国家核心决策圈的信息被如此公开，即便是今天例行把国会议事过程通过电视直播的美国都比不上，美国从来不直播白宫的决策过程。有了《元老院纪事》，民众的压力就穿透了元老院会堂的大理石墙，对恺撒的权威是

---

[1]　苏维托尼乌斯：《罗马十二帝王传》，张竹明等译，商务印书馆，2015年，第12页。

重大的加持，对保守派的力量构成了巨大的钳制。

第二，《尤利乌斯国家公务员法》。这部法律以恺撒的家族姓氏命名，600年后被查士丁尼收入《国法大全》，它的核心就是防止国家公务员贪污受贿。它规定了公职人员收受礼物的金额上限，一旦超过，公职将被褫夺，如果是高级官员，其元老身份也同时被褫夺。这对数百年来已经习惯了权钱交易的贵族们来说是一个极其讨厌的紧箍咒，严重破坏了他们习以为常的"交往方式"。但很显然，这对国家和人民来说都是正确的、正义的、正当的事情。

第三，《尤利乌斯土地法》。平民派的核心举措在执政官恺撒手里终于安然过关。安民于田，不只是平民的基本诉求，也是国家长治久安的基础。格拉古兄弟发明的这个招数在大方向上是完全正确的。恺撒除了让"土地法"条文更合乎现实情况之外，在元老院通过"土地法"的程序上也做足了功课。在条文上，新"土地法"允许二十年后转让土地，而不再像旧（格拉古）"土地法"那样一概不许转让；分地的资格是在军中服役五年，这对解决军人退伍就失业的问题非常有帮助，庞培的大把兄弟也得到了安置；超过1000尤格的土地退还国家，补偿金由庞培东征上缴国库的款项来承担；确定补偿金额度的权力，划归财务官；"土地法"常设执行委员会，由庞培主持，吸收保守派旗帜西塞罗，一共20人，恺撒本人不参加。对比"改革"一节当中细谈过的格拉古兄弟为不成熟的"土地法"步步激进、步步夺权，恺撒真是吸取教训，把方案做得尽可能稳妥。但即便如此，元老院还是充满敌意。恺撒没有像格拉古兄弟那样把"土地法"草案带上公民大会直接让群众欢呼通过，他在元老院议事和表决程序中巧妙安排，将对手逐个击破，用合法程序让法案得到通过。[1]恺撒展现出格拉古兄弟、马略、秦纳都不具备的高超政治技艺：在元老院之中，却能对元老院软硬兼施，合法合程序地违背保守派的意志，实现自己的目的。

就这样，"狡猾"的恺撒一年任满之后，就把执行"土地法"的大权安

---

[1] 盐野七生：《罗马人的故事》[（Ⅳ 恺撒时代（上）]，张伟译，中信出版社，2012年，第118—127页。布林格曼：《罗马共和国史》，刘智译，华东师范大学出版社，2014年，第293—296页。

给了庞培，自己出征去高卢了。他把钩心斗角的罗马城留给了没有主心骨的庞培。

有了一年担任执政官的治国经验，又有了八年经略高卢的治国经验，打败庞培之后的终身独裁官恺撒就真的开始对罗马进行大刀阔斧的改革了。我们来看恺撒最后两年在文治上的大展拳脚。这些措施都很重要，我按照政治斗争的严重程度从轻到重的顺序来讨论。

第一，改革历法。恺撒废旧历、立新历这个事情"立教"一节已经提到过。哲学家国王努玛颁布的历法在恺撒手里被彻底更换。恺撒颁布的历法中文译为"儒略历"，儒略就是恺撒家族名尤利乌斯的另一种音译。这套历法是太阳历，和我们现在使用的公历已经非常接近了，在西方一直用了1600多年，直到公元1582年才被教皇格里高利十三世进一步精确化，成了现在的公历。有了儒略历，西方乃至后来的全世界都活在恺撒时间当中。[1]

第二，改革货币和金融体系。恺撒让造币制度化、体系化，颁布法令确定合理的借贷利率，解决积压的债务问题，等等。[2]恺撒年轻时候常年债台高筑，他借钱和花钱都是高手，他非常善于用钱来做政治的事情，作为政治家，当然也就会把整个国家的钱这个事情打理好。

第三，把安定平民，尤其是安定罗马城平民的措施体系化：确定发放粮食的稳健政策，改善罗马城的交通和治安，新建和复建众多神庙和公共建筑，用新建移民城市安置退伍军人，等等。[3]

第四，公民权的再次扩展。离罗马比较近的阿尔卑斯山以南的高卢行省之中的全部居民获得了公民权，罗马城的全部教师和医生获得了公民

[1] 普鲁塔克：《普鲁塔克全集》（Ⅱ 希腊罗马名人传），席代岳译，吉林出版集团，2017年，第1316—1317页。蒙森：《罗马史》（第五卷），李稼年译，商务印书馆，2014年，第477—478页。盐野七生：《罗马人的故事》[（Ⅴ 恺撒时代（下）]，谢茜译，中信出版社，2012年，第201—202页。
[2] 蒙森：《罗马史》（第五卷），李稼年译，商务印书馆，2014年，第475—477、449—452页。盐野七生：《罗马人的故事》[（Ⅴ 恺撒时代（下）]，谢茜译，中信出版社，2012年，第202—204页。
[3] 蒙森：《罗马史》（第五卷），李稼年译，商务印书馆，2014年，第452—454、432—435页。盐野七生：《罗马人的故事》[（Ⅴ 恺撒时代（下）]，谢茜译，中信出版社，2012年，第223—238页。

权。[1]恺撒虽然要通过公民权发放来扩大自己的统治基础，但还是非常谨慎的。

第五，改革行政体系。独裁官成为最高行政长官，一年一换的两个执政官变成了他的助手，其他官员也还遵循任期制，但名额大大增加，因为罗马要管的事情实在太多，地盘实在太大。恺撒已经围绕自己建立起新的团队，"独裁官恺撒在富有才干的行政官员的帮助下，通过内阁进行统治，但这些官员不属于元老院……除了已经得到证实的由助手组成的核心集团外，还有一个由奴隶、自由民和许多军中辅助人员组成的大法官法庭。出访时陪伴恺撒的政府工作人员以及助手约2000人"。[2]很明显，恺撒把国家的政治中心从元老院变成了自己，把议事、讨论、决议的贵族共治决策方式变成了独裁官在庞大助手团队辅助下决策，格拉古兄弟、马略、苏拉、庞培都不曾改动的共和国顶层制度被恺撒制造出了新的替代品。蒙森调皮地说，恺撒建立新政治之时，"恺撒是唯一的建造师，他的工作只用粗使工人，不用伙友"。[3]

一旦独裁取代共和，行政必然吸纳政治，政治变成了独裁者个人的事情而不再是贵族集体之事，政治极度收缩为一个点，而行政则急速膨胀，因为独裁者的意志这个至高无上的点必须由庞大的行政体系加以严格执行才能统治庞大的国家。如此一来，行政体系就不能只是在罗马城建立内阁，它必须扩张到整个帝国，于是，重新划定行省以及配置相应的官职就势在必行。恺撒通盘调整了罗马的行政区划。罗马被划分成18个行省。每个行省的总督法律上都由罗马城的执政官或法务官卸任之后担任，不过对独裁者恺撒来说，自然会把任命权牢牢操纵在自己手里。后来屋大维把这个重要的权力正式划归元首的职权范围，元老院只拥有赞成的权力。

地方行政官员的扩张还体现在法务官和财务官职位的激增。法务官由8

[1] 蒙森：《罗马史》（第五卷），李稼年译，商务印书馆，2014年，第465—466页。塔拉曼卡主编《罗马法史纲》（上卷），周杰译，北京大学出版社，2019年，第418页。

[2] 布林格曼：《罗马共和国史》，刘智译，华东师范大学出版社，2014年，第339页。为统一上下文，引文中"凯撒"改为"恺撒"。

[3] 蒙森：《罗马史》（第五卷），李稼年译，商务印书馆，2014年，第412页。

名增加到16名，财务官由20名增加到40名。按惯例，担任过法务官和财务官的人自动成为元老院成员，恺撒不仅可以委任他们去行省当自己的代理人，而且他们大量涌入元老院本就壮大了恺撒的势力，保守派的元老院份额被严重稀释了。[1]

另外，保民官被彻底虚化了。平民派领袖恺撒对平民派曾经最依靠的保民官职位不仅没有抬高，反而比苏拉予以更严厉的打击，保民官成了虚职。这不难理解，恺撒作为终身独裁官就是平民乃至所有罗马人民的代表和化身，保民官就没有必要再代表平民了，这个职位法定的否决权、控告权、提案权曾经是对付贵族派的有力武器，现在还留着干什么呢，难道是对付恺撒吗？后来恺撒的养子屋大维把这个事情做得更绝，元首直接兼任保民官，直接用元首职权完全把保民官吸收掉了。

第六，改革元老院。恺撒打击元老院的路线是一以贯之的，当上独裁官之后终于发动了总攻，他使了三招，三招都特别损。第一招上文已经提到了，将法务官和财务官大大扩编，由于恺撒掌握了任命这些官员的权力，这招就相当于用自己的队伍填满元老院。第二招，恺撒把元老院席位从苏拉时代的600人增加到900人。第三招，恺撒把大量的部落首领和百夫长引入了元老院。人多了，又杂，元老院就不可能维持精英协商的旧机制。商量不出结论来，就办不了事，自然也就掌握不了权力。元老院成了地位尊贵的摆设，共和国的核心制度彻底被掏空，即便元老院还在名义上掌握很多权力，但实际上也会被恺撒控制。[2]从恺撒对元老院的改革来看，他真的是孤注一掷地要毁掉共和。

武能马上安天下，文能马下治天下。有了这六条改革措施，帝制的框架就基本形成了，大而富的解决方案就成熟了。恺撒确实毁掉了共和，可他再造了罗马。这种变共和为帝制的大手术，恺撒只用了不到两年时间。还没有

[1]　蒙森：《罗马史》（第五卷），李稼年译，商务印书馆，2014年，第411—412页。盐野七生：《罗马人的故事》[（Ⅴ 恺撒时代（下）]，谢茜译，中信出版社，2012年，第214—215页。

[2]　塞姆：《罗马革命》，吕厚量译，商务印书馆，2016年，第6章。蒙森：《罗马史》（第五卷），李稼年译，商务印书馆，2014年，第411—412页。盐野七生：《罗马人的故事》[（Ⅴ 恺撒时代（下）]，谢茜译，中信出版社，2012年，第214—215页。

彻底完成，他就遇刺了！他去世的时候还不到56岁。如果算一下恺撒大展拳脚的年头，从他40岁凯旋之后当上执政官，到56岁遇刺，恺撒也只用了16年的时间。不过，最终评断恺撒的功绩必须和他的暴死连在一起谈。

我像北极星一样坚定

恺撒在公元前44年3月15日去元老院开会，在会场被布鲁图斯、卡西乌斯等60余人密谋刺杀，身中23刀，当场毙命。这件事情后来被共和派和君主派大肆宣扬，变成了非常高调的事情。共和派说他们除掉了僭主，要匡扶共和；君主派说共和派冥顽不灵，逆潮流而动。在普鲁塔克看来，里面没有那么多高调要唱，其实恺撒遇刺就是事出偶然。[1]

史密斯教授的著名文章《密谋与密谋者》用两个问题来破解恺撒遇刺："恺撒的行为是否让密谋者有适当的理由把他看作僭主；如果有的话，这种行为在当时的情境下是否有正当的依据。"[2]我认为在这个问题链条里面还需要续上第三个问题：恺撒留下的制度到底和后世的帝制是什么关系。搞清楚这一系列问题，我们会对恺撒遇刺这件大事有更深刻、更清楚的看法，既不会落入君主派和共和派的意识形态争夺战，也不会像普鲁塔克那样只是云淡风轻地归结为偶然。更重要的是，我们可以通过恺撒遇刺这件大事来判断罗马从共和向帝制演变的走势及其途中遇到的困难。

所谓僭主，就是非法篡夺权力的人，在古希腊罗马世界中尤其指通过煽动民粹夺权的阴谋家。但它的含义也在不断地丰富，背德乱法、胡作非为、践踏自由、凌驾于法律之上这些特征也逐渐被加入进去。按照严格的概念来说，僭主只是得位不正，并不必然实施暴政，或者说与是否实施暴政无关；而暴君的实质是实施暴政，践踏法律和自由，与得位正不正无关，他很可能是通过合法手段得到王位。根据共和派的事后宣传来看，他们的用词多是僭

[1] 普鲁塔克：《普鲁塔克全集》（Ⅱ　希腊罗马名人传），席代岳译，吉林出版集团，2017年，第1321页。
[2] 史密斯：《密谋与密谋者》，载李世祥编译《凯撒的剑与笔》，华夏出版社，2009年，第144页。为统一上下文，引文中的"凯撒"改为"恺撒"。

主，但其中大量的实质指控则是暴君。无论如何，在古希腊罗马世界当中，诛杀僭主是英雄行为，替天行道、果敢刚毅、视死如归、流芳百世。

密谋刺杀恺撒名义上的第一义士布鲁图斯就自诩为诛杀僭主的义士，后世承认他义士光环的也大有人在。布鲁图斯据说是赶走末代国王塔克文的共和首任执政官布鲁图斯的后人。小加图这位不屈不挠捍卫共和的领袖既是他的舅舅，也是他的岳父，还是带他踏进政坛的引路人。布鲁图斯本人也品行端正。恺撒一直善待布鲁图斯，无论是出于对这个端正少年的赏识，还是出于对他的母亲塞维莉娅的爱屋及乌。恺撒对布鲁图斯可谓仁至义尽，即便他在恺撒和庞培的对决中加入了庞培一方，得胜之后的恺撒仍然在乱军之中找到他，保全他，将他带回罗马，还委以重任。布鲁图斯完全有条件从传言中的恺撒私生子成为恺撒真正的左膀右臂。但他不仅疏远恺撒，还最终成了刺杀恺撒的主谋。[1]他刺杀恺撒的深层次理由确实是价值观和立场与恺撒对立，直接理由是卡西乌斯的怂恿和拉拢，情绪上的理由是小加图对胜利的恺撒宁死不屈，选择了自杀，让他难以释怀。

这里必须先强调一下恺撒的"仁慈"。[2]他在大获全胜之后没有像马略那样疯狂地大屠杀，也没有像苏拉那样残酷地实施恐怖统治，他甚至没有清算庞培的追随者和那些怂恿庞培和他决裂的贵族，反而还善待他们，依旧让他们回到元老院。布鲁图斯固然是和恺撒关系密切之人，得到了优待，但即便是从前的敌人，恺撒也都宽大处理了。恺撒想要"团结"。但是很多史家都认为恺撒这次过于"仁慈"是导致他遇刺的重要原因。这些高傲的对手并不都会对恺撒的仁慈和大度心悦诚服和顶礼膜拜。他们保全了自己的性命，恢复了自身的社会地位，却依旧暗自怀恨在心。有些人甚至拒绝向恺撒请求

---

[1]　普鲁塔克：《普鲁塔克全集》（Ⅱ 希腊罗马名人传），席代岳译，吉林出版集团，2017年，第1752—1766页。

[2]　"凯撒在整个军政生涯中则希望罗马人民把仁慈作为自己的杰出品性。"库尔特：《凯撒的仁慈》，载李世祥编译《凯撒的剑与笔》，华夏出版社，2009年，第1页。无论是恺撒自己的《高卢战记》和《内战记》，还是苏维托尼乌斯的《凯撒传》，都宣扬恺撒的仁慈，看来恺撒对这一点是真的很在乎。

宽宥。[1]恺撒应该斩草除根吗？把反对派在法萨卢斯战场上全部就地正法，得到一个清一色的政治局面不好吗？当然不好。"残忍"这种战场上的品质本就不一定是将军所应有的，有，则无可厚非，无，则当褒奖，但对君临天下的君王来说则是一定不能有的。恺撒的仁慈——尤其在击败庞培之后特意显示的仁慈——表明他有帝王之心。

但恺撒的仁慈过分了！"共和反对党肯受宽宥，但是没有成立和解。"[2]仁慈是道德品质，不能成为直接的政治目标，切实的目标应该是和解。内战之后，国家受到重创，确实需要团结，仁慈也确实是团结的重要道德基础，但其间的限度是和解，而不是一味地仁慈。所谓和解，就是双方取得谅解、理解和尊重，承认国家必须在什么样的新基础上往前走，然后大家一起走。做成这件事情固然需要仁慈和宽大，但也需要纪律和制度，更需要澄清和沟通。在后两个方面，恺撒没有任何作为，他既没有建立审查反对派认同程度的机制，根据认同的结果再委以任用，也没有对他们有效地澄清共和存在的巨大问题和自己大刀阔斧改造国家的方案。相反，他对这些坐在元老院里的手下败将们极不耐烦，报以鄙视甚至蔑视，"有自大狂的迹象"[3]。莎士比亚的著名剧作《尤利乌斯·恺撒》写的就是这个时候的恺撒，"空虚、浮华、刚愎自用、以自我为中心的老家伙"[4]。莎翁固然有戏剧的夸张，但恺撒晚年的这种糟糕形象并非空穴来风。无论如何，恺撒的"仁慈"不仅没有收拢人心，反而是让反对派潜伏下来，而且让他们遭受无法忍受的侮辱和打击，他们铤而走险也就顺理成章。如果说没有主动地促成和解，恺撒当负首要责任，那么，他遭遇刺杀就大有自作孽的嫌疑。

反对恺撒的贵族们当然有冠冕堂皇的理由，恺撒是僭主，他在毁灭共

---

[1] 塞姆：《罗马革命》，吕厚量译，商务印书馆，2016年，第74页。

[2] 蒙森：《罗马史》（第五卷），李稼年译，商务印书馆，2014年，第398页。

[3] 埃伦伯格：《凯撒的最终目标》，载李世祥编译《凯撒的剑与笔》，华夏出版社，2009年，第182页。

[4] 亚韦茨：《凯撒、凯撒主义与史家》，载李世祥编译《凯撒的剑与笔》，华夏出版社，2009年，第47—48页。参见莎士比亚：《莎士比亚全集》（第5卷），朱生豪等译，译林出版社，2016年，第187—273页。

和，他凌驾于法律之上，他已经荣衔无数依然野心勃勃，他到底想怎么样！恺撒在击败庞培之后就任独裁官，这个职位已经让苏拉的恐怖统治变得惹人讨厌，很快，独裁官任期变成了十年，更快，又变成了终身。独揽大权的恺撒把元老院当成了路边看客，所有上文提过的重大改革，元老院只有听闻和赞成的权利。元老院成员甚至要向恺撒宣誓效忠，这个为恺撒效忠的元老院也就主动地将恺撒封神。各种马屁精也蜂拥而至，用各种古老的习俗明示暗示恺撒就是国王。"'王'（rex）与'王权'（regnum）等字眼都是罗马政治语境中的侮辱性用语。"[1]所谓侮辱，是对共和的侮辱，对贵族的侮辱，对热爱共和的人们的侮辱。恺撒确实在一些场合严正拒绝了，"我是恺撒，不是国王"。可问题是，谁信呢？这句话难道不能看成僭主撕下伪装之前的假意推辞吗？加上埃及艳后克里奥帕特拉来到了罗马，街谈巷议都在恐惧地传闻专制女王对恺撒的恶劣影响。最后，恺撒决意出征帕提亚（波斯）。据罗马的古老预言书记载，征服波斯者为王。看来恺撒是死不回头地要往称王的方向奔了。于是，在这种对共和的热爱和对毁坏共和的恐惧相互激荡的澎湃心理之下，反对派选择在恺撒出征波斯之前动手。一旦恺撒上了战场，他一定所向披靡，如果他战胜波斯还朝，就再没有任何力量可以阻止他的胡作非为了。[2]

　　这些理由和心理，在共和的拥护者们当中传扬了几乎两千年，文艺复兴时代，热爱罗马几乎就是热爱共和，所以，马基雅维利、布鲁尼、哈林顿这些著名的共和分子都追随他们的共和旗帜西塞罗，把恺撒看成十恶不赦的野心家。一贯理性的西塞罗对恺撒的诋毁已经到了令人瞠目结舌的非理性地步，他说：恺撒"对做坏事表现出的热情之大，以至于做坏事本身就是他的乐趣，即使没有什么目的，他也要去做"[3]。爱共和（爱自由）与反僭主

[1]　塞姆：《罗马革命》，吕厚量译，商务印书馆，2016年，第79页。

[2]　苏维托尼乌斯：《罗马十二帝王传》，张竹明等译，商务印书馆，2015年，第46页。比尔德：《罗马元老院与人民》，王晨译，民主与建设出版社，2018年，第292—294页。霍兰：《卢比孔河：罗马共和国的衰亡》，杨军译，中信出版社，2016年，第282—285页。

[3]　西塞罗：《论老年 论友谊 论责任》，徐奕春译，商务印书馆，2003年，第208页。引文根据英文和拉丁文对照版略有调整，参见Cicero, *De Officiis* (Loeb Classical Library), trans. Walter Miller, Cambridge: Harvard University Press, 1980, pp. 260—261.

（反专制）的情绪终于在刺杀恺撒的行动中达到了最高潮。不过，意识形态渲染的诛杀僭主的故事背后，其实是残酷的政治斗争，恺撒并不是故事里讲的撒旦，贵族派里的绝大多数也不是纯良高尚的爱国义士。

关于恺撒遇刺的记载之丰富、之详细，以至于可以让我们还原当时的政治心理和政治文化。它们确实是解释贵族为什么刺杀恺撒、民众为什么心存疑惧的好办法。但有了它们还不够，我们还要从制度和利益上找原因。归根结底，刺杀恺撒是行将死亡的贵族阶级的最后反扑。理念之争最后很可能因为情绪激昂、血气上头变成意气之争，就像哲学家西塞罗对恺撒充满了怨毒的评论那样。但利益之争是切肤之痛，它通常容易让受损的人们结成联盟，它不是意气之争，而是存亡之争。存亡之争就在于上文提到的恺撒的元老院改革。

元老是职位，也是身份。恺撒的三招往轻了说是架空元老院，往重了说其实是消灭传统的贵族阶级。事态其实比我们第一眼看上去的要严重得多。大批部落酋长、百夫长进入元老院，让那些持续了数百年的讲门第、讲血统、讲面子的贵族豪门情何以堪，贵族的尊荣完全不被恺撒放在眼里，对他们来说这是严重的冒犯。不过这仍然不致命。要命的是元老院成员扩编为900人，元老院就失去了行动能力，这种规模让它无法进行有效的决策，甚至有效的讨论都变得极其困难。最要命的是大批的年轻财务官涌入元老院。他们虽然和部落酋长、百夫长一样是恺撒党，但他们比起后者就不再是仪式性的人物，他们有实权，他们会取代传统的贵族分赃，会以行政任命的框架成为帝国的脊梁。这意味着恺撒要用他的新官僚彻底取代老贵族，罗马将不再是传统贵族豪门把持的共和，而会变成恺撒任命的新贵族全部听命于恺撒的帝制。作为掌权阶级的传统贵族豪门失去了元老院这个大本营，就等于集体失去了自我生产机制，再加上任命的新贵族猛烈冲击，过不了三代，传统贵族就全消失了。制度的变更会引起利益的调整，恺撒对元老院制度的改革完全是用制度的武器对贵族整体实行大屠杀。恺撒是在要贵族的命，贵族当然会殊死反抗。[1]所以西塞罗说恺撒以干坏事为乐，站在贵族阶级被消灭的

---

[1]　史密斯：《密谋与密谋者》，载李世祥编译《凯撒的剑与笔》，华夏出版社，2009年，第143—156页。马什：《罗马贵族与凯撒之死》，载李世祥编译《凯撒的剑与笔》，华夏出版社，2009年，第157—167页。

危险边缘来看，倒也可以理解。

如果我们从制度变革必然引发的存亡之争来看，恺撒是对贵族痛下杀手，那么，对人性极具洞察力的他不知道贵族会殊死反抗吗？这场以制度为武器的不见刀剑不流血的战争可是恺撒发动的啊！恺撒在这个地方过于轻敌了，才导致刺杀的出现。他以为这些腐败无能的笨蛋已经认屄服软了，他以为一切都已经尽在掌握了，他对他们的轻视、鄙视、蔑视使他高估了自己的掌控力，低估了反对派的最后反扑。在这个问题上，恺撒对人性失察了，作为一个强者，他不能想象弱者溺水濒临死亡的时候会做出什么样用常理无法推断的事情。一个君临天下的人，出了大事怎么能怪敌人太无赖呢？对于君王的这种超高要求，我们甚至可以挪用一下中国典籍《论语》里的名言："万方有罪，罪在朕躬。"[1]所以，恺撒遇刺，主要责任应该由他自己负。

我们从"阶级"一节就开始不断地说明罗马从共和走向帝制的方方面面，总体而言，贵族豪门的小圈子统治已经无法适应大而富的罗马，共和在效率上和道义上都几近破产了。腐败无能、把持权力、钩心斗角、骄奢淫逸的贵族，已经无法应对贫富分化、兵员萎缩、民粹涌起、蛮族蠢动、军阀骄横、道德腐化这些大问题，他们本身就是这些问题的根源和阻挡解决这些问题的根源。贵族派的腐败无能在恺撒死后立即暴露出来，3月15日恺撒遇刺，3月17日元老院颁布了一个特别打自己脸的法令：废止独裁，但恺撒颁布的法令全部有效。他们连恺撒改革元老院的措施都不敢推翻！他们掌权之后发现恺撒制定的行动纲要，包括各种未来的人事安排，不仅没有排斥他们，而且非常合理。西塞罗感慨地说，早知道是这样，又何必杀掉恺撒。包括西塞罗在内，支持共和的贵族们已经没有像样的政治能力。他们刺杀恺撒事先策划得并不周详，事后也拿不出推翻帝制、恢复共和的措施。[2]恺撒死

[1]　朱熹：《四书章句集注》，中华书局，2012年，第一九四页。

[2]　普鲁塔克：《普鲁塔克全集》（Ⅱ　希腊罗马名人传），席代岳译，吉林出版集团，2017年，第1323—1325页。普鲁塔克：《普鲁塔克全集》（Ⅲ　希腊罗马名人传），席代岳译，吉林出版集团，2017年，第1575、1766—1770页。盐野七生：《罗马人的故事》［（Ⅴ　恺撒时代（下）］，谢茜译，中信出版社，2012年，第262—272页。阿庇安：《罗马史》（下卷），谢德风译，商务印书馆，2016年，第200—225页。

了，他们都没本事把罗马带回自己想要的旧世界。他们到底是想不出更好的治国方略，还是忌惮恺撒党的清算，已经不重要了，因为他们的权力已经弱到自我保卫都不可能了，那他们就真的没办法赖在政治舞台上了。

恺撒在高卢的经略和独裁的举措证明他有能力、有方略能够控制住局面，从这个意义上看，蒙森把恺撒当成罗马的救世主并无不可。更重要的是，他在独裁的两年时间里留下的改革措施基本上就是帝制的制度框架。他做对的地方，屋大维继续加强；他做错的地方，屋大维及时更正；他没做的，就只有屋大维自己来了。恺撒的思路是对的，一人在上，万民在下，中间不再需要贵族豪门，相应地，帝制的核心是君王及其秘书班子，元老院就成了政治疗养院。与之相配套的内阁制度、行政体系、财政税收体系、福利体系、公共物品和服务体系，恺撒都指出了明路。恺撒没有给帝制明确的，也是让屋大维头疼的地方主要有三点：第一，帝国领袖究竟采取什么样的基本制度，终身独裁官不行，希腊式专制王权不行，那到底什么行？第二，帝国究竟怎么管理军队，18个行省总督会变成18个跨过卢比孔河的恺撒吗？不给总督军权，帝国硕大的疆域怎么维持和平？第三，帝国怎么样稳健地收服濒临死亡的豪门贵族，什么样的方案让他们不至于拼死抵抗？何况，新贵族也存在着如何有效控制的问题，帝国得以成立的一个基本条件便是帝国代理人的持续产生和他们如何保持忠诚。

恺撒的事业确实没有自己亲手完成。不过，大势已不可逆转，框架也已经有了。帝国在他手上已经基本成形。唯一需要的就是一个继承人来把它完全落定。事实证明，恺撒自己选的屋大维确实是罗马史上最好的继承人。莎士比亚在《尤利乌斯·恺撒》里给恺撒安排的最后一段长台词当中有这样一句：我像北极星一样坚定。[1]莎翁的用意是要展现恺撒临死前仍然不改他一贯的目中无人、刚愎自用、不可一世。但从罗马从共和转向帝制的走势以及驾驭这种走势的可行方案来看，恺撒确实是当之无愧的北极星。

[1] 莎士比亚：《莎士比亚全集》（第5卷），朱生豪等译，译林出版社，2016年，第229页。

3.2　哲学：共和传统的延续

罗马既然已经在恺撒的手里实质性地从共和转变为帝制，共和不就宣告灭亡了吗？她在帝国时代还有什么可说的呢？事情没有那么简单。共和与帝制的二元对峙确实在共和末年激烈地上演，恺撒遇刺"不是结束，甚至不是结束的开始，而是开始的结束"。在罗马共和覆灭、帝国启程的晨昏交会之际，除了光芒万丈的恺撒，还有光芒万丈的西塞罗。

很多人把西塞罗看成罗马共和最绚烂的晚霞，这当然是对的。但西塞罗并没有随着罗马共和的覆灭灰飞烟灭，恰恰相反，很大程度上是因为有了他的传世名篇，共和才得以万古长存。西塞罗之所以不朽，如果只是把他和他的作为、演讲、文字看成罗马共和临终前的挽歌，固然不错，但就很容易小看了西塞罗，也小看了共和。因为他和他对共和的热爱根本就没有被帝国的辉煌抹去，恰恰相反，成了帝国的一部分，无法漠视、无法逃避、无法分割的一部分。

我在一次"表演"所收获的"顶峰体验"当中悟出西塞罗的这种永恒性。2019年1月，我和施展带了17个朋友去罗马考察，这本书就是考察最重要的结果。到了罗马的第三天晚上，大家走了看了不少了，子弹攒足了，我们来了一次大辩论，题目是"守护共和还是拥抱帝制"。我们设置的场景是"跨过卢比孔河"。朋友们分成两队，共和派（西塞罗派）对战帝制派（恺撒派），双方唇枪舌剑、计谋迭出、花样不断，辩论出奇地热闹。最后的高潮是，双方的领队发动总攻，施展是拥抱帝制的恺撒，我是守护共和的西塞罗，我们俩都来了一番慷慨激昂的演讲，争取所有人最后投票的支持。施展化身恺撒，鼓舞士兵们跨过卢比孔河去跟他干一番开天辟地的大事业，为了荣耀，为了挽救腐败不堪的国家，为了士兵和人民的尊严，为了美好的明天。我化身西塞罗，鼓舞元老院和公民们抵抗暴政，抵抗暴君，抵抗对国家的武力威胁，保卫属于我们人民自己的国家。我们俩那会儿真是恺撒和西塞罗灵魂附体，回看录像的时候都有点不认识自己了。而我的感触可能比施展更深，因为我们俩一直都是恺撒派，甚至长期不太看得起西塞罗。施展是本色出演，而我却是勉为其难。但我演了西塞罗，反而和他有了灵魂碰撞，感受到他的无奈和悲凉，体会到他的热爱和热血，更体会到共和的伟大和永恒，在那一瞬间理解了后来共和存在的意义和存在的方式。那就是，共和成为帝国的一部分，而且是帝国的核心精神之一。共和没有死，共和也不会死。

罗马共和的覆灭在情感上或许令人惋惜，但从理性上看，共和的制度已经无法解决问题，共和的精神已经全面地溃散，共和的精英已经丧失执政能力，共和的人民已经可悲地腐化，她还能用什么方式活下去呢？共和的硬壳看来是保不住了，她只有把灵魂寄居到帝制当中。共和对帝制的孵化、共和与帝制的争斗、共和在帝制中的寄居是一个完整的过程，西塞罗是查明罗马共和和帝制内在延续性和一致性的关键，也就成了理解帝国的关键。

政治家西塞罗的失败

西塞罗有多重身份，他既是政治家，也是哲学家和文学家，还是演说家和大律师。他在罗马史当中的首要身份当然是政治家。我们一起来看看懂哲学的、特别擅长写文章和发表演说的政治家西塞罗在政治上干得怎么样，这个问题在政治史上是有公论的，西塞罗真不行。不客气地说，政治家西塞罗的政治形象就是文人版的庞培——表面上如日中天，却在虚荣驱动下瓦解了权力，也葬送了共和。普鲁塔克在这个问题上态度明确，他说西塞罗乐于听到别人的溢美之词，"总想事事出人头地，他虽然有高明的见识和坚定的意志，这种好名之心产生很大的阻碍作用，使得一生经常陷入逆境"[1]。

西塞罗是共和末年的共和派领袖，也是后世公认的共和旗帜，按照这种形象，他应该是一个不屈不挠的斗士，和恺撒、庞培、克拉苏这些窃国大盗斗争到底。但很不幸，这个人不是西塞罗，而是小加图。[2]西塞罗本人在政治上其实一直是一个缺乏判断力，更缺乏执行力的人。

西塞罗和庞培同年，生于公元前106年，他们比恺撒长6岁。和大多数罗马政治家早年在军队中历练大不一样，西塞罗是文人出身，从小品学兼优。后来他去希腊跟很多当时的大师学习雄辩术和哲学，学习成绩可以用"惊世骇俗"来形容。谈到西塞罗在希腊学习雄辩术的时候，普鲁塔克讲了这样一则逸闻：西塞罗在雄辩术大师阿波罗纽斯面前用希腊语演讲，讲完之后掌声雷动、赞誉不绝，大师沉吟良久之后说："演说和辩才是希腊仅存的光荣，现在却经由你转移到罗马的名下了。"[3]西塞罗这一仗胜得之漂亮，和我们中国人熟悉的"唐僧取经"的故事非常类似，玄奘在印度的那烂陀寺和全印度佛法最精、口舌最利的僧人辩论，最终获胜。在人家的地盘，学习人家最擅长的项目，最后胜过人家的所有高手，让人家心悦诚服。文化交流的巅峰时刻大概莫过于此。

西塞罗凭借他的演讲与口才在罗马站稳了脚跟，赢得了人们的喜爱。他在律师生涯和法官生涯当中体现出的正直和廉洁一直为人称道。公元前70年，就是庞培和克拉苏合谋逼元老院让他们当上执政官那一年，西西里人民控告他们的前总督维勒斯鱼肉乡里、胡作非为。民告官，自古在哪儿都是难事。维勒斯既然能做总督，自然在元老院里"朋友"众多。他还请了当时的罗马第一律师霍腾修斯为他辩护。西塞罗则是代表西西里人民的控方律师。结果，面对强大的贵族庇护网络和律师同行，西塞罗一战封神，从此成为罗

[1]　普鲁塔克：《普鲁塔克全集》（Ⅲ 希腊罗马名人传），席代岳译，吉林出版集团，2017年，第1545页。

[2]　小加图的自由捍卫者形象传颂千年不衰，在美国革命中的巨大作用可参见Margaret Malamud, *Ancient Rome and Modern America*, Oxford: Wiley-Blackwell, 2008, Chapter 1.

[3]　普鲁塔克：《普鲁塔克全集》（Ⅲ 希腊罗马名人传），席代岳译，吉林出版集团，2017年，第1544页。

马第一律师。当时的法庭辩护远不像今天这么讲规矩，按现在的标准，大概风格和内容其实很像今天的竞选演说，干货其实不多，关键是激动人心。[1]西塞罗的心机在这场辩护之后完全显露出来，他坏了罗马律师的传统，把法庭辩护词完全公开。于是后世有机会感受西塞罗的口若悬河。这其实是西塞罗用来争取名望的绝佳武器。[2]

名声显赫的西塞罗其实没有实力去当共和派的领袖，西塞罗比起"伟人"庞培，目标确实更明确，一心捍卫共和，但他和庞培一样，既没有党派也没有决断。

从打造自己的政治集团来看，政治家西塞罗比"伟人"庞培还要失败。庞培是不知道怎么打造自己的党派，被诸多党派争夺和利用。西塞罗根本就没有组建自己党派的可能。他的出身不高，没有家族天然带来的庇护关系网络；他没有钱，很多需要融通的事情办不了；他自视很高，很多政客他不屑与之为伍；他正直，煽动民粹为自己积攒权力的事情他不干。他如果有意识经营的话，这些"缺点"并非不能克服，但很可惜，他在这些方面都没有政治意识。他的"致命伤"证明了他确实没有经营政治的意识，让他和打造自己的党派彻底无缘：西塞罗的嘴特别损。西塞罗几乎把同代所有的政客全都得罪了。牙尖嘴利，逞口舌之快，当场让人下不来台，一语双关，骂人有典故又不带脏字，西塞罗特别乐在其中。普鲁塔克为这一点给了西塞罗好几次恶评，甚至下了西塞罗"根本不值得受人尊重"这么重的断语。[3]以嘴上损人自鸣得意，对普通人来说都很难交到好朋友，连同属死硬共和派的小加图都不是西塞罗的朋友。而在共和末年人心叵测的罗马政坛，对西塞罗恨得牙痒痒的政客大有人在。表面上，西塞罗只是被自己不留口德的性格害了，实

[1] 蒙森：《罗马史》（第五卷），李稼年译，商务印书馆，2014年，第525页。盐野七生：《罗马人的故事》［Ⅳ 恺撒时代（上）］，张伟译，中信出版社，2012年，第49—51页。黄美玲：《法律帝国的崛起：罗马人的法律智慧》，北京大学出版社，2019年，第139—150页。

[2] Robert Morstein-Marx, *Mass Oratory and Political Power in the Late Roman Republic*, Cambridge: Cambridge University Press, 2004, pp. 25-30.

[3] 普鲁塔克：《普鲁塔克全集》（Ⅲ 希腊罗马名人传），席代岳译，吉林出版集团，2017年，第1559、1562—1563、1583页。

际上，是他没有把内心强劲的哲学家品质在现实政治当中给予妥当的安顿，结果无意识地就在政治中失去了审慎这个古典第一美德。

罗马的很多政客都想对付西塞罗，其中把他往死里整的是臭名昭著的保民官克劳狄乌斯。还是恺撒被戴绿帽子那个案件。克劳狄乌斯在祭司长恺撒家举行祭祀的时候幽会被曝光，他涉及渎神的控诉。被戴了绿帽子的恺撒没有借这个案件把他往死里整。西塞罗却提供证词说当天克劳狄乌斯曾经去他家议事，马上就揭穿了克劳狄乌斯说自己当天不在罗马的假证词。后来，恺撒控告西塞罗在喀提林阴谋的处理过程中滥用职权，克劳狄乌斯纠集民众围攻西塞罗。这个时候的西塞罗狼狈不堪，但没有人愿意帮他的忙，"伟人"庞培为了躲西塞罗竟然从自家后门溜走。走投无路的西塞罗最后只有选择逃亡。克劳狄乌斯顺水推舟通过法令放逐西塞罗，他的住宅、别墅、庄园全部被焚毁。[1]

正直的西塞罗遭到打击迫害，固然是政客弄权，但西塞罗已经大名鼎鼎，已经做过执政官，已经被元老院和人民赐予"国父"的尊号，居然没有任何人帮忙，足见他的人际网络的经营有多失败。这样一个没有势力却爱逞口舌之利的政客，如果处在太平无事的稳定政治环境当中，倒也不失为一道亮丽的风景。偏偏西塞罗处在大厦将倾的恶劣政治环境当中，他在政治上的一败涂地甚至沦为笑柄确实让人感到悲凉，却也是情理之中的事情。

从政治决断这方面来看，西塞罗比"伟人"庞培更差劲。"西塞罗是经常过度迷信自己的政治判断力的。"[2]有三件大事，其中任何一件都足以证明西塞罗不是合格的政治家。

第一件，喀提林阴谋。粉碎喀提林阴谋是西塞罗毕生最大的政绩，在当时就得到元老院和人民奉送的"国父"尊号，在后世也被看成保卫共和的成功典范。不过在我看来，整个事件的过程充分暴露了西塞罗的政治无能。

喀提林竞选执政官不成，居然伙同暴徒意图攻占和焚毁罗马。时任执政

---

[1]　普鲁塔克：《普鲁塔克全集》（Ⅲ 希腊罗马名人传），席代岳译，吉林出版集团，2017年，第1564—1567页。蒙森：《罗马史》（第五卷），李稼年译，商务印书馆，2014年，第179—180页。

[2]　塞姆：《罗马革命》，吕厚量译，商务印书馆，2016年，第189页。

官西塞罗得到线报，元老院发布了"最终劝告"。在逮捕了一批阴谋分子之后，西塞罗居然对如何处置他们拿不定主意。撒路斯特全文记载了恺撒和小加图对这个问题的演讲。恺撒主张不要立即处决，先籍没财产和收押，等事态平息后再一并处置。[1]小加图主张立即处决，因为阴谋叛国非同小可，是法律事件，但更是战争。[2]最终，这一伙喀提林同党被处决，喀提林也战败，西塞罗赢得了"国父"的尊号。

但是，在整个事件过程中，作为第一责任人的西塞罗的决断和行动自始至终是不明确的。他固然义正词严地发表演说控诉喀提林阴谋颠覆国家，呼吁公民保卫国家，但作为执政官，得知喀提林阴谋之时为何不果断控制匪首？西塞罗的选择是拿着举报线索第二天一早召集元老院开会。元老院既已发布"最终劝告"，国家进入紧急状态，为何还召喀提林来元老院质询，而不是设立特别法庭进行审判？质询之后，他居然还让喀提林逃出罗马城，组织武装。在抓获同党、证据确凿、匪兵即至的危急关头，西塞罗还是在主持元老院开会商量，恺撒和小加图表现了两个极端之后，他还是没有主意。普鲁塔克毫不客气地批评西塞罗"被大家看成软脚虾，遇事怯懦毫无大丈夫气概"[3]。就这样，西塞罗居然稀里糊涂地粉碎了喀提林阴谋，得到了"国父"的尊号。这只能说明敌人确实只是一群"胆大妄为的草包"[4]，共和领袖如此不堪地侥幸过关却享有尊荣。共和确实已经没有合格的人持守了，里面充斥着喀提林那样丧心病狂的坏蛋和西塞罗这样空有虚名的草包。

第二件，大决战之前投奔庞培。恺撒跨过卢比孔河、庞培带着元老院逃出意大利的时候，西塞罗没有紧跟庞培跑路，他选择躲起来观望。他给朋友的信函透露了自己心里的首鼠两端，一面觉得庞培更有理，一面觉得恺撒实

---

[1] 撒路斯提乌斯：《喀提林阴谋 朱古达战争》，王以铸、崔妙因译，商务印书馆，1996年，第136—141页。

[2] 撒路斯提乌斯：《喀提林阴谋 朱古达战争》，王以铸、崔妙因译，商务印书馆，1996年，第142—146页。

[3] 普鲁塔克：《普鲁塔克全集》（Ⅲ 希腊罗马名人传），席代岳译，吉林出版集团，2017年，第1556页。参见罗森：《西塞罗传》，王乃新等译，商务印书馆，2015年，第104—112页。

[4] 普鲁塔克：《普鲁塔克全集》（Ⅲ 希腊罗马名人传），席代岳译，吉林出版集团，2017年，第1555页。参见蒙森：《罗马史》（第五卷），李稼年译，商务印书馆，2014年，第156—157页。

力强。虚荣又一次害他做出错误的判断。因为恺撒只是托人带信来邀请他入伙，而不是亲自写信给他，他转身就投奔了庞培。小加图对西塞罗投奔庞培给出了真知灼见：他认为西塞罗既然在第一时间没有选择在恺撒和庞培之间站队，就应该"继续留在罗马，坚守中间立场，运用自己的影响力促使整个事态获得比较圆满的结局，这样对国家和朋友会有更大的贡献"[1]。小加图是恺撒终生的死敌，他跟随庞培跑路可以理解，但他在大决战之前仍然能够做出如此明确的判断，足以证明他热爱共和超过自己的生命不是虚言。"加图想挽救共和国是为了共和国本身，西塞罗则是为了自己的虚荣心。"[2]两相对比之下，西塞罗居然因为计较个人虚荣而不顾国家大局，这种关键时刻判断力的缺失甚至会让人怀疑他对共和的真诚。

第三件，少年屋大维。恺撒战胜了庞培，证明西塞罗站错了队，作为投机的政客而不是共和的旗帜来说，并不丢人。毕竟庞培明面上的实力比凯撒强，在名义上庞培是在保卫共和。但在面对少年屋大维的时候，政治家西塞罗几乎可以充当愚蠢的典型。恺撒遇刺之后，安东尼控制了罗马，他也想压制恺撒遗嘱指定的继承人屋大维。无名无兵的屋大维要从安东尼手里夺回恺撒留下的一切谈何容易，他选择了亲近西塞罗，称西塞罗为"仲父"。"虽然西塞罗已经是花甲老人，屋大维不过是黄口小儿而已，这一次却让西塞罗被对方骗得团团转。"[3]西塞罗用他排山倒海的演讲对付安东尼，屋大维则利用金钱、老兵和关系网迅速壮大自己的实力。不久，实力接近的屋大维和安东尼、雷必达结成了"后三巨头同盟"。他们用苏拉的老办法"公敌名单"清洗政敌，而名单上的第一人就是西塞罗。[4]在安东尼非杀西塞罗不可

---

[1] 普鲁塔克：《普鲁塔克全集》（Ⅲ 希腊罗马名人传），席代岳译，吉林出版集团，2017年，第1571—1572页。

[2] 孟德斯鸠：《罗马盛衰原因论》，婉玲译，商务印书馆，1995年，第66页。

[3] 普鲁塔克：《普鲁塔克全集》（Ⅲ 希腊罗马名人传），席代岳译，吉林出版集团，2017年，第1578页。参见罗森：《西塞罗传》，王乃新等译，商务印书馆，2015年，第354—366页。

[4] 普鲁塔克：《普鲁塔克全集》（Ⅲ 希腊罗马名人传），席代岳译，吉林出版集团，2017年，第1574—1581页。盐野七生：《罗马人的故事》[（Ⅴ 恺撒时代（下）]，谢茜译，中信出版社，2012年，第286—299页。阿庇安：《罗马史》（下卷），谢德风译，商务印书馆，2016年，第330—331页。

的强烈要求之下，无论是屋大维力保西塞罗失败，还是他冷血地根本不在乎西塞罗的死活，西塞罗都成了那个最可悲的人。可悲之处不在于他的性命操于他人之手，而在于他最后一段政治历程居然完全被一个19岁"孩子"操弄——"孩子"是西塞罗给屋大维的信中惯用的昵称。

作为共和的旗帜，西塞罗的表现非常不称职，完全比不上小加图。如果放下共和的旗帜，西塞罗其实只是一个爱慕虚荣的寻常政客。他的政治表现和他在著作里唱的那些高调实在相差太远。这样一个盛名之下其实难副的共和旗帜，表明了当时的共和已经没有人可担重任，一个放嘴炮的政客居然混上了头把交椅。有勇有谋的实力派恺撒来了，他和他的共和派确实只有干瞪眼的份儿。

哲学家西塞罗的"失败"

我们来看看政治表现不佳的西塞罗在哲学上的表现。失败的政治家西塞罗的哲学到底怎么样？这个问题在哲学史上是有公论的，西塞罗真不行。我们来看一些重要的哲学史著作的写作安排就明白了。阿姆斯特朗主编的《剑桥希腊晚期和中世纪早期哲学史》当中西塞罗几乎没有出现，肯尼所著的四卷本《牛津西方哲学史》只在"斯多葛学派的伦理学"一节提到西塞罗三次，帕金森、杉克尔总主编的十卷本《劳特利奇哲学史》对西塞罗只字未提，罗素的两卷《西方哲学史》对西塞罗只字未提。[1]黑格尔的四卷《哲学史讲演录》倒是提到西塞罗不少，但没有认真对待，大多都是充满了不屑的批评。在黑格尔眼中，"从（罗马）这种死气沉沉的世界中不可能产生出思辨的哲学"，西塞罗只不过是一个"长于辞令、善于辩护的律师"[2]。

[1] A. H. Armstrong, *The Cambridge History of Later Greek and Early Medieval Philosophy*, Cambridge: Cambridge University Press, 2008. 肯尼：《牛津西方哲学史》（第一至四卷），王柯平等译，吉林出版集团，2010年。帕金森、杉克尔总主编：《劳特利奇哲学史》（第一至十卷），冯俊等译，中国人民大学出版社，2004年。罗素：《西方哲学史》（上下卷），何兆武、李约瑟译，商务印书馆，1996年。

[2] 黑格尔：《哲学史讲演录》（第三卷），贺麟、王太庆译，商务印书馆，1983年，第6页。

西塞罗在整个西方哲学史上，如果用原创性和系统性来衡量，恐怕连二流都很勉强。他没有资格跟柏拉图、亚里士多德、笛卡儿、霍布斯相提并论，跟伊壁鸠鲁、芝诺都没法比。后面这两位，大家可能已经不太熟悉了。伊壁鸠鲁创立了自己的学派，个人主义的萌芽、享乐主义的生活哲学就是在他手上变成了哲学；芝诺是斯多葛派的创始人，斯多葛哲学对罗马的影响几乎是笼罩性的。[1]西塞罗基本上没有哲学上的原创性贡献和系统性阐发。"他通常被视为步柏拉图和亚里士多德后尘的一系列希腊和罗马思想家之一，既无独创性又没感召力。他被认为是一个浅薄的涉猎者而不是严肃的哲学学者，因而他的思想一般被判定为折中主义的，缺乏学说的一贯性和理解的深刻性。"[2]如果一部严肃的西方哲学史漏掉了西塞罗，大概率不会引起同行和读者的不满。从纯哲学的同行评价来看，哲学家西塞罗也失败了。

不过我认为哲学界对西塞罗的苛刻评价其实过分了。从古代的第一哲学形而上学的领域看，西塞罗确实没有太大贡献，但从政治哲学的领域看，西塞罗非同一般，有资格参与柏拉图、亚里士多德、马基雅维利、霍布斯的联席讨论。何况他在伦理学上也有突出的贡献。[3]我们从外在和内在两个方面来看作为政治哲学家的西塞罗取得的巨大成功。

从外在的方面来看，西塞罗的影响力巨大，在数百近千年的中世纪和现代早期，他的著作（甚至只是别人著作中引用的段落）是西方好政治的标本。政治哲学上西塞罗最重要的著作《论共和国》和《论法律》的残本于1820年在梵蒂冈图书馆被发现，它们确实是名著，但没有传世。西塞罗的影响力是通过奥古斯丁这样的大人物引用实现的。即便如此，西塞罗的影响力也非同寻常。

---

[1]　参见李筠：《西方史纲：文明纵横3000年》，岳麓书社，2020年，第79—81页。罗素：《西方哲学史》（上卷），何兆武、李约瑟译，商务印书馆，1996年，第319—342页。

[2]　施特劳斯、克罗波西主编：《政治哲学史》（上册），李洪润等译，法律出版社，2020年，第181页。

[3]　西塞罗的伦理学及其学术地位不是本书关注的主要内容，但可以确定，伦理学界给予西塞罗的地位非常高。参见Julia Annas, "Introduction", In Cicero, *On Moral Ends*, trans. Raphael Woolf, Cambridge: Cambridge University Press, 2004, pp. ix-xxvii.

西塞罗能写。在他手上，拉丁文成了恢宏大气的文字，像罗马一样，高大、威严、庄重、典雅，摆脱了土里土气的地方方言的状态，成为大国的文字。这可是在希腊文的全面压制下学习然后自立的结果。当然，这项伟大的文化事业不是西塞罗一个人完成的，罗马人从老加图开始就努力干这个事情，到了西塞罗手上，成熟了。[1]他留下来的文字成了拉丁文的范本，甚至成了中世纪的教科书。在中世纪，要学语文，就得好好学西塞罗。文艺复兴的巨匠们对待西塞罗简直是高山仰止。在《剑桥文艺复兴哲学史》当中，西塞罗被论及的次数仅次于亚里士多德，和阿奎那旗鼓相当。也就是说，西塞罗对文艺复兴时代的影响是笼罩性的，"他在哲学上的权威似乎对于人文主义者而言堪比柏拉图和亚里士多德"，而在修辞学、政治学、伦理学上的地位基本上也是如此。[2]西塞罗在政治观念上的影响力甚至强劲地延续到17世纪的启蒙运动和18世纪的法国革命和美国革命。[3]

西塞罗那些原创性不足的"哲学"著作通过残篇和转引的形式留下来了，而且凭借语文上的绝对优势成了中世纪、文艺复兴、启蒙运动、法国和美国革命的必读书。在政治学当中，西塞罗的著作《论共和国》和《论法律》刻意模仿了柏拉图的《理想国》和《法律篇》，从书名到对话体例再到基本观点都是如此。[4]但中世纪的西方人看不到柏拉图的著作了。不仅是柏拉图和亚里士多德，很多古希腊罗马作家的作品在中世纪早期都找不到了，西塞罗的残篇和金句倒是很方便看到，于是，西塞罗在很长一段时间充当了哲学、政治学、伦理学、修辞学权威。他的"作品"成了西方中世纪最重要

---

[1] 蒙森：《罗马史》（第五卷），李稼年译，商务印书馆，2014年，第十二章，尤其是第488—490、525—527页。王焕生：《古罗马文学史》，中央编译出版社，2008年，第189—213页。葛怀恩：《古罗马的教育——从西塞罗到昆体良》，黄汉林译，华夏出版社，2015年，第60—97页。

[2] 参见施密特、斯金纳主编：《剑桥文艺复兴哲学史》，徐卫翔译，华东师范大学出版社，2020年，第97、29—31、87—94、99—106、127—135、407—412、468—472、770—776、836—841页。

[3] 波考克：《从佛罗伦萨到费城——一部共和国与其替代方案之间的辩证史》，任军锋译，载任军锋主编《共和主义：古典与现代》，上海人民出版社，2006年，第3—39页。柯克：《美国秩序的根基》，张大军译，江苏凤凰文艺出版社，2018年，第108—115页。

[4] 克里斯托弗·罗、马尔科姆·斯科菲尔德主编：《剑桥希腊罗马政治思想史》，晏绍祥译，商务印书馆，2016年，第454、465页。

的文化香火。如果算上西塞罗对中世纪全面设定学术议题的贡献，西塞罗能够成为二流的哲学家，但在那个文化贫瘠的年代，西塞罗是黑暗中的一盏明灯。西塞罗对共和的热爱几乎通过所有学科传递到西方知识精英的心里，共和成为不可磨灭的政治之善。

现在我们进入西塞罗政治哲学内部，看看他究竟做出了什么巨大的贡献。公平地说，西塞罗能在身后持续播撒共和的理想，不只是因为他文采好，也不只是因为他的传播没有断绝，他本身是有很多思考的。正是这样一些经久不息的话题和颇有深度的答案，会持续不断地逼问所有人"什么是好政治"。

"共和时代"一节提到两个政治理论上的大问题，一个是共和的品质，另一个是混合政体。共和是人民的事业，它强烈体现和呼唤政治的公共性，它把人民视为法律的共同体，它要求和培养人民的德性；最好的政体是混合政体，它由君主制、贵族制、民主制混合而来，关键是要实现权力制衡的宪制安排，基本的背景应该是法治。[1]阐释共和是西塞罗的功劳，发挥波里比阿的混合政体理论使得他的共和理论更加饱满，法律是实现好制度、好政体、好政治不可或缺的基本要素和基本工具。西塞罗从不像苏格拉底（柏拉图）那样寻根究底，相反，他总是雄辩滔滔地把他支持的观点说得激动人心，他建构了一个"好政治的神话"。"由于西塞罗的神话，罗马已经不只是罗马；它已经成为一套绝对的政治秩序，就这样被人们接受，成为宇宙世界的一部分。"[2]西塞罗把古代西方的好政治的元素都集齐了，用他无与伦比的修辞焊接成一个完整的体系。这个体系从任何一根梁柱去看，都是无比的正确和美好，而它们居然可以如此和谐地结合在一起。毫无疑问，西塞罗的政治神话大大推高了罗马（共和）的伟大形象。

西塞罗全然融贯的理论神话其实经不起苏格拉底式的诘问。每一个好政治的原则都有太多必须深究的原理，都有太多必须面对的现实。几乎所有问

---

[1]　西塞罗：《国家篇　法律篇》，沈叔平、苏力译，商务印书馆，2002年，第35—43、75—76、98—100、164—172页。

[2]　沃格林：《政治观念史稿》（卷一　希腊化、罗马和早期基督教），谢华育译，华东师范大学出版社，2007年，第172页。

题柏拉图和亚里士多德都比西塞罗想得多、想得深、想得细，波里比阿在混合政体理论上也是如此。但他们都没有怀着对雅典或者罗马热烈的爱去书写政治理论，他们是探究政治问题的哲学家（科学家），他们只对真理负责。西塞罗与其说是对真理负责，不如说是对罗马共和负责，他要把全部政治知识当原料，用无比热烈的爱当燃料去熔铸一个永恒不灭的政治丰碑，那就是罗马（共和）。他成功了。因为这个巨大的成功，他不够深刻的政治学被奉为信条，他全然失败的政治生涯被原谅，甚至他小气、刻薄、虚荣、势利的人品都被"为尊者讳"。从为西方乃至人类确立好政治的标准这个意义上来看，西塞罗确实光芒万丈。西塞罗的光芒绝不输给恺撒。

失败何以化为永恒

我们从西塞罗的千年盛名回到他被杀手斩首的时刻，西塞罗热爱和书写的共和传统随着他的悲惨殒命而灰飞烟灭了吗？没有。西塞罗的政治表现不佳并不意味着共和就会给他陪葬，恰恰相反，共和用一种新的形式活下来了，它成了帝国必须消化和继承的新传统。历史总是充满了奇妙的转圜，有时候甚至看起来像反讽：失败者的哲学可以成功地让成功者循规蹈矩，迂远很可能才是真正的永远。这种事情对中国人来说其实并不陌生，孔子在世之时如丧家之犬，[1]没有君王愿意实现他的主张，甚至没有君王认同他的主张，但在他身后的汉王朝，孔子开创的儒家学说逐渐成为官方意识形态，主导了中国两千年。

共和对帝国来说到底哪里好，她解决不了罗马的新问题，过时了就扔掉算了，为什么帝国还必须尊重她、吸收她，甚至捍卫她？有两个方面的理由。

一方面，帝国必须具备充足的政治公共性，而共和几乎就是政治公共性的代名词，所以帝国必须对共和予以充分地吸收。

我们先来看大人物的行为，用他们的"顾忌"来做引子。恺撒和屋大维

---

[1]　司马迁：《史记》（第六册），中华书局，2007年，第一九二一至一九二二页。

都用实际行动表示了对共和传统的尊重。安东尼做小动作给恺撒献王冠的时候，恺撒严词拒绝了，"我是恺撒，不是国王"。而且恺撒把这件事情当作一个教训刻在大理石柱子上，放在罗马城的核心位置，以表决心，以铭后世。[1]屋大维最认可的称号是"元首"（Princeps），屋大维亲自解释这个词的意思是"第一公民"。"皇帝"（Imperator）一词在罗马的本义只是凯旋大将军。屋大维的正式称号是"奥古斯都"（Augustus），大致意思是"神圣""庄严""至尊之神的祝福"，带有宗教意味，甚至故意去除了武力和军事的意味。而且，他们都没有大胆地使用当时人们熟悉的东方专制君主的称号"巴西琉斯"（Basileus）。[2]

我们完全有理由怀疑自命不凡的恺撒和阴郁稳重的屋大维在名号问题上都在假装谦虚，反正他们大权在握，虚名不要也罢。但问题是，哪个成功登顶的大人物不想要最好听的名号，名号不光是好听，最重要的是对君主来说它是凝聚国家和人民最好的法器。在中国，秦始皇启用了"皇帝"这个名号，把中国开天辟地以来最伟大的君主三皇和五帝的名号集成到一起[3]，把中国文明的拱顶石叫得无比响亮。在罗马，后来真做了皇帝的戴克里先也就用了东方专制君主制的"巴西琉斯"这个称号，他把罗马从屋大维的"元首制"改成了彻底专制的"君主制"（Dominate），他是"主人和神"。

恺撒和屋大维为什么"假装"谦虚，而不是一步到位把荣衔的文化内涵做到厚重得无以复加？因为在他们心目当中，罗马是世界，是文明，是公器。虽然帝制取代了共和，但他们做的是为文明、为世界、为万民谋福利的事情，而不是为一己之私。他们胆敢在精神上否定共和，就等于承认西塞罗、小加图、布鲁图斯加给他们的骂名：独夫民贼、僭主暴君。所以，他们

[1]　苏维托尼乌斯：《罗马十二帝王传》，张竹明等译，商务印书馆，2015年，第46页。比尔德：《罗马元老院与人民》，王晨译，民主与建设出版社，2018年，第292—294页。霍兰：《卢比孔河：罗马共和国的衰亡》，杨军译，中信出版社，2016年，第282—285页。

[2]　格罗索：《罗马法史》，黄风译，中国政法大学出版社，1994年，第310—321页。塔拉曼卡主编《罗马法史纲》（下卷），周杰译，北京大学出版社，2019年，第447—452页。塞姆：《罗马革命》，吕厚量译，商务印书馆，2016年，第22章。盐野七生：《罗马人的故事》（VI 罗马统治下的和平），徐越译，中信出版社，2012年，第31—36页。

[3]　司马迁：《史记》（第一册），中华书局，2007年，第二三六页。

要故意保留共和的精神面貌。哪怕装，也要真诚地装下去，装一辈子。

　　共和传统在当时是一种强大的形势，强大如恺撒和屋大维也必须尊重，关键就在于政治强人必须保持政治共同体的公共性。对国家而言，规模越大，公共性的实现和证明就越困难，多样性带来的不可通约甚至不可沟通的压力就越大。同样，对个人而言，功绩越大、权力越大，公共性的实现和证明也越困难，"昭昭之心，天日可表"很可能只是空口无凭，因为功绩越大、权力越大，敌人就越多、非议就越多。公共性是将复杂的"多"化为有序的"一"的必要条件。而公共性就是共和精神的硬核，只要国家不属于私人，而是属于"大家"，共和就不会死。

　　从正面看，政治如何实现和证明公共性，是一件非常困难的事情；从反面来看，政治一旦不顾及公共性，它陷入混乱和无序就是迟早的事情。把国家纯粹当作私人家产来管是维系不了一个国家的，尤其是大国。如果国家是一家的私产，统治者就很难获得臣民的效忠，在实际统治当中成本就会居高不下。所以，哪怕王朝姓刘或者姓李，皇帝们都要一再地表示天下为公。皇帝的职责是代天牧民，不是把天下人当自家的羊养了充实自家的府库。在罗马帝国，强大的公共性甚至对元首的世袭制构成了有效的限制，血缘在法理上完全不能成为元首职位父子相传的依据。这是罗马（乃至整个西方传统）和中国传统的重大差异。中国自周公制礼作乐以来，家族世袭王位就是天经地义的事情，一直到晚清才彻底在观念上被否定。

　　西塞罗写下的漂亮文章让所有人团结在"共和是人民的事业"之下，共和强烈的公共性和她内在的法律（法治）性、德性（公民爱国主义）相互呼应、相互支持、相互强化，它们占据了人们的心灵。不是因为西塞罗发明了这套观念，而是西塞罗铸造的政治神话把五百年来养成的民情用华美的拉丁文喊了出来，召唤出人们对好政治的强烈认同。"西塞罗所表达的个性化的、哲学化的罗马共和国精神……拥有永久的魅力。"[1]像恺撒和屋大维这样明智的统治者，哪怕在内心当中并不认为这些标准是正确的，但在政治操

---

[1]　克里斯托弗·罗、马尔科姆·斯科菲尔德主编：《剑桥希腊罗马政治思想史》，晏绍祥译，商务印书馆，2016年，第489页。

作当中也必须认真对待，决不能忤逆民心。维护共和成了明智的统治者们维护自身统治的基础。就这样，不是西塞罗的华丽文章说服了政治上的成功者，而是共和本身为政治划定了公共性的及格线。打破它，意味着众多私人争权夺利的乱局马上就会到来。那么，成功者在明智地经受住各种考验之后，自然就会主动地把共和变成自己的护身符。

我们再来看另外一个方面，在个人选择问题上，西塞罗也成功地占据了"以政治为志业"的雄心壮志之士的心灵。西塞罗确实是激励爱国主义的大师，我们这里重点要谈谈西塞罗如何把共和变成了对伟大心灵的使命召唤。基督教讲上帝的召唤。放下宗教，世俗政治当中也存在着召唤，这种召唤最典型的表述来自韦伯的著名演讲《政治作为一种志业》。他在演讲的末尾说：

> 政治，是一种并施热情和判断力，去出劲而缓慢地穿透硬木板的工作。说来不错，一切历史经验也证明了，若非再接再厉地追求在这世界上不可能的事，可能的事也无法达成。但要做到这一点，一个人必须是一个领袖，同时除了是领袖之外，更必须是平常意义下所谓的英雄。即使这两者都称不上的人，也仍然必须强迫自己的心肠坚韧，使自己能泰然面对一切希望的破灭；这一点，在此刻就必须做到——不然的话，连在今天有可能的事，他都没有机会去完成。谁有自信，能够面对这个从本身观点来看，愚蠢、庸俗到了不值得自己献身的地步的世界，而仍屹立不溃，谁能面对这个局面而说："即使如此，没关系！"（dennoch），谁才有以政治为志业的"使命与召唤"。[1]

从韦伯充满悲剧感的这段慷慨陈词当中我们可以发现，政治作为一种志业，有志者的事业，必须由强悍的心灵来承担。这种强悍的心灵是一个自己发光发热的恒星，它自己驱动自己，不需要任何外力驱动，甚至不需要上帝

---

[1]　韦伯：《韦伯作品集》（Ⅰ　学术与政治），钱永祥等译，广西师范大学出版社，2004年，第273—274页。

来驱动。它对事业的热情是无与伦比的，不需要任何人给它加油打气，它最清楚自己要追求什么，也有无穷的意志力去迈向自己的目标。它上能杀伐决断，下能委屈隐忍，它坦然面对泰山压顶和污泥浊水，无论是重大艰难险阻还是日常蝇营狗苟都不能让它屈服。这样强悍的人格，恺撒有，屋大维有，庞培没有，西塞罗也没有。

西塞罗自己没有实现的强悍政治人格，怎么把后世的有志者说得热血沸腾的呢？他有一个开创性的贡献，那就是在沉思的（哲学的）生活和实践的（政治的）生活当中，为后者正名。在古希腊哲学传统当中，柏拉图和亚里士多德都对两种生活予以论证，都给出了高度的评价，但是，前者在价值上优先于后者，沉思的（哲学的）生活比实践的（政治的）生活更高贵。[1]后来的伊壁鸠鲁学派、斯多葛学派也都遵循了柏拉图和亚里士多德的教导，犬儒派则把他们的教导推向了极端，政治生活根本就没有意义。[2]用中国传统的术语讲，从柏拉图、亚里士多德一直到犬儒，消极出世的态度总是比积极入世的态度要占上风。西塞罗对希腊哲学烂熟于胸，他自己也经常想离开乱糟糟的罗马去神圣的雅典定居搞哲学以安余生。

但西塞罗通过他的演讲和著作，翻转了沉思的（哲学的）生活和实践的（政治的）生活之间的高低，后者更高贵，而且，前者只能通过后者才能完全实现自身。这种立场和观点出现在《论共和国》的开篇。

> 德性就如同一种技艺一样，除非你运用它，否则不足以拥有它。尽管它确实是一种技艺，即使你从来没有使用过，只要你了解它，你仍然可以拥有它。但是，德性的存在完全取决于对它的使用；而对它最高贵

---

[1]　柏拉图：《理想国》，郭斌和、张竹明译，商务印书馆，1986年，第25—42、229—238、272—280页。亚里士多德：《尼各马可伦理学》，廖申白译注，商务印书馆，2003年，第3—13、305—311页。阿伦特：《人的境况》，王寅丽译，上海人民出版社，2009年，第5—9、173—179、239—241页。

[2]　萨拜因：《政治学说史》（上卷），邓正来译，上海人民出版社，2008年，第170—179页。福莱主编：《劳特利奇哲学史》（第二卷　从亚里士多德到奥古斯丁），冯俊等译，中国人民大学出版社，2004年，第251—257、282—290页。罗素：《西方哲学史》（上卷），何兆武、李约瑟译，商务印书馆，1996年，第291—304页。

的使用便是治理国家。是把那些哲学家在各自角落里高谈阔论地向我们的耳朵灌输的东西变为现实，而不是光嘴上说说。[1]

　　西塞罗在整部《论共和国》里都贯穿了这一立场和观点，这部著作用"西庇阿之梦"结尾，就是在讨论受到使命召唤之后把政治作为志业的政治家究竟会得到什么样的"报酬"，他们会在天堂，和神在一起。[2]整部著作用历史的、哲学的、伦理的各种议题，或明或暗地都在论证"以共和作为志业"。著名政治哲学家施特劳斯甚至认为两种生活的辩难以及政治生活的优越性是推动《论共和国》不断展开的基本问题。[3]西塞罗的《论法律》《论责任》《论神性》这些重要著作，也都在呼应这种观点和立场。[4]可以说，西塞罗堪称西方历史上最热烈地鼓励有志之士投入政治为之献身的思想家。

　　任何一个悠长的文明当中，都会有思想家来为这个文明的政治是否值得追求立定边界，一个极端说，政治好，值得；另一个极端说，政治坏，不值得。依照这个标准，我们可以把思想家们排成一个光谱，一方面看一个文明究竟如何鼓励自己的仁人志士撑起政治，公共的善业究竟如何与个人的意义紧密地结合在一起。另一个方面，我们可以看一个文明究竟如何清醒地批判政治，政治离真正的善业有多远。西方传统当中，这两个极端的角色分别由西塞罗和奥古斯丁承担，中国传统当中大致是由孟子和庄子承担。西塞罗和奥古斯丁都是罗马人，他们找出了关于个人如何对待政治的两极——积极

[1]　西塞罗：《国家篇 法律篇》，沈叔平、苏力译，商务印书馆，2002年，第12页。引文根据中文和拉丁文对照版、英文版和另一中文译本略有调整，参见西塞罗：《论共和国》，王焕生译，上海人民出版社，2006年，第18—19页。Cicero, *On the Commonwealth and On the Laws*, James E. G. Zetzel (ed.), Cambridge: Cambridge University Press, 1999, p.3.

[2]　西塞罗：《国家篇 法律篇》，沈叔平、苏力译，商务印书馆，2002年，第126—137页。

[3]　施特劳斯：《西塞罗的政治哲学》，尼科尔斯编订，于璐译，华东师范大学出版社，2018年，第15—19页等。施特劳斯、克罗波西主编：《政治哲学史》（上册），李洪润等译，法律出版社，2020年，第185—189页。

[4]　西塞罗：《国家篇 法律篇》，沈叔平、苏力译，商务印书馆，2002年，第158—168页。西塞罗：《论老年 论友谊 论责任》，徐奕春译，商务印书馆，2003年，第120—136、162—163、221—223页。西塞罗：《论神性》，石敏敏译，上海三联书店，2007年，第5—6、71—72、135—136页。

与消极、热爱与鄙视、入世与出世、投入和疏离，本身就表明罗马是一个整全，是一个文明，是一个世界。尽管西塞罗的华美文章缺乏韦伯那样的冷静、冷峻乃至冷酷带来必不可少的审慎、勇气与坦然，但毫无疑问，政治的美好、政治的值得、政治的热烈被他饱满地展现出来。他正是凭借文明的极限之处的支柱这样一个不可动摇的地位羽化登仙，分享了永恒。

3.3 巅峰：罗马治下的和平

　　罗马真正进入帝国时代是在屋大维手上。一般来说，罗马共和与帝制以屋大维在公元前31年至前23年获得一系列独尊的称号和权力为分界线。我选择公元前27年是因为在这一年的1月16日元老院决定授予他"奥古斯都"（Augustus）的头衔，这个头衔自此往后成为罗马帝国元首的官方第一称号。[1]按照头衔，屋大维才是罗马帝国的"始皇帝"。作为"始皇帝"，屋大维对罗马帝国的贡献几乎可以用完美来形容，能做的他都做了，他不能做的，后面谁来也做不了。如此雄才大略的"始皇帝"在西方历史上并没有享受到热烈的景仰和爱戴，有两个重要的原因。一个是他的养父恺撒实在是太过辉煌灿烂，他跟在后面很吃亏；另一个是他的性格，阴郁、沉稳、严肃、严格，他作为帝国的心脏绝对是超一流的，但作为传奇故事的主角，就很容易让人觉得枯燥、乏味、古板、刻板。现在我们就来解剖这颗帝国的心脏，看它如何跳动起来，然后看它如何把庞大的罗马帝国带上巅峰，成就"罗马治下的和平"。

---

[1]　格罗索：《罗马法史》，黄风译，中国政法大学出版社，1994年，第311—315页。

奥古斯都的诞生

"谁是屋大维?！"

公元前44年3月16日，恺撒遇刺之后的第二天，恺撒的遗嘱由安东尼公开，其中涉及屋大维的内容是：恺撒资产的3/4由他继承，并自动成为恺撒的养子和政治继承人，改用恺撒家族的姓氏。也就是说，恺撒选了屋大维作为接班人，把私人财产、家族名望、国家大权全都交给他。当时屋大维只有18岁，而且人不在罗马城。"谁是屋大维?！"恺撒为什么选中了这个小朋友，把自己辉煌的业绩和罗马的命运托付给他？安东尼很郁闷，罗马人民很纳闷，故有此一问。中国有句老话，"时无英雄，使竖子成名"[1]。在往后这一个月当中，大概罗马人也是这么想的吧。[2]

屋大维是恺撒的侄孙，他的母亲是恺撒的外甥女。恺撒对屋大维有好印象没问题，但他常年征战高卢，回罗马之后又异常忙碌，没有时间精心调教屋大维，甚至没有把屋大维的接班人身份向罗马贵族和人民公开。后来屋大维的表现证明恺撒确有识人之明，居然敢把全部大业交给一个他并没有那么熟悉的毛头小子。或者换一个角度看可能更客观一点，恺撒没想到自己会死得那么早，培养屋大维还有的是时间。但真的没时间的时候，屋大维自己显示出令人惊叹甚至让人觉得恐怖的政治能力，"把屋大维界定为一个政治天才并不夸张"[3]。此话怎讲？天上掉馅饼了，接得住吗？罗马这么个天大的馅饼，事实证明，屋大维接得住，环顾屋大维同时代的所有罗马政治人物，看来只有屋大维接得住。我们先看屋大维怎么样接住馅饼，然后再看他怎么把馅饼做大。

屋大维前半生的经历告诉所有人：即便是天上掉馅饼，也不是舒舒服服躺着就能揣到怀里的。天下没有免费的午餐，真的掉馅饼了，那只意味着："天将降大任于是人也，必先苦其心志，劳其筋骨，饿其体肤，空乏其身，

[1] 房玄龄等：《晋书》（第五册），中华书局，1974年，第一三六一页。

[2] 盐野七生：《罗马人的故事》[（Ⅴ 恺撒时代（下）]，谢茜译，中信出版社，2012年，第277—280页。

[3] 塔拉曼卡主编《罗马法史纲》（下卷），周杰译，北京大学出版社，2019年，第440页。

行拂乱其所为，所以动心忍性，曾益其所不能！"[1]屋大维几乎把所有的苦头都吃了，才拿到恺撒留给他的馅饼。屋大维几乎在所有的罗马史著作当中的出场就是恺撒遗嘱，就是直接面对恺撒遇刺引发的混乱。我们也从这个18岁少年掌控乱局谈起。

屋大维极其巧妙地加入了恺撒遇刺之后各方势力的激烈冲突。既然有人胆敢谋刺恺撒，就证明反对恺撒的重要人物不少。而且，这些杀人犯是共和派，他们占领了道德制高点：恺撒是颠覆共和的国贼，人人得而诛之。恺撒已死，直接站出来说我就是恺撒的继承人，不怕惹祸上身吗？要不要看看风头再说？如果恺撒真的名誉扫地，要不要矢口否认自己是他的继承人？天上掉下来的，在所有后世的人看来是馅饼，当时对屋大维来说难道不会是灾祸吗？确实有人打这种如意算盘，等着屋大维认尿，淡化和恺撒的关系，加入自己的阵营，将恺撒的全部力量通过屋大维这根引线全部收入自己囊中。这个人正是西塞罗。他给屋大维写了很多信，屋大维也"热情地"回信，自称学生，虚心讨教，把西塞罗高高地供起来。西塞罗得意扬扬，因为他知道如果他控制住恺撒的继承人，他再次主导罗马，甚至全力恢复共和的底牌就有了。借着西塞罗为首的共和派有意拉拢，屋大维顺水推舟回了罗马。屋大维居然能够忍得住，在信函里和杀父仇人谈笑风生。事实证明，屋大维的算盘比西塞罗打得更大！[2]

屋大维的决断是速回罗马，坚定地向所有人宣告"我就是屋大维"。部将们劝他不要回罗马，怕他回去鸡蛋碰石头。当时的屋大维确实没有实力像恺撒一样带兵跨过卢比孔河逼罗马就范。但他还是回去了。因为"对他来说……没有比为恺撒之死复仇和维持恺撒立法的继续有效更义不容辞的事情"[3]，屋大维当时就要报恺撒的知遇之恩，他一辈子都在报恺撒的知遇之恩。可是，回去之后怎么证明自己的存在呢？显然，屋大维还不可能用军事

[1] 朱熹：《四书章句集注》，中华书局，2012年，第三五五页。

[2] 普鲁塔克：《普鲁塔克全集》（Ⅲ 希腊罗马名人传），席代岳译，吉林出版集团，2017年，第1577—1581页。盐野七生：《罗马人的故事》[（Ⅴ 恺撒时代（下）]，谢茜译，中信出版社，2012年，第281—284页。

[3] 苏维托尼乌斯：《罗马十二帝王传》，张竹明等译，商务印书馆，2015年，第59页。

实力证明自己的存在，否则他根本没必要跟西塞罗装孙子。要是军队足够强大，还跟他讨论什么斯多葛哲学，直接喊出杀父之仇不共戴天，我就是来报仇的不就完了吗！

屋大维打不过的是安东尼。安东尼是恺撒最得力的干将之一，他跟着恺撒南征北战，在恺撒的部队里享有很高的名望，那可是一支可以动摇罗马国本的军队！恺撒当年在高卢功勋卓著，罗马城里的庞培在西塞罗、小加图一众共和派的怂恿之下解除他的兵权，命他回京述职。安东尼当时是保民官，负责代表恺撒和庞培、西塞罗、元老院交涉。安东尼在战场上也是猛将，是恺撒手下最勇猛的军团长之一。恺撒在就任终身独裁官之后，让安东尼做了执政官，此时的安东尼可谓一人之下，万人之上。恺撒遇刺的时候，执政官安东尼是恺撒的遗嘱执行人，手握政权和军权，恺撒的很多旧部也都会集到他的麾下。[1]换作你是安东尼，会对一个无籍籍名的黄毛小子俯首称臣吗？就凭那一纸遗嘱。"恺撒党的领袖对这个竞争者不屑一顾。"[2]从政治上看，屋大维前半生最重要的事情就是对付安东尼。当时的屋大维的处境是，快要登上大位，还差临门一脚，前面出现了一只拦路虎，它的青面獠牙平生未见，他要牢牢守住自己唯一的机会。显然，传位诏书和正位大宝并不能画等号。

果然，恺撒的巨款安东尼死活也不给屋大维。[3]无钱无兵的屋大维得到的几乎是一张空头支票。怎么办？屋大维让人惊叹的第二件事来了。要钱安东尼不给，屋大维就去借钱，他向恺撒的那些金融家老朋友借了巨款，做什么用呢？不是招募军队。他把借来的巨款发了！发给了罗马城的公民们，每人300德拉克马（古希腊货币单位），人人有份。因为恺撒的遗嘱里有这一条，而且恺撒遗嘱公开之后每个人都知道。

贿赂人民是共和的传统，有钱不能独乐，要众乐。慷慨是大人物必备的美德，在这里成了屋大维向所有人宣告"我是恺撒继承人"的实际行动。屋

---

[1] 凯撒：《内战记》，任炳湘、王士俊译，1996年，第6—12页。普鲁塔克：《普鲁塔克全集》（Ⅲ 希腊罗马名人传），席代岳译，吉林出版集团，2017年，第1640—1649页。

[2] 塞姆：《罗马革命》，吕厚量译，商务印书馆，2016年，第156页。

[3] 阿庇安：《罗马史》（下卷），谢德风译，商务印书馆，2016年，第242—269页。

大维根本就不在乎巨款，他要的是存在感。钱发了，纪念恺撒的运动会办起来，人民欢欣鼓舞，屋大维就不再是无籍籍名了。"正如他的敌人痛苦地认识到的那样，恺撒的名字的确是这位青年的财富。"[1]在凶险万分的夺权关头，屋大维反其道而行之，不是兵行险着，而是坐实根基，通过恺撒之名先去寻找人民而不是掌握军队。在很多人看来他撒钱的行为简直愚不可及，但屋大维利用了最传统的招数和人民建立起最直接、最实惠、最容易感知的联系，也就把恺撒作为平民派领袖的光环巧妙地挪到自己头上，拿到了他的基本盘。恺撒死后三个月，再也没有人问"谁是屋大维"了！

成为平民派领袖，只成功了一小半，因为掌权的是贵族。元老院里那些共和派该怎么对付？尤其面对刺杀养父的敌人，要不要发出雷霆怒火？发是要发的，但是，得发得讲究。

恺撒遇刺之时的元老们，大多数都是忘恩负义之徒。他们大概可以分成两种：一种是旧人，就是跟着庞培、西塞罗、小加图对付恺撒的人。恺撒胜利之后没有对他们赶尽杀绝，而是宽容了他们，让他们马照跑、舞照跳、官照当，他们都发誓效忠恺撒，但他们都只是假意臣服。他们越是恐惧恺撒，就越把他当作敌人，私底下开始串联怎么扳倒恺撒。其中包括了"再造"一节提过的"主谋"布鲁图斯。另一种是新人，就是跟着恺撒杀回罗马的部下。其中出了刺杀恺撒真正的主谋卡西乌斯。卡西乌斯是恺撒的部将，虽然也当上了军团长，很有希望成为总督甚至执政官，但没有得到恺撒重用。因为他曾经在战场上放弃部队自己逃命，恺撒看不起这种没有荣誉感的人，所以即便拥戴有功，也没有委以重任。正是卡西乌斯起意刺杀恺撒，布鲁图斯是被他说服加入的。不是像卡西乌斯这样因为利益，而是像布鲁图斯那样因为信念而参与刺杀恺撒的新人，也有不少，其中包括了恺撒遗嘱中指定的第二顺位继承人德奇姆斯。[2]

[1]　塞姆：《罗马革命》，吕厚量译，商务印书馆，2016年，第153页。

[2]　普鲁塔克：《普鲁塔克全集》（Ⅲ 希腊罗马名人传），席代岳译，吉林出版集团，2017年，第1758—1768页。普鲁塔克：《普鲁塔克全集》（Ⅱ 希腊罗马名人传），席代岳译，吉林出版集团，2017年，第1319—1323页。盐野七生：《罗马人的故事》[（Ⅴ 恺撒时代（下）]，谢茜译，中信出版社，2012年，第255—269页。

旧人的反扑和新人的背叛，屋大维都必须清算。不过，他没有冲到第一线，这件事情他笑而不语地看着安东尼去办。元老们是掌握权力的人，一旦他们倒下，就会出现大面积权力真空，填补真空的机会就来了。而安东尼一旦倒下，屋大维最忌惮的拦路虎也就退场了。所以，他不着急，拿出耐心坐山观虎斗，当然，他也在暗中使坏让局面复杂化，重要的是，他必须积蓄力量。[1]

执政官安东尼虽然为了稳住政局和刺杀恺撒的元老们达成和解，赦免了他们的谋逆大罪，但双方依旧是高度地相互不信任，安东尼又是专横跋扈之人，他们之间的蜜月期其实不会比露水更长。果不其然，西塞罗很快就在元老院发动了对安东尼的弹劾，安东尼岂是坐等交权之辈，于是大决战的大幕拉开了。西塞罗为了对付安东尼，极力支持19岁的屋大维成为执政官，"他大胆地宣称自己会对屋大维的行动负责"。[2]屋大维上任之后第一件事就是去祭司长那里办手续，正式确认自己恺撒继承人的身份和权利。随后，屋大维让人吃惊的下一件大事来了，他颁布法令宣布：违背对恺撒效忠誓言的和参与刺杀恺撒的，全部都是国家公敌。西塞罗这时候瘫倒在椅子上，原来这个"孩子"真的是雄才大略的恺撒继承人，那个虚心讨教哲学问题的少年只是他的假面具！屋大维对待西塞罗是非常虚伪的，尽管他后来不必再如此处心积虑对付任何人，但他也总是让人捉摸不透，完全无法亲近，这让他的个人形象蒙上了抹除不掉的阴郁。

随后，屋大维率兵出城，把所有恺撒旧部会集到一起，屋大维、安东尼和另一个恺撒旧部雷必达组成了"后三巨头同盟"。他们针对所有阴谋参与者和支持者拿出了"公敌名单"，所有在名单上的人，该刺杀的刺杀，该追捕的追捕，该剿灭的剿灭。此时19岁的屋大维，果敢狠绝、冷酷无情、杀人不眨眼，完全是让人脊背发凉的狠角色。"公敌名单"上面一共2000多人。按照当时罗马的制度，元老600名、骑士2000名，这个名单意味着把罗马的掌权阶级彻彻底底地清洗一遍。2000多人也不是全部抄家灭门，只有130多

---

[1] 塞姆：《罗马革命》，吕厚量译，商务印书馆，2016年，第160—164页。

[2] 塞姆：《罗马革命》，吕厚量译，商务印书馆，2016年，第195页。此处为统一上下文，引文中"渥大维"改为"屋大维"。参见阿庇安：《罗马史》（下卷），谢德风译，商务印书馆，2016年，第274—312页。

人如此，剩下的罚没全部家产。但杀人抢劫的暴乱席卷了整个罗马城，风声鹤唳、鸡犬不宁，罗马好像又回到了苏拉的恐怖统治。[1]

把屋大维的大清洗理解成私人复仇，也不是不可以，但太简单了。这件事的动机另有深意，是屋大维深思熟虑之后故意为之，用中国的俗话说就是"打扫干净屋子再请客"。在登基前的一刻，利用乱局清理政敌，把屋子完完全全打扫干净，是上策，只有这样才能顺利掌握核心权力。恺撒在这个地方吃了大亏，甚至导致了他被刺杀。前文已经讨论过，恺撒回罗马的时候主动表示仁慈，只要投诚，既往不咎。但人心已裂，宽容并不能必然带来敌人的心悦诚服，恺撒的宽容政策实际上造成养虎遗患，布鲁图斯和卡西乌斯让恺撒成了东郭先生。屋大维太清楚这一切了，教训简直痛彻心扉，他知道自己要的是一个人心整齐的新国家。人心是等不齐的，如果那些人的心真的不能用仁慈之心换来，那就让它们全都停止跳动吧。经过这一战，反对恺撒的旧势力完全被清洗干净，活着的人绝大多数都俯首称臣，处于无尽的恐惧之中。屋大维的冷酷带来的恐怖让他的个人形象变得更加阴郁，也把罗马狠狠地推向了专制的方向。

搞完大清洗，屋大维顺势就占领罗马政治的制高点，而且掌握了罗马政治的主动权。他推动元老院将恺撒封神。罗马人以前只把他们的建城者罗慕路斯封神，没有任何丰功伟绩的执政官或者独裁官可以位列神品，屋大维把恺撒送上了神坛。罗马皇帝成为神的传统由此开始。为什么这么干？屋大维是要把自己的地位抬上去。恺撒是神，屋大维就是神的儿子，超凡脱俗、居高临下、君临四方的态势就制造出来了。恺撒崇拜就不再是平民和部下的民间热情，变成了国家的宗教，而屋大维自己就成为国家宗教的中心、化身、守护人和执行人。[2]后来元老院给屋大维加封奥古斯都的头衔，就是国家守

[1] 阿庇安：《罗马史》（下卷），谢德风译，商务印书馆，2016年，第316—355页。普鲁塔克：《普鲁塔克全集》（Ⅲ 希腊罗马名人传），席代岳译，吉林出版集团，2017年，第1651—1653页。盐野七生：《罗马人的故事》[（Ⅴ 恺撒时代（下）]，谢茜译，中信出版社，2012年，第295—297页。布林格曼：《罗马共和国史》，刘智译，华东师范大学出版社，2014年，第369—375页。
[2] Ittai Gradel, *Emperor Worship and Roman Religion*, Oxford: Clarendon Press, 2002, pp. 54—72. 盐野七生：《罗马人的故事》[（Ⅴ 恺撒时代（下）]，谢茜译，中信出版社，2012年，第299—301页。

护人的意思，带有强烈的宗教意味，完全合乎屋大维的心意。有了神性的加持，讨伐杀神的元凶就不仅是理所当然，甚至成了宗教使命。屋大维约上安东尼，一起讨伐布鲁图斯和卡西乌斯，这时候安东尼就不能再推三阻四了。这样一来，屋大维建立军功的意图就能够顺理成章地实现。在"后三巨头同盟"形成的时候，屋大维和安东尼相比，最大的劣势是军功。安东尼追随恺撒南征北战，功勋卓著。屋大维基本没有军功，打过几次仗还主要是依靠恺撒安排辅佐他的阿格里帕。在罗马，没有军功就没有荣誉、没有威望、没有金钱、没有奴隶，在罗马的政治权力中心，就等于没有底牌。屋大维需要自己的底牌，他选择了清算借助外放做总督逃脱惩罚的元凶布鲁图斯和卡西乌斯，最终，卡西乌斯战败，布鲁图斯自杀。[1]当上执政官，正式继承恺撒衣钵，成为神子，战胜元凶，建立军功，好牌都凑齐了，屋大维对付安东尼就提上日程了。

屋大维手握一把好牌，他会选择什么样的战略对付安东尼？假正义之名，兴王者之师，灭邪恶之徒，这些在名义上都是必要的。屋大维又一次令人叹为观止地展现了他的沉着和稳健：他在等待安东尼犯错。他了解安东尼，更了解自己，他选择了在政治上以逸待劳。耐心很重要，手里有好牌的人有耐心更重要。为此，屋大维等待了超过10年！

果然，安东尼取得了辉煌战绩之后反而把整个罗马都得罪了。他和埃及艳后克里奥帕特拉搅和在一起，本来他远征亚美尼亚、帕提亚等地大有斩获，但他宣布埃及艳后是新征服地区的女王！这是把罗马士兵的鲜血换来的国土变成私人礼物给了他的情人。恺撒虽然带了埃及艳后回罗马享受凯旋仪式，但从未给她尊贵的地位，甚至连显眼的位置都没给她。盐野七生说恺撒这是为了保护她们母子。[2]更重要的理由其实是恺撒深知众怒不能犯，罗马人接受不了被征服者成为自己的统治者。这种傻事安东尼却干了，而且大张旗鼓地干，锣鼓喧天地干。整个罗马反对安东尼的情绪就全部涌上来了。局

---

[1]　阿庇安：《罗马史》（下卷），谢德风译，商务印书馆，2016年，第380—421页。

[2]　盐野七生：《罗马人的故事》[（Ⅴ 恺撒时代（下）]，谢茜译，中信出版社，2012年，第144—150、266页。

势不再是屋大维要和安东尼过不去，要争权夺利，而是屋大维必须顺应民意，保卫国家的荣誉、完整和正义。[1]屋大维和安东尼的大决战，套用孟子的老话，得道多助，失道寡助，安东尼在亚克兴海战当中未败先逃，埃及艳后和他的儿子被屋大维处决。屋大维"以'第一公民'的名义把在内战中被搞得残破不堪的国土收归自己的治下"[2]，这个时候的屋大维只有33岁。

从屋大维的前半生来看，他拥有的政治能力简直可以用恐怖来形容。见过无数大世面的西塞罗，在他面前简直就是个傻瓜。身经百战的安东尼，在他面前简直就是个蠢材。他的坚决、他的虚伪、他的狠辣、他的耐力、他对机会的把握、他对大局的筹划，都是顶级的。他有能力充当帝国的主心骨。尽管屋大维的业绩可以和恺撒相提并论，但后世喜欢他的人比起喜欢恺撒的人，实在少得可怜，就是因为他太政治了，太冷酷了，身上似乎少了许多人性的光辉。[3]

罗马帝国的核心

屋大维之前成功登上罗马权力顶峰的大人物很多，形成独尊之势的只有苏拉和恺撒两人，但他们都没有完成罗马的再造。苏拉搞反了方向，恺撒过早离世。屋大维真正的盖世功勋在于他完成了罗马的再造。从近期形势来看，屋大维成功地解除了罗马自格拉古兄弟以来步步深陷的普力夺状态，让这个国家从普遍夺权的乱局回归正常；从长期的形势来看，屋大维成功地解决了罗马的系统性更新，自汉尼拔战争以来罗马因为变得大而富所引发的种种问题终于得到了系统性的解决。屋大维用他的后半生把罗马帝国带上巅峰，一个硕大无比又井然有序的罗马，必然是光芒万丈的，西方历史上把这

---

[1] 比尔德：《罗马元老院与人民》，王晨译，民主与建设出版社，2018年，第350—357页。

[2] 塔西佗：《编年史》（上册），王以铸、崔妙因译，商务印书馆，2002年，第1—2页。引文根据英文和拉丁文对照版略有调整，参见Tacitus, *The Annals* (Loeb Classical Library), Trans by John Jackson, Cambridge: Harvard University Press, 1980, pp. 242—243.

[3] 盐野七生：《罗马人的故事》（Ⅵ 罗马统治下的和平），徐越译，中信出版社，2012年，第38—41页。

个独一无二的盛世叫作"罗马治下的和平"。屋大维"理应被奉为与神一样的人，……在屋大维之前的时代，罗马人的国家从未如此繁荣过"。[1]

我们来看屋大维如何完善了恺撒留下的框架，如何对恺撒没有涉及的重大问题拿出创造性的解决方案，把整个帝国秩序彻底完成，逐条剖析背后的帝国政治的原理。我们分核心和支架两部分来看帝国秩序。

屋大维重塑了罗马的政治核心。

关于屋大维重塑罗马政治核心的问题，我们还是从"奥古斯都"这个名号说起。屋大维最认可的称号是"元首"（Princeps），这个词的意思是"第一公民"。"皇帝"（Imperator）一词在罗马的本义只是凯旋大将军，屋大维当然拥有这个头衔，不过他并不喜欢，也不常用，嫌它武力的意味太重。它在罗马帝国后来也不是皇帝们的官方称号。屋大维的正式称号是"奥古斯都"（Augustus），大致意思是"神圣""庄严""至尊之神的祝福"，带有宗教意味，甚至故意去除了武力和军事的意味，它是崇高的国家守护人。而且，屋大维和恺撒一样刻意回避了当时人们熟悉的东方专制君主的称号"巴西琉斯"（Basileus），还有古罗马传统当中的"国王"（Rex）。[2]

屋大维为了"奥古斯都"这个封号真是煞费苦心。掌握最高权力，所有人也都认可，却不能用任何带有"王"的意思的字眼，真是让人词穷。"奥古斯都"这个词避开武力，偏向宗教甚至淡化权力，看上去很崇高，又不带有威胁。和大西庇阿的"非洲征服者"（Africanus）、庞培的"马格努斯"（Magnus）这类称号相比，它看上去真的是一个很让人放心的荣誉。而且，屋大维为这个封号的出炉精心安排了时机和人选。他选在宣布还权于共和的三天之后办这件事情，由稳健持重的帕里奥发动提案。元老们还沉浸在共和恢复的狂喜之中，提案之人又可靠，"奥古斯都"这个字又如此谦逊温和，

[1] 尤特罗庇乌斯：《罗马国史大纲》，谢品巍译，上海人民出版社，2011年，第73页。

[2] 格罗索：《罗马法史》，黄风译，中国政法大学出版社，1994年，第310—321页。塔拉曼卡主编《罗马法史纲》（下卷），周杰译，北京大学出版社，2019年，第447—452页。塞姆：《罗马革命》，吕厚量译，商务印书馆，2016年，第22章。Karl Galinsky (ed.), *The Cambridge Companion to the Age of Augustus*, Cambridge: Cambridge University Press, 2005, pp. 13–18.

元老院高高兴兴就答应了。[1]和秦始皇选择"皇帝"这个名号的过程不同，屋大维完全不是居高临下地让群臣献计献策，看谁能够拍上这个最高级的马屁。他费心安排，小心翼翼、滴水不漏，就是希望不引人怀疑，不留威吓的痕迹。

"奥古斯都"的出炉这件事几乎就是屋大维统治罗马40多年的缩影：他在用周全的算计柔软地控制罗马，而不是君临天下、说一不二、霸气外露，甚至他一生牢牢掌握军权，也没有引起时人的不安和恐惧。恺撒那种恃才傲物、舍我其谁、目空一切的风格在屋大维的行为和言谈中完全找不到踪迹，他心里一定有，但他真的就全都藏在了心里。罗马帝制的建造者恺撒和屋大维父子两人，在执政风格上完全是一阳一阴的两极。

在确定帝国政治核心这个问题上，屋大维才不会像明面上那样尊重元老院。"从宪制角度来看，元首制的一个基本事实就是，一种压倒性权力叠加在了共和制国家的人民和元老院的传统权力之上。"[2]屋大维把帝国的政治核心挪到了元首，他的辅助机构是"元首办公厅"（或者叫作"内阁"）。办公厅由他本人主持，由执政官两名，法务官、财务官、监察官、按察官各一名，以及元首挑中的元老共15人组成。屋大维在此处甚至都小心翼翼，没有把办公厅成员全部变成自己的死党，只要保持投票的优势和自己手握否决权即可。屋大维甚至没有让办公厅法令的效力超过元老院法令的效力，它们在效力上平起平坐。这种开放、开明、开通让元老院真的觉得办公厅和自己并不冲突，和共和传统并不冲突，只是他们也能参与其中的日常办事机构。屋大维用了不那么起眼的招数，就让办公厅取代元老院成为真正的政治核心机构：一方面，他通过权力网络控制贵族、控制元老、控制官员选任，在元老院内部获得实际控制权；另一方面，减少元老院的例会，延长其休会期，元老院开会少了，国家大事自然就一件件落入全年无休的办公厅手中。"元

---

[1]　盐野七生：《罗马人的故事》（VI 罗马统治下的和平），徐越译，中信出版社，2012年，第31—36页。塞姆：《罗马革命》，吕厚量译，商务印书馆，2016年，第406—407页。

[2]　塔拉曼卡主编《罗马法史纲》（下卷），周杰译，北京大学出版社，2019年，第452页。Karl Galinsky (ed.), *The Cambridge Companion to the Age of Augustus,* Cambridge: Cambridge University Press, 2005, pp. 33—44.

老院变得更像是为皇帝效劳的一个行政机构。"[1]元首由此成为帝国真正的政治核心。屋大维不动声色地把帝国的重大决策和人事任免都挪到了元首（和办公厅）手里，掌握了帝国机构设置和官员任免的权力、决定战争与和平的权力、立法权、司法权、宗教权，所有机构和官员事实上都是对元首负责，他是第一公民、首席元老、全军总司令、终身保民官、祭司长、最高大法官和最高行政官。[2]"帝国实际上是由君主和他的幕友们统治的。"[3]他统治的效果很好、时间够长，这一切都变得习以为常，变得理所当然，变得天经地义。

显然，屋大维改动罗马政治核心的行动是有预谋、有计划、有策略的，奥古斯都很善于吸取那种在更新中注重传统的做法。[4]他不像格拉古兄弟那样利用保民官职位在体系内另起炉灶，直接和元老院展开正面对抗。他也不像恺撒那样直接无视元老院的存在，在体系外另起炉灶。他先用旧瓶装新酒，然后造一个新瓶子，元老院和人民都对新瓶子没有敌意，甚至抱以信任，他再把酒一点点腾挪到新瓶子里。罗马政治核心的转换这种惊天动地的大事在当时几乎是悄无声息地就完成了。手握无上大权的屋大维居然动用了惊人的耐心和谋略来办这件事，足以说明兹事体大，也足以说明他的深谋远虑、心细如发。当然，也可以说他真的是诡计多端、阴险狡诈。

屋大维这么做当然是汲取了格拉古兄弟死于暴乱和恺撒死于刺杀的教训，但更重要的是他拥有了驾驭帝国所必需的平衡感。"帝国时代"一节谈过，帝国是一个多重平衡的体系，经营帝国是同时走好几条钢丝，稍有不慎就会引发全局的混乱。屋大维一生的"战战兢兢，如临深渊，如履薄

[1]　比尔德：《罗马元老院与人民》，王晨译，民主与建设出版社，2018年，第377页。

[2]　塔尔伯特：《罗马帝国的元老院》，梁鸣雁、陈燕怡译，华东师范大学出版社，2018年，第一章。苏维托尼乌斯：《罗马十二帝王传》，张竹明等译，商务印书馆，2015年，第80—81页。塔拉曼卡主编《罗马法史纲》（下卷），周杰译，北京大学出版社，2019年，第452—466、552—554页。芬纳：《统治史》（卷一　古代的王权和帝国），王震、马百亮译，华东师范大学出版社，2014年，第556—558页。

[3]　塔拉曼卡主编《罗马法史纲》（下卷），周杰译，北京大学出版社，2019年，第553页。

[4]　格罗索：《罗马法史》，黄风译，中国政法大学出版社，1994年，第318页。

冰"[1]，说明经营帝国的行为已经内化为他的性格，或者说他的性格恰好适合帝国的经营。"奥古斯都控制着前执政官和现任执政官们，把他们的精力和闲暇从钩心斗角和恣意妄为引导到为罗马、意大利和诸行省效劳的正路上来。"[2]帝国找到了最适合她的心脏。

屋大维的表面文章确实做得超一流，从他开始跟西塞罗通信，他就是整个罗马史上演技最好的大人物。罗马是"罗马元老院与人民"（SPQR），只是在元老院面前演好了还不行，在人民面前也要演得同样好。如果说骗过了元老院是为了实际权力中心的转移，那么，在人民面前把戏演好则是为了重塑罗马的精神面貌，让人民理所当然地认为元首是罗马的主心骨，围绕着他凝聚起来。所以，屋大维在社会和文化事业上非常用心，也非常慷慨。他重塑罗马的宗教，安定人心，罗马最具宗教意义的建筑万神殿就是他最亲密的副手阿格里帕修建献给他的。他还整饬罗马的道德，奢侈和淫荡都在严厉管束之列。他新建神庙和公共建筑，也修复古迹，规模之大、时间之长、效果之显著，令人惊叹。罗马在世人的心目中是由大理石筑成的，这个形象是在屋大维手上才建立起来的。[3]他全面扩展了罗马大道，让罗马形成了"条条大路通罗马"的格局。他还改革了币制，助推罗马的经济恢复繁荣，再上新的台阶。他还赞助和庇护了一大批罗马的顶级文人，大历史学家李维，大诗人维吉尔、贺拉斯、奥维德都在其列，罗马文化的黄金时代由此到来。确实，能做的他都做了。[4]人民安居乐业，国家繁荣昌盛，都记在了他的功劳簿上。

---

[1]　朱熹：《四书章句集注》，中华书局，2012年，第一〇三页。

[2]　塞姆：《罗马革命》，吕厚量译，商务印书馆，2016年，第503页。

[3]　希伯特：《罗马：一座城市的兴衰史》，孙力译，译林出版社，2018年，第46页。

[4]　苏维托尼乌斯：《罗马十二帝王传》，张竹明等译，商务印书馆，2015年，第84—89页。格罗索：《罗马法史》，黄风译，中国政法大学出版社，1994年，第338—339页。盐野七生：《罗马人的故事》（Ⅵ　罗马统治下的和平），徐越译，中信出版社，2012年，第69—76、123—135页。王焕生：《古罗马文学史》，中央编译出版社，2008年，第217—220页。

罗马帝国的支架

屋大维不仅重塑了罗马帝国的政治核心，而且搭建起了罗马帝国的政治支架。

硕大的罗马帝国，究竟什么是她的四梁八柱？共和时代，地盘扩大之后的罗马依靠元老院委任总督统治行省。总督们也都是元老院成员。就像元老院会通过集体平衡的原则限制出征执政官的领兵时长，元老院同样会限制总督在任的时长，以免他变成不受元老院节制的"坐地虎"。但元老院的集体平衡已经被一系列的形势、人物、事件打破，强人争雄的局面最后落定为一人独尊的帝制。元首准备如何设计中央—地方关系的基本制度，决定了帝国是否能够免于四分五裂。从罗马帝国史来看，罗马在皇帝控制地方这个大问题上确有独特之处。对比中国古代史，王朝末年，地方势力坐大，不听中央号令，甚至反叛取而代之，是常态。在五百年的罗马帝国史上，这种事情几乎没有，否则，兵祸连连的罗马帝国早就四五分裂。罗马帝国祸端的常态是进京夺权，而不是地方坐大。这种局面和屋大维的制度设置大有干系。

恺撒独裁之时已经把罗马划分为18个行省，屋大维把这套制度创造性地升级了，里面有三重机关。

第一重，确定帝国的边界。

屋大维明确了罗马的战略态势由攻转守。只有守势，才存在边界；边界出现，则意味着守势被明确承认。按照少年罗马和青年罗马的姿态，最好的防守就是进攻，往外打，打到没有敌人为止。屋大维手上的罗马已经进入中年，他带领罗马承认政治统治和军事征服是有极限的，罗马应该在自己的限度之内行事。[1]

边界意识在恺撒心里已经有明确的迹象。恺撒经略高卢，整肃帝国的北

---

[1]　迈克尔·曼：《社会权力的来源》（第一卷），刘北成、李少军译，上海人民出版社，2007年，第340—349页。Paul Erdkamp (ed.), *A Companion to the Roman Army*, Oxford: Blackwell Publishing, 2007, Chapter 11. Susan Mattern, *Rome and the Enemy: Imperial Strategy in the Principate*, Berkeley: University of California Press, 1999, Chapter 3.

疆，就是以莱茵河为界。自然条件和内部管理造成的极限已经为恺撒所洞察，跨过莱茵河继续在黑森林里和日耳曼人作战，就像深入撒哈拉沙漠和非洲部族作战一样，赢了也没有太大的意义，赢了也很难管理。必须再次强调，帝国的规模不是由帝国军团的战斗力单边决定的，而是由它和帝国的治理能力之间的均衡点决定的。[1]既懂军事又懂治理的恺撒已经找到了维持均衡的那条线，帝国的边界由此浮现。屋大维把握住了恺撒探索帝国规模的精髓，彻底划定了帝国的边界，并留下祖训，罗马不再扩张。

说起来真是让人错愕：作为罗马帝国开国之君的屋大维，在战略上居然主动地选择做一名守成之主。他的守成不仅是划定边界、禁止扩张，还有最切实的行动，那就是裁减军队。屋大维恐怕是整个罗马史上唯一实行过裁军的皇帝。自汉尼拔战争以来，罗马的军力急速膨胀，元老院对军队的控制也在马略改革之后成了棘手的问题，庞大的军队一方面成了政治不稳定的主要推动力，另一方面成了国家财政永远填不满的无底洞。既然天下已经太平，既然守势已经确定，裁军既可以消除动乱的隐患，也可以减轻财政的负担，屋大维真就这么干了。经过马略和苏拉、恺撒和庞培、屋大维和安东尼三场内战的罗马军队已经扩张到50万人，远远超出帝国财政能够承受的极限。屋大维把帝国的军队减为25个军团，大约15万人。军队被裁掉三分之二以上，古往今来的裁军超过这个比例的屈指可数。但即便如此，15万人也已经是帝国男丁和财政的极限了。[2]屋大维真是当家过日子的人，手里有多少油盐柴米，就带着帝国过什么样的日子。[3]

裁军是最难的改革，它砸的是士兵的饭碗。所以，它必须辅以一系列的改革。通常而言，改革措施必须都是配套的，而裁军的配套措施尤其重要，稍有错漏就很容易引发哗变。屋大维对军队展开了一系列改革，降低服役年

---

[1] 李筠：《西方史纲：文明纵横3000年》，岳麓书社，2020年，第100页。

[2] 盐野七生：《罗马人的故事》（Ⅵ 罗马统治下的和平），徐越译，中信出版社，2012年，第17—18页。盐野七生：《罗马人的故事》（Ⅶ 臭名昭著的皇帝），涂华忠译，中信出版社，2012年，第22页。

[3] Susan Mattern, *Rome and the Enemy: Imperial Strategy in the Principate*, Berkeley: University of California Press, 1999, Chapter 4.

限，退伍金常规化，军团兵和辅助兵各自独立，建立禁卫军，等等。[1]他凭借崇高的威望和系统的方案，让汹涌澎湃的军队安静下来，从军阀手中的夺权利器变成守护帝国的坚强柱石。

第二重，确定行省的种类。

确定了军队的配置，行省的安排就顺理成章。这里的关键是兵力的部署和兵权的掌握。有限的军队只能驻守重点需要布防的行省，这些行省就必须由元首掌握，它们叫作"皇帝行省"；不易发生军事冲突的行省，反正不涉及兵权，就交给元老院掌握，它们叫作"元老院行省"。[2]在这两种行省上下，还有两种地区，一种当然是意大利本土，自古以来就是非军事区，就依照传统让元老院管理；另一种是以埃及为代表的特殊区，法老神权统治由元首直接承担，元老院不得参与，元老前往埃及甚至必须事先获得元首批准。

从数量上看，元老院行省为数众多，西西里岛、撒丁岛、离意大利更近的高卢、离意大利更近的西班牙、马其顿（马其顿行省）、希腊（亚该亚行省）、克里特岛、塞浦路斯、小亚细亚北部的比提尼亚、小亚细亚西部（亚细亚行省）、比邻埃及的昔兰尼加、努米底亚、迦太基（阿非利加行省）。它们在共和时代就已稳稳落入罗马的手中，罗马对它们的管理也比较娴熟，也不存在重大军事威胁，就依传统由元老院管理，派出的总督主要是文职人员。

皇帝行省主要是帝国边界仍然没有安定的地区，主要有六个：西班牙西部的卢西塔尼亚行省、西班牙东部的塔拉戈纳西班牙行省、外高卢行省（后来被拆分为三个行省）、多瑙河南的伊利里亚行省、亚细亚东部的西里西亚行省、叙利亚行省。北面莱茵河—多瑙河防线针对日耳曼人，东面西里西亚—叙利亚防线主要针对帕提亚。其中，莱茵河防线部署了8个军团，多瑙河防线部署了7个军团，叙利亚部署了4个军团。这些行省由元首任命将军管理，军政统领民政，任期由元首决定。

---

[1] 布林格曼：《罗马共和国史》，刘智译，华东师范大学出版社，2014年，第392—395页。盐野七生：《罗马人的故事》（Ⅵ 罗马统治下的和平），徐越译，中信出版社，2012年，第152—177页。

[2] 苏维托尼乌斯：《罗马十二帝王传》，张竹明等译，商务印书馆，2015年，第89—92页。格罗索：《罗马法史》，黄风译，中国政法大学出版社，1994年，第335—338页。

埃及非常特殊，数千年前就已经形成了强大的神权统治，法老是神。亚历山大大帝征服埃及以后，也称神进行统治。他英年早逝之后，帝国一分为三，统治埃及的这部分叫作托勒密王朝，也延续法老就是神的埃及传统。恺撒追击庞培的时候把埃及变成了罗马的盟友，克里奥帕特拉成为法老。屋大维击败安东尼、处决克里奥帕特拉之后，数千年的法老统治正式作古。这个时候埃及的统治怎么办？屋大维既已将恺撒封神，他就以"神之子"的名义统治埃及。埃及成了元首的私人领地。[1]

硕大的罗马帝国落入了屋大维精心设计的"二元统治"，一边是意大利本土和元老院行省，一边是皇帝行省和埃及。前者在法理上和规范上保留着明显的共和传统，屋大维以幕后操控的方式实现控制；后者在法理上和规范上作为共和的特殊情况、特殊区域、特殊人群来对待，尽管已经是用独裁的方式统治，但完全可以被理解为共和大局的边缘和补充。这种二元统治的中央—地方关系大大降低了眷恋共和的人们对屋大维的抵触情绪，它也确实符合帝国内部多元地区差异化治理的需要。有史家高度称赞这一模式，说这是屋大维比恺撒高明的地方，甚至说恺撒如果在独裁之时公布这种二元统治方案，他就不会被刺杀。[2]关于恺撒是否准备建立这种多元平衡的中央—地方关系，很难查证，但屋大维将它建立起来，系统性地解决了罗马变大以后地方如何管理这个帝国必须面对的基本问题。他从帝国的守势到裁军，到兵力部署，再到行省分类，拿出了一套完整且有效的帝国纵向权力安排，庞大的罗马帝国可以撑起来了。[3]

第三重，确定纵向的管理。

帝国纵向权力有了行省分类的四梁八柱，还必须辅以下位阶的支架，唯有如此，帝国的纵向权力才能真正形成框架。改革必须是一整套的。屋大维

[1]　盐野七生：《罗马人的故事》（Ⅵ 罗马统治下的和平），徐越译，中信出版社，2012年，第115—119页。塔拉曼卡主编《罗马法史纲》（下卷），周杰译，北京大学出版社，2019年，第554—571页。参见吉本：《罗马帝国衰亡史》（1），席代岳译，浙江大学出版社，2018年，第23—30页。

[2]　马什：《罗马贵族与凯撒之死》，载李世祥编译《凯撒的剑与笔》，华夏出版社，2009年，第157—167页。

[3]　参见勒特韦克：《罗马帝国的大战略》，时殷弘、惠黎文译，商务印书馆，2008年，第一章。

在帝国管理上，新建了帝国的税务制度、警察制度、粮食发放制度、粮食储备制度、消防制度、城市分区管理制度等等，庞大的帝国有了系统化的规矩。[1]这些制度就是放在1500年后都是非常先进的。比如，英国的警察制度是在1856年建立的，中国的则是在清末改革时建立的。将治安管理的职能从军队维护安全的职能中剥离出来，不仅需要社会的高度发达，对社会管理提出更高、更精细、更直接的要求，而且需要统治者对不同权力进行明确界分。屋大维治下的罗马在客观上成熟到了这个程度，主观上也跟上了社会的要求，拿出了创造性的方案。

有了稳固的核心和有力的支架，罗马就变得井井有条，不仅摆脱了普遍夺权的普力夺状态，而且很快就登上了巅峰，成就了"罗马治下的和平"。

奥古斯都的苦心

如果说恺撒是罗马史上最善于凝聚权力的政治家，那么，屋大维就是罗马史上最善于运用权力的政治家。当然，恺撒运用权力和屋大维凝聚权力也都是高手中的高手。我们通过屋大维完成帝国的建造来看看他如何运用权力，背后究竟是什么样的良苦用心。这里我们引入一对概念，屋大维的丰功伟绩就更容易得到清晰的理解，那就是"专断性权力"和"基础性权力"。

"专断性权力"（Despotic Power）尽管存在复杂的学理解释，但它和普通人对权力的理解非常吻合，它就是说一不二的权力，就是唯我独尊的权力，就是目中无人的权力。在专断性权力的逻辑当中，权力非常容易被等同于"意志"。所以它非常符合韦伯对权力的定义，"将个人之意志加诸他人之行动的可能性"。[2]无论权力是从武力、名誉、金钱哪种矿石通过组织、

---

[1]　苏维托尼乌斯：《罗马十二帝王传》，张竹明等译，商务印书馆，2015年，第74—75、79、87页。布林格曼：《罗马共和国史》，刘智译，华东师范大学出版社，2014年，第391页。盐野七生：《罗马人的故事》（Ⅵ　罗马统治下的和平），徐越译，中信出版社，2012年，第58—62、86—88、209—216页。比尔德：《罗马元老院与人民》，王晨译，民主与建设出版社，2018年，第364—372页。
[2]　韦伯：《韦伯作品集》（Ⅲ　支配社会学），康乐、简惠美译，广西师范大学出版社，2004年，第3页。

策略、感染力哪种机制练就而成，成了之后就可以命令别人，让别人服从。权力大小似乎和掌权者的意志强弱成正比，而绝大多数人对权力的迷恋或者厌恶也都由此而来，希望用自己的意志压倒对方的意志，或者讨厌被任何人的意志压倒。

　　但还有另外一种权力和专断性权力相对，就是"基础性权力"（Infrastructural Power），这是大多数人不熟悉的。它是集体性的，而不是个人性的，所谓集体，就是涉及权力的共同体，因此，它是集体授权形成的权力；它是规范的，而不是专断的，所谓规范，就是明明白白说清楚什么情况下服从谁的命令；它是职务性的，而不是人格性的，所谓职务就是权力的法定承担者，有职务才有权力，没有职务，再伟大的人格也没有权力发号施令；它是有逻辑的，而不是权宜性的，所谓逻辑就是按照社会政治事务通常的解决方法展开，不需要把每件事情都当作特例来处理。这种权力是一个国家的基础设施，就像道路、桥梁、码头、路灯一样。[1]

　　举一个例子。如果我们闯红灯被警察拦下扣分、罚款，不会认为执法的警察对我们实行专断意志，非要把他的个人意志凌驾于我们之上。因为不许闯红灯的规则是我们每个交通参与人都默认支持的，它的存在保证了道路交通井然有序。而作为执法者的警察处罚我们闯红灯的行为是在维护我们共同的秩序。当警察在处罚时，他是有权力的。

　　专断性权力用起来很爽很畅快，但是非常危险，因为它启动了"意志的较量"。发令者的专断性越强、范围越大、频率越密、涉事越多，服从者的意志就越被压制，就越处于非人化的境地，就越会有誓死相拼的反扑。专断性权力的使用半径有限，一个人能对几个人直接发号施令呢？如果要对广土众民发号施令，就必须有下属层层下发命令。两个巨大的困难自然就出现了。第一个困难，这些一层又一层的下属凭什么服从命令呢？如果每一层都凭借恐惧的心理基础威胁下级，整个国家就是专制。整个国家的任何级别之

---

[1]　参见迈克尔·曼：《社会权力的来源》（第二卷上），陈海宏等译，上海人民出版社，2007年，第68—69页。Michael Mann, *The Sources of Social Power*, Vol. II, Cambridge: Cambridge University Press, 2003, p.59.

间都会形成"意志的较量"，它就陷入了潜在的战争状态。第二个困难，这些一层又一层的下属是否必须忠实地执行命令呢？那意味着他们不能拥有专断性权力，他们只能以专制者的意志为意志。可是一个广土众民的国家，皇帝怎么能一个命令就适应千差万别的各地情况呢？于是，专断性权力会在官员的忠诚和事务的弹性之间陷入两难。

对比基础性权力，它几乎不需要面对上述两种困难。它是讲道理的授权形成的权力，它依据规范有逻辑地运行，事情就该这么办，大家即便利益不同也能理解，也要遵从，在这种逻辑当中就几乎不存在"意志的较量"。如果都是按规矩办事，民众都是服从规矩设定好的特定事务中的权力，官员有自由裁量的权限，就可以一层层地实现命令在当地的落实。

但一个国家，尤其是大国，不可能全部都是基础性权力，而完全消灭专断性权力。因为总有无法常规化、无法逻辑化、无法例行公事的大事出现，这些事情需要乾纲独断，需要雷霆万钧，需要说一不二。那么，一个国家就要把解决特殊重大问题的专断性权力用宪法的授权交给特定的人，就像罗马共和设立了独裁官制度来解决国家危难。

区分清楚专断性权力和基础性权力，我们再来看屋大维的做法，就知道他有多明智。他的一生都在极力地创造和铺展帝国的基础性权力，而且，极其小心谨慎地使用个人的专断性权力，最重要的是，他使用个人的专断性权力也是为了创造和铺展帝国的基础性权力。

从结果来看，屋大维把罗马带上了巅峰。所谓巅峰，就是帝国秩序有效解决了共和中期以来急速扩张导致的种种问题，使得海量的多元要素达到更高级的均衡状态，整合为一体，它们各得其所、各自相安、各自相助，形成相互加持而不是相互伤害的局面。"他懂得如何把在罗马人民的各个阶层中最普遍而广泛传播的希望转变成完美的政策。"[1]打造帝国秩序的关键是重新塑造罗马的社会和政治结构。既然是巅峰，自然是山已经堆起来了。原来的城邦罗马是一个相对平等的寡头统治，结构相对扁平，贵族和平民差距不大，可以协商、可以妥协。罗马共和制度建立在这样的基础之上，是合适

---

[1] 塔拉曼卡主编《罗马法史纲》（下卷），周杰译，北京大学出版社，2019年，第440页。

的，也是有效率的。但体量增大导致底座上的平民海量地增加，而且贫富差距急速扩大，社会已经不再扁平。适合扁平的共和此时内外交困。她的外部管理幅度有限，手伸不了那么长，管不了那么多、那么大、那么复杂的事；她的内部协调难度增加，甚至走向了贵族分裂、党派斗争、内战不止。海量平民的崛起对扁平的共和制度来说简直就是泥石流。

合理的解决方案是聚沙成塔，用上下方向的流动性吸收和消化底座上的相互冲撞。这样一来，由于体量扩大带来的巨大能量，就会由破坏性的泥石流转变成建设性的人往高处走。用一个空间形象来说就是，广场上已经人满为患没法一起商量事情了，甚至已经互不相让地争吵，最后酿成了暴乱，怎么办？建高塔，几乎是建一座通天塔，让广场的人都不用跟旁边的人吵，而是去爬这座通天塔。谁有本事，谁就爬到巅峰。

帝国就是一座通天塔，帝国取代共和就是高塔取代广场。[1]这不是说作为公共建筑的广场都拆毁了，而是说罗马的社会政治结构由广场式的横向铺展，变成了高塔式的纵向拉伸。当横向铺展实在是无边无际，已经酿成了全民夺权的普力夺乱局，就得换一个思路，从纵向拉伸上面做文章。思路变了，新结构出现了，老问题才能解决。

解决大问题得靠大人物。从关键政治人物来看，平民派领袖最后变成君主是纵向结构建立的必然结果。绝大多数人在汹涌的洪流中是辨别不了方向的，识时务是非常困难的事情。识别大势，推动它向前，站上它的潮头，最后还要落实成稳定的结构，才算大功告成。苏拉识别了大势，但他的解决方案搞错了方向。恺撒完全弄清楚了，也把方向搞对了，事情做对了，可惜没有最后竣工。屋大维对恺撒的事业不仅完全明白，而且贯彻到底，还有很多创造性的发挥，通天塔在他手里竣工了。他长寿地统治了罗马40多年，有足够的时间把通天塔造得妥妥当当。

简单复盘罗马帝国的总设计师兼总工程师屋大维建造通天塔的历程。"奥古斯都披着合法的共和制外衣，在执掌最高特别指挥权的基础上建立了

---

[1]　参见弗格森：《广场与高塔：网络、阶层与全球权力竞争者》，周逵、颜冰璇译，中信出版社，2020年，"导言"。

帝制，并将其个人专权描述为元首制。……（他）有意识地利用共和国传统作为自己的统治手段和工具。"[1]改造帝国的政治核心，他处心积虑地稳住元老院，竭力避免恺撒式的狂妄自大，用表面上的和光同尘把实际上的暗中操纵掩护得妥妥当当。奥古斯都的名号刻意去除武力的含义，追求宗教和道德上的崇高，就是刻意避免专断的观感。将军队裁减并用于防守、将行省分类处置、建立各种管理制度，就是在建设帝国的基础性权力，而没有至尊之位，这些大事真不知道什么时候才能办成。办不成，就不可能把海量的平民和广大的疆域安置到层次错落有致的结构当中，全民夺权的普力夺状态就难以解除。一旦他驾崩，马略和苏拉、恺撒和庞培、他自己和安东尼的老戏码又会重新上演。帝国的权力结构健全了，尤其是基础性权力完善了，就相当于引导海量民众的沟渠挖好了。屋大维对罗马的成功治理，堪比中国上古的大禹治水。

在"治水"的过程中，他"并不是使自己成为专制君主或是独裁官，而是创立了'第一公民'的名义"[2]。他刻意隐藏自己的专断性权力，尊重共和传统，给元老院尊荣和权力，尽可能让更多的人感到尊重和欢欣。隐藏归隐藏，隐藏不是废弃，终究还是要使用的。但他几乎全部都用在了创造和铺展帝国的基础性权力上，在办大事的时候，他从来不缺乏意志力。在世人面前，他堪称道德楷模，连一贯爱写绯闻和丑闻的苏维托尼乌斯都承认："人们普遍认为，他极为节制，甚至没有任何可疑的过失。"[3]阴郁确实是他的性格，阴险确实是出于政治的必要，他把阳光一般的温暖和煦带给了罗马帝国，更重要的是，他把超大规模的秩序留给了罗马帝国，他配得上时人和后人的景仰。还是那句话，留下好制度给人民带来好生活，才是国父永垂不朽的唯一法门。屋大维的后半生是对这句话最好的诠释。

不过，罗马帝国这座通天塔看起来威武无比，也有它的结构性缺陷。稍

---

[1]　布林格曼：《罗马共和国史》，刘智译，华东师范大学出版社，2014年，第387页。

[2]　塔西佗：《编年史》（上册），王以铸、崔妙因译，商务印书馆，2002年，第10页。引文根据英文和拉丁文对照版略有调整，参见Tacitus, *The Annals* (Loeb Classical Library), trans. John Jackson, Cambridge: Harvard University Press, 1980, pp. 260-261.

[3]　苏维托尼乌斯：《罗马十二帝王传》，张竹明等译，商务印书馆，2015年，第107页。

微懂一点建筑的朋友都知道，楼不是想盖多高就能盖多高的，高塔的高度存在着物理的上限。作为设计师，必须精确地计算高塔的力学结构。从这个角度看，屋大维不仅是个好设计师，还是一个好工程师。但要是没屋大维那么明智的人坐上皇帝宝座，这座高塔很容易出大麻烦。结构性的上下流动一旦形成，每个人都会去争夺制高点，似乎把塔造得越高越好。而支撑起高塔的诸多支架需要耐心地维护和更新，争夺制高点的野心家通常都不会重视这个问题，要么根本没有意识到这是个问题，要么选择性失明。如此一来，他们很容易走上和屋大维相反的道路：以牺牲基础性权力来强化专断性权力，这种不顾帝国结构的胡作非为最终引发了帝国的崩塌。

在政治当中，把局势崩坏归结为坏人太坏并不是明智的解法。尽管屋大维殚精竭虑，帝国本身并非无懈可击，她存在着屋大维也不可能彻底解决的大问题，按照严重性由轻到重排序，它们依次是：第一，管理制度再先进，在古代技术条件下也仍然是比较有限的；第二，军队控制再成功，仍然没有改变罗马的军国底色；第三，元首制度再有效，仍然逃脱不了君主制的死穴：皇帝再英明神武，终究还是会死的，而且，好皇帝真的不常见。这些结构性的问题会一个个暴露出来，帝国终究还是难逃覆灭的命运。

3.4 继承：帝国宪制的硬伤

　　屋大维创立的罗马帝国在宪制上是元首制，和后来戴克里先创立的专制君主制存在重大差别。不过约定俗成，这两种宪制中的帝国最高领导人都被称为"皇帝"（Imperator/Emperor）。屋大维毫无疑问是好皇帝，罗马帝国在他手上建成了，罗马的超大规模不再是乱的根源，而成为强的基础。不过，再好的皇帝也必有一死。他死了之后帝国怎么办，还能继续繁荣富强吗，还是会江河日下、分崩离析？帝位继承是帝国的头等大事。但很不幸，古今中外用制度稳定且有效地解决这个"帝国第一问题"的帝国并不多，罗马在这个问题上并不成功，甚至根本就没有关于帝位继承的可靠制度，这是罗马帝国宪制的硬伤。罗马帝国的衰亡，和帝位继承制度不明确、不健全、不合理大有干系。讨论罗马在处理帝位继承问题上的失败，是因为罗马太大了，她把帝位继承所蕴含的重大问题全部充分地暴露出来，尽管她失败了，但给了所有大国最重要、最根本、最核心的提示。

拱顶石的巨大威力

　　古代世界当中，对好皇帝的赞颂一直不绝于耳，他们是盛世的缔造者，甚至被看成上天（神）对这个国家的眷顾。老百姓把好日子和好皇帝简单地画上等号，符合官方的政治利益，而且，也确实有站得住脚的道理。我们先来看罗马帝国的好日子。罗马的好皇帝们带领罗马帝国走向繁荣昌盛的要点，归结起来大约有四点：

第一，稳定的政治秩序。

第二，有效的行政管理和司法裁判。

第三，发达的产权和交易制度。

第四，卓越的公共交通、健全的货币体系、流畅的长途贸易。[1]

罗马帝国到了五贤帝（公元96—180年）手上，这座高塔算是完全成熟了。有上面这四条，繁荣富强、国泰民安、欣欣向荣、意气风发的大好局面可以说是稳稳当当。但这样一个大好局面并不是理所应当的，而是极其珍贵的，好秩序带来好局面在任何地方、任何时代都是异常难得的。把四项条件全部凑齐，而且是在超大规模下高效运转，几乎是奇迹。稳定的政治秩序对弹丸大小的城邦来说都不是件容易的事情，何况是一个庞大的帝国。有效的司法裁判可能各个城邦都有，但帝国规模的司法体系是罗马首先实现的，而有效的行政管理必须达到一定的政治规模之后才可能出现，比如政治非常发达的古希腊世界，基本上就不存在行政体系。发达的产权制度是罗马法扩张和大规模市场经济的结果，没有罗马法，法律离道德和习俗就不会很远；没有大规模的市场经济，产权和交易规则就没有必要。最后，罗马大道、罗马货币、长途贸易都是大规模共同体长期运行和精心建设的产物。这四根支柱撑起了罗马帝国的辉煌，它们形成的逻辑却不一样，全部凑齐了的难度可想而知。从这个角度看，"罗马不是一天建成的"，这句名言意味着超大规模共同体一定要把自己内部的好东西集成为井然有序的整体，才能免于混乱的诅咒，享受各种美好带来的更美好。

把"罗马治下的和平"这个独一无二的太平盛世归结为屋大维和五贤帝的英明神武并不完全是迷信，因为政治稳定是一个文明之中诸善之首。没有政治稳定，其他一切好东西都很容易灰飞烟灭。政治是文明的硬壳，没有这

---

[1] 李筠：《西方史纲：文明纵横3000年》，岳麓书社，2020年，第115—116页。勒纳、米查姆、伯恩斯：《西方文明史》（Ⅰ），王觉非等译，中国青年出版社，2005年，第177—190页。芬纳：《统治史》（卷一 古代的王权和帝国），王震、马百亮译，华东师范大学出版社，2014年，第590—599页。

个硬壳，所有好东西都保不住。[1]政治对一个文明来说是1，其他的好东西都是0。这不是说其他好东西比起政治来说什么都不是，而是说只有政治在最前面顶住了，后面的好东西跟上了才有用，它要是倒了，它们很可能都会归零。同样的道理，在帝制政治当中，皇帝是1，其他的好东西都是0，要是皇帝出了问题，帝国的好政治非常容易归零。我把皇帝在帝国政治当中的这种地位叫作"拱顶石"。

拱顶石（keystone），就是"关键的石头"，是拱顶正中间的那块石头，它承受着来自四面八方的压力。如果没有拱顶石，周围所有的石拱就会马上垮掉。擅长建筑的罗马人造了各式各样的拱，其中最为世人所熟悉的就是凯旋门。[2]如果没有合格的皇帝，帝国政治的拱就会坍塌，顶层九王夺嫡，底层流沙涌动，帝国从上到下都会动摇。之所以说皇帝是帝国的拱顶石，就是因为他是把超大规模共同体极其复杂多元的因素整合为一体的关键。皇帝对帝国极端重要，本身就蕴含着皇帝之间的顺利接续极端重要，这就是帝位继承问题。

恺撒和屋大维之间、五贤帝之间存在着一种独特的机制来解决帝位继承问题，就是养子继承制。养子继承前文已经多次提到，最重要的当然是屋大维凭借恺撒的遗嘱成了他的养子。罗马贵族培养养子继承自己的政治事业，恺撒不是第一个。但恺撒指定屋大维做继承人这个事情，在帝国快要成形的关口，威力巨大。

罗马贵族收养子稀松平常。收养有出息的孩子延续自己家族的政治地位和实力，是好事。比如大西庇阿的儿子收养朋友保卢斯的儿子做养子，这个孩子就是小西庇阿，他长大后把祖父在非洲的事业画上句号，彻底铲平了迦太基城。但这是一家一姓的事，本质上是私事。

恺撒收屋大维做养子的事情就不同了，它变成了整个罗马的公事，因为

---

[1]　李筠：《西方史纲：文明纵横3000年》，岳麓书社，2020年，第88页。

[2]　关于罗马人对拱的认识，参见维特鲁威：《建筑十书》，陈平译，北京大学出版社，2012年，第128—129页。关于罗马人对拱的建造，参见佐藤达生：《图说西方建筑简史》，计丽屏译，天津人民出版社，2018年，第62—82页。现存的古罗马凯旋门有三座，离大竞技场由近到远分别是君士坦丁凯旋门、提图斯凯旋门、塞维鲁凯旋门。

它关乎整个罗马而不只是恺撒的尤利乌斯一族的走向。当所有人在问"谁是屋大维"的时候，可以明显看到这种继承关系里面的禅让色彩，恺撒选的是贤，而不是亲。如果有明确的血缘关系，比如父子、兄弟，大家就不会有此一问。

和恺撒一样，屋大维也没有把帝位交给自己的亲儿子。恺撒和屋大维没有亲儿子，这在客观上就让帝制伊始的罗马没法在他们巨大的权威下树立起皇帝的家族世袭制。屋大维把皇位传给了后儿子提比略。提比略是屋大维的夫人和前夫所生的孩子。屋大维本来选了亲外孙做继承人，可惜外孙还没有足够的历练就被委以重任，失败后英年早逝。和恺撒不同的是，屋大维活得够长，有时间明确地提拔接班人，他让所有人都知道如果有一天他驾崩了，接任皇帝的就一定是提比略。[1]

经过了卡里古拉、尼禄这些暴君之后，罗马皇帝宝座落到了涅尔瓦手里，他和后任的图拉真、哈德良、安东尼·庇护、马可·奥勒留就是著名的五贤帝，他们统治下的罗马帝国被西方传颂成黄金时代。屋大维开创的"罗马治下的和平"一直延续到马可·奥勒留驾崩。这前面的四位贤帝基本上都遵循了屋大维模式，生前就指定和提拔接班人，把继承大统的事情安排得明明白白。哈德良用心最是良苦，不仅指定安东尼·庇护做接班人，还隔代指定马可·奥勒留做接班人，让安东尼收奥勒留做养子，安排得够长远的。最后一位贤帝马可·奥勒留坏了规矩，在位的时候就培养亲弟弟和亲儿子做皇帝。

如果说屋大维选接班人虽然不是亲儿子，但他还是把皇帝继承问题尽力在自己家族内部解决，那么，四贤帝真是有禅让制的味道。图拉真出生在大约今天西班牙的塞维利亚附近，已经超出了意大利半岛。他能征善战，在前几任皇帝手下已经稳步崛起。在图密善皇帝遇刺后，66岁高龄的涅尔瓦被元老院选为皇帝，他在军中威望不高，不到一年就宣布收图拉真为养子，共掌

[1] 苏维托尼乌斯：《罗马十二帝王传》，张竹明等译，商务印书馆，2015年，第98—99、132—147页。塔西佗：《编年史》（上册），王以铸、崔妙因译，商务印书馆，2002年，第4—8页。David S. Potter (ed.), *A Companion to the Roman Empire*, Oxford: Blackwell Publishing, 2006, pp. 116–117.

大权。当时图拉真44岁，能征善战，正是年富力强的年纪。涅尔瓦的皇帝履历几乎就是为了让图拉真当上皇帝准备的。

　　哈德良比图拉真小23岁，他10岁的时候就被图拉真养在身边，一直委以重任，不过变成养子和继承人却是在图拉真驾崩之后的遗嘱里完成的。当时哈德良还在东方战场上，41岁，也正是年富力强的好时候。可能是想得太多，几位候选人又都先他而去，哈德良60岁才开始集中处理继承人问题。他清除了一大堆想当皇帝的亲戚之后选择了安东尼·庇护。安东尼人好，名望高，但只比哈德良小10岁。哈德良中意的其实是马可·奥勒留，但马可当时年纪太小，只有18岁，所以哈德良找了安东尼来过渡，这才有了隔代指定。53岁的安东尼当了差不多23年的皇帝，把帝位传给了40岁的马可·奥勒留。[1]后四位贤帝对于他们的养父都敬重有嘉，感恩图报，像屋大维一样，他们的励精图治都有报答养父知遇之恩的意图，更有继承事业和使命的荣誉感和责任感。[2]

　　在前四位贤帝手上，皇帝向元老院宣布谁是养子，就是宣布谁是继承人。他们都和前任非亲非故，他们都对后辈青眼有加。除去开了好头的涅尔瓦，他们都在40多岁的时候登基，在位时间都接近20年，甚至更长。帝国的拱顶石不仅非常稳定，而且非常优秀。这就是罗马帝国黄金时代最大的政治保障。

拱顶石的生产机制

　　有了屋大维和五贤帝的例子，我们可以剖析蕴含其中的罗马帝位继承的政治机制。

　　帝位继承对于帝国的极端重要性，在拥有悠长帝制传统的中国并不陌

---

[1]　吉本：《罗马帝国衰亡史》（1），席代岳译，浙江大学出版社，2018年，第89—93页。盐野七生：《罗马人的故事》（Ⅸ 贤君的世纪），计丽屏译，中信出版社，2012年，第24—25、30、169—179、310—315、338—343页。盐野七生：《罗马人的故事》（Ⅺ 结局的开始），陈涤译，中信出版社，2013年，第18—45、179—181页。

[2]　马可·奥勒留对安东尼·庇护的描写非常深情地表露出自己的感恩和决心，参见马可·奥勒留：《沉思录》，何怀宏译，生活·读书·新知三联书店，2008年，第5—7页。

生。用中国的古话讲，帝位继承问题关乎国本，这是国家的根本！先举一个中国的例子，康熙、雍正、乾隆三代的帝位继承。康熙晚年因为太子谋反伤了心，废黜太子之后迟迟不立新太子。老成谋国的张廷玉还有其他朝臣多次请他早定国本。为什么？张廷玉说得很直接，不定太子，所有官员会无所适从。他们是投靠四爷还是投靠八爷，九王夺嫡，官员必然选边站队，王朝就会四分五裂。康熙生前还是没有定，结果搞得雍正很狼狈，说他得位不正的谣言从来就没有停止过，到了今天依然还是电视剧的常用素材。可想而知他主政的时候有多麻烦。雍正吃了大亏，所以不能让自己的儿子再吃同样的亏，他生前就大力扶植弘历，为弘历登基铺平道路。乾隆在继承问题上毫无争议，就可以舒舒服服撸起袖子加油干。[1]

　　只要是帝国，帝位继承问题就是国本。无论像中国这样是从皇帝自己的儿子里选，还是像罗马那样从能干的年轻人里选，都是头等大事。皇位继承问题的重要性和皇帝是不是由一个家族世袭无关，这是由帝国的高塔结构决定的，没有好的拱顶石，高塔必定坍塌。反过来看，皇帝是帝国的枢纽，也是帝国最脆弱的地方，是帝国的阿基里斯之踵，更要命的是，在新老皇帝交接的时候，帝位很可能陷入空置状态。所以，对任何帝国来说，磨炼出好的拱顶石，把它们安置妥当，把它们连接妥当，就需要格外小心谨慎。

　　对于罗马帝国，一个最基本的问题便是她在黄金时代为什么采用养子继承制（某种程度的禅让制）来解决帝位继承问题。

　　罗马帝制和中国传统帝制最显眼的不同就是她几乎从头到尾都没有沾染世袭制。皇位的世袭制在中国实在太强大了，以至于中国人认为世袭的才是皇帝。恺撒、屋大维、五贤帝已经充分证明，世袭根本不是皇帝的必要条件，不世袭一样可以是皇上。更重要的是，罗马即便偶尔有把帝位传给亲儿

---

[1]　赵尔巽等：《清史稿》（第二册），中华书局，1976年，第二八二至二八三、二九四、三〇一、三〇五页。赵尔巽等：《清史稿》（第三册），中华书局，1976年，第三〇七至三〇八、三二六、三三二至三三四、三四〇、三四三至三四七页。赵尔巽等：《清史稿》（第十册），中华书局，1976年，第二六一六至二六一七页。赵尔巽等：《清史稿》（第三十册），中华书局，1976年，第九〇七〇至九〇七六、九〇八六至九〇八七页。赵尔巽等：《清史稿》（第三十四册），中华书局，1976年，第一〇二三七至一〇二四〇页。

子的事情发生，在罗马也没有成为定制，而且根本不合乎罗马的政治规矩，也不得人心。

为什么罗马人对我们中国人认为天经地义的皇帝世袭几乎是"心不在焉"呢？即便屋大维在自己家族里挑接班人，首先是外孙，也不是嫡长子。确实，前文已经提过，抑制帝位的家族世袭，共和传统是非常重要的约束力。把共和传统消化吸收了的帝国必须维持她的公共性，罗马至少在明面上不能属于一个家族。元首制时代的著名历史学家塔西佗书写的两部名著《历史》和《编年史》对屋大维家族掌握帝位的准世袭制展开了强烈的批判，写元首制时代的《编年史》全书第一句话便充满了讽刺意味："罗马在一开始就是一座由国王统治的城。"[1]共和传统在元首制时代仍然十分强劲，屋大维的准世袭制的实验效果非常差，提比略和克劳狄乌斯都不是好皇帝，卡里古拉和尼禄都是臭名昭著的暴君。

但是，罗马帝国没有确立起帝位的世袭制还有更硬核的理由，那就是罗马帝国的战争属性。

皇帝是大号的执政官，执政官当然是军队统帅，皇帝们是帝国最高统帅。皇帝不仅不能摆脱军人的属性，他甚至必须是罗马的第一军人。他们都是大将军，做不好大将军，不仅当不上皇帝，就算当上了也很容易被周围的一堆将军干掉。既然必须是大将军，小孩子肯定是不行的，必须是成年人，甚至必须是在战场上磨炼过的将军。想传位给亲儿子的，亲儿子都被干掉了。所以明智的皇帝不会这么做，这么做对帝国没有好处，对亲儿子是灭顶之灾，何苦来哉？我们甚至可以从涅尔瓦和图拉真的关系反证这一点。涅尔瓦近七旬登基，没有漂亮的军队履历，虽然年高德劭却难以服众，他很快选择了图拉真这员猛将作为养子、接班人和共治皇帝，他的皇位才算稳固下来。[2]德高望重都不足以驾驭罗马这个军国，何况是毫无政治历练的黄口

[1]　塔西佗：《编年史》（上册），王以铸、崔妙因译，商务印书馆，2002年，第1页。引文根据英文和拉丁文对照版略有调整，参见Tacitus, *The Annals* (Loeb Classical Library), trans. John Jackson, Cambridge: Harvard University Press, 1980, pp. 242-243.

[2]　盐野七生：《罗马人的故事》（Ⅷ 危机与克服），葛奇蹊译，中信出版社，2012年，第323—326页。盐野七生：《罗马人的故事》（Ⅸ 贤君的世纪），计丽屏译，中信出版社，2012年，第30页。

小儿。

中国可以稳定地实现皇帝的世袭制，一个原因是早在周公时候就留下的嫡长子继承制传统深入人心，另外一个原因是中国在唐朝实现了稳定的文武分离。有文武权力各自独立的体系化，皇帝才可以手无缚鸡之力，坐在紫禁城里统治天下，甚至皇帝是小孩或者皇帝不理朝政，一段时间之内国家也不会出大问题。皇帝家族最重要的政治任务是稳当地延续天命，香火不断才能证明上天对这个家族的眷顾，才能证明天命选择了这一姓的王朝，所以一定要搞好世袭制，甚至是嫡长子继承制。相应地，皇帝怎么控制武将，尤其是控制出征在外的大元帅，就成了大问题。中国皇帝不用马上治天下，可以躲在深宫垂拱而治，一个基本的前提是科举制的发明和兴盛。科举制的"出身"也确实带有以文抑武的原始意图，这个意图主要来自中国唯一的女皇帝武则天。正是因为她从李氏家族中夺取了皇帝宝座，得不到李氏家族的基本盘关陇军事贵族的支持，她只有另觅他途。而隋朝开启、唐朝延续的科举制被她重用，成为吸纳人才、打造新队伍对抗关陇军事贵族的基本机制。[1]

罗马帝国一直在打仗，即便屋大维定下祖训不许扩张，帝国仍然战事不断。一方面是因为帝国必须对付的周边劲敌实在太多，另一方面是因为皇帝和将军们都有建功立业的雄心。国家事务的高度军事化和国家人才的高度军事化相互推动、相互加持、相互激励。罗马也有文官，但数量少、工资低、重要性低，构不成对军队系统的挑战。文官要寻求更好的政治前途，也自然主动往武将这条路去走，就像当过祭司长和执政官的恺撒仍然必须领兵去高卢一样。罗马没有找到中国古代的科举制那样系统性选拔文官的机制，也没有建立起一整套可以和军队展开较量的文官体系。以文抑武、以文控武、以文领武的事情不是根本做不了，而是根本就没有进入罗马的视野。这是罗马控制不了军队的重要原因。这个问题下一节细谈。这里的问题是，整个罗马帝国政治人才的成长历程和政治晋升管道，和整个罗马以军事为最重要事务

[1] 陈寅恪：《隋唐制度渊源略论稿　唐代政治史述论稿》，生活·读书·新知三联书店，2001年，第九六至一〇六、一三七至一五五、二〇五至二〇七、二三六至二三七、二四三至二四四页。参见司马光等：《资治通鉴》（第十四册），中华书局，1995年，第六四七七、六五五八页。施展：《枢纽：3000年的中国》，广西师范大学出版社，2018年，第176—180页。

的基本情况是高度吻合的。[1]在这种军国生态中，"皇帝的权力最终依靠的
是军队"[2]，皇帝只能是大将军。相应地，世袭制在罗马帝国根本就无法运
行。世袭制表面上看起来只需要遵循血缘一条标准，实际上必须至少有观念
上的支持和权力上的文武体系化分离的支持。

军国罗马的拱顶石生产机制就是优秀军人之间的竞争。通过军衔晋升爬
到罗马帝国这座通天塔的顶端，就是皇帝。相应地，罗马皇帝的宝座就围满
了大将军。因为所有在这座通天塔里拼命向上爬的人都只能通过军衔这同一
条路往前赶，他们全部都是军人。一旦没有五贤帝那样文武双全、控制大局
的拱顶石，罗马也就很容易落入武人夺权的深渊。

拱顶石的三大支柱

罗马帝国的帝位继承是在军人竞争的底色上展开的，但这并不意味着它
全是赤裸裸的武力相拼。马可·奥勒留无德无能的儿子康茂德死后，罗马确
实落入了"兵营出皇帝"的乱局。但在此之前，哪怕在此之中，罗马帝国的
帝位继承仍然有很多道理值得深究。

对罗马帝国来说，养子继承制无论在遵循共和传统还是满足军事效率上
都优于世袭制。塔西佗借世袭制反对者伽尔巴的长篇演讲把这个问题说得很
清楚，其中的关键是：

> 在提比略、卡里古拉、克劳狄乌斯统治下，我们罗马人民可以说就
> 是一个家族的私产；我们的皇帝现在开始通过推选产生，这个事实对所
> 有人来说意味着拥有自由；既然尤利乌斯和克劳狄乌斯家族都已终结，
> 那么收养（养子为接班人）就是去选择最好的人。因为生在帝王家只不
> 过是一种机缘，不该被过多考虑，但在养子继承制当中，（人们的）判

---

[1]　塔拉曼卡主编《罗马法史纲》（下卷），周杰译，北京大学出版社，2019年，第546—578页。乔
洛维茨、尼古拉斯：《罗马法研究历史导论》，薛军译，商务印书馆，2013年，第420—440页。

[2]　尼古拉斯：《罗马法概论》，黄风译，法律出版社，2004年，第12页。

断力可以充分得到运用；如果人人都愿意做出选择的话，大家的一致同意就会指出谁该当继承人。[1]

养子继承制最后被哈德良皇帝用非常鲜明的外在形式固定下来，为后世的罗马皇帝们遵循。他的做法是，选择谁继承大统，就收他为养子，而且让他当共治皇帝，加封一系列头衔。其中最重要的是"恺撒"。"恺撒"由此成为帝国接班人和二把手的固定头衔。[2]这件事情涅尔瓦干过，但图拉真没有这么干。大概是因为哈德良吃了图拉真在遗嘱中才确认自己继承人身份的亏，哈德良把这件事做成了定制。这种经历和做法和雍正皇帝的非常像。

但即便如此，很多史学家和法学家仍然一致批评罗马帝国的帝位继承问题并无成熟稳妥的制度。[3]关键问题在于，"皇帝的权力是哪里来的"这个根本问题没有得到制度的系统性回答，罗马皇帝的无上大权始终有点不明不白。从法理上看，罗马皇帝权力的终极来源依旧是"罗马元老院与人民"（SPQR），而不是受命于天或者受命于神。屋大维将恺撒封神，也确实从"神之子"的地位得到了人民的景仰和爱戴，但没有人（包括屋大维自己）会认为他的权力终极来源是恺撒。皇帝封神都是身后之事，也不是每个皇帝都能享受这种待遇。罗马有诸神，但他们从来不是罗马权力的终极来源。罗马的宗教不在政治之上，而只是政治的一部分，高度世俗化的罗马政治当中的核心问题，宗教做不了主。"权力属于人民，权威属于元老院"，这个流传了五百年的公式对皇帝们依然有效，在元首制的时代并没有合格的替代

---

[1] 塔西佗：《历史》，王以铸、崔妙因译，商务印书馆，1985年，第16页。引文根据英文和拉丁文对照版略有调整，参见Tacitus, *The Histories* (Loeb Classical Library), trans. Clifford H. Moore, Cambridge: Harvard University Press, 1980, pp. 30–31. 参见David S. Potter (ed.), *A Companion to the Roman Empire*, Oxford: Blackwell Publishing, 2006, pp. 118–121.

[2] 塔拉曼卡主编《罗马法史纲》（下卷），周杰译，北京大学出版社，2019年，第470—471页。

[3] 塔拉曼卡主编《罗马法史纲》（下卷），周杰译，北京大学出版社，2019年，第467页。格罗索：《罗马法史》，黄风译，中国政法大学出版社，1994年，第321页。乔洛维茨、尼古拉斯：《罗马法研究历史导论》，薛军译，商务印书馆，2013年，第440—444页。比尔德：《罗马元老院与人民》，王晨译，民主与建设出版社，2018年，第421页。盐野七生：《罗马人的故事》（VIII 危机与克服），葛奇蹊译，中信出版社，2012年，第19页。

品。皇帝们确实已经实际上掌握了无上大权，元老院册封皇帝这个必要手续也是由皇帝操控，但皇帝本身仍然不是权力的终极来源。皇帝无法绝对地垄断合法性的叙述，也就不可能把帝位继承问题当成自己的家事私相授受。帝位继承问题因此变得异常复杂。我们分三层来看。

首先，收为养子的政治含义。

收为养子这样一个私法意义上的行为为什么会成为帝位继承这个天大的公法事务的必要条件？罗马法首创了私法和公法的区分，最伟大的罗马法学家之一乌尔比安将它们定义为："公法规定的是罗马国家状况"，"私法是有关个人利益的规定"。[1]收养是典型的私法规定的行为，是亲属关系、身份乃至人格的变更。对被收养人来说，接受他人的收养是要冒很大风险的。因为罗马法非常坚决地维护家长制，家父对家子甚至有生杀予夺的权利。当然，被收养人也能获得极大的好处，除了成为养父的继承人有资格继承其财产之外，最重要的就是身份的改变：收养一旦完成，被收养人即脱离生父的家族，而变成养父家族的成员，养父家族的姓氏和尊荣他都有资格享用。[2]

明确了收养的法律关系，我们来看皇帝收养成年男子做接班人，这种收养关系对帝位继承有什么帮助。收养的相关法律制度的完善就是为高高在上的贵族（家族）血缘身份打开一条合法扩张的途径。"在罗马，收养从来不是一个主要被当做（作）让没有孩子的夫妇建立家庭的手段。"[3]最明显的利益是养子和养父之间建立起家族和亲属关系，合法打开了转移家族关系和门客关系的管道。也就是说，养父把他的庇护关系网络都交给养子了，这很可能是一笔巨额的政治资产。拿屋大维的情况来看，一旦他让所有人知道他

[1]　江平、米健：《罗马法基础》，中国政法大学出版社，2004年，第70—72页。格罗索：《罗马法史》，黄风译，中国政法大学出版社，1994年，第108—109页。周枬：《罗马法原论》（上册），商务印书馆，2001年，第92页。

[2]　罗马法对收养的规定非常细密，参见查士丁尼：《法学总论》，张企泰译，商务印书馆，1997年，第23—26页。盖尤斯：《法学阶梯》，黄风译，中国政法大学出版社，1996年，第36—41页。周枬：《罗马法原论》（上册），商务印书馆，2001年，第162—166页。江平、米健：《罗马法基础》，中国政法大学出版社，2004年，第136—137页。卡泽尔、克努特尔：《罗马私法》，田士永译，法律出版社，2018年，第681—690页。

[3]　比尔德：《罗马元老院与人民》，王晨译，民主与建设出版社，2018年，第423页。

就是屋大维，恺撒遗嘱就会让恺撒毕生经营的人脉关系和他主动对接，他就能迅速变成恺撒党的领袖。所以，屋大维借巨款刷出存在感就是要激活恺撒庇护关系网络这笔更重要的遗产。[1]当然，人脉和金钱一样都是私货，它们确实对养子的实力大有帮助，但它们不能成为台面上的继承帝位的宪制理由。

　　收养带来的公法意义上的帮助主要是精神性的。人们愿意把养父子之间看成一种精神传承的关系，这也符合人之常情。皇帝们也积极利用这种人之常情来为养子继承的做法增添光明正大的宪制理由，其中最经典的就是"寻找最好的人"。收养行为是老皇帝为帝国寻找最好的人这个艰辛过程的正式结论，他向罗马元老院和人民宣告他找到了，请他们相信他的选择。[2]但这种光明正大的理由仍然没有也不可能成为制度，他对老皇帝、新皇帝、元老院和人民来说都只是善良愿望和相互信任，没有可以落实为制度规定的落脚点。

　　其次，皇帝授权的公共性。

　　老皇帝会对养子授予各种权力和头衔，甚至可以把自己所有的头衔和养子并立，交接时期，罗马帝国会同时有两个奥古斯都、两个凯旋大将军、两个终身保民官等等。总之，养子在养父活着的时候就拥有了明面上的所有头衔，人人都知道养子在养父驾崩之后就是帝国的最高领导人。这种做法在哈德良和安东尼·庇护之间形成了定制。这确实比遗嘱公布继承人能够带来更大的确定性。

　　但这一套显白无比的做法并没有解决帝位继承的法理难题。老皇帝凭什么把国家交给另外一个人？世袭制不需要面对这个难题，血缘就是天命无可更改的直接呈现。认同世袭制就等于认同血缘这种生物传承机制被赋予了超自然的力量。甚至皇帝都不能违逆这种力量。所以中国人都会自然地觉得禅让制是虚伪的，它不过是奸贼篡逆的托词。罗马不承认世袭制，超自然力量

[1]　塞姆：《罗马革命》，吕厚量译，商务印书馆，2016年，第158、161页。

[2]　塔拉曼卡主编《罗马法史纲》（下卷），周杰译，北京大学出版社，2019年，第468页。David S. Potter (ed.), *A Companion to the Roman Empire*, Oxford: Blackwell Publishing, 2006, pp. 127-129.

就灌注不到血缘当中，血缘就成不了传承大统的神秘纽带。强大的共和传统严格管束着人们的认同，国家不是皇帝的私产，私相授受绝不是帝位继承可接受的理由。

所以说，哈德良制度治标不治本，它大概只解决了"怎么办"，还是没有解决"为什么"或者"凭什么"。

再次，元老院册封的真实性。

既然皇帝授权不能让帝位继承完全自圆其说，就请出罗马传统当中最有头有脸有尊荣的老脸来帮忙说，元老院册封是皇帝登基的正式合法标志。这在法理上意味着皇帝权力是来自元老院授权，或者至少意味着元老院认可是皇帝获取权力的形式要件。

但是，自从屋大维登基以来，元老院成为荣誉机构，屋大维成功地转移了罗马帝国的实际权力中心。元老院的权力大小和元老们的身份得失都掌握在皇帝手中。元老院完全被皇帝操控，唯一的差别只是像屋大维那样软性操控，让元老院享受尊严和体面，还是像尼禄那样胁迫操控，让元老院鸡犬不宁。罗马帝国的元老院从来就没有否决皇帝选择接班人的权力。[1]皇帝决定之后，元老院册封是必要的橡皮图章。

但奇怪的是，罗马帝国存续期间，元老院册封皇帝的规矩一直没有被废除，橡皮图章一直在盖，它和罗马帝国共存亡。皇帝们为什么一直还要留着它呢？归根结底还是皇帝权力本身的合法性不够充足，它需要元老院权威的加持。既然橡皮图章想盖就盖，还能带来自己无法制造的合法性，留着它当然比废掉它更合算。元老院尽管也知道自己是橡皮图章，但它有力地保证了元老院的存续，一旦皇帝在帝位继承问题上都不再需要橡皮图章，元老院甚至有被彻底废除的危险。元老院合理的做法当然是把橡皮图章的戏演好，先活下来，如果能够伺机找到扩张权力的机会当然是最好。[2]人民也接受橡皮

---

[1] 塔尔伯特：《罗马帝国的元老院》，梁鸣雁、陈燕怡译，华东师范大学出版社，2018年，第426页。

[2] 当然，元老院也不是对皇帝毫无办法。比如，前文提过的酷刑"除名毁忆"，就是由元老院判处。很多皇帝身后都遭到了元老院这种残酷的事后清算。参见塔尔伯特：《罗马帝国的元老院》，梁鸣雁、陈燕怡译，华东师范大学出版社，2018年，第428—431页。

图章，无论元老院实际上再怎么变成无能无权的荣誉机构，它仍然是人民心目中的传统权威。元老院在，"罗马元老院与人民"（SPQR）就在，元老院亡，SPQR也就毁了，人民就彻底变成了皇帝的臣民。所以，从决定人选的实权角度来看，元老院册封皇帝的政治真实性极度可疑，但从皇帝、元老院、人民一起演一出好戏的角度来看，他们是在一起编织皇帝的新衣，他们都在心照不宣地维护着罗马帝国皇帝权力极其脆弱的合法性基础，他们都虚伪得很真实。

拱顶石的左支右绌

罗马帝制继承的法理难题归根结底是元首制下皇帝权力的合法性基础薄弱造成的，皇帝权力缺乏充足的合法性基础，它的来源不够明确、不够集中、不够强硬。蒙森甚至非常苛刻地说："从来没有一种政治体制像奥古斯都的元首制那样如此完全地丧失合法性的概念。"[1]这种硬伤在英明神武的皇帝统治之下不明显，但在帝位继承问题上会充分地暴露出来，导致整个罗马帝国在新老皇帝交接的时候都潜伏着巨大的宪制危机。一旦新老皇帝把握不当，潜在的危机就会迅速坐实，导致罗马帝国的拱顶石崩塌，进而引发帝国这座高塔的崩塌。

归结起来，罗马帝位继承的法理难题大致有三种解法。

第一，寻求宗教的支持。把皇帝权力的合法性用宗教加厚，皇帝成为上帝的代理人，上帝的意志为皇帝所垄断，他想传位给谁，就是上帝想让谁做皇帝。在终极政治底牌的意义上，基督教的上帝和中国传统的天命，功能是一样的。后来君士坦丁大帝采用的就是这种解法。这个问题下文细谈。

第二，寻求程序规则的保证。把元首权力的合法性通过程序合格来加以确认，比如选举。这种做法的实质是诉诸每个人的理性。理性的人理解合理的程序规则，理性地服从程序规则（选举）导出的结果，承认法定程序选

[1] 转引自乔洛维茨、尼古拉斯：《罗马法研究历史导论》，薛军译，商务印书馆，2013年，第442页。

择出的最高领导人。这是现代政治的做法，但它的基本原理在罗马法里就已经奠定：服从权威不是服从专断意志，而是服从法律，也就是服从理性本身。[1]韦伯把这种解法叫作法理型权威。[2]这种解法的好处是不需要寻求宗教的帮助，不需要增加政治的宗教厚度，不需要国教来为国家护航。但不利之处是，人民要普遍地认同自己是理性人，所有人都以世俗的理性来对待世俗的政治，而这在古代是不可能实现的。它必是经历了宗教改革、文艺复兴、启蒙运动才会有的产物，它的核心政治理论模型就是社会契约论。

第三，寻求实力的证明。把事情的对错交给结果来证明。人其实很容易被结果征服，只要结果好，其实没有那么多人会计较当初的选择是否经得起推敲。屋大维把皇帝当好了，他早年争夺帝位过程中的虚伪、残忍、冷酷、血腥很快就被忘记了。这种解法的好处是不用多费口舌，干就是了。但它有巨大的坏处，那就是它会不断地削弱甚至最终取消政治顶层的是非对错标准。把这种解法推到极致，就不存在得位不正的问题，就不存在僭主，无论是篡逆还是谋反，反正上台以后干好了就行。在罗马帝国史上，实力的证明最臭名昭著的表现就是军队的拥立。如此一来，帝国最重要的问题就由实力比拼来决定，她的政治性就会因为拱顶石在道义上的极度薄弱而逐渐溃散，结果很容易变成人人夺权的普力夺。人心终究不是动物本能，实力可以在一定程度上挤压道义，但终究不可能将它完全穿透。

回看整个元首制下的罗马帝国解决帝位继承问题的历程，她没有采用第一种解法，她在宗教上做文章，将皇帝封神，并没有突破共和时代国家宗教的框架，神并没有被加厚到为皇帝权力撑腰的地步。她也没有采用第二种解法，理性人服从政治程序的筛选结果是非常现代的事情，它能够成立的诸多观念条件和社会条件还远远不成熟。确切地说，罗马帝国和这种解法并没有交集。于是，她采用的主要是第三种解法，用实力说话。有文治武功说话的时候，她能安享太平，一旦实力等于赤裸裸的武力，她就会落入万劫不复的

---

[1] 西塞罗：《国家篇 法律篇》，沈叔平、苏力译，商务印书馆，2002年，第158页。博登海默：《法理学：法律哲学与法律方法》，邓正来译，中国政法大学出版社，1999年，第13—15页。
[2] 韦伯：《经济与社会》（第一卷），阎克文译，上海人民出版社，2010年，第三章。韦伯：《韦伯作品集》（Ⅱ 支配的类型），康乐等译，广西师范大学出版社，2004年，第三章。

境地。在"三世纪的危机"这种武人夺权、内战不断、帝国崩溃的乱局被暂时遏制之后，君士坦丁大帝明确地选择了第一种解法，用基督教的上帝彻底消除皇帝权力的终极来源存在的各种毛病。

元首制罗马帝国的帝位继承难题并不为罗马所独有，它实际上是所有帝国都必然会面临的难题。向左，元首制的极限是确保帝国和皇帝权力的公共性，她不能把国家化为皇帝的私产；向右，元首制的极限是一人掌握最高权力，她不能回到共和制的寡头共治。一个国家大到一定的规模，这两个问题就会出现，而且汇集到帝位继承问题之中。

在左边，帝国是文明、是世界、是整全，她的普遍性决定了她必须具备充足的公共性。帝国一旦丧失公共性，就很容易被人视为赤裸裸的强权，只会杀戮、掠夺、剥削、压迫，就是人们最讨厌的帝国主义。她就没有办法再对帝国内外讲"帝国就是文明"的故事，也就很容易成为众矢之的。所以，任何权力私有化的行动都会危及"帝国的蓝图和想象"。

在右边，帝国是高塔、是差序、是等级，她的多样性决定了她必须通过上下结构来打造多元一体。帝国一旦不能通过拱顶石支撑起庞大的纵向权力结构，她很容易从大而强的盛世落入大而乱的危局。从屋大维到马可·奥勒留的黄金时代之前和之后的罗马史都证明了这一点。庞大的通天塔本身就要求拱顶石必须存在，而且必须优秀。

但是，一个人掌握最高权力，成了元首或者皇帝，怎么才能让所有人都相信他是为公不为私呢？他的行为和表白到底如何才能让大家信以为真呢？从长治久安的角度看，帝国的公共性强要求和拱顶石强要求如何才能兼容呢？牺牲其一，帝国都必然毁灭，兼得其二，似乎二者在很多地方水火不容，大有"冰炭不同器而久，寒暑不兼时而至"[1]的味道，真是左右为难，而现实中通常都是左支右绌、顾此失彼。

元首制下的罗马帝国没有成功解决帝位继承问题，归根结底是因为皇帝权力的合法性过于薄弱，但至少给了我们非常有益的提示：第一，国教的解法在古代世界是相对明智和可行的办法；第二，程序的解法在古代世界不

---

[1]　王先慎：《韩非子集解》，钟哲点校，中华书局，2003年，第四五八页。

具备基本条件；第三，实力的解法在任何时代都是必要的，但也是极其危险的。每个帝国解决皇帝权力合法性问题和帝位继承问题都应该是三管齐下，基本的招式就是这么三套，基本的目标就是共同体公共性和掌权者唯一性的兼容，而具体的方案必须根据帝国的民情来打造。让人民有习以为常的政治信念，让接班人的出炉有可以理解的程序，让治理的效果带来天下太平，都需要，但在不同的时代、不同的地方有不同的配比、配合、配置。而这样一个把不可能变成可能的超级难题，是一个帝国的政治不断演化和积累的结果，而最后往往需要一个屋大维那样的政治天才一锤定音。不过，通常而言，帝国政治演化不出好结果，一锤定音的屋大维出不来，其实是大概率事件。

3.5 军政：武力失控的魔咒

　　罗马的帝位继承问题处理不当，和罗马的军国性质密切相关。这是我总说"罗马成于兵，也毁于兵"的重要根据之一。武力越是充足的国家，武力的管控越困难，也越重要。上一节讨论帝位继承问题的时候已经提到，罗马皇帝必须是大将军，皇帝极强的军事属性导致世袭制不可能成为帝位继承制度。沿着这条路，这一节我们进入一个新的领域，看看罗马帝国的衰败为什么来得如此之快。这个新领域的名字叫作"军政关系"，就是一个国家里将军和执政者的关系、军人和公民的关系、军事和政治的关系。"未能建立起军政关系平衡模式的国家，则会浪费资源，遭遇无法预期的风险。"[1]

　　从整个罗马史来看，罗马的军政关系出现重大问题始于马略的军队改革。"民粹"一节重点谈了马略军队改革引发的政治逻辑：募兵制是吸纳赤贫化平民最好的管道，可以被私有化的军队成了野心家们最好的个人政治资本，但战争会有结束的那一天，军队的复员安置最能考验将军能不能成为优秀的政治家，马略的大屠杀昏招本身植根于民粹政治的非理性，军队的加入使得民粹最恶劣的一面以极其恐怖的方式爆发出来。

　　回到最初的起点，罗马就是从罗慕路斯和他的3000士兵起家的。塞尔维

---

[1] 亨廷顿：《军人与国家：军政关系的理论与政治》，李晟译，中国政法大学出版社，2017年，第2页。

乌斯改革制造了士兵—纳税人—政治参与人三位一体的公民，打造出强悍的公民兵军团。经历了汉尼拔战争的洗礼之后，罗马在战略战术上变得天下无敌。一场接一场的胜利让罗马变得大而富了，贫富差距也随之急速拉大，动摇了国家的基础。格拉古兄弟改革动员起海量的赤贫化平民，他们被改革后的马略军队吸收，不过，马略没有找到妥善安置他们的办法。民粹政治和军国主义的结盟迅速变得牢不可破，马略、苏拉、庞培、恺撒、屋大维手中都掌握着海量的士兵（政治参与人）。恺撒和屋大维比起马略、苏拉、庞培，成功之处不只是和士兵关系好，而是用《土地法》和其他配套措施把他们安置得当。屋大维对军队的超强控制力和系统化安置办法甚至可以让他大刀阔斧地进行裁军。故事到这里结束的话，屋大维收服汹涌澎湃的罗马军队将成为美好的童话结局。但屋大维会死，罗马还要走下去，罗马军队不安分的本性又会故态复萌，驾驭它变得越来越困难。

　　武人夺权的恶劣事件在屋大维的子孙在位之时就已经出现。屋大维指定的接班人是提比略，提比略驾崩后元老院选择了卡里古拉，卡里古拉被刺之后元老院选择了克劳狄乌斯，克劳狄乌斯被毒杀之后尼禄登基，这四位皇帝之间都有亲戚关系，史称尤利乌斯—克劳狄乌斯王朝，尤利乌斯是屋大维（恺撒）家族的姓氏，克劳狄乌斯是提比略的姓氏，他的生父是克劳狄乌斯家族的成员。暴君尼禄在被元老院宣布为国家公敌之后自杀（公元68年），罗马帝国的第一王朝终结。[1]塔西佗的《编年史》写的大致就是这个王朝的历史，宫斗的狗血剧情比比皆是，许多情节之恶劣直到千年后才被拜占庭的宫廷超过。尼禄末年，四位大将军站出来争夺帝位，最后韦斯巴芗胜出。塔西佗的《历史》写的大致就是四将夺位的故事。塔西佗的这两部名著都饱含着对帝制的强烈批判，自由和美德的衰落在帝制当中无可挽回。但他既不是唉声叹气，也不是恶毒咒骂，而是以极其洗练的文笔和入木三分的评析刻画帝国政治的虚荣和阴暗，让人深刻地回味和反思人性、自由、美德和政治之

---

[1]　苏维托尼乌斯：《罗马十二帝王传》，张竹明等译，商务印书馆，2015年，第174—176、219—220、254—255、298—302页。

间的微妙关系。[1]

获胜者韦斯巴芗的弗拉维王朝并不长命。他在位10年，把帝位传给了儿子提图斯。提图斯在位两年就积劳成疾驾崩，他把帝位传给了弟弟图密善。图密善在位15年一直和元老院针锋相对，遭到元老院暗杀之后，元老院选择了涅尔瓦（公元96年）。[2]五贤帝的时代由此开始。历史上把这个王朝叫作安东尼王朝，它在马可·奥勒留无德无能的儿子康茂德死后终结（公元192年）。康茂德胡作非为、狂妄自大，被情妇谋杀，罗马城相继出现了禁卫军统领谋反和皇帝候选人竞价上岗的奇观。在外的行省总督们有三人称帝，其中就有塞维鲁。他凭借雄厚的兵力和巧妙的联合一路畅通无阻，他的军队还没有开进罗马，竞标获得帝位的尤里安已经被禁卫军谋杀，塞维鲁兵不血刃地当上了皇帝。塞维鲁王朝由此开始。

自此以后，兵营出皇帝的局面一发不可收拾。"体系的开放性，其诸多合法化机构，以及军事荣誉的精神，这些都成为了弑君者的秘诀。"[3]塞维鲁和他的儿子卡拉卡拉倚重军队是出了名的。他们的格言是，谁都可以得罪，就是不能得罪士兵。大将军们一个个都来了。从公元192年康茂德被杀到公元284年戴克里先登基，不到100年的时间里，罗马出了几十个被元老院正式承认的皇帝，不被承认的多如牛毛。皇帝像走马灯一样地换。所有这些皇帝当中，只有三位是正常死亡，其他的绝大多数都是被竞争者的军队或者自己的禁卫军所杀。皇帝换人变得越来越简单，后来都不需要几个大将军展开大决战了，京城的禁卫军统领一声令下，把老皇帝和拥护他的元老们全部

[1]　塔西佗：《编年史》（上下册），王以铸、崔妙因译，商务印书馆，2002年。塔西佗：《历史》，王以铸、崔妙因译，商务印书馆，1985年。参见里克：《塔西佗的教诲——与自由在罗马的衰落》，肖涧译，华东师范大学出版社，2011年，第2—4、5、7—14页。盐野七生：《罗马人的故事》（Ⅸ 贤君的世纪），计丽屏译，中信出版社，2012年，第8—12页。Gwyn Morgan, *69 A.D.: The Year of Four Emperors*, Oxford: Oxford University Press, 2006, pp. 1-10.

[2]　David S. Potter (ed.), *A Companion to the Roman Empire*, Oxford: Blackwell Publishing, 2006, pp. 121-123.

[3]　伯班克、库珀：《世界帝国史：权力与差异政治》，柴彬译，商务印书馆，2017年，第35页。

杀死，自己就当上皇帝了。[1]"作为禁卫军首领的禁卫军长官在2世纪和3世纪的罗马令人闻风丧胆、魂飞魄散。"[2]拱顶石坏掉了，帝国这座高塔自然也就摇摇欲坠。"内战摧残了整个国家，它的主要后果是使帝国在政治上和经济上趋于崩溃。"[3]历史学家们把这段乱世叫作"三世纪的危机"。其实，"在三世纪折磨帝国的各种问题既不是新的，也没有在三世纪结束的时候终止"。[4]不过从"三世纪的危机"里，罗马帝国的军政关系能够得到非常直接的揭示。

将军和执政者

在罗马，执政者必须是将军。这不只是帝国传统，而是罗马一以贯之的传统。王制里的国王是大将军，共和里的执政官和法务官都是大将军，帝制里的皇帝当然也是大将军。军队是最大的政治资本，没有军队拥戴，很难在罗马政界立足，更不用说爬到通天塔的顶端。像西塞罗那样凭口才和文采当上执政官的，恐怕是绝无仅有。从国王到执政官，再到皇帝，将军和执政者是一体的。无论是王制、共和还是帝国，罗马军事体系和政治体系的顶端始终是一体的、重合的，因为罗马的军事体系和政治体系本身就是一体的。

但是，军政高度一体化的罗马共和制度里，有明确的制度让政治控制军事，最明显的制度安排就是控制带兵的将军。在共和时代，罗马控制将军们的硬规矩主要有三条。

---

[1]　具体细节无法一一列举，详见吉本：《罗马帝国衰亡史》（1），席代岳译，浙江大学出版社，2018年，第六至十章。吉本：《罗马帝国衰亡史》（2），席代岳译，浙江大学出版社，2018年，第十一、十二章。盐野七生：《罗马人的故事》（XII 迷途帝国），朱悦玮译，中信出版社，2013年。

[2]　罗特：《古代世界的终结》，王春侠、曹明玉译，上海三联书店，2008年，第15页。

[3]　罗斯托夫采夫：《罗马帝国社会经济史》（下册），马雍、厉以宁译，商务印书馆，1985年，第687页。

[4]　参见Pat Southern, *The Roman Empire from Severus to Constantine*, London and New York: Routledge, 2001, p.4.

第一，罗马城是非军事地区。任何人不得在城里动武，大将军们出了城才是将军，在城里只能是不带兵、不佩剑的执政官或者法务官。尤其元老院开会，禁止任何人携带武器。罗马法把"城内治权"和"军事治权"区分得非常清楚。

第二，将军领兵的任务和期限由元老院决定。执政官和法务官领兵作战，去哪里、待多久都由元老院决定，执政官和法务官不能自选战场和期限。一年任期届满，必须由元老院追加授权，否则就自动放下兵权回京述职。甚至连士兵也是这样。

第三，意大利本土是非作战区域。北边的卢比孔河和南边的布林迪西港是界线，在外作战得胜的将军们到了这两条界线就必须解散部队，单枪匹马回京交差。带兵越过卢比孔河或者布林迪西港，视同叛国。[1]

想想打败汉尼拔的大英雄西庇阿，被老加图扯进贪污案，黯然下野，郁郁而终。这固然是政治斗争，但很好地证明了共和对武将的系统性控制。西庇阿固然没有任何召集军队冲进元老院杀死老加图的想法，他实际上也做不到。元老院对将军的有效控制，原则上不能算是文官控制了武将，因为元老们从前往后也都是将军。但这种控制体制起码保证了国家控制军队、政治核心的非军事化和军事独裁的明确抑制。

元老院体制是贵族（寡头）共治，也就是将军共治。既然是共治，就必须保证共同的政治空间、范围和场所。从元老院开会不得携带武器，到罗马城不得有兵，再到意大利不得作战，可以明显地看到一个非军事化的同心圆结构，越是共治之所，就越是必须非军事化。贵族们依靠家世、战功、庇护网络在元老院里用演说、辩论、协商决定国家大事。即便他们也在元老院外串联、合谋、勾结，但毕竟刀剑是沉默的。元老院政治确实不是事事有法可依，件件合乎道义，但共和政治的顶层存在着充足的政治习俗、规矩和惯

---

[1] 林托特：《罗马共和国政制》，晏绍祥译，商务印书馆，2016年，第144—149页。格罗索：《罗马法史》，黄风译，中国政法大学出版社，1994年，第152—153、156—157页。马尔蒂诺：《罗马政制史》（第一卷），薛军译，北京大学出版社，2009年，第356—361页。马尔蒂诺：《罗马政制史》（第二卷），薛军译，北京大学出版社，2014年，第161—163页。

例，来保证大家动口不动手。[1]

这个时候我们再看马略军队改革的客观恶果，就知道有多严重了。募兵制导致军队私有化，海量的赤贫化平民涌入军队，他们的晋升和生计都被将军决定，他们也就成了将军的私家兄弟，只认将军、不认国家。"职业军人在军事服役当中看到了一种营生之道和晋升途径，而且期待不是由国家而是由军队首领来满足他们的希望。"[2]战争规模的急速扩张导致没有什么仗是一年之内可以打完的。马略连任五届执政官就是出于战事未结的理由，五年已经足够把士兵们都变成自己人了。苏拉虽然是马略的死对头，但他对士兵的私有化招法比马略有过之而无不及。苏拉善待乃至娇宠士兵是出了名的。唯有如此，他才有过硬的底牌从马略手中抢回罗马，洗刷国贼的污名，救共和于将倾。急速制造权力的做法很快就被野心家们学会了。看看下一代的将军们，以"前三巨头"为例，庞培自带军队投效苏拉，克拉苏自掏腰包组织军队扑灭斯巴达克大起义，恺撒向庞培借兵出征高卢，军队都变成可以买卖和转借的财产了。

将军们一个个拥兵自重，共和控制军队的三条基本规矩一条条被破坏，以元老院为舞台的贵族共治就维系不下去了。从带兵登陆布林迪西港、跨过卢比孔河，到武力夺取罗马城，再到恺撒在元老院之中被刺杀，武力一步步被将军们带进了共和的非军事区，穿透了共和的心脏。连元老院里都能拔刀相向，还有什么地方不能动武呢，还有什么事情可以避免用武力解决呢？

贵族共治的基本前提是贵族之间的实力相差不大，共和甚至会排除过于优秀的人物。木秀于林，风必摧之，共和也不例外。因为她是集体统治。一旦有人过于优秀威胁到集体的控制，他就会遭到集体的排斥。古希腊民主城邦有陶片放逐法来专门对付优秀的人物，罗马共和没有这么极端，没有形成固定的机制，更没有形成法律，但集体共治的基本逻辑决定了她在遭遇威胁之时会自动启动自救机制。这是大英雄西庇阿黯然收场背后的政治逻辑。而

[1]　林托特：《罗马共和国政制》，晏绍祥译，商务印书馆，2016年，第116—131页。格罗索：《罗马法史》，黄风译，中国政法大学出版社，1994年，第175—176页。
[2]　塔拉曼卡主编《罗马法史纲》（上卷），周杰译，北京大学出版社，2019年，第371页。

军队私有化会急速打破贵族之间相对平等的状态，兵权就是贫富极度不均的罗马将她社会经济上的不平等传染到贵族当中的最佳管道。一旦有人从军队私有化中获得巨大的权力，一众贵族已经和他实力相差太远，无可奈何，野心家们就会纷纷效仿。最好的体现就是庞培那句名言：苏拉可以，我为什么不可以？一代人的时间，从马略、苏拉到庞培、克拉苏、恺撒，人人争当没有上限的"最优者"就成了潮流，再也没有人顾及贵族之间是不是要差不太多才好。而且，贵族整体在共和末年的残酷斗争中损失惨重，马略的大屠杀、苏拉的恐怖统治、屋大维的复仇，还有诸多残酷的内战，传统贵族大批死亡。"剩下来的贵族则觉得心甘情愿的奴颜婢膝才是升官发财的最便捷的道路。"[1]而新获封的贵族都是恺撒、屋大维为了稀释元老院安插进去的，他们没有门第、没有声誉、没有传统，都是君主的门客、大臣、部下。这种"三无贵族"充斥着元老院，共和也就找不回初心了。

　　为了在残酷的斗争中鹤立鸡群，将军和执政者的身份就绑得越来越紧，其中的基本关系也被翻转。原来的逻辑是：因为我是贵族，所以我必须为国领兵。将军身份从属于贵族身份。将军身份是贵族身份必要的展开、实现和证明。兵锋只能对外，这里的"外"是国家之外。那么，贵族之间就不能兵戎相见，斗法只能在元老院里文斗。马略军队改革之后，逻辑变成：因为我是将军，所以我是国之栋梁。将军身份可以带来贵族身份，甚至成了贵族身份的底牌。兵锋只能对外，这里的"外"成了自己之外。那么，将军之间就战场相见，元老院成了战后打圆场的清洁队。将军和执政者仍然是一体化的，但其中的轻重、主次在共和末年已经翻转。

　　虽然屋大维有先见之明，大力裁减了帝国的军队，也给军队安排了合理分工和退伍安置，但这只是降低了帝国的武力规模，而没有改变皇帝和将军高度一体化的基本状态，也没有改变军队总司令是皇帝第一身份的实质。甚至反过来看更好，如果不是屋大维在军队当中享有极高的威望，裁军这件事情根本就不可能办到。

---

[1] 塔西佗：《编年史》（上册），王以铸、崔妙因译，商务印书馆，2002年，第2—3页。参见塔尔伯特：《罗马帝国的元老院》，梁鸣雁、陈燕怡译，华东师范大学出版社，2018年，第二章。

五贤帝都是明智的大将军，他们执掌帝国的时候已经成年，功勋卓著、文武双全。但军事上的压力让他们常年征战在外，比如图拉真和哈德良在罗马城的时间就非常有限。等他们的时代过去之后，皇帝本身包含的大将军和执政官双重身份被撕破了，根本不是执政官管住大将军，而变成了大将军拿执政官充门面。帝国的拱顶石一发不可收拾地武力化了，这里的典型问题是士兵拥立。从塞维鲁和他的两个对手开始，士兵拥立总督称帝，然后"新帝"带着军团杀奔罗马城就成了常态。元老院基本上是谁最后胜利就承认谁是皇帝。元老院甚至都没那么有骨气。确切地说是谁控制着罗马城，元老院就册封谁做皇帝。比如，塞维鲁称帝之后被竞价皇帝尤里安和元老院宣布为国家公敌，等到塞维鲁控制大局，尤里安被禁卫军刺杀，元老院又册封塞维鲁为皇帝，国家公敌的宣告自然也撤销了。[1]

在"三世纪的危机"当中，罗马皇帝们不知不觉地合作演出了一场自掘坟墓的大戏。我在《西方史纲》里谈过"君主的武力优势"这个问题，简要地说就是：君主制国家当中，君主的武力优势有两种。一种叫绝对优势，君主在国家之内的武力占比超过51%，所有其他的武力加起来都不是他的对手。另一种叫相对优势，君主在国家之内的武力占比无论多低，他是第一名，保证他有实力扑灭任何单一竞争者。[2]绝对优势是君主们的梦想，由于资源耗费过巨、管理能力有限，一般情况下很难做到，即便做到了也很难持续。屋大维做到了，但他选择了裁军，就是因为庞大的军队既让国家负担不起，又容易滋生事端，他恰好又有绝对的控制力和高超的政治智慧。相对优势是君主们的及格线，一旦不是相比较的第一名，君主就很容易被实际上的第一名挑落马下，更不用说战胜反叛者的联合。"三世纪的危机"从军队政治原理的层面来看，就是所有皇帝都丧失了相对优势，谁都不及格，谁都不能稳坐第一名。

为什么会这样？罗马帝国充沛的武力被一个个满怀不臣之心的将军掌

---

[1]　吉本：《罗马帝国衰亡史》（1），席代岳译，浙江大学出版社，2018年，第125—139页。盐野七生：《罗马人的故事》（XI 结局的开始），陈涤译，中信出版社，2013年，第257—259页。

[2]　李筠：《西方史纲：文明纵横3000年》，岳麓书社，2020年，第117—118页。

握，军队私有化的结果是私有化的军队遍地开花。从塞维鲁开始，手握重兵的总督们都跃跃欲试。像塞维鲁那样能够剿灭对手的皇帝是极少数。但即便剿灭了对手又怎么样呢？失败者的军团和地盘必须有人接管，满怀不臣之心又手握重兵的将军会源源不绝地产生。新老皇帝交接成了最危险的时候。因为老皇帝的相对武力优势不会自动传给儿子，乳臭未干的儿子很难有超强的能力去控制父亲留下的军队，甚至都不一定能控制禁卫军。老皇帝的驾崩意味着本就脆弱的相对武力优势又瓦解了，新皇帝又得从头建立。问题是，总督们会给他时间吗？当然不会。新皇帝立足未稳，正是他们变成第一名的好机会。君主的相对武力优势的极限基本上就是强悍皇帝在位的时间。事实上，一百年当中，真正做到的只有塞维鲁一人。其他两位和他一样正常死亡的皇帝都是因为瘟疫，他们在位的时间也没有超过一年。没有谁有实力对付遍布整个帝国的不臣之心。他们都没有了相对武力优势，都成了冲进罗马城过一把皇帝瘾的小丑，有的甚至还没有从兵营回到罗马城就已经被杀。[1]将军们你争我夺，形成了兵权上的普力夺，兵权自然就走向衰朽，最后谁都不可能拥有足够强大的兵权，谁都不再是大将军。皇帝们集体丧失了相对武力优势意味着最高司令官这张底牌已经被摧毁，所有人都失去了当皇帝的底牌，谁当皇帝都不可能坐得稳。皇帝像走马灯一样地换，是因为皇帝最倚重的兵权已经溃散，帝国在武力上的统一性已经崩溃。

　　总体而言，罗马皇帝的军事属性被强化到极端之后，他们控制军队的能力越来越弱，强化军队实力和失去对军队的控制力成了解不开的死结。越是强化自己的军队实力，就越失去对它的控制，所有帝位争夺者都在这条错误而邪恶的路上狂奔，谁也出不来。最终，谁都没有了镇得住对手的实力，谁当了皇帝也只是个跑龙套的过客。罗马皇帝们陷入了魔咒：不得不强化武力，却可悲地自食其果。罗马皇帝的大将军身份被强化得无以复加却被争夺者们撕得粉碎，执政官身份完全消失不见，这也就意味着罗马帝国顶层的武

[1]　吉本：《罗马帝国衰亡史》（1），席代岳译，浙江大学出版社，2018年，第166—169、219—228页。盐野七生：《罗马人的故事》（XII 迷途帝国），朱悦玮译，中信出版社，2013年，第55—56、133—141页。Pat Southern, *The Roman Empire from Severus to Constantine*, London and New York: Routledge, 2001, Chapter 2.

力极端混乱，政治被军事完全吞噬。

士兵和公民

　　罗马皇帝们落入魔咒，罗马帝国的顶层急速地武力化，其实底层也差不多，人民自己为武人夺权大开方便之门，甚至主动地助纣为虐。"世界的局面改变了，浑厚淳朴的罗马古风业已荡然无存。"[1]有什么样的皇帝就会有什么样的人民，反过来说也成立。

　　罗马人天生就是农民—士兵，从罗慕路斯和努玛时代开始就是这样，这是罗马人的活法。塞尔维乌斯改革把士兵、选民、纳税人捆绑在一起，把农民—士兵的身份完全制度化了。确实，罗马凭借自由农公民兵在共和时代所向披靡。但战争规模的扩大要求士兵规模相应扩大，所以才有了公民权发放的问题，引发了同盟者战争。

　　马略启动了募兵制改革及其配套改革，用现在的眼光看，有军队职业化的味道。原来的公民兵打仗是义务，改革之后军人领工资了。从整个人类的军事史来看，军队职业化是正道，军队必须职业化才能带来更高的效率。如果职业化大大提高了军队的战斗力，相应地，也就会提高军队整体的力量，包括政治和社会影响力。那么，国家控制军队的难度自然也就提高了。显然，共和没有解决这个问题。罗马之所以在共和晚期没有因为强悍的武力失去控制走向解体，很大程度上要归功于苏拉、恺撒、屋大维这些强人还能镇得住军队。

　　这些强人是军队力量变得强大的受益者，也是推动者。因为公民权和服兵役高度捆绑，兵源扩张在政治上直接推动了平民崛起，公民在罗马城里投票选执政官和他们在营地里拥护自己的大将军越来越变成一回事。在战场上节节胜利，分战利品、发公民权成了获得公民支持的重要途径；相应地，在罗马城用面包和马戏贿赂人民，也就成了获得士兵效忠的重要手段。所以，恺撒在高卢领兵的时候，优待士兵，给钱、给地、给公民权；相应地，每年

---

[1]　塔西佗：《编年史》（上册），王以铸、崔妙因译，商务印书馆，2002年，第5页。

到了选举的时候他都会给一部分士兵放假，让他们回罗马投票，支持他的同党当选。执政者的群众基础很快从公民变成了士兵，或者说，同一个人身上政治参与人身份和士兵身份的关系翻转了，就像执政者的执政官身份和大将军身份翻转了一样。[1]

到了帝国时代，兵随将转已经成了新传统，每个大将军都在讨好自己的士兵。忠诚于国家和忠诚于将军之间的界限就变得模糊不清，结果，士兵们自然而然都选择跟着老大有肉吃、有酒喝。他们和老大一样丧失了对国家的忠诚，也加入抢钱、抢位、抢地盘的游戏中来，他们的士兵身份完全压倒了他们的公民身份。

塞维鲁疼爱士兵的重要举措把士兵们拥立皇帝的积极性和必要性大大提高了。他是被边境军团拥立上位的，自然体恤他们的疾苦，于是他上调了他们的工资，允许他们娶妻生子，让士兵们在远离罗马的苦寒边境生活得舒服安逸。[2]这些措施固然大大降低了边境军团哗变的概率，但引来了非常可怕的后果：普通士兵的公民身份和士兵身份彻底分离了。他们不需要再等待漫长的服役结束之后再成家立业，回到罗马城争取权利和利益。他们本就不是意大利出身，对公民政治也没有多少认同感，既然边境基地可以安居乐业，这里就是他们的事业、他们的家。是不是罗马公民已经变得不再重要，是哪位将军的士兵才重要。他们事业和生活的重心进一步地方化，进一步和将军们紧密地联系在一起，进一步远离罗马和罗马本就所剩无几的公民政治。军队成了脱离公民政治的自利集团。恺撒的士兵还用回罗马投票的方式维系着被寡头操纵的罗马公民政治，塞维鲁的士兵去罗马的方式是拥立他做皇帝，跟着他杀奔罗马城，公民政治已经与他们无关。没有了公民政治，皇帝自然就只能从兵营出。

从塞维鲁开始，"兵营出皇帝"成了定制。士兵拥立，回京夺权，击败竞争者，元老院册封，成了当皇帝的基本程序。士兵拥立是这个程序的起

---

[1]　吉本：《罗马帝国衰亡史》（1），席代岳译，浙江大学出版社，2018年，第12—15页。

[2]　盐野七生：《罗马人的故事》（XII 迷途帝国），朱悦玮译，中信出版社，2013年，第289—290页。沃尔夫主编：《剑桥插图罗马史》，郭小凌等译，山东画报出版社，2008年，第249—251页。

点，"兵营出皇帝"由此而来。拥立总督称帝的士兵，本来是他的部下，在时机到来之后却化身为一个整体给他授权。从最宽泛的合法性标准来看，士兵拥立能够为总督称帝带来一定的合法性。因为公民—士兵一体的罗马也承认公民大会对国王、执政官、皇帝的欢呼是他们登基（就职）必要的确认程序。执政官的选举当中，公民大会是要以百人队为单位进行投票的。投票程序虽然被贵族们操纵，还是要比广场欢呼更具程序控制的力度。兵营里的欢呼和广场上的欢呼存在着重大差别，即便从象征性的意义来看，罗马城广场上的欢呼可以代表全国人民，但兵营里的欢呼说自己代表了全国人民就太勉强了。士兵们盗用了人民的名义。

实际上，拥立总督称帝的士兵们私心极重，只要老大从总督变成皇帝，他们就能跟着飞黄腾达，他们拥立有功，自然会得到新帝重赏。新帝们也确实给拥立的兄弟们丰厚的回报，给拥立有功的士兵发钱、给拥立有功的部将加官晋爵成了新帝登基之后的规定动作。很快，就有发钱不及时、封官不及时的皇帝被拥立他的部将和士兵谋杀的事情出现。拥立皇帝对士兵们来说成了一桩好买卖。既然是好买卖，这种生意就变得越来越频繁，交易额越来越大，参与人越来越多。"部分军队，甚至大多数军队干涉内政并不需要什么冠冕堂皇的理由，他们可以为了金钱或者一时的喜乐而随心所欲地废立皇帝。"[1]新皇帝在这种逻辑当中就出现得越来越快，当然，他们也死得越来越快。"三世纪的危机"中甚至出现过有作为的皇帝被怀有私心的普通士兵谋杀的事情，作为最高统帅的皇帝对普通士兵的刀剑都失去了控制。罗马帝国对武力的控制就像雪崩一样地崩溃。

对帝国的绝大多数普通人来说，军队职业化和军人非公民化一同前进。这导致公共性本就薄弱的罗马帝国几乎完全丧失了公共性，用实力说话成了皇帝和士兵们唯一的选择。军人不再是国家的公民，而成了将军（皇帝）的私民，当然也就不再是国家的主人，而成了皇帝的臣民。"臣民"（subject）这个词本身就说明了一切，它作为政治身份来理解的时候意思是"臣民"，它作为政治行为来理解的时候，意思就是"服从"。军队私有化

---

[1]　罗特：《古代世界的终结》，王春侠、曹明玉译，上海三联书店，2008年，第7页。

最终导致人民被私有化，整个罗马帝国陷入了私性恶性膨胀的乱局。谁也没有公心，谁也不相信任何人有公心。没有心悦诚服，只有武力胁迫和火并。罗马帝国本就薄弱的合法性在"三世纪的危机"当中完全溃散。

军队必须职业化，职业化才能带来战斗力，但职业化会让军队加速成为自利集团，凭借武力在政治当中寻求自身利益的最大化。如果争夺帝位的将军们是这样，变成他们私人兄弟的士兵们自然也是这样。没有私有化的士兵，称帝的将军们哪里来的底气？国家控制军队固然要重点控制领兵的将领，在帝国金字塔的顶端设计合理的制度，但同时也必须合理设计兵制，必须强化而不能弱化士兵的公民身份，必须在服从命令和效忠国家之间找到合理的连接，必须以荣誉而非金钱作为首要的激励机制。[1]罗马帝国在这三个重要的方面全都失败了。从"三世纪的危机"来看，罗马帝国这座通天塔的底座和顶端一样变得既孔武有力又自私自利，没有人再想着控制武力，所有人都在加剧武力的失控。集体行动的逻辑就是这样，不同的人在恶事当中不用协商也会达成合谋，所有人互相拉扯着一起奔向深渊。

军事和政治

罗马帝国陷入了"三世纪的危机"，即便戴克里先终止了这场长达百年的危机，把元首制改成了专制，帝国仍然没有止住下滑的势头，聚沙而成的高塔逐渐坍塌。其中最重要的一个原因就是罗马出了无数政治伟人，从罗慕路斯、努玛到马略、苏拉，再到恺撒、屋大维，最后到戴克里先、君士坦丁，谁都没有想出一个降伏武力的制度体系。罗马政治始终具有极强的军事底色，无论是主动出击还是被动防守，军事一直占据了罗马政治的大部分篇幅。罗马政治被军事填得满满的，核心事务被军事占得牢牢的。就这种状态而言，说罗马从头到尾都是军国主义，并不过分。军国主义的罗马没有为自己找到战争与和平之间的平衡。

---

[1]　参见亨廷顿：《军人与国家：军政关系的理论与政治》，李晟译，中国政法大学出版社，2017年，第56—70页。

　　良好的军政关系归根结底是一个国家之内军队代表的军事上的必要性和社会代表的生活上的必要性达成合理的平衡。[1]一方面，国家必须有军队，无论对付内忧还是外患，军队对国家来说都是必要的，都是基石，对大国来说更是如此。军队有自己的成长逻辑，最明显的就是职业化。[2]职业化以后的军队就会很快变成一个自利的集团，和所有集团一样，一心考虑和实现自身的目标。要么是公共目标：军队怎么做大做强，更有战斗力；要么是私人目标：如何在国家和社会那里得到更多的权力、资源和地位。也就是说，作为自利集团的军队追求自身的目标，不仅可能与国家和社会形成讨价还价和逼迫威胁的博弈，也可能与国家和社会完全脱节，军队自立门户、自行其是，甚至可能绑架和挟持国家和社会。道理很简单，任何集团和任何人一样，都有自己利益最大化的天然倾向。

　　另一方面，社会是要运转的，除了打仗还有很多事情要做，经济、贸易、哲学、艺术等等，打仗不是生活的全部。即便是最爱打仗的民族，打仗也不可能成为生活的全部。生活，天然是和平主义的。

　　军队要打仗，生活要和平，怎么协调？我们现在理所当然地认为和平是对的，打仗必须为和平服务。和平主义成为理所当然是近百年来的事情，甚至是二战之后的事情。它至少对罗马来说并不理所当然。相反，战争不仅能够带来财富，更能带来荣誉，是国家和它的统治集团最为热衷的事业。这不只是罗马的逻辑，也是中世纪国王和贵族们的逻辑，还是近代国家的逻辑。中世纪的有识之士约翰·福蒂斯丘爵士劝告英国国王们，打仗就是个无底洞，国王们往里面没有止境地投钱，国王必然会变得又专断又嗜利，他作为军队最高司令官必然要独断专行，作为军队最高补给官必然要搜刮民脂民膏。所以，福蒂斯丘一方面否认国王借神圣目的开战的权利，另一方面宣扬

---

[1]　亨廷顿：《军人与国家：军政关系的理论与政治》，李晟译，中国政法大学出版社，2017年，第2—3、56—62页。

[2]　亨廷顿：《军人与国家：军政关系的理论与政治》，李晟译，中国政法大学出版社，2017年，第7—16页。

国王增进臣民福利的义务，就是要把国王带离战争的轨道。[1]但是，善意的劝告并不会让国王们放下屠刀。人教人很难教得会，事教人也许还有可能。西方经历了无数残酷和惨烈的战争，到了二战结束之后，才在毁灭性的恶果当中汲取教训，彻底在道义上否认战争的神圣性，在制度上寻求控制战争的集体安排。战争最终不再是国家的第一要务，是因为福利国家的兴起。发展经济和增进福利成了国家的第一要务，国家的合法性、主要任务、主要精力都被转移到经济和福利上来。英国在1948年第一个宣布建成福利国家，世界各国纷纷跟进，以经济建设为中心的大局形成，人类以战争为政治核心的基本格式才算基本退出历史舞台。算起来至今不到百年。[2]

　　和平主义成为共识，就能够把它推到极端吗？解散所有军队？这显然是不可能的。如此说来，和平时代也必须面对军政关系的协调问题。协调不好，没有事情发生的时候生活可能还不错，有事情发生的时候军队不顶用，或者失控发生政变，和平的好生活瞬间就会荡然无存。

　　合理的军政关系是社会爱好和平，但也理解军队的必要性和重要性。军队职业化、增强战斗力的公共目标不改变，但要服从和平的目标。双方的关系必须通过一系列的制度加以固定，原则是以文控武，文官主导政治。具体的制度大概有军官接受文官的人事任免、财政预算和军纪国法的审查，把服从作为军人的最高德性，军队和军官接受文官在政治合法性、道德、政治智慧、治理能力上比自己强。[3]这样的社会是和平的，也是明智和谨慎的；这样的军队是有尊严的，也是节制和守规矩的。

　　用上述标准检查一下罗马，除了军人以服从为天职以外，她几乎任何一条都没做到。因为几乎从罗马建城到西罗马帝国灭亡，都没有孕育出独立于

[1]　Sir John Fortescue, *On The Laws and Governance of England*, Cambridge: Cambridge University Press, 1997, pp. 133-136. 李筠：《福蒂斯丘论宪制》，载李筠：《英国政治思想新论》，商务印书馆，2019年，第32—33页。

[2]　李筠：《论西方福利国家危机的政治逻辑》，《当代世界与社会主义》2019年第6期。亨廷顿：《军人与国家：军政关系的理论与政治》，李晟译，中国政法大学出版社，2017年，第404—409页。

[3]　亨廷顿：《军人与国家：军政关系的理论与政治》，李晟译，中国政法大学出版社，2017年，第71—75页。

军队的强大文官体系来管理国家。没有文武分离，以文抑武、以文控武、以文领武就无从谈起。面对失控的武力，罗马皇帝们的视野当中没有这种解法。他们其中可能有人觉得自己陷入了不得不强化军队却又被军队反噬的魔咒，但他们手里都没有足够强大的替代性力量。没有牌，即便充分意识到问题所在，也只能干瞪眼。何况这种问题意识在他们心里最多也只是一个闪念。

从皇帝们的尴尬扩展到整个罗马的结构，罗马是一个以战争为第一要务的共同体，王制、共和、帝国都如此，经济建设从来不是重要的政治问题，福利发放只不过是笼络公民（士兵）的巨额贿赂。军队和社会并不是二元的，而是一元的，好生活是和平的，不过是以战争的节节胜利为前提的，没有战争胜利的和平对罗马来说不仅是没有意义的，甚至是不可能的。军队趾高气扬，获得荣誉是他们的使命。罗马社会不仅对军人打仗获得荣誉没有任何抵触，反而是高度赞扬和鼓励的。罗马社会从战争的胜利中获得了太多的好处，无论是海量物质资源的汇入，还是自信心、荣誉感、成就感的获得，都让罗马变得无比的饱满。所以，罗马不存在独立于军队、否认军队至高地位、为了和平而抑制军队的力量。罗马在政治层面上从头到尾都是军政一体的国家，在社会层面上从头到尾都是军事渗透的社会，社会组织结构如此，社会观念也是如此。整个庞大的通天塔，从顶端到底座都是高度军事化的。她的社会基础和发展逻辑支持军政一体、军事第一的政治体制，而不是相反的以文控武、经济第一的政治体制。既然罗马凭借这样一套体制获得了巨大的成功，那么，她就必定要承担这套体制的代价，就是武力的全面失控导致她全面走向衰落。

罗马成于兵，也毁于兵。在军政关系这个重大问题上，罗马带来的教训远远多于经验，她揭示出来的问题让所有国家——尤其是大国——都必须严肃认真对待军队的系统性制度安排，决不能在安享和平的时候掉以轻心。中国古训有言："国虽大，好战必亡；天下虽安，忘战必危。"[1]诚为至理。

---

[1]　王震：《司马法集释》，中华书局，2018年，第一〇页。

3.6 专制：巍巍皇权的幻象

公元284年，戴克里先登基，终止了"三世纪的危机"。随后他展开了一系列大刀阔斧的改革，腐败混乱的罗马帝国气象更新，似乎迎来了中兴的曙光。但很遗憾，戴克里先改革树立起来的巍巍皇权并不是帝国乱局的解救之方，它仅仅是在短期内压制住了帝国乱局的表面征候，并没有根除它的深层次病因。而且，这剂猛药带来了重大的非意图后果，加速了帝国的衰亡，让帝国分裂为东西两部分，西部最终被帝国遗弃的结局不可避免。

戴克里先的徒劳

罗马皇帝因为极强的军事属性无法采用世袭制，皇帝也就来自四面八方。五贤帝里的图拉真出生于西班牙，是第一个不在意大利本土出生的皇帝，和他沾亲带故的哈德良也是西班牙人。五贤帝时代结束后，第一个在边境称帝成功上位的皇帝塞维鲁出生于北非，成了第一个不在欧洲出生的皇帝。塞维鲁开启了兵营出皇帝的潘多拉魔盒，皇帝出身的多样性急速膨胀。比如，埃拉伽巴路斯和亚历山大·塞维鲁两兄弟出生于叙利亚，罗马有了亚洲出身的皇帝。他们之后的马克西米努斯·色雷库斯出身于色雷斯（今保加利亚），出生于保加利亚的阿拉伯人菲利普是地道的阿拉伯人，德基乌斯出生于希尔米乌姆（今北科索沃的米特罗维察），奥勒良出生于潘诺尼亚的军事重镇辛吉杜努姆（今塞尔维亚的贝尔格莱德）。[1]如此复杂的出身，"传统"确实很难为皇帝权力的合法性作保，"实力"成了皇帝权力的支柱。

戴克里先出身于巴尔干地区的萨罗纳（今克罗地亚的索林附近），他的父亲是被释放的奴隶，他的出身刷新了罗马皇帝出身的下限。戴克里先和绝大多数罗马有志男儿一样选择了从军之路，他凭借军功一路做到了皇帝卡鲁斯的卫队队长。陪太子出征的路上，皇帝卡鲁斯神秘死亡，太子就地即位后选择返回罗马城，途中又被谋害。戴克里先揭露了阴谋，被士兵拥立为皇帝。[2]上任之后，他针对罗马近百年的乱局展开了大刀阔斧的改革。罗马帝国被戴克里先彻底改造成了专制。他的措施主要有三方面：改革军队和行政区划、整顿经济和社会、强化皇权。

上一节详细谈了罗马帝国的武力失控。戴克里先作为皇帝卫队队长一个月之内就经历了两位皇帝驾崩，军旅出身又接近中枢的他非常明确地知道皇帝对武力已经失去控制。若不在军制上大做文章，恐怕被皇帝卫队士兵拥立为帝的他也坐不稳。他的明智之处在于他非常清楚帝国面对的严峻军事形势，也清楚自己的军事才干有限。偌大的帝国，几乎是四面漏风，东边有波斯，北边有日耳曼人，西北方的高卢盗匪横行。皇帝是主帅，面对这样的局面也是分身乏术。戴克里先有针对性地设计了一套大方案。

军制必须改。边境军团拥立总督称帝，禁卫军团杀死皇帝自己称帝，都得弱化。弱化了它们，帝国军力的重心安置在哪里呢？答案是皇帝自己掌握的野战军。所以，戴克里先把罗马军队从二分变成三分，边防军和禁卫军削弱，野战军是精锐，由皇帝亲自指挥，有战事的时候驰援，它的机动性大大加强。军队的总体规模扩张到50万人，是屋大维时代的三倍以上。

这样一个方案看起来几乎就是针对"三世纪的危机"皇帝频繁更换的毛病来的，但它又造成了新的大问题。屋大维设计的边防军和禁卫军二分法被塞维鲁进一步强化，确实造成了武人夺权的乱局。可问题是，弱化了边防军

---

[1] 盐野七生：《罗马人的故事》（Ⅻ 迷途帝国），朱悦玮译，中信出版社，2013年，第63、68、116、153、163、234页。

[2] 吉本：《罗马帝国衰亡史》（2），席代岳译，浙江大学出版社，2018年，第85—87页。盐野七生：《罗马人的故事》（Ⅻ 迷途帝国），朱悦玮译，中信出版社，2013年，第284—285页。

之后，漫长的帝国边界只剩下老弱守卫，他们根本就没有抵抗蛮族的能力。空虚的边防军毕竟还是需要补充士兵，精锐既被皇帝拿走，填充进来的蛮族就越来越多。帝国的边界就逐渐蛮族化了。原本边防军就已经对罗马没有多少忠诚和认同，成了自利集团，蛮族化之后就更是雪上加霜。最终，"日耳曼军队成了统帅全境的主力军，替代了罗马国民军的地位"。[1]如此忠诚和战力都成问题的边防军守不住帝国漫长的边界，实在不足为奇，何况他们频频举兵造反。边防军越不顶用，皇帝直接指挥的野战军就越是疲于奔命，而奔忙救火的前提是皇帝必须能征善战。可戴克里先本人就不太够格。[2]

于是，四帝共治的方案出炉了。四帝共治的方案出现在戴克里先登基9年之后的公元293年，在此之前，他已经和马克西米安两帝共治了9年。戴克里先一登基，很快就邀请马克西米安成为共治皇帝。马克西米安只比戴克里先小5岁，也不是戴克里先的养子和接班人，他确实是真正的共治皇帝，二人的合作可谓亲密无间。罗马帝国史上多如牛毛的皇帝共治，大多是养父子传承衣钵的安排，几乎没有儿皇帝在父皇帝活着的时候就大展拳脚，撑起半边天。不是养父子传承关系的共治皇帝基本上都是相互政治利用，过不了几天就变成仇人。戴克里先和马克西米安真是好搭档，一东一西，迅速平定了帝国的内忧外患。

大概是因为他们之间的合作太成功了，戴克里先想把共治变成定制，于是有了四帝共治。所谓四帝共治就是东西各一个奥古斯都是正皇帝，他们各选一个恺撒做副皇帝和接班人。帝国由此被分为四个大区，由四位皇帝分别负责防卫。尽管一分为四，戴克里先仍然是绝对权威。四位皇帝的辖区分别是：东方正皇帝戴克里先负责小亚细亚、美索不达米亚和埃及，驻跸尼科米底亚（今土耳其的伊兹密特）；东方副皇帝伽莱里乌斯负责色雷斯、米西亚、潘诺尼亚（大致是今天的希腊、保加利亚、克罗地亚、塞尔维亚以及多瑙河以南的匈牙利和奥地利），驻跸塞尔曼（今塞尔维亚的斯莱姆斯卡）；

[1] 布克哈特：《古希腊罗马军事史》，励洁丹译，上海三联书店，2018年，第154页。李筠：《西方史纲：文明纵横3000年》，岳麓书社，2020年，第125、132—133页。罗斯托夫采夫：《罗马帝国社会经济史》（下册），马雍、厉以宁译，商务印书馆，1985年，第696—697页。

[2] 盐野七生：《罗马人的故事》（XIII 最后一搏），廖玲译，中信出版社，2013年，第13—17页。

西方正皇帝马克西米安负责意大利和北非，驻跸米兰；西方副皇帝君士坦提乌斯·克洛鲁斯负责西班牙、高卢、不列颠，驻跸特里尔。[1]

为了配合四帝共治和其他改革，屋大维划分的意大利本土、元老院行省、皇帝行省、埃及的四分法地方政府体制被废除，所有地方全部变成皇帝行省，意大利本土也不例外。意大利的重要性在下降，连罗马城的重要性都在急剧下降。其实从图拉真开始，皇帝在罗马城的时间就很短了。能征善战的皇帝几乎毕生都在帝国的各大战场奔波。在"三世纪的危机"里，很多皇帝还没进罗马城就被杀了。很多皇帝都不是生在罗马城，长在罗马城，和罗马城已经没有了情感的联系。皇帝们和罗马城已经很疏远了。意大利被降格为普通行省，西皇帝的驻跸地也不在罗马城，罗马城对皇帝们来说只剩下象征性的意义了。确实，戴克里先只是在公元303年进了罗马城，举行了盛大的凯旋仪式，"这是罗马城最后一次凯旋式，从此皇帝再也没有征服异域，罗马再也不是帝国首都"。[2]行省以下设县。帝国的行政区划终于整齐划一了，自拉丁姆同盟以来的多元治理结构完全被废除，自治城市、同盟国一概取消。[3]

戴克里先的三位搭档都很能干，帝国似乎逐步回到正轨。戴克里先本人也是这么想的，所以公元305年他约上老搭档马克西米安一起退休。但是，四帝共治"在实践中却是以虚幻的前提条件为基础"[4]，戴克里先留下的体制远远比他估计的要脆弱，他活着的时候就看到帝位继承战重启，而且，他召开的斡旋会议也没有起任何作用。最后，新帝君士坦丁没有答应他放过老搭档马克西米安的请求。他只能眼睁睁看着四帝共治重回一帝独裁。戴克里

[1]　吉本：《罗马帝国衰亡史》（2），席代岳译，浙江大学出版社，2018年，第87—90页。盐野七生：《罗马人的故事》（XIII　最后一搏），廖玲译，中信出版社，2013年，第17—34页。David S. Potter (ed.), *A Companion to the Roman Empire*, Oxford: Blackwell Publishing, 2006, pp. 166-170. Pat Southern, *The Roman Empire from Severus to Constantine*, London and New York: Routledge, 2001, pp. 145-147.

[2]　吉本：《罗马帝国衰亡史》（2），席代岳译，浙江大学出版社，2018年，第113页。

[3]　盐野七生：《罗马人的故事》（XIII　最后一搏），廖玲译，中信出版社，2013年，第61—70页。格罗索：《罗马法史》，黄风译，中国政法大学出版社，1994年，第384—386页。

[4]　格罗索：《罗马法史》，黄风译，中国政法大学出版社，1994年，第382—383页。

先的四帝共治还是没有解决作为"帝国宪制的硬伤"的帝位继承问题。[1]

　　戴克里先的军制改革、行政区划改革和四帝共治不仅没有让帝国长治久安,反而让帝国背上了两个大包袱:庞大的官僚系统和沉重的税负。罗马原来的同心圆治理结构当中,间接统治占主导地位,既然不是直接统治,就不需要罗马派驻官僚,也就不用负担高昂的统治成本。屋大维的税制是典型的低税率、广征收,人民的负担并不沉重。一旦变成行政直管,所有的成本都变成了帝国政府的刚性支出,这笔费用几乎是天文数字。再加上军制改革也要花钱。屋大维采取守势、裁减军队之后,军费仍然占到帝国财政的七成。稍微积极进取一点,扩军备战一点,帝国财政就很可能崩溃,何况戴克里先的军队改革是如此的大手笔。再加上皇帝奢华的宫殿、考究的礼仪、大批的宦官和随从也要花钱,也是天文数字。而帝国已经被"三世纪的危机"摧残得百业凋零,根本就养不起帝国的官僚、军队和宫廷。[2]

　　于是,戴克里先从经济和社会两方面都下了狠手。在经济上,他实行全面的价格管制,他恐怕是人类历史上第一个实行此法的皇帝。但经济并不会因为价格管制而改善,相反,会变得更加畸形和凋零。不过戴克里先并不在乎,经济繁荣并不是他的政策目标,他唯一关心的是军需的稳定供给。最终,军队物资实行配给制,其他的都不重要,"士兵是首要考虑的对象"[3]。为了保证税收的稳定,他采用额定税制,而不再按税率收税。每年的税赋他定多少就收多少,主要形式是田租和人头税。既然要收重税养活官僚、军队和宫廷,就不能让纳税人跑掉。合理的后手必然是把人固定住。在社会上,他实行全面的子承父业,职业的世袭制,把老百姓的职业和血统严格捆绑在一起,尤其士兵和农民更是如此。他想用固定身份的办法稳定所有

---

[1]　吉本:《罗马帝国衰亡史》(2),席代岳译,浙江大学出版社,2018年,第124—125页。盐野七生:《罗马人的故事》(ⅩⅢ 最后一搏),廖玲译,中信出版社,2013年,第107—136页。

[2]　吉本:《罗马帝国衰亡史》(2),席代岳译,浙江大学出版社,2018年,第119—121页。罗斯托夫采夫:《罗马帝国社会经济史》(下册),马雍、厉以宁译,商务印书馆,1985年,第698—700页。盐野七生:《罗马人的故事》(ⅩⅢ 最后一搏),廖玲译,中信出版社,2013年,第53—60页。

[3]　哈珀:《罗马的命运:气候、疾病和帝国的终结》,李一帆译,北京联合出版公司,2019年,第225页。

人的生计，也就稳定了帝国的税源和兵源。[1]

很显然，戴克里先是在用简单办法处理复杂问题，结果不仅会让他的愿望落空，而且会事与愿违地加速帝国的衰落。价格管制和身份固定，前者是对钱、后者是对人的流动性加以严格限制，而额定征税就是不管社会经济情况如何都要强行抽血。一旦钱和人的流动性大大降低，还不断大量"失血"，市场经济也就不复存在了，罗马帝国的经济就会萎缩成自给自足的小农经济。这样一来，超大规模共同体内部多元、复杂、繁密的社会经济联系就全部萎缩了，人们不再相互需要，也变得不再相互理解，甚至变得无法相互尊重，那么，合理的结果就是各过各的，帝国也就解体了。市场经济是让多元复杂的社会自然整合为经济统一体的自生自发机制，它会帮助帝国打理好通过政治、行政、司法手段无能为力却又至关重要的万千琐事，让整个共同体在社会和经济上成为一个生机勃勃的有机体。抽干了它的血，有机体死亡，帝国最多只是一口袋马铃薯，一旦口袋破洞或者扎口的绳子断裂，帝国就会分崩离析。蛮族正在不断给罗马这个已经薄如蝉翼的口袋四处扎口子，作为扎口绳子的皇帝本身又具有极高的不稳定性，帝国的崩溃当然也就是迟早的事情。

戴克里先深刻地懂得皇帝就是系口袋的绳子，他想把皇帝变成团结帝国的金质纽带，于是，他往皇帝身份上面不断贴金，贴得金光闪闪，让人不敢直视。他放弃了屋大维确立的皇帝是"第一公民"的传统，选择了东方的皇帝是"主人和神"来替代。这是政治学家、法学家、历史学家一致把罗马帝国分成屋大维的元首制和戴克里先的专制两大体制、两大阶段的基本依据。[2]

---

[1]　盐野七生：《罗马人的故事》（XIII　最后一搏），糜玲译，中信出版社，2013年，第66—90页。罗斯托夫采夫：《罗马帝国社会经济史》（下册），马雍、厉以宁译，商务印书馆，1985年，第700—707页。厉以宁：《罗马—拜占庭经济史》（上编），商务印书馆，2006年，第290—299页。格罗索：《罗马法史》，黄风译，中国政法大学出版社，1994年，第388—390页。塔拉曼卡主编《罗马法史纲》（下卷），周杰译，北京大学出版社，2019年，第616—617页。

[2]　格罗索：《罗马法史》，黄风译，中国政法大学出版社，1994年，第381页。乔洛维茨、尼古拉斯：《罗马法研究历史导论》，薛军译，商务印书馆，2013年，第540页。塔拉曼卡主编《罗马法史纲》（下卷），周杰译，北京大学出版社，2019年，第612—613页。

戴克里先常年和波斯打交道，无论是战场相拼还是谈判相和，他对波斯实在是太熟悉了。他不管专制君主的威严和礼仪在罗马人看来是不是邪恶和怪诞的，他就这么干了，而且很享受。戴克里先是第一个头顶宝石皇冠的罗马皇帝，是第一个身着金边华服的罗马皇帝，是第一个躲进深宫的罗马皇帝，是第一个必须批准才能通过层层宫门觐见的罗马皇帝，是第一个活着就把自己封神的罗马皇帝。他要用威严和神秘与臣民们拉开距离，必须让他们觉得皇帝高高在上、高不可攀、高深莫测，碰面了他们就只能下跪，在背后他们就只能敬畏。[1]戴克里先已经离开了亚里士多德和西塞罗的西方传统，已经背弃了屋大维和奥勒留的罗马体制。他"与罗马传统的决裂"[2]是全面而深刻的。他以为巍巍皇权能够救大厦于将倾，现昔日之辉煌，然而，他完全错了，错得离谱。

专制皇权的无能

之所以说戴克里先与罗马传统决裂，乃至与西方传统决裂，很大程度上是因为他大力推行专制。对深谙希腊文化又拥有共和传统的罗马来说，专制不仅是邪恶的，而且是陌生的。亚里士多德在《政治学》中对专制有专门的论述，他的看法基本上就是西方对专制的主流看法，和罗马人对王制的"偏见"产生了巨大的共鸣，罗马人也完全接受。专制是主人对奴隶的统治。在专制政体当中，只有君主一人是自由的，其他人都是奴隶。主人对奴隶的权力是无限的、任意的。希腊（西方）是热爱自由的，自由人绝对不允许自己被当成奴隶一样被统治，而是必须轮番为治（rule and be ruled）[3]。

其实，即便是从政治现实主义的角度来看，专制皇权也不一定是医治乱局的良药，相反，很可能是砒霜。

中国人都熟悉老话，叫作"治乱世用重典"。这句话的原意大概是国家

[1]　吉本：《罗马帝国衰亡史》（2），席代岳译，浙江大学出版社，2018年，第117—119页。盐野七生：《罗马人的故事》（XIII 最后一搏），廖玲译，中信出版社，2013年，第53—57页。

[2]　布克哈特：《君士坦丁大帝时代》，宋立宏等译，上海三联书店，2004年，第36页。

[3]　亚里士多德：《政治学》，吴寿彭译，商务印书馆，1994年，第159页。

混乱，就得用严刑峻法，原话是"刑乱国用重典"[1]。于是有人就再往前推一步，变成了治乱世就应该集权，好像有了说一不二的大人物，收拾好混乱不堪的局面就可以水到渠成。

稍微冷静一下想想，这种单线思维不是和中国的另一个传统严重冲突了吗？大禹治水。洪水滔天的时候还不够乱吗？但挽回局面得有条理、有章法、有步调，一味地猛干硬上，不是像大禹的父亲鲧一样适得其反吗？

用大禹治水的思路，我们来看看戴克里先用专制手法强化皇权为什么大错特错。皇权专制化的必要手法是神秘化，皇帝不再是"第一公民"，而是成了主人和神，必须高高在上、无法直视、神秘莫测才能威严无比。但是，巍巍皇权却会让皇帝付出极其惨重的代价，它的强大其实只是幻象，是有些人故意制造的幻象，是大多数人被骗却心甘情愿受骗的幻象。我们从惨重的代价来看它实际上有多虚弱，只不过是成事不足败事有余。

一方面，皇帝和公民（士兵）的关系彻底瓦解了。公民对皇帝的忠诚原来是出自爱戴，现在要变成畏惧，而且是宗教层面上的畏惧。这样一来，罗慕路斯以来，甚至马略以来，将军和士兵热乎乎的关系彻底凉了，皇帝不再是和兄弟们一起出生入死的老大，而是无限遥远、捉摸不透、怪诞诡异的所谓神灵。已经堕落成受贿者的士兵们心里，畏惧也不会马上生根发芽。士兵们只能冷冰冰、赤裸裸、脏兮兮地为皇帝卖命。在这样的关系里，任何皇帝都无法获得忠诚，皇帝连最后的家底——军队——都会彻底失去。

另一方面，皇帝和部下的关系彻底乱套了。神秘莫测的皇帝不能经常露面，必须通过文官甚至宦官传递命令。文官和宦官也是戴克里先用来抑制军队权力的新办法。但这带来了大麻烦。重点不是宫斗剧开始了，而是罗马军政一体的传统被破坏了，直接体现在打仗的部下不懂治国，治国的臣下不懂打仗。

原来的罗马执政官和法务官——不用说西庇阿、苏拉、恺撒这些大人物——一般都是文武兼修，出将入相。现在，武将的治理水平大打折扣，文臣的军事水平一片空白。戴克里先和他的继任者们还没来得及理顺文武两套系统的关系，帝国就因为高级人才的急剧匮乏彻底瓦解了。

---

[1]　郑玄注、贾公彦疏：《十三经注疏·周礼注疏》（下），北京大学出版社，1999年，第903页。

遇到困难就拼命地往自己头上戴各种光环，宣示自己有多神奇，是虚弱的表现，而且会坏大事。用政治学和社会学的眼光来看，戴克里先对皇权的专制式强化，是为皇权注入大量的象征性资源。[1]皇帝的象征性权力倒是提升了，但制度性的权力反而遭到了极其严重的破坏。各种专制的象征把本来就非常脆弱的社会政治关系弄得更加混乱，本就不堪使用的各种帝国制度因为顶层设定的巨大变化无法正常运转，就很难再维系各种力量之间的稳定关系。帝国的支架无力支撑，她就很可能面临着崩盘的危险。

但是，古今中外，遇到乱局就选择强化象征性权力的统治者几乎是绝大多数。因为这张牌的技术含量最低，去抄袭和拼凑各种光鲜亮丽的头衔和神话就行，去享受极尽奢华的神一般的生活就行。而且，这也符合扩张权力的本能，还满足了人心里的虚荣。越是有"雄心壮志"想救国于危难的皇帝，越容易祭出这个昏招。

之所以说是昏招，很大程度上是因为强化皇权的象征性很容易把救国行动带往错误的方向：强化专断性权力，忽视乃至破坏基础性权力。"巅峰"一节重点谈了"奥古斯都的苦心"，屋大维毕生都在小心翼翼地使用专断性权力来铺设基础性权力，罗马帝国由此建立，罗马由此登上巅峰。戴克里先的努力，刚好和屋大维的正确方向背道而驰。他改革军队和行政区划、整顿经济和社会、强化皇权，从头到尾就是赤裸裸地用顶层的专断性权力铺设整个帝国的专断性权力，他甚至想真的变成神，对帝国的一兵一卒、一粥一饭、一草一木都可以直接指挥。专断性权力的用法就是直接，直接，再直接。但是，帝国的亿万生民、百万雄兵、数万臣下拥有不可计数的下有对策，一个人的钢铁意志不可能为所欲为地控制所有人的行为。政治、行政、社会、经济、人心、人情都有自己的特点和规律，不是专断性权力想怎么控制就能控制得了的。直接，就容易变得简单粗暴、不顾规律、不近人情，就容易陷入越是努力越是事与愿违的窘境。这是专断性权力不能大规模使用的根本原因。

---

[1]　参见李筠：《论西方中世纪王权观》，社会科学文献出版社，2013年，第253—254页。布尔迪厄：《国家精英》，杨亚平译，商务印书馆，2004年，第663—698页。

专断性权力的大规模使用非常容易破坏基础性权力。戴克里先没有忽视基础性权力，但他对基础性权力的专制性改造完全是破坏性的。因为他的改革虽然庞杂，但思路是把帝国的事务简化处理，而不是强化权力框架的多元性和复合性。他的"烦杂立法终归是缺乏创新的"[1]。上文提到的皇帝和公民之间关系的瓦解，和部下之间关系的混乱，就是基础性权力瓦解的重要表现。专断性权力越是直接指挥，基础性权力就越被取代。原来各级官员按照常规办理的事务都被皇帝的圣旨或者上级官员的专断意志取代了。官员们等圣旨或者命令就好了，常规被搁置起来，制度不再运转。这就等于帝国政治体系的基础设施逐步荒废。一旦它们屡遭破坏、年久失修，它们就会失去支撑拱顶石的力量。它们垮了，再光鲜亮丽的拱顶石也会应声落地。

所以，专制不可能是救世良方。专断性权力的适用范围仅止于铺设基础性权力，皇帝的乾纲独断仅止于有魄力地推行能够调动民众或者臣下进入良好常规的制度，用制度建立起多元因素之间的稳定联系。要稳定，就要顺应规律、顺应人心，而不能一厢情愿。专断性权力的一厢情愿，哪怕是好心好意，哪怕是无人不从，也只会像戴克里先一样，最后是竹篮打水一场空。救国救民的巍巍皇权只不过是希望过好日子的人民为自己编织的皇帝的新衣，它只不过是一个幻象而已。

东西分裂的预演

戴克里先的东西分治是帝国东西分裂的合法预演，问题的关键在于东西二元结构已经形成。他的本意当然不是分裂帝国，但他的做法却让帝国无可避免地走向分裂。

西方和东方的差异一直存在。罗马在共和时代就把地中海东岸收入囊中，"文化"和"分歧"两节都谈过罗马对希腊文化的吸收甚至导致了自己灵魂的分裂。有恺撒和屋大维，有西塞罗、维吉尔、贺拉斯、李维、瓦罗，罗马至少实现了政治、经济和文化的和谐一统。但"罗马治下的和平"没

---

[1]　罗特：《古代世界的终结》，王春侠、曹明玉译，上海三联书店，2008年，第20页。

有主动去改变，客观上也改变不了东西之间的差异。帝国本来就不追求均质化，差异对帝国来说是理所当然的事情，她没有消灭差异的内在动力。

经过"三世纪的危机"，西方和东方的差异进一步扩大，已经超出了一体管理的框架。

首先，西方是内战的主战场，东方基本上没受太大影响，"作为帝国政治中心的罗马和意大利的衰落已经开始了"[1]。

罗马城在西方，对抢夺皇帝宝座的将军们来说，谁先拿下罗马城是很重要的事情。这意味着他可以控制元老院，宣布谁是皇帝，谁是国家公敌。所以，将军们都向罗马城迈进，然后再根据对手的状况选择一个大决战的地方。显然，这个地方离罗马不会特别远。我从巴尔干来，你从高卢来，决战的地点大概都会在意大利境内。越是离罗马城近，受坏政治的影响就越大、越深、越直接。

很多禁卫军统领的政变也发生在罗马城。每次政变，罗马城里都是一场极其残酷的腥风血雨，罗马城元气大伤，活下来的和新崛起的元老们会变得更加现实主义。皇帝们疏远罗马城，除了不是生在罗马城、长在罗马城，对罗马城没有感情之外，也确实因为军务繁忙，四处灭火，但很重要的一个原因也是厌恶罗马城的政治恶斗。皇帝们的将军性质越强，就越不善于在罗马城里和奸诈的元老们钩心斗角，就越倾向于使用简单粗暴的办法制服他们。远离他们也就是情理之中的事情。

戴克里先的四帝共治方案里，四个皇帝的驻跸地都不是罗马城，西方正皇帝的驻跸地是米兰。君士坦丁在帝位继承战当中大获全胜之后，他就开始营建新都君士坦丁堡，罗马城被他放弃了。

其次，西方生灵涂炭，东方基本太平，经济上的差距不断拉大。西方在内战之前本来就没有东方富庶，再经过频繁的内战摧残，就更贫穷了。有战乱的地方，不要说贸易做不了，就连种地都成问题。于是，东方还保持着大规模市场经济的繁荣，西方已经开始退回自给自足的庄园经济。地方性的庄园经济需要地方性的军事保护，以领主—附庸关系为核心的封建制自然就出

---

[1]　塔拉曼卡主编《罗马法史纲》（下卷），周杰译，北京大学出版社，2019年，第614页。

现了。[1]

　　封建制并不是日耳曼人在西罗马帝国覆灭之后的发明，而是一种非常自然的秩序选择。在人少、兵少、田地少、规模小、制度弱、顾自己的情况下，就只能依靠亲戚和功臣分头负责防卫，维系基本的管理。封建制是弱政治、弱军事、弱经济、弱文化条件下的合理选择。手里没有牌，就只能选择封建制。西方全面走弱的一个基本标志是在西罗马帝国覆灭之前封建制就已经大面积地出现。戴克里先的职业世袭制就是要把农民世世代代固定在土地上，这种制度对封建制的普及极其有利。

　　再次，西方的文化一直不如东方。"文化"一节已经仔细谈过这个问题。在语言上，希腊语在罗马共和和帝国时代都是通用语言，罗马城的贵族大多掌握双语，但在东方，雅典和亚历山大城的普通百姓和学究们才不在乎拉丁语呢。罗马帝国从来没有改变文化上东高西低的格局。在内战时期和戴克里先之后的帝国后期，连像样的历史著作都很少，好不容易有两部说得过去的作品，也都是希腊人用希腊文写的。内战进一步强化了帝国文化东高西低的格局。因为西方更加混乱、更加贫穷，也更加缺乏文化的底蕴。[2]

　　既然如此，不如痛痛快快地承认西方和东方不一样，把它们分开管。戴克里先一个人也确实忙不过来，那就分而治之吧。这一分，就合不上了。因为法理上和统治上的正式认可会让已经拉开差距的东西方各走各路。其中最具标志性意味的事件就是君士坦丁堡的营建。君士坦丁打败了所有的对手之后没有选择重回罗马，而是选择了营建新都，地址选在了东西方相连的咽喉要道上。自此往后，帝国在政治上和军事上也完全形成了东高西低的格局。东皇帝比西皇帝更尊贵、权力更大，东方的安全比西方的更重要，君士坦丁堡的安全比罗马城的更重要，等等。[3]

　　如果东高西低的格局在政治、军事、经济、文化上全面形成，合理的结果是什么？就像真实的历史展现的那样，帝国在混乱中放弃西方。这个"大

[1]　汤普逊：《中世纪经济社会史》（上册），耿淡如译，商务印书馆，1997年，第39—44页。安德森：《从古代到封建主义的过渡》，郭方、刘健译，上海人民出版社，2001年，第63—92页。

[2]　布克哈特：《君士坦丁大帝时代》，宋立宏等译，上海三联书店，2004年，第七章。

[3]　吉本：《罗马帝国衰亡史》（3），席代岳译，浙江大学出版社，2018年，第4—29页。

放弃"是长期的，它通过很多事件不断实现。最终的标志性事件是公元476年末代西罗马皇帝被蛮族首领废黜，西方不再设立皇帝。其实从戴克里先实施的四帝共治开始，西方和东方已经名正言顺地各走各路，东西分裂实际上已经无可挽回了。

从帝国的品质来看，东西分裂是致命的，品质丧失就意味着帝国解体。"帝国时代"一节强调过，帝国的哲学品质是普遍性，宗教品质是唯一性，治理品质是同心圆。东西方差异拉大逐渐变成二元结构甚至二元统治，普遍性、唯一性和同心圆都瓦解了。从这个角度看，戴克里先的四帝共治方案就已经宣判了帝国死刑。普遍的、唯一的同心圆被一劈两半，哪一半都不是唯一的、普遍的，也不再是同心圆。帝国的普遍性丧失意味着她的神圣性丧失了，帝国的唯一性失效意味着她的意义生产不仅无法垄断甚至已经丧失生产意义的能力，帝国的同心圆瓦解意味着她的多元治理结构被格式化为单一治理结构。没有普遍性带来的帝国气象，巍巍皇权的自吹自擂根本不可能在亿万生民心中打造一个神圣的共同体；没有意义生产的垄断带来的高度认同，服从的根据就会在亿万生民的心中迅速消散；没有同心圆结构带来的多样化治理，严刑峻法的专制体制根本不可能顶住无比复杂多样的政治诉求的冲击。从帝国的哲学、宗教、治理品质来看，严格来说，戴克里先创造的不是一个新的帝国体制，相反，他瓦解了帝国，帝国在他手上已经终结了。东方延续了他留下的专制，西方则被放弃，落入了失序的深渊。

高塔坍塌的宿命

戴克里先的专制没有成功地拯救大厦将倾的罗马。他殚精竭虑打造的专制体制只是一个方向错误的方案。不过，如果把失败完全归咎于戴克里先的任性妄为，确实也不公平。这里面的关键在于他强烈的"好心"违逆了帝国建构和维系的基本通则。他的专制体制不仅没有妥善而稳定地安置帝国内部新的复杂性和多样性，反而想要强行把它们整齐划一。复杂性和多样性没有得到恰当的处理，反而愈演愈烈，刚性的专制体制迅速失去对局面的控制，帝国也就分崩离析。归根结底，秩序本就脆弱，混乱比任何人想象的都要更加强大。帝国再强大，也难以对抗宇宙的法则。很遗憾，坍塌是帝国的宿命。搞错了方向，会让坍塌更快地降临。

这里我引入一点物理学来讨论帝国坍塌的问题。我一直认为热力学第二定律对于解析历史学和政治学问题特别有启发。热力学第二定律又叫熵增定律。"熵"就是物理上用来衡量混乱的指标。熵增定律大致是说，一个孤立系统内部的熵只能增大或不变，不能减小。熵必然会增大，混乱自然而然地会被普及，挡都挡不住！从政治学的角度看，秩序就是克制熵增的差等结构。我在"得到大学"2019年的开学典礼上专门用卡拉卡拉敕令的故事讲了这个道理，我把它放在了附录当中。

对于帝国的瓦解，熵增定律也能带来重大启示。"巅峰"一节谈过的帝国的力学结构，她就是一座高塔。帝国简直就是人类克服熵增的顶级作品。当然，她也就是熵最重要的敌人。帝国要应对无处不在的混乱。"多"，自然就乱，只有建立起超大规模的秩序，把"多"整合为一个相互连接、相互协作、相互加持的整体，乱才能被暂时克服。规模越大，克服混乱的难度越高，也就是建立和维持秩序的难度越高。而且，难度和规模之间的关系不是算术级数，而是几何级数。随着规模的扩大，建立和维系秩序的难度会急剧上升，很快就超过了人的能力范围。

更可怕的是，旧的要素会不断变化，新的要素会不断出现，打破秩序辛苦得来的稳定和繁荣。屋大维采取守势的罗马帝国暂时赢得了"罗马治下的和平"，但日耳曼人的问题没有彻底解决，东西差异的问题没有被触及。有些混乱变成了明面上的，比如成千上万的日耳曼人要冲进罗马，一起享受温暖、繁荣和文明。有些混乱则暗流汹涌，比如西方和东方之间各方面差距不断拉大，东西之间迟早断裂，断裂迟早会演变成东西分裂。

熵的增大既然在物理上是挡不住的，那么，所有的帝国，无论多么辉煌，多么伟大，长期来看都只是暂时的，高塔迟早会被洪流冲毁。宇宙洪荒，文明不过是极其稀有的漏网之鱼。这说起来很让人沮丧，不过宇宙的法则就是如此。

一般人会觉得文明遍布地球，并不稀有，那是因为"幸存者偏差"。此话怎讲？直白地说就是"历史是由胜利者书写的"。我们所能看到的都是文明的成果，像罗马、中国这样的文明留下来了，还有更多的族群和国家根本就没有留下来。很多辉煌的文明没有文字记载，也通过考古挖掘发现了，但它们比起没有取得文明、取得了文明也没有被发现的族群，仍然是极少数。胜利者永远是极少数，对文明来说也是如此，对建成帝国的顶级文明来说更是如此。幸存者会大肆宣扬所谓成功经验、历史辉煌、人类杰作，我们就不知不觉把胜利当成了常态，当成了理所应当，当成了普遍现象。不，灰飞烟灭才是常态，才是理所应当，才是普遍现象。我们看不到的，要远远多于我们看得到的，也远远比我们看得到的更强大。

既然坍塌是宿命，我们还聊帝国做什么？既然一切最终都将灰飞烟灭，我们还能做点什么呢？人是一种有限的存在，连整个人类都是有限的存在。为了证明我们存在过，我们一定要在反熵增的斗争中留下一点点痕迹，证明我们来过、活过、战斗过，我们的存在才有意义。为了不让我们自己来无影去无踪，我们就必须在反熵增的斗争中继续战斗，那么，理解帝国在反熵增斗争中的经验和教训就非常必要。

第一，秩序是差等，建造秩序就是合理安排差等。

恺撒和屋大维变广场为高塔，就是顺势而为合理安排差等的杰作。罗马海量的赤贫化平民对封闭、顽固、腐化的贵族共治形成了排山倒海的冲击。原有的共和制度已经无力应对均质化的赤贫民众。均质化会引起混乱，就像洪水滔天一样，因为里面的人都不知道往哪里走，都和身边的人裹挟在一起横冲直撞。有大智慧的统治者会像大禹治水那样把洪流引入各种渠道，天下就太平了。而大禹的渠道，就是制度，制度一旦形成高塔式的庞大结构，就是帝国。

帝国是由一系列区分高下并且激励人往高处走的制度构成的。有序的上下流动植根于人心深处的进取心，或者至少是改善自己生存和生活的朴素愿望，它就可以克制无序的横冲直撞。人们可以在共同认可的竞争规则当中用自己的行动结成一个强大的网络，实现集体安全、集体福利和集体幸福。[1]人为地抹除合理的差等，很容易在宇宙洪荒的背景上加剧均质化，人就很容

---

[1] 哈耶克：《法律、立法与自由》（第一卷），邓正来等译，中国大百科全书出版社，2000年，第63—75页。

易回到无序的洪流当中。卡拉卡拉滥发公民权的敕令如此，戴克里先用专制把罗马整齐划一的改革也是如此。

第二，均质化的变化是普遍的，各种制度会逐渐失效，所以改革是长期的。

有序的上下流动即便合理，即便被普遍接受和遵守，自然而然的结果也是爬到高处的人越来越多，高处也就均质化了，均质化的地方自然就会走向无序。以罗马的贵族身份为例：更多的人有了战功，跻身贵族之列，贵族身份就不稀奇了，作为一个整体的贵族这个饼就被摊大、摊薄了。面对这种可以预料的结局，是保守地拒绝新人的加入，还是开放地让自己的贵族身份变得廉价呢？向右，选择保守拒绝，就会引发激烈的攻防战。结果要么是保守派胜利，贵族集团变得更孤立，必须面对潮水更加汹涌的平民和平民派；要么是保守派失败，贵族集团变得有名无实，全部被皇帝们替换成自己的亲信，元老院充斥着没有门第、没有声誉、没有传统的"三无贵族"。向左，选择开放拥抱，就会引发廉价的大甩卖，结果就是贵族身份变得无足轻重，失去区分高下的功能，也不再是激励人往高处走的彩头。从罗马贵族身份的例子可以看得出来，无论向右还是向左，一旦平民崛起，区分高下的贵族身份终究会化为乌有。

合理的选择是悄悄地另起炉灶，去隔壁的空地上悄悄地再起一座高塔。否则，向右，攻防战打得激烈，作为整体的贵族会死伤惨重；向左，大甩卖搞得热闹，作为整体的贵族会一钱不值。这个道理不仅对于贵族适用，对于所有身处高位的人群都适用。改革就是一个不断造新塔的过程，持续而稳健地建立新的合理标准区分高下，形成新的激励机制，制造新的高位人群，连续不断地克制均质化的洪流。

第三，权力的来源应该多元化，别把最重要的鸡蛋放在一个篮子里。

权力是塑造高塔的第一利器，甚至是制造高下标准的基本凭据。权力这么重要，当然要从不同的人群，用不同的机制源源不绝地制造出不同类型的权力。[1]保证权力来源和生产机制的多样性就是保证高塔能够不断被建造和

[1]　参见迈克尔·曼：《社会权力的来源》（第一卷），刘北成、李少军译，上海人民出版社，2007年，第一章。

加固。从这个角度看，罗马皇帝越来越依赖军队是非常不明智的。一旦军队这根"擎天柱"不再听使唤，皇帝的权力也就坍塌了，帝国就毁了。事实证明，像罗马军队一样，所有"擎天柱"都会因为自身无可避免的自利性而自立为王，摆脱对皇帝的控制，反过来控制皇帝。一元化的权力来源和生产机制对皇帝来说是极其危险的，就像一块石头撑不起拱顶石一样。帝国由很多石头筑成，拱顶石必须由很多石头合力支撑。权力一元化意味着拱变成了柱子，拱顶石就变成了擎天柱头上的装饰。它没有办法控制它们，反而被它们控制。它们不仅会控制皇帝，还会控制其他社会力量，让全社会围绕它们运转。如此一来，复杂多元的秩序就按照它们的逻辑均质化了。当然，也就离混乱失序不远了。

从权力生成和运行的逻辑来看，看起来最可靠的军队并不可靠，那么，农民可靠吗，商人可靠吗，法律人士可靠吗，文人墨客可靠吗……？都可靠，也都不是绝对可靠。各种力量一起出力，形成多元竞争的权力生产机制，最可靠。这就要求皇帝对于各种力量都有比较妥当的安排，其中必然要有主次轻重，但绝不能对第一名依赖过重，让它恃宠生娇、忘乎所以、自行其是，也不能对最后一名不闻不问，让它自生自灭、自求多福、自行离队。根据各种力量的对比制造出合理的多元权力生产机制，既是团结和引领各种力量的必要措施，也是维护和改造高塔，使之尽可能勉力支撑的必要基础。

总的来说，我们活在一个熵一定增大的世界，兴建出来的任何高塔最终都难逃坍塌的宿命。但是，我们还是有很多有趣的、有意义的事情可以干，也必须干。我们每个人乃至整个人类，其实天生都是逆行者。只有在逆行的道路上留下印记，才能证明我们来过、活过、战斗过，我们是宇宙里唯一会主动和熵作对的存在。

3.7　国教：帝国衣钵的传承

在混乱是底色的宇宙中，我们还是可以有所作为的，我们也必须有所作为，历史上这么干最成功的莫过于基督教。基督教几乎与罗马帝国同龄，陪帝国经历了"罗马治下的和平"和"三世纪的危机"。她曾经是被帝国频频迫害的邪教，在君士坦丁大帝治下被合法化（公元313年），在狄奥多西大帝治下成为国教（公元380年），整个帝国的唯一合法宗教。基督教在帝国时代茁壮成长的故事有很多著名的版本。比如，君士坦丁大帝身边的教会史大师优西比乌把它写成了基督教会和基督徒们信仰坚定、坚贞不屈、不畏强权的故事，帝国时代最重要的神学家奥古斯丁把它写成了上帝的真理在迂回曲折中秘密取得胜利的故事，罗马帝国史现代首席专家吉本把它写成了基督教包藏祸心地引发帝国德性堕落和内部倾轧的故事。[1]他们都有自己的道理，但我想从新的角度来看。这个新角度就是乱世英雄的崛起，看看她为什么能在帝国晚期傲视群雄。

乱世英雄的故事和不畏强权、真理获胜、包藏祸心的故事并不绝对冲突，但毫无疑问，重点不同。我不是像优西比乌那样强调信仰的坚贞，因为

---

[1]　三位大作家的作品都是卷帙浩繁，他们的观点和思路都贯穿巨著始终，现在先列举一些非常具有代表性的章节，比如优西比乌：《教会史》，梅尔英译、评注，瞿旭彤译，生活·读书·新知三联书店，2009年，第19—20页。奥古斯丁：《上帝之城》（下），吴飞译，上海三联书店，2009年，第337—347页。吉本：《罗马帝国衰亡史》（6），席代岳译，浙江大学出版社，2018年，第294—295页。

信仰坚贞固然可歌可泣，并不能保证基督教会成为新的帝国；我也不是像奥古斯丁那样强调真理的伟大，因为伟大真理固然玄妙宏富，并不能保证基督教会在世俗政治中取得节节胜利；我也不像吉本那样强调心机的暗战，因为钩心斗角固然目的明确，并不能公正地在罗马帝国和基督教会之间划清责任的界限，更遮蔽了新老帝国之间责任和权力的合理转移。

关于基督教会和罗马帝国的基本关系，我原则上不同意吉本的基调，他在大部头名著《罗马帝国衰亡史》里把基督教看成罗马帝国衰亡的重要因素。甚至可以说，罗马帝国亡了，基督教要负主要责任。但请回想前三节的内容，罗马帝国在帝位继承、武力控制、统治模式三个重大方面都存在严重的致命缺陷，戴克里先改革没有解决反而使它们恶化了。罗马帝国大厦将倾，倾不倾只是迟早的事情。这不是说戴克里先时代基督教还不存在，而是说她在帝国的结构里根本就不是支柱，也构不成日耳曼人侵袭那样的重大威胁。该倒的，自己就倒了，赖不着别人。

那么，一代人之后的君士坦丁大帝拥抱基督教，是延缓还是加速了帝国的衰亡呢？如果是延缓，基督教自然就不用为帝国灭亡负责了；如果是加速，基督教和其他因素之间是什么关系？她要负主要责任还是次要责任？帝位继承、武力控制、统治模式三大问题不比基督教的包藏祸心更致命吗？关键在于，如果我们纠缠在责任分摊的思路里面，我们对罗马帝国和基督教的认识很容易不知不觉就被扭曲了。问题问错了，答案怎么周全都不对。所以，我们必须换思路，把晚期的罗马帝国和基督教的基本关系从敌对关系转变为交接关系，整体图景就变成：基督教会是一个新的帝国，旧的罗马帝国孵化了她。问题也就变成了，基督教会凭什么具备了帝国的资质，她又是怎么样夺下了帝国的衣钵。前一个问题本节讨论，后一个问题下节讨论。

帝国对基督教的迫害

基督教起于罗马帝国东部的巴勒斯坦地区。乡村草根牧师耶稣不满犹太教对底层民众的压制，改动犹太教教义，创立了基督教。耶稣对犹太教教义的改动主要包括了六个方面的内容：第一，权威经典从《圣经·旧约》变成《圣经·新约》，耶稣在世的时候主要是言传身教，他去世之后他的弟子（使徒）们把他的言行记录下来，把自己传教的言行记录下来，就成了《圣经·新约》。第二，上帝形象从严肃、严厉、严酷变成了慈爱、安详、和蔼。上帝爱人，最重要的体现就是把纯洁的独生子耶稣派来为有罪的世人赎罪。第三，选民范围从犹太民族变成了所有信耶稣的人。第四，世界结局从上帝指引犹太人去"流奶与蜜之地"迦南变成了末日审判。第五，教会结构从祭司阶级垄断变成了信徒的平等团契。第六，核心追求从遵从犹太律法的群爱变成爱上帝、爱邻人、爱敌人的博爱。[1]使徒们在耶稣去世后把基督教的福音传遍了整个罗马帝国，其中保罗厥功至伟，他把耶稣的核心教义根据帝国多元复杂的情况做出了极其卓越的适应性调整，基督教也逐渐从乡村小教派变成覆盖帝国的世界宗教。[2]

　　崛起的基督教真的是有心毁掉罗马帝国吗？按照吉本的说法，基督教一方面在道德上软化了罗马人民，刚健勇武被谦卑忍让取代的结果是无力抗击日耳曼人的入侵；另一方面，基督教内部的教派争斗由于基督教信仰的普及而变成了帝国的内部倾轧。[3]公平地讲，罗马人民不再刚健勇武确实是真的，但被基督教的谦卑忍让取代则未必。因为基督教在合法化进而大面积改造罗马人民道德之前，罗马人刚健勇武的德性就已经腐化了。"三世纪的危机"中，很多皇帝——尤其是有作为的皇帝——都是巴尔干军营出身，这从侧面反映了意大利本土已经不再出产猛将和精兵。而各地的骄兵悍将对罗马也没有多少忠诚。即便他们一样勇武，但在政治和道德品质上已经和罗马共

[1] 参见李筠：《西方史纲：文明纵横3000年》，岳麓书社，2020年，第154—156页。麦克曼勒斯主编：《牛津基督教史》，张景龙等译，贵州人民出版社，1995年，第一章。雪莱：《基督教会史》，刘平译，北京大学出版社，2004年，第一、二章。冈萨雷斯：《基督教史》（上卷），赵城艺译，上海三联书店，2016年，第二至四章。

[2] 参见李筠：《西方史纲：文明纵横3000年》，岳麓书社，2020年，第154—155页。麦克曼勒斯主编：《牛津基督教史》，张景龙等译，贵州人民出版社，1995年，第26页。雪莱：《基督教会史》，刘平译，北京大学出版社，2004年，第21—24页。冈萨雷斯：《基督教史》（上卷），赵城艺译，上海三联书店，2016年，第四章。蒂利希：《基督教思想史》，尹大贻译，东方出版社，2008年，第23—29页。

[3] 吉本：《罗马帝国衰亡史》（6），席代岳译，浙江大学出版社，2018年，第294—295页。

和传统没多大关系。作为帝国脊梁的士兵早已经被私有化，没有了对国家的忠诚和爱国的精神已经是常态。至于帝国内部的倾轧，基督教合法化之前，皇帝像走马灯一样地换，罗马城的元老院变成了嗜利政客的交易所，各地督抚满怀不臣之心，在"三世纪的危机"里已经成了新传统。吉本所言的危害，罗马帝国自己害自己就已经很厉害了。没有基督教，罗马帝国亡于德性败坏和内部倾轧也是情理之中的事情。

　　吉本的思路很容易被简化成阴谋论。罗马帝国和基督教的关系就成了"亿万刁民处心积虑地想害朕"，罗马帝国自然和基督教势不两立，一定要除之而后快。优西比乌赞颂基督徒信仰坚定的《教会史》里写了无数烈士殉教的悲壮故事，奥古斯丁揭示上帝真理秘密获得胜利的《上帝之城》里写了无数罗马历史事件不知不觉为真理胜利铺平道路的故事，坚定信仰和秘密胜利都可以成为阴谋论的绝佳注释。罗马帝国也确实残酷迫害过基督教，尼禄、图密善、奥勒留、塞维鲁、德西乌斯、戴克里先都曾经痛下杀手，取消公民权、罚没财产、拆毁教堂、禁止集会都算是轻的，斩首和屠杀的恶性事件屡屡发生。戴克里先在颁布迫害法令之后宫廷在短短半个月内就遭遇两次神秘纵火，之后又查不到任何凶手，似乎彻底坐实了阴谋论。[1]

　　归结为"总有刁民想害朕"的心态会把问题极度简单化，皇帝们迫害基督教并不只是为了个人安全，更重要的是为了帝国的安全。一方面，基督教信仰上帝是独一真神，拒绝接受罗马的多神教。对帝国来说，这就是拒绝帝国在宗教上的唯一性，要打破帝国对意义生产的垄断，甚至从根本上否认帝国的普遍性、神圣性乃至合法性。帝国的多神教本身用宽容的政策对待各路宗教，却遇到了信仰坚贞的基督教拒不合作。为了保全帝国精神结构的统一和完整，帝国必须对基督教痛下杀手。

　　不仅是精神上的针锋相对，基督教形成了一套完整的信仰、伦理和组织

[1]　吉本：《罗马帝国衰亡史》（2），席代岳译，浙江大学出版社，2018年，第316—317页。盐野七生：《罗马人的故事》（XIII　最后一搏），廖玲译，中信出版社，2013年，第98—99页。优西比乌：《教会史》，梅尔英译·评注，瞿旭彤译，生活·读书·新知三联书店，2009年，第390页。冈萨雷斯：《基督教史》（上卷），赵城艺译，上海三联书店，2016年，第119—120页。Gillian Clark, *Christianity and Roman Society*, Cambridge: Cambridge University Press, 2004, pp. 16-21.

高度结合的生存样态。一旦有了组织，问题就变得十分严重了。在广义的政治的意义上，"帝国面对着一种替代性权力组织。后者具有广泛的包容能力、深入的动员能力，而且是一种伦理的和（按其自己的标准是）民主的组织。它更多地依赖于漫散性权力而非权威性权力，因此处决它的领袖并不能遏止它的组织动力。……不论它怀有何种目标，只要它动员民众，它就具有颠覆性"。[1]对非常熟悉权威性权力的帝国而言，基督教下沉到亿万民众之中的漫散性权力是无法理解的。人类对于自己不理解的事物通常都抱以敌意。帝国将基督教视为力量巨大却又神秘莫测的邪教加以严厉打击，是可以理解的"人之常情"，而非乖戾任性的施虐成性。

　　另一方面，基督教徒拒绝为帝国当兵纳税。对帝国来说，这不仅直接削弱了帝国的硬实力，而且拒绝服从是对帝国权威的公然挑衅。基督徒出于基督教信仰的仁慈信条不愿成为上阵杀敌（人）的士兵，出于财产共有的信条把财产都捐给教会或者救济穷人，尽管不是有心和帝国作对，却触及了帝国的硬底线。几乎所有对基督教的迫害大多是由皇帝处理有人拒绝当兵的案件启动，对于帝国的精神统一可能皇帝们没那么敏感，但帝国的兵源是皇帝最关心的事情。高高在上的皇帝们越想就越觉得拒绝当兵这件事情匪夷所思，基督教长期的地下秘密集会组织方式更让皇帝们从心生疑窦变成了不寒而栗，于是，连根拔除的做法就出炉了。屡遭迫害之后，基督教的势力非但拔除不尽，反而如火如荼地野蛮生长，这让皇帝们的恐惧和愤怒变得难以遏制。[2]

---

[1]　迈克尔·曼：《社会权力的来源》（第一卷），刘北成、李少军译，上海人民出版社，2007年，第402页。

[2]　吉本：《罗马帝国衰亡史》（2），席代岳译，浙江大学出版社，2018年，第十六章。盐野七生：《罗马人的故事》（XI 结局的开始），陈涤译，中信出版社，2013年，第101—109页。盐野七生：《罗马人的故事》（XII 迷途帝国），朱悦玮译，中信出版社，2013年，第166—168、184—188、287—311页。盐野七生：《罗马人的故事》（XIII 最后一搏），廖玲译，中信出版社，2013年，第90—101页。麦克曼勒斯主编：《牛津基督教史》，张景龙等译，贵州人民出版社，1995年，第41—44页。优西比乌：《教会史》，梅尔英译、评注，瞿旭彤译，生活·读书·新知三联书店，2009年，第109—128、159—187、205—218、300、319—323、374—399页。冈萨雷斯：《基督教史》（上卷），赵城艺译，上海三联书店，2016年，第39—43、51—53、96—101、118—119页。Gillian Clark, *Christianity and Roman Society*, Cambridge: Cambridge University Press, 2004, pp. 39-41.

离开阴谋论并不难，从皇帝的个人安危转向帝国的宏观考虑就能摆脱狭隘的思维，因此，理解帝国对基督教的迫害也不难。但吉本设定的基督教与罗马帝国的敌对关系并没有就此解开，帝国确实间歇性地对基督教发动猛攻。但我们不能把帝国的猛攻和迫害、基督徒的殉难和隐忍看成两者之间关系的全部。彻底的敌对关系会带来很多困难，一方面，这种思路很难解释君士坦丁大帝将基督教合法化的重大决定，似乎过往一切殊死搏斗都因为君士坦丁大帝个人的大彻大悟画上了句号。敌对关系越是强劲，君士坦丁大帝的个人转变就越重要、越神秘。另一方面，这种思路解释不了基督教会作为新帝国的成长，解释不了基督教对晚期罗马帝国巨大的统治便利，更解释不了二者之间既合作又斗争、既相互帮扶又相互伤害的复杂关系。

帝国对基督教的拥抱

罗马帝国拥抱基督教，不只是因为君士坦丁大帝的个人转变，甚至不是因为君士坦丁大帝的信仰转变。帝国对基督教从迫害到拥抱的转变存在着宏大的社会政治原因。归根结底，是因为罗马在宗教和精神上的万神殿结构和文化同化政策存在重大缺陷，这些缺陷在"三世纪的危机"中已经充分暴露，导致帝国的精神结构趋于崩溃，而基督教恰恰能够在很大程度上克服这些缺陷，把帝国打造成精神团结和统一的世界。我们从帝国统治的需要来看基督教的合法化，更容易把复杂的局面看清楚。

第一，万神殿里的诸神仍然会争夺座次，导致帝国精神结构的核心出现动荡，而信奉独一真神的基督教能够在精神世界当中彻底地消灭诸神之争，让帝国的精神结构因为唯一所以安宁。

罗马在共和时代就出现过元老院禁止某种民间狂热信仰的事情，帝国时代也不少。而且，即便没有当局禁止，很多狂热的宗教信仰已经威胁到了帝国的统一。说起来开放多元的罗马人真是有意思，各地的神都可以在帝国任何地方流行，包括罗马城在内。比如，埃及的神伊西斯在罗马流行，引起了元老院和民众的恐慌；就连很有本土特色的酒神巴克斯信仰狂热起来，也让元老院觉得大事不妙，发布法令禁止；叙利亚太阳神教祭司家庭出身的皇帝埃拉伽巴路斯硬是要在罗马城大肆宣扬他的太阳神教，太阳神不仅要居于朱庇特和维纳斯之上，甚至要成为独一真神，他被士兵暗杀之后罗马城的人民简直是欢欣鼓舞。[1]

罗马的万神殿结构，其本意是多元一体，但宗教和信仰是非常热烈的东西，每个神在他们狂热信徒的支持下都想一统天下。狂热的人群多了，万神殿就不再是诸神联欢的和平局面，而会变成诸神之间你争我夺的战场。如此一来，帝国在精神上的"一体"就维系不下去了。诸神越是活跃，帝国的普遍性就越遭到挑战，哪有什么至大无外的罗马，只有各路毛神的私家领地。同样，诸神越是活跃，帝国的唯一性就会被打破，各种信徒在自己的公开或者秘密集会里生产生命的意义，他们的私家生产并不必然产出帝国所需的公共性。屋大维首创把恺撒封神，就是要强化帝国对意义生产的垄断，但他不能打破万神殿，那么，皇帝们被封神就只是加剧了万神殿里的混乱，皇帝们只不过是参与诸神之争的又一种角色罢了。

"继承"一节特别谈到罗马皇帝权力合法性基础的薄弱，这个致命缺陷和万神殿结构大有干系。万神殿里那么多神，是哪一尊神授权给皇帝呢？帝国没这么做，皇帝权力仍然是来自罗马元老院与人民，而不是主神朱庇特或者战神马尔斯直接授权。因为一旦采用君权神授，数百年来罗马多神教为政治服务的基本结构就会动摇，收编战败者神灵的文化同化政策就会失效，审慎的屋大维哪怕手握无上大权也不敢这么干。他顶多是把恺撒送进万神殿加强自己的权威罢了。但这不解决皇帝权力合法性基础薄弱的问题，相反，在某种程度上还把这个问题变得更加棘手，因为封了神的先帝们也加入了诸神之争，反而容易被其他神的信徒攻击，比如基督徒。

万神殿结构天然难以避免和抑制诸神之争，纷争无法管束，不仅会导致民心散乱，也会导致皇帝权力合法性彻底失去宗教的支持。这个时候，基

---

[1]　沃尔班克、阿斯廷等编：《剑桥古代史》（第七卷第二分册　罗马的兴起至公元前220年），胡玉娟、王大庆等译，中国社会科学出版社，2020年，第209—211页。阿斯廷、沃尔班克等编：《剑桥古代史》（第八卷　罗马与地中海世界　至公元前133年），陈恒等译，中国社会科学出版社，2020年，第674—683页。盐野七生：《罗马人的故事》（XII 迷途帝国），朱悦玮译，中信出版社，2013年，第63—68页。

督教的好处就很明显了，与其让各路毛神你争我夺，不如宣布帝国只有唯一真神，精神世界清静了，帝国的唯一性就保住了，政治稳定也就有可能保住了。

基督教恰好是讲唯一真神的宗教。的确，犹太教也是如此。但犹太教不向其他民族开放。这个时候，保罗的重要性就体现出来了。他把上帝从犹太人手里解放出来，让每一个愿意信耶稣的人都可以得到上帝的恩典。基督教拥有了和帝国一样的普遍性和唯一性，在结构上就容易和帝国接轨。这是基督教征服罗马在顶层结构方面的原因。

君士坦丁大帝是最明白这个道理的人。尽管优西比乌把君士坦丁大帝宣扬成基督教圣徒，用他虔诚的信仰、完美的德性和无敌的力量带领整个罗马帝国皈依基督教，[1]但他的帝王之心才是他拥抱基督教的根本原因。关于君士坦丁大帝拥抱基督教的动机，早就成了历史公案，"各执己见的权威说法之所以混乱不堪，完全是君士坦丁本人的行为所造成的"。[2]从公元313年颁布《米兰敕令》宣布基督教合法，废除所有的迫害政策，到公元337年临终前不久受洗正式皈依，君士坦丁大帝留下了太多按照基督教标准根本无法容忍的"劣迹"。比如他的新帝都君士坦丁堡和宫殿建得辉煌灿烂、奢华无比，他仍旧长期奉行旧宗教的礼仪，他以太阳神阿波罗自居，他对自己的家庭成员痛下杀手，等等。[3]君士坦丁大帝一生的做派一点都不像基督徒，甚至有罗马史专家这样刻薄地评价他临终前的正式皈依："君士坦丁只是遵循着大多数虔诚的基督教徒惯例罢了，即他在现世既然必须沾染在基督教教义中属于重罪的罪行，那么干脆把成为基督教徒所需的洗礼，延后到想干坏事

[1] 参见尤西比乌斯：《君士坦丁传》，林中泽译，商务印书馆，2018年，第161—168、180—187、192—197、221—224、236—246、426—509页。优西比乌：《教会史》，梅尔英译、评注，瞿旭彤译，生活·读书·新知三联书店，2009年，第十卷。

[2] 吉本：《罗马帝国衰亡史》（3），席代岳译，浙江大学出版社，2018年，第166页。

[3] 吉本：《罗马帝国衰亡史》（3），席代岳译，浙江大学出版社，2018年，第167—168页。布克哈特：《君士坦丁大帝时代》，宋立宏等译，上海三联书店，2004年，第234、241、247—251页。盐野七生：《罗马人的故事》（XIII 最后一搏），廉玲译，中信出版社，2013年，第220—224、252—261页。

也干不了的时候举行。"[1]我们无须追究君士坦丁大帝的基督教信仰是否虔诚，在什么时候转变信仰，洗礼到底是不是演戏，重要的是，他宣扬君权神授，并且把基督教的上帝作为皇帝权力的来源。他"承认自己得到的所有美好事物都是来自上帝的赐予"[2]，并且凭借上帝的名义击败了宿敌李锡尼，重新统一了帝国，而且在往后的统治当中以上帝代理人的身份治理亿万臣民。

无须再去计较君士坦丁大帝本人信仰是否虔诚，就如同无须再去计较优西比乌对君士坦丁极尽华美的赞颂是不是虚情假意的阿谀奉承。帝国的精神世界在他们的合作之中由纷扰不堪的万神殿变成了唯我独尊的基督教上帝。帝国的普遍性和唯一性与基督教的普遍性和唯一性高度匹配，形成了双方都非常认可的相互合作和相互支撑关系，罗马的精神结构被彻底更新。这才是问题的关键。

第二，万神殿里无论容纳了多少神，战争和暴力倾向始终是底色，和平与安宁并不是理所当然，而基督教要求博爱，和平与安宁不仅是世界的最终结局，也是当下就必须实现的上帝诫命，对国家大局和人的内心来说都是如此。

罗马刚健勇武的传统美德，说得好听，是充满了进取心，说得不好听，它充满了侵略性。罗马人的进取心说起来真的是充满了人性，爱憎分明，而且都很强烈，还密切地交织在一起。罗马人的进取心通过战争胜利后国家颁发的荣誉得以满足。战争和杀戮就成了爱国和荣誉的前提。爱恨的逻辑实际上颠倒了：没有对敌人的恨，怎么证明对祖国的爱？于是，共和需要不断地制造敌人，用他们的血来滋养爱国主义。对于普通人，这种爱恨扭曲的状态会让人变得是非难断，血腥杀戮真的可以因为爱国奉献就免于良心不安吗？对于帝国，她在哲学上是普遍的，是至大无外的，哪里来的敌人必须血战到底呢？高度的敌对性是对帝国自身伟大品质的直接否定。所以，罗马人用爱国主义包装的进取心，无论在微观个人心灵层面还是在宏

---

[1] 转引自盐野七生：《罗马人的故事》（XIII 最后一搏），廖玲译，中信出版社，2013年，第260页。

[2] 优西比乌：《教会史》，梅尔英译、评注，瞿旭彤译，生活·读书·新知三联书店，2009年，第470页。

观帝国品质层面，最终都会让罗马（人）陷入严重的自我怀疑和自我否定。爱国主义强大如罗马共和的样态，哪怕作为顶级政治遗产留给了罗马帝国，也因为它本质上的特殊主义而无法在大规模共同体当中自圆其说，它是有极限的。

基督教无条件的博爱，恰好给左右为难的普通罗马人和左支右绌的罗马帝国解了套。耶稣教诲世人，爱上帝、爱邻居，这还不够，还要爱敌人。别人打了你的左脸，要把右脸也伸过去让他打。[1]当一个罗马士兵在战场上杀人如麻，尤其是在内战当中杀自己的同胞如麻，心理几乎要崩溃的时候，听见耶稣的这种教导，完全是换了一个世界，他会得到一种解脱的喜悦。爱超越了国家和敌人，就无须再与恨纠结在一起，和上帝相连的爱会成为最终的依归。而帝国因为上帝的出现获得了无须证明的普遍性，罗马就是上帝之城，爱罗马的心理前提不必再是恨敌人而是变成了爱上帝。帝国追随上帝羽化登仙，不必再在斗争、战争、纷争的节节胜利中证明自己的伟大。

基督教要用大爱去打败所有的恨，尤其要打败用爱来包装的恨，或者说是以恨为必要前提的假爱。基督教的博爱让普通人更容易获得内心的宁静和安详。它当然不如罗马式的进取心更容易激励人去建功立业，但它更持久、更坚定，也更适合普通人。不用正面激烈交锋，只要罗马式的进取心走向自我怀疑和自我否定，基督教的博爱就是最好的解药。这是基督教征服罗马在底层结构方面的原因。

回过头来看万神殿结构，里面的神虽然很多，但他们的同质性很高，说白了他们和罗马的朱庇特、马尔斯差不多，都遵循进取心模式。所谓物以类聚人以群分，诸神也一样。和他们不一样的基督教的上帝就不愿意进万神殿与他们为伍。也就是说，万神殿结构表面上多元性很强，实际上并不是如此，它只是横向的多元性很强，但它的纵向的多元性很弱。它能够勉力整合不同共同体之间的诸神，却没有能力也没有意愿去整合贵族和平民、草根、奴隶、底层的神。罗马万神殿里的诸神像罗马共和美德一样偏爱强人、能人

---

[1]　《圣经·新约·马太福音》，第5章第39节。

和有野心的人。它和罗马共和本身一样带有强烈的贵族品质和精英品质。它的形成和罗马霸权的形成是同构的，战败者的神灵都进了万神殿，战败者的精英都进了元老院，但穷人、奴隶、草根、底层的精神安顿依旧没有着落。罗马的万神殿结构和霸权结构一样，间接统治最大的短板就是无法深入下层民众的心。甚至可以说，偌大的罗马帝国跟下层民众没什么关系，自身顶端的意义（皇帝权力的合法性）都没得到合理说明的帝国根本无力也无心为下层民众提供有效的意义生产机制，"帝国不是他们的社会"[1]。这个时候再来看基督教的博爱，威力就不只是打败精英式进取心那么简单了，它填补了共和和帝国都不曾占据的下层民众的心灵。正是因为共和和帝国对下层民众精神安顿的漠不关心，基督教实现了人类历史上最早的，可能也是意义最为重大的病毒式传播。帝国的基座被基督教占领了。

第三，顶层和底层都有拥抱基督教的巨大需求，欠缺的就只是时机，基督教的机会来自罗马帝国的内战。因为基督教是弱者的宗教，而内战把帝国变得遍地都是弱者。

上文已经谈到，罗马的多神教是贵族的宗教、精英的宗教、鼓励进取心的宗教，它当然是强者的宗教。强者的宗教在天下太平的时候就不属于广大的弱者，帝国内战造成了弱者遍地的新局面，这里针对的主要是原来的强者。百年内战过后，山河变色，繁华落尽，原来的强者将如何自处？上层贵族皈依基督教也变得顺理成章。

"立教"一节谈过，罗马多神教是非常典型的"人—人"模式，人和神之间的关系就像人和人之间的关系，交往方式是谈生意、做买卖。典型做法就是中国人熟悉的"烧香—还愿"。能和神做交易的宗教，自然会被交易失败的人们抛弃。内战打得罗马生灵涂炭，满地都是弱者，皇帝几乎无一善终，贵族们永无宁日，老百姓生活在水深火热之中。诸神在哪里？为什么不保佑我们？为什么会乱成这样，诸神不管吗？

万神殿结构的世俗程度很高，和世俗生活的关联非常紧密，一旦世俗生

---

[1]　迈克尔·曼：《社会权力的来源》（第一卷），刘北成、李少军译，上海人民出版社，2007年，第401页。

活受到严重的创伤，它也很容易随之动摇。人们在残酷的内战中对诸神充满了怀疑和抱怨。上层贵族也开始投靠基督教这个弱者的宗教，因为任何人在乱世之中经历过起起伏伏都很容易在心态上变成弱者，感叹世事无常、命运作弄、天不长眼。

贵族的皈依带来了顶层皈依和底层皈依的连接，其中最典型的就是君士坦丁大帝的母亲海伦娜皈依基督教。我在《西方史纲》里谈过，海伦娜是否真的对君士坦丁的选择产生了重大而直接的影响，说不清楚，其实也不重要。海伦娜的虔诚信仰说明君士坦丁大帝身边有基督徒，他有机会了解基督教。[1]他就可以摆脱戴克里先那种因为对基督教不了解而产生的无边恐惧，进而就可以理解基督教这种弱者的宗教有什么样的机制可以为政治统治所用，有什么样的信教群众基础可以收入囊中。总之，帝国顶层和帝国底层之间的窗户纸被捅破了。这个连接君士坦丁和亿万民众之间的管道具体是海伦娜还是谁，并不重要。贵族皈依基督教的趋势只要积累到皇帝身边有可信的人敢讲真话，就足够了。君士坦丁大帝的雄才大略足够让他从戴克里先的执拗当中清醒过来，转身去做亿万弱者的救世主。

如此一来，全面皈依基督教的罗马帝国就顺利合拢了。新帝国符合皇帝、贵族、平民甚至奴隶、草根、底层的迫切精神需求。帝国拥抱基督教不是君士坦丁大帝凭一己之力把帝国献给了基督教，而是基督教和帝国的匹配性逐步展现，帝国似乎在基督教洗礼中得到了新生。

帝国对基督教会的言传身教

罗马帝国和基督教联手了，就自然会有帝国对基督教会的言传身教。

不过，基督教并不这么看，以至于大家通常并不注意帝国对基督教会的孵化。历史是胜利者书写的，比罗马帝国活得更长的基督教通常把成为国教之前的历史写成迫害史，把成为国教之后的历史写成抵抗史。抵抗什么？抵

[1] 李筠：《西方史纲：文明纵横3000年》，岳麓书社，2020年，第162—163页。关于海伦娜的表现，可参见尤西比乌斯：《君士坦丁传》，林中泽译，商务印书馆，2018年，第161—168页。

抗帝国的收编。这当然是有道理的，但这不是历史的全部。

先看抵抗史的说法。君士坦丁大帝把基督教合法化，并不完全出于虔诚的信仰，把基督教会收编作为统治帝国的工具更加重要。既然是工具，就必须听话。基督教写抵抗史就是表明自己不是帝国的奴仆。从此有了一个新名词来总结基督教对帝国的抵抗，叫作"教会自由"。教会自由成了一面旗帜，鼓舞教会去抵抗后世所有皇帝和国王的收编和控制。[1]在帝国时代，基督教最爱讲的一个故事是这样的：君士坦丁大帝是基督教的大恩人，也获得了基督徒的忠诚，但即便如此，主教阿塔纳修斯仍然因为教会自由三番五次地冲撞于他。最后，忍无可忍的君士坦丁把阿塔纳修斯流放了。阿塔纳修斯成了捍卫教会自由的圣人。[2]

我们没有必要怀疑基督教捍卫教会自由的真诚，但更要看到，无论是像阿塔纳修斯那样直接冲撞，还是没什么骨气就服从皇帝的主教们，他们都在深入地、频繁地、高强度地和帝国打交道。哪怕他们拒绝了帝国的命令，也都清清楚楚地了解了这桩事情帝国是这么干的。在与帝国的拒迎往还之中，基督教会这个民间团体迅速地学会了帝国治理的各种章法。"随着教会的成长，教会非常自然地采纳了帝国的结构。"[3]基督教会以罗马帝国为原型斟酌损益，哪怕对基督教会来说，帝国的做法是不对的，她不会照办，但有了帝国方案的原型，也就很容易拿出自己的章法。这就是帝国孵化教会的过程。

罗马帝国时代最具帝王风范的基督教会领袖当属米兰大主教安布罗斯。他出身罗马名门，父亲曾任罗马城行政长官，从政20年之后他选择了米兰这个皇帝在西部的驻跸之地担任大主教，与皇帝们多有直接而深入的接触。他

[1]　克里斯托弗·罗、马尔科姆·斯科菲尔德主编：《剑桥希腊罗马政治思想史》，晏绍祥译，商务印书馆，2016年，第619—622页。J. H. Burns (ed.), *The Cambridge History of Medieval Political Thought*, Cambridge: Cambridge University Press, 2003, pp. 68-71, 288-300. 丛日云：《在上帝与恺撒之间——基督教二元政治观与近代自由主义》，生活·读书·新知三联书店，2003年，第196—199、207—210、232—241页。Gillian Clark, *Christianity and Roman Society*, Cambridge: Cambridge University Press, 2004, pp. 100-103.

[2]　冈萨雷斯：《基督教史》（上卷），赵城艺译，上海三联书店，2016年，第十九章。

[3]　雪莱：《基督教会史》，刘平译，北京大学出版社，2004年，第148页。

不仅为宣布基督教为国教的狄奥多西大帝施洗，还敢犯天颜写信给狄奥多西挑明帝国和教会各有职权，甚至逼迫狄奥多西为屠杀悔罪。他在宫廷之中是狄奥多西的高级参谋，在蛮族军中是代表帝国谈判的全权特使。他在教会管理中是统领正道（三位一体派）的杰出领袖，在教堂礼拜中是口若悬河的布道大师。智力超凡的奥古斯丁正是被他的全才所折服皈依了基督教，他为未来的基督教首席神学家施洗。[1]

从基督教会向帝国学习的结果来看，绝对可以用大丰收来形容。

在顶层，君士坦丁大帝召集了尼西亚公会，让全世界的主教一起开会决定教义里的疑难问题。基督教会学会了开会，开大会来解决大难题。像安布罗斯这样懂得帝国治术的教会高级人才越来越多。基督教急速的组织建设也使她足以应对各派教义分歧造成的严重分裂倾向。

在中层，基督教会掌握了罗马法、司法裁判和行政管理。作为一个组织，她具备了治理的框架和能力。她很快就学会用立法和司法进行管理，教会法出现了。

在底层，基督教会直接承包了帝国的基层管理。一个村落如何围绕教堂和礼拜展开公共生活，如何围绕洗礼、婚礼、葬礼展开私人生活，全部落入基督教会的掌控。

根据吉本的总结，基督教会在君士坦丁之后迅速建成了公开选举、教士任职、教会财产、民事审判、教会谴责、公开演说、宗教会议七项体系化的制度。[2]很明显，底层是基督教会自己的传统强项，而中层和顶层则多得益于帝国的言传身教。三层齐备的基督教会在组织和管理上迅速成为一个帝国，而它的精神结构本身就具有强烈的帝国品质——普遍性和唯一性。新帝国在罗马帝国晚期已然成形，甚至已堪大任。公元445年，瓦伦提安三世皇帝发布敕令确定罗马主教在所有主教当中享有首席地位，罗马主教有权传召

[1] 奥古斯丁：《忏悔录》，周士良译，商务印书馆，2018年，第179—182页。冈萨雷斯：《基督教史》（上卷），赵城艺译，上海三联书店，2016年，第二十一章。雪莱：《基督教会史》，刘平译，北京大学出版社，2004年，第104—105页。盐野七生：《罗马人的故事》（XIV 基督的胜利），徐越译，中信出版社，2013年，第223—229页。

[2] 吉本：《罗马帝国衰亡史》（3），席代岳译，浙江大学出版社，2018年，第194—208页。

任何主教，罗马主教颁布的法律全体基督徒必须遵行。罗马主教由此成为教皇，基督教会在帝国治下也成为正式的统治机构。[1]随着教皇的正式诞生，基督教会成为帝国的步伐也大大提速，教皇的皇帝化就是基督教会帝国化的先锋和动力。"教皇权力的罗马化，并非只展现于外在的装饰。教皇们开始自觉地以罗马国家的程序，来塑造自己身为基督教领袖的行为与风范。"[2]

基督教会既然是新帝国，就有她的新特点，她确实和罗马帝国不完全一样。

一方面，基督教会没有传统帝国必备的硬壳：军队。

这是人们通常不把基督教会当成帝国来看的重要原因。在一般认识里，帝国是孔武有力的，帝国军团是战无不胜的，帝国没有自己的王牌军队几乎是不可想象的。基督教会有自己的硬壳，但远远不如传统帝国的那么硬：基督教会有自己的司法、立法、行政系统，但她并不以绝对的、物理的、针对肉身的强制力来保证判决的执行，她没有自己的军队作为法律系统运转的威慑性力量。

为什么基督教会不去组建自己的军队，把自己发展成一个拥有强大硬壳的帝国？凭借对亿万信徒的强大号召力，基督教会做成这件事情应该不难，但她为什么就是不做？因为这违反了基督教会的基本原则。基督教会是一个精神共同体，她的主要任务乃至全部任务只是看管好信徒的精神生活，世俗事务不是她的管辖范围，军队是最典型的世俗事务，基督教不能插手。基督教会给自己划定了主要任务和权力范围，阐明它的信条叫作"格拉修斯原则"。

基督教会在抵抗帝国收编的危急情势中逐渐发展出一套二元论，阿塔纳修斯、安布罗斯、奥古斯丁都做出了巨大贡献。公元494年，教皇格拉修斯

---

[1]　达菲：《圣徒与罪人：一部教宗史》，龙秀清译，商务印书馆，2018年，第65—69页。雪莱：《基督教会史》，刘平译，北京大学出版社，2004年，第151—153页。冈萨雷斯：《基督教史》（上卷），赵城艺译，上海三联书店，2016年，第280—281页。

[2]　达菲：《圣徒与罪人：一部教宗史》，龙秀清译，商务印书馆，2018年，第60页。引文根据英文原文略有调整，参见Eamon Duffy, *Saints and Sinners: A History of the Popes*, New Haven: Yale University Press, 2015, p.40.

一世写信给东罗马皇帝表明主张：精神权威和世俗权威分别掌管在教皇和皇帝手里，谁也不能捞过界去抢对方的。写信的时候基督教会是怕皇帝捞过来。那基督教会不能自食其言，也就不能捞过去！基督教会自己主动让出了世俗权威。原来的防守性权力范围划定，把基督教会自己也划在了既定范围之内。[1]倘若基督教会在势力强大之后染指世俗权力，她就会背弃自身得以挺立的原则，她会摧毁自己的立身之本。当信徒们看见教皇纵横捭阖、征兵收税、骄奢淫逸，还怎么相信他是基督教的精神领袖，怎么相信他是教导世人谦卑忍让、克制罪恶、心向天堂的上帝代理人，怎么相信他和恺撒、屋大维甚至尼禄、戴克里先有区别？权力——尤其是帝国权力——天然是巨大的诱惑，基督教会最终没能顶住诱惑，导致自身全面的腐化和崩溃。当然，这是1000年以后的事情。[2]

　　格拉修斯原则只是在原则上划定了基督教会和世俗政权之间的权力界限，实际的边界必然是在二者的博弈当中逐步明确的。基督教会到底能直接掌管多少硬实力，最多的时候，教皇可以发布命令征集十字军；最少的时候，教会连司法裁判权都失去了。基督教会的硬实力变动很大，这和她自身的实力，和世俗政权的力量对比，和整个西方对宗教的忠诚都有关系。这是中世纪政治史最重要的主题之一。

　　另一方面，基督教会的精神结构确实和罗马的万神殿结构不一样，但基督教的教堂里也不是除了耶稣就谁都不供奉，一神教基督教同样必须面对人类精神世界的多元性和复杂性，不过她确实有一套自己的办法。

　　基督教成为国教之前，罗马帝国的精神结构是万神殿；之后，万神殿也没有被完全清空，最重要的变化是，皇帝成了上帝的小伙伴，代理上帝统治世界。基督教会在西罗马帝国崩溃之后成为西方的主导力量，她会怎么处置各路毛神呢？换言之，基督教将如何处理统一性和包容性之间的对立。

　　原则上讲，基督教是坚定的一神教，"除了我以外，你不可有别的

---

[1] 李筠：《论西方中世纪王权观》，社会科学文献出版社，2013年，第80—85页。丛日云：《在上帝与恺撒之间——基督教二元政治观与近代自由主义》，生活·读书·新知三联书店，2003年，第236—241页。

[2] 李筠：《西方史纲：文明纵横3000年》，岳麓书社，2020年，第214—218页。

神"[1]，她必须铲除世界上所有别的神。基督教会也确实鼓励世俗统治者们征服异教徒，比如查理曼强硬征服撒克逊人。[2]同时，基督教会也派自己的传教士去传教，让蛮族部落和平地皈依基督教。

但无论是征服还是说服，当地的神怎么办？他们没有完全消失，那些在蛮族心中根深蒂固的各路毛神最后都变成了基督教的圣人被保留下来。强大且坚决如基督教，也没有实现宗教内部的清一色。普世宗教和普世帝国一样必须面对人类精神生活的多元性和复杂性，他们都做不到实际上也不追求整齐划一。只不过罗马的万神殿摆出一副开明、开放、开门见山的姿态容纳各路毛神，万神殿里的诸神尽管座次有先后，但基本是平等的兄弟；而基督教的教堂明面上摆出一副上帝唯一的古板嘴脸，暗地里却把各路毛神放在了两侧的小龛里，教堂里只有唯一真神，但不妨碍各路毛神降格成圣人之后在教堂里安全地栖居。[3]基督教会的精神结构的确不像罗马的万神殿那样几乎是个广场，它选择了高塔。但高塔不能只有塔尖，也必须有基座和支架。基座当然是亿万信徒。而支架便是各路毛神变装而成的基督教圣人，他们是把不清楚上帝真理的亿万信徒和上帝连接到一起的四梁八柱。如何把主坛上的耶稣和侧龛里的圣贤们安排妥当，这是中世纪宗教史最重要的主题之一。

罗马帝国成就了基督教会，基督教会也成就了罗马帝国。不过，有拥抱，也就会有分离。最终，罗马帝国轰然倒塌，把西方留给了基督教会。

---

[1]　《圣经·旧约·出埃及纪》，第20章第3节。

[2]　艾因哈德：《查理大帝传》，戚国淦译，商务印书馆，1996年，第12—17页。

[3]　参见韦伯：《韦伯作品集》（Ⅴ　中国的宗教　宗教与世界），康乐、简惠美译，广西师范大学出版社，2004年，第461—503页。参见韦伯：《韦伯作品集》（Ⅷ　宗教社会学），康乐、简惠美译，广西师范大学出版社，2005年，第28—30、175—185、220—251页。在英文当中，"教堂"和"教会"是同一个词——"church"。

3.8 切割：教会帝国的自立

罗马帝国在公元380年宣布基督教为国教，在公元476年西罗马帝国就灭亡了，帝国和教会在西方相拥相伴的日子算起来都不到一百年。不过，基督教会在公元410年之后不久就已经正式宣告和罗马帝国分手了，标志就是奥古斯丁的《上帝之城》。这听起来很像一个破落贵族遇到心机女人的故事，趁你还没有破落到底，把你的家底抓在手里，等你真的快要破产，也就狠绝地离你而去。玩笑归玩笑，本节我们来一起看看严肃的帝国原理在"分手"这件事情上到底是怎么展开的，作为帝国的基督教会究竟如何完成了新帝国的自立，自立之后又会遭遇什么样无法解决的难题。

落井下石与金蝉脱壳

《上帝之城》对风雨飘摇的罗马帝国来说绝对是一部果敢狠绝的落井下石之作，它出自罗马时代最伟大的神学家奥古斯丁之手。基督教神学史上能和奥古斯丁相提并论的顶级神学家，恐怕只有中世纪的托马斯·阿奎那。

奥古斯丁皈依基督教的个人历程，其实非常像罗马帝国皈依基督教的历程。他出生于北非的塔加斯特，离迦太基城不远。青年时代的奥古斯丁智力过人、意气风发、放荡不羁，修辞术、占星术、摩尼教都不能安顿他的心灵。《圣经·新约》对掌握了西塞罗修辞术的他来说毫无吸引力。那时的他是一个典型的智力上的争强好胜者。澎湃的进取心和肉体欲望成了他后来在《忏悔录》中控诉自己的两大主题。[1]30岁的奥古斯丁认识了米兰大主教安布罗斯，为安布罗斯的布道、学识和全才所折服，三年之后他接受了安布罗斯的洗礼，皈依基督教。[2]之后他在北非的希波被按立为牧师。公元396年，奥古斯丁成为希波的主教，余生的34年他用雄辩的论文和著作与各路"异端邪说"展开辩驳，搭建起了庞大的基督教神学体系，捍卫了基督教和基督教大公教会的地位。直到阿奎那的《神学大全》在中世纪后期兴起，奥古斯丁学说千年来一直被教会官方和绝大多数神学家奉为基督教的正统学说，他的立场、观点、方法几乎支配了整个西方近千年。[3]

　　奥古斯丁关于罗马帝国衰亡的作品主要是大部头的《上帝之城》，它确实是为回应时局而作，它给出的答案也确实是对罗马帝国落井下石。《上帝之城》是在公元410年罗马城被蛮族攻陷之后不久创作的。它要回答来自两个不同阵营的难题。一方面，基督徒很困惑，罗马不是皈依基督教了吗，基督教都成罗马帝国的国教了，罗马怎么还会遭此大劫，上帝为什么会容许这种事情发生？另一方面，异教徒很兴奋，罗马皈依了基督教，基督教成了罗马帝国的国教，是对诸神的背叛，罗马遭此大难是诸神的惩罚，基督教就是邪教。[4]

　　奥古斯丁在《上帝之城》里用"双城论"同时破解了双方带来的疑难。

[1]　奥古斯丁：《忏悔录》，周士良译，商务印书馆，2018年，第41—43、55—58、68—70、73、82—85、92—93页。布朗：《希波的奥古斯丁》，钱金飞、沈小龙译，中国社会科学出版社，2017年，第6—11、26—29、33—38页。

[2]　奥古斯丁：《忏悔录》，周士良译，商务印书馆，2018年，第180—182页。布朗：《希波的奥古斯丁》，钱金飞、沈小龙译，中国社会科学出版社，2017年，第81—89页。

[3]　关于奥古斯丁神学基本观点的概述，参见蒂利希：《基督教思想史》，尹大贻译，东方出版社，2008年，第100—125页。奥尔森：《基督教神学思想史》，吴瑞诚、徐成德译，北京大学出版社，2003年，第275—293页。关于基督教信仰和神学之间关系的简单解说，参见李筠：《西方史纲：文明纵横3000年》，岳麓书社，2020年，第166—168页。

[4]　奥古斯丁：《上帝之城：驳异教徒》（上），吴飞译，上海三联书店，2007年，第3—22页。参见施特劳斯、克罗波西主编：《政治哲学史》（上册），李洪润等译，法律出版社，2020年，第237—243页。

双城论核心意思是说：罗马不是上帝之城，她只是地上之城。兴，不足喜；亡，不足悲。所有俗人之城因为她的罪孽和邪恶，都是要毁灭的，罗马也不例外。[1]

奥古斯丁在《上帝之城》里不仅写了对罗马史上许多重大事件的观点，还写了对希腊哲学的评判，还写了对《圣经》里诸多疑难问题的解释，熔神学、哲学、历史学于一炉，在罗马史、基督教史乃至整个人类历史上都堪称顶级巨著。在这些观点、评判、解释当中，奥古斯丁建立起一整套基督教政治神学，概括而言我们可以把它叫作"消极政治观"。它刚好和"哲学"一节谈过的西塞罗表达的"积极政治观"构成了两极。[2]而正是这套极其强悍的消极政治观，不仅轻松地为罗马帝国崩溃不足挂齿的主张提供了坚实的依据，甚至狠绝地把罗马共和与帝国取得的辉煌业绩一笔勾销。我们来看看奥古斯丁究竟制造了一块什么样的神学巨石给行将就木的罗马帝国落井下石。

世界被一劈两半，一半是彼岸，一半是此岸。耶稣明言，"天国近了，你们应当悔改"，"我的国不属这世界"。[3]亚当和夏娃的堕落导致了此岸的产生，它起源于人的罪恶，它是短暂的、临时的、堕落的、肮脏的，它会在末日审判来临之时消亡。而彼岸是天国，是亚当和夏娃堕落之前和末日审判之后的人类居所，它是永恒的、永久的、善美的、纯洁的，它属于上帝。[4]彼岸（天国）和此岸（现世）之间构成了强烈的对比，基本上是"全"和"无"的关系。[5]罗马再伟大，也是属于此岸，也是罪恶的、短暂的、临时的、堕落的、肮脏的，和天国相比根本不值一提。在彼岸的无尽光辉之下，此岸的辉煌顶多不过是无尽黑暗中的萤火虫。

[1] 奥古斯丁：《上帝之城：驳异教徒》（中），吴飞译，上海三联书店，2008年，第225—235页。

[2] 关于奥古斯丁和西塞罗在哲学上的对立，尤其是历史的意义和人的自由意志在其中的地位，参见黄裕生：《宗教与哲学的相遇——奥古斯丁和托马斯·阿奎那的基督教哲学研究》，江苏人民出版社，2008年，第188—201页。

[3] 《圣经·新约·马太福音》，第3章第2节；《圣经·新约·约翰福音》，第18章第36节。

[4] 奥古斯丁：《上帝之城：驳异教徒》（中），吴飞译，上海三联书店，2008年，第十三、十四卷。奥古斯丁：《〈创世纪〉字疏》（上），石敏敏译，中国社会科学出版社，2018年，第227—240页。

[5] 肯尼编：《牛津西方哲学史》，韩东晖译，中国人民大学出版社，2006年，第61页。参见李筠：《论西方中世纪王权观》，社会科学文献出版社，2013年，第121—123页。

奥古斯丁把上帝与人、全知全能全善与无知无能罪恶、彼岸与此岸、永恒和临时等所有基督教的二元极端对立具象为上帝之城和地上之城的二分。"两种爱造就了两个城。爱自己而轻视上帝，造就了地上之城，爱上帝而轻视自己，造就了上帝之城。"[1]一切地上之城都是罪恶的、短暂的、临时的、堕落的、肮脏的，它们的毁灭不仅是必然，而且是应当，罗马也不例外。[2]

奥古斯丁的消极政治观把世俗政治——包括罗马共和政治和帝国政治——压缩为一个点，把政治的意义和价值抽干、打薄、稀释到了极点。政治太卑污，人间不值得。政治如果还没有被彻底取消，那仅仅是因为上帝有不为人知的神秘安排，他想让人通过自由意志在罪恶的此岸做出正确的选择，让人通过历练重新回到他的身边。人只要爱上帝，就是上帝之城的子民；爱自己，就是地上之城的臣民——"上帝是要把我们变成神，但不是通过离弃他，而是通过分享他"。[3]如果人懂得了上帝的真理和苦心，就会把自己转向天国、转向彼岸、转向上帝，而不再执着于尘世、此岸和罗马。不过，作为罗马帝国直接参照系的基督教会并不是上帝之城，她里面同样混入了爱自己而轻视上帝的罪人。但基督教会是信徒得救之母，她必须和世俗政权分开，她的正统在大公教会手中。[4]

我们把奥古斯丁的"双城论"放到基督教会和罗马帝国分手的关头，这个思路确实清奇！基督教会飞升往上，接近上帝之城，罗马帝国僵在原地，坐实地上之城，奥古斯丁从神学的高度切割了基督教会和罗马帝国。基督徒

[1] 奥古斯丁：《上帝之城：驳异教徒》（中），吴飞译，上海三联书店，2008年，第225—226页。
[2] 关于地上之城特点的详细分析，参见吴飞：《尘世之城与魔鬼之城——奥古斯丁政治哲学中的一对张力》，载李猛主编《奥古斯丁的新世界》，上海三联书店，2016年，第1—35页。
[3] 奥古斯丁：《上帝之城：驳异教徒》（下），吴飞译，上海三联书店，2009年，第346页。引文根据英文版略有调整，参见Augustine, *The City of God against the Pagans*, R. W. Dyson (ed.), Cambridge: Cambridge University Press, 1998, p 1181.
[4] 奥古斯丁：《上帝之城：驳异教徒》（下），吴飞译，上海三联书店，2009年，第二十二卷。Augustine, *Augustine Political Writings*, E. M. Atkins and R. J. Dodaro (eds.,), Cambridge:Cambridge University Press, 2001, pp. 128-201. 参见李筠：《西方史纲：文明纵横3000年》，岳麓书社，2020年，第174—177页。

有虔诚的信仰，会得到上帝的恩典，罗马帝国是不是毁灭无所谓；异教徒本来就属于地上之城，就会遭到上帝的惩罚，罗马帝国毁灭，他们和罗马帝国一起毁灭，就是他们的宿命。

奥古斯丁这"婚"离得狠啊！别人离婚都是我往左走、你往右走，而他制造的态势是我往上走、你往下走，而且我还狠狠踩你一脚，把你当垫脚石。罗马城都被蛮族攻陷了，还彻底剥夺她的神圣性，还彻底否认她的辉煌和她的意义。这绝对是落井下石。

"双城论"如此狠绝的切割，简直就是帝国技艺的神学表述，没有帝国气概是做不出来的。奥古斯丁对罗马帝国的落井下石虽然会引起一般人道德上的不适感，但确实在宗教上和政治上都极其高明。我们从帝国延续的角度看，而不是当成普通人离婚来看，它有两个方面的巨大好处。

从消极的方面看，基督教会这个新孵化出来的帝国不能给半截入土的罗马帝国陪葬。切割之后，即便罗马帝国毁了，基督教会的一切都可以安然无恙。果然，《上帝之城》发表之后不到70年，西罗马帝国就覆灭了。它划出的鸿沟就是基督教会自保的防火墙。后来攻入罗马的诸多蛮族对作为精神共同体的基督教会敬仰有嘉，对行将就木的罗马帝国嗤之以鼻。[1]这对后世的西方来说实在太重要了。基督教会是中世纪的灯塔，是秩序最重要的体现。从这种后见之明来看，基督教会真的跟帝国紧紧捆在一起，陪了葬，后世的西方要经历多少年的黑暗时代就真是不好说了。

从积极的方面看，即便没有后见之明，遇到重大危机的时候，合理的选择也是转移优质资产，把能带走的好东西尽量都带走。基督教会因此就真的成了在黑暗时代保存西方文明香火的诺亚方舟。教会确实就是这么干的。她不只是在狭义的文化传承方面做出了艰苦卓绝的贡献，比如修道士们躲在修

[1] 传说罗马帝国末年，无敌匈奴王阿提拉被教皇利奥一世劝退，没有毁灭罗马。这固然有基督教会自吹自擂的嫌疑，但这个传说表达的核心意涵在西罗马帝国覆灭之后得到了充分的证明，那就是基督教会成为西方文明的支柱，成为一众蛮族的导师，成为秩序的维系者和建造者。参见达菲：《圣徒与罪人：一部教宗史》，龙秀清译，商务印书馆，2018年，第69页。李筠：《西方史纲：文明纵横3000年》，岳麓书社，2020年，第174—180页。勒纳、米查姆、伯恩斯：《西方文明史》（Ⅰ），王觉非等译，中国青年出版社，2005年，第266—276页。

道院里誊抄古代的典籍。更重要的是，基督教会顶下了"罗马"这个名号，基督教会的官方名称就是"罗马大公教会"（Roman Catholic Church）。只要这个光辉响亮的名号在基督教会头顶上继续存在，罗马的旗帜就没有倒，西方文明就没有灰飞烟灭，黑暗时代的人们再苦再难，至少还有历史、还有念想、还有指望。作为新帝国的基督教会，除了立法、行政、司法、基层管理、民心、疆域、权力之外，连罗马的名号都带走了，它才是罗马帝国最优质的资产。从帝国延续的角度看，奥古斯丁的双城论是罗马帝国大厦将倾之时绝佳的金蝉脱壳之计，罗马帝国的硬壳扔下，心必须保存好。哪怕对于死去的罗马帝国，这恐怕也是最好的结果。

到这里，我在"前言"里提到的"三位一体的罗马"就完整地出现了。罗马既是共和，也是帝国，还是教会。她们不只是她的三个历史阶段，更是她的三种面貌、三种样态、三种结构、三种逻辑、三种存在方式。从来没有哪个字能够像"罗马"这样拥有如此复杂而庞大的内容。"罗马"在内容上的超大规模提醒所有后来人，真正要做成新罗马，甚至超越罗马，必须实现共和、帝国、教会的三位一体。她们三者都在根据时代底色的变化不断演变，新的三位一体自然也不会和从前相同。但她们都是罗马不可或缺的面貌、样态、结构、逻辑和存在方式，还要和谐地融合到一起。实现超大规模共同体的辉煌为何极其困难，由此可以得到充分的说明。

灵肉交战与首尾难顾

短期来看，对风雨飘摇的罗马帝国落井下石的基督教会似乎金蝉脱壳得逞，在罗马帝国与蛮族的斗争中全身而退。但她成了新的帝国，她顶下了罗马的名号，她就会惹来强劲的敌人，也会继承帝国的死穴。她的日子并不好过。一方面，基督教会陷入了与世俗政权无休无止的灵肉交战；另一方面，基督教会继承了罗马帝国这座通天塔的顶端和底座之间首尾难顾的死穴。

基督教会面临的一个永久性难题是帝国的灵魂和肉体再也找不到彼此。如果说帝国时代的基督教会和罗马帝国之间有婚姻的话，确实也不怎么幸福，可以看成一个家庭暴力不断的悲哀婚姻。但无论如何，双方在普遍性和唯一性这两个核心品质上是非常般配的。我们还是可以看到君士坦丁和优西比乌、狄奥多西和安布罗斯之间充满真诚和善意的通力合作。离了，还真就找不到一样般配的了。西罗马帝国覆灭之后，不能拥有硬壳的基督教会一直在寻找合格的硬壳来和自己搭档，但很可惜，她再也没有找到过。

　　起先，东罗马帝国依然强势存在，但对西方来说，东罗马既疏远又无能。经济上、文化上的重大差距让西方和东方渐行渐远。查士丁尼和贝利萨留收复西方的壮举失败之后东罗马就彻底放弃了向西战略，政治上、军事上，西方真的被扔给了日耳曼人，自生自灭。[1]东罗马对西方确实是有心无力，主动卸下了一家之主的重担。以教皇为首的西方自然也知道不能再指望东罗马了。

　　但东罗马偏偏顶着罗马正统的头衔，君士坦丁留下的帝国正统是在君士坦丁堡。于是，东罗马拥有传统未曾中断的普遍性和唯一性，始终压制着基督教会的普遍性和唯一性。基督教会一直在暗地里悄悄推进正统的转移，这件大事终于在查理曼大帝出现后大白于天下。

　　公元800年圣诞节，教皇利奥三世为查理曼加冕，查理曼成为罗马皇帝和奥古斯都。这意味着西方有了普遍且唯一的基督教会和普遍且唯一的帝国的新结合，日耳曼人正式成为西方合法的新主人。查理曼敏锐地意识到，教皇把他推向了基督教会和拜占庭之间正统地位争夺战的最前沿。[2]查理曼迎娶拜占庭女皇伊琳娜的计划因为拜占庭宫廷的诡异变局作罢，东西重新合并的美梦彻底破碎。拜占庭发动的破坏圣像运动最终导致双方从疏远、争夺走向决裂。公元1054年，罗马教会和君士坦丁堡教会决裂，从此以后，西方拉丁教会叫"大公教会"，东方希腊教会叫"东正教会"。西方的普遍性和唯

[1] 吉本：《罗马帝国衰亡史》（7），席代岳译，浙江大学出版社，2018年，第284—314页。瓦西列夫：《拜占庭帝国史：324—1453》，徐家玲译，商务印书馆，2019年，第208—223页。罗特：《古代世界的终结》，王春侠、曹明玉译，上海三联书店，2008年，第十六、十七章。李筠：《西方史纲：文明纵横3000年》，岳麓书社，2020年，第137—143页。
[2] 艾因哈德：《查理大帝传》，戚国淦译，商务印书馆，1996年，第30页。布赖斯：《神圣罗马帝国》，孙秉莹等译，商务印书馆，2000年，第5章。李筠：《论西方中世纪王权观》，社会科学文献出版社，2013年，第48—49页。

一性与拜占庭再无瓜葛。[1]

即便成功地扶立日耳曼人取代拜占庭，基督教会在自己的势力范围内仍然是麻烦不断。查理曼固然暂时结束了政治和军事上的混乱，但强势皇帝的到来意味着基督教会被世俗政权控制的危险随之到来。查理曼和他的子子孙孙顺利地把基督教会变成了世俗政权的统治分支机构，主教和修道院院长们都成了皇帝和国王们操控的封建领主。正是在这种世俗化、政治化、封建化的失控局面下，基督教会底层出现了纯洁教会的克吕尼运动。终于，教会顶层为改革派掌握，格里高利七世发动教皇革命，为了教会自由、教会独立、教会纯洁向神圣罗马皇帝亨利四世宣战。[2]

压制了皇帝和国王的教皇们确实接近一统天下，权势熏天的英诺森三世操控了神圣罗马皇帝的选举；支持男爵们围困约翰王，于是英国有了《大宪章》（1215年）；发动十字军对付世俗政权；把阿拉贡、西西里、匈牙利都变成了教皇领地。但基督教会也离自己精神共同体的本质、原则、初心越来越远。她强烈、急速、坚决的政治化确实让她在世俗政治当中鹤立鸡群，甚至成为各国现代国家建设的榜样，但她付出了自己的灵魂作为代价。[3]她成了但丁、马基雅维利、路德和所有文艺复兴及宗教改革时代有识之士心目中的魔鬼，成了他们认定的一切罪恶和混乱的根源。[4]

千年的中世纪政治史就是基督教会寻找新搭档却始终不如意的失败史。

---

[1] 雪莱：《基督教会史》，刘平译，北京大学出版社，2004年，第十五章。冈萨雷斯：《基督教史》（上卷），赵城艺译，上海三联书店，2016年，第二十八章。

[2] 伯尔曼：《法律与革命》，贺卫方译，中国大百科全书出版社，1993年，第101—118页。冈萨雷斯：《基督教史》（上卷），赵城艺译，上海三联书店，2016年，第三十章。李筠：《论西方中世纪王权观》，社会科学文献出版社，2013年，第73—79页。

[3] 达菲：《圣徒与罪人：一部教宗史》，龙秀清译，商务印书馆，2018年，第191—199页。冈萨雷斯：《基督教史》（上卷），赵城艺译，上海三联书店，2016年，第364—371页。蒂尔尼、佩因特：《西欧中世纪史》，袁传伟译，北京大学出版社，2011年，第337—344页。

[4] 但丁、马基雅维利、路德的反罗马教会立场贯穿了他们的人生和著作，此处只能对他们的典型论述略举一二，比如但丁：《神曲》，朱维基译，上海译文出版社，1990年，第360—361页。但丁：《论世界帝国》，朱虹译，商务印书馆，1986年，卷三。马基雅维利：《君主论》，潘汉典译，吉林出版集团，2011年，第43—45、98—101页。路德：《马丁·路德文选》，马丁·路德著作编译小组译，中国社会科学出版社，2003年，第56—59、76—82、145—146页。

东罗马帝国、查理曼帝国、神圣罗马帝国都不如她的意，英吉利、法兰西、西班牙都只是局部、特殊、相对，根本没有资格和她的整全、普遍、绝对相匹配。作为新帝国的基督教会，拥有帝国在精神上的普遍性和唯一性，却找不到政治上拥有普遍性和唯一性的政权达成亲密的联合。一方面，英吉利、法兰西、西班牙再强大，它们都离硕大的罗马距离太远，它们没有资格顶下罗马的名号。另一方面，无论是重现家庭暴力的查理曼帝国，还是意图重现家庭暴力的神圣罗马帝国，都重现了基督教会在罗马帝国晚期遭遇的困境。她奋力反抗，大获全胜，自然也就不再需要它们。于是，她开始意气风发地自建硬壳，她要独自撑起整个西方，她要独自占据罗马的正统，再现罗马的辉煌，她需要权力，她最需要的就是权力。当然，她也就被权力腐蚀，腐蚀得最为严重。

最终，等待作为权力机构的基督教会的，是路德发动的宗教改革，普遍且唯一的基督教会彻底瓦解，罗马从此真的成了游魂。作为统一精神结构的基督教会被宗教改革摧毁了，各自独立的世俗权力被主权国家的格局固定下来。罗马大公教会所代表的精神统一的追求被放弃了，她尝试过的政权统一的追求也没有人再惦记了。凡是敢惦记的，都输得很惨，比如查理五世、拿破仑、希特勒。

从基督教会挑选硬壳的失败史进入基督教会的内部基本结构，我们很容易发现她的失败是理所当然，因为她继承了罗马帝国这座通天塔的死穴。

上帝是公平的，虽然奥古斯丁让基督教会痛快地离开罗马帝国，从神学上切割得很干净，也带走了罗马帝国最有价值的资产，不过，基督教会也带上了帝国在结构上的内在缺陷。帝国存在着自身的结构性冲突，基督教会成了帝国，也无法摆脱和克服这种冲突，最后会像罗马帝国一样因为这种冲突分崩离析。

"巅峰"和"专制"两节都仔细谈过帝国的力学结构是通天塔。通天塔成为帝国的象征，并不只是因为它的高大威猛和帝国的霸气外露给人的感觉很相似、相近、相合，就像帝国大厦象征着美帝国，更重要的是它们内在结构的一致性。只要造通天塔，就会遇到力学结构的约束。一方面，塔要盖得高；另一方面，塔的基座要够宽。从长远来看，这两点是相辅相成的，塔越是要盖得高，就需要基座越是宽，越是扎实；同时，基座越是宽，也要求塔变得越高，高度不够了，纵向的力量流动就容易被横向的力量流动取代，塔就倒了。欣欣向荣的帝国一方面是海量人口和资源的顺利汇入，另一方面是等级秩序的合理打造，二者相互促进。罗马在共和时代就启动了造塔工程，共和被帝国取代只不过是使顶层适应整个帝国结构的调试，格拉古兄弟、马略、苏拉、恺撒、屋大维一步步完成了调试的过程。

基督教会在成长的过程中，也经历了这样一个过程。她从民间崛起，创始人耶稣就是耶路撒冷附近的一个犹太教乡村小牧师，罗慕路斯建立罗马城的时候只有3000兄弟，并不比耶稣强多少。耶稣去世之后的300年，基督教的信徒不断增加，到了君士坦丁时代，帝国高层都开始信耶稣了。

君士坦丁时代的基督教会，基座已经够大，但依然有限，更重要的是她在高度上还不如汉尼拔和西庇阿时代的罗马共和，因为她的组织在纵向维度根本就没有统一性。公元325年，君士坦丁运用皇帝权威召开尼西亚公会，基督教会才知道，原来教会里面的高层政治是可以这么干的。到西罗马帝国覆灭之前的公元445年，利奥一世获得主教中的首席地位，后世熟悉的教皇制才初见雏形。一直到公元1075年格里高利七世向神圣罗马帝国皇帝亨利四世发出挑战，启动教皇革命，教会帝国的顶层结构才系统地建立起来。[1]从建造教会通天塔的角度，我们可以把格里高利七世看成教会帝国的恺撒。此时作为帝国的基督教会才真正成为一座高塔。

在帝国这座高塔里，宽度意味着海量人民的支持和服从，高度意味着拱顶石的坚固和威严。它们其实很难兼顾。为什么？

高塔的反面是广场，就像帝国的反面是城邦。像罗马共和曾经经历的那样，没有高度，就没有能力处理海量的资源，没有能力把海量的人民化为高塔的基座，资源和人口的汇入就很可能变成滔天洪水把城邦冲毁。长大，就必然遭遇长大的麻烦。

---

[1]　伯尔曼：《法律与革命》，贺卫方译，中国大百科全书出版社，1993年，第119—142页。J. H. Burns (ed.), *The Cambridge History of Medieval Political Thought*, Cambridge: Cambridge University Press, 2003, Chapter 11.

造塔工程一旦启动，自然而然就想造得越高越好。但是，塔造得太高，会被基座抛弃。皇帝高高在上，神秘莫测，自然会用恐惧去取代爱戴来对待百姓。对于君主，"究竟是被人爱戴比被人畏惧好一些呢？抑或是被人畏惧比被人爱戴好一些呢？我回答说：最好是两者皆备；但是，两者合在一起是难乎其难的。如果一个人对两者必须有所取舍，那么，被人畏惧比受人爱戴是安全得多的"。[1]面对亿万民众，君主不可能再像共和领袖那样与他们熟人相交，恐惧是保证他们服从的安全之法。但问题是，从充满恐惧的愚民身上得到的支持和服从是非常脆弱的。高塔的拱顶石会很自然地陷入为了自身安全把基座故意变得劣质化的死胡同。

对基督教会而言，教皇制的形成让她自己真的成了帝国。她也就惹上了顶端和基座首尾难顾的死穴。在罗马，这个死穴由共和传统和专制传统构成，由西塞罗和戴克里先代表，屋大维夹在中间勉为其难。在基督教会，这个死穴由使徒传统和教皇传统构成，由耶稣和彼得代表，没有人可以夹在中间，没有人可以勉为其难。

耶稣是草根出身，他创立的基督教就是草根的宗教、弱者的宗教、底层的宗教，广大信徒在他的召唤之下过上了平等的团契生活，相亲相爱，无须私人财产和等级权力。基督教内部的平等性和民主性来自耶稣本人。彼得是耶稣的第一使徒，耶稣亲自把掌管教会的权力交给了他，他是基督教会的首任教皇。在基督教会之内兴建高塔的历代教皇和他们的支持者，都把彼得奉为教皇圣座上的第一人。他们甚至把耶稣打扮成"万王之王"，教皇不仅是彼得的继承人，更是耶稣的代理人，甚至是上帝的代理人。在基督教内部，克吕尼运动之类的草根宗教运动从未停歇，它既可以通过本笃会、多明我会、方济各会的形式组织起来，也可以直接成为反建制、反教皇、反罗马的宗教运动。[2]使徒传统和教皇传统构成了基督教会内部的二元结构，像二龙戏珠一样推动着她的前进。基督教会内部反反复复出现朴素的群众运动和威

[1] 马基雅维利：《君主论》，潘汉典译，吉林出版社集团，2011年，第65页。

[2] 雪莱：《基督教会史》，刘平译，北京大学出版社，2004年，第一至三章、二十一章。冈萨雷斯：《基督教史》（上卷），赵城艺译，上海三联书店，2016年，第13—35、357—364、409—437页。麦克曼勒斯主编：《牛津基督教史》，张景龙等译，贵州人民出版社，1995年，第六章。

严的政治建构之间的博弈。这种博弈推动了教会帝国的演化，强化基座和强化高度之间不断地你追我赶，整个教会帝国就变得更强大了。不过，上帝不允许通天塔存在，强大的帝国迟早会因为顶层和基座无法兼顾而坍塌，连上帝自己的教会也不例外。

我在一次奇妙的机缘当中想清楚了基督教会内部的二元结构。当我走进梵蒂冈的圣彼得大教堂的时候，被它的各种宏伟、富丽、威严、奢华震撼了，目瞪口呆，失语良久。当我快要走到贝尔尼尼为教皇铸造的绝世青铜华盖的时候，我对身边的施展说："当年路德来罗马出差之后痛下决心反对教会，发动宗教改革，[1]要是我，也这么干。"宗教改革导致统一的罗马大公教会分裂为天主教会和新教教会，教会帝国坍塌了。但基督教会的演化并没有终结，代表教皇传统的天主教会和代表使徒传统的新教教会仍然在相互交缠之中自我完善，寻找上帝的路不止一条。不过，无论是哪一条路，经过了极端残酷的宗教战争的惨痛教训，都不能再和政治有直接关系了。

---

[1]　林赛：《宗教改革史》（上卷），孔祥民等译，商务印书馆，2016年，第210—211页。基特尔森：《改教家路德》，李瑞萍、郑小梅译，中国社会科学出版社，2017年，第25—28页。梅列日科夫斯基：《宗教精神：路德与加尔文》，杨德友译，学林出版社，1999年，第67—71页。

3.9 蛮族：罗马帝国的倾覆

我们终于来到了罗马帝国的"最后的一天"。

罗马帝国的衰亡，一直是热门的话题，民间和学界都很关心，它的热度很可能仅次于罗马从共和到帝国的转变。有学者总结了罗马帝国衰亡的原因，真是五花八门，林林总总超过了200种说法。比如，皇帝继承制度有重大缺陷、军队失控、蛮族入侵、人口减少、经济崩溃、财政破产、生态恶化、瘟疫流行，当然还有基督教的兴起。有意思的说法还有：广泛使用铅器皿导致普遍的铅中毒，道德沦丧导致人口质量下降，和蛮族通婚导致种族退化，等等。[1]基本上凡是能够想到的坏事在这个议题里都集齐了。罗马帝国这样一个独一无二的超大规模共同体崩溃，当然是方方面面都出了问题。政治、军事、经济、财政、宗教、文化、道德各个方面都在急剧下坠，而且它们相互拉扯着一起下坠。这种止不住的加速度下坠，就是崩溃。

在"继承""军政""专制""国教"四节当中，我们已经讨论了很多罗马帝国衰亡的深层次机理。这一节不准备做抽象的总结，因为面对最后的大场面，抽象的道理不如亲临现场来得震撼。让我们一起回到历史的现场，通过"最后的罗马人"看看罗马"最后的一天"。这位"最后的罗马人"是一个蛮族人。

---

[1] 刘津瑜：《罗马史研究入门》，北京大学出版社，2014，第58—86页。

罗马帝国的诸葛亮

讲罗马帝国覆灭的故事当然是要讲蛮族的，不过本节故事里的主角不是攻陷和毁坏罗马的蛮族，而是保全和守卫罗马的蛮族，这位含辛茹苦的"最后的罗马人"名叫斯提利科。一看他的名字就知道他不是纯正的罗马人。确实，他的父亲是汪达尔人，母亲是罗马人。在罗马这种父系传统异常强大的社会当中，他的姓氏让他一生都带着难以抹除的蛮族印记，而这个印记给他惹来了无数的麻烦。但就是这个蛮族人，成了罗马帝国的最后一根擎天柱，他就是"最后的罗马人"。他是罗马帝国最后一位雄才大略的皇帝狄奥多西的得力干将和托孤之臣，却被他亲手带大的小皇帝血腥铲除。当真是"出师未捷身先死，长使英雄泪满襟"！

话说23岁的斯提利科因为代表罗马和波斯谈判有功，被狄奥多西大帝提拔为禁卫军统领，还把养女嫁给了他。这个蛮族青年几乎是一步登天，变成了手握重权的皇亲国戚。随后的12年，他跟随狄奥多西鞍前马后，击退了各路蛮族，成为文武双全的国之栋梁，是罗马帝国的"大元帅"。公元395年，狄奥多西驾崩之前把两位皇子托付给斯提利科，他成了罗马帝国史上极其罕见的托孤之臣。

狄奥多西确实配得上"大帝"（the Great）的称号。这不仅是因为他宣布基督教正式成为罗马帝国的国教，其他所有宗教完全非法。同样重要的是，他和图拉真、哈德良、奥勒留一样是名副其实的军队最高统帅，亲自领兵保卫帝国的安全，奔波劳苦，戎马一生。

从狄奥多西的两个儿子开始，罗马皇帝彻底变成了养在深闺无人识的状态。他们靠的是君权神授，不再是赫赫战功。尽管他们因为狄奥多西的功绩和血统得到了举国拥戴，但他们都是不折不扣的昏君。皇帝一旦离开战场躲进深宫，最为肮脏和令人不齿的剧情自然就启动了。一方面，皇帝对征战在外的大将军始终不放心，欲除之而后快；另一方面，后妃和宦官弄权的事情层出不穷。

为什么会这样？因为皇帝也需要权力！躲进深宫的"皇帝再也不是头等

士兵、军队的首领、权力的主人，而是幽禁在皇宫深处的懦弱者"。[1]皇帝如果不能依靠军队获得权力，就必须用身边可信的人编织权力网络，那么后妃和宦官的权力空间就完全打开了。所以，令人厌恶的后妃和宦官弄权，确实是因为他们坏，但根本原因是皇权畸形的恶性膨胀，他们的权力是皇权邪恶却合理的延伸。权力自身有强烈的生长欲望，如果它不能正派地、规范地、合理地生长，它并不会停止生长，而一定会邪恶地、专断地、扭曲地生长。

权力如此生长，罗马帝国的顶层就完全腐化了。在大厦将倾的关头，权力的角斗场从战场变成了宫廷，各种阴谋和政变不断，帝国的拱顶石完全烂透了。狄奥多西的两个昏君儿子和他们的昏君继承者，"是女人、宦官、主教、下属随从、半蛮族军事首领或者完全彻底的蛮族首领之间玩弄的对象。这些人彼此之间的阴谋和倾轧可谓前无古人。任何人都毫无安全感可言。昔日宠爱的对象可能突然倒台，成了谣言中伤的对象被处死。罗马帝国的拯救者勋贵暗地里总是受到怀疑，最终被刺杀身死"[2]。

从帝国末期和所有中国古代王朝末期的教训来看，权力的密度过高是极大的恶事。因为帝国各方面的衰退，皇帝无法有效地控制军事和财政这些帝国的核心事务，皇帝的权力就从整个帝国龟缩到了皇宫之内，这种事情在新皇帝登基没本事料理烂摊子的时候极易发生。尽管皇帝的权力已经衰减，但它几乎从覆盖整个世界被压缩为一个点，皇宫之内的权力密度几乎是高到了无限。就像黑洞一样，它会向内坍缩，而且把所有星辰全部吞噬。权力的密度和权力支配的范围必须形成合理的关系，密度过低，必然导致离散和分裂；密度过高，必然导致阴谋和倾轧。权力的密度显然不是越高越好。皇宫恶斗的肮脏政治就是权力过度集中以至于压垮自身的典型。

斯提利科面对的顶层政治处境如此凶险，我们不禁为他捏把汗。重任在肩的斯提利科承担起了狄奥多西留下的保卫帝国全境的重担，但他手中握有的权力和信任比诸葛亮实在差太远了。他虽然是大元帅，但他头上有实权

---

[1]　罗特：《古代世界的终结》，王春侠、曹明玉译，上海三联书店，2008年，第222页。参见吉本：《罗马帝国衰亡史》（5），席代岳译，浙江大学出版社，2018年，第97—106、122页。

[2]　罗特：《古代世界的终结》，王春侠、曹明玉译，上海三联书店，2008年，第225页。

昏君，昏君身边围满了奸妃和佞臣。顶级的责任却没有匹配顶级的权力，办事的时候自然非常地不顺利。自私自利的元老和重臣出于削夺权力的根本动机处处与他为难。因为他的出身怀疑他的忠诚，成了他永远躲不开的诛心之论。他使尽浑身解数也只是勉强支撑。就像诸葛亮一样，斯提利科从来没有想过取而代之。[1]但也像诸葛亮一样，我总是觉得，真是取而代之就好了——虽然最后不一定成功，但起码可以不受窝囊气。

罗马帝国的敌人圈

狄奥多西托孤给斯提利科之后，皇长子阿卡狄乌斯去更尊贵的君士坦丁堡做皇帝，皇次子霍诺里乌斯留在米兰做皇帝，帝国分东西由此完全定型。斯提利科因为西部战局更棘手选择了留在西部。东皇帝阿卡狄乌斯一直给斯提利科找麻烦。斯提利科正要乘胜追击西哥特首领阿拉里克的时候，阿卡狄乌斯让他撤兵，目的是保证君士坦丁堡万无一失。斯提利科再次战胜阿拉里克，却因为兵力不足未曾追击，君士坦丁堡元老院甚至有人提议宣布他为国家公敌。阿卡狄乌斯的自私和昏庸日益暴露，以至于到了令人发指的地步。皇后勾搭禁卫军统领刺杀了宰相，他们一起控制了君士坦丁堡的朝政。他们居然册封战败逃跑的阿拉里克做大元帅，统领四个重要的行省，阿卡狄乌斯看都没看就签发了命令。斯提利科简直是腹背受敌。

我们不急着看斯提利科英勇退敌的故事，先来看看斯提利科究竟要面对哪些蛮族敌人，也就是当时罗马帝国面对的蛮族究竟是什么样的结构。从罗马的角度看，也就是罗马的敌人圈。

册封蛮族首领的事情罗马人不是没有干过，收编蛮族是罗马的传统。恺撒经略高卢的时候就有意识地把各路蛮族部落梳理成多层次的结构，诚心归顺、容易驯服、实力可观的部落被恺撒变成罗马的盟友，甚至给他们的部

[1]　吉本：《罗马帝国衰亡史》（5），席代岳译，浙江大学出版社，2018年，第106—114页。盐野七生：《罗马人的故事》（XV　罗马世界的终曲），田建华、田建国译，中信出版社，2013年，第21—26页。

落民众发放公民权，让他们的首领进入罗马元老院。随着罗马帝国政制和军制的变化，帝国边境也在悄悄地发生着翻天覆地的变化。屋大维对外采取守势，建立起帝国军团重兵把守的莱茵河—多瑙河防线，这条防线一直承受着日耳曼人潮水般的巨大压力。但我在《西方史纲》里强调过，罗马人虽然修了长城，却不能把罗马和蛮族的关系简单想象成黑白大搏斗。蛮族冲击长城，文明人死守长城，终于长城破了，蛮族像洪水一样冲进罗马，罗马就亡了。这是不对的。[1]

蛮族和罗马早就相互融合了，军队是这样，婚姻也是这样，人民自然也是这样。"军政"一节谈塞维鲁优待士兵政策的时候强调了边境军团的驻地化，士兵们可以在边境安居乐业、娶妻生子，也就不再惦记着回罗马，士兵身份和公民身份就逐渐分离了。边防军士兵们对罗马的认同越来越少，对本地的认同越来越多。他们在边境的日常生活就是和日耳曼人打交道，熟悉了，自然也就没有那么强烈的敌意；稳定了，日常生活自然就会把双方融合到一起。经过"三世纪的危机"，戴克里先已经觉察到边防军不可用。"专制"一节谈戴克里先军制改革的时候特别强调了他将边防军弱化的后果：边防军的空心化导致蛮族大量填充进去，帝国军团全面地蛮族化了。等到百年后狄奥多西登基，边境已经不再可守，他公开承认了蛮族的南迁，给他们指定定居地，甚至承诺在他们实现粮食自给之前帝国政府会负担他们的口粮。[2]数百年来，有作为的皇帝们都在一批又一批的蛮族南迁压力下疲于奔命，狄奥多西是其中的最后一位。

在抵御蛮族迁徙的同时，军队也蛮族化了。帝国军队从普通士兵到高级将领四百年来存在着一个明显的发展趋势，那就是离罗马城越来越远。罗马城很早就不再出产精兵强将，然后是意大利，在"三世纪的危机"当中皇帝们已经来自四面八方，帝国雄兵已经长期出自高卢和巴尔干。在狄奥多西登基之前，像斯提利科这样半蛮族出身的重臣已经比比皆是。甚至像色雷斯的

[1] 李筠：《西方史纲：文明纵横3000年》，岳麓书社，2020年，第130—133页。

[2] 盐野七生：《罗马人的故事》（XIV 基督的胜利），徐越译，中信出版社，2013年，第219—223页。吉本：《罗马帝国衰亡史》（4），席代岳译，浙江大学出版社，2018年，第287—290页。

马克西米努斯和阿拉伯的菲利普这样的具有蛮族血统的人都已经成为元老院正式承认的皇帝。斯提利科本人有一半血统是汪达尔人。他曾经监护的阿卡狄乌斯所娶的心如蛇蝎的皇后是法兰克人。不过,绝大多数蛮族重臣通常是通过刺杀的方式废立皇帝,他们很少自立为帝。[1]帝国的顶层和底层都全面而深刻地蛮族化了。吉本咬定罗马帝国亡于蛮族,很容易造成简单化的误会,很容易让人远离罗马帝国晚期的真实情况。其实他在大部头《罗马帝国衰亡史》里把罗马的蛮族化写得很充分、很翔实、很深刻。

不过,蛮族和蛮族还是不完全一样。按照同心圆,大致可以分成三层。第一层就是像斯提利科这样的人,父母可能是蛮族,但已经深深地融入罗马社会,甚至进入了政治高层。但令他们尴尬的是,罗马人还认为他们是蛮族,不可信、不可靠、不可用,他们不仅和外面的蛮族一样野蛮,还有可能和外面的蛮族里应外合毁掉罗马。

罗马政要们这种普遍的防贼心理把斯提利科坑苦了,当然,最后他们也把自己给坑了。从前罗马人的开放、包容、自信已经不存在了,他们变得封闭、狭隘、自私自利。民族融合在罗马已经持续了数百年,谁是纯正的罗马人?但身份认同并不会和血统变化同步,在很多时候它比血统的变化要缓慢得多、顽固得多。自以为是纯正罗马人的政要们在紧迫的局势下不断自我收缩,这种状态非常像中国清朝末年满族权贵的颟顸和愚顽。

当然,蛮族被收编之后确实也并不就会绝对可靠。他们之中也出了不少安禄山、史思明,当着罗马的将军,带领自己的部落和罗马开战。他们位极人臣之后也刺杀皇帝,扶立新帝。他们都学会了庞培的名言:苏拉可以,我为什么不可以?

这第一层到底是敌是友,实在让罗马左右为难。斗争最基本的前提就是搞清楚谁是我们的敌人,谁是我们的朋友。现在连这个基本的问题都搞不清楚了,还怎么斗下去呢?如果斗不下去,还怎么撑下去呢?实际上,在狄奥多西治下,"帝国崩溃形势已经不可避免,无论皇帝个人的才能有多么卓越,强大的统治已经不可能出现了。罗马政治组织的活力已经消失殆尽,唯

---

[1] 罗特:《古代世界的终结》,王春侠、曹明玉译,上海三联书店,2008年,第十一章。

有通过某些蛮族人的帮助抵御其他蛮族才能维持生存，先是借助那些已经罗马化的蛮族人，后来依靠在各方面与罗马人相去甚远的蛮族人，而这些外族人实际上已经独立于罗马之外了"。[1]斯提利科是狄奥多西依靠的罗马化的半蛮族，斯提利科的宿敌阿拉里克就是"相去甚远"的蛮族。

罗马帝国敌人圈的第二层就是像阿拉里克这样的人，他们跟罗马作对，到处寻找生存空间，办法就是拖家带口地烧杀抢掠。但他们在和罗马频繁的接触当中也学会了罗马的不少东西，比如阿拉里克用兵就不是一般罗马将军比得了的。我在《西方史纲》里强调过，日耳曼人和罗马最重要的传承和师徒关系就是罗马人以武的方式带日耳曼人成长。[2]

日耳曼是一个很大的统称，而不是一个民族、一个部落或者一个部落联盟的名字。在这个统称之下，有东哥特人、西哥特人、汪达尔人、法兰克人、匈奴人等等。他们之间没有统属关系。因为他们还处于部落阶段，或者一只脚踏入了文明的半开化阶段，但无论如何他们还远远不具备打造大规模政治共同体的政治能力。[3]正是因为他们的分散，罗马帝国才有机会充分地运用各种合纵连横、软硬兼施、借力打力、以毒攻毒的手段，在他们之中周旋，可谓无所不用其极。但毫无疑问，他们和罗马帝国打交道的主要方式是战争。他们和罗马帝国正面冲撞的方式是战争，即便他们其中一些被收编了，也还是被罗马帝国利用去针对别的蛮族部落进行战争。大厦将倾的罗马帝国之所以苟延残喘了几乎上百年，很大程度上是因为蛮族们的政治不成熟。他们从来没有把摧毁罗马作为坚定的政治和军事目标，哪怕像阿拉里克攻占了罗马，哪怕像后来的奥多亚克废黜了西罗马末代皇帝，他们也不想自己当皇帝。他们要的就是爽快、痛快、畅快，然后让他们的人民吃饱穿暖、安居乐业。所以，百年来他们的行动总是左右摇摆、反反复复，甚至莫名其妙。[4]

---

[1]　罗特：《古代世界的终结》，王春侠、曹明玉译，上海三联书店，2008年，第220—221页。

[2]　李筠：《西方史纲：文明纵横3000年》，岳麓书社，2020年，第149—152页。

[3]　Guy Halsall, *Barbarian Migrations and the Roman West, 376-568*, Cambridge: Cambridge University Press, 2006, Chapter 2.

[4]　罗特：《古代世界的终结》，王春侠、曹明玉译，上海三联书店，2008年，第225—226页。布赖斯：《神圣罗马帝国》，孙秉莹等译，商务印书馆，2000年，第13—17页。

但在狄奥多西前后蛮族左右反复的百年当中，狄奥多西制造了一个新的大麻烦：宗教纷争。狄奥多西正式宣布基督教为国教，被基督教奉上了"大帝"的尊号。他以极端排斥性的政策实现基督教的国教地位，宣布异教和异端全部非法。"狄奥多西加大对阿塔纳修斯正统宗教的扶植力度，坚决打击阿利乌派，以至在他之后阿利乌派在罗马帝国只能逐渐萎缩下去，仅仅在蛮族人中间才得以继续存在。"[1]君士坦丁主持召开尼西亚公会的时候宣布否认耶稣神性的阿利乌派是异端，三位一体才是基督教正统信条。狄奥多西掀起了宗教排斥甚至宗教迫害，罗马帝国的包容性大大下降。阿利乌派的教士们成了异端，在罗马帝国待不下去了，就跑到蛮族里传教。很多蛮族皈依了阿利乌派的基督教，成了罗马帝国国教必须严厉打击的异端。罗马帝国和第二层蛮族之间持续拉锯的生存空间争夺战染上了极其强烈的宗教色彩。

一旦民族战争变成了宗教战争，热情会急剧高涨，但明智程度很可能就严重下降了。最明显的证据就是，无论东罗马的朝廷还是罗马城的元老院，对斯提利科的战略安排始终觉得不坚决、不彻底。他们都不知道帝国已经没有多少家底了，守不守得住都是个问题，还狂热地要求斯提利科每一仗都要彻底消灭异端，容不得任何妥协和退让。在他们眼里，斯提利科总是不干脆、不爽快，背后一定有猫腻。在出身问题之外，斯提利科还面临着宗教上的诛心之论的围剿。过度的宗教热情把政治和军事所必需的回旋空间严重地蒸发掉了，局面陷入了无谓的复杂化，帝国所剩无几的元气也就被毫无意义地消耗。本来手里就没有多少好钢了，还全部用来对付自己人，亲者痛仇者

---

[1] 罗特：《古代世界的终结》，王春侠、曹明玉译，上海三联书店，2008年，第220页。参见盐野七生：《罗马人的故事》（XIV 基督的胜利），徐越译，中信出版社，2013年，第230—236页。为保持与前文一致，引文中的人名改为阿塔纳修斯，教派名改为阿利乌派。阿塔纳修斯正是"国教"一节谈到的争取教会自由的基督教圣人，他在君士坦丁主持的尼西亚公会上力陈"三位一体"理论的正确性，公会发布的《信经》将三位一体确立为基督教的正统信条。被他击败的正是阿利乌派，他们否认三位一体，也就是否认耶稣的神性。参见尼科斯编：《历代基督教信条》，汤清译，宗教文化出版社，2010年，第5—7页。雪莱：《基督教会史》，刘平译，北京大学出版社，2004年，第106—116页。冈萨雷斯：《基督教史》（上卷），赵城艺译，上海三联书店，2016年，第178—189页。蒂利希：《基督教思想史》，尹大贻译，东方出版社，2008年，第68—75页。

快的悲剧近在眼前。

　　帝国敌人圈的第三层是更外围的蛮族，他们是从东方来的匈奴人。他们凶悍无比，一路向西挤压，把日耳曼人都挤进了罗马帝国。罗马不可能收编他们，也对付不了战斗力极其强悍的他们。匈奴首领阿提拉在罗马帝国史上几乎是一个噩梦般的存在，他被称为"上帝之鞭"，无力抵抗的东西罗马都尽数满足他的要求。他的离奇死亡让所有人都长出一口气，他的无敌部落也随之烟消云散。[1]总体来看，罗马帝国在最后的一百年当中遭遇的顶级敌人仅此一位。他是在斯提利科去世之后出现的，罗马再无将军和他有过正面的对抗，唯一的"抵抗"来自教皇利奥一世的谆谆教诲，据说罗马因此免遭洗劫。

　　让我们从宏观的罗马帝国敌人圈回到斯提利科当时的处境。阿卡狄乌斯册封阿拉里克大元帅头衔的命令，对罗马帝国来说简直是耻辱透顶、愚蠢透顶、腐败透顶。罗马帝国的册封应该是战胜蛮族之后的安排。战败者归顺帝国、接受处置、服从安排的前提下，帝国允许他们从第二层进入第一层，册封就是收编的必要手段。即便如此安排，仍须小心防范。但阿拉里克只是逃跑，并没有归降。他充满了敌意，阿卡狄乌斯却主动把他变成自己人。结果，阿拉里克成了罗马的大元帅，就可以合法地在罗马境内烧杀抢掠，罗马军队到底是和他打还是不打？阿卡狄乌斯册封阿拉里克这件事的企图很让人不齿。君士坦丁堡想把蛮族引向西方，保证自己的安全。东罗马对待蛮族问题的思路居然是祸水西引。亲兄弟在大难临头的时候居然也选择了落井下石。"罗马与其说是衰落了，不如说是使其自身分崩离析了，不如说是皇帝们使疆土分裂了。"[2]西方很快就承受不住潮水般的军事压力，走向崩溃。崩盘的节点就是斯提利科的身败名裂。

[1]　约达尼斯：《哥特史》，罗三洋译注，商务印书馆，2012年，第111—136页。吉本：《罗马帝国衰亡史》（6），席代岳译，浙江大学出版社，2018年，第31—97页。盐野七生：《罗马人的故事》（XV　罗马世界的终曲），田建华、田建国译，中信出版社，2013年，第164—185页。

[2]　伯班克、库珀：《世界帝国史：权力与差异政治》，柴彬译，商务印书馆，2017年，第41页。

罗马帝国的自毁长城

现在我们来看"最后的罗马人"最后的结局。斯提利科不是像诸葛亮那样壮志未酬却也安享国父尊荣地死去。借用中国传统的情节，斯提利科的结局更接近袁崇焕的结局：刚愎自用的皇帝因为疑神疑鬼和近臣怂恿将他彻底铲除。

在战场上，阿拉里克两次输给了斯提利科，甚至在第二次惨败中连妻儿都被俘虏了。阿拉里克因此安静了四年。凯旋的斯提利科又要忙着对付被匈奴人驱赶的日耳曼人。一股四十万人的日耳曼部落像蝗虫一样进入高卢，然后进入意大利。斯提利科能凑足的士兵只有三万。[1]为什么？罗马难道不是兵多将广吗？都不存在了。

罗马士兵的本来面貌是自由农公民士兵，极速扩张的罗马共和贫富差距拉大，大批自由农失去土地，马略的募兵制把赤贫化的平民吸收进了军队，共和末年的罗马军队被一众军阀完全私有化，公民兵制度名存实亡。屋大维为了帝国安宁，把内战中急速膨胀的罗马正规军裁减到十五万。戴克里先军制改革之后罗马军队膨胀到五十万。在他之后的一百年，帝国军队不仅日渐分散，而且日渐孱弱，边防军被弱化，已不堪大任，实际上，就连中枢直管的野战军也日渐倾颓。尤其意大利本土，早就不再出产精兵强将。斯提利科面对时艰之际，以武立国的罗马居然沦落到没有兵来救国于危难，真是天大的讽刺！从这件事情当中可以看出，罗马曾经最强悍、最凶猛、最引以为傲的武力已经变得弱不禁风。罗马已经没有家底了，她的实力已经溃散掉了。

为了应对燃眉之急，斯提利科出了狠招：征召奴隶参军，凡是参军的奴隶立即获得自由身。这么一来，意大利的大农场主们简直是恨他入骨，他们当然也就在元老院不断地给他找麻烦。

击溃了南下的日耳曼大部落，斯提利科也没有高枕无忧，他惦记着帝国的防卫框架如何重新整合。斯提利科一直和战败逃跑的阿拉里克联络。他不

---

[1]　盐野七生：《罗马人的故事》（XV　罗马世界的终曲），田建华、田建国译，中信出版社，2013年，第81—82页。吉本：《罗马帝国衰亡史》（5），席代岳译，浙江大学出版社，2018年，第149—159页。

仅向阿拉里克示好，送还了他的妻儿，甚至邀他联合，一起守卫罗马。阿拉里克开出了巨额黄金的条件，斯提利科带去元老院请求批准。帝国国库显然已经空空如也，家财万贯的元老们是否愿意为国之大计慷慨解囊呢？他们确实出了钱，达成了同盟。但他们对斯提利科充满了愤恨，甚至斯提利科的结发妻子也加入了反对他的行列。马基雅维利把这种情况说得很明白：务必不要碰他人的财产，因为人们忘记父亲之死比忘记遗产的丧失还来得快些。[1]这句名言虽然过于直白和刻薄了，但对于罗马帝国晚期的元老院绝对适用。在没有信任只有阴谋论的罗马城，斯提利科陷入了绝境。

果然，小皇帝霍诺里乌斯动手了。他身边宦官出身的禁卫军长官怂恿他去视察检阅得胜归来的军队，结果在检阅中把斯提利科手下的将军们全部杀死，说是斯提利科谋逆。斯提利科没有带兵反击，而是选择了去和他从小带大的皇帝谈心。结果他有去无回，连小皇帝的面都没见上即被以叛国罪名处决。斯提利科的家人和部下遭遇了大清洗。他所控制的罗马帝国赖以生存的"最后的军队"四散奔逃，很大一部分加入了阿拉里克的队伍。[2]

斯提利科遭到处决意味着罗马帝国糜烂的基座和糜烂的顶层终于合力毁掉了支撑这个国家的栋梁，再也没有人可以让她苟延残喘了。糜烂国家的悲惨结局果然来得很快。皇帝和教会还没来得及把抹黑斯提利科的事情干完，阿拉里克已经兵临罗马城下。这次再也没有人来保卫罗马了。公元410年，罗马被烧杀抢掠了五天五夜，辉煌的帝都落入了万丈深渊，史称"罗马浩劫"。正是这次浩劫逼迫奥古斯丁写出了《上帝之城》。

从公元410年罗马浩劫到公元476年西罗马末代皇帝被蛮族首领奥多亚克废黜，罗马帝国史的故事已经没有什么可值得说的了。一个恶臭至极的垃圾堆里，甚至都不用再去找什么教训来吸取了。

经过了前四节相对比较抽象的探讨，本节用相对细致的故事回看了罗马

---

[1] 马基雅维利：《君主论》，潘汉典译，吉林出版社集团，2011年，第66页。

[2] 盐野七生：《罗马人的故事》（XV 罗马世界的终曲），田建华、田建国译，中信出版社，2013年，第102—108页。吉本：《罗马帝国衰亡史》（5），席代岳译，浙江大学出版社，2018年，第166—173页。Guy Halsall, *Barbarian Migrations and the Roman West, 376-568*, Cambridge: Cambridge University Press, 2006, Chapter 7.

"最后的一天"。"最后的罗马人"斯提利科是罗马的诸葛亮，他至少在与蛮族的周旋之中数次保全了罗马，但罗马皇帝、元老、教会合力干掉了他，自毁长城。这个结局和中国古代大多数王朝覆灭的景象有太多的相似之处。在这样一个糜烂至极的场景面前，如果你和我一样感慨万千、心绪难平，那比得到什么样抽象的结论都来得实在。因为这种感觉就是最朴素的历史感，通过它，我们最容易与历史产生共鸣，借助共鸣我们更容易激活本书谈过的所有抽象理论。

3.10 分叉：东部帝国的长命

西罗马帝国于公元476年灭亡，标志是蛮族首领奥多亚克废黜了西罗马末代皇帝罗慕路斯·奥古斯都。东罗马帝国一直延续到公元1453年，才被奥斯曼帝国灭亡，标志是君士坦丁堡被奥斯曼帝国苏丹穆罕默德二世攻破，君士坦丁十一世壮烈殉国。东罗马帝国的正式名称就叫罗马帝国，17世纪的西方学者为了把她和西方中世纪建立的神圣罗马帝国区分开，把她叫作"拜占庭"[1]。

拜占庭帝国史的通行写法一般都不会再追溯到恺撒和屋大维，而是从君士坦丁大帝讲起。在他手上，政教合一的帝国模式形成了。这是拜占庭的基

---

[1] 绝大部分罗马史著作几乎都不涉及拜占庭。在罗马通史中，只有吉本的《罗马帝国衰亡史》完整地包括了拜占庭帝国史。在罗马专门史中，罗马法律史必定涉及东罗马皇帝查士丁尼编纂《国法大全》，但也都到此为止，不会再向下延伸。罗马经济史著作中唯有厉以宁先生所著《罗马—拜占庭经济史》囊括了从罗马建城到拜占庭灭亡的全部历史，但上下编正好以西罗马帝国灭亡为界。总体而言，西罗马帝国灭亡之后，西方和东方走上了各自的道路，演化出差异巨大的文明形态和发展逻辑，正如罗马史专家刘津瑜先生所说，"走上中世纪道路的西欧，以及又绵延近千年的东罗马帝国（拜占庭帝国），则需要新的篇章来讲述它们的历史"。（刘津瑜：《罗马史研究入门》，北京大学出版社，2014年，第57页。）

本节以有限的篇幅勉力申说千年拜占庭史，基本目的有三点：一是通过简要勾画拜占庭帝国的历史线条，将罗马得以延续的这个重要分支加以说明；二是通过简要勾画拜占庭帝国的文明属性，将她与西方文明的差异挑明；三是通过简要勾画拜占庭帝国的政治特点，将其中蕴藏的政治学原理进行初步的开掘。未尽之功，日后定当弥补。

本框架，但西方却在中世纪把它扔掉了。拜占庭一直以罗马正统自居，认为西方是蛮族，也不是没有道理。从君士坦丁大帝于公元313年颁布《米兰敕令》让基督教合法化，到君士坦丁十一世在1453年的君士坦丁堡保卫战当中壮烈殉国，拜占庭一共延续了1140年，确实长命。[1]在观念史、制度史、帝国史的脉络当中，拜占庭延续了罗马，但她和罗慕路斯、努玛的罗马，和西庇阿、西塞罗的罗马，和恺撒、屋大维的罗马，已经大不一样了，她通常被叫作"第二罗马"。

从公元313年到公元1054年的罗马史，在当时人们的心目中并没有因为公元476年西罗马末帝被废黜而断裂。西方的衰朽已经持续了近200年，地位逊于东罗马皇帝的西罗马皇帝从来没有在乱局中显示出应有的作用，废了也就废了，反正君士坦丁堡还有真正的罗马皇帝，罗马帝国并没有倒。作为历史时期分界线的公元476年，对后世的西方有用、有利、有意义，但在当时的罗马帝国并没有什么特别之处。蛮族首领奥多亚克在废除西罗马末帝之后没有自立为帝，他上书君士坦丁堡讨个官衔，皇帝也就顺水推舟任命他为掌管西部的执政官。虽然西方的实际控制权已经落入蛮族之手，但在法统上依旧属于罗马帝国。西方在法统上脱离拜占庭，一直要到公元800年圣诞节教皇利奥三世为查理曼大帝加冕。在此之前，所有的蛮族国王在法统上都和奥多亚克一样，是拜占庭皇帝的臣子，他们很多人都得到了拜占庭皇帝的委任状。拜占庭自认为拥有罗马帝国的法统，西方人、教皇、查理曼和国王们都是犯上作乱、阴谋分裂、寡廉鲜耻的野蛮人。

从公元395年狄奥多西大帝驾崩开始，西方和东方正式的分手历程就开始了。上一节提过的东罗马皇帝阿卡狄乌斯任命西哥特首领阿拉里克为帝国元帅的目的是祸水西引，他难道不知道统治西部的皇帝是他的亲弟弟霍诺

---

[1]　拜占庭帝国史的终点为1453年君士坦丁堡被攻占并无疑义，但起点却存在很多说法，最早的说法是公元284年戴克里先登基，还有公元324年君士坦丁击败李锡尼成为唯一的皇帝，还有公元330年君士坦丁堡建成，还有公元395年狄奥多西把帝国让两个儿子继承，还有公元476年西罗马帝国灭亡，还有公元527年查士丁尼登基，等等。详见陈志强：《拜占庭史研究入门》，北京大学出版社，2012年，第131—133页。我选择公元313年《米兰敕令》颁布为拜占庭帝国的起点，主要是考虑基督教和帝国的正式结盟，以及君士坦丁由此构造的政教合一模式成为拜占庭帝国最重要的特质。

里乌斯吗？他难道不知道实际负责帝国西部防卫的是他的"仲父"斯提利科吗？西罗马末帝被废黜只不过是西部倾颓和西部大放弃战略的合理结果。皇帝一旦有雄心壮志、有雄才大略、有足够实力，还是想重新夺回西部的实际控制权，查士丁尼就是如此。他下令编纂了《国法大全》，成就了西方历史上乃至整个人类历史上最伟大的法典。他还派大将军贝利萨留西征，收复了北非和意大利。但波斯来犯，帝国东线告急，贝利萨留只有撤兵回救，西方又回到了蛮族手中。被两面夹击的东罗马实在没有力量重新完成统一大业，她究竟还是没能拉住西方。自查士丁尼和贝利萨留之后，收复西部的光荣与梦想被彻底放弃，西方彻底走入中世纪，东罗马也变成了拜占庭，她们渐行渐远，后来在尖锐的斗争中彻底走向敌对。拜占庭和西方确实同出一脉，但终究变成了两个文明。[1]现在我们就走进"第二罗马"，从皇权、教会、军政、地缘四个方面撮其要，记其事。

皇权至上

　　君士坦丁大帝选择基督教最大的收益是铸就了强悍无比的皇权。拜占庭皇权是典型的世俗政权领袖兼任宗教领袖的一体化结构，跟中国传统的皇权有很多相似之处。这个君权神授的一元化结构在君士坦丁大帝手里就建造完成了，一直是拜占庭皇权在宗教上、政治上、法理上的标准格式，它在千年的拜占庭帝国史中从未受到有力的挑战。

　　戴克里先塑造专制皇权之时已经把皇帝定位成"主人和神"，但没有基督教的上帝背书，哪怕权力再大、排场再大，专制皇权的塑造还是没有完

[1]　参见李筠：《西方史纲：文明纵横3000年》，岳麓书社，2020年，第137—140页。勒纳、米查姆、伯恩斯：《西方文明史》（I），王觉非等译，中国青年出版社，2005年，第237—249页。吉本：《罗马帝国衰亡史》（7），席代岳译，浙江大学出版社，2018年，第四十一章。瓦西列夫：《拜占庭帝国史：324-1453》，徐家玲译，商务印书馆，2019年，第202—241页。陈志强：《拜占庭帝国史》，商务印书馆，2006年，第二章。布朗沃思：《拜占庭帝国》，吴斯雅译，中信出版社，2016年，第98—115页。Paul Erdkamp (ed.), *A Companion to the Roman Army*, Oxford: Blackwell Publishing, 2007, Chapter 29.

成，因为它的合法性根基不够强悍、不够粗壮。君士坦丁有了基督教的帮助，这个最根本的难题迎刃而解。皇帝甚至都不再需要屋大维式的元首权力头衔列举，第一公民、首席元老、全军总司令、终身保民官、祭司长、最高大法官和最高行政官都无须多言，这些带有罗马共和色彩的世俗权力头衔根本不足以证明皇权的神圣和伟大，甚至反过来损害了皇权的神圣和伟大。皇帝的正式称号就是"巴西琉斯"（Basileus），皇帝（Imperator）和国王（Rex）都可以接受。它们背后出现了一整套令人眩晕的基督教神圣话语：皇帝是上帝的代理人，是上帝的伙伴甚至搭档，是第十三位使徒，是光辉的太阳，是正义之祖、理性和智慧之父、光和生命之源，是真理和美德的分配者……上帝拥有的，皇帝差不多都拥有了；皇帝没有的，除了上帝，谁也不能拥有。基督教所营造的极其丰盈的神圣世界，完全为皇帝所用。[1]用现在的话说，基督教君权神授理论对暗含共和传统的元首制合法性定位简直就是降维打击，君士坦丁是在天上，屋大维站得再高也只是站在地上。

君权神授理论强化皇权的基本路线有两条，一条是皇帝无限接近上帝，另一条是皇权的人格化。优西比乌的《君士坦丁颂》把这两条路线都大大地往纵深推进，几乎达到了无以复加的地步。如果它真的是一篇阿谀奉承之辞，整个人类历史上都很难找出比它更高级的"马屁经"，它确实抓住了神化皇权的关键。拜占庭皇权也确实沿着这两条路线强化皇权的合法性基础，把皇权的根基做得无比的厚重扎实。这样至高无上的皇权怕是罗慕路斯和屋大维做梦都不敢想的。

有了上帝作保的无上地位，拜占庭皇权就是帝国权力的源泉和枢纽，一切权力都自皇权派生，由其指挥，对其负责。拜占庭的大小官吏皆由皇帝任免，机构都由皇帝废立。元老院的独立性和实权完全消失，元老成了总督、执政官、总理大臣、君士坦丁堡大牧首这些顶级官员的荣衔，元老院最重要的职权是协助君士坦丁堡市长管理帝都的市政建设。执政官也基本上成了荣

---

[1]　尤西比乌斯：《君士坦丁传》，林中泽译，商务印书馆，2018年，第426—509页。陈志强：《拜占庭帝国史》，商务印书馆，2006年，第359—361页。丛日云：《在上帝与恺撒之间——基督教二元政治观与近代自由主义》，生活·读书·新知三联书店，2003年，第301—307页。

衔，不再拥有实权。真正在皇帝手下拥有实权的是协助管理中央事务的司法大臣、总理大臣、君士坦丁堡大牧首、君士坦丁堡市长、国库长官、皇家私产长官和秘书，还有帮助皇帝统帅地方的大区长官、总督。当然，宫廷管理也非常重要，由宫廷大总管负责。拜占庭帝国的权力体系是高度的一元化体系，其客观上的多元性完全与罗马共和传统无关，而只是庞大权力体系膨胀和分化的自然结果。[1]

权力一旦高度集中，权力的争夺就会变得异常激烈和血腥。尽管拜占庭根据查士丁尼的《国法大全》对帝位继承人资格做了详细的顺位排序，表面上的父死子继和兄终弟及也占据了帝位继承的大半篇幅，但不用说另外一半的谋权篡位，即便是表面上的合法即位也大多暗藏肮脏和苟且。[2]拜占庭面临的军事形势一直高度紧张，"拜占庭帝国的历史犹如一部战争史"[3]，皇帝必须是大将军。不能亲自统兵出征，皇帝对元帅的猜忌就是必然。像查士丁尼和贝利萨留这样的圣君名将之间都避免不了，而其他的大部分元帅都是自己上位做了皇帝。事实上合法即位的拜占庭皇帝几乎可以说是屈指可数。军队、后妃、宦官、贵族、教会、首都人民、外国势力等因素加在一起，拜占庭的宫廷史几乎是人类历史上最"精彩纷呈"、触目惊心、情节起伏的宫斗大戏，甚至有不止一位皇帝在被杀前受尽了凌辱和酷刑。

总体而言，拜占庭皇权是帝国的拱顶石，皇帝们异常艰难地夺取和捍卫权力。他们不像中国古代唐朝之后的皇帝们那样大多可以享受文官治理带来的轻松和稳定。他们必须左手紧握军队、右手狠抓权谋，稍有失手便可能万劫不复。拜占庭皇帝确实是高危职业。这样的高危职业也确实历练了一大批盖世枭雄，很多拜占庭皇帝虽然在道德上声名狼藉，但政治技术都极为高超。纵横捭阖、随机应变、果敢狠绝对他们来说是家常必备。正是因为枭雄皇帝层出不穷，屡屡处于危难之际的拜占庭总是能够化险为夷，这是她长命

---

[1]　陈志强：《拜占庭帝国史》，商务印书馆，2006年，第368—382页。拜伦：《拜占庭的成就》，周书垚译，上海三联书店，2018年，第78—89页。

[2]　参见陈志强：《拜占庭史研究入门》，北京大学出版社，2012年，第176—178页。

[3]　陈志强：《拜占庭帝国史》，商务印书馆，2006年，第433页。

的重要原因之一。[1]

东正教会

拜占庭帝国作为一个独特的文明，很重要的一个特质就是她的东正教和东正教会。拜占庭能支撑1000多年，和东正教会的强大密不可分。但东正教会又不够强大，一方面，她几乎完全臣服于皇权脚下，没有形成西方中世纪与皇权分庭抗礼的二元结构；另一方面，她几乎没有进一步加强组织建设，没有形成西方中世纪以教皇制为顶层结构的等级式教阶制。东正教的这两个特点互为因果，演化出既不同于西方也不同于中国的独特政教关系结构。

"东正教"这个词严格来说是画蛇添足的误译，她的确切名字叫作"希腊正教"。[2]拜占庭的东正教和西方的大公教同出一脉，她们的根都是耶稣和保罗创立的基督教。拜占庭文明和西方文明拥有希腊、罗马、基督教三大传统的同源性。但东西方教会的分离和独立也在公元500年到1000年之间展开，她们的分离和独立是两个文明的分离和独立的核心内容和重要动力。西方之所以成为西方，更重要的道路是在和拜占庭对立和分离以后展开的，使她变得个性十足甚至独一无二的特质是在中世纪形成的。

从教义上看，东正教是保守的、更为原始的、更为民主的基督教，相应地，西方的大公教是创新的、更为与时俱进的、更为等级化的基督教。她们共同承认公元787年第七次大公会议之前的所有决议。也就是说，七次会议裁决了诸多的教义分歧，得出了正统的、权威的结论，她们都认账。区别在于，东正教会对于基督教教义的创新解释到此为止，而大公教会后来又对基督教教义做出了很多新的解释，这些"创新"，东正教会一概不承认。可

---

[1]　瓦西列夫：《拜占庭帝国史：324—1453》，徐家玲译，商务印书馆，2019年，第202—205、301—303、364—366、467—471、581—588、768—781、888—901页。

[2]　"东正教"的译法已经约定成俗，本节袭用。但必须注意的是，"东"是翻译者为了把她和西方的天主教和新教区别开加上的。这种译法固然便于我们理解世界各大宗教的差异，却也造成了严重的误会，比如，遮蔽了她和天主教、新教的同源性，贬低了东正教自身坚决认定的普遍性和唯一性。参见冈萨雷斯：《基督教史》（上卷），赵城艺译，上海三联书店，2016年，第293—309页。

以说，东正教的神学在公元800年就停止了，她坚持保住之前的定论就足够了。比如，东正教会不承认炼狱的存在，不承认教会对信徒有赦罪的权力，不承认圣母玛利亚童贞怀胎生下耶稣的学说，等等。这些都是西方的教皇和神学家们在中世纪的新发明。东正教会更坚持基督教的使徒传统，教会当中没有森严的等级结构，君士坦丁堡大牧首不是教皇，只是"平等众生之首"，教区之间、主教之间也没有金字塔式的隶属关系。[1]

观念的差别固然非常重要，但它不是构成文明区分的全部，必须加上组织形态和权力结构的演化逻辑，才足以把不同的文明区分开。这里的关键是拜占庭的破坏圣像运动。基督教禁止偶像崇拜是她和犹太教以及后来的伊斯兰教的共同信条，也是她们和其他宗教之间极其明显的差别。《圣经·旧约·出埃及记》当中上帝明确地通过摩西给以色列人颁下"十诫"，第一诫是"除了我以外，你不可有别的神"。第二诫就是"不可为自己雕刻偶像；也不可作什么形象仿佛上天、下地和地底下、水中的百物。不可跪拜那些像；也不可侍奉它"。[2]那为什么基督教会从前都不破坏圣像，一直到拜占庭皇帝利奥三世在公元726年才发动破坏圣像运动？

崇拜偶像虽然在摩西十诫里就严令禁止，但人总是习惯通过形象来展开宗教活动，耶稣、圣母、天使、圣人的画像、雕塑、遗物、遗迹都是崇拜的对象。"国教"一节强调过，一神教基督教通过封圣的办法收编蛮族的各路毛神，把他们置于教堂的侧龛，这是基督教处理人类精神世界多元性和复杂性的基本战略。圣像崇拜是基督教对民间宗教和信仰的妥协。

公元726年，利奥三世发布命令严厉禁止偶像崇拜，老百姓家里的耶稣像都不放过，就更不用说教堂和修道院里的了，就更不用说其他的像了，圣母玛利亚的像受到供奉最多，损失自然最为惨重。所有圣物、圣器乃至圣迹也都在破坏之列。运动大约可以分为两个时期，第一阶段从公元726

[1] 尼科斯选编：《历代基督教信条》，汤清译，宗教文化出版社，2010年，第296—329页。冈萨雷斯：《基督教史》（上卷），赵城艺译，上海三联书店，2016年，第二十八章。史密斯：《人的宗教》，刘安云译，海南出版社，2013年，第334—338页。霍普费、伍德沃德：《世界宗教》，辛岩译，北京联合出版公司，2018年，第352—353页。
[2] 《圣经·旧约·出埃及记》，第20章第3—5节。

年到公元780年，第二阶段从公元813年到公元843年。这个行动固然有纯洁教会、回归本源的宗教意图，但更多的是出于控制教会、没收财产的目的。[1]

破坏圣像运动之中被逮捕、拷打、折磨、罚没财产、处决的人不计其数，整个帝国分裂成了两派。总体而言，在拜占庭帝国内部是西部反对，东部支持。在拜占庭外部也一样，西方在罗马教皇的率领下全面反对，和拜占庭形成了对峙。正是在这个巨大的宗教分歧和冲突当中，罗马教皇认定拜占庭皇帝是破坏基督教传统的罪人，而不是基督教世界的保护者，他们决定换人，选择了法兰克人丕平和他的儿子查理曼。之前奉君士坦丁堡皇帝为尊的传统被抛弃了，西方正式地把罗马皇帝、拉丁教会和日耳曼人的新三位一体建立起来。拱顶石、帝国框架和主体民族都完全和拜占庭分庭抗礼。[2]终于在公元1054年，罗马教皇和君士坦丁堡大牧首互相开除教籍，西方文明和拜占庭文明两兄弟割袍断义，各走各路。

在拜占庭内部，破坏圣像运动对东正教会造成了极其严重的伤害，皇帝们成功地控制和收编了她。皇帝在拜占庭确实至高无上，任命君士坦丁堡大牧首的官方语言是："朕以上帝恩典和上帝赋予之帝国至高无上权力的名义，任命此人为君士坦丁堡大牧首。"[3]名义归名义，实际控制是另外一回事。由君士坦丁大帝收编基督教激起的教会自由传统同样属于东正教会，皇帝们必须严防教会脱离控制，因为教会不仅负担着基层管理，还负责为皇权合法性的君权神授意识形态提供组织化的支持。即便教会对皇帝俯首帖耳，皇帝们还是不放心，因为教会掌握人心，她所拥有的漫散性权力一旦对皇帝不利，不是皇帝拥有的权威性权力能从容应对的。皇帝不放心大牧首和皇帝不放心大元帅的道理是一样的。

[1]　瓦西列夫：《拜占庭帝国史：324—1453》，徐家玲译，商务印书馆，2019年，第391—411、440—451页。陈志强：《拜占庭帝国史》，商务印书馆，2006年，第209—222页。布朗沃思：《拜占庭帝国》，吴斯雅译，中信出版社，2016年，第156—164页。

[2]　瓦西列夫：《拜占庭帝国史：324—1453》，徐家玲译，商务印书馆，2019年，第411—418页。

[3]　陈志强：《拜占庭帝国史》，商务印书馆，2006年，第406页。为与上下文保持一致，引文中的"大教长"改为"大牧首"。

即便放下皇帝因为权力而必然产生的猜忌，皇帝对教会的控制也存在着客观上的必要性。因为普世宗教内部存在着多元因素的冲突，教义分歧和教派争斗通常缠绕在一起。如果没有最高权威及时处理分歧、裁决争端、提供定论、打击异端，普世宗教很容易走向分裂，这对政教合一的拜占庭来说是动摇国本。作为基督教世界至尊和保护者的拜占庭皇帝，必须像君士坦丁大帝那样对教会的统一、团结、纯洁高度负责。所以，皇帝们牢牢控制着高级教士的任命权和召集大公会议的权力，甚至有皇帝亲自为宗教分歧提供自己独创的解决方案。[1]

"破坏圣像的皇帝们带有政治目的"[2]，破坏圣像运动就是皇帝们削弱和控制东正教会的政治努力。东正教会当然不会立即束手就擒，借助偶像崇拜的广大群众基础，她曾经多次伺机反扑。所以破坏圣像运动来来回回拉锯，延宕了近120年。最终，破坏圣像运动以皇帝的胜利告终，这就意味着东正教会完全被皇帝控制。控制了教会的皇帝们也没有极力扶植教会，他们深知教会的组织建设一旦展开，失控就是必然，因为西方的教皇们已经显示出教会成为金字塔体系之后的巨大威力。再加上东正教会本身坚持使徒时代的民主传统，她也没有把自己建设成金字塔的内在动力。自身的传统和皇帝的抑制内外合力导致东正教会没有成为一个孔武有力的庞大组织，她不再给皇帝们惹麻烦，但是也帮不上皇帝们什么大忙。因此，东正教会承担不了古代中国儒生们那样帮助皇帝全面管理国家的职责。

拜占庭的政教合一结构由破坏圣像运动完成了，和西方教皇强势主导的政教二元化结构形成了鲜明的对比。不过，东正教会对帝国的支持并不是以提供系统的文官体系实现的，当然更不是通过参与宫廷斗争实现的，而是通过对广大民众心灵的安顿实现的。她帮助拜占庭帝国得以长命的力量在底层，不在顶层和中层。

---

[1] 瓦西列夫：《拜占庭帝国史：324—1453》，徐家玲译，商务印书馆，2019年，第346—352页。陈志强：《拜占庭帝国史》，商务印书馆，2006年，第407—408页。

[2] 瓦西列夫：《拜占庭帝国史：324—1453》，徐家玲译，商务印书馆，2019年，第448页。

军政框架

拜占庭的政治和军事的框架结构当中最值得一提的是希拉克略皇帝建立的军区制。希拉克略于公元610年登基，在位31年，是拜占庭历史上能和查士丁尼相提并论的英明君主。他最重要的辉煌战绩是彻底击败波斯，而他最重要的制度遗产就是军区制。

"军区制是一种特殊的行省体制。"[1]它的建立归于希拉克略名下，其实它早有雏形，根本原因还是拜占庭极度紧张的军事形势。查士丁尼治下，贝利萨留和纳尔西斯收复了大片的西部失地，北非和意大利由此建立起总督区，督府分别设在迦太基和拉文纳。虽然这两个总督区又被蛮族攻占，但军政合一的管理体制已有雏形。[2]

从帝国的纵向框架来看，军区制是以军政统摄民政的管理体制。从前的地方管理体制是军政由将军管，民政由总督管，希拉克略把它们合二为一，而且军政优先于民政，总督如果不是由将军兼任，也成了将军的属下。亚美尼亚军区是帝国第一军区，不仅因为它成立最早，更因为它为军区制提供了制度样板。在打败波斯之后，希拉克略重组亚美尼亚政府，该地区直接实行军管，其他行省按照亚美尼亚的做法逐步推开。希拉克略组建的四大军区除了亚美尼亚军区之外，还有安纳托利军区、奥普西金军区和卡拉维希奥诺鲁姆军区。后来军区变成全国性的制度，多的时候甚至有二三十个军区。[3]军政一体化的军区制全面推行意味着帝国自君士坦丁大帝以来300年架床叠屋的地方管理体制被重新格式化，以军队系统为主轴，归并文官，明确上下权限，中央政府对地方的控制力明显增强。

如此一来，"帝国被军事化了"。[4]著名拜占庭帝国史专家瓦西列夫对

---

[1] 瓦西列夫：《拜占庭帝国史》，徐家玲译，商务印书馆，2019年，第352页。

[2] 瓦西列夫：《拜占庭帝国史：324—1453》，徐家玲译，商务印书馆，2019年，第353页。陈志强：《拜占庭帝国史》，商务印书馆，2006年，第442—443页。

[3] 参见奥斯特洛格尔斯基：《拜占庭帝国》，陈志强译，青海人民出版社，2006年，第二章第一节。徐国栋：《罗马公法要论》，北京大学出版社，2014年，第180—181页。

[4] 瓦西列夫：《拜占庭帝国史：324—1453》，徐家玲译，商务印书馆，2019年，第354页。

军区制的这句断语略有不妥。自君士坦丁大帝以来，拜占庭一直延续的就是罗马帝国的活法，她本身就是一个军国。无论像查士丁尼和希拉克略那样主动出击，还是被各路敌人围攻，军事一直是拜占庭帝国的第一主题。我认为，更准确的说法是，希拉克略找到了符合帝国以军事为第一要务的纵向管理制度，把整个帝国按照军区制重新格式化，以满足帝国居高不下的战争需求。

从帝国的基层结构来看，军区制是兵农一体的管理制度。戴克里先配合军制改革的社会改革中一项重要的措施就是职业世袭，最重要的目的就是固定士兵和农民的身份。希拉克略的军区制把这个问题解决得更好，基本做法就是以土地换兵役。士兵没有军饷，国家给地去种，份地不能转让。要么谁种地谁当兵，子承父业，于是土地和兵役在一个家庭中世袭；要么几个人合起来种地缴税，国家收税募兵。这是一种农民士兵体制，但和罗马共和不同，他们不再有选举权，他们在名义上也不再是国家的主人，而是皇帝的臣民。"事实证明这一新安排对帝国此后的防御有极高的价值。这一体系为打造一支训练有素且基本可靠的本土部队打下了基础，并有效地终止了此前碰运气式的征募系统。"[1]

军区制一方面把中央地方关系改造成一种适应战争需要的指挥体制，另一方面用兵农一体管理体制稳定了国家的兵源和税源，这是拜占庭帝国得以长命的重要制度基础。

但是，拜占庭始终面临着巨大的军事压力，即便整个帝国高度军国化，通常情况下也是捉襟见肘。她总是"习惯性"地丢失大片领土，连查士丁尼和希拉克略这样的英明之主都曾丢失帝国的大半领土，何况是那些昏庸无断的草包君主。尽管丢失的领土也能复得，但制度却不容易复建，这突出表现在尽管有军区制，但帝国的兵源一直在萎缩。兵农一旦在战乱中逃亡，军区制也就难以维系。军区制一旦无法提供足够御敌的兵源和税源，雇佣军便又会成为国家依赖的对象。但雇佣军是靠不住的。马基雅维利把这个问题看得

---

[1]　诺里奇：《拜占庭的新生：从拉丁世界到东方帝国》，李达译，社会科学文献出版社，2020年，第346页。

最透彻：雇佣军要么能干，要么是笨蛋，能干的一定会反，笨蛋根本没用，所以雇佣军根本不能用。[1]拜占庭对雇佣军的依赖越重，就被它坑得越苦。

地缘形势

　　拜占庭帝国的长命除了可以归功于枭雄皇帝辈出、东正教会扶助和军区制度支撑之外，还有在客观形势中练就的独门秘技，那就是在奇特的地缘政治形势中找到了自己奇特的生存之道：合纵连横。

　　说拜占庭的地缘政治形势，必须从君士坦丁堡的地理位置讲起。君士坦丁堡真是风水宝地，挑选它做帝都的君士坦丁大帝真是有眼光。它位于博斯普鲁斯海峡的欧洲一端，是控制欧洲和亚洲交通、黑海和地中海交通的咽喉要地。最早占据此地的麦加拉人把它叫作"拜占庭"，西方把第二罗马称为拜占庭，正是由它最古老的名字而来。在君士坦丁大帝之前七八百年的希腊史上，无论是希波战争还是亚历山大大帝东征，它都是战略要地。罗马共和时代最伟大的历史学家波里比阿曾经对拜占庭的地理位置做出了极为深刻的分析，他对拜占庭左右为难的定位几乎是对拜占庭帝国宿命的预言。[2]尽管它曾经繁荣过，但很不幸，在塞维鲁剿灭他的帝位竞争者尼格尔的时候，把它夷为平地，只剩下一个小村庄。君士坦丁大帝选择此地营建帝都，虽然有上帝指引的传说，但战略考虑确实是所有人都看得懂的理由。吉本在仔仔细细介绍了君士坦丁堡之后感慨道："不管从哪方面来说，君士坦丁堡的确具有优越地位，仿佛是大自然专为君主国家设计的政治中心和首都。"[3]

　　君士坦丁堡这个欧亚大陆的枢纽，正如波里比阿所说，其实是一个四战

[1] 马基雅维利：《君主论》，潘汉典译，吉林出版集团，2011年，第47页。
[2] 波里比阿：《罗马帝国的崛起》，翁嘉声译，社会科学文献出版社，2013年，第373—381页。Polybius, *The Histories*, trans. Robin Waterfield, Oxford: Oxford University Press, 2010, pp. 254-266.
[3] 吉本：《罗马帝国衰亡史》（3），席代岳译，浙江大学出版社，2018年，第10页。参见瓦西列夫：《拜占庭帝国史：324—1453》，徐家玲译，商务印书馆，2019年，第93—98页。

之地。"从战略角度来看,与西罗马帝国相比,东罗马帝国处于极度的劣势。"[1]君士坦丁堡的西面是巴尔干半岛和希腊半岛;东面是土耳其和叙利亚,连着约旦、以色列;北面是保加利亚、罗马尼亚,连着乌克兰;南面是地中海,对岸是埃及、利比亚和突尼斯。还有,它和威尼斯的关系一直非常密切。东面,拜占庭一直要面对凶狠的萨珊波斯和后来更凶狠的穆斯林;西面,拜占庭一直要面对日耳曼人和无数的蛮族部落联盟。而且,拜占庭没有腹地,没有战略纵深。

查士丁尼的对手有西方和北非的日耳曼人、东面的波斯人。希拉克略几乎灭亡波斯,却给阿拉伯穆斯林腾出了政治真空。穆斯林的王朝换了一个又一个,甚至主体民族都换了好几个,但他们最想拿下的都是君士坦丁堡。在穆斯林眼里,君士坦丁堡恐怕是世界上最令人讨厌的钉子户。公元1453年最终的围城战,算起来是穆斯林军队800年来第13次兵临城下。[2]这个钉子户长期充当了抵抗穆斯林的桥头堡。如果没有它死守东线,中世纪的西方根本没有像样的军事实力抵抗穆斯林大军。

四战之地固然容易遭到攻击,但也容易利用诸多敌人之间的嫌隙,生存之道由此而来。拜占庭之所以能在穆斯林为首的各路敌人一浪高过一浪的侵袭当中苦撑了800年,除了上文提到的三个原因之外,地缘政治形势导致的结果也极其重要。君士坦丁堡确实太难攻克了,因为它最清楚自己处于世界旋涡的中心。它的南北两面是海,地理和水文条件极利于防守,而且还有无比坚固的城墙和系统化的军事管理,在冷兵器时代绝对是固若金汤。[3]更重要的是,拜占庭极其善于合纵连横。拜占庭的枭雄皇帝们军事上和外交上的手段都有很多让人拍案叫绝的大手笔,很多次都力挽狂澜,让帝国转危为安。拜占庭的皇帝们极其善于利用周边的多元状态。"与过去统一的罗马帝国相比,其总体战略行为有着明显的连续性。拜占庭帝国不太依赖军事力量,而是更多地依靠各种形式的'劝说'——招募盟友,劝阻敌人,诱使

[1] 勒特韦克:《拜占庭帝国大战略》,陈定定等译,社会科学文献出版社,2018年,第5页。
[2] 芬克尔:《奥斯曼帝国:1299—1923》,邓伯宸等译,民主与建设出版社,2019年,第56页。
[3] 勒特韦克:《拜占庭帝国大战略》,陈定定等译,社会科学文献出版社,2018年,第88—101页。

潜在的敌人相互攻击。"[1]枭雄皇帝辈出并不只是因为拜占庭的宫廷异常险恶，更重要的是因为拜占庭在长期高强度的对敌斗争中清楚意识到自己在武力上的弱势。拜占庭没有资格像马可·奥勒留之前的罗马帝国那样雄霸天下，"阳谋"玩不了的时候生存就必须依赖"阴谋"。善于合纵连横，不是因为拜占庭天生阴鸷，而是因为那是她必须采取的生存之道。

在漫长的一千多年里，围困君士坦丁堡的大军有波斯人，有历朝历代的穆斯林，有保加利亚人，有诺曼人，有西方的十字军，有威尼斯的舰队，还有俄罗斯的前身基辅罗斯，等等。以文明为单位的话，拜占庭恐怕是这个世界上敌人最多的帝国。在虎狼环伺之中撑起千年帝国，拜占庭对地缘政治形势的利用几乎达到了古代政治当中的极致。而且，就像普通人一样，如果把一项技能练到极致，总会不时得到幸运女神的眷顾，拜占庭也是如此：穆斯林的王朝更替和苏丹的意外驾崩很多次都让拜占庭的灭国危机自动解除。

在拜占庭的诸多敌人当中，十字军不得不提。十字军东征从1095年到1291年一共有九次，其中第一次和第四次意义最为重大。总体而言，十字军东征是西方的宗教狂热、政治混乱、贪权图利和拜占庭的军事危机、合纵连横、政治崩溃的奇特结合。

第一次十字军东征始于1095年。皇帝被俘、国土沦丧的拜占庭面临着穆斯林和诺曼人的双重巨大压力。新登基的阿列克塞一世写信给罗马教皇乌尔班二世请求军事支援。教皇先是召开宗教大会确定了十字军东征的理由和合法性，然后调动法国的主教和贵族聚集力量，最终在克勒芒发表演说，号召基督徒发动圣战，收复圣城耶路撒冷，摧毁穆斯林。十万狂热的乌合之众组织为十字军开赴东方。[2]

[1] 勒特韦克：《拜占庭帝国大战略》，陈定定等译，社会科学文献出版社，2018年，第7页。

[2] 吉本：《罗马帝国衰亡史》（11），席代岳译，浙江大学出版社，2018年，第3—19页。瓦西列夫：《拜占庭帝国史：324—1453》，徐家玲译，商务印书馆，2019年，第616—624页。蒂尔尼、佩因特：《西欧中世纪史》，袁传伟译，北京大学出版社，2011年，第252—255页。诺里奇：《拜占庭的衰亡：从希腊君主到苏丹附庸》，李达译，社会科学文献出版社，2020年，第36—40页。盐野七生：《十字军的故事》（上），万翔译，中信出版社，2017年，第14—23页。

　　十字军确实夺回了耶路撒冷，也建立了自己的封建王国。但他们和拜占庭从起初的陌生、隔阂逐渐演变成了摩擦、争端和互不信任，最终变成了蔑视和仇恨。双方直接接触之后留下的印象可以用糟糕透顶来形容。在西方人眼里，拜占庭人是高傲自大、两面三刀、贪得无厌的混蛋；在拜占庭人眼里，西方人是野蛮落后、盲目狂热、无组织无纪律的傻瓜。[1]

　　几乎从第二次开始，十字军东征的目标就不再是耶路撒冷，而成了君士坦丁堡，其中第四次最重要。当时的十字军和威尼斯联合，发兵君士坦丁堡并最终在1204年将它攻占，不仅屠城纵火，而且在君士坦丁堡建立了自己的政权。拜占庭的大片领土被瓜分，几乎崩溃。"第四次十字军东征的结局决定了拜占庭和十字军的悲剧命运。拜占庭帝国从此再不能从第四次十字军的打击下恢复元气，永远失去了世界帝国在政治上的重要性。从政治上来说，东方帝国作为一个整体已不复存在。"[2]虽然后来的枭雄们在1261年夺回了君士坦丁堡，赶走了西方人，但帝国的元气基本上已经耗尽。而且，旁边的奥斯曼帝国成长起来了，军事压力如泰山压顶。拜占庭长期寻求西方教皇、神圣罗马皇帝和各国国王的帮助，双方甚至已经达成两大教会合并的协议。但终因西方仍然实力不济、内部纷乱未能有效地施以援手。公元1362年，阿德里安堡陷落，曾经辉煌的拜占庭帝国就只剩下君士坦丁堡一座孤城。最后的拜占庭帝国是以君士坦丁堡的钉子户状态维持了近100年。撑到公元1453年，最终被奥斯曼苏丹穆罕默德二世攻占。

　　拜占庭由此灭亡，第二罗马宣告结束。

　　不久之后，莫斯科大公伊凡三世在1472年迎娶了拜占庭末帝君士坦丁十一世的侄女索菲亚公主，他自视接过了拜占庭的法统和东正教保护者的地

---

[1]　瓦西列夫：《拜占庭帝国史：324—1453》，徐家玲译，商务印书馆，2019年，第626—629页。布朗沃思：《拜占庭帝国》，吴斯雅译，中信出版社，2016年，第269—273页。

[2]　瓦西列夫：《拜占庭帝国史：324—1453》，徐家玲译，商务印书馆，2019年，第713页。参见吉本：《罗马帝国衰亡史》（11），席代岳译，浙江大学出版社，2018年，第六十章。菲德勒：《幽灵帝国拜占庭》，洪琛译，社会科学文献出版社，2019年，第八章。诺里奇：《拜占庭的衰亡：从希腊君主到苏丹附庸》，李达译，社会科学文献出版社，2020年，第十一章。

位，自称"沙皇"［Tsar，源自拉丁语"恺撒"（Caesar）］。后来的东正教修士心领神会地称莫斯科为"第三罗马"。俄罗斯以普遍的、唯一的、神圣的帝国自居由此开始。[1]

---

[1] 梁赞诺夫斯基：《俄罗斯史》，杨烨等译，上海人民出版社，2007年，第96—98页。克柳切夫斯基：《俄国史教程》（第二卷），贾宗谊、张开译，商务印书馆，2013年，第143页。瓦西列夫：《拜占庭帝国史：324—1453》，徐家玲译，商务印书馆，2019年，第900—901页。

附 录
卡拉卡拉浴场随想
——瓦解罗马的致命敕令

李筠在"得到大学"开学典礼的演讲
（2019年3月17日，上海万国体育中心）

今年1月，我和施展带17位朋友去罗马做了10天的学术考察，收获满满，我心里已经有了十万字的学术考察报告。今天，我先剧透一点，跟大家分享一些我的想法。

体会罗马帝国的辉煌，不只是要去看人尽皆知的大竞技场，还要去看卡拉卡拉大浴场。卡拉卡拉修建它的时候我们中国差不多在打赤壁之战。走进这个残破不堪的历史遗迹，我仍然被它的恢宏气度所震惊，我想，每个想成就大事业、建立好组织、创设好制度的人，都应该去看看，尤其带着自己的核心团队一起去看。

一走进大浴场，我心里马上就冒出了一句著名的罗马法格言：

> 根据《卡拉卡拉敕令》，所有生活在罗马世界中的人全都变成了罗马公民。

> （《国法大全·学说汇纂》第1章第5节第17条）

这句格言是古罗马最伟大的法学家乌尔比安写的，被收入了罗马法的"圣经"《国法大全》。《国法大全》是整个西方法律史上最伟大的法典，被它收录的条目，在罗马帝国拥有法律效力，更成为永恒的法律典范，被后世所有的法学家和立法者敬仰。

这句格言告诉所有人，罗马皇帝卡拉卡拉曾经颁布敕令，将原来只有罗马城的公民才拥有的公民权给予帝国境内的所有人，有了它，每个人都是罗马公民！罗马人的特权，变成了人人都有的平等权利。好东西人人有份，这岂不是天大的好事吗？！

确实，历史上对这个敕令的赞颂不绝于耳。

首先，《国法大全》收录了这句格言，最有力地证明了法学家和帝国当局对敕令的推崇。

其次，饱受帝国迫害的基督教，对帝国的所有政策法令都嗤之以鼻，对敕令却发出衷心的赞美。因为它和基督教倡导的平等、博爱、人道主义是高度吻合的。基督教主导的中世纪很自然地就把敕令当作法律典范。

然后，到近代，经历了文艺复兴、宗教改革、启蒙运动，人权越来越成为核心政治价值，人权就是实现自由、平等、博爱的法律载体。敕令被当成了普惠人权的典型。

这样一个敕令，看起来如此地正确、如此地宽宏、如此地美好，受到了法律、宗教、哲学的一致认可，穿越了帝国时代、中世纪抵达近代仍然熠熠生辉，简直就成了无比高尚的道德典范！

但今天，我要告诉大家，它不仅是错误的，而且是有害的。它不仅害了罗马帝国，而且现在仍然在毒害我们！因为它是瓦解罗马的种子，而且暗藏着重大的思维错误。我从三个方面跟你分享我的反思。

第一，凡是面对道德激昂的场面，我们反而必须格外冷静，越是热血沸腾，越要想想背后到底都是些什么道理。

敕令发布至今已有1800多年，赞颂它的人想得都一样吗？显然不一样。这首颂歌是一首超级大合唱，它太宏大了、太热烈了，你没有办法分清楚里面的吹拉弹唱，这么多"大牛"力推，这么多民众向往，在高山仰止的心境下，你只有跪了，于是，你不明就里地加入了大合唱。

但苏格拉底反复讲，知识即美德。你只是不明就里地跪了，并不清楚里面到底有什么知识，从道听途说变成安心从众，你只不过为自己涂上了一抹道德口红，和真正的美德并没有什么关系。既然如此，我就带你去侦破一下这个超级道德典范背后，都是什么样的"南腔北调"。

《卡拉卡拉敕令》之所以引发道德大合唱，重心在于普惠，用政治哲学的话讲，它有力地推进了平等。但你一定知道，平等的含义很复杂。人格平等、身份平等、机会平等还是结果平等？到底是要起跑线的平等还是终点线的平等？平等坐落在不同的地方，整个制度结构就会有重大差异。保守主义、自由主义、社会民主主义、共产主义都讲平等，哲学、宗教、政治、法律、经济、文化上都有许多道理，如果让你置身于平等为主题的演讲和辩论当中，你一定会热血沸腾，却不知所从。既然如此，你为什么就轻易被打着平等大旗的《卡拉卡拉敕令》俘虏了呢？苏格拉底训导我们，没有反思过的生活是不值得过的。我再补一句，没有知识支撑的道德是不值得信的。那我们就来充实一下知识，看看支持敕令的典型意见都在追求什么样的平等。看看法学家、基督徒、启蒙思想家都从里面看到了什么。

法学家，以乌尔比安为代表，看到了法律的普及。《卡拉卡拉敕令》把罗马帝国的所有人都变成平等的法律主体，所有人都得到罗马法的保护。法网恢恢，笼罩住亿万生民，法律从此超越城邦，与帝国合一，法律帝国由此成形。大概乌尔比安就是带着这样一种为万世开太平的帝国气象写下这句格言的吧！

基督徒看到了上帝的爱。受迫害的基督教天然热爱平等，当他们屡遭迫害抱团取暖的时候，心里默念主啊，救救我吧！不是说上帝面前人人平等吗？敕令颁布时，被作践了两百多年的基督徒们一定在感谢上帝显灵，点化了愚妄不灵的皇帝，减轻他们在人间的痛苦。从贱民变成公民，几乎是从地狱到天堂，还有什么能比这个更能证明上帝的爱和无所不能呢？

启蒙思想家看到了自由、平等、博爱。他们把每一个人都看作独立、自由、平等的个体，每个人都拥有平等的自然权利，凭借交出自然权利结成国家，每个人放弃掉的自然权利会从国家设定的公民权利当中得到补偿。也就是说，法律上的人权是近代观念得以兑现的最重要的政治指标。古代居然就有普世人权落实到最伟大的法典当中，它可不就是最好的榜样吗？

原来，大合唱中的每个人都在按自己所爱去唱平等的赞歌。声势浩大，往往就是泥沙俱下。当你不加反思地从众而去，实际上是被泥石流卷走了。

你的道德水平真正得到了修炼，但是，你的道德判断力被急速地蒸发。所以我才说，凡是道德激昂的场面，我们反而必须更加冷静。道德热情太过强烈，就是对道德判断力的毒害，我们必须用清明的理智去克制它！明白这一点，你就不会老是被网络上的戏剧性事件牵着鼻子走，早上愤慨，下午反转，自己的道德热情廉价地让人随意拨弄。

我要带大家思考的第二点是，凡是看上去很美的事情，必须评估政治后果，越美，就越不能被它迷住了，就越要仔细计算后果。

刚才我们在道德上讨论《卡拉卡拉敕令》的时候，无论哪一派，都假设他们是真诚的。但恺撒说过，每一个导致糟糕后果的决定，出发点都是好的。事实上，敕令的政治后果几乎是灾难性的。它几乎是人类历史上最典型的好心办坏事！让我们一起回到帝国时代的政治处境，看看敕令的政治动机、财政后果、社会后果、军事后果。

先看动机。卡拉卡拉本人并不是出于什么伟大的道德动机发布了这个敕令。也就是说，即便在后世看来无比高尚的事情，主事者未必想了那么多，其实都是后人自己愿望的投射。千年过去，整个事情变成了一个千层饼，心是什么，已经看不到了。卡拉卡拉的动机，据当时的历史学家说，是为了征税。这个观察非常直接，也确实有理，因为帝国财政江河日下。但还不够。

更深层的原因是卡拉卡拉的政治选择：他决意抛开传统的罗马上层、城市资产阶级和意大利贵族，彻底依靠下层民众作为执政基础。所有有权、有势、有文化的人都让他给得罪了，卡拉卡拉蔑视他们，普发公民权意味着他们最引以为自豪的罗马公民身份将变得一钱不值。

再看财政后果。一句话，事与愿违。卡拉卡拉不仅没有实现增加帝国财政收入的目的，反而引发了帝国财政的崩溃。

普发公民权不是意味着交税人人有份吗？税基扩大了，怎么还把帝国财政玩坏了呢？事情是这样的，原来的罗马帝国税制区分了罗马人和外省人，罗马人只交遗产税和释放奴隶税，税率都是5%；外省人交行省税，税率10%。罗马人当兵打仗，外省人不用当兵打仗，所以罗马人不交保护费，外省人交，很合理。其他的流转税大家一样交。

敕令发布后，罗马人和外省人的差别取消，财政后果是什么？行省税没有了！卡拉卡拉想到了这个后果，把遗产税和释放奴隶税的税率增加了一倍。结果完全是一团糟。免除行省税的缺口不足以用提高税率的遗产税和释放奴隶税来填补。更重要的是，免除的行省税是稳定的经常性收入，提高税率的遗产税和释放奴隶税不是，行省税年年都要交，释放奴隶税和遗产税是没准儿的事儿。这样一来，罗马帝国财政的稳定性就大大下降了。

怎么办？继续错上加错，针对富有阶级的附加税和强制性纳贡就像抢劫一样三天两头地来。他们不仅被剥夺了千年来的荣誉身份，还成了为财政失败填窟窿的冤大头。财政坏了的国家肯定是好不了的。

再来看社会后果。一句话，社会断裂。

释放奴隶的税率翻倍，这种行为就会受到抑制，导致本就温情不多的罗马奴隶制雪上加霜。本来，一个奴隶辛辛苦苦干了一辈子，无论是他年老体衰，还是主人去世时候善意关照，释放奴隶都是主奴关系最温情的一刻。现在，税率提高了，主人的成本上升了，算计就逐渐压倒了温情，社会情势就变了，人也就变了。对绝大多数奴隶来说，社会情势变得让人绝望。一个绝望的奴隶还会好好工作吗？一个成天算计的主人还会善待奴隶吗？主奴关系就变得高度紧绷。

再说遗产税的后果。罗马遗产税和现代遗产税刚好相反：为了强化家族作为罗马社会基本单位的稳定性，罗马法规定遗产给血缘亲属不交税，只有赠予他人或慈善用途才交税。这时候你就明白了，提高遗产税的税率意味着打击公益和友爱。罗马以慷慨为美德，撒钱给人民，无论建公共设施，还是发面包，甚至直接发钱，都是大人物积攒政治资本的重要途径。共和时代几乎没有公共财政，那些宏伟的神殿、剧场、浴场、市场都是大款们做的公益，后来的皇帝尤其得做这种公益。恺撒在遗嘱里就明写，把遗产的1/4拿出来，每个罗马人，每人300德拉克马，他的继承人屋大维在被遗嘱执行人拒绝交付遗产的情况下借巨款都得把这事儿给办了。遗产税税率提高，打击了公益事业，也就打击了罗马上层和下层的社会政治联系，一旦他们之间不能再通过公益事业缓和贫富差距，塑造共同情感，社会断裂就难以遏制。

第四来看军事后果。一句话，作为帝国基石的军队被动摇了。

卡拉卡拉爱军队。宽泛来说，没有罗马皇帝不爱军队，军功是最重要的政绩，没有开疆拓土，就很难有资格坐上皇帝宝座。卡拉卡拉公开宣称：除了我，罗马帝国里只能士兵有钱。所以他给军队涨工资。但军队里面的工资是有差别的：只有罗马人才有资格充当军团士兵，领工资；外省人只能充当辅助兵，没有工资。

敕令颁布了，罗马人和外省人的差别消失了，这意味着军费会上涨成天文数字。帝国军团兵和辅助兵的比例大约为6：4，一纸敕令军饷就增加了2/3。原来给军团兵涨工资就让帝国财政不堪重负，现在几十万外省人辅助兵变成领工资的了，帝国财政根本不可能拿出钱来。这样一支爱钱却拿不到钱的军队，不再是帝国的基石，反而成了帝国内战的根源。兵营出皇帝，皇帝三天两头换，造反也罢，刺杀也罢，罗马掉进了皇帝轮流做、有兵就有机会的深渊。卡拉卡拉本人就是第一个牺牲品，执政七年就被禁卫军刺杀。

简单总结一下第二点，敕令引起的财政、社会和军事后果都将帝国推向崩溃，完全没有后世渲染的道德高尚，恰恰相反，是一片暗黑。敕令对帝国的毒害证明：如果我们的好愿望想变成好结局，必须去洞察更大的格局。

所以，我要跟大家分享的第三点是，凡是普遍均质，必定减损动力，越是把饼摊薄、摊平，组织的动力就越成问题。用这个观点来看，《卡拉卡拉敕令》把所有罗马人都害了，因为它制造出一个法律身份普遍均质的状态，让所有人都进退失据！我们看看表面上的受益人和实际上的受害人都是什么反应，你就明白了。

先说表面上的受益者，外省人。如果你是一个外省人，听到敕令的第一反应是欣喜若狂，我也是伟大罗马的一员了！然后呢？对，罗马法的保护对你生效了，但是你却几乎用不上，因为帝国法律和各地习俗不一定接轨。然后呢？然后就没有然后了。

原来外省人要取得罗马公民权，最简单的办法是在军队服役25年，而且罗马法规定现役军人不得娶妻。17岁入伍，42岁退役，家都成不了，你愿意吗？有人愿意，因为从军是罗马政治当中最有前途的上升通道。正因为它稀缺，才金贵，才值得成为奋斗的目标。现在敕令来了，一把全给你了，不用努力，现成的！这意味着，罗马帝国境内数千万人失去了获取更高政治身份的动力。

　　那干吗非要人奋斗才给他呢？因为没有经过奋斗得来的东西，人是不会珍惜的，既不清楚它的意义，也不知道它的用法。便宜得来的公民权既没有匹配的公民意识、公民自觉和公民美德，也没有相应的法律素质和法律习惯。罗马法其实也不能够一夜之间适应帝国的千差万别，法律保护真正落实到所有人头上是很困难的，因此罗马法的尊严和效力反而受到了严重的挑战。

　　权利（right），和所有具备实践性品质的东西一样，必须上手才有用，而真正上手必须走心。知道这个东西别人用了好，我看过他用，知道怎么用，我也想用，于是，我也想要，我去争取，经过奋斗之后得来，既珍惜，又会用，才真正地属于我。所以我说英国式的权利普及是一个不断外扩的同心圆结构，这样的过程最好，成熟一批，加入一批，成熟的过程就是政治斗争，成熟的标志是议会立法承认。而《卡拉卡拉敕令》违反了权利生长的规律，实际上败坏了权利，也败坏了人民。

　　我们再来看受害者。原来就拥有罗马公民权的人，他们的传统荣誉感被剥夺了。很多老罗马人甚至在墓碑上铭刻自己的身份是"敕令颁布前的罗马公民"，表达对敕令的抗议。本着自由、平等、博爱的原则，我们可以指责这些老罗马人太小气了。但按常理来看，任何东西，满大街都是，就不珍贵了，何况是荣誉。荣誉必须是一种稀缺资源，才能引起人们的热烈追求。你的手机过三个月掉价了，心里都会觉得不舒服，何况是罗马人祖传的荣誉——对珍视荣誉的罗马人来说，普发公民权是一种侮辱！

　　好吧，侮辱你了，怎么着吧？后果极其严重，因为《卡拉卡拉敕令》带来的侮辱瓦解了千年来让罗马走向强盛的基本盘！罗马人认定自己是共和或者帝国担当者的标记，就是罗马公民权。因为我有公民权，所以我是罗马人；因为我是罗马人，我光荣，我伟大，我骄傲，我爱我的国家，为了她，我愿意赴汤蹈火、战死沙场。现在，这个激励罗马担当者的爱国主义逻辑被取消了，你家祖上出过多少执政官，跟万里之外刚偷渡进来的叙利亚人是一样的。你会是什么心情？我想一定是：这个国家真没劲。一个组织，没有铁杆成员热乎乎的爱，把组织的事业看成自己的事业，甚至看成比自己身家性命更重要的东西，怎么可能蒸蒸日上？

荣誉一旦被打击，主人翁的担当精神一旦熄灭，帝国崩溃只是迟早的事情，再强大的帝国也是担当者撑起来的，没有合格的担当者，只剩下追名逐利的势利小人在里面混，再强大的帝国很快也就完蛋了。

把两种人加在一起，我们来进一步反思均质化的问题！均质化的趋势普遍存在，一个系统会逐步变成内部均质化的状态，结果就是一团死寂，不要说人的组织，整个宇宙都是这样。熵，是物理上的混乱。熵增定律告诉我们，一个孤立系统内部的熵只能增大或不变，不能减小。熵必然增大，就是混乱自然而然地被普及，挡都挡不住！最终结果就像卡拉卡拉的罗马帝国一样，系统内部一片混乱，直到彻底瓦解。

所以，针对均质化，我郑重建议大家重视"秩序"！秩序意味着差等，意味着不一样，只有差等才有可能阻止或延缓系统的衰败，无论在系统内部制造合理的差等，还是从系统外部引入新的力量制造新的差等。有差等，才有充满活力的流动，才能通过人的流动、人心的流动带动资本、信息、技术向高处流动，组织才能向上提升。这就是组织的讲究。

《卡拉卡拉敕令》人为地推动了均质化，抹平差等，加速了系统的混乱，得到公民权的人无感，原来有公民权的人背叛，财政、社会、军事机制完全被打乱，看起来无比高尚的事情给了帝国致命一击。在一个熵增就是天花板的宇宙里，千万不要迷信均质化的道德高尚，相反，在均质化不可阻挡的潮流中如何妥善地安排差等，才是真正有雄心壮志的我们成就一番事业最需要首先明确的问题！

王制时代
公元前753年—公元前509年 ——————————————————

公元前753年4月21日，罗慕路斯建立罗马城

公元前715年，罗慕路斯"升天"，努玛即位

公元前673年，努玛驾崩，图鲁斯即位

公元前641年，图鲁斯驾崩，安库斯即位

公元前615年，安库斯驾崩，老塔克文即位

公元前578年，老塔克文遇害，塞尔维乌斯即位

公元前534年，塞尔维乌斯遇害，高傲者塔克文即位

公元前509年，高傲者塔克文被放逐，王制结束

共和时代
公元前509年—公元前27年 ——————————————————

公元前509年，共和新建

公元前494年，设置保民官

公元前492年—公元前449年，希波战争

公元前451年—公元前450年，《十二表法》颁布

公元前431年—公元前404年，伯罗奔尼撒战争

公元前390年，罗马被凯尔特人占领

公元前367年，《李锡尼法》颁布

公元前323年，亚历山大大帝驾崩

公元前323年—公元前27年，希腊化时代

公元前312年，阿皮亚大道动工

公元前287年，《霍腾西亚法》颁布

公元前280年—公元前275年，皮洛士战争

公元前270年，罗马统一意大利半岛

公元前264年—公元前241年，第一次布匿战争

公元前238年，哈米尔卡殖民西班牙

公元前218年—公元前201年，第二次布匿战争（汉尼拔战争）

公元前216年，坎尼会战

公元前209年，西庇阿攻占卡塔赫纳

公元前202年，扎马会战

公元前149年—公元前146年，第三次布匿战争

公元前146年，科林斯被毁灭，迦太基被毁灭

公元前133年，提比略·格拉古就任保民官，改革开始

公元前123年，盖乌斯·格拉古就任保民官，改革重启

公元前121年，盖乌斯·格拉古自杀，改革失败

公元前111年—公元前105年，朱古达战争

公元前107年，马略军队改革

公元前90年—公元前89年，同盟者战争

公元前90年，《尤利乌斯公民法》颁布

公元前86年，马略大屠杀，马略去世

公元前81年，苏拉就任终身独裁官，恺撒逃亡

公元前73年—公元前71年，斯巴达克大起义

公元前73年，恺撒就任祭司长

公元前70年，庞培和克拉苏就任执政官

公元前67年，庞培肃清海盗，出征东方

公元前61年，恺撒赴西班牙任总督

公元前60年，恺撒、庞培、克拉苏结成"前三巨头同盟"

公元前59年，恺撒就任执政官

公元前58年—公元前51年，恺撒经略高卢

公元前49年，恺撒跨过卢比孔河

公元前48年，恺撒在法萨卢斯会战中击败庞培

公元前46年，恺撒就任终身独裁官，启动改革

公元前44年3月15日，恺撒遇刺

公元前43年，屋大维、安东尼、雷必达结成"后三巨头同盟"，西塞罗被杀

公元前31年，屋大维击败安东尼

公元前27年，元老院授予屋大维"奥古斯都"，共和结束

帝国时代

公元前27年—公元476年

公元前27年，元老院授予屋大维"奥古斯都"，帝国新建

公元1年，耶稣诞生

公元14年，屋大维驾崩，提比略即位

公元37年，提比略驾崩，卡里古拉即位

公元41年，卡里古拉遇刺，克劳狄乌斯一世即位

公元54年，克劳狄乌斯驾崩，尼禄即位

公元68年，尼禄自杀

公元69年，"四帝夺位"，最终韦斯巴芗胜出

公元79年，韦斯巴芗驾崩，提图斯即位

公元81年，提图斯驾崩，图密善即位

公元96年，图密善被暗杀，涅尔瓦即位

公元96年—公元180年，"五贤帝时代"

公元98年，涅尔瓦驾崩，图拉真即位

公元117年，图拉真驾崩，哈德良即位

公元138年，哈德良驾崩，安东尼·庇护即位

公元161年，安东尼·庇护驾崩，马可·奥勒留即位

公元180年，马可·奥勒留驾崩，康茂德即位

公元192年，康茂德被暗杀

公元192年—公元284年，"三世纪的危机"

公元193年，塞维鲁即位

公元211年，塞维鲁驾崩，卡拉卡拉即位

公元212年，《卡拉卡拉敕令》颁布

公元217年，卡拉卡拉被暗杀

公元218年，埃拉伽巴路斯即位

公元222年，埃拉伽巴路斯被暗杀，亚历山大·塞维鲁即位

公元235年，亚历山大·塞维鲁被暗杀，马克西米努斯·色雷库斯即位

公元260年，奥勒良被波斯俘虏

公元284年，戴克里先即位

公元293年，四帝共治

公元303年，戴克里先迫害基督教

公元305年，戴克里先退休

公元313年，《米兰敕令》颁布

公元324年，君士坦丁战胜李锡尼，成为唯一的皇帝，营建君士坦丁堡

公元325年，尼西亚公会召开

公元337年，君士坦丁驾崩

公元379年，狄奥多西大帝即位

公元380年，狄奥多西大帝排斥异教和异端

公元390年，安布罗斯迫使狄奥多西大帝悔罪

公元395年，狄奥多西大帝驾崩

公元408年，斯提利科被处决

公元410年，罗马浩劫

公元445年，罗马主教获得首席地位

公元476年，西罗马帝国灭亡

公元494年，格拉修斯原则提出

公元527年，查士丁尼命人开始编纂《国法大全》

公元533年—公元548年，贝利萨留西征

公元610年，希拉克略登基

公元726年，利奥三世发动破坏圣像运动

公元800年，查理曼加冕为皇帝

公元1054年，东西方教会决裂

公元1075年，格里高利七世发动教皇革命

公元1095年，第一次十字军东征开始

公元1204年，第四次十字军东征结束，十字军攻占君士坦丁堡

公元1215年，英国《大宪章》颁布

公元1362年，阿德里安堡被攻占

公元1453年，君士坦丁堡被攻占，拜占庭帝国灭亡

公元1472年，伊凡三世迎娶索菲亚

参考文献

英文文献

1. Appian, *Appian's Roman History* (Loeb Classical Library), Trans by Horace White, Cambridge: Harvard University Press, 1972.

2. Aristotle, *Politics*, trans. C. D. C. Reeve, Cambridge: Hackett Publishing Company, 2017.

3. Aristotle, *The Politics of Aristotle*, Trans by Ernest Barker, Oxford: Oxford University Press, 1946.

4. A. H. Armstrong, *The Cambridge History of Later Greek and Early Medieval Philosophy*, Cambridge: Cambridge University Press, 2008.

5. Augustine, *Augustine Political Writings*, E. M. Atkins and R. J. Dodaro (eds.,), Cambridge: Cambridge University Press, 2001.

6. Augustine, *The City of God against the Pagans*, R. W. Dyson (ed.), Cambridge: Cambridge University Press, 1998.

7. J. H. Burns (ed.), *The Cambridge History of Medieval Political Thought*, Cambridge: Cambridge University Press, 2003.

8. Cicero, *De Officiis* (Loeb Classical Library), Trans by Walter Miller, Cambridge: Harvard University Press, 1980.

9. Cicero, *On Moral Ends*, Trans by Raphael Woolf, Cambridge: Cambridge University Press, 2004.

10. Cicero, *On the Commonwealth and On the Laws*, James E. G. Zetzel (ed.), Cambridge: Cambridge University Press, 1999.

11. Gillian Clark, *Christianity and Roman Society*, Cambridge: Cambridge

University Press, 2004.

12. Eamon Duffy, *Saints and Sinners: A History of the Popes*, New Haven: Yale University Press, 2015.

13. Paul Erdkamp (ed.), *A Companion to the Roman Army*, Oxford: Blackwell Publishing, 2007.

14. Donald C. Earl, *The Moral and Political Tradition of Rome*, Ithaca: Cornell University Press, 1967.

15. Harriet I. Flower (ed.), *The Cambridge Companion to the Roman Republic*, Cambridge: Cambridge University Press, 2004.

16. Benjamin Franklin, *The Autobiography and Other Writings on Politics, Economics, and Virtue*, Alan Houston (ed.), Cambridge: Cambridge University Press, 2004.

17. Sir John Fortescue, *On The Laws and Governance of England*, Cambridge: Cambridge University Press, 1997.

18. Karl Galinsky (ed.), *The Cambridge Companion to the Age of Augustus*, Cambridge: Cambridge University Press, 2005.

19. Ittai Gradel, *Emperor Worship and Roman Religion*, Oxford: Clarendon Press, 2002.

20. Guy Halsall, *Barbarian Migrations and the Roman West, 376-568*, Cambridge: Cambridge University Press, 2006.

21. Georg W. F. Hegel, *The Philosophy of History*, Trans by J. Sibree, Kitchener: Batoche Books, 2001.

22. Thomas Hobbes, *Leviathan*, J. C. A. Gaskin (ed.), Oxford: Oxford University Press, 2008.

23. Sir Basil Henry Liddell Hart, *Scipio Africanus: Greater than Napoleon*, London: Little, Brown, 1926, New York: Da Capo Press, Reprint 2004.

24. Livy, *History of Rome* (Loeb Classical Library), Trans by B. O. Foster, Cambridge: Harvard University Press, 1939.

25. Livy, *History of Rome*, Trans by George Baker, New York: Peter A. Mesier et al.,

1823.

26. Machiavelli, *Discourses On Livy*, trans. Harvey C. Mansfield and Nathan Tarcov, Chicago & London: The University of Chicago Press, 1998.

27. Machiavelli, *The Discourse*, trans. Leslie J. Walker, S. J., London: Penguin Books, 2003.

28. Margaret Malamud, *Ancient Rome and Modern America*, Oxford: Wiley–Blackwell, 2008.

29. Michael Mann, *The Sources of Social Power*, Vol.I & II, Cambridge: Cambridge University Press, 2003.

30. Susan Mattern, *Rome and the Enemy：Imperial Strategy in the Principate*, Berkeley: University of California Press, 1999.

31. Gwyn Morgan, *69 A.D.: The Year of Four Emperors*, Oxford: Oxford University Press, 2006.

32. Kenneth O. Morgan (ed.), *The Oxford History of Britain*, Oxford: Oxford University Press, 2010.

33. Henrik Mouritsen, *Plebs and Politics in the Late Roman Republic*, Cambridge: Cambridge University Press, 2004.

34. Robert Morstein–Marx, *Mass Oratory and Political Power in the Late Roman Republic*, Cambridge: Cambridge University Press, 2004.

35. Polybius, *The Histories*, Trans by Robin Waterfield, Oxford: Oxford University Press, 2010.

36. Plutarch, *Roman Lives: A Selection of Eight Roman Lives*, Trans by Robin Waterfield, Oxford: Oxford University Press, 1999.

37. David S. Potter (ed.), *A Companion to the Roman Empire*, Oxford: Blackwell Publishing, 2006.

38. Jörg Rüpke (ed.), *A Companion to Roman Religion*, Oxford: Blackwell Publishing, 2009.

39. Nathan Rosenstein and Robert Morstein–Marx (eds.), *A Companion to the Roman Republic*, Oxford: Blackwell Publishing, 2006.

40. Pat Southern, *The Roman Empire from Severus to Constantine*, London and New York: Routledge, 2001.

41. Tacitus, *The Annals* (Loeb Classical Library), Trans by John Jackson, Cambridge: Harvard University Press, 1980.

42. Tacitus, *The Histories,* Book I–III (Loeb Classical Library), Trans by Clifford H. Moore, Cambridge: Harvard University Press, 1980.

43. Henri Tajfel, "Experiments in Intergroup Discrimination," *Scientific American* (Nov.1970): 96–102.

44. Henri Tajfel, M. G. Billig, P. R. Bundy and Claude Flament, "Social Categorization and Intergroup Behaviour," *European Journal of Social Psychology* (Apr.–Jun.1973): 149–178.

45. Giorgio Vasari (1511–1574), *Lives of the Artists* (selections), https://sourcebooks. fordham.edu/basis/vasari/vasari–lives.asp .

46. 维拉：《宪法公民权》（美国法精要·影印本），法律出版社，1999年。

47. Max Weber, *Political Writings*, Trans by Ronald Speirs, Cambridge: Cambridge University Press, 1994.

48. Woodrow Wilson, "The Forteen Points" (Jan 8, 1918), In *The papers of Woodrow Wilson*, Vol.45, ed. Arthur S. Link, Princeton: Princeton University Press, 1984.

中文文献

49. 阿庇安：《罗马史》（上下卷），谢德风译，商务印书馆，2016年。

50. 阿伯特：《凯撒大帝》，朱利勇译，华文出版社，2019年。

51. 阿德金斯等：《古代罗马社会生活》，张楠等译，商务印书馆，2016年。

52. 阿德勒：《自卑与超越》，曹晚红译，中国友谊出版公司，2018年。

53. 阿尔蒙德、鲍威尔：《比较政治学——体系、过程和政策》，曹沛林等译，东方出版社，2007年。

54. 阿尔蒙德、维巴:《公民文化》,徐湘林等译,东方出版社,2008年。

55. 阿伦特:《论革命》,陈周旺译,译林出版社,2007年。

56. 阿伦特:《权力与暴力》,载贺照田主编:《西方现代性的曲折与展开》,吉林人民出版社,2002年。

57. 阿米蒂奇:《内战:观念中的历史》,邬娟、伍旋译,中信出版社,2018年。

58. 阿斯廷、沃尔班克等编:《剑桥古代史》(第八卷 罗马与地中海世界 至公元前133年),陈恒等译,中国社会科学出版社,2020年。

59. 埃斯库罗斯等:《古希腊悲剧喜剧全集》(第六册 阿里斯托芬喜剧·上),张竹明、王焕生译,译林出版社,2007年。

60. 埃文斯:《第三帝国的到来》,赖丽薇译,九州出版社,2020年。

61. 艾森斯塔德:《现代化:抗拒与变迁》,张旅平等译,中国人民大学出版社,1988年。

62. 艾因哈德:《查理大帝传》,戚国淦译,商务印书馆,1996年。

63. 安德森:《从古代到封建主义的过渡》,郭方、刘健译,上海人民出版社,2001年。

64. 安德森:《想象的共同体:民族主义的起源与散布》,吴叡人译,上海人民出版社,2005年。

65. 昂纳、弗莱明:《世界艺术史》,吴介祯等译,北京美术摄影出版社,2017年。

66. 奥尔森:《基督教神学思想史》,吴瑞诚、徐成德译,北京大学出版社,2003年。

67. 奥尔森:《集体行动的逻辑》,陈郁等译,生活·读书·新知三联书店,1995年。

68. 奥古斯丁:《忏悔录》,周士良译,商务印书馆,2018年。

69. 奥古斯丁:《〈创世纪〉字疏》,石敏敏译,中国社会科学出版社,2018年。

70. 奥古斯丁:《上帝之城:驳异教徒》(上中下三卷),吴飞译,上海三联书店,2007年,2008年,2009年。

71. 奥斯特洛格尔斯基：《拜占庭帝国》，陈志强译，青海人民出版社，2006年。

72. 柏拉图：《柏拉图书简》，彭磊译注，华夏出版社，2018年。

73. 柏拉图：《柏拉图文艺对话集》，朱光潜译，商务印书馆，2016年。

74. 柏拉图：《理想国》，郭斌和、张竹明译，商务印书馆，1986年。

75. 拜伦：《拜占庭的成就》，周书垚译，上海三联书店，2018年。

76. 比尔德：《罗马元老院与人民》，王晨译，民主与建设出版社，2018年。

77. 比尔德：《庞贝：一座罗马城市的生与死》，熊宸译，民主与建设出版社，2019年。

78. 波考克：《从佛罗伦萨到费城——一部共和国与其替代方案之间的辩证史》，任军锋译，载任军锋主编《共和主义：古典与现代》，上海人民出版社，2006年。

79. 波里比阿：《罗马帝国的崛起》，翁嘉声译，社会科学文献出版社，2013年。

80. 波普尔：《猜想与反驳》，傅季重等译，上海译文出版社，2001年。

81. 伯班克、库珀：《世界帝国史：权力与差异政治》，柴彬译，商务印书馆，2017年。

82. 伯尔曼：《法律与革命》，贺卫方译，中国大百科全书出版社，1993年。

83. 伯里：《希腊史》，陈思伟译，吉林出版集团，2016年。

84. 伯林：《现实感》，潘荣荣、林茂译，译林出版社，2004年。

85. 博丹：《易于认识历史的方法》，朱琦译，华东师范大学出版社，2020年。

86. 博登海默：《法理学：法律哲学与法律方法》，邓正来译，中国政法大学出版社，1999年。

87. 布尔迪厄：《国家精英》，杨亚平译，商务印书馆，2004年。

88. 布克哈特：《古希腊罗马军事史》，励洁丹译，上海三联书店，2018年。

89. 布克哈特：《君士坦丁大帝时代》，宋立宏等译，上海三联书店，2004年。

90. 布克哈特：《希腊人和希腊文明》，王大庆译，上海人民出版社，2012年。

91. 布莱克：《现代化的动力——一个比较史的研究》，景跃进、张静译，浙江人民出版社，1989年。

92. 布赖斯：《神圣罗马帝国》，孙秉莹等译，商务印书馆，2000年。

93. 布朗：《希波的奥古斯丁》，钱金飞、沈小龙译，中国社会科学出版社，2017年。

94. 布朗沃思：《拜占庭帝国》，吴斯雅译，中信出版社，2016年。

95. 布林格曼：《罗马共和国史》，刘智译，华东师范大学出版社，2014年。

96. 布洛赫：《封建社会》（上下卷），张绪山译，商务印书馆，2004年。

97. 曹昊主编：《永恒之城：罗马历史城市建筑图说》，化学工业出版社，2015年。

98. 查士丁尼：《法学总论》，张企泰译，商务印书馆，1997年。

99. 陈恒：《希腊化研究》，商务印书馆，2006年。

100. 陈寅恪：《隋唐制度渊源略论稿 唐代政治史述论稿》，生活·读书·新知三联书店，2001年。

101. 陈志强：《拜占庭帝国史》，商务印书馆，2006年。

102. 陈志强：《拜占庭史研究入门》，北京大学出版社，2012年。

103. 储建国：《调和与制衡——西方混合政体思想的演变》，武汉大学出版社，2006年。

104. 丛日云：《从精英民主、大众民主到民粹化民主——论西方民主的民粹化趋向》，载《探索与争鸣》，2017年第9期。

105. 丛日云：《民粹主义还是保守主义——论西方知识界解释特朗普现象的误区》，载《探索与争鸣》，2020年第1期。

106. 丛日云：《西方政治文化传统》，黑龙江人民出版社，2002年。

107. 丛日云：《在上帝与恺撒之间——基督教二元政治观与近代自由主义》，生活·读书·新知三联书店，2003年。

108. 达菲：《圣徒与罪人：一部教宗史》，龙秀清译，商务印书馆，2018年。

109. 戴蒙德：《枪炮、病菌与钢铁：人类社会的命运》，谢延光译，上海译文出版社，2018年。

110. 但丁：《论世界帝国》，朱虹译，商务印书馆，1986年。

111. 但丁：《神曲》，朱维基译，上海译文出版社，1990年。

112. 蒂尔尼、佩因特：《西欧中世纪史》，袁传伟译，北京大学出版社，2011年。

113. 蒂利希：《基督教思想史》，尹大贻译，东方出版社，2008年。

114. 菲德勒：《幽灵帝国拜占庭》，洪琛译，社会科学文献出版社，2019年。

115. 费吉斯：《娜塔莎之舞：俄罗斯文化史》，郭丹杰、曾小楚译，四川人民出版社，2018年。

116. 芬克尔：《奥斯曼帝国：1299—1923》，邓伯宸等译，民主与建设出版社，2019年。

117. 芬利：《古代世界的政治》，晏绍祥、黄洋译，商务印书馆，2013年。

118. 芬纳：《统治史》（卷一 古代的王权和帝国），王震、马百亮译，华东师范大学出版社，2014年。

119. 弗格森：《广场与高塔：网络、阶层与全球权力竞争者》，周逵、颜冰璇译，中信出版社，2020年。

120. 服部卓四郎：《大东亚战争全史》（上中下卷），张玉祥等译，世界知识出版社，2016年。

121. 盖尤斯：《法学阶梯》，黄风译，中国政法大学出版社，1996年。

122. 冈萨雷斯：《基督教史》（上下卷），赵城艺译，上海三联书店，2016年。

123. 格尔茨：《文化的解释》，韩莉译，译林出版社，1999年。

124. 格林：《马其顿的亚历山大》，詹瑜松译，民主与建设出版社，2018年。

125. 格罗索：《罗马法史》，黄风译，中国政法大学出版社，1994年。

126. 格温：《罗马共和国》，王忠孝译，译林出版社，2018年。

127. 葛怀恩：《古罗马的教育——从西塞罗到昆体良》，黄汉林译，华夏出版社，2015年。

128. 顾颉刚编：《古史辨》（第一册），海南出版社，2005年。

129. 郭建龙：《中央帝国的财政密码》，鹭江出版社，2017年。

130. 哈蒙德：《希腊史》，朱龙华译，商务印书馆，2016年。

131. 哈珀：《罗马的命运：气候、疾病和帝国的终结》，李一帆译，北京联合出版公司，2019年。

132. 哈特、奈格里：《帝国》，杨建国、范一亭译，江苏人民出版社，2003年。

133. 哈耶克：《法律、立法与自由》（第一卷），邓正来等译，中国大百科全书出版社，2000年。

134. 哈耶克：《自由秩序原理》，邓正来译，生活·读书·新知三联书店，1997年。

135. 海德格尔：《林中路》，孙周兴译，上海译文出版社，1997年。

136. 汉密尔顿：《罗马精神》，王昆译，华夏出版社，2019年。

137. 汉密尔顿、杰伊、麦迪逊：《联邦党人文集》，程逢如等译，商务印书馆，1997年。

138. 赫拉利：《人类简史》，林俊宏译，中信出版社，2017年。

139. 黑格尔：《历史哲学》，王造时译，上海书店出版社，2001年。

140. 黑格尔：《哲学史讲演录》（第一至四卷），贺麟、王太庆译，商务印书馆，1983年。

141. 亨廷顿：《变化社会中的政治秩序》，王冠华等译，上海人民出版社，2008年。

142. 亨廷顿：《军人与国家：军政关系的理论与政治》，李晟译，中国政法大学出版社，2017年。

143. 亨廷顿：《文明的冲突与世界秩序的重建》，周琪等译，新华出版社，1998年。

144. 亨廷顿：《我们是谁：美国国家特性面临的挑战》，程克雄译，新华出版社，2005年。

145. 华盛顿：《华盛顿选集》，聂崇信等译，商务印书馆，2012年。

146. 黄美玲：《法律帝国的崛起：罗马人的法律智慧》，北京大学出版社，2019年。

147. 黄裕生：《宗教与哲学的相遇——奥古斯丁和托马斯·阿奎那的基督教哲学研究》，江苏人民出版社，2008年。

148. 霍布斯：《利维坦》，黎思复、黎廷弼译，商务印书馆，1997年。

149. 霍兰：《卢比孔河：罗马共和国的衰亡》，杨军译，中信出版社，2016年。

150. 霍普费、伍德沃德：《世界宗教》，辛岩译，北京联合出版公司，2018年。

151. 基根：《战争史》，时殷弘译，商务印书馆，2010年。

152. 基特尔森：《改教家路德》，李瑞萍、郑小梅译，中国社会科学出版社，2017年。

153. 吉本：《罗马帝国衰亡史》（1-12），席代岳译，浙江大学出版社，2018年。

154. 加图：《农业志》，马香雪、王阁森译，商务印书馆，2013年。

155. 江平、米健：《罗马法基础》，中国政法大学出版社，2004年。

156. 卡内蒂：《群众与权力》，冯文光译，上海三联书店，2020年。

157. 卡西尔：《人论》，甘阳译，上海译文出版社，2004年。

158. 卡泽尔、克努特尔：《罗马私法》，田士永译，法律出版社，2018年。

159. 凯恩斯：《和约的经济后果》，张军、贾晓屹译，华夏出版社，2008年。

160. 凯撒：《高卢战记》，任炳湘译，商务印书馆，1997年。

161. 凯撒：《内战记》，任炳湘、王士俊译，商务印书馆，1996年。

162. Christopher Kelly：《罗马帝国简史》，黄洋译，外语教学与研究出版社，2013年。

163. 康德：《历史理性批判文集》，何兆武译，商务印书馆，1997年。

164. 柯克：《美国秩序的根基》，张大军译，江苏凤凰文艺出版社，2018年。

165. 柯林武德：《历史的观念》，何兆武、张文杰译，商务印书馆，1997年。

166. 克劳塞维茨：《战争论》（上下卷），中国人民解放军军事科学院译，解放军出版社，1996年。

167. 克里斯托弗·罗、马尔科姆·斯科菲尔德主编：《剑桥希腊罗马政治思想史》，晏绍祥译，商务印书馆，2016年。

168. 克柳切夫斯基：《俄国史教程》（第二卷），贾宗谊、张开译，商务印书馆，2013年。

169. 克罗齐：《历史学的理论和实际》，傅任敢译，商务印书馆，1986年。

170. 肯尼：《牛津西方哲学史》（第一至四卷），王柯平等译，吉林出版集团，2010年。

171. 肯尼编：《牛津西方哲学史》，韩东晖译，中国人民大学出版社，2006年。

172. 库恩：《科学革命的结构》，金吾伦、胡新和译，北京大学出版社，2003年。

173. 库朗热：《古代城邦——古希腊罗马祭祀、权利和政制研究》，谭立铸等译，华东师范大学出版社，2006年。

174. 莱茨：《剑桥艺术史：文艺复兴艺术》，钱乘旦译，译林出版社，2010年。

175. 兰克：《历史上的各个时代》，杨培英译，北京大学出版社，2010年。

176. 勒纳、米查姆、伯恩斯：《西方文明史》（Ⅰ），王觉非等译，中国青年出版社，2005年。

177. 勒庞：《乌合之众：大众心理研究》，冯克利译，中央编译出版社，2004年。

178. 勒特韦克：《拜占庭帝国大战略》，陈定定等译，社会科学文献出版社，2018年。

179. 勒特韦克：《罗马帝国的大战略》，时殷弘、惠黎文译，商务印书馆，2008年。

180. 李筠：《古今之变中的博丹主权理论》，载《浙江学刊》，2018年第3期。

181. 李筠：《论西方福利国家危机的政治逻辑》，载《当代世界与社会主义》，2019年第6期。

182. 李筠：《论西方中世纪王权观》，社会科学文献出版社，2013年。

183. 李筠：《西方史纲：文明纵横3000年》，岳麓书社，2020年。

184. 李筠：《英国政治思想新论》，商务印书馆，2019年。

185. 李林：《信仰的内在超越与多元统一：史密斯宗教思想研究》，社会科学文献出版社，2015年。

186. 李猛主编：《奥古斯丁的新世界》，上海三联书店，2016年。

187. 李世祥编译：《凯撒的剑与笔》，华夏出版社，2009年。

188. 李维：《建城以来史》（前言·卷一），穆启乐等译，上海人民出版社，2005年。

189. 李维：《自建城以来》（第二十一至三十卷选段），王焕生译，中国政法大学出版社，2015年。

190. 李维：《自建城以来》（第三十一至四十五卷选段），王焕生译，中国政法大学出版社，2018年。

191. 李学勤主编《中国古代文明与国家形成研究》，云南人民出版社，1997年。

192. 里克：《塔西佗的教诲——与自由在罗马的衰落》，肖涧译，华东师范大学出版社，2011年。

193. 厉以宁：《罗马—拜占庭经济史》（上下编），商务印书馆，2006年。

194. 梁赞诺夫斯基：《俄罗斯史》，杨烨等译，上海人民出版社，2007年。

195. 林红：《民粹主义——概念、理论与实证》，中央编译出版社，2007年。

196. 林赛：《宗教改革史》（上下卷），孔祥民等译，商务印书馆，2016年。

197. 林托特：《罗马共和国政制》，晏绍祥译，商务印书馆，2016年。

198. 刘津瑜：《罗马史研究入门》，北京大学出版社，2014年。

199. 刘擎：《悬而未决的时刻》，新星出版社，2006年。

200. 刘守刚：《财政中国三千年》，上海远东出版社，2020年。

201. 刘小枫编：《撒路斯特与政治史学》，曾维术等译，华夏出版社，2011年。

202. 刘小枫编：《西方古代的天下观》，华夏出版社，2018年。

203. 刘训练：《“共和”考辨》，《政治学研究》2008年第1期。

204. 刘训练：《亚里士多德论混合政体》，载《中共福建省委党校学报》，2013年第8期。

205. 刘训练：《在荣耀与德性之间：西塞罗对罗马政治伦理的再造》，载《学海》，2017年第4期。

206. 娄林主编：《罗马的建国叙述》，华夏出版社，2020年。

207. 卢梭：《社会契约论》，何兆武译，商务印书馆，2008年。

208. 鲁迅：《鲁迅全集》（第九卷），人民文学出版社，2005年。

209. 鲁迅：《鲁迅全集》（第一卷），人民文学出版社，2005年。

210. 路德：《马丁·路德文选》，马丁·路德著作编译小组译，中国社会科学出版社，2003年。

211. 克莱顿·罗伯茨、戴维·罗伯茨、比松：《英国史》（上下册），潘兴明等译，商务印书馆，2013年。

212. 罗森：《西塞罗传》，王乃新等译，商务印书馆，2015年。

213. 罗斯托夫采夫：《罗马帝国社会经济史》（上下册），马雍、厉以宁译，商务印书馆，1985年。

214. 罗素：《西方哲学史》（上下卷），何兆武、李约瑟译，商务印书馆，1996年。

215. 罗特：《古代世界的终结》，王春侠、曹明玉译，上海三联书店，2008年。

216. 马尔蒂诺：《罗马政制史》（第一至二卷），薛军译，北京大学出版社，2009年，2014年。

217. 马基雅维利：《君主论》，潘汉典译，吉林出版集团，2011年。

218. 马基雅维利：《李维史论》，薛军译，吉林出版集团，2011年。

219. 马可·奥勒留：《沉思录》，何怀宏译，生活·读书·新知三联书店，2008年。

220. 《马克思恩格斯文集》（第一至九卷），人民出版社，2009年。

221. 马林诺夫斯基：《巫术科学宗教与神话》，李安宅译，上海社会科学院出版社，2016年。

222. 马南：《民主的本性——托克维尔的政治哲学》，崇明、倪玉珍译，华夏出版社，2011年。

223. 迈尔斯：《迦太基必须毁灭》，孟驰译，社会科学文献出版社，2016年。

224. 迈克尔·曼：《社会权力的来源》（第一、二卷），刘北成、李少军等译，上海人民出版社，2007年。

225. 迈内克：《德国的浩劫》，何兆武译，商务印书馆，2012年。

226. 麦克曼勒斯主编：《牛津基督教史》，张景龙等译，贵州人民出版社，1995年。

227. 毛泽东：《毛泽东选集》（第一至四卷），人民出版社，1991年。

228. 梅列日科夫斯基：《宗教精神：路德与加尔文》，杨德友译，学林出版社，1999年。

229.《美国宪法及其修正案》，朱曾汶译，商务印书馆，2014年。

230. 蒙森：《罗马史》（第一至五卷），李稼年译，商务印书馆，2004年，2004年，2005年，2014年，2014年。

231. 孟德斯鸠：《波斯人信札》，梁守锵译，商务印书馆，2016年。

232. 孟德斯鸠：《论法的精神》（上下册），张雁深译，商务印书馆，1995年。

233. 孟德斯鸠：《罗马盛衰原因论》，婉玲译，商务印书馆，1995年。

234. 米尔斯海默：《大国政治的悲剧》，王义桅、唐小松译，上海人民出版社，2014年。

235. 米勒：《什么是民粹主义？》，钱静远译，译林出版社，2020年。

236. 缪勒：《宗教学导论》，陈观胜、李培荣译，上海人民出版社，2010年。

237. 摩尔根：《古代社会》，杨东莼等译，商务印书馆，1981年。

238. 摩根索：《国家间政治》，徐昕等译，北京大学出版社，2006年。

239. 莫米利亚诺：《现代史学的古典基础》，冯洁音译，华东师范大学出版社，2015年。

240. 莫斯：《礼物——古式社会中交换的形式与理由》，汲喆译，商务印书馆，2019年。

241. 尼古拉斯：《罗马法概论》，黄风译，法律出版社，2004年。

242. 尼科斯选编：《历代基督教信条》，汤清译，宗教文化出版社，2010年。

243. 诺里奇：《拜占庭的衰亡：从希腊君主到苏丹附庸》，李达译，社会科学文献出版社，2020年。

244. 诺里奇：《拜占庭的新生：从拉丁世界到东方帝国》，李达译，社会科学文献出版社，2020年。

245. 诺思：《经济史上的结构和变革》，厉以平译，商务印书馆，2002年。

246. 诺斯：《制度、制度变迁与经济绩效》，刘守英译，上海三联书店，

1994年。

247. 帕金森、杉克尔总主编：《劳特利奇哲学史》（第一至十卷），冯俊等译，中国人民大学出版社，2004年。

248. 帕克等：《剑桥插图战争史》，傅景川等译，山东画报出版社，2004年。

249. 帕特南：《独自打保龄：美国社区的衰落与复兴》，刘波等译，北京大学出版社，2011年。

250. 普鲁塔克：《普鲁塔克全集》，席代岳译，吉林出版集团，2017年。

251. 乔洛维茨、尼古拉斯：《罗马法研究历史导论》，薛军译，商务印书馆，2013年。

252. 青木昌彦：《比较制度分析》，周黎安译，上海远东出版社，2002年。

253. 丘吉尔：《英语民族史》（第一至四卷），薛力敏、林林译，南方出版社，2004年。

254. 任军锋：《帝国的兴衰：修昔底德的政治世界》，生活·读书·新知三联书店，2017年。

255. 撒路斯提乌斯：《喀提林阴谋 朱古达战争》，王以铸、崔妙因译，商务印书馆，1996年。

256. 萨拜因：《政治学说史》（上下卷），邓正来译，上海人民出版社，2008年，2010年。

257. 塞姆：《罗马革命》，吕厚量译，商务印书馆，2016年。

258. 莎士比亚：《莎士比亚全集》（第5卷），朱生豪等译，译林出版社，2016年。

259. 施德尔主编：《罗马与中国：比较视野下的古代世界帝国》，李平译，江苏人民出版社，2018年。

260. 施米特：《合法性与正当性》，冯克利等译，上海人民出版社，2015年。

261. 施米特：《霍布斯国家学说中的利维坦》，应星、朱雁冰译，华东师范大学出版社，2008年。

262. 施米特：《政治的概念》，刘宗坤等译，上海人民出版社，2004年。

263. 施密特、斯金纳主编：《剑桥文艺复兴哲学史》，徐卫翔译，华东师范大学出版社，2020年。

264. 施特劳斯：《西塞罗的政治哲学》，尼科尔斯编订，于璐译，华东师范大学出版社，2018年。

265. 施特劳斯、克罗波西主编：《政治哲学史》（上下册），李洪润等译，法律出版社，2020年。

266. 施展：《枢纽：3000年的中国》，广西师范大学出版社，2018年。

267. 史密斯：《人的宗教》，刘安云译，海南出版社，2013年。

268. 斯考切波：《国家与社会革命》，何俊志、王学东译，上海人民出版社，2007年。

269. 苏维托尼乌斯：《罗马十二帝王传》，张竹明等译，商务印书馆，2015年。

270. 塔尔伯特：《罗马帝国的元老院》，梁鸣雁、陈燕怡译，华东师范大学出版社，2018年。

271. 塔格特：《民粹主义》，袁明旭译，吉林人民出版社，2005年。

272. 塔拉曼卡主编：《罗马法史纲》（上下卷），周杰译，北京大学出版社，2019年。

273. 塔西佗：《阿古利可拉传 日耳曼尼亚志》，马雍、傅正元译，商务印书馆，1997年。

274. 塔西佗：《编年史》（上下册），王以铸、崔妙因译，商务印书馆，2002年。

275. 塔西佗：《历史》，王以铸、崔妙因译，商务印书馆，1985年。

276. 泰勒：《柏拉图——生平及其著作》，谢随知等译，山东人民出版社，2008年。

277. 汤普森：《历史著作史》，谢德风译，商务印书馆，1996年。

278. 汤普逊：《中世纪经济社会史》（上下册），耿淡如译，商务印书馆，1997年。

279. 梯利：《西方哲学史》（上下册），葛力译，商务印书馆，1975年，1979年。

280. 托克维尔：《旧制度与大革命》，冯棠译，商务印书馆，1997年。

281. 托克维尔：《论美国的民主》，董果良译，商务印书馆，2004年。

282. 瓦西列夫：《拜占庭帝国史：324—1453》，徐家玲译，商务印书馆，2019年。

283. 万志英：《剑桥中国经济史：古代到19世纪》，崔传刚译，中国人民大学出版社，2018年。

284. 王焕生：《古罗马文学史》，中央编译出版社，2008年。

285. 王玉哲：《中华远古史》，上海人民出版社，2003年。

286. 韦伯：《经济与社会》（第一至二卷），阎克文译，上海人民出版社，2010年。

287. 韦伯：《韦伯作品集》（III 支配社会学），康乐、简惠美译，广西师范大学出版社，2004年。

288. 韦伯：《韦伯作品集》（II 支配的类型），康乐等译，广西师范大学出版社，2004年。

289. 韦伯：《韦伯作品集》（I 学术与政治），钱永祥等译，广西师范大学出版社，2004年。

290. 韦伯：《韦伯作品集》（VIII 宗教社会学），康乐、简惠美译，广西师范大学出版社，2005年。

291. 韦伯：《韦伯作品集》（V 中国的宗教 宗教与世界），康乐、简惠美译，广西师范大学出版社，2004年。

292. 韦尔南：《神话与政治之间》，余中先译，生活·读书·新知三联书店，2005年。

293. 韦尔斯：《世界史纲》（上下卷），吴文藻等译，广西师范大学出版社，2002年。

294. 维吉尔：《埃涅阿斯纪》，杨周翰译，译林出版社，2018年。

295. 维柯：《新科学》（上下册），朱光潜译，商务印书馆，2018年。

296. 维罗利：《尼科洛的微笑：马基雅维里传》，段保良译，上海人民出版社，2008年。

297. 维特鲁威：《建筑十书》，陈平译，北京大学出版社，2012年。

298. 温特：《国际政治的社会理论》，秦亚青译，上海人民出版社，

2014年。

299. 沃尔班克、阿斯廷等编：《剑桥古代史》（第七卷第二分册 罗马的兴起至公元前220年），胡玉娟、王大庆等译，中国社会科学出版社，2020年。

300. 沃尔夫主编：《剑桥插图罗马史》，郭小凌等译，山东画报出版社，2008年。

301. 沃格林：《政治观念史稿》（卷一 希腊化、罗马和早期基督教），谢华育译，华东师范大学出版社，2007年。

302. 吴军：《全球科技通史》，中信出版社，2019年。

303. 西塞罗：《国家篇 法律篇》，沈叔平、苏力译，商务印书馆，2002年。

304. 西塞罗：《论共和国》，王焕生译，上海人民出版社，2006年。

305. 西塞罗：《论老年 论友谊 论责任》，徐奕春译，商务印书馆，2003年。

306. 希伯特：《罗马：一座城市的兴衰史》，孙力译，译林出版社，2018年。

307. 希提：《阿拉伯通史》（上下），马坚译，新世界出版社，2015年。

308. 谢维扬：《中国早期国家》，浙江人民出版社，1996年。

309. 熊莹：《"除名毁忆"与罗马元首制初期的政治文化》，载《历史研究》，2009年第3期。

310. 修昔底德：《伯罗奔尼撒战争史》（上下册），谢德风译，商务印书馆，2004年。

311. 徐国栋：《罗马公法要论》，北京大学出版社，2014年。

312. 许纪霖、刘擎主编：《新天下主义》，上海人民出版社，2015年。

313. 薛兆丰：《薛兆丰经济学讲义》，中信出版社，2018年。

314. 雪莱：《基督教会史》，刘平译，北京大学出版社，2004年。

315. 亚当斯：《重铸大英帝国》，覃辉银译，广西师范大学出版社，2018年。

316. 亚里士多德：《尼各马可伦理学》，廖申白译注，商务印书馆，2003年。

317. 亚里士多德：《政治学》，吴寿彭译，商务印书馆，1994年。

318. 严复：《政治讲义》，载王栻主编：《严复集》（第五册），中华书局，1986年。

319. 盐野七生：《罗马人的故事》（I–XV），计丽屏等译，中信出版社，2013年。

320. 盐野七生：《十字军的故事》，万翔、杨思敏译，中信出版社，2017年。

321. 晏绍祥：《希腊城邦民主与罗马共和政治》，人民出版社，2018年。

322. 杨阳：《家国天下事》，中国政法大学出版社，2015年。

323. 耶林：《为权利而斗争》，胡宝海译，中国法制出版社，2004年。

324. 伊利亚德：《神圣的存在：比较宗教的范型》，晏可佳、姚蓓琴译，广西师范大学出版社，2019年。

325. 伊沛霞：《宋徽宗》，韩华译，广西师范大学出版社，2018年。

326. 优西比乌：《教会史》，梅尔英译、评注，瞿旭彤译，生活·读书·新知三联书店，2009年。

327. 尤特罗庇乌斯：《罗马国史大纲》，谢品巍译，上海人民出版社，2011年。

328. 尤西比乌斯：《君士坦丁传》，林中泽译，商务印书馆，2018年。

329. 于向东、施展：《中国外交的形式主义与神秘主义——世界格局视野下的中国外交》，载《文化纵横》，2012年第4期。

330. 约达尼斯：《哥特史》，罗三洋译注，商务印书馆，2012年。

331. 詹金斯主编：《罗马的遗产》，晏绍祥、吴舒屏译，上海人民出版社，2016年。

332. 詹姆斯：《大英帝国的崛起与衰落》，张子悦、解永春译，中国友谊出版公司，2018年。

333. 张凤阳等：《政治哲学关键词》，江苏人民出版社，2006年。

334. 张光直：《中国青铜时代》，生活·读书·新知三联书店，1999年。

335. 张维迎：《经济学原理》，西北大学出版社，2015年。

336. 张闻玉：《古代天文历法讲座》，广西师范大学出版社，2017年。

337. 赵汀阳：《天下体系：世界制度哲学导论》，中国人民大学出版社，2011年。

338. 周林刚：《马基雅维里的梦》，载高全喜主编：《大观》（第2卷），法律出版社，2010年。

339. 周枏：《罗马法原论》（上下册），商务印书馆，2001年。

中国古代典籍

340. 班固：《汉书》，中华书局，2007年。

341. 陈鼓应：《老子今注今译》，商务印书馆，2004年。

342. 房玄龄等：《晋书》，中华书局，1974年。

343. 郭庆藩：《庄子集释》，中华书局，2004年。

344. 孔安国传、孔颖达疏：《十三经注疏·尚书正义》，北京大学出版社，1999年。

345. 欧阳修、宋祁：《新唐书》，中华书局，1975年。

346. 司马光等：《资治通鉴》，中华书局，1995年。

347. 司马迁：《史记》，中华书局，2007年。

348. 苏舆撰：《春秋繁露义证》，钟哲点校，中华书局，1992年。

349. 孙武撰、曹操等注：《十一家注孙子校理》，中华书局，2004年。

350. 脱脱等：《宋史》，中华书局，1977年。

351. 王先谦：《荀子集解》，沈啸寰、王星贤点校，中华书局，1988年。

352. 王先慎：《韩非子集解》，钟哲点校，中华书局，2003年。

353. 王震：《司马法集释》，中华书局，2018年。

354. 许慎：《说文解字》，中华书局，1978年。

355. 玄奘、辩机：《大唐西域记校注》（上下卷），季羡林等校注，中华书局，2000年。

356. 张廷玉等：《明史》，中华书局，1974年。

357. 赵尔巽等：《清史稿》，中华书局，1976年。

358. 赵翼：《廿二史劄记》，中华书局，2005年。

359. 郑玄注、贾公彦疏：《十三经注疏·周礼注疏》（上下），北京大学出版社，1999年。

360. 朱熹：《四书章句集注》，中华书局，2012年。

后　记

　　《罗马史纲》终于和大家见面了，和"得到"的合作终于跑完了第二圈，真是不容易。《罗马史纲》的创作比《西方史纲》艰难得多，无论是伏案写作还是协调事务，困难都上了很大的一个台阶，辛劳和苦楚上了不止一个台阶。

　　在写作上，《西方史纲》是轻写作，很多问题尽管下了很大功夫，最后呈现出来的面貌是举重若轻，不想让你看见任何学术的迷宫，只要跟我一起画出3000年西方文明演进的草图就好。《西方史纲》是带着"大观"学术小组的这样一种使命感写成的：我们要把学院知识变成对大众、对生活、对时代友好、可理解、可接受、可思考、可使用的状态。《罗马史纲》并没有改变初衷，不过，改变了实现初衷的方向。如果说《西方史纲》是帮你把场面铺开，追求的第一目标是广度；那么，《罗马史纲》是带你去做一个个大游戏，试着在不借助学院派的学究式讨论的情况下能够把问题说透，把罗马史这个超级富矿炼出对整个人类都有教益的政治通则，追求的第一目标是深度。

　　平铺有平铺的难处，最大的麻烦是铺不全，而深入也有深入的难处，最大的麻烦是武器不够用。我不是没有，而是不敢轻易使用，更不敢直接使用。很多学院派武器很好用，一个概念就可以集成很多道理、逻辑，乃至体系，如果讨论双方是学术同行，对概念和相关的理论非常熟悉，讨论的密度就可以很高，产生针尖对麦芒的激烈碰撞的可能性就高，产生创造性学术成果的可能性就高。不过，这样一来，普通读者很可能就看不懂了，因为里面大概率是黑话连篇。确实，术语就是学术的黑话，它甚至是判别一个人是不是学界中人最重要和最方便的指标。

　　为了不违反史纲对普通读者友好的初衷，我尽量避免使用黑话，如此一来，要往深了谈就非常费力。这就好比在雪地上原本可以穿上滑雪板飞驰而去，和同行们尽享竞速的快感，但我扔下了滑雪板徒步摸索，因为我想和你一起走。这是一种"共和"的心态。一个人如果想走得快，最好一个人走；但一个人如果想走得远，最好和朋友们一起走。我努力这么写，就是想把学院里已经离你很远的知识盗出来给你，我们一起把它们放在我们今时今日关心的问题中一起探讨、一起检验、一起升级。学问被图书馆封存不是最好的命运，被更多的心灵激荡、被更多的头脑计算才有真正活下去的可能。所以，用罗马这个庞然大物帮我们把政治的认识和理解推向纵深，我和你一样在做实验，我们是一起在做实验，我的结论并不是滴水不漏，但我更想把你带入关于政治通则的探讨和琢磨。

为了我们能够很好地讨论，很多我研究过的著作和论文我都没跟你说。参考文献中罗列的300多本（篇）文献只占了我参详过的一小部分。我之所以把这部分列出来，不是想让你把它们全都看了，而是方便你对某个问题感兴趣的时候可以找到下一步的入口。特别提醒你，很多注释里开列了不止一本（篇）文献，如果你对这个注释说明的问题感兴趣，最好把这一堆著作的相关章节对比着看。通过对比，我们更容易兼听则明，也更容易打开自己的心灵，让自己的所感、所惑、所思去充实它。

把《罗马史纲》往纵深的方向写得更厚重扎实，还来自"得到"的听众用户和《西方史纲》读者的要求。在《罗马史纲》音频课程录制的时候，《西方史纲》音频课程的用户已经超过了8.5万人，笔记已经超过16万条。笔记里提出了很多问题都很有意思，我在留言板里也和大家切磋，把我们的认识推向纵深。《西方史纲》的纸书出版之后，我面对的是同样的情况，很多读者认为我在很多地方点到为止，没有展开。显然，这些都是知识进阶的强烈要求。面对大家的喜爱，我对大家的知识进阶责无旁贷。《罗马史纲》这本书就是推动知识进阶的一种尝试。它可能会让你在纵深的知识探索中感到一定的压力，但也一定会给你带来深入腹地夺取精髓的乐趣。《中世纪史纲》的准备工作已经在进行当中，我会尝试用另外一种方法带你实现知识进阶。

知识的进阶必须在人和人的交流中实现。知识本就是人和人交流的信息载体，它固然可以绝世独立，长埋青山不损丝毫，但它更需要在人和人之间流淌，在人心中流淌，温暖世道人心。我虽然是一个人躲在小黑屋里写作，但我的心一直在和所有爱罗马的人不停地对话，我的对面有心神难测的恺撒和屋大维，有耿直率真的马略和格拉古哥哥，有睿智犀利的马基雅维利，有心系万世的孟德斯鸠，有气势磅礴的蒙森，有温婉如水的盐野七生，有剑桥搜罗的顶级专家，有慈祥而坚定的丛日云教授、晏绍祥教授和刘苏里先生，当然，还有充满兴趣和疑问的你。

在众多的"你"当中，有十七位非常非常特别，他们是陈新、方公羽、郝景宇、张婷、周立恒、邢娜、刘英、周赞良、李长安、杨硕田、陆祯铭、石琦、黄巍、丁志明、周明亮、高桂凤、钟丰群。《罗马史纲》的军功章，一半属于他们，一半属于施展。《罗马史纲》如有任何缺失错漏，责任全在我一个人。

我们一起兴致盎然地去了罗马。我写给十七位朋友的行前寄语是这样说的：

> 人生的路很长，若没有目标，若没有朋友，即便撑下去，也很容易变得寡淡无味。我和施展一起走了十几年，发现和拥有共同目标的朋友一起走，人生的风景会大不一样。因为我们不仅在一起获取新知，一起抵御黑暗和严寒，而且相互启发，相互砥砺，相互成全。人生因为分享和共享而变得厚重，路会越走越宽，期待和你一起踏上新的征程！

在罗马和十七位朋友的考察直接引爆了我把二十多年的研究系统成书的想法。十七位朋友带给我的是伟大的罗马和鲜活的人心的直接碰撞，我们一起证明：我们活着，罗马也活着，而且活得昂首阔步、五彩斑斓、风姿绰约。在古罗马广场，我要求朋友们找到恺撒身中23刀倒地的地方；在大竞技场，我们争论它到底是罗马的伟业还是奴隶的血汗；在许愿池，我们一起许愿"重回罗马"；在万神殿，我盯着穹顶神游太虚，有朋友居然猜中我想的不是维纳斯而是皇帝们会在哪里；在西班牙广场，年迈的大叔也在寻找赫本式的浪漫；在圣彼得大教堂，我告诉施展我要是路德我也会造反；在拉特兰宫，我和施展一起破解了"教会就是帝国"的秘密；在最好的中餐馆，我们模拟共和覆灭的前夜，分成两队激辩究竟是捍卫共和还是拥抱帝制；在威尼斯广场，有朋友劝我走上阳台发表一番比墨索里尼还激情澎湃的演说；在老皇宫，我们一起复原君士坦丁堡被攻占的惨烈和悲壮；在大巴扎，我们都在买买买，感受文明在贸易中的千年流传……我们的感受一直没有停止，我们的思考一直没有停止，我们的对话一直没有停止。很多时候，朋友们可能都不知道，哪怕是他们的玩笑、小动作、插科打诨，对我来说都是真问题，都是重新激活庞大罗马的仙人指路。

我和施展回来之后整理我们的成果，郑重地把我们的考察落实成一个概念，叫作"知识共生"，意思是：属于我们这个时代的知识需要在学院派学者和"小白"爱好者的共同努力、亲密合作、且读且行中创生。十七位朋友给我们尝试启动知识共生带来了莫大的信心。此话怎讲？

学者研究学问，是天职，我们的职业伦理会时刻提醒我们：研究就是我们的使命，我们的存在就是要为人类的知识大厦添砖加瓦。我们最直接的驱动力来自亚里士多德所说的好奇心。我们很多人都心存着纯粹的知识追求，就像太史公所言，作品即便"藏之名山"，终究会"传之其人"，无须特别强烈的用世之心。

但是，我和施展，还有很多亲密的兄弟如刘擎、翟志勇、张笑宇、雷博、王献华、方钦、孟庆延，在几年、十几年的大学教职任上发现：知识正在失去活力。因为知识的基本格式和传播方式出了问题，它越来越变成学院式的封闭系统，和普通人的生活无关，甚至都激不起普通人的兴趣。这样一来，知识的交流很容易变成老师的自说自话和学生的应付考试。

打破这种局面不仅要对问题有诊断，还得拿出可行的办法，光发牢骚是没有用的。于是我、施展和兄弟们开始了学科之间的相互支援和相互碰撞，我们各自有哲学、历史学、政治学、法学、经济学、社会学、宗教学的学术积累，想借助彼此打通奇经八脉，我们确实也在相互砥砺中大开眼界、大费脑力、大有收获。我们一起加入了爱道思人文学社，磨砺我们共同的使命和事业。不过，我们一致认为，在这个时代，这仍然不够。学院派之间的多学科交叉仍然是学院派内部的事情，我们必须去寻找和我们一样热爱知识、热爱世界、热爱生活的"局外人"一起干。问渠那得清如许,为有源头活水来。普通人的好奇和兴趣是穿透学术高墙最好的动力,它够朴素,所以够直接、够锐利。它根本就没有学者的学术积累和学术纪律带来的任何负担,它可以直指本心,一往无前。学者需要这样的动力,一种让自己走出小圈子、走出舒适区、走出自以为是的动力。

　　坦白讲,要把"小白"们的朴素问题回答好是非常困难的。在罗马和君士坦丁堡,其实我有很多次都被问得愣了一下,我先用最明显可用的知识抵挡一阵,然后在脑子里飞快地组织相关知识,再开始正面应战。很多时候,尽管提问者已经满意,但我自己对自己临场给出的答案并不满意。回想这种情境,我深以为,"小白"们也需要我们学者,不仅是在我身边的兄弟们,更有不在我身边的更多的朋友们。"小白"们的朴素问题力道很足,但很难变成环环相扣的追问,更难对环环相扣的问题给出环环相扣的答案。而这些不是"小白"们的责任,而是我们学者的责任。我们学者应该对鲜活的心灵提出的鲜活的问题给出鲜活的答案,让更多的心灵因为汲取了鲜活的知识而变得鲜活,也让更多尘封的知识因为鲜活的好奇和兴趣而被唤醒,让知识在我们这个时代找到自己独特的呈现方式和创生路径。

　　"知识共生"是一种亲密合作,学者和"小白"彼此有合理期待,之间有精诚合作,事后有可见成果,毕生有真挚感情,当真是人生快事。我在其中感受到了知识的温度和人心的温度,相信朋友们也是如此。这种温暖让我相信"知识共生"不仅可以而且必须勇敢地继续下去。我也希望更多的朋友加入进来,我们一起用我们理顺和创生的知识面对我们自己的时代,我们一起用我们的好奇、兴趣和努力让我们的时代留下精彩的知识。

李筠

2020年10月20日

于爱道思小办公室